MANUEL
DU
SERVICE DES SUCRES

PREMIÈRE PARTIE

HISTORIQUE, FABRICATION, ANALYSES

CHAPITRE Ier.

Résumé historique de la législation.

De tous les objets de consommation soumis à des taxes au profit du Trésor, le sucre est certainement celui qui, depuis une soixantaine d'années, a provoqué le plus de discussions parlementaires. Il semble destiné à prendre, dans les préoccupations budgétaires et économiques de la génération actuelle, la place qu'occupait l'impôt du sel, sous l'ancien régime, du temps des gabelles.

Il n'entre pas dans le cadre de cet ouvrage de présenter un historique détaillé de la question : cet historique a été fait, d'ailleurs, d'une façon complète et remarquable dans un ouvrage publié il y a quelques années (1). Mais, pour qu'on puisse saisir la portée des remaniements si fréquents dont la législation des sucres est l'objet, il est indis-

---

(1) *Histoire de la législation des sucres,* par E. Boizard et H. Tardieu ; Paris, bureaux du journal la « Sucrerie indigène et coloniale », 1891.

primitivement adopté. Mais, indépendamment de toutes les dispositions en vigueur proprement dites, nous insérons dans la seconde édition les décisions de jurisprudence. En outre, pour répondre à un désir qui nous a été plusieurs fois exprimé, nous consacrons un chapitre spécial à l'exercice des fabriques de glucoses.

21 juin 1905.

AVANT-PROPOS

Depuis l'année 1892, époque à laquelle a paru la première édition du **Manuel du Service des Sucres**, le régime fiscal des sucres a subi des modifications profondes.

Ce fut d'abord, en 1897, la superposition aux primes indirectes de primes directes à l'exportation, aujourd'hui disparues, et la création de détaxes de distance, encore actuellement en vigueur, détaxes qui sont destinées à compenser partiellement les frais de transport que supportent les sucres coloniaux en général et les sucres indigènes travaillés en vue de l'exportation dans les raffineries éloignées des lieux de production.

Puis, à la suite de la Convention internationale de Bruxelles condamnant toute espèce de primes ouvertes ou déguisées, est intervenue la loi du 28 janvier 1903, qui, en remaniant de fond en comble le tarif et l'assiette de l'impôt, a par cela même entraîné une transformation complète des conditions de l'exercice dans les fabriques.

Enfin, le contrôle dans les raffineries a été considérablement renforcé par la loi du 9 juillet 1904.

En résumé, on se trouve en présence d'une législation et d'une réglementation nouvelles différant, sur la plupart des points, du régime qui était en vigueur quand a paru la première édition du **Manuel**. Le moment nous paraît donc venu de mettre à la disposition des personnes que la question intéresse une nouvelle édition de cet ouvrage complètement refondue et mise à jour.

L'accueil fait à la première édition nous a conduit à conserver le plan

BIBLIOTHÈQUE DES EMPLOYÉS DES CONTRIBUTIONS INDIRECTES

MANUEL

DU

SERVICE DES SUCRES ET DES GLUCOSES

DEUXIÈME ÉDITION, REFONDUE ET MISE A JOUR

PAR

P. TURQUIN

Ancien chef de bureau, Directeur honoraire des Contributions indirectes

AVEC LA COLLABORATION DE

J. LAFONT

Sous-chef de bureau au Ministère des Finances
(Direction générale des Contributions indirectes)

POITIERS
LIBRAIRIE ADMINISTRATIVE P. OUDIN
12, RUE SAINT-PIERRE-LE-PUELLIER, 12

1905

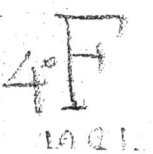

BIBLIOTHÈQUE DES EMPLOYÉS DES CONTRIBUTIONS INDIRECTES

MANUEL

DU

SERVICE DES SUCRES

ET DES GLUCOSES

DEUXIÈME ÉDITION, REFONDUE ET MISE A JOUR

PAR

P. TURQUIN

Ancien chef de bureau, Directeur honoraire des Contributions indirectes

AVEC LA COLLABORATION DE

J. LAFONT

Sous-chef de bureau au Ministère des Finances
(Direction générale des Contributions indirectes)

POITIERS

LIBRAIRIE ADMINISTRATIVE P. OUDIN

12, RUE SAINT-PIERRE-LE-PUELLIER, 12

1905

pensable d'indiquer, au moins succinctement, les causes auxquelles ils sont dus, et de faire connaître les intérêts multiples qui s'emploient sans cesse à faire modifier, à leur profit, l'assiette de cet impôt.

I. — PÉRIODE ANTÉRIEURE A L'IMPOSITION DU SUCRE INDIGÈNE.

Ce n'est que dans le second quart du XIXe siècle que la fabrication du sucre indigène a commencé à prendre de l'importance : jusqu'à cette époque, la consommation, fort restreinte d'ailleurs, n'était alimentée que par les sucres de canne provenant soit de nos colonies, soit des pays étrangers d'Amérique.

L'impôt sur le sucre consistait alors en un simple droit d'entrée, qui semble avoir son point de départ dans une taxe *ad valorem* de 4 0/0 établie en 1540, pendant le règne de François Ier, sur les drogueries et épiceries. Il serait assez difficile de préciser l'époque à laquelle remonte l'origine du droit spécial sur le sucre. On sait, cependant, qu'il en existait un dès le commencement du XVIIe siècle, puisque, dans le préambule de l'édit du 18 septembre 1664, promulgué du temps de Louis XIV, sous le ministère de Colbert, il est question de droits créés en 1638 sur différentes espèces de marchandises parmi lesquelles figurait le sucre. On y parle, en outre, d'un bail des fermes consenti, en 1660, à Sébastien Lebar, et dans lequel se trouvaient compris les droits sur les sucres et cassonades qui avaient été distraits des octrois de Rouen pour être perçus au profit du Roi.

Édit de 1664.

L'édit du 18 septembre 1664 fixait le droit sur les sucres : 1° à 15 livres le cent pesant, pour les sucres de toute sorte (raffinés ou bruts) provenant de l'étranger ; 2° à 4 livres le cent pesant, pour les sucres bruts provenant des colonies françaises ; il permettait, en outre, d'entreposer les marchandises pour les réexporter sans payer l'impôt.

Dès cette époque la question des sucres devient complexe ; elle se trouve liée à celle de la marine marchande et des raffineries.

En effet, par application de ce qu'on a appelé le *pacte colonial* et pour favoriser le développement de la marine marchande, nos colonies étaient obligées d'importer par navires français toutes leurs productions dans la métropole, qui avait, en outre, seule le droit de leur fournir des objets manufacturés, mais qui, en échange, devait pourvoir à tous leurs besoins (administration, culte, justice, armée).

Édits de 1681, 1682 et 1684.

Or, afin de se rendre maîtres du marché, les raffineurs imaginèrent de s'assurer le monopole des sucres ainsi importés : « Ils représen-
« tèrent, dit Forbonnais (1), que les étrangers raffinaient à meilleur
« marché qu'eux et nous vendaient leurs sucres par préférence à ceux
« de France ; que leur porter des sucres bruts, c'était encore leur
« donner l'occasion d'accroître leurs manufactures, tandis qu'on pri-
« vait les nôtres de matières. Ce faux raisonnement, si souvent em-
« ployé, et par malheur toujours avec succès, fit impression ; aussitôt
« il fut défendu de sortir des sucres bruts.

« Alors les colonies se trouvèrent à la merci d'une vingtaine de
« monopoleurs, qui mirent à la denrée le prix qu'ils voulurent : les
« habitants tombèrent dans le découragement et la pauvreté. Mais,
« ce qu'il y a de remarquable, les raffineurs continuèrent à vendre
« tout aussi cher du sucre mal raffiné....... L'abus devint intolérable ;
« le commerce et la culture penchaient vers leur ruine, lorsque l'in-
« tendant de Saint-Christophe (2), qui possédait des plantations, fit
« entendre à M. Colbert que le seul remède était de permettre l'éta-
« blissement de raffineries dans les colonies. Par là, disait-on, nous fe-
« rons nous-mêmes le profit des raffineries ; deux livres de sucre brut
« rendent aux colonies une livre de sucre raffiné ; en France, il en faut
« deux livres et demie ; ainsi nous serons en état d'en vendre aux
« étrangers et de n'en point recevoir d'eux. »

C'est en 1681 que la sortie des sucres bruts avait été interdite ; c'est en 1682 que les colonies furent autorisées à établir des raffineries. Les transports de la marine devaient nécessairement s'en ressentir ; en effet, en moins d'un an, plus de 50 vaisseaux qui faisaient le commerce des îles restèrent dans l'inaction. Pour sortir de cette difficulté, on imposa un droit de 8 livres sur les sucres raffinés provenant de nos colonies ; mais cette mesure étant insuffisante, on dut, en 1684, interdire l'établissement de nouvelles raffineries dans nos possessions d'outre-mer.

Ces diverses dispositions devaient être funestes aux colonies, parce que, l'exportation des sucres bruts continuant à être défendue, on se

---

(1) *Recherches et considérations sur les finances de la France*, Basle, 1758, tome Ier, page 546.

(2) L'île de Saint-Christophe, qui est aujourd'hui comprise dans le groupe des Antilles anglaises, a appartenu en partie à la France de 1627 à 1713.

trouva en présence d'une production de 27 millions de kilogrammes de sucre, alors que la consommation ne dépassait pas 20 millions de kilogrammes. La culture de la canne dut se restreindre et les prix s'avilirent ; le sucre brut, qui, en 1682, se vendait de 14 à 15 livres, ne valait plus que 5 à 6 francs en 1684 (1).

C'est, sans doute, pour favoriser l'écoulement de la surproduction que le Gouvernement crut devoir accorder, en 1684, une prime de 9 francs par quintal sur les sucres raffinés exportés : mais ce remède fut encore inefficace, les raffineurs n'exportèrent pas plus que par le passé, et l'on fut contraint, plus tard, d'admettre de nouveau la sortie des sucres bruts.

Décret du 11 septembre 1793.

Ce retour au régime de la liberté du commerce, combiné avec les primes plus ou moins directes dont les sucres coloniaux continuèrent à profiter, avait amené les colonies françaises à un haut degré de prospérité, au moment où, sous la Révolution, le droit sur les sucres fut supprimé (décret du 11 septembre 1793), en même temps que tous les autres impôts établis sur la consommation.

Loi du 3 frimaire an V.

Rétablis par la loi du 3 frimaire an V, les droits sur les sucres reprirent bientôt leur caractère protectionniste à l'égard des produits de nos colonies qui n'acquittèrent que des taxes réduites par rapport aux sucres étrangers.

En 1810, sous la pression des événements qui avaient amené le blocus continental et qui rendirent impossible l'importation des sucres de nos colonies, le Gouvernement impérial tenta un premier effort pour faire sortir la fabrication du sucre de betteraves de la période de tâtonnements et d'expériences de laboratoire où elle était encore confinée.

Premiers essais de fabrication du sucre de betteraves.

Les débuts de la nouvelle industrie furent laborieux, et ce n'est qu'en 1812 qu'un industriel éminent, Benjamin Delessert, parvint enfin à extraire industriellement du sucre de la betterave. Mais, la chute de l'Empire ayant amené la fin du blocus continental, le Gouvernement de

---

(1) Forbonnais, ouvrage déjà cité.

la Restauration rétablit des droits d'entrée d'abord modérés sur les sucres étrangers, et les sucres des colonies bénéficièrent de nouveau de droits protecteurs, ce qui eut pour conséquence d'amener un temps d'arrêt dans les efforts tentés pour la fabrication du sucre de betteraves.

Des primes accordées à l'exportation du sucre raffiné, une surtaxe de pavillon perçue sur les sucres bruts importés par navires étrangers, l'augmentation des droits de douane comportant des tarifs de plus en plus protecteurs pour les sucres des colonies françaises, tels furent le sens et la portée des diverses dispositions législatives édictées de 1816 à 1830. Sous ce régime de protection et d'accroissement des tarifs, la fabrication du sucre de betteraves, qui restait indemne de tout impôt, commença à prendre un certain développement.

Développement de la fabrication du sucre de betteraves. Projets d'imposition.

Cette prospérité, qui tenait à un privilège que ne justifiaient plus des considérations primordiales comme celle du blocus continental, ne pouvait manquer de susciter des récriminations et d'appeler l'attention des pouvoirs publics.

Bien qu'habituées à vivre elles-mêmes de privilèges, les colonies se plaignaient, non sans quelque raison, de voir le sucre de betteraves venir faire concurrence sur le marché au sucre de canne, sans avoir eu à supporter les mêmes charges. Elles faisaient valoir qu'obligées, par le pacte colonial, d'importer en France toutes leurs productions, dont le sucre était la principale, elles ne pourraient en trouver l'écoulement si la consommation était alimentée par du sucre de betteraves. Puis, on invoquait l'intérêt de la marine marchande, celui du commerce des ports et même celui du commerce d'exportation en général, qui tiraient en grande partie leurs moyens de subsistance des échanges opérés entre les sucres des colonies et les produits manufacturés de la métropole.

De son côté, le Trésor n'était pas désintéressé dans la question, puisqu'il perdait toute la somme d'impôt qu'il aurait perçue sur le sucre de canne, qui était remplacé dans la consommation par du sucre de betteraves.

Aussi, dès l'année 1832, le Gouvernement proposa-t-il d'établir une taxe modérée sur le sucre de betteraves. Cette proposition fut écartée par la Chambre des députés, dans la crainte d'anéantir une industrie nouvelle, qui n'était pas encore en possession de tous ses moyens d'action et dont il importait d'encourager le développement parce qu'elle rendait à l'agriculture de réels services (1).

L'année suivante, le Gouvernement fit adopter la loi du 26 avril 1833, qui, au régime des primes directes à l'exportation sur les sucres raffinés, substitua celui du drawback. Dans ce système les droits ne devaient plus être remboursés, à l'exportation des raffinés, que sur justification du paiement antérieur de ces droits et suivant un rendement qui fut fixé, pour 100 kilogr. de sucre brut, d'abord à 70 kilogr. de sucre *mélis* ou *candi* et à 73 kilogr. de sucre *lumps* ou *tapé* (2), puis à 75 et 78 kilogrammes par une ordonnance du 8 juillet 1834.

En exigeant la justification du paiement des droits sur les sucres bruts employés à la fabrication du sucre raffiné exporté, la nouvelle loi avait, en fait, pour conséquence d'exclure le sucre raffiné de betteraves du marché extérieur, en le privant des primes qu'il touchait sous le régime précédent. Mais il lui restait, comme débouché, le marché intérieur sur lequel il conservait encore tous ses avantages.

Renouvelé en 1834, le projet d'impôt sur le sucre de betteraves fut de nouveau repoussé. A partir de ce moment, la production indigène prit une telle extension (35,000,000 de kilogr. en 1835 ; 45 millions en 1836), qu'il fallut absolument songer à remédier à un état de choses qui menaçait d'amener la ruine de nos colonies et pouvait avoir un contrecoup fâcheux pour les intérêts du Trésor, pour le commerce maritime et même pour la marine militaire, en la privant des éléments qu'elle trouvait, au point de vue du recrutement de ses effectifs, dans les équipages de la marine marchande.

Après avoir hésité entre un dégrèvement du sucre colonial et l'application d'une taxe modérée sur le sucre indigène, le Gouvernement s'arrêta à ce dernier parti, et se rallia, comme mode de perception de l'impôt, au régime de l'exercice des fabriques.

Telle fut l'origine de la loi du 18 juillet 1837.

---

(1) Dans l'assolement des terres, la betterave joue, en effet, un rôle très important ; elle exige l'emploi d'une grande quantité d'engrais dont elle n'absorbe que certains éléments, et prépare ainsi, pour l'année suivante, une récolte de blé plus abondante que si la terre était restée en jachère. D'un autre côté, comme elle ne se sème qu'au mois d'avril, la betterave peut encore venir remplacer des semailles de blé, que les intempéries de l'hiver auraient détruites.

(2) On appelait sucres *lumps*, les sucres en pains de grande dimension qui étaient moins bien raffinés, moins blancs que le sucre *mélis* ou *quatre-cassons*.

II. — IMPOSITION DU SUCRE SOUS LE RÉGIME DES TYPES.

Loi du 18 juillet 1837.

La loi de 1837 procédait avec modération à l'imposition du sucre indigène ; le droit n'était fixé, décime compris, qu'à 11 fr., à partir du 1er juillet 1838, et à 16 fr. 50 à partir du 1er juillet 1839, par 100 kilogr. de sucre brut, tandis que la même quantité de sucre colonial était frappée d'une taxe de 49 fr. 50 (1).

En vertu d'une ordonnance du 4 juillet 1838, rendue pour l'exécution de la loi du 18 juillet 1837, la nuance des sucres correspondant au sucre brut fut déterminée au moyen d'un type (2) formé par le ministre du commerce, après avis de la Chambre de commerce de Paris, et il fut établi, dans les mêmes conditions, deux autres types pour déterminer la quotité proportionnelle d'impôt à percevoir sur les sucres d'une qualité supérieure au sucre brut du premier type.

L'établissement d'un impôt sur le sucre indigène eut pour conséquence naturelle la fermeture d'un certain nombre d'usines, qui n'avaient pu subsister que d'une vie factice, en réalisant sur leurs produits une prime indirecte égale à la taxe de 49 fr. 50, dont le sucre colonial était frappé. De 547, en 1838, le nombre des fabriques descendit à 418, en 1839 ; les quantités fabriquées diminuèrent dans une plus forte proportion encore (de 39 à 23 millions de kilogrammes).

Loi du 3 juillet 1840.

Malgré ces désastres, les colonies ne tardèrent pas à dénoncer la loi de 1837 comme insuffisante pour rétablir l'équilibre entre l'industrie coloniale et celle de la métropole ; elles avaient pour auxiliaires, dans leur réclamation, le commerce des ports et les armateurs.

---

(1) Dans l'historique le chiffre des droits sera toujours indiqué *décimes compris*.

(2) Avant l'invention de la saccharimétrie, on ne possédait pas de procédé pratique pour doser la quantité de sucre pur contenue dans les sucres bruts ; on avait donc recours à la nuance, qui est un témoin assez exact de la pureté, parce que, dans un sucre brut naturel, la couleur blanche du sucre pur n'est altérée que par la quantité plus ou moins grande de mélasse qu'il contient. C'est d'après ce principe qu'étaient établis les *types légaux* ; ils ne constituaient pas un échantillon auquel la matière imposée dût parfaitement ressembler, mais une limite. Un premier type étant donné, tous les sucres d'une nuance égale ou plus foncée étaient soumis au droit prévu pour ce type ; les sucres moins foncés étaient, au point de vue de l'impôt, classés, toujours d'après leur nuance, dans la catégorie du type égal ou immédiatement supérieur.

La lutte, circonscrite autrefois entre les sucres étrangers et coloniaux, allait s'engager plus ardente que jamais contre la sucrerie indigène. Pressé par les divers intérêts coalisés, le Gouvernement crut pouvoir, en vertu d'une ordonnance du 21 août 1839, abaisser le droit sur les sucres coloniaux de 49 fr. 50 à 36 fr. 30, en sorte que l'écart entre les taxes sur le sucre indigène (16 fr. 50) et sur le sucre colonial n'était plus que de 19 fr. 80, alors que, deux ans auparavant, le sucre indigène bénéficiait de la totalité de l'impôt sur le sucre colonial, soit de 49 fr. 50.

Se croyant menacée d'une ruine prochaine, l'industrie métropolitaine protesta hautement ; elle prétendit que le Gouvernement avait outrepassé ses pouvoirs en modifiant, par une ordonnance, la situation qui lui avait été faite par la loi de 1837. La question fut tranchée par la loi du 3 juillet 1840, qui rétablit l'ancien droit de 49 fr. 50 sur les sucres bruts de nos colonies d'Amérique et décida qu'à l'avenir le tarif applicable à l'importation des sucres des colonies françaises ne pourrait plus être modifié que par une loi ; mais, en même temps, la taxe était portée à 27 fr. 50 sur le sucre indigène, dont la prime fut ainsi ramenée à 22 francs au lieu de 33 francs par 100 kilogr.

Pour encourager la marine marchande et pour tenir compte des différences de fret résultant des distances, les sucres coloniaux de Bourbon et les sucres étrangers de l'Inde, importés par *navires français*, bénéficiaient d'une taxe réduite, par rapport aux produits de même origine provenant d'Amérique. Enfin, le rendement des sucres bruts autres que blancs, importés des pays hors d'Europe, et qui pouvaient donner lieu à une restitution (1) en cas d'exportation après raffinage, fut de nouveau abaissé à 70 p. 0/0 pour les sucres mélis et candis, et à 73 p. 0/0 pour les sucres lumps et tapés. Le drawback ne pouvait, en outre, avoir lieu que sur la justification du paiement des droits à l'importation par des quittances n'ayant pas plus de quatre mois de daté et seulement pour des sucres bruts importés par *navires français*.

A la faveur de la prime de 22 francs dont elle profitait encore, et aussi en raison des progrès réalisés chaque jour dans les procédés de culture et de fabrication, l'industrie du sucre de betterave reprit sa marche ascendante : les quantités fabriquées, pendant la campagne 1841-1842, atteignirent 31 millions de kilogrammes.

---

(1) Voir, pour l'origine du drawback, les indications insérées page 6, au sujet de la loi du 26 avril 1833.

Loi du 2 juillet 1843.

Les plaintes les plus vives s'élevèrent de nouveau de la part des représentants des colonies et de la marine marchande. Autant pour donner satisfaction à ces intérêts que pour en finir avec des récriminations sans cesse renaissantes, le Gouvernement crut devoir recourir à un moyen radical ; il déposa, au mois de janvier 1843, un projet de loi portant interdiction de la fabrication du sucre en France et stipulant qu'une indemnité de 40 millions de francs serait payée aux fabricants expropriés.

Le Parlement ne consacra heureusement pas une pareille faute économique ; il se borna à décider (loi du 2 juillet 1843) que le droit sur le sucre indigène serait porté progressivement au même taux que pour les sucres importés des colonies françaises d'Amérique, au moyen d'une augmentation annuelle de 5 fr. 50 sur le sucre indigène, pendant quatre années, à partir du 1er août 1844.

C'était, en somme, pour les sucres coloniaux et indigènes, le régime de l'égalité devant l'impôt, égalité que les progrès de l'industrie sucrière en France permettaient d'établir sans inconvénient, et dont il eût été même peu équitable de retarder plus longtemps la réalisation.

Le droit fut donc fixé, à partir du 1er août 1847, à 49 fr. 50 par 100 kilog. pour les sucres des deux origines, d'une nuance égale ou inférieure au premier type, qui correspondait à la qualité dite *bonne quatrième* dans le commerce et qui contenait environ 90 p. 0/0 de sucre pur.

La même loi réduisait, en outre, de trois à deux le nombre des types et stipulait que, pour les droits à percevoir sur les sucres coloniaux, il serait établi des types semblables à ceux employés pour les sucres indigènes.

Les sucres étrangers furent frappés d'une surtaxe de 22 francs, surtaxe pour ainsi dire prohibitive et qui ne permit plus de faire entrer des sucres exotiques que pour les réexporter après raffinage. Enfin, l'importation des sucres raffinés continua à être prohibée.

Loi du 31 mai 1846.

Signalons en passant la loi du 31 mai 1846 qui, aujourd'hui encore, est en grande partie en vigueur et qui eut pour objet de sanctionner les principales dispositions relatives à l'exercice des fabriques, dispositions que le Gouvernement avait été autorisé à établir provisoirement par des ordonnances. Cette loi fixa notamment la prise en charge au minimum dans les fabriques à 1,400 gr. de sucre au 1er type, par hectolitre et par degré de densité des jus reconnus avant défécation. C'est ce minimum qui, sauf pour la campagne 1857-58, a été appliqué pendant toute la période du régime des types.

Loi du 13 juin 1851.

Les événements ne tardèrent pas à démontrer qu'en soumettant le sucre indigène au même tarif que le sucre colonial, la loi du 2 juillet 1843 n'avait rien d'exagéré. Dès la campagne 1845-46, la production indigène atteignit 41 millions de kilogrammes, puis elle s'éleva jusqu'à 62 et 76 millions de kilogr., pendant les campagnes 1849-50 et 1850-51.

A la même époque, la production coloniale redescendait à ce qu'elle était vingt ans auparavant, malgré une augmentation sensible de la consommation. Cette décadence ne devait pas être attribuée seulement à la concurrence du sucre indigène ; elle tenait aussi à la suppression de l'esclavage dans les colonies françaises, suppression qui, décrétée brusquement en 1848, avait eu pour conséquence de priver les colons de leurs moyens d'action pour la culture de la canne à sucre, sans qu'ils eussent eu le temps de prendre les dispositions nécessaires pour remplacer les bras qui leur faisaient défaut.

Quoi qu'il en soit, les colonies se trouvaient alors dans une situation critique, et, comme la science venait de découvrir le moyen de constater à l'aide du saccharimètre la richesse réelle des sucres, le moment parut propice pour, d'une part, modifier provisoirement les tarifs au profit du sucre colonial, et, d'autre part, supprimer le régime des types dont on avait, dans beaucoup de cas, constaté l'insuffisance.

Telles furent les considérations qui motivèrent la loi du 13 juin 1851, que l'Assemblée législative vota après une longue discussion.

Elle imposait les sucres d'après la quantité de sucre pur qu'ils renfermaient, sous une défalcation, à titre de déchet de raffinage, de 2 centièmes pour chaque degré en moins de 100 (richesse du sucre pur) accusé par le saccharimètre. Ainsi, par exemple, un sucre titrant 99° devait être imposé pour 98° ; un sucre titrant 98° pour 96° ; un sucre titrant 97° pour 94°, et ainsi de suite. Ce mode de taxation répondait aux théories de l'époque sur le rendement des sucres au raffinage ; on supposait alors que chaque partie de matière étrangère contenue dans un sucre brut ne pouvait en être éliminée sans entraîner une égale quantité de sucre pur. Toutefois, comme ce n'était là qu'une supposition purement théorique, on décida que les raffineries seraient soumises à l'exercice, et que, pour les sucres bruts expédiés sur ces établissements, la prise en charge n'aurait lieu, d'après les bases indiquées par la loi, que sous une déduction de 6 p. 0/0. Les excédents constatés par voie d'exercices, sur ce *minimum* de prise en charge, étaient passibles de l'impôt.

Quant au tarif, il était fixé à 55 fr. par 100 kil. de sucre pur, pour les sucres indigènes ; une détaxe de 6 fr. 60 (48 fr. 40 au lieu de 55 fr.) était accordée, pendant 4 ans, aux sucres coloniaux ; le sucre étranger était frappé d'une surtaxe de 12 fr. 10 ; les mélasses coloniales et indigènes, ne contenant pas plus de 50 p. 0/0 de sucre, pouvaient être livrées à la consommation moyennant le paiement d'un droit de 11 fr. par 100 kilogr. Comme en 1840 (1), il était accordé une détaxe spéciale aux sucres des colonies françaises au delà du Cap de Bonne-Espérance et aux sucres étrangers de l'Inde, importés par *navires français*.

Enfin, indépendamment du remboursement des droits perçus à l'entrée, les sucres raffinés, exportés dans un délai de 6 mois à partir de l'importation du sucre brut, recevaient une prime directe de 6 fr. 50 par 100 kilogrammes.

Décret-loi du 27 mars 1852.

La loi du 13 juin 1851, qui inaugurait de si importantes réformes, était applicable à partir du 1er janvier 1852 ; mais elle ne devait jamais être mise à exécution. Dès le 21 décembre 1851, c'est-à-dire en pleine période dictatoriale, l'application en fut suspendue par un décret jusqu'au 1er juin 1852 ; puis la loi fut abrogée en entier par le décret-loi du 27 mars 1852.

Ce décret-loi supprima l'imposition des sucres d'après leur richesse saccharine, pour rétablir le régime des types, et ne soumit plus les raffineries, d'une manière générale, qu'à des visites intermittentes, laissant à un arrêté du ministre des finances la faculté de faire exercer seulement les raffineries situées dans le rayon de surveillance des fabriques. Il ne permettait plus de livrer les mélasses indigènes et coloniales à la consommation, moyennant le paiement d'une taxe spéciale,

---

(1) Voir page 8.

et supprimait la prime de 6 fr. 50 accordée à l'exportation des sucres raffinés. La suppression de cette prime était, du reste, largement compensée par l'affranchissement de l'exercice dont bénéficiaient les raffineries, exercice qui aurait placé sous la main du fisc les excédents importants que réalisaient les raffineurs sur les rendements légaux d'exportation. La détaxe prévue en faveur du sucre colonial par la loi du 13 juin 1851 fut maintenue, mais le taux en était fixé à 7 fr. 70 au lieu de 6 fr. 60 (sucres indigènes, au premier type, 49 fr. 50 ; sucre colonial 41 fr. 80) ; enfin, l'importation des sucres raffinés à l'étranger continuait à être prohibée, et les sucres indigènes ne pouvaient pas encore être exportés en franchise.

Il faut encore signaler l'art. 3 du décret-loi du 27 mars 1852, qui soumit à l'exercice les établissements dans lesquels on extrayait le sucre des mélasses *libérées d'impôt* sortant des raffineries. Dans le principe, ces mélasses donnèrent lieu à l'ouverture d'un crédit de fabrication, c'est-à-dire à l'exonération du droit jusqu'à concurrence d'une quantité de sucre déterminée, l'excédent obtenu en sus de cette quantité étant seul frappé du droit ordinaire (art. 32 du décret du 1er septembre 1852). Mais, à partir de 1871 (loi du 16 septembre), le crédit de fabrication fut supprimé, et la totalité du sucre extrait des *mélasses libérées d'impôt* fut soumise à un droit spécial bien inférieur à celui des sucres de même qualité obtenus dans les fabriques. Aujourd'hui, ce régime spécial n'existe plus ; il a disparu par suite des dispositions édictées par les lois des 29 juillet 1884 et 5 août 1890.

Règlement d'administration publique du 1er septembre 1852.

Le régime de protection dont avait joui, jusqu'en 1847, la sucrerie indigène, commençait donc à s'exercer à son détriment et au profit de la production coloniale. Mais ce n'était pas seulement à l'aide des tarifs différentiels qu'allait s'accuser cette tendance protectionniste ; elle devait se faire sentir jusque dans le mode d'exercice des fabriques.

Les représentants des colonies s'étaient souvent plaints de l'insuffisance des moyens de contrôle établis sur la production des fabriques de sucre indigène, où la surveillance ne s'exerçait que par des visites intermittentes ; ils dénonçaient comme un abus fréquent l'enlèvement clandestin à destination des raffineries de sucres bruts qui, suivant eux, échappaient ainsi à l'impôt.

C'est pour donner satisfaction à ces réclamations que le règlement d'administration publique du 1ᵉʳ septembre 1852, rendu en exécution du décret-loi précité du 27 mars précédent, soumit les fabriques de sucre indigène à la surveillance permanente du service des contributions indirectes. Ce règlement contient, en outre, un grand nombre de dispositions relatives à l'exercice, au paiement des droits, à la surveillance extérieure, dispositions pour la plupart encore aujourd'hui en vigueur et qui permettent aux employés de suivre la matière première depuis sa mise en œuvre jusqu'au moment où le sucre, amené à l'état de produit achevé, est placé sous la clef de la Régie, dans des magasins dont il ne peut être extrait qu'après acquittement des droits ou garantie suffisante de leur paiement. C'est donc à 1852 que remonte l'origine de l'organisation actuelle du service spécial des sucres, organisation établie sur des bases solides et qui permet d'affirmer qu'aucune partie de l'impôt ne peut être détournée des caisses du Trésor.

Loi du 28 juin 1856.

La détaxe de 7 fr. 70 accordée aux sucres coloniaux, qui devait expirer en 1856, fut prorogée jusqu'au 30 juin 1858, par la loi du 28 juin 1856, laquelle établit, en outre, une détaxe de 5 fr. 50, du 1ᵉʳ juillet 1858 au 30 juin 1859, et une détaxe de 3 fr. 30 du 1ᵉʳ juillet 1859 au 30 juin 1861, date à laquelle le sucre colonial devait être soumis au même droit que le sucre indigène. D'un autre côté, en vue d'atténuer les bonis considérables que réalisaient les raffineries sur les rendements d'exportation fixés, depuis 1840 (voir page 8), à 70 kilogr. de sucre mélis et candi, et à 73 kilogr. de sucre lumps et tapé, par 100 kilogr. de sucre au premier type, la loi du 28 juin 1856 releva respectivement ces rendements à 75 et 78 kilogrammes.

Décrets des 17 avril 1858 et 7 janvier 1860.

Pas plus que l'égalisation du droit sur les sucres des deux origines, établie en 1847, la protection accordée au sucre colonial, en 1852, n'eut pour conséquence d'arrêter le développement de l'industrie du sucre indigène. En 1856-57, la production du sucre de betteraves s'éleva à 83 millions de kilogrammes et, en 1857-58, à 152 millions de kilogrammes ; ce chiffre, le plus élevé qu'eût atteint jusqu'alors la fabrication du sucre en France, était loin cependant de correspondre à une campagne avantageuse sous tous les rapports pour les industriels. La quantité de betteraves travaillée était énorme ; mais, par suite de leur mauvaise qualité, la quotité du rendement en sucre fut très faible.

Dans beaucoup d'usines, les betteraves ne fournirent même pas le rendement *minimum* fixé, depuis 1846, par la loi du 31 mai (art. 7), à 1,400 grammes de sucre au premier type pour 100 litres de jus et par chaque degré du densimètre au-dessus de 100 (densité de l'eau), reconnus avant la défécation à la température de 15 degrés. Aussi, usant du pouvoir que lui conférait l'article 5 du décret-loi du 27 mars 1852, le Gouvernement abaissa-t-il le *minimum* de rendement pour cette campagne 1857-58, à 1,300 grammes (décret du 17 avril 1858). C'est par ce même décret, et dans le but de favoriser le raffinage en fabrique, que les fabricants-raffineurs furent autorisés à recevoir en tout temps des sucres de toute origine libérés d'impôt.

Les récoltes de betteraves ayant continué à donner de mauvais résultats au point de vue de la qualité, le ministre des finances fut, deux ans après, autorisé, à titre permanent, à accorder décharge des manquants constatés sur le minimum de prise en charge (décret du 7 janvier 1860).

La perception des droits sur ces manquants, prévue par l'article 8 de la loi du 31 mai 1846, n'était plus du reste justifiée depuis que les opérations des fabricants étaient suivies d'une manière permanente par le service.

Loi du 23 mai 1860.

A cette époque, une nouvelle orientation fut donnée à notre régime économique. De protectionniste il devint subitement libre-échangiste, et le sucre fut compris au nombre des objets dont le Gouvernement impérial espérait développer la consommation par un abaissement considérable des tarifs.

Telle fut l'origine de la loi du 23 mai 1860, qui ne maintint plus que deux catégories de sucres imposables : le sucre brut taxé à 30 fr. par 100 kilogr., sans distinction de nuance ou de type, et le sucre raffiné frappé d'un droit de 33 fr. On comprend que, dans ces conditions, les fabricants avaient tout intérêt à ne livrer à la consommation que des sucres bruts ayant le maximum de richesse possible : aussi est-ce à cette époque que la production des poudres blanches commença à prendre un grand développement.

La détaxe coloniale de 3 fr. 30 par 100 kilogr., qui devait expirer le 30 juin 1861 (voir page 13), fut prorogée jusqu'au 30 juin 1866. Les rendements légaux d'exportation, pour les sucres raffinés, furent relevés de 75 à 76 p. 0/0 pour les sucres mélis ou candis, et de 78 à 80 p. 0/0 pour les sucres lumps ou tapés ; mais, bien qu'il n'y eût plus qu'un seul tarif pour les sucres bruts livrés à la consommation, quelle que fût leur richesse saccharine, le premier type, tel qu'il avait été déterminé par le décret-loi du 27 mars 1852, était maintenu en ce qui concerne l'importation des sucres destinés à l'exportation après raffinage. Cette mesure était indispensable pour éviter que les bonis dont bénéficiaient déjà les raffineurs ne fussent encore augmentés, si on avait appliqué les rendements de 78 et 80 à des sucres blancs titrant jusqu'à 98 degrés.

La loi du 23 mai 1860 comprenait deux autres innovations importantes : elle accordait l'exonération du droit sur les sucres indigènes exportés (1), et admettait les industriels à contracter, avec l'Administration, des abonnements basés sur le volume et la densité des jus. Dans les fabriques abonnées, le rendement légal fut porté de 1,400 à 1,425 grammes par hectolitre de jus et par degré de densité; les quantités obtenues en sus de ce rendement étaient exonérées de tous droits. C'était un premier essai pour inciter les fabricants à perfectionner leurs procédés de fabrication ; mais peu d'industriels en profitèrent, parce que le régime de l'abonnement fut supprimé (loi du 7 mai 1864) avant que le matériel des usines eût pu être transformé.

Lois des 3 juillet 1861, 2 juillet 1862 et 16 mai 1863.

Malgré une diminution de près de 50 p. 0/0 dans les tarifs, la baisse des prix, sur laquelle on avait compté pour compenser le dégrèvement du droit par une augmentation de la consommation, ne se produisit pas. Le Gouvernement crut pouvoir y remédier : d'une part, en supprimant (décret du 16 janvier 1861) la surtaxe de 3 fr. 60 que supportaient les sucres importés des pays hors d'Europe par *navires français*; d'autre part, en diminuant la surtaxe de pavillon pour les sucres importés par navires étrangers, et en accordant le bénéfice du drawback aux sucres de toute origine importés par *navires étrangers* (décret du 24 juin 1861).

---

(1) En fait, les sucres indigènes avaient pu être exportés depuis longtemps déjà, en vertu d'autorisations ministérielles ; mais il ne s'agissait que de quantités peu importantes, et ce n'est que vers 1856 que les exportations de sucre indigène commencèrent à prendre un certain développement (1,500,000 kil. environ en 1856).

Ces mesures devaient nécessairement être funestes à notre marine marchande, ainsi qu'aux colonies et à la métropole, puisque les sucres étrangers purent ainsi venir, sur le marché, faire librement concurrence aux sucres indigènes et coloniaux pour l'approvisionnement des raffineries en sucres destinés à l'exportation. Le sucre indigène était même placé dans des conditions particulières d'infériorité en face des sucres étrangers, puisque, s'il pouvait être exporté directement en exemption du droit, il ne pouvait profiter de la prime indirecte de raffinage que le drawback n'accordait encore qu'aux sucres exotiques.

Dans ces conditions, le pacte colonial, qui obligeait les colonies à envoyer tous leurs produits dans la métropole, par *navires français*, et interdisait le marché colonial aux produits étrangers, n'avait plus aucune raison d'être. Par une loi du 3 juillet 1861, les colonies furent, en conséquence, autorisées à exporter leurs produits sous tous les pavillons et à toutes destinations ; elles purent également recevoir, sous tous pavillons, les marchandises manufacturées des pays étrangers.

D'un autre côté, la consommation continuant à rester bien inférieure à celle sur laquelle on avait compté comme conséquence du dégrèvement des droits, les Chambres votèrent, le 2 juillet 1862, une augmentation de 12 fr. sur les sucres de toutes provenances, en vue de combler le déficit des recettes du Trésor. Mais, en augmentant le droit à l'entrée, cette loi accrut proportionnellement la prime réalisée sur les sucres raffinés sous le régime du drawback ; elle rendit donc encore plus difficile la situation de la sucrerie indigène.

En vue d'atténuer le fâcheux effet de ces dispositions, la loi du 16 mai 1863 releva le rendement des sucres exportés après raffinage de 76 à 79 p. 0/0 pour les sucres mélis et candis, et de 80 à 82 p. 0/0 pour les sucres lumps, et, dans l'intérêt de notre marine marchande, stipula qu'à la sortie des sucres raffinés on ne rembourserait plus que la moitié, au lieu de la totalité, de la surtaxe de pavillon payée à l'entrée pour les sucres bruts importés par *navires étrangers*. Mais ces remèdes furent encore insuffisants.

Loi du 7 mai 1864.

La production du sucre indigène avait d'ailleurs pris, surtout à partir de 1858, une telle extension (152 millions de kilogrammes en 1857-58 et 174 millions de kilogrammes en 1862-63), il en était résulté un tel avilissement des cours, par suite de l'encombrement du marché, qu'il devenait indispensable de lui ouvrir de nouveaux débouchés. L'équité voulait, au surplus, que les sucres indigènes fussent placés sur un pied d'égalité avec les sucres coloniaux, qui venaient d'être débarrassés des entraves que leur imposait autrefois l'exécution du pacte colonial. D'autres considérations, telles que l'intérêt du Trésor, les inconvénients résultant de l'adoption d'une classe unique pour les sucres bruts, etc., militaient, en outre, en faveur d'un remaniement de la législation.

C'est pour répondre à ces diverses préoccupations que fut votée la loi du 7 mai 1864, qui rétablit, pour la perception, quatre classes différentes, savoir : une classe pour les sucres au-dessous du n° 13 ; une classe pour les sucres du n° 13 au n° 20 ; une classe pour les poudres blanches au-dessus du n° 20 ; et une classe pour les raffinés. Mais ce qui peut paraître aujourd'hui assez inexplicable, les représentants des colonies parvinrent à faire élever à 5 fr., et à faire proroger jusqu'au 1er janvier 1870, la détaxe de 3 fr. 30 que la loi du 23 mai 1860 n'avait accordée aux sucres des colonies que jusqu'au 30 juin 1866 (voir page 14).

Dans l'intérêt de notre marine marchande, les sucres importés des pays hors d'Europe, par *navires étrangers*, étaient frappés d'une surtaxe de pavillon (1), remboursable jusqu'à concurrence de moitié seulement en cas d'exportation après raffinage. En vue d'empêcher qu'il ne se créât, au détriment de notre commerce, des marchés d'approvisionnement dans les pays voisins, les sucres importés des pays et entrepôts d'Europe furent soumis à une surtaxe spéciale, quel que fût d'ailleurs leur mode de transport.

La faculté d'abonnement accordée aux fabriques de sucre indigène était supprimée, sans doute parce qu'il semblait inutile de leur conserver la possibilité de réaliser des bonis sur la matière brute, au moment où elles étaient, par le régime de l'admission temporaire, appelées à bénéficier des bonis obtenus au raffinage sur les rendements d'exportation.

Le drawback, que la loi du 26 avril 1833 avait substitué aux primes directes accordées autrefois à l'exportation des sucres raffinés (voir page 6), présentait lui-même, dans son application, de graves inconvénients au point de vue budgétaire, parce qu'il ne permettait pas de prévoir exactement le crédit nécessaire pour faire face à des remboursements de droits dont il était impossible d'évaluer à l'avance

---

(1) Les surtaxes de pavillon ont été supprimées d'une manière générale par la loi du 28 juillet 1873.

l'importance. La loi du 7 mai 1864 supprima, en conséquence, le drawback et le remplaça par le régime de l'admission temporaire, qui fut rendu applicable aux sucres indigènes comme aux sucres coloniaux et exotiques des pays hors d'Europe et qui, sauf en ce qui concerne les rendements d'exportation et quelques modifications de détail, est encore actuellement en vigueur. (*Voir les conditions de ce régime, dans la IIe partie de cet ouvrage, chapitre V.*)

Sous le régime du drawback, les sucres bruts d'une nuance égale ou inférieure au 1er type (maintenu spécialement par la loi de 1860 pour les sucres destinés à l'exportation après raffinage) avaient seuls été admis à bénéficier des primes de raffinage. La loi du 7 mai 1864 étendit à trois classes différentes le régime de l'admission temporaire, savoir :

		RENDEMENT D'EXPORTATION.	
		Sucre mélis.	Sucre lumps.
Par 100 kilogram. de sucre brut	au-dessous du n° 10.	78 kilog.	79 kilog.
	du n° 10 au n° 13.	80 —	81 —
	du n° 13 au n° 16.	83 —	84 —

C'est seulement à l'égard des sucres au-dessus du n° 16 et des poudres blanches que le régime de l'admission temporaire ne fut pas autorisé.

Ainsi qu'on peut le remarquer, il n'existait aucune corrélation entre l'échelle des droits intérieurs et celle du rendement au raffinage ; tous les sucres au-dessous du n° 13 étaient compris dans une seule classe pour la perception du droit intérieur, tandis qu'ils formaient deux classes différentes (au-dessous du n° 10, et du n° 10 au n° 13) pour l'admission temporaire. De même il n'existait qu'un tarif unique pour les sucres du n° 13 au n° 20, et les sucres jusqu'au n° 16 étaient seuls admis au régime de l'admission temporaire ; ceux d'une nuance supérieure en étaient exclus.

C'était là une source de difficultés et d'abus (1), et la situation allait se compliquer encore, à la suite d'une convention conclue entre les principaux pays producteurs d'Europe pour régler le régime international des sucres. En effet, la question des primes à l'exportation des sucres raffinés préoccupait vivement le Gouvernement, qui, depuis quelque temps déjà, recherchait les moyens de la résoudre sans porter atteinte à notre commerce et à nos industries.

---

(1) Voir, pour les conséquences du défaut de concordance, les explications et le tableau donnés page 25.

Convention du 8 novembre 1864.

Les législations étrangères accordaient, comme la nôtre, des primes plus ou moins déguisées à l'exportation des sucres raffinés, et il nous était impossible de les supprimer, tant que celles des autres pays subsistaient, sous peine d'amener la ruine de la raffinerie française, qui était une des plus florissantes. Pour faire cesser un état de choses dont le Trésor des diverses nations supportait, en définitive, les conséquences, il suffisait de placer, par une entente commune, l'industrie de chaque pays dans les conditions de concurrence où elle se serait trouvée si l'impôt sur le sucre n'avait pas existé.

Tel fut l'objet de la convention internationale signée, à Paris, le 8 novembre 1864, entre l'Angleterre, la Belgique, la France et les Pays-Bas.

Aux termes de cette convention, les rendements d'exportation après raffinage furent, à la suite d'expériences effectuées dans une raffinerie de Cologne, établis, pour les pays contractants, de la manière suivante :

NUMÉROS DE LA SÉRIE des types hollandais.	SUCRES RAFFINÉS en pains.	
18-17-16 et 15.	94 kilog.	Par 100 kilogrammes de sucre brut des numéros correspondants.
14-13-12, 11 et 10.	88 —	
9-8 et 7.	80 —	
Au-dessous de 7.	67 —	

Ces quotités de rendement étaient, on le voit, encore sensiblement supérieures à celles de la loi du 7 mai 1864, bien que ces dernières eussent déjà été relevées par rapport aux rendements fixés par la loi du 16 mai 1863. On peut juger, par ces rapprochements, de l'importance des primes et des bénéfices qu'avait dû réaliser autrefois la raffinerie.

L'importation des sucres raffinés et des poudres blanches assimilées aux raffinés était autorisée d'un pays contractant dans l'autre, et les droits payés à l'importation sur ces sucres ne devaient pas, en principe, être supérieurs au drawback accordé à la sortie des sucres raffinés. Or, comme le rendement prévu pour les sucres des n°s 15 à 18 était de 94 p. 0/0, et le droit intérieur en France sur ces mêmes sucres bruts de 44 fr. par 100 kilogr., le droit sur les raffinés des pays contractants ne serait ressorti qu'à 46 fr. 83, ce qui eût été une anomalie, puisque les sucres raffinés dans les fabriques et les colonies françaises acquittaient un droit de 47 fr. Aussi, par une disposition spéciale, la France était-elle autorisée, au début, à percevoir sur les raffinés un droit supérieur de 15 p. 0/0 à celui établi sur les sucres bruts de la classe des n°ˢ 15 à 18, droit qui fut, en conséquence, porté à 50 fr. 60 (44 + $\frac{44 \times 15}{100}$ = 50. 60).

Le droit sur le sucre candi pouvait être de 7 p. 0/0 plus élevé que le droit afférent aux autres sucres raffinés ; enfin, les vergeoises étaient assimilées aux sucres bruts.

La durée de la convention fut fixée à dix années, à partir du 1ᵉʳ août 1865, et il avait été entendu que les pays qui accordaient un drawback ou une décharge à l'exportation sur le sucre raffiné, devaient mettre leurs tarifs d'entrée en harmonie avec les rendements fixés par la convention.

Cette dernière clause n'ayant pas été exécutée en France, le droit sur le sucre raffiné importé des pays contractants fut, à la suite de conférences tenues à la Haye en 1868 et 1869, abaissé de 50 fr. 60 à 48 fr. 85 par 100 kilogr. La réduction avait pour but de compenser les avantages que la raffinerie française pouvait retirer du mode de classification différent adopté pour les sucres bruts, suivant qu'ils étaient soumis à l'impôt intérieur ou placés sous le régime de l'admission temporaire. La modification apportée au tarif international par les conférences de la Haye n'avait d'ailleurs qu'un caractère provisoire ; elle ne dispensait pas la France de mettre ses tarifs intérieurs d'accord avec les rendements d'exportation prévus par la convention.

Période de 1865 à 1873.

A la suite des malheureux événements de la guerre franco-allemande de 1870, le sucre dut, comme les autres objets déjà frappés d'une taxe de consommation, payer son tribut pour subvenir aux charges énormes dont était accablé le Trésor public. Il serait sans intérêt de mentionner ici les augmentations successives que subirent les tarifs ; on en trouvera d'ailleurs l'indication dans la troisième partie de cet ouvrage relative à la législation annotée (1). Constatons seulement que la détaxe coloniale de 5 fr. par 100 kilogr., qui n'avait été autorisée que jusqu'au 1ᵉʳ janvier 1870, ne fut pas renouvelée à son expiration, et qu'à partir de ce moment les sucres coloniaux et indigènes se trouvèrent ainsi placés dans des conditions identiques vis-à-vis de l'impôt, aussi bien sous le rapport du tarif que sous celui de l'exportation et du raffinage. La

---

(1) Voir les lois des 8 juillet et 16 septembre 1871, 22 janvier 1872 et 30 décembre 1873.

production du sucre indigène ne pouvait que s'en accroître : de 174 millions de kilogrammes en 1862-63, elle atteignit 289 millions de kilogrammes pendant les campagnes 1869-70 et 1870-71, et dépassa 408 millions de kilogr. en 1872-73.

Loi du 21 mars 1874.

Le moment approchait où la convention du 8 novembre 1864 allait expirer, sans que la France eût mis son tarif intérieur en concordance avec les rendements d'exportation adoptés pour les raffinés. Les abus qui résultaient de cette dualité de régime n'avaient fait cependant que s'accroître par les fraudes auxquelles se livraient, depuis quelque temps, le commerce et l'industrie, fraudes consistant à donner aux sucres bruts une coloration artificielle qui les faisait ranger dans une classe inférieure à celle qui leur aurait été attribuée d'après leur couleur naturelle.

Il est à peine besoin de faire remarquer combien, sous le régime des types, cette fraude était préjudiciable aux intérêts du Trésor, l'écart du droit ou du rendement légal entre deux classes successives étant souvent considérable.

En vue de mettre un terme à ces abus et de préparer le terrain pour le renouvellement de la convention, on pensa que le meilleur moyen serait d'établir l'impôt à la consommation sur le sucre raffiné. Dans ce but, après des débats fort animés, l'Assemblée nationale décida, dans sa séance du 21 mars 1874, que les raffineries seraient soumises à l'exercice, au plus tard à partir du 1er juillet 1875, dans les mêmes conditions que les fabriques-raffineries. Mais, dans sa précipitation à trancher une question ardemment controversée, l'Assemblée nationale s'était bornée à poser le principe ; elle n'avait ni réglé les conditions de l'exercice, ni délégué au Pouvoir exécutif le soin de les déterminer par décret, ni fixé le tarif des droits auxquels devaient être soumis les divers produits du raffinage, y compris les mélasses.

Projet de renouvellement de la convention ; loi du 29 juillet 1875.

Pour combler cette lacune, le Gouvernement fit préparer un projet de loi et un projet de règlement, en même temps qu'il poursuivait, dans des conférences tenues à Bruxelles, au mois de mai 1875, le renouvellement d'une convention internationale avec les puissances signataires du traité de 1864.

La France se présentait, cette fois, avec la perspective d'un régime d'impôt basé sur l'exercice des fabriques et des raffineries, régime qui, permettant d'atteindre effectivement toutes les quantités livrées à la consommation, devait supprimer en fait les primes dont pouvait bénéficier encore la raffinerie. La difficulté consistait à obtenir, sinon l'application d'un régime, absolument identique, du moins des garanties équivalentes de la part des autres pays contractants. C'est du fait de la Belgique que les négociations subirent le plus de retard. Les représentants de ce pays déclarèrent qu'ils ne pouvaient s'engager à établir l'exercice des fabriques et des raffineries, mais qu'ils étaient disposés à relever le minimum de prise en charge dans les fabriques et à diminuer les droits de 33 0/0.

Admises en principe, ces concessions n'étaient cependant pas considérées comme l'équivalent du régime de l'exercice que s'imposaient la France et la Hollande, et que l'Angleterre s'engageait à appliquer chez elle dans l'éventualité du rétablissement des droits sur les sucres. Poursuivies par voie diplomatique, les négociations aboutirent enfin à une réduction de 50 0/0 sur le taux de l'impôt en Belgique, ce qui, en atténuant d'autant le montant des primes, permit d'arriver à une entente que consacra un traité international signé à Bruxelles le 11 août 1875.

En présence du retard que subissait le renouvellement de la convention, l'exercice des raffineries n'avait pas été appliqué le 1er juillet 1875 ; il fut ajourné au 1er mars 1876 par une loi du 29 juillet 1875. Cette loi contenait, d'ailleurs, une importante disposition destinée à combattre les fraudes résultant de la coloration artificielle des sucres ; elle institua, par son article 3, le recours aux procédés saccharimétriques, pour contrôler le classement des sucres dont la nuance ne paraitrait pas correspondre à la richesse effective. On revenait ainsi à l'emploi d'un procédé que la loi du 13 juin 1851, restée à l'état de lettre morte, avait déjà prévu, et ce fut là le point de départ des mesures prises pour arriver à l'établissement de l'impôt basé sur la richesse saccharine, tel qu'il existe actuellement.

Loi du 30 décembre 1875. — Rejet de la convention.

En attendant que la convention signée à Bruxelles fût sanctionnée par les divers pays contractants, l'Assemblée nationale se mit à l'œuvre pour régler l'exercice des raffineries, qui devenait la base du régime destiné à assurer la perception de l'impôt sur la consommation intégrale et la suppression des primes.

Les dispositions adoptées dans ce but firent l'objet de la loi du 30 décembre 1875, dont voici l'économie générale :

Le droit était fixé à 73 fr. 50 au lieu de 73 fr. 32 sur les sucres raffinés, et à 0 fr. 715, pour chaque degré de richesse absolue, sur les sucres bruts ; les mélasses indigènes et celles des colonies pouvaient être livrées à la consommation moyennant le paiement d'un droit de 10 fr., le tout par 100 kilogrammes. Les mélasses exportées et celles employées à la préparation de produits non alimentaires ou transformées en produits soumis à un impôt, étaient exonérées.

Par analogie avec ce qui avait été adopté en 1851, les sucres bruts destinés aux raffineries étaient préalablement imposés, *au minimum*, d'après un rendement présumé au raffinage, basé sur les procédés saccharimétriques et dont les conditions devaient être déterminées par un règlement d'administration publique. Les sommes encaissées étaient définitivement acquises au Trésor, quel que fût le résultat final du raffinage.

Les droits applicables aux sucres expédiés à toute destination ne devaient être définitivement liquidés qu'à la sortie des raffineries ; le montant en était imputé, jusqu'à due concurrence, sur les droits perçus à l'entrée. Lorsque les droits liquidés à la sortie dépassaient le compte créditeur, le reliquat devait être acquitté immédiatement.

Le régime de l'admission temporaire était supprimé. A l'exportation, les sucres raffinés donnaient lieu à la délivrance de certificats de sortie, lesquels, pendant un délai de deux mois, étaient reçus en compensation, dans le paiement des droits, pour une somme égale à celle qu'auraient acquittée les produits exportés s'ils avaient été livrés à la consommation.

Toutefois, comme ces dispositions n'avaient leur raison d'être qu'en vue de l'exécution de la convention de Bruxelles, la loi stipulait que, tant que cette convention ne serait pas ratifiée, la perception de l'impôt, à partir du 1er mars 1876, continuerait à être effectuée conformément à la loi du 29 juillet 1875. Le cas échéant, et pour éviter certaines difficultés d'application, la loi déterminait le titrage maximum de chaque type, tant au point de vue du paiement des droits que du régime de l'admission temporaire. Enfin les poudres blanches au-dessus du n° 18, provenant des fabriques indigènes et des pays hors d'Europe, pouvaient être, pour la première fois, placées sous le régime de l'admission temporaire et apurées par l'exportation d'une quantité de 97 0/0 de sucre raffiné.

Successivement approuvée en France et en Belgique, la convention fut repoussée par les États généraux de Hollande. Chacune des puissances contractantes reprit alors sa liberté d'action.

On essaya bien, dans les conférences tenues à Paris, en 1876 et en 1877, de jeter les bases d'une nouvelle convention. Mais ce fut en vain, et, d'ailleurs, la situation de l'industrie sucrière en Europe n'était plus la même qu'en 1864. Depuis cette époque, l'Allemagne et l'Autriche-Hongrie avaient pris rang parmi les pays producteurs ; il aurait donc fallu que ces deux nations adhérassent à la convention, pour qu'elle eût un résultat réellement efficace. Les ouvertures faites, dans ce but, aux Gouvernements allemand et autrichien étant restées sans résultat, il fallut renoncer à tout espoir d'arriver à une entente.

Le rejet de la convention eut pour conséquence de replacer l'industrie sucrière en France sous le régime de la loi du 29 juillet 1873, c'est-à-dire de faire porter l'assiette de l'impôt sur une double série de classes : l'une pour la perception des droits, l'autre pour l'admission temporaire. Les dispositions qui avaient trait à l'exercice des raffineries restèrent donc, comme celles de la loi du 13 juin 1851, sans application. Pour la seconde fois depuis vingt-cinq ans, les raffineurs échappaient à l'exercice, que les fabricants de sucre ne cessaient de réclamer, dans la pensée de pouvoir écouler plus facilement leurs sucres bruts à l'étranger, si on supprimait les primes dont ils prétendaient supporter toute la charge au profit exclusif de la raffinerie.

Bien que le classement des sucres fût, cette fois, rendu plus exact au moyen du titrage limitatif prévu, pour chaque classe, par l'article 14 de la loi du 30 décembre 1875, il faut bien reconnaître que le défaut de concordance entre le régime intérieur et celui de l'admission temporaire, aboutissait encore à d'étranges anomalies.

Ainsi, par exemple, 100 kilogr. de sucre raffiné provenant d'un sucre brut titrant 67° payaient 97 fr. 80 s'ils étaient acquittés en argent, alors que le tarif légal des sucres raffinés n'était que de 73 fr. 32 c. Par contre, 100 kilogrammes de sucre raffiné provenant d'un sucre brut titrant 90° n'acquittaient, pour la consommation intérieure, que 72 fr. 80 ; mais si ces 100 kilogr. étaient extraits d'un sucre brut titrant seulement un degré de plus, soit 91°, ils supportaient un impôt de 75 fr. 40, tandis que sous le régime de l'admission temporaire cet impôt n'aurait été que de 70 fr. 90. Enfin les poudres blanches titrant 99 degrés ne payaient également, par 100 kilogr. de sucre pur, que 70 fr. 20 si elles étaient déclarées pour la consommation, au lieu de 71 fr. 12 si elles avaient été placées sous le régime de l'admission temporaire. — (Voir ci-dessous quelques exemples extraits d'un tableau annexé à l'exposé des motifs du projet de la loi du 29 juillet 1880 (A).

Les conséquences de cette législation sont faciles à saisir. Le commerce ne recherchait, pour la consommation intérieure, que les sucres titrant le plus près possible de 90° et un ou deux degrés au-dessous, ou ceux titrant 97° et au-dessus. Pour l'admission temporaire, c'étaient les sucres se rapprochant le plus des titrages de 75°, de 84°, de 91° et de 97°, *mais sans les dépasser*, qui offraient le plus d'avantages à l'industrie. Les raffineurs ne pouvaient employer les sucres titrant 76°, 85° et 92°, ou les degrés immédiatement supérieurs, parce que leur rendement au raffinage était inférieur à la quantité de raffiné qui devait être exportée.

Certaines catégories de sucres, ceux à 76°, à 85°, à 92° par exemple, étaient donc absolument exclues du marché. D'un autre côté, suivant les besoins du moment, les fabricants devaient s'attacher à produire des sucres d'une qualité spéciale, ce qui apportait un véritable trouble dans les transactions commerciales et permettait des agiotages, dont on faisait remonter, non sans raison, la responsabilité aux imperfections de la législation.

(A) Richesse saccharine. (Limites fixées par l'article 14 de la loi du 30 décembre 1875).	Catégories correspondantes et taxes pour la consommation.	et rendement d'exportation pour l'admission temporaire.	Rendement en sucre raffiné correspondant à la taxe perçue à la consommation (1).	Taxe correspondant au rendement fixé pour l'exportation des raffinés (1).	Taxe correspondant pour 100 kilogr. aux degrés saccharimétriques inscrits dans la 1re colonne.	
					Sucres livrés à la consommation.	Sucres placés en admission temporaire.
67 à 75	au-dessous du n° 13 Taxe perçue 65 fr. 52	au dessous du n° 7. — Rendement 67 p. %	89 36 pour 100	fr. 49 12	fr. 97 80 87 30	fr. 73 30 65 50
76 à 84		du n° 7 au n° 9. Rendement 80 p. %		58 66	80 20 78 00	77 20 69 80
85 à 90	du n° 13 au n° 20 Taxe perçue 68 fr. 64	du n° 10 au n° 14. Rendement 88 p. %	93 61 pour 100	64 52	77 00 72 80	75 90 71 70
91					75 40	70 90
92 à 97		du n° 15 au n° 18. Rendement 94 p. %		68 82	74 60 70 70	74 99 71 00
98 à 100	au-dessus du n° 20. Taxe perçue 70 fr. 20	au-dessus du n° 18. Rendement 97 p. %	95 74 pour 100	71 12	71 60 70 20	72 60 71 42

(1) Les calculs sont établis en prenant pour base la taxe de 73 fr. 32 applicable aux sucres raffinés.

III. — IMPOSITION DU SUCRE D'APRÈS LE RENDEMENT PRÉSUMÉ AU RAFFINAGE.

Loi du 19 juillet 1880.

L'exercice des raffineries, qui, en 1874 et 1875, avait paru devoir être la véritable solution des difficultés résultant de la loi du 7 mai 1864, n'était plus considéré, en 1880, comme une mesure à laquelle on pût recourir sans danger, du moment où il fallait renoncer à l'espoir d'une convention, sur le régime international des sucres, entre les divers pays producteurs d'Europe. Il restait trois autres solutions en présence, savoir : l'impôt unique sur le sucre brut sans distinction de qualité, l'impôt basé sur la richesse saccharimétrique absolue, et l'impôt d'après le rendement présumé au raffinage.

La première de ces solutions, qui aurait garanti absolument les intérêts du fisc, dut être immédiatement écartée parce qu'on lui reprochait de frapper également les bons et les mauvais sucres, et de favoriser exclusivement les producteurs de poudres blanches.

L'impôt sur la richesse saccharimétrique absolue n'eut pas plus de succès. Bien que n'ayant pas l'inconvénient de soumettre aux droits les impuretés contenues dans les sucres bruts, ce système fut combattu, comme présentant des imperfections, en ce sens qu'il ne tenait pas compte de l'influence mélassigène de ces impuretés. Il était, en conséquence, mal accueilli surtout par les fabricants qui produisaient des sucres roux, et par les raffineurs des ports qui mettaient en œuvre des sucres exotiques de qualité inférieure.

Ce fut donc au troisième système que l'on s'arrêta, c'est-à-dire à l'impôt sur le rendement présumé au raffinage, impôt qui est évidemment le plus équitable, puisque la taxe perçue au moment de la livraison à la consommation et la décharge accordée en cas d'exportation sont proportionnelles à la valeur réelle du produit. Mais, ce choix opéré, il restait à déterminer comment serait calculé le rendement présumé au raffinage.

La loi du 29 juillet 1875 avait bien, il est vrai, déjà prescrit de recourir aux procédés saccharimétriques pour le classement des sucres, et celle du 30 décembre de la même année fixait le titrage maximum applicable à chaque type ; mais ni l'une ni l'autre n'avaient arrêté les méthodes d'analyse. On s'était borné à suivre les usages du commerce et les procédés adoptés, depuis quelques années déjà, par les raffineurs pour l'achat des sucres. Voici sur quelles données étaient basés ces procédés.

Les sucres contiennent dans leurs impuretés plus ou moins de substances incombustibles, parmi lesquelles il existe des sels dont la présence a pour effet de rendre inextractible une certaine quantité de sucre pur. Pour évaluer le coefficient d'action de ces matières, les chimistes du commerce avaient admis que toutes les substances incombustibles trouvées dans les sucres seraient considérées comme étant des sels. Ayant constaté, d'un autre côté, que les mélasses épuisées de sucre de betteraves renferment en moyenne 50 p. 0/0 de sucre cristallisable ou incristallisable et 10 p. 0/0 de matières incombustibles, ils en avaient conclu que les sels immobilisent, dans les mélasses, 5 fois leur poids de sucre. On admettait, en outre, que le glucose occasionne, dans le cours du raffinage, un déchet double de son poids. De là s'était établi l'usage d'opérer, sur le titrage absolu des sucres, une réfaction égale à 5 fois le poids des cendres et à 2 fois le poids du glucose.

Mais cet usage ne reposait que sur une théorie admettant que les sels constatés dans les sucres se retrouvent *en totalité* dans les mélasses. Or, il faut bien reconnaître que cette théorie prêtait à la critique, puisqu'une partie des sels s'accumule dans les produits inférieurs du raffinage (vergeoises) et qu'une autre partie est éliminée dans le cours des travaux successifs de repassage.

Les coefficients employés dans le commerce étaient donc certainement exagérés, et c'est pour tenir compte de cette considération, que la loi du 19 juillet 1880 réduisit le coefficient de réfaction à 4 pour les cendres, tout en maintenant celui de 2 pour le glucose. Mais les raffineurs ayant obtenu la concession, à titre de déchet de raffinage, d'une allocation de 1 1/2 p. 0/0 sur le rendement calculé d'après les coefficients ci-dessus, le Trésor ne dut retirer en définitive aucun bénéfice de l'abaissement du coefficient de réfaction sur les cendres. La modification apportée aux bases adoptées précédemment pour le calcul du rendement présumé au raffinage s'est, en effet, traduite par une augmentation de la quantité de raffiné imposable dans les sucres à bas degrés et par une diminution dans les sucres blancs.

La loi du 19 juillet 1880 ne se borna pas à modifier l'assiette de l'impôt dans le sens d'une répartition plus équitable des droits sur les sucres bruts ; elle eut aussi pour but d'assurer le développement de la consommation par une réduction considérable du tarif.

Jusqu'en 1870, la fabrication indigène n'avait qu'exceptionnellement dépassé 250 millions de kilogrammes ; mais, à partir de cette année, et pour les dix campagnes suivantes, elle atteignait 371 millions de kilogrammes en moyenne. Or, la consommation était loin d'avoir suivi la même progression ; elle était, au contraire, restée stationnaire et n'avait pas été, en 1879, supérieure à 290 millions de kilogrammes, chiffre à peu de chose près égal à celui de la consommation de 1869. D'un autre côté, nos sucres rencontraient sur le marché international la concurrence de ceux de l'Autriche et de l'Allemagne, dont la production prenait, chaque jour, un développement de plus en plus rapide, ce qui fermait à notre industrie sucrière une partie de ses débouchés.

Pour assurer l'écoulement de notre surproduction, on pensa qu'il suffirait de développer notre consommation intérieure, et que, pour atteindre ce but, il convenait d'abaisser le tarif qui, au taux de 73 fr. 32 par 100 kilogr. de raffiné, représentait 120 p. 0/0 de la valeur actuelle du sucre. Le moment parut d'autant plus propice pour opérer cette réduction que, depuis quelques années, les budgets se soldaient tous, sans exception, par des excédents considérables de recettes. En conséquence, le droit sur le sucre raffiné fut ramené de 73 fr. 32 à 40 fr. par 100 kilogrammes, et, pour protéger le marché intérieur, la surtaxe sur les sucres d'Europe fut portée de 2 fr. à 3 fr. Comme corollaire de la tenue des comptes en sucre raffiné, au lieu de sucre au premier type titrant environ 88 degrés, la prise en charge dans les fabriques fut abaissée de 1400 gr à 1200 gr. par hectolitre de jus et par degré de densité au-dessus de 100. C'était, en définitive, l'équivalent, ou à peu près, de la prise en charge prévue par la loi du 31 mai 1846 ; en effet $\frac{1400 \times 88}{100} = 1232$.

La loi du 19 juillet 1880 édicta aussi, pour le sucre candi, pour les sucres étrangers et pour la détermination du rendement présumé au raffinage, des dispositions nouvelles sur lesquelles il serait inutile d'insister ici, parce qu'étant pour la plupart encore en vigueur aujourd'hui, elles sont indiquées en détail dans la seconde partie de cet ouvrage.

Loi du 29 juillet 1884.

Au point de vue fiscal, la loi du 19 juillet 1880 approchait de la perfection. En supprimant les choquantes inégalités résultant du régime des types, et les primes qui en étaient la conséquence, elle avait à peu près assuré au Trésor la totalité des recettes auxquelles il pouvait prétendre. Aussi, malgré une diminution de près de 50 0/0 dans les tarifs, l'impôt sur les sucres atteignit encore 136,000,000 fr. en 1881, alors qu'il n'avait pas dépassé 178,700,000 fr. l'année précédente. Ce résultat n'était pas dû seulement, il est vrai, à la suppression des primes ; il tenait aussi à un développement de la consommation (376 millions de kilogrammes en raffiné, au lieu de 290 millions en sucre brut, pendant l'année 1879), qui venait de trouver un nouvel élément dans l'emploi des sucres pour le sucrage des vendanges et pour la fabrication des vins de seconde cuvée.

Mais, si le Trésor n'avait qu'à se louer du nouveau régime, il n'en était pas de même de notre industrie. En concurrence sur le marché étranger avec les sucres allemands, autrichiens, belges et hollandais, qui jouissaient tous de primes plus ou moins déguisées, nos sucres bruts n'étaient protégés sur le marché intérieur que par une légère surtaxe de douane de 3 fr. par 100 kilogr., applicable seulement aux sucres provenant des pays et des entrepôts d'Europe, et cette surtaxe était insuffisante pour balancer l'effet des primes dont bénéficiaient les sucres d'Europe.

En effet, favorisés par les conditions du drawback qui leur était accordé, les sucres allemands firent irruption sur notre marché, et nos fabricants eurent à combattre la double concurrence des sucres exotiques et des sucres étrangers d'Europe. En fait, la situation de la sucrerie indigène devenait critique. La production moyenne, qui, pour la période comprenant les six campagnes antérieures à la loi de 1880, avait atteint 377 millions de kilogrammes de sucres au 1er type, représentant environ 340 millions de kilogr. en raffiné, ne s'était élevée, pour les trois campagnes écoulées depuis le vote de cette loi, qu'à 327 millions de kilogrammes, malgré une augmentation de près de 80 millions de kilogrammes dans le chiffre de la consommation. Le développement acquis par la consommation avait donc surtout profité aux sucres étrangers, et on craignait de voir descendre encore la production indigène.

Mal outillées, n'employant que des betteraves peu riches en sucre, nos fabriques se trouvaient d'ailleurs, au double point de vue des procédés industriels et culturaux, dans un état notoire d'infériorité en face des usines allemandes et autrichiennes. Ces dernières, de création plus récente, avaient pu, grâce au régime protectionniste des primes, profiter immédiatement de tous les perfectionnements, de tous les progrès.

Pour remédier à cette déplorable situation, il fallait évidemment, au moyen de primes indirectes, inciter notre industrie à perfectionner ses procédés de culture et de fabrication, en vue de l'amener à soutenir la lutte à armes égales avec la concurrence étrangère. Mais les avis étaient partagés sur les dispositions à prendre dans ce but.

Deux systèmes étaient préconisés. L'un prenait comme base de l'impôt une prise en charge à déterminer d'après la densité et le volume des jus : c'était une réminiscence du régime de l'abonnement qui avait déjà fonctionné, pendant quatre années, sous l'empire de la loi du 23 mai 1860. L'autre basait la prise en charge sur le poids des betteraves mises en œuvre. Dans les deux cas, les sucres obtenus en sus du rendement minimum prévu par la loi devaient être exempts du droit, et c'est ce droit, dont bénéficiait le fabricant sur les excédents, qui constituait la prime.

Le premier système fut bientôt abandonné, parce que, s'il pouvait avoir pour effet de pousser les industriels à perfectionner leurs procédés de fabrication, on lui reprochait de n'être pas assez efficace pour amener les agriculteurs à améliorer la culture de la betterave qui avait, elle aussi, d'immenses progrès à réaliser.

Ce fut donc au système de l'impôt sur la betterave que l'on s'arrêta ; c'était, d'ailleurs, celui qui avait amené l'industrie sucrière de l'Allemagne au degré extraordinaire de développement qu'elle avait acquis en si peu d'années. Mais, au lieu d'imposer la betterave elle-même, comme en Allemagne, on préféra, ainsi que nous l'avons dit plus haut, fixer un rendement légal en sucre par 100 kilogr. de betteraves, ce qui permit de conserver notre régime d'admission temporaire, et d'éviter de rembourser, à la sortie, des droits qu'il eût été fort difficile de déterminer exactement pour les sucres exportés après raffinage et pour les sucres bruts enlevés directement des fabriques à destination de l'étranger.

Tel est le principe général sur lequel fut basée la loi du 29 juillet 1884, dont les dispositions les plus importantes sont analysées ci-après.

En vue de donner à l'industrie et à l'agriculture le temps nécessaire pour transformer leurs procédés de fabrication et de culture, les fabricants purent, pendant les trois premières campagnes, opter entre le régime de l'abonnement ou celui de l'impôt à l'effectif, avec allocation, dans ce dernier cas, d'un déchet de 8 p. 0/0 sur le produit de la fabrication, déchet qui restait indemne de tout droit, au même titre que les excédents, dans les fabriques abonnées. Pendant la même période, pour tenir compte de la différence considérable de rendement qu'on obtient, suivant que le jus des betteraves est extrait au moyen de la diffusion ou par les presses, la prise en charge légale fut fixée, dans les fabriques abonnées, à 6 kilogr. de raffiné par 100 kilogr. de betteraves, si on employait des diffuseurs, et à 5 kilogrammes seulement dans les autres cas. A partir de la quatrième campagne, c'est-à-dire à compter de la campagne de 1887-88, le régime de l'abonnement fut rendu obligatoire pour toutes les fabriques, et la prise en charge était fixée uniformément à 6,250 p 0/0, avec augmentation de 0, 250 gr. pour chacune des trois campagnes suivantes, quel que fût le procédé d'extraction des jus.

D'un autre côté, afin de permettre aux fabricants de pouvoir expédier à l'étranger leurs excédents indemnes, sans perdre le bénéfice de la prime, les sucres bruts titrant au moins 98° furent reçus à la décharge des obligations d'admission temporaire. Postérieurement, cette faculté a été étendue à tous les sucres bruts titrant au moins 65°, en sorte que le régime de l'admission temporaire a perdu son caractère propre qui semble devoir consister à ne laisser entrer en franchise que des matières premières destinées à être réexportées, après transformation. En fait, l'admission temporaire des sucres bruts devint un régime destiné à faciliter les transactions du commerce.

Comme compensation aux faveurs dont la sucrerie indigène était l'objet, les sucres des colonies françaises importés directement en France eurent droit à un déchet de fabrication de 12 p. 0/0, c'est-à-dire que, sur une quantité de 100 kilogr. de sucre importé, 12 kilogr. pouvaient être livrés à la consommation sans acquitter aucun droit. C'est ce qu'on appela la *déduction coloniale*.

Dans le but d'écarter de notre marché les sucres primés d'Europe, la surtaxe de 3 fr. dont ils avaient été frappés par la loi du 19 juillet 1880 fut élevée à 7 fr., et, quel que fût leur rendement effectif, ils ne purent plus être imposés pour un rendement inférieur à 80 p. 0/0.

Enfin, le sucre destiné au sucrage des vendanges fut dégrevé ; il ne devait plus supporter qu'une taxe spéciale de 20 fr. seulement par 100 kilogrammes, payable à la sortie des fabriques et des entrepôts, ou à l'entrée en France, sous réserve de certaines justifications d'emploi à déterminer par un règlement d'administration publique qui fut promulgué ultérieurement (décret du 22 juillet 1885).

Une pareille transformation de notre législation fiscale sur les sucres ne pouvait évidemment s'effectuer sans porter atteinte aux intérêts du Trésor ; il parut, dès lors, indispensable de relever la taxe sur les sucres représentant la prise en charge, sucres qui seuls devaient à l'avenir supporter l'impôt. Pour compenser la perte résultant de l'immunité concédée aux excédents de rendement, on pensa qu'il suffirait de majorer de 10 fr. le droit actuel, qui fut ainsi porté de 40 à 50 fr. par 100 kilogr. de raffiné.

Un décret, en date du 31 juillet 1884, réglementa les conditions du pesage des betteraves dans les fabriques, et apporta aux dispositions en usage pour l'exercice quelques modifications, dont la principale consista à autoriser l'enlèvement des mélasses des fabriques à destination des sucrateries, où, par des procédés spéciaux, on extrayait le sucre de ces mélasses. C'était là une réelle innovation, puisque jusqu'alors, et en exécution de la loi du 31 mai 1846, les mélasses de fabrique ne pouvaient être expédiées que sur les distilleries. Antérieurement, les sucrateries ne pouvaient donc travailler que les mélasses *libérées d'impôt* provenant des raffineries libres.

Loi du 13 juillet 1886.

En fixant à 12 p. 0/0 la déduction coloniale, le législateur de 1884 avait, sans doute, arbitré le chiffre auquel il comptait voir s'élever la quotité des excédents et des bonis de la fabrication indigène. Pendant la première campagne, ses prévisions se réalisèrent assez exactement : la production ne dépassa pas 272,962,000 kilogr., et les bonis ou excédents atteignirent 39,087,000 kilogr., soit une proportion de 14, 31 p. 0/0. Mais, pour la campagne 1885-86, il en fut tout autrement ; à une prise en charge de 265,071,000 kilogr. seulement correspondait un chiffre de sucres indemnes s'élevant à 77,839,000 kilogrammes, ce qui porta la proportion des sucres indemnes à 29,32 p. 0/0. Les colonies réclamèrent aussitôt contre l'insuffisance de la déduction qui leur était allouée et demandèrent le *régime de l'équivalence*, c'est-à-dire la concession d'une déduction égale à celle dont bénéficierait la sucrerie indigène.

La loi du 13 juillet 1886 eut pour but de leur donner cette satisfaction. Mais, comme il n'est pas possible de prévoir le chiffre exact des excédents d'une campagne, il fut décidé que le taux de la déduction coloniale serait fixé à la moyenne des excédents réalisés par la sucrerie indigène pendant la campagne précédente. Pour la campagne 1886-87, le taux de la déduction fut en même temps arrêté au chiffre ferme de 24 p. 0/0.

Lois des 27 mai et 4 juillet 1887.

Le régime inauguré par la loi du 29 juillet 1884 avait été, comme on l'a fort bien dit, un véritable saut dans l'inconnu.

Au début, l'industrie et l'agriculture éprouvèrent des hésitations, des difficultés, pour opérer les importantes transformations à réaliser, en vue de bénéficier des avantages que leur offrait le nouveau régime. Aussi, pendant les deux premières années, les recettes du Trésor se maintinrent-elles au-dessus des prévisions budgétaires ; elles s'élevèrent à 171 millions de francs pour chacun des exercices 1884 et 1885. Mais, à partir de ce moment, les choses changèrent de face ; les procédés de fabrication et de culture s'améliorèrent rapidement, et le produit du droit sur les sucres descendit à 137 millions de francs en 1886. La prime acquise à la sucrerie indigène (non compris la déduction coloniale) s'éleva successivement à 19,800,000 francs, et à 38,900,000 francs pour chacune des campagnes 1884-85 et 1885-86.

Pendant cette dernière campagne, le rendement dans les fabriques abonnées atteignit 8 k. 120 gr. de sucre raffiné pour 100 kilogr. de betteraves, et, comme en Allemagne on parvenait à extraire de la betterave jusqu'à 10,50 et 11 p. 0/0 de sucre, il était facile de prévoir que le Trésor était menacé de subir des pertes de plus en plus élevées.

Les résultats de la campagne 1886-87 s'annonçaient comme devant être encore beaucoup plus favorables, pour l'industrie, que ceux de la campagne précédente. Si les progrès continuaient à s'accentuer avec la même rapidité, il n'était pas téméraire d'envisager l'éventualité d'une disparition presque complète des recettes sur les sucres. Surexcitée par l'appât des primes, la fabrication indigène ne pouvait manquer d'atteindre un développement et un degré de perfection tels que la consommation eût été alimentée en grande partie par les excédents indemnes. Le système des primes à la fabrication, basé sur un rendement minimum de la matière première, a, en effet, pour conséquence de pousser l'industrie à produire des quantités supérieures aux besoins de la consommation intérieure, à n'employer que des betteraves extra-riches, et à extraire, même par les moyens les plus coûteux, tout le sucre des betteraves, afin d'obtenir le plus possible d'excédents pour alimenter cette consommation. Cet inconvénient trouve, il est vrai, un correctif dans l'avilissement des cours que produisent, sur le marché international, les stocks plus ou moins considérables que les fabricants sont obligés d'exporter ; mais, si le consommateur retire ainsi un avantage de l'abaissement du prix de la marchandise, c'est, en définitive, le Trésor qui en fait les frais.

Assurément, le législateur de 1884 n'avait pas eu la pensée d'accorder à l'industrie sucrière des bénéfices aussi considérables, ni d'infliger au Trésor une semblable perte.

Deux moyens se présentaient pour remédier à cet état de choses. L'un consistait à augmenter le droit sur le sucre imposable et à établir en même temps un droit réduit sur les excédents, la différence entre ces deux droits constituant la prime ; l'autre reposait sur un relèvement du minimum de la prise en charge.

Ces deux moyens furent simultanément employés.

Afin d'atteindre les excédents de la campagne 1886-87, une loi du 27 mai 1887 établit une surtaxe temporaire de 10 fr. par 100 kilogr. sur les sucres représentant la prise en charge, ainsi que sur les excédents. Cette surtaxe, qui devait expirer le 31 décembre 1887, portait donc le droit sur les sucres de la première catégorie à 60 fr. et imposait ceux de la seconde à raison de 10 fr. par 100 kilogr., ce qui laissait toujours subsister une prime de 50 francs. Le droit spécial sur les sucres destinés au sucrage des vendanges était, en même temps, élevé de 20 fr. à 24 fr.

Puis, pour réduire l'importance des excédents des prochaines campagnes, une seconde loi du 4 juillet 1887 éleva le rendement légal de la campagne 1887-88 à 7 kilogr. au lieu de 6 k. 250, chiffre fixé par la loi de 1884, avec augmentation progressive de 0 k. 250 pour chacune des trois campagnes suivantes. C'était, en définitive, une surélévation de 0 k. 750 dans le taux de la prise en charge, par rapport aux fixations de 1884.

D'un autre côté, il parut nécessaire d'arrêter l'extraction du sucre des mélasses, extraction qui, pratiquée dans la plupart des fabriques au moyen de l'osmose, venait accroître considérablement les excédents de rendement, en privant nos distilleries de la région du Nord de leur principale matière première. A cet effet, la loi du 4 juillet 1887 disposa que, chez les industriels qui ne feraient pas usage du procédé de l'osmose, la prise en charge serait apurée de 14 kilogr. de raffiné par 100 kilogr. de mélasses ayant au moins une richesse saccharine absolue de 44 p. 0/0, quand ces mélasses seraient expédiées sur les distilleries ou à l'étranger. C'était une mesure avantageuse à la fois pour les fabricants et pour le Trésor.

En effet, le travail des mélasses par l'osmose peut donner environ de 25 à 30 kilogr. de raffiné pour 100 kilogr. de mélasse ; mais le procédé d'extraction est fort coûteux ; or, en accordant aux fabricants une décharge de 14 kilogr. pour des mélasses qui antérieurement n'étaient pas admises dans la liquidation de leur compte, on majore d'autant leurs excédents. Ils bénéficient donc de la prime sur cette quantité, sans avoir à supporter aucune dépense de main-d'œuvre. De son côté, le Trésor y trouve un bénéfice, puisqu'au lieu de voir entrer dans la consommation une quantité de 25 à 30 kilogr. de sucre qui ne paie que le droit réduit, il n'accorde le bénéfice de ce droit réduit qu'à 14 kilogrammes ; la différence représente dès lors une quantité qui est soumise au paiement du droit plein.

Enfin, prenant texte de ce que la loi de 1884 avait, dans l'intérêt de l'industrie sucrière, inauguré un régime qui augmentait considérablement les difficultés de la surveillance dans les fabriques, on imposa aux industriels le paiement d'une redevance de trente centimes par 1,000 kilogr. de betteraves mises en œuvre. Le produit de cette redevance devait servir à renforcer le personnel, dont l'action paraissait avoir été mise en défaut sur quelques points.

Décret du 25 août 1887.

A cette époque, des préoccupations assez vives s'étaient, en effet, manifestées de divers côtés, au sujet de l'insuffisance des moyens de surveillance dont l'administration disposait dans les fabriques et des fraudes qui avaient pu en être la conséquence. Ce fut pour calmer ces craintes qu'on institua une commission extra-parlementaire, dite commission des fraudes. Les travaux de cette assemblée aboutirent à la promulgation du décret du 25 août 1887, dont les prescriptions principales consistèrent dans une détermination rigoureuse des conditions exigibles pour l'installation des ateliers de pesage des betteraves, ainsi que dans quelques dispositions nouvelles pour le contrôle des opérations de pesage et pour la tenue des comptes des fabriques.

Projet d'une nouvelle convention. — Conférences de Londres en 1887 et 1888.

Les primes accordées à la sucrerie française ne menaçaient pas seulement les intérêts du Trésor ; elles avaient aussi une influence sur le marché international. En effet, ainsi qu'on l'a expliqué plus haut, ce régime devait nécessairement développer notre fabrication et nous forcer à exporter une partie de nos produits, qui venaient faire concurrence, principalement sur le marché de Londres, aux autres sucres primés des pays d'Europe. Ainsi, par exemple, notre production de la campagne 1886-87 ayant atteint 434 millions de kilogr. en raffiné, et nos colonies en important en moyenne 110 millions de kilogr. par an, nous disposions de 544 millions de kilogr., alors que notre consommation ne dépassait pas 396 millions en raffiné ; la différence, soit 148 millions de kilogr. environ, devait donc être écoulée à l'étranger.

Ces exportations pesaient naturellement sur les cours et, en Angleterre, où il n'existait aucun droit sur le sucre, elles avaient pour effet de faire coter cette denrée à un taux inférieur au prix de revient, les fabricants étant obligés de sacrifier une partie de la prime pour placer leur marchandise.

Au premier abord, il semble donc que l'Angleterre, qui ne possède d'ailleurs pas de fabrique de sucre, avait tout intérêt au maintien de cet état de choses, lequel était surtout préjudiciable aux pays qui, grâce aux primes, avaient, comme l'Allemagne et l'Autriche-Hongrie, accaparé le marché anglais. Ce fut cependant l'Angleterre qui prit l'initiative de réunir une conférence pour l'abolition des primes. C'est que, dans le Royaume-Uni, si les consommateurs bénéficient de la lutte à laquelle se livrent, au moyen des primes, divers pays producteurs d'Europe, il est d'autres intérêts qui en souffrent, savoir : l'industrie du raffinage, les colonies et la marine. Privée de toute prime, l'industrie du raffinage y est en pleine décadence, et les sucres des colonies anglaises ne peuvent, aux cours actuels, supporter que difficilement la concurrence avec les sucres primés d'Europe, ce qui enlève à la marine anglaise un important élément de fret.

La conférence se tint à Londres, au mois de novembre 1887 ; tous les pays d'Europe ayant un intérêt dans la question des sucres y étaient représentés. Les délégués furent unanimes pour accepter, en principe, la suppression des primes ; mais, lorsqu'il s'agit de déterminer les moyens à employer pour y parvenir, l'accord disparut. Chaque nation avait, en effet, des idées particulières sur le régime qui conviendrait le mieux pour assurer la perception de l'impôt sur l'intégralité des quantités livrées à la consommation et faire disparaître les primes. Les délégués durent se séparer pour laisser à chaque Gouvernement le temps de préparer un projet qui pût servir de base à une entente commune.

Réunis de nouveau à Londres, dans le courant de l'année 1888, les divers pays représentés ne purent parvenir à un accord, et c'est en vain que le cabinet anglais fit signer, le 30 août 1888, par un certain nombre de Gouvernements, une convention qui excluait du marché des pays contractants les sucres primés provenant des pays non contractants. Une opposition fort vive, de la part des consommateurs anglais, empêcha finalement la mise à exécution de cette convention, à laquelle la France n'avait d'ailleurs adhéré qu'en principe et sous des réserves telles qu'elle conservait toute liberté d'action.

Quelque désirable que fût, dans l'intérêt du Trésor, la suppression des primes, on ne pouvait que se féliciter de ce résultat, au point de vue de notre industrie sucrière, qui n'avait pas encore pû opérer dans ses procédés de culture et de fabrication des perfectionnements suffisants pour lutter à armes égales avec l'industrie allemande.

Lois des 17 décembre 1887 et 30 mars 1888.

En augmentant de 10 fr. le montant du droit sur les sucres représentant la prise en charge et en établissant une taxe égale de 10 fr. sur les excédents de rendement, la loi du 27 mai 1887 avait stipulé que ces perceptions cesseraient le 31 décembre 1887. Par cette mesure temporaire, on avait eu simplement pour but de parer à un déficit qui s'accusait de plus en plus dans les recettes sur les sucres pour l'exercice 1887, et, au moyen du relèvement opéré par la loi du 24 juillet de la même année, dans le taux de la prise en charge, on avait espéré faire rendre à l'impôt, à partir de 1888, une somme égale aux prévisions budgétaires.

Dès que les résultats de la campagne 1886-87 furent définitivement arrêtés, il devint évident que c'était là une illusion. En effet, le rendement moyen de cette campagne s'éleva à 8.87 p. 0/0, en augmentation de 0.75 p. 0/0 sur le rendement de la campagne précédente (8.12), augmentation précisément égale à la majoration de 0 k. 750 gr. prévue dans le taux de la prise en charge par la loi du 24 juillet 1887, dont les effets, au point de vue budgétaire, se trouvèrent ainsi dès le début annihilés. D'un autre côté, au lieu de 3,835,439,000 kilog. de betteraves, on en avait travaillé 4,897,079,000 kilog., et, comme les excédents sont en rapport direct avec l'élévation des rendements et avec l'importance des quantités de betteraves mises en œuvre, ils dépassèrent 157 millions de kilogr. en raffiné, représentant, pour la sucrerie indigène seulement (les colonies non comprises), une prime de plus de 78 millions de francs. Comme conséquence, malgré les surtaxes établies par la loi du 27 mai, les recettes sur les sucres restèrent inférieures, pour l'année 1887, de 36.835,000 fr. aux prévisions budgétaires.

En présence de cette situation, les surtaxes furent prorogées d'abord jusqu'au 31 mars 1888, par l'article 6 de la loi de finances du 17 décembre 1887, puis jusqu'au 31 décembre 1888, par l'article 7 de la loi du 30 mars de la même année.

Loi du 24 juillet 1888.

Les renseignements qui parvenaient à l'Administration sur les résultats probables de la campagne 1887-88 n'étaient pas de nature à permettre de renoncer aux surtaxes. On prévoyait que le rendement en sucre des betteraves allait encore s'accroître dans des proportions telles, que son augmentation serait bien supérieure aux 250 gr. de raffiné, dont était majorée la prise en charge, pour chaque année jusqu'en 1890. En fait, le rendement de 1887-88 fut, comme pendant la campagne précédente, en augmentation de 0 k. 750 gr. D'une année sur l'autre, la sucrerie indigène voyait donc accroître de 500 gr. (différence entre l'accroissement du rendement 0.750 et l'augmentation de la prise en charge 0.250) ses excédents primés, ce qui, à raison de 50 fr. par 100 kil. de raffiné, lui assurait un nouveau bénéfice annuel de 0 fr. 25 par chaque quintal de betteraves travaillées.

Des déficits étaient dès lors à prévoir dans les recettes, non seulement si les surtaxes n'étaient pas maintenues, mais encore si l'on se bornait à proroger purement et simplement celles qui devaient expirer le 31 décembre 1888.

Après avoir repoussé l'idée d'un nouveau relèvement du taux de la prise en charge, parce que cette mesure pouvait être funeste aux établissements qui n'avaient pas encore transformé entièrement leur outillage, on écarta également toute pensée d'aggravation du droit sur les sucres représentant la prise en charge, attendu que c'eût été une véritable augmentation de l'impôt, dont le consommateur aurait seul supporté les conséquences. La solution rationnelle consistait évidemment dans une réduction des primes, et ce fut celle à laquelle on s'arrêta.

En effet, bien que sous une forme un peu déguisée, la loi du 24 juillet 1888 n'a pas eu d'autre but. En maintenant à 60 fr. (taxe et surtaxe réunies) le droit sur le sucre représentant la prise en charge, et en frappant les excédents de rendement d'un droit de 20 fr., il est bien évident que le fabricant ne bénéficiait plus de l'impôt de 60 fr. que sous déduction des 20 fr. qu'il devait acquitter pour ses excédents, dont la prime fut ainsi réduite à 40 francs.

Les dispositions de la loi du 24 juillet 1888 furent rendues applicables à partir de la campagne 1888-89, qui commençait le 1ᵉʳ septembre 1888. Les excédents de cette campagne devaient donc être frappés d'une taxe de 20 fr. Mais, par une singulière interprétation du régime de l'équivalence, il fut décidé que les sucres coloniaux supporteraient seulement l'ancienne taxe de 10 fr. pendant toute la campagne 1888-89.

On s'était basé sur le motif, assez spécieux, que la déduction coloniale étant égale à la moyenne des excédents de la sucrerie indigène de la campagne 1887-88, pendant laquelle ces excédents n'avaient été imposés qu'à 10 francs, c'était ce droit seul qui pouvait être équitablement appliqué. Pour que ce raisonnement fût à l'abri de la critique, il aurait fallu que les sucres coloniaux n'eussent bénéficié d'aucune déduction pendant la première année du régime de l'abonnement, ce qui n'avait pas eu lieu. En définitive, c'était là une faveur spéciale, d'autant moins justifiée que les colonies n'avaient eu aucun effort à faire, aucune dépense à supporter pour bénéficier des primes.

Loi du 5 août 1890.

Les recettes de l'exercice 1888 s'élevèrent à 158,635,000 francs, représentant une différence en moins de 8,175,000 francs seulement sur les prévisions budgétaires (166,800,000 fr.). Un moment, on put croire que le problème consistant à prémunir le Trésor contre les déficits se trouverait enfin résolu grâce aux mesures édictées par les lois de 1887 et de 1888, dont le plein effet ne devait se produire qu'en 1890. Mais les résultats, relativement moins défavorables, de l'année 1888 ne tenaient pas seulement à un accroissement des tarifs et de la prise en charge ; ils étaient dus aussi, pour une bonne part, à ce que, pendant la campagne 1887-88, la fabrication n'avait porté que sur 3,614 millions de kilogrammes de betteraves.

Pendant la campagne suivante, les quantités mises en œuvre se relevèrent à 4,222 millions de kilogr., puis elles passèrent brusquement à 6,676 millions en 1889-90. L'accroissement de la richesse saccharine des betteraves suivait une progression non moins rapide ; les rendements moyens atteignirent respectivement 9,83 et 10,50 p. 0/0 pendant chacune de ces campagnes.

Comme conséquence, les recettes de l'année 1889 furent en déficit de plus de 32,000,000 de fr., et, pour l'exercice 1890, on redoutait une perte au moins équivalente, tandis que la sucrerie indigène bénéficiait de primes qui atteignaient 43,000,000 de fr. en 1889, et qu'on pouvait évaluer à 80,000,000 de fr. pour l'année suivante.

On se trouvait donc, au commencement de 1890, dans une situation analogue à celle de 1887 ; ni l'augmentation du rendement légal, ni le relèvement des tarifs n'avaient pu contrebalancer le progrès de l'industrie. Une nouvelle élévation du droit sur les excédents fut décidée, et le Gouvernement déposa un projet de loi ayant pour objet de porter ce droit de 20 fr. à 30 fr. par 100 kilogr., ce qui réduisait le taux de la prime de 40 fr. à 30 fr.

Ces remaniements successifs, à d'aussi courts intervalles, émurent vivement un certain nombre de fabricants, qui pensèrent pouvoir faire écarter la nouvelle aggravation de tarifs dont ils étaient menacés, en proposant de soumettre les raffineries libres à l'exercice. Suivant eux, cette mesure permettrait de faire disparaître les bonis considérables que réalisaient les raffineurs, sur les coefficients de réfaction en usage pour la détermination du rendement présumé du sucre brut, et le Trésor trouverait là un revenu de 10 à 15 millions, qui rendrait inutile l'établissement de la nouvelle surtaxe sur les excédents.

Il peut paraître assez singulier que les fabricants aient profité du moment où ils bénéficiaient eux-mêmes de primes énormes, pour réclamer à nouveau la suppression de celles dont pouvaient encore jouir les raffineurs, et qui, depuis 1880, avaient été réduites dans de fortes proportions. Quoi qu'il en soit, les calculs des fabricants étaient erronés, et leur combinaison échoua.

En admettant même que les raffineurs pussent extraire tout le sucre contenu dans les mélasses provenant du raffinage des sucres bruts, il était démontré que cette opération ne constituait pas, pour le Trésor, une perte supérieure à 6,000,000 de francs. On était loin des 10 à 15 millions qu'annonçaient les fabricants, et ce n'était certainement pas cette ressource qui pouvait combler le déficit d'environ 30 millions de francs qu'on redoutait pour les recettes sur les sucres.

Les Chambres maintinrent donc la taxe de 30 fr. sur les excédents des fabriques, taxe qui, contrairement à ce qui avait eu lieu en 1888, fut rendue immédiatement applicable aux sucres coloniaux. Mais, en même temps, elles votèrent l'exercice des raffineries, exercice qui dans le principe comportait un inventaire annuel et la vérification, ainsi que la tenue d'un compte, à l'entrée et à la sortie de tous les produits reçus ou expédiés par les raffineurs. Les excédents constatés lors des inventaires étaient soumis au droit de 60 fr. par 100 kilogr. ; les manquants ne donnaient lieu à aucun remboursement, ils étaient simplement portés en décharge. Pour mettre le Trésor à l'abri des mécomptes auxquels pouvait l'exposer un exercice aussi sommaire, on imagina de faire supporter aux raffineurs les frais de cet exercice, sous forme d'une taxe de 8 centimes par 100 kilogr. de raffiné sur les sucres en poudre de toute origine introduits dans les raffineries. Toutefois, afin de ne pas entraver l'exportation, cette taxe fut remboursée sur les sucres raffinés transportés à l'étranger.

Indépendamment de ces dispositions importantes, la loi du 5 août 1890 supprima la limite de 98 p. 0/0 qui avait été fixée en 1880 comme maximum des droits à percevoir ou à garantir sur les sucres bruts indigènes et coloniaux livrés à la consommation ou placés sous le régime de l'admission temporaire. Elle consacra, en outre, le maintien du régime exceptionnel (prise en charge à l'effectif) sous lequel étaient restées placées, depuis 1884, quelques fabriques-distilleries où le jus des betteraves est employé alternativement à la production soit du sucre, soit de l'alcool.

La première de ces dispositions avait pour but de mettre un terme à une combinaison qui consistait à payer les droits ou à souscrire une obligation d'admission temporaire, à raison de 98°, sur des sucres titrant en réalité 99°, et à exporter ensuite les mêmes sucres pour lesquels il était délivré des certificats d'exportation à 99°. Or, comme ces certificats servent à apurer les obligations d'admission temporaire, il en résultait une perte de 1 p. 0/0 pour le Trésor, sur chaque quintal de sucre à 99° expédié dans ces conditions à l'étranger.

Quant à la seconde mesure, elle ne pouvait être étendue à aucun établissement nouveau ; elle était simplement prise dans le but de respecter des situations acquises.

Décret du 25 octobre 1890.

La loi du 5 août 1890 avait, en ce qui concerne les raffineries, été votée un peu à la hâte et sans que la question eût été au préalable l'objet d'une étude approfondie. Aussi cette loi présentait-elle, au point de vue fiscal, quelques lacunes que ne pouvait combler le décret auquel elle se référait pour la détermination des conditions de l'exercice.

C'est ainsi qu'en l'absence d'un tarif applicable aux mélasses indigènes, le décret ne put fixer la quotité de la décharge à inscrire au compte de raffinage lorsque les mélasses étaient enlevées des raffineries. On dut se borner à décider qu'on ne considérerait comme mélasses que les produits contenant moins de 53 p. 0/0 de sucre. Celles d'un titrage inférieur purent être dès lors livrées à la consommation sans donner lieu à aucune décharge au compte de raffinage, ce qui absorba une partie des excédents qui auraient pu ressortir lors des inventaires.

C'est ainsi encore que les effets de la loi du 5 août 1890 se trouvèrent en partie annihilés par les *tares légales* de douane, dont bénéficient les sucres exotiques, tares conventionnelles bien supérieures aux tares réelles, et que l'on déduit du poids brut lors du paiement des droits. Les raffineurs purent donc faire prendre en charge dans leur usine un poids net supérieur à celui sur lequel ils avaient acquitté l'impôt et sortir une quantité équivalente, sans qu'il apparaisse un excédent lors des inventaires.

Fort simple en apparence, l'exercice des raffineries présente d'ailleurs de grandes difficultés dans la pratique. Tout système reposant, comme celui de 1890, sur la vérification du poids et de la richesse saccharine des produits qui entrent dans les raffineries ou qui en sortent, peut être efficace dans de petits établissements. Mais, dans de vastes usines comme il en existe, où le mouvement des entrées et des sorties est incessant, il pourra toujours être mis en défaut, quelle que soit la vigilance du service, à moins d'entraver les opérations commerciales et de mobiliser un personnel hors de proportion avec l'importance des intérêts qu'il s'agit de garantir.

En 1890, l'Administration dut donc se borner à prescrire des reconnaissances de tare, par épreuve, et la vérification du titrage des sucres sur des échantillons moyens; d'où une nouvelle cause possible d'erreur. En résumé, le décret du 25 octobre 1890 n'avait pu établir qu'un contrôle approximatif, qui laissait subsister bien des imperfections, dont la pratique devait seule, au surplus, faire ressortir toute l'importance.

Loi du 29 juin 1891.

La loi du 5 août 1890 venait à peine d'entrer en vigueur, que de nouvelles modifications étaient demandées dans la législation des sucres. Mais, cette fois, l'initiative de la mesure appartenait aux fabricants.

Après une succession ininterrompue de campagnes prospères, l'industrie sucrière devait, comme le Trésor, connaître à son tour les mécomptes. Contrariée par les influences climatologiques peu favorables de l'année 1890, la récolte des betteraves fut bien inférieure à celle des années précédentes, non pas en quantité, mais comme qualité. Au lieu d'un rendement moyen de 10.50, qui avait été obtenu avec les betteraves de la récolte de 1889, on prévoyait que le rendement ne dépasserait pas 9.50. Cette infériorité fut considérée comme d'autant plus désastreuse que, par application de la loi du 4 juillet 1887, le minimum de prise en charge était encore majoré de 0.25 pour la campagne 1890-91 (7.75 au lieu de 7.50 pendant la campagne précédente), et que la taxe sur les excédents venait d'être élevée de 20 fr. à 30 fr. par la loi du 5 août 1890.

Il fallait peut-être, il est vrai, attribuer, en partie, la diminution de richesse saccharine des betteraves à un certain relâchement dans les procédés de culture, et aussi à ce que l'agriculture n'a pas intérêt à développer cette richesse jusqu'à son extrême limite. En effet, bien que les betteraves soient, depuis la loi de 1884, achetées en tenant compte de la densité, laquelle correspond en général à la richesse, celle-ci ne s'obtient qu'au détriment du rendement en poids à l'hectare, rendement qui décroît rapidement au fur et à mesure que la densité s'élève. Quoi qu'il en soit, la situation de la récolte de 1890 fut en outre compromise par des gelées prématurées et persistantes qui ne permirent pas de procéder, en temps utile, à l'arrachage de toutes les betteraves, dont un stock assez considérable fut perdu.

De nombreuses propositions, dues à l'initiative parlementaire, furent déposées à la Chambre des députés. Les unes demandaient un abaissement de la prise en charge, les autres une réduction du droit sur les excédents, et toutes restreignaient le bénéfice de ces dégrèvements aux seuls fabricants qui prendraient l'engagement de payer aux cultivateurs une somme supplémentaire pour prix d'achat de leurs betteraves. En résumé, ces divers projets étaient présentés comme devant aboutir à une indemnité en faveur de l'agriculture.

Dans la pratique, l'application d'une loi basée sur un tel engagement ne pouvait être qu'une source de difficultés et de contestations; elle n'aurait été, du reste, d'aucune efficacité pour indemniser les agriculteurs qui, ayant eu leurs betteraves gelées en terre, étaient les plus éprouvés.

Après avoir songé un instant à prendre, pour cette campagne 1890-91, une mesure exceptionnelle, en vue de venir en aide aux fabricants dont les rendements seraient insuffisants, le Gouvernement crut devoir examiner la question à un point de vue plus général.

L'incident qui venait de se produire à l'occasion de la récolte de

1890 démontrait que la législation actuelle, bonne surtout pour les années moyennes, ferait toujours éprouver des déceptions à l'industrie dans les années mauvaises, et des pertes au Trésor dans les années prospères. On pensa donc qu'il y avait lieu de corriger, autant que possible, ces imperfections de la législation en décidant, d'une part, qu'en cas de rendements exceptionnels, les excédents sur la prise en charge seraient, au delà de la limite de 10 k. 500, partagés entre le fabricant et le Trésor, et, d'autre part, que dans la situation inverse, le fabricant pourrait atténuer ses pertes en bénéficiant de la taxe réduite applicable aux excédents de rendements, sur une quote-part fixée à 15 p. 0/0 de sa production effective. Le partage des excédents au delà de 10 k. 500 faisait ressortir le droit sur cette catégorie de sucre à 45 fr. par 100 kilogr., et, avec la taxe de 60 fr. applicable en tarif plein, il réduisait la prime à 15 francs. Quant au second système, qu'on désigna sous le nom de *régime du déchet*, il assura aux fabricants le bénéfice de la prime ordinaire de 30 fr. sur 15 kilogr. de sucre, par 100 kilogr. fabriqués, c'est-à-dire une prime fixe de 4 fr. 50 par 100 kilogr. sur l'ensemble de la fabrication.

Tel fut le système inauguré par la loi du 29 juin 1891, en vue de donner à l'impôt plus de fixité, au moyen de ce qu'on a appelé, en termes expressifs, le régime des deux soupapes de sûreté : l'une fonctionnant, par en haut, au profit du Trésor dans les bonnes années ; l'autre, par en bas, au profit de l'industrie dans les mauvaises.

D'un autre côté, la loi du 29 juin 1891 maintint, pour les campagnes futures, à 7 k. 750 gr. par 100 kilogr. de betteraves mises en œuvre, le minimum du rendement légal, qui n'avait pas été fixé au delà de la campagne 1890-1891.

En outre, elle décida que les mélasses expédiées d'une fabrique sur une autre fabrique ou sur une sucraterie ne devraient pas contenir plus de 50 p. 0/0 de sucre et qu'elles seraient évaluées, aussi bien à la décharge qu'à la prise en charge, pour 30 kilog. de raffiné par 100 kilogr. de mélasses. C'était là une disposition indispensable pour éviter que les fabricants, dont le rendement réel eût été supérieur à 10 k. 500 gr., ne pussent se soustraire au partage des excédents au delà de ce rendement. En effet, si on avait laissé expédier par ces fabricants sur les sucreries, ou sur des fabriques dont le rendement était loin d'atteindre 10 k. 500 gr., des mélasses non épuisées, le Trésor aurait été frustré, puisque le sucre retiré de ces produits n'aurait acquitté que le droit réduit de 30 fr., au lieu de 45 fr. Il en aurait été de même, si on avait laissé subsister, pour les mélasses épuisées, l'ancienne base de conversion de 14 kilog. de raffiné par 100 kilogr. de mélasses, parce qu'on extrait facilement de ces mélasses de 35 à 38 0/0 de sucre. En fixant le rendement de ces mélasses à 30 p. 0/0, on accorda une marge suffisante à l'industrie, tout en sauvegardant à peu près les intérêts du Trésor.

Enfin, à la demande des industriels, la loi du 29 juin 1891 stipula que toute modification à la fixation de la prise en charge ou du déchet ne serait applicable qu'un an après la promulgation de la nouvelle loi. Empruntée à la législation allemande, cette disposition avait pour but d'écarter les inconvénients qui peuvent résulter des modifications apportées à la législation, alors que les marchés sont déjà passés avec les cultivateurs pour l'achat des betteraves. Il est à remarquer, toutefois, qu'aucune restriction n'avait été votée quant à la fixation des tarifs, dont le taux aurait pu ainsi être modifié immédiatement.

Loi du 26 juillet 1893.

L'exercice des raffineries, tel que la loi du 5 août 1890 avait permis de l'organiser, ne donnait pas de résultats apparents, tout en créant des difficultés pour le service et des entraves pour l'industrie. La reconnaissance de toutes les quantités de sucre enlevées des raffineries exigeait des formalités et un temps considérables, et l'évaluation des quantités existantes dans les usines lors des inventaires ne pouvait être faite que d'une façon très approximative. Aussi, dès l'année 1893, la commission du budget se préoccupa-t-elle de remédier à ces inconvénients.

Elle partit de ce principe que l'intervention du service dans les raffineries n'est nécessaire que pour reprendre, par l'exercice, la quantité de sucre livrée à la consommation en sus de celle qui a été imposée dans les sucres bruts. Elle pensa qu'il suffirait de s'assurer, à certaines époques déterminées, que la quantité de sucre affranchie de l'impôt, à titre de réfactions (2 fois le poids de la glucose et 4 fois le poids des cendres), est bien la même que celle contenue dans les résidus des raffineries, c'est-à-dire dans les mélasses en nature ou dans les mélasses des vergeoises. Dès lors, l'exercice pouvait être singulièrement simplifié ; il suffisait de faire porter les constatations, à l'entrée, sur les sucres bruts et, à la sortie, sur les bas produits.

En conséquence, la commission présenta un ensemble de dispositions qui firent l'objet des articles 23 à 30 de la loi de finances du 26 juillet 1893, et qui peuvent se résumer ainsi : 1° le compte de chaque raffineur est chargé d'une quantité de sucre correspondant aux réfactions accordées pour les cendres et la glucose contenues dans les sucres bruts introduits ; 2° il est déchargé des quantités de sucre cristallisable ou incristallisable contenues dans les mélasses proprement dites, et d'une quantité de sucre correspondant aux réfactions sur les cendres et la glucose des bas produits à l'état solide ; 3° la prise en charge s'établit au moment de l'introduction des sucres bruts ; les décharges sont inscrites lors de la sortie des mélasses et des bas produits ; 4° le compte est arrêté deux fois par an, à la fin de chaque semestre ; 5° les excédents résultant de la balance sont imposés au droit plein.

Comme mesures accessoires, la loi stipula : l'interdiction d'introduire des mélasses et des glucoses dans les raffineries ; l'obligation de se munir d'un acquit-à-caution pour les transports de mélasses en quantité supérieure à 100 kilogr. ; la réduction à 4 centimes de la taxe de 8 centimes perçue à titre de frais de surveillance. Les deux premières dispositions étaient nécessaires pour empêcher que l'on ne pût fausser les comptes, en présentant à la sortie des mélasses et des glucoses autres que celles provenant de la mise en œuvre de sucres bruts dans l'établissement ; quant à la troisième, elle était la conséquence de la simplification apportée au régime de surveillance des raffineries.

En théorie, ce nouveau régime était, en effet, bien moins compliqué que celui de la loi du 5 août 1890 ; mais il laissa encore subsister des fissures dont les raffineurs pouvaient tirer parti.

Ainsi, lors de la mise en vigueur de la loi, les raffineurs étaient en possession de quantités plus ou moins importantes de mélasses et de bas produits, extraits de sucres bruts travaillés sous l'ancien régime, et au moment de la sortie de ces bas produits, ils obtinrent la décharge du sucre cristallisable et incristallisable y contenu, sans que les sucres bruts dont provenaient ces bas produits aient donné lieu à aucune prise en charge. Ils ont pu masquer au moyen de cette réserve une partie de leurs excédents. D'un autre côté, comme on portait en décharge le poids total de la glucose contenue dans les mélasses, alors que la quantité existant dans les sucres bruts n'était pas prise en charge au moment de l'introduction, le raffineur put extraire en franchise un poids de sucre égal à cette dernière quantité, puisqu'il n'était pas obligé de balancer son compte par une sortie correspondante. Enfin, aucun compte n'étant tenu pour la déduction de 1 1/2 p. 100, qui est allouée aux sucres bruts à titre de déchet de raffinage, les bonis réalisés sur ce déchet échappèrent aussi à l'impôt.

Malgré ces imperfections, l'exercice permit, sinon d'arrêter, du moins de restreindre dans une certaine mesure le désucrage des mélasses que les raffineurs auraient pratiqué jusqu'à l'extrême limite, pour bénéficier du droit, si aucun contrôle n'avait été exercé sur leurs établissements.

Décret du 30 août 1893.

Le décret rendu pour l'application de la loi du 26 juillet 1893 reproduisit la plupart des dispositions du décret du 25 octobre 1890, en se bornant à les approprier au nouveau régime en ce qui concerne les entrées et les sorties, et la balance du compte substituée aux inventaires.

Il convient de signaler seulement l'art. 6 qui établit, pour les vergeoises, pour les bas produits à l'état solide et pour les sucres bruts expédiés d'une raffinerie sur une autre raffinerie, des formalités destinées à empêcher toute substitution en cours de transport (plombage, laissez-passer, etc.), et qui stipula que la prise en charge dans l'établissement destinataire aurait lieu pour une quantité égale à celle dont le compte de l'expéditeur aurait été déchargé.

Décret du 26 juillet 1896.

Avec son système de primes résultant de l'impôt basé sur le poids des betteraves, l'Allemagne avait donné un essor étonnant à son industrie sucrière. Grâce à ces primes, les fabricants allemands avaient, en surpayant la betterave, amené l'agriculture à produire des racines d'une richesse exceptionnelle ; ils avaient pourvu leurs usines de tous les perfectionnements et s'étaient emparés de la plupart des marchés étrangers. Du moment où les autres pays producteurs se mirent à suivre son exemple, l'Allemagne comprit qu'elle n'avait plus qu'un moyen de maintenir sa suprématie : c'était de conserver l'avance acquise sur ses concurrents, en arrivant à la suppression générale des primes.

En 1887, à la Conférence de Londres, elle s'était montrée nettement favorable à cette suppression. Après l'échec de la Conférence, elle remplaça, à partir de la campagne 1892-93, l'impôt sur la betterave par un impôt sur le produit fabriqué ne comportant plus aucune prime déguisée, et ne maintint qu'une prime directe d'exportation d'un taux modéré et qui devait aller en décroissant (sucres blancs 1 mark 65, sucre raffiné 2 marks, pendant les trois premières campagnes, puis pour les deux campagnes suivantes 1 mark 40 et 1 mark 75). A partir de la campagne 1897-98, aucune prime n'était plus prévue. C'était une invite aux autres pays producteurs, pour les engager à supprimer leurs primes ; mais elle n'eut point de succès.

Aussi, dès l'année 1895, le Gouvernement allemand, sollicité par les industriels qui ne se trouvaient plus suffisamment protégés, proposa-t-il un relèvement des primes. Une loi du 27 mai 1896 en fixa le taux à 3 marks pour les sucres blancs et à 3 marks 55 pour les raffinés, à partir du 1er août 1896.

De son côté, l'Autriche-Hongrie augmenta le contingent à distribuer en primes pour les sucres exportés.

Immédiatement, nos fabricants s'émurent, et le Gouvernement déposa, le 9 juillet 1896, un projet de loi ayant pour but, tout en conservant une prime indirecte, d'accorder une prime directe à l'exportation et de relever les droits de douane. Les Chambres ayant été prorogées le 13 juillet, ce projet ne vint pas immédiatement en discussion. On prétendit alors que les nouvelles primes allemandes et autrichiennes allaient permettre, à partir du 1er août suivant, d'introduire chez nous des sucres étrangers pour alimenter la consommation. Pour parer à cette éventualité, le Gouvernement crut pouvoir relever d'urgence, sans le concours du Parlement, nos droits de douane, et, en vertu d'un simple décret du 26 juillet 1896, ces droits furent portés : pour les sucres bruts, de 7 fr. à 10 fr. 50 par 100 kilogr. (poids effectif) ; et, pour les raffinés, de 8 fr. à 12 fr., en tarif minimum.

Ces relèvements n'étaient pas bien nécessaires.

En effet, avec les primes indirectes dont elle profitait, et avec l'ancien tarif de douane, notre industrie sucrière était certainement en mesure de refouler les importations de sucre brut, qui depuis plusieurs années n'atteignaient plus d'ailleurs qu'une quantité négligeable (à lui seul le droit ancien de 7 fr. suffisait pour faire échec à la nouvelle prime allemande de 3 marks, soit de 3 fr. 75). L'augmentation de notre tarif douanier ne pouvait avoir pour résultat que de permettre une hausse du sucre, au détriment du consommateur.

En ce qui concerne le sucre brut, cet inconvénient n'était pas, il est vrai, à craindre. Obligés d'exporter une bonne partie de leur production, nos fabricants doivent nécessairement subir les cours des marchés extérieurs. Ils ne pourraient vendre leurs produits à un prix supérieur pour la consommation intérieure qu'au moyen d'une entente; mais, en raison de leur grand nombre, elle n'a jamais pu s'établir. Au surplus, cette entente constituerait une coalition interdite par la législation française ; elle ne saurait donc se traduire par une convention écrite qui puisse être soumise aux tribunaux, si quelques-uns des contractants n'en observaient pas les clauses.

En un mot, dans l'état actuel de la législation, on pouvait considérer le droit de douane sur les sucres bruts comme un obstacle à l'importation, mais non comme un moyen d'amener une hausse des cours, tant que la production surpasserait la consommation.

Pour les sucres raffinés, le même raisonnement semblait à priori applicable ; en fait, il ne l'était pas. Peu nombreux, les raffineurs peuvent facilement se concerter pour majorer le prix des produits livrés à la consommation intérieure d'une somme presque équivalente au montant du droit de douane. Chaque fois qu'on augmente ce droit, on leur procure donc le moyen d'augmenter le prix de leur marchandise. Cela a été démontré jusqu'à l'évidence par ce fait que, si l'on ne considère que la valeur intrinsèque de la marchandise (droits intérieurs et primes de sortie déduits), le même sucre raffiné pour la consommation intérieure est presque toujours coté à un prix supérieur à celui auquel il est livré pour l'exportation.

Loi du 7 avril 1897.

On a vu, dans l'exposé qui précède, concernant le décret du 26 juillet 1896, que, pour combattre l'effet des nouvelles primes allemandes et autrichiennes et pour permettre à notre industrie de soutenir la concurrence sur les marchés étrangers, le Gouvernement se proposait de favoriser l'exportation. Le moyen en était tout indiqué ; il devait consister dans la création de primes directes d'exportation.

Mais quel devait en être le taux ? et sur quelles ressources fallait-il les imputer ?

Dans son projet primitif, déposé au mois de juillet 1896, le Gouvernement proposait de fixer les primes à un chiffre à peu près équivalent à l'augmentation dont venaient de bénéficier les primes d'exportation en Allemagne. Il constituait le fonds des primes à l'aide d'une surtaxe de 10 fr. sur les excédents, c'est-à-dire en élevant de 30 fr. à 40 fr. le tarif du droit réduit, ce qui ramenait à 20 fr. la prime indirecte (droit plein 60 fr., droit réduit 40 fr.). En résumé, on maintenait à la sucrerie indigène à peu près la même somme d'encouragements, mais cette somme était répartie différemment.

Avec une prime indirecte de 20 fr. par 100 kilogr., notre industrie était, semble-t-il, en mesure, d'une part, de réaliser les progrès qui lui restaient à accomplir, pour atteindre au degré de perfectionnement de l'industrie allemande, et, d'autre part, de faire face au supplément de dépenses résultant de ce qu'en France la main-d'œuvre et le combustible sont plus chers que dans les pays voisins. Quant à la prime directe, en la fixant à un chiffre correspondant à l'augmentation des primes allemandes, on égalisait les conditions de la concurrence, tout en incitant nos fabricants à exporter leurs produits.

Ce projet aurait dû rallier tous les suffrages ; cependant, il ne satisfit pas l'industrie qui voulait conserver intacte sa prime indirecte. On prétendit que le sacrifice imposé aux fabricants par la réduction de cette prime servirait de prétexte pour abaisser les prix payés aux cultivateurs pour leurs betteraves. C'était là, croyons-nous, une crainte exagérée, car, du moment où la nouvelle prime n'était payée qu'à l'exportation et où cette exportation était une question d'existence pour notre industrie, il fallait bien qu'elle se procurât des betteraves, et la concurrence l'eût empêchée de réduire à sa volonté les prix d'achat à l'agriculture.

Quoi qu'il en soit, le Gouvernement s'émut et modifia son projet, en proposant d'accorder jusqu'au 1er septembre 1893 des primes d'exportation variant de 1 fr. 60 à 2 fr. 30 suivant la qualité, primes dont le paiement serait assuré au moyen d'une surtaxe de 2 fr. 30 en raffiné sur les sucres et de 0 fr. 30 sur les glucoses, par 100 kilogr. livrés à la consommation. C'était, en résumé, une aggravation de l'impôt et, par suite, une entrave au développement de la consommation intérieure.

Le projet frappait, en outre, des droits de douane les sucres bruts étrangers d'origine extra-européenne, qui en avaient été exempts jusqu'ici, mais en leur conservant le bénéfice de l'admission temporaire ; d'un autre côté, afin de ne pas porter préjudice aux raffineries des ports pour lesquelles ces sucres exotiques formaient une des principales sources d'approvisionnement, on allouait une bonification aux sucres indigènes expédiés sur ces raffineries en vue de l'exportation. Les nouveaux avantages accordés à la sucrerie indigène entraînaient nécessairement des faveurs analogues pour nos colonies ; leurs sucres devaient jouir de détaxes de distance au moment de l'importation dans la métropole et des mêmes primes de sortie que les sucres indigènes lorsqu'ils étaient réexportés. Enfin, le Gouvernement proposait de convertir en loi le décret du 26 juillet 1896 portant relèvement des droits de douane.

Ce projet fut renvoyé à la commission des douanes.

Partant de ce principe que le régime des primes devait disparaître et que, si la France était appelée à prendre part à une conférence pour leur suppression, il fallait qu'elle pût offrir aux au'res pays producteurs un sacrifice égal à celui qu'elle demanderait, la commission des douanes estima qu'il y avait lieu d'accroître encore les mesures de protection proposées en faveur de notre industrie ; c'est-à-dire qu'à son avis, il convenait d'augmenter le taux de la prime d'exportation, sans toucher au régime intérieur. Ce raisonnement était spécieux, parce qu'il ne reposait que sur la comparaison des primes directes d'exportation et laissait absolument à l'écart la prime indirecte, dont bénéficiait la sucrerie française, et qui n'existait plus ni en Allemagne, ni en Autriche.

En conséquence, tout en adoptant le système du Gouvernement, la commission le modifia sur divers points. Elle releva le tarif des primes à 4 fr. 50, 4 fr. et 3 fr. 50 suivant le titrage, de manière à atteindre un taux à peu près équivalent à celui du tarif allemand ; elle augmenta également les détaxes de distance accordées aux sucres des colonies françaises, et transforma en une allocation de 2 fr. par 100 kilogr. la bonification (2 p. 0/0) proposée pour les sucres indigènes travaillés dans les raffineries en vue de l'exportation.

Ces nouvelles faveurs se traduisaient nécessairement par un accroissement de dépenses : de 9.600.000 fr., chiffre prévu dans le projet du Gouvernement, elles étaient évaluées à 18.250.000 fr. Pour y faire face, la commission, tout en maintenant les surtaxes de 2 fr. 50 sur les sucres et de 0 fr. 50 sur les glucoses, ajouta une taxe de raffinage de 1 fr. 75 sur les sucres raffinés et une taxe de fabrication de 1 fr. sur les sucres bruts par 100 kilogr., pour toutes les quantités livrées à la consommation intérieure.

La commission du budget émit un avis défavorable sur ce projet qui, suivant elle, comportait, en raison de l'importance du stock existant, des aléas tels qu'ils étaient de nature à compromettre l'équilibre du budget. Ce n'était pas seulement le stock actuel qui pouvait avoir de pareilles conséquences ; il fallait aussi prévoir qu'à la faveur des primes de sortie la production prendrait une grande extension. Or, comme les recettes destinées au paiement des primes n'étaient fournies que par un impôt sur la consommation intérieure, qui elle n'avait aucune chance de se développer puisqu'elle était surtaxée, il en résultait nécessairement que les recettes resteraient stationnaires, pendant que les dépenses à faire pour l'allocation des primes iraient en augmentant.

C'est ce que fit ressortir M. Krantz au cours de la discussion.

En conséquence, tout en maintenant en principe les primes au taux proposé par la commission (4 fr. 50, 4 fr. et 3 fr. 50), on décida que ce ne serait là qu'un maximum et que, si le montant des primes allouées pendant une campagne excédait le produit des taxes de compensation, le taux desdites primes serait, pour la campagne suivante, ramené au chiffre nécessaire pour couvrir le Trésor de ses avances. D'un autre côté, pour constituer le fonds des primes, la Chambre vota bien la taxe de fabrication de 1 fr. sur les sucres livrés à l'état brut à la consommation ; mais aux autres ressources proposées par la commission (surtaxe de 2 fr. 50 par 100 kilogr. sur tous les sucres et de 0 fr. 50 sur les glucoses, taxe de raffinage de 1 fr. 75), elle substitua une seule taxe de raffinage de 4 fr. payable à l'entrée des sucres bruts en raffineries (1).

Dans cette nouvelle combinaison, les glucoses se trouvaient exemptes de toute surcharge, et le consommateur de sucre ordinaire aurait pu également ne supporter qu'une légère aggravation d'impôt, si les fabricants avaient su s'organiser pour alimenter la consommation de sucres blancs à 99 0/0 à des prix en rapport avec ceux cotés sur le marché ; mais il ne paraît pas que de sérieux efforts aient été tentés dans ce but. En définitive, c'était toujours le contribuable français qui devait faire les frais de la dépense des primes (1 fr. s'il consommait du sucre brut, 4 fr. s'il consommait du sucre raffiné).

Reconnaissons toutefois que sa participation était maintenant réduite à une aggravation fixe d'impôt sur le sucre, tandis que, dans le projet de la commission, cette participation n'était pas limitée, toute insuffisance du fonds des primes devant se traduire par un prélèvement sur les ressources générales du budget (2).

---

(1) Un compte spécial fut ouvert au budget pour l'encaissement des taxes de raffinage et de fabrication et pour le paiement des primes, en exécution de l'article 42 de la loi du 29 juin 1897.

(2) En fait, la taxe de fabrication ou de raffinage n'est pas la seule charge qui soit résultée pour le consommateur de l'établissement des primes d'exportation ; ces primes ont une action réflexe sur les cours des sucres à l'intérieur. Il est bien évident que, si un acheteur anglais offre à un producteur français un prix de 20 fr. les 100 kilogr., par

- Enfin, la Chambre atténua également dans l'intérêt du consommateur les propositions de sa commission, en réduisant à 9 francs pour les sucres bruts et à 10 fr. pour les sucres raffinés, les droits de douane en tarif minimum que le Gouvernement avait élevés d'urgence à 10 fr. 50 et à 12 fr. par le décret du 26 juillet 1896, dont il a été question plus haut.

Les autres dispositions du projet du Gouvernement amendé par la commission furent adoptées sans modifications.

L'élaboration de ces dispositions avait été très laborieuse ; elle avait déjà occupé les séances du 19 janvier au 1er février. La discussion devait se prolonger encore pendant les séances des 2 et 4 février, pour l'examen de diverses dispositions additionnelles qui n'avaient qu'un rapport bien éloigné avec la question des droits ou des primes sur les sucres et avec l'intérêt fiscal.

C'est ainsi que des propositions furent déposées en vue : 1° de munir les bascules servant au pesage des betteraves livrées par les cultivateurs d'un appareil enregistreur, et de confier aux agents de l'État le contrôle des opérations de pesage, de réfaction pour la terre et le collet adhérents aux betteraves et de reconnaissance de la densité ; 2° d'interdire l'emploi d'ouvriers étrangers dans les fabriques et les raffineries, et de fixer un minimum de salaire ; 3° de limiter à un dixième le maximum des ouvriers étrangers qui pourraient être employés dans l'industrie sucrière, et d'exiger que les contre maîtres, chefs d'atelier et surveillants aient satisfait aux obligations de la loi militaire ; 4° de décider que les primes d'exportation ne seraient accordées qu'aux industriels qui emploieraient au moins les trois quarts d'ouvriers français ; 5° de limiter la journée de travail à 8 heures.

Ces propositions tendaient à la création d'un véritable code spécial pour l'industrie sucrière ; elles répondaient aux préoccupations d'une partie de la Chambre, qui voulait, à tout propos, faire intervenir l'État dans les rapports entre les patrons et les ouvriers. Elles trouvèrent généralement peu d'écho auprès de la majorité. Pour tenir compte toutefois de ce courant d'opinion, et sans doute par mesure de transac-

---

exemple, et que le producteur, en acceptant ce marché, soit assuré de toucher une prime d'exportation de 4 fr., il ne consentira à livrer son sucre à un acheteur français que si celui-ci lui offre un prix de 24 fr. La prime détermine donc sur le marché intérieur une majoration de prix sensiblement égale à sa quotité. Et, en réalité, le fabricant bénéficie de la prime aussi bien sur les quantités vendues à l'intérieur que sur les quantités exportées.

tion, la première proposition fut accueillie, et encore avec une modification qui en a restreint considérablement la portée. Le contrôle des opérations de pesage, de réfaction et de reconnaissance des densités fut, en effet, limité à l'intervention des employés dans les fabriques exclusivement ; il ne s'exerce pas lorsque la réception des betteraves a lieu en dehors des usines soumises à la surveillance de la Régie.

Toutes les tentatives faites au Sénat pour améliorer le texte voté par la Chambre n'eurent aucun résultat, et la loi y fut adoptée sans modification.

Loi du 14 juillet 1897.

Bien qu'elle concerne les mélasses, cette loi a été votée uniquement dans l'intérêt de la distillerie agricole.

En premier lieu, elle eut pour but de s'opposer à l'importation des mélasses étrangères en portant de 0 fr. 10 à 0 fr. 20 par degré de richesse saccharine le droit de douane, qui à ce taux peut être considéré comme prohibitif. En second lieu, elle ouvrit un nouveau débouché à la mélasse indigène en étendant, aux mélasses de fabrique employées à des usages agricoles, le bénéfice de la décharge de 14 p. 0/0.

On espérait ainsi faire revivre la distillerie de betteraves, qui perdait de plus en plus de son importance, depuis que, par suite de l'extension donnée à la fabrication du sucre de betteraves, la production des mélasses s'était accrue dans d'énormes proportions.

La loi du 14 juillet 1897 accorda, en outre, pour favoriser les transactions commerciales, la faculté d'admission des mélasses dans les entrepôts réels, faculté qui leur avait toujours été refusée jusqu'alors.

Ces dispositions ne devaient pas avoir grande efficacité. Aussi, au cours de la discussion, une proposition fut-elle présentée pour retirer le bénéfice de la décharge de 14 p. 0/0 aux mélasses de distilleries, et pour ne le conserver qu'aux mélasses employées à des usages agricoles.

Elle ne fut pas adoptée. Eût-elle été d'ailleurs d'une grande utilité pour l'agriculture et pour la distillerie de betteraves ? Nous ne le croyons pas.

En effet, il aurait toujours fallu que la sucrerie se débarrassât de ses mélasses, et elle ne pouvait guère en trouver un placement sérieux que dans les distilleries ; les emplois pour les usages agricoles n'étaient pas encore suffisamment expérimentés, ni entrés suffisamment dans les mœurs, pour fournir un débouché appréciable. Donc, les mélasses indigènes continuant à servir à la préparation de l'alcool, les distillateurs de betteraves n'auraient pas amélioré leur situation.

Il en eût été de même pour l'agriculture, qui, au surplus, ne semblait pas avoir un grand intérêt dans la question. Les mélasses ne sont-elles pas, en définitive, le résidu des betteraves? Or, nous ne voyons pas quel avantage le cultivateur peut avoir à cultiver des betteraves plutôt pour la distillerie que pour la sucrerie. On a dit, il est vrai, que l'agriculture aurait eu alors deux acheteurs au lieu d'un, et qu'elle aurait pu ainsi relever ses prix de vente. C'est, croyons-nous, une opinion erronée, parce qu'elle présupposait que la suppression de la décharge de 14 p. 0/0 empêcherait es mélasses d'aller en distillerie, ce qui n'était nullement démontré.

Décret du 18 juillet 1897.

La loi du 7 avril 1897 renvoyait à un règlement d'administration publique pour la détermination des dispositions nécessaires à son application.

Ce règlement, qui porte la date du 18 juillet 1897, ne contient guère que des prescriptions de détail sur lesquelles il serait sans intérêt de s'étendre ici. Signalons seulement : l'article 12, en vertu duquel les établissements qui préparent des agglomérés avec des sucres bruts et raffinés ont été soumis au régime des raffineries ; et l'art. 15 qui prescrivait de faire accompagner d'un acquit-à-caution les sucres bruts destinés aux raffineries et aux établissements assimilés, en vue de garantir le paiement de la taxe de fabrication (1 fr.) dans les cas où ces sucres, qui, par le fait de leur entrée en raffinerie, devenaient passibles de la taxe de raffinage (4 fr.), ne seraient pas parvenus à la destination déclarée et fussent restés dans la consommation intérieure.

Décret du 23 juillet 1897.

En prescrivant, par son article 13, qu'un contrôle serait exercé par les agents de l'État sur les livraisons de betteraves faites par les cultivateurs aux fabricants, la loi du 7 avril 1897 avait stipulé qu'un décret fixerait les conditions de fonctionnement dudit contrôle.

Ce décret, en date du 23 juillet 1897, édicta des dispositions en vue : de soumettre les instruments de pesage à la vérification du service des poids et mesures ; d'assurer la régularité des opérations destinées à constater le poids, la réfaction et la densité des betteraves ; et de prescrire la remise, aux cultivateurs, de tickets sur lesquels le résultat de ces diverses opérations doit être consigné.

A ce point de vue, les prescriptions du décret eurent une portée générale ; elles s'appliquèrent à toutes les réceptions de betteraves, aussi bien dans les fabriques qu'ailleurs.

L'intervention des employés des contributions indirectes ne dut, au contraire, s'exercer que dans les fabriques ou les râperies ; elle fut, en outre, limitée à la surveillance des opérations de pesage, de détermination de la réfaction, à titre de déchet, et de la densité. Cette surveillance ne pouvait d'ailleurs être permanente ; elle ne fut prévue qu'accidentellement, ou en cas de réquisition du fabricant ou du cultivateur.

En fait, dans la pratique, le service de la Régie reste à peu près complètement étranger à l'application de l'art. 13 de la loi de 1897, et il ne pouvait guère en être autrement sous peine de provoquer, entre les fabricants et les cultivateurs, des difficultés dont l'Administration eût été rendue responsable.

Décrets des 3 novembre 1898 et 8 juin 1899.

L'art. 4 de la loi du 14 juillet 1897 avait assimilé, au point de vue de la décharge des comptes et, par voie de conséquence, au point de vue de la franchise des droits, l'emploi des mélasses pour les usages agricoles à leur emploi pour la fabrication de l'alcool ; mais le bénéfice de cette assimilation était subordonné à la détermination, par décret, des procédés de dénaturation des mélasses, après avis du Comité consultatif des arts et manufactures.

Un premier décret du 3 novembre 1898 énuméra les usages pour lesquels les mélasses dénaturées pourraient être utilisées par l'agriculture (nourriture des bestiaux et des abeilles, préparation de bouillies cupriques), et fixa les procédés de dénaturation, ainsi que les garanties à prendre pour éviter les abus. Ces garanties avaient pour but d'empêcher que les mélasses ne fussent consommées en nature ou servissent à la fabrication clandestine de l'alcool : à cet effet, des justifications minutieuses étaient exigées des agriculteurs, et la dénaturation des mélasses ne pouvait s'effectuer que dans les établissements expéditeurs.

Ces prescriptions soulevèrent des réclamations. On fit observer, notamment, que l'obligation d'apporter dans les usines les matières fourragères servant à la dénaturation faisait obstacle au développement de l'emploi des mélasses.

En conséquence, un second décret du 8 juin 1899 autorisa l'expédition des mélasses en nature, sur des dépôts situés à proximité des exploitations agricoles, pour y être dénaturées, et supprima une partie des justifications imposées aux agriculteurs.

Nonobstant ces concessions, l'emploi des mélasses pour l'alimentation des bestiaux, le seul qui puisse présenter un réel intérêt, ne prit pas l'extension à laquelle on s'attendait, et de nouvelles réclamations surgirent contre les formalités prises pour la garantie des intérêts de l'État, formalités qui paralysaient, disait-on, les effets de la loi.

En vue de donner satisfaction à ces récriminations, le ministre des finances a autorisé, à titre d'essai : 1º les dépositaires et les industriels à expédier les mélasses, sans dénaturation préalable, aux agriculteurs ; 2º les cultivateurs à incorporer ces mélasses aux fourrages, sans déclaration préalable et hors de la présence des employés.

La seule formalité réellement efficace, qui ait été maintenue, consiste dans l'obligation, pour les cultivateurs, de recevoir les mélasses en nature par acquit-à-caution. Cette obligation est supprimée s'il s'agit de mélasses préalablement dénaturées, lesquelles circulent librement.

Il semble difficile d'étendre plus loin les facilités pour l'emploi des mélasses en agriculture, et cependant les quantités employées progressent si lentement qu'on peut se demander si le but poursuivi par le législateur sera jamais atteint.

Décret du 11 août 1899.

Au début de l'application de la loi du 29 juillet 1884, tous les sucres produits en sus du rendement légal étaient exempts d'impôt, d'où le nom de sucres *indemnes* qui leur fut alors donné et qu'on leur conserva plus tard lorsque les excédents de rendement furent soumis à un *tarif réduit*.

En vue de permettre aux fabricants d'exporter lesdits sucres, sans perdre le bénéfice de la prime, on imagina d'abord de délivrer aux exportateurs, pour les sucres bruts titrant 98º au moins, des certificats nº 7 analogues à ceux qui servaient à constater l'exportation des sucres raffinés sous le régime de l'admission temporaire. Quand, de totale qu'elle était, l'immunité devint partielle, le même système continua de fonctionner, et on en étendit même l'application à tous les sucres bruts jusqu'au titrage de 65°. Il suffisait de libérer les sucres par le paiement de la taxe réduite pour obtenir des certificats n° 7 en cas d'exportation.

Lorsque le tarif eut été porté à 30 francs par 100 kilogr., les industriels demandèrent à être dispensés de faire des avances de fonds considérables pour conserver le bénéfice de leur prime : ils devaient, en effet, acquitter d'abord le droit de 30 francs, puis ils obtenaient un certificat d'exportation ayant une valeur fiscale de 60 francs. Pour leur donner satisfaction, le ministre des finances autorisa (décision du 11 avril 1892) la délivrance, au moment de l'exportation des sucres à tarif réduit, de certificats 7 D ne représentant que la valeur de la prime, soit 30 francs par 100 kilogr.

Mais bientôt cela ne suffit plus. Pour le commerce intérieur, les cours s'établissent et les marchés à livrer se traitent sur les sucres non libérés d'impôt. On ne pouvait donc livrer, en exécution de ces marchés, des sucres qui n'étaient passibles que du droit réduit et dont la valeur intrinsèque se trouvait accrue de l'immunité dont ils bénéficiaient (30 francs par 100 kilogr.). Afin de permettre aux fabricants de rendre ces sucres passibles du droit plein, on autorisa la délivrance de certificats n° 7 D (valeur 30 francs) lors de l'introduction des sucres à tarif réduit dans les entrepôts ; enfin, pour compléter cet ensemble de facilités, on créa des obligations spéciales garantissant le droit de 30 francs, obligations à l'apurement desquelles pouvaient être employés les certificats 7 D délivrés à l'exportation ou à l'entrée en entrepôt (décision ministérielle du 7 août 1897).

Cette adaptation du régime de l'admission temporaire aux sucres à tarif réduit présentait l'inconvénient de fausser le caractère de l'institution et ne donnait pas complète satisfaction au commerce. Pour apurer les obligations, les souscripteurs étaient tenus de se procurer des certificats 7 D ; d'un autre côté, les sucres à tarif réduit qui avaient donné lieu à la délivrance d'un certificat 7 D, au moment de l'entrée en entrepôt, ne pouvaient plus en être enlevés que pour être exportés directement ou pour être livrés à la consommation après acquittement du droit plein. C'étaient là des causes de dépréciation pour les sucres au tarif réduit. Au point de vue administratif, le système n'offrait pas moins d'inconvénients. Il multipliait et compliquait les écritures et faussait les statistiques. Par le jeu des certificats 7 D, les sucres à 30 francs, qui sont nécessairement destinés à la consommation intérieure, n'apparaissaient pas tous, en effet, dans les écritures ; une partie était remplacée par une quantité moitié moindre de sucre ayant acquitté le droit de 60 francs (1).

Pour remédier à ces divers inconvénients, le décret du 11 août 1899 organisa un système consistant à rendre l'immunité dont jouit le sucre au droit réduit plus mobile, plus facilement et plus simplement transférable. Si le droit réduit n'était pas acquitté immédiatement à l'enlèvement (sucres indigènes) ou à l'importation (sucres coloniaux), cette immunité était constatée par la délivrance, à la sortie des fabriques pour les sucres indigènes, à l'importation pour les sucres coloniaux, d'un certificat d'enlèvement qui put être négocié comme les anciens certificats 7 D. Il n'y eut plus, dès lors, en circulation et dans les entrepôts, en suspension du paiement de l'impôt, qu'une seule espèce de sucre, qui, en principe, fut passible du droit de 60 francs, mais qui profita d'une détaxe de 30 francs sur la présentation et la remise du certificat d'enlèvement dont il est question ci-dessus. Les seules restrictions mises à l'emploi de ces certificats d'enlèvement furent l'obligation de les utiliser pour des sucres indigènes ou des colonies françaises et la nécessité d'en faire usage avant le 31 décembre qui suivait l'expiration de la campagne pendant laquelle le certificat avait été délivré.

Par son article 8, le décret du 11 août 1899 mit, en outre, fin à une combinaison par laquelle quelques déposants dans les entrepôts se procuraient indûment des certificats n° 7, en libérant des sucres bruts au tarif plein par une déclaration d'admission temporaire et en faisant, le jour même ou le lendemain, pour ces mêmes sucres, sans les avoir déplacés, une déclaration d'introduction en entrepôt. A cet effet, l'article susvisé stipule que les sucres libérés introduits en entrepôt à la décharge des obligations d'admission temporaire devront être présentés à la vérification du service avant d'être placés en magasin.

Loi du 29 décembre 1900.

Au moment où le phylloxéra dévastait les vignobles, les viticul-

---

(1) Supposons une consommation de 400.000.000 de kilogr. et une fabrication donnant 100.000.000 d'excédents. Sans les certificats 7 D, l'impôt aurait été de $\frac{100.000.000 \times 30}{100} + \frac{500.000.000 \times 60}{100} = 210.000.000$ fr. — Si les 100.000.000 kilogr. représentant des excédents ont été exportés ou mis en entrepôt, ils auront donné lieu à la délivrance de certificats 7 D, qui serviront à apurer 50.000.000 de kilogr. de sucres au droit plein placés en admission temporaire; tous les droits seront perçus au tarif de 60 fr. sur 350.000.000 de kilogr., ce qui donnera toujours une recette de 210.000.000 fr., mais ce qui aura l'inconvénient de ne faire apparaître qu'une consommation de 350.000.000 kilogr. au lieu de 400.000.000.

teurs avaient demandé l'autorisation d'employer du sucre avec le bénéfice d'une modération de taxe, pour améliorer la qualité de leurs vendanges. L'art. 2 de la loi du 29 juillet 1884 leur donna satisfaction, en stipulant que les sucres servant au sucrage des vins et des cidres, avant la fermentation, ne paieraient qu'un droit de 20 fr. par 100 kilogr. (droit porté à 24 fr. en 1887). Interprétant dans un sens très large le principe posé par l'art. 2 de la loi de 1884, le décret rendu en conseil d'État pour son application (22 juillet 1885) admit l'emploi du sucre non seulement pour l'amélioration des vendanges, mais aussi pour la fabrication des vins de marcs, sous le prétexte qu'il y avait lieu de suppléer à l'insuffisance des récoltes.

Dans ces conditions, les opérations de sucrage prirent un développement considérable : en 1899, plus de 39 millions de kilogrammes furent employés à cet usage.

Or, depuis 1884, la situation s'était complètement modifiée. Les vignobles avaient été reconstitués avec des plants à grand rendement, et, au lieu d'une insuffisance de vin, on se trouvait en présence d'une surproduction qui avait amené l'avilissement des cours. Aussi des plaintes nombreuses s'élevèrent dans les régions viticoles contre la pratique du sucrage qui, en fait, ne répondait plus à une réelle nécessité.

En conséquence, dans le projet de loi relatif à la réforme de l'impôt des boissons, le Gouvernement proposa de relever à 40 fr. le droit sur les sucres destinés au sucrage, en vue de restreindre ces opérations. La Chambre des députés n'adopta pas cette proposition et maintint le droit à 24 fr., mais en décidant que le bénéfice de cette taxe réduite ne serait accordé qu'aux quantités de sucres nécessaires pour le sucrage des vins ou des cidres destinés à la consommation de famille des récoltants, et seulement jusqu'à concurrence d'un maximum de 40 kilogr. par membre de la famille et par domestique attaché à la personne (art. 6 de la loi du 29 décembre 1900). Un décret du 20 juillet 1901 fixa les conditions d'application de cette immunité.

Convention du 5 mars 1902.

Aux « primes de guerre » votées par l'Allemagne et l'Autriche-Hongrie, la France avait répondu par la création de primes directes d'exportation (loi du 7 avril 1897).

En somme, c'était une lutte à outrance qui s'engageait entre la France, l'Allemagne et l'Autriche, pour obtenir la suprématie du commerce des sucres sur le marché extérieur. Or, comme le montant des primes était exclusivement acquitté par le consommateur de chacun de ces pays, on assistait à ce singulier spectacle que la consommation et l'impôt du sucre ne pouvaient s'y développer, alors que la production prenait une énorme extension (1) et que les cours s'avilissaient sur le marché mondial. Trop d'intérêts se trouvaient compromis pour qu'on ne songeât pas à remédier à cette situation.

Dès le mois de juin 1898, une conférence se réunit à Bruxelles en vue de l'abolition des primes. L'Allemagne, l'Autriche-Hongrie, la Belgique, l'Espagne, la France, la Grande-Bretagne, les Pays-Bas, la Russie et la Suède y étaient représentés. Les travaux de la conférence se traduisirent par un projet d'accord international basé sur la constatation du rendement réel et sur l'imposition de tous les sucres livrés à la consommation intérieure, avec suppression des primes directes ou indirectes. Tous les pays représentés acceptèrent ce projet, sauf la France et la Russie, qui ne consentirent qu'à l'abolition de toute prime directe d'exportation, et déclarèrent qu'elles ne pouvaient adhérer à aucun engagement ayant pour conséquence de toucher au régime fiscal intérieur.

En refusant d'abandonner les avantages résultant de la prime indirecte de fabrication, la France faisait valoir que ses industriels ont à supporter, pour la main-d'œuvre, pour l'achat des betteraves et du combustible, des dépenses sensiblement plus élevées qu'en Allemagne et en Autriche. Cette affirmation n'était pas contestée; mais la conférence ne crut pas devoir s'y arrêter, et, dans ces conditions, elle ne pouvait aboutir à un résultat. Cependant, en se séparant, les délégués furent d'accord pour confier au Gouvernement belge le soin de chercher, par la voie diplomatique, une combinaison qui permît de poursuivre les travaux de la conférence.

Ce fut, pour la France, un heureux hasard de n'avoir pas renoncé dès 1898 au maintien de la prime indirecte, parce que, sans cette prime, le régime des *cartels*, auquel allaient avoir recours l'Autriche et l'Allemagne, aurait immédiatement fait perdre à nos fabricants tout débouché sur le marché extérieur et peut-être même permis l'envahissement du marché intérieur. Pour conserver ce dernier, il eût fallu

---

(1) En France, la production, qui n'avait exceptionnellement atteint que 704 millions de kilogr. en 1894-95, s'éleva à 730 millions de kilogr. en 1897-98, et, pour les campagnes suivantes, à 737 millions, 869 millions et 1040 millions de kilogr.

recourir à une augmentation du droit de douane, dont le consommateur français aurait supporté tout le poids.

Les *cartels* furent établis par les fabricants austro-hongrois, dès la fin de l'année 1898, et, par les fabricants allemands, en 1900. Voici en quoi ils consistaient :

Les droits de douane sur le sucre étant très élevés en Autriche (27 fr. 50) et en Allemagne (25 fr.), les fabricants et les raffineurs de ces deux pays se concertèrent pour majorer le prix du sucre livré à la consommation intérieure d'une somme de 16 à 18 fr. environ. En agissant ainsi, ils n'avaient à craindre, sur leur propre marché, aucune concurrence de la part des autres pays producteurs, puisque les sucres de ces pays devaient, à l'importation, payer un droit de douane supérieur à la majoration du prix de vente. Mais, à l'aide des ressources provenant de cette majoration, il était possible d'exporter, principalement sur le marché anglais, du sucre à un prix inférieur au prix de revient.

En fait, le jeu des *cartels* n'était limité que par l'obligation de régler les ventes, à un prix majoré pour la consommation intérieure et à un prix déprécié pour l'exportation, dans des proportions telles qu'on obtînt un prix moyen laissant un bénéfice normal sur l'ensemble de la production.

A la suite de la mise en pratique de ces cartels et de la surproduction qui en fut la conséquence, la situation de l'industrie sucrière devint de plus en plus critique, et le Gouvernement français comprit qu'il ne devait plus se montrer aussi intransigeant sur le maintien de son régime intérieur. A son instigation, une réunion des délégués allemands, autrichiens, hongrois et français eut lieu à Paris, au mois d'octobre 1900, pendant l'Exposition universelle, en vue de la reprise des négociations de Bruxelles.

Dans cette réunion, on élabora un projet d'entente comportant : 1° de la part de la France, l'abandon de ses primes d'exportation, la réduction à 20 fr. de la prime indirecte sur les excédents de rendement entre 7 k. 750 et 10 k. 500, et la suppression de toute prime sur les rendements dépassant ce dernier taux ; 2° de la part de l'Allemagne et de l'Autriche, la suppression des primes d'exportation, les seules d'ailleurs que la législation de ces deux pays accordait à son industrie sucrière. On remarquera qu'il ne fut pas question des cartels. Peut-être l'Allemagne et l'Autriche avaient-elles la secrète pensée de pouvoir maintenir cette organisation, en échange de la légère prime indirecte conservée à nos fabricants. Mais, comme la législation française s'oppose à l'établissement des cartels, c'eût été un marché de dupe pour nous, et aussi pour l'Angleterre qui voulait favoriser l'écoulement sur son marché des sucres de canne de ses colonies, en vue de les dédommager du concours qu'elle en avait obtenu dans la guerre sud-africaine contre les Boërs.

Quoi qu'il en soit, les négociations étaient reprises et les délégués à la Conférence de Bruxelles furent convoqués à une nouvelle réunion pour le mois de décembre 1901. Tous les Etats intéressés y prirent part, sauf la Russie.

L'accord se fit immédiatement sur la nécessité d'abolir les avantages accordés aux fabricants et aux raffineurs par la législation fiscale des États contractants (primes directes ou indirectes, exemptions partielle ou totale d'impôt, etc...) ; la France devait conserver toutefois la prime indirecte prévue dans la réunion de Paris. Mais des difficultés surgirent lorsque certains délégués, notamment celui de la Belgique, eurent fait remarquer que les cartels procuraient, en réalité, des avantages analogues à ceux résultant des primes.

Reconnaissant l'impossibilité de s'immiscer dans la législation générale des divers pays pour interdire d'une façon absolue les cartels, la conférence fut amenée à en restreindre les effets par la fixation d'un maximum peu élevé (l'Angleterre proposa le chiffre de 5 fr.) pour le droit de douane sur les sucres. Comme sanction, elle stipula l'application d'un droit compensateur et même la possibilité d'une prohibition absolue, à l'égard des sucres qui proviendraient des pays où ce maximum serait dépassé, c'est-à-dire des pays qui n'auraient pas adhéré à la Convention. Mais alors l'Allemagne et l'Autriche déclarèrent qu'elles ne pouvaient plus consentir au maintien de la prime indirecte qui avait été prévue en faveur de la France ; elles essayèrent même d'obtenir que le maximum du droit de douane fût élevé à 15 fr. et que la Convention ne fût appliquée qu'à partir du 1er septembre 1904.

Finalement, la France dut, comme les autres pays exportateurs de sucre, renoncer à toute prime ; le maximum du droit de douane fut fixé à 6 fr. pour les raffinés et à 5 fr. 50 pour les sucres bruts ; et la Conférence décida que la Convention devrait être ratifiée par les divers États contractants avant le 1er février 1903, pour entrer en vigueur le 1er septembre de la même année ; qu'elle aurait une durée de 5 ans et pourrait se continuer ensuite, d'année en année, par tacite reconduction. D'un autre côté, comme le but essentiel de la Convention était d'égaliser les conditions de la concurrence sur les marchés extérieurs, les pays non exportateurs de sucre furent autorisés à conserver des primes, ainsi qu'un droit de douane supérieur au maximum, aussi longtemps qu'ils ne se livreraient pas à l'exportation. Enfin on institua une commission permanente, siégeant à Bruxelles, pour surveiller l'exécution de la Convention.

Signalons encore, bien qu'il n'en soit pas question dans la Convention, une décision prise au cours des travaux de la conférence et d'après laquelle les détaxes de distance instituées en France par la loi du 7 avril 1897 ne seront pas considérées comme constituant une prime, à la condition que le taux de ces détaxes ne soit pas augmenté.

Lois des 27 et 28 janvier 1903.

En vue de l'application de la Convention de Bruxelles, le Gouvernement déposa, dès le mois de mars 1902, deux projets de loi ayant pour but : l'un d'autoriser la ratification de cette convention, l'autre de modifier le régime fiscal intérieur.

Ces deux projets étaient connexes ; mais le premier était de pure forme puisqu'il se bornait à permettre la ratification d'une convention qui ne pouvait avoir d'effet, en France, qu'autant que les dispositions insérées dans le second pour la suppression des primes seraient adoptées.

Dans le principe, ce second projet comportait : l'abaissement du droit intérieur de 60 à 40 fr. ; la réduction du droit de douane au maximum prévu par la convention (6 fr. pour le raffiné, 5 fr. 50 pour le brut) ; le maintien des détaxes de distance fixées par les art. 2 et 3 de la loi du 7 avril 1897 ; le rétablissement de la prise en charge dans les fabriques d'après la production effective, avec un minimum calculé sur le volume et la densité des jus ; et la création d'un régime de travail en entrepôt dans les établissements préparant des produits sucrés pour l'exportation. La taxe de fabrication de 1 fr. sur les sucres bruts, et celle de raffinage fixée à 4 fr. sur les sucres bruts allant en raffineries, étaient maintenues sans modification, pour permettre la continuation du paiement des détaxes de distance, et l'apurement du compte spécial de ces détaxes et des primes directes qui se trouvait en déficit.

Pour une consommation qu'on pouvait évaluer à 450 millions de kilogr., le droit de 40 fr. assurait au Trésor une recette de 180 millions de francs, équivalente à celle qu'il encaissait sous le régime de la loi de 1884. Mais les fabricants protestèrent contre le taux de ce droit qu'ils trouvaient trop élevé.

Ils faisaient valoir : que le chiffre de 40 fr. correspondant à peu près à la moyenne des droits acquittés (partie à 30 fr., partie à 60 fr.) sur les quantités soumises à l'impôt pendant les dernières années, le prix du sucre ne serait pas diminué ; que, d'un autre côté, ne pouvant produire le sucre à aussi bon marché que les Allemands et les Autrichiens, ils devraient renoncer à exporter sur le marché de Londres ; que, par suite, ils seraient obligés de réduire leur production de plus de moitié, ce qui porterait un grave préjudice à l'agriculture ; qu'enfin la seule chance de salut qui leur restait consistait dans une augmentation de la consommation intérieure, augmentation qu'on ne pouvait attendre que d'un plus large dégrèvement de l'impôt.

La Chambre s'étant séparée sans avoir abordé la discussion du projet, le Gouvernement déposa, au mois d'octobre, en même temps que le budget de 1903, un nouveau projet qui réduisait le droit intérieur à 25 fr., la taxe de raffinage de 4 fr. à 2 fr., et qui supprimait la taxe de fabrication de 1 fr. sur les sucres bruts livrés directement à la consommation, sans passer par les raffineries.

L'industrie sucrière ayant ainsi obtenu satisfaction, ses représentants décidèrent d'accepter le nouveau projet ; mais les députés de la région du Midi protestèrent. Ils prétendirent que la réduction du droit à 25 fr. allait provoquer l'emploi du sucre en première et seconde cuvée, ce qui serait une cause d'avilissement des prix de vente pour les vins naturels.

Il eût été, cependant, bien difficile de refuser, dans l'intérêt exclusif de la viticulture, le dégrèvement proposé par le Gouvernement sur le sucre qui était imposé bien au delà de sa valeur marchande et qui constitue un objet de consommation générale. Toutefois, pour tenir compte des doléances du Midi, on introduisit dans la loi un article additionnel qui exige une déclaration pour tout emploi de sucre dans la fabrication du vin ; qui limite la quantité à introduire en première et en seconde cuvée (les vins de cette seconde catégorie étant réservés à la consommation de famille), et qui dispose que toute personne détenant, en même temps que des vendanges, moûts ou marcs de raisin, une quantité de sucre supérieure à 50 kilogr. devra en faire la déclaration et fournir des justifications d'emploi. De plus, les pénalités établies précédemment pour les contraventions en matière de sucrage furent considérablement aggravées ; en cas de récidive, elles vont même jusqu'à la peine d'emprisonnement.

Il est assez curieux de voir les viticulteurs provoquer eux-mêmes ces mesures de rigueur, lorsqu'on se rappelle que c'est à leur instigation que des facilités et des détaxes avaient été accordées pour le sucrage en 1884. A cette époque, il est vrai, par suite des ravages du phylloxéra, la production du vin était insuffisante, tandis qu'en 1903 on se trouvait en présence de la reconstitution des vignobles et de plusieurs années successives d'abondantes récoltes qui avaient amené une mévente des vins. Comme cela arrive généralement, on se décidait sous l'impression des événements présents, sans se demander si, un jour, dans les années où la maturité du raisin aura été incomplète, il n'y aurait pas intérêt pour la viticulture à pouvoir recourir, sans de trop méticuleuses entraves, à la pratique du sucrage.

La loi, ainsi amendée, fut adoptée à une forte majorité ; mais, en somme, dans toute la discussion, il fut beaucoup plus question de la viticulture que de l'industrie sucrière.

Quant au projet relatif à l'approbation de la convention de Bruxelles, il fut voté sans difficulté, à mains levées, après avoir donné lieu, à la Chambre, à de brillants discours sur les avantages ou les inconvénients des primes et du régime protectionniste.

Loi du 31 mars 1903.

La réduction du droit sur le sucre entraînait celle du droit sur les glucoses. La modification du tarif fut réalisée par la loi de finances du 31 mars 1903. A partir du 1er septembre 1903, le droit est abaissé de 13 fr. 50 à 5 fr. 60 par 100 kilogr. En même temps, de nouvelles mesures restrictives sont prises relativement au sucrage des vins.

L'emploi des glucoses est absolument interdit dans la fabrication des vins de première et de deuxième cuvée. La détention des glucoses est soumise aux mêmes formalités que celle du sucre (voir la loi du 28 janvier 1903), chez toute personne ayant en sa possession des vendanges, moûts ou marcs de raisin. Les déclarations d'emploi du sucre, pour la préparation des vins de première ou de deuxième cuvée, doivent être conservées par la Régie pendant trois ans, et sont communiquées à tout requérant moyennant un droit de recherche de 0 fr. 50 par article.

La Corse, qui jusqu'alors avait bénéficié d'un tarif de faveur pour les sucres qu'elle consommait (moitié du droit perçu en France), est soumise, à partir du 1er septembre 1903, au paiement des mêmes droits que la métropole, la taxe de raffinage exceptée.

Enfin la déduction coloniale fut accordée aux sucres des colonies françaises expédiés antérieurement au 1er septembre 1903, pourvu qu'ils soient parvenus en France avant le 31 décembre de la même année. Ces sucres bénéficièrent ainsi du régime de la prime de fabrication pendant une période un peu plus longue que les sucres indigènes.

Décret du 26 juin 1903.

La loi du 28 janvier 1903 avait laissé à un décret le soin de régler les conditions d'application du régime institué, par son article 4, pour le travail en entrepôt des sucres destinés à la préparation des produits alimentaires en vue de l'exportation. Ce décret a été promulgué le 26 juin 1903.

Il paraît inutile d'analyser ici les prescriptions de détail concernant l'agencement des usines et la tenue des comptes. Parmi les dispositions intéressantes, il convient de signaler : l'autorisation d'introduire dans ces établissements en suspension du paiement des droits, non seulement des sucres proprement dits de toute catégorie (bruts ou raffinés), mais aussi des glucoses ; l'obligation pour les industriels de souscrire un engagement cautionné garantissant l'impôt sur ces matières, en cas de manquants non justifiés ; la faculté d'introduire, en outre, des sucres libérés d'impôt, mais à l'état de raffinés seulement. Ces derniers produits reprennent d'ailleurs immédiatement le caractère de sucres non libérés, puisqu'ils donnent lieu dès leur réception à la délivrance de certificats d'entrée en entrepôt, transmissibles par voie d'endossement, ce qui équivaut, en fait, à la restitution du droit.

Les industriels conservent toute liberté d'action pour la manipulation de leurs produits, le service ne doit s'immiscer en aucune façon dans le détail de leurs opérations. Quant aux produits fabriqués, ils doivent être intégralement livrés à l'exportation ; aucune quantité ne peut entrer dans la consommation intérieure.

Décret du 14 août 1903.

La prime d'exportation n'était accordée aux sucres français, d'après la loi du 7 avril 1897, qu'au moment même de la sortie du territoire. Dans d'autres pays signataires de la Convention de Bruxelles, cette prime était allouée non seulement lors de l'exportation, mais aussi dès la mise en entrepôt, sous la réserve, dans ce dernier cas, qu'elle serait restituée si, au lieu d'être exportés, les sucres entraient dans la consommation intérieure.

Il en résultait qu'à compter du 1ᵉʳ septembre 1903, date de l'entrée en vigueur de la Convention, nos sucres, dont le stock en entrepôt était considérable, eussent été privés de toute prime au moment de l'exportation, et se seraient trouvés en état d'infériorité sur les marchés étrangers.

En vue de placer nos fabricants dans les mêmes conditions que leurs concurrents, le décret du 14 août 1903 a décidé que les sucres entreposés avant le 1ᵉʳ septembre et déclarés pour l'exportation bénéficieraient de la prime, pourvu qu'ils soient exportés dans un délai de trois ans. Des bons de prime ont, en conséquence, été libellés pour ces sucres ; mais, afin de garantir le Trésor contre toute éventualité, lesdits bons n'ont été délivrés que moyennant le dépôt, à titre de cautionnement, d'une valeur égale à celle du bon. En outre, les bénéficiaires de ces bons ont dû prendre l'engagement d'en rembourser la valeur, s'ils ne justifiaient pas de l'exportation dans le délai prescrit.

Loi du 5 juillet 1904.

En adhérant à la Convention de Bruxelles qui ne permet plus de maintenir aucune prime sur les sucres, les Chambres avaient opéré un large dégrèvement de l'impôt (loi du 28 janvier 1903), en vue de développer la consommation intérieure et d'ouvrir à nos fabricants un nouveau débouché pour remplacer en partie celui qu'ils avaient pu se créer, grâce auxdites primes, sur les marchés étrangers. Mais les ventes de sucre brut à l'étranger avaient atteint jusqu'à 400 millions de kilogr. en une seule campagne, et il n'était pas présumable que la consommation intérieure pût, avant longtemps, augmenter d'une quantité équivalente.

Les représentants de la sucrerie et de l'agriculture sollicitèrent donc l'ouverture de nouveaux débouchés sur le marché intérieur, par l'exonération complète de l'impôt sur les sucres employés en brasserie et sur ceux destinés à l'alimentation du bétail. Pour les premiers, on faisait valoir qu'il ne serait qu'équitable de traiter le sucre proprement dit comme le glucose, qui depuis longtemps était utilisé en franchise pour la fabrication de la bière. En ce qui regarde les sucres pour l'alimentation du bétail, on prétendait qu'il y aurait là, pour la sucrerie indigène, un placement facile et assuré, et que, moyennant une dénaturation préalable dans les fabriques, les intérêts du Trésor ne pourraient être compromis.

On s'exagérait, croyons-nous, l'efficacité de ce dégrèvement au point de vue de l'écoulement du sucre. Pour faire entrer le sucre dans la fabrication de la bière, il faut, en effet, d'abord l'intervertir, tandis que le glucose se prête directement à cet usage ; en outre, le glucose, qui contient toujours une certaine quantité de dextrine, se rapproche davantage des moûts de malt que le sucre interverti. Quant à l'alimentation du bétail, il semble qu'il sera toujours préférable d'employer directement les betteraves, plutôt que d'en extraire à grands frais le sucre qui ne constitue d'ailleurs qu'une partie des éléments nutritifs de la betterave.

Quoi qu'il en soit, le Gouvernement ne crut pas devoir s'opposer à l'adoption de vœux qui lui étaient présentés comme une mesure de salut pour l'industrie sucrière, et, sur sa proposition, les Chambres votèrent, le 5 juillet 1904, deux lois qui consacrent l'exonération du droit pour les sucres destinés à la fabrication de la bière et à l'alimentation du bétail.

Loi du 9 juillet 1904.

Sans contester absolument la valeur du système établi par la loi du 26 juillet 1893, pour la surveillance des raffineries, la commission permanente de Bruxelles lui reprochait de ne pas répondre aux stipulations de la Convention. Ce système ne réalisait pas, en effet, le régime du travail en entrepôt prescrit par l'art. 2 de la Convention ; en outre, si, par la tenue du compte des réfactions, il permettait de rectifier l'exagération possible des coefficients adoptés pour les cendres et le glucose, il laissait en dehors de tout contrôle le déchet industriel de 1 1/2 p. 100, qui pouvait donner lieu à la réalisation d'un boni.

Pour donner satisfaction à ces critiques, le Gouvernement présenta un projet de loi soumettant à la surveillance permanente des agents des contributions indirectes les raffineries, où le contrôle du service ne s'était exercé jusqu'alors qu'à l'entrée et à la sortie, et reportant à la sortie de ces établissements la liquidation des droits.

Mais, afin de garantir le Trésor contre toute éventualité sur les énormes approvisionnements contenus dans les raffineries, et aussi pour ne pas le priver, au moins momentanément, de l'impôt sur ces approvisionnements, on stipula qu'il serait procédé, sur les sucres bruts introduits dans les raffineries, à une liquidation provisoire des droits, d'après les bases établies par la loi du 19 juillet 1880 (réfaction de 4 p. 100 pour les cendres, de 2 p. 100 pour le glucose, allocation du déchet de 1 1/2 p. 100).

En somme, le nouveau régime fonctionne de la manière suivante : le montant des droits est perçu ou garanti à l'introduction des sucres bruts d'après les bases anciennes ; ces droits sont inscrits au crédit d'un compte de liquidation ; au débit du même compte, on fait figurer les droits résultant des constatations opérées sur les produits du raffinage (sucres raffinés, sucres candis, vergeoises, à l'exclusion des mélasses) sortant de l'établissement. Tout excédent du compte débiteur sur le compte créditeur indiquerait qu'il a été réalisé un boni sur les droits appliqués aux sucres bruts, et cet excédent devrait être immédiatement versé au Trésor.

Mais il est évident que cette éventualité n'aurait pu se produire que dans un avenir très éloigné, lorsque les excédents de rendement réalisés par le raffineur auraient dépassé le montant des stocks constituant son approvisionnement. Aussi la loi prescrit-elle un inventaire annuel, et si les droits afférents aux quantités reconnues à l'inventaire, augmentés des droits portés au débit du compte de liquidation, dépassent le compte créditeur, la différence est imposable.

Cependant, comme dans une opération aussi délicate que l'inventaire d'une raffinerie il est pour ainsi dire impossible d'arriver à une exactitude absolue, il était équitable de ne pas appliquer d'une façon rigoureuse les résultats de cet inventaire. En conséquence, le Gouvernement avait proposé de ne constater les excédents qu'à titre provisoire, tant qu'ils ne dépasseraient pas 5 p. 100 des produits en cours de transformation. Sur la demande des raffineurs, le Parlement a décidé que cette marge de 5 p. 100 serait calculée, non pas seulement sur les produits en cours de transformation, mais sur la totalité des produits existant dans l'usine.

En résumé, le compte des réfactions, tel que l'a organisé la loi du 26 juillet 1893, est conservé ; et la nouvelle loi établit une garantie complémentaire par un contrôle permanent sur la sortie des sucres enlevés des raffineries, et par une liquidation annuelle au moment de l'inventaire.

La loi du 9 juillet 1904 contient, en outre, quelques dispositions accessoires qui peuvent se résumer ainsi :

1° Les mélasses de raffinerie autres que celles qui sont exportées, dirigées sur les distilleries ou employées à des usages agricoles et industriels, sont imposées à raison de 1 fr. 25 par 100 kilogr. C'est, en somme, l'application, aux mélasses de raffineries allant à la consommation de bouche, d'une taxe équivalente à celle qui frappait déjà à la sortie des fabriques les mélasses employées au même usage, celles-ci supportant le tarif du sucre (25 fr.) à raison de 5 p. 100 de leur poids.

2° Les obligations souscrites par les raffineurs sont exemptes de tout intérêt pendant le premier mois. Cette mesure a pour but d'égaliser les conditions de concurrence entre nos industriels et les raffineurs de l'étranger qui travaillent sous le régime de l'entrepôt pour l'exportation.

3° Le taux des frais de surveillance est porté de 0 fr. 04 à 0 fr. 08 par 100 kilogr. pour couvrir le Trésor du surcroît de dépenses qu'entraînera le nouveau régime. C'est le retour au tarif fixé par l'art. 13 de la loi du 5 août 1890. Mais la perception de cette taxe n'est plus limitée aux sucres mis en œuvre dans les raffineries ; elle atteint également les *sucres raffinés* enlevés des fabriques-raffineries et ceux qui sont importés de l'étranger.

4° Tous les établissements où l'on transforme, par un procédé quelconque, des sucres bruts en sucres en pains, en tablettes ou en morceaux, sont assimilés aux raffineries. Cette disposition est la consécration légale d'une assimilation existant, en fait, depuis la loi de 1897 qui a établi une taxe de raffinage.

5° Enfin, pour tenir compte des observations de la commission permanente, le droit de douane sur les sucres candis importés, qui avait été fixé à 6 fr. 42 (100 kilogr. de candis poids effectif ayant été comptés, comme dans le régime intérieur, pour 107 kilogr. de raffiné), est ramené à 6 fr., maximum admis par l'art. 3 de la Convention de Bruxelles.

Décret de 12 août 1904.

La nouvelle loi avait, comme les précédentes, remis à des règlements d'administration publique le soin de déterminer les mesures de détail nécessaires pour son application.

Un premier décret porte la date du 12 août 1904. Il reproduit en grande partie les dispositions des décrets des 25 octobre 1890 et 30 août 1893, en ce qui concerne les conditions d'installation des raffineries, ainsi que les mesures de contrôle à l'entrée des sucres bruts et à la sortie des sucres raffinés, des bas produits du raffinage et des mélasses. Mais, en vue de rendre plus efficace l'action du service, il complète ces mesures par des dispositions nouvelles, de manière à faire disparaître certaines difficultés, à combler diverses lacunes que l'expérience avait révélées sous l'ancien régime.

Ainsi : il ne peut plus être introduit dans les raffineries que des sucres bruts provenant directement des fabriques, des entrepôts ou des bureaux de douane ouverts à l'importation, et ces sucres doivent toujours être accompagnés de titres de mouvement indiquant leur richesse saccharine ; on ne peut faire sortir de ces établissements que des raffinés, des vergeoises et des mélasses. Toute introduction de sucres provenant du commerce libre ou de sucres autres que ceux à l'état brut, tout enlèvement de sucre brut ne peut être admis qu'à titre exceptionnel et en vertu d'une autorisation spéciale qui en fixe les conditions. D'un autre côté, le service ne collabore plus à la détermination du poids des colis dans les ateliers d'expédition ; il se borne à vérifier l'exactitude des bulletins qui sont établis par les soins du raffineur et qui doivent accompagner ces colis. Lesdits bulletins sont, en outre, extraits d'un registre à souche, dont le service peut exiger la communication pendant trois ans. En cas de soupçon de fraude, une seconde vérification des chargements peut être opérée à la sortie même de l'usine. Enfin, pendant l'inventaire, le travail est interdit dans les ateliers et magasins.

Pour compléter ces mesures, et éviter le retour de difficultés qui s'étaient présentées depuis 1890, il restait à déterminer les caractères distinctifs des mélasses, notamment au point de vue de leur teneur maxima en sucre. Par son article 4, la loi du 9 juillet 1904 a délégué ce pouvoir au Gouvernement, et un second règlement d'administration publique fixera donc les conditions que doivent réunir les résidus du raffinage pour être acceptés comme mélasses à la sortie des usines.

SUCRE INDIGÈNE.

Production, minimum de prise en charge, et tarif du droit sur le sucre raffiné, depuis l'établissement de l'impôt jusqu'à la loi du 29 juillet 1884.

CAMPAGNES.	NOMBRE de fabriques.	QUANTITÉS fabriquées. Kilog.	MINIMUM de prise en charge.	DROIT PAR 100 kil. sur le sucre raffiné indigène (A).	DATES DES LOIS qui ont modifié le tarif ou l'assiette de l'impôt.
		En sucre au 1er type.		fr. c.	
1838-39	547	39,000,000	5 kg. de sucre brut par 100 litres de jus à 105 degrés du densimètre.	14 63	Loi du 18 juillet 1837.
1839-40	418	23,000,000		22 »	
1840-41	389	26,939,897	1,200 gr. de sucre au 1er type par hect. de jus et par degré du densim.	36 60	Loi du 3 juillet 1840.
1841-42	400	31,234,954		36 60	
1842-43	384	29,560,636	1,250 gr. de sucre au 1er type par hect. de jus et par degré du densim.	36 60	Réduction de taxe résultant de la suppression d'un type intermédiaire.
1843-44	325	28,660,029		33 »	
1844-45	294	36,457,936		39 60	
1845-46	306	40,546,839		46 20	Loi du 2 juillet 1843.
1846-47	298	53,795,055		52 80	
1847-48	308	64,316,225		59 40	
1848-49	284	38,639,032		59 40	
1849-50	288	62,175,214	1,400 gr. de sucre au 1er type par hectolitre de jus et par degré du densimètre.	59 40	
1850-51	304	76,151,128		59 40	
1851-52	329	68,583,115		59 40	
1852-53	337	75,275,235		58 08	Loi du 27 mars 1852.
1853-54	303	76,951,080		58 08	
1854-55	208	44,669,644		58 08	
1855-56	275	92,197,663		63 36	Loi du 14 juill. 1855 (2e décime).
1856-57	283	83,126,618		63 36	
1857-58	341	151,514,435	1,300 gr. de sucre au 1er type par hect. de jus et par degré du densim.	63 36	
1858-59	349	132,650,671		63 36	
1859-60	334	126,479,962		63 36	
1860-61	334	100,876,286		33 »	Loi du 23 mai 1860.
1861-62	346	146,414,880		33 »	
1862-63	362	173,677,253		46 20	Loi du 2 juillet 1862.
1863-64	366	108,466,741		46 20	
1864-65	398	149,014,316		47 »	Loi du 7 mai 1864.
1865-66	419	274,104,444		47 »	
1866-67	434	216,854,677		47 »	
1867-68	452	224,767,176	1,400 gr. de sucre au 1er type par hectolitre de jus et par degré du densimètre.	47 »	
1868-69	456	210,680,242		47 »	
1869-70	464	289,323,818		47 »	
1870-71	476	289,082,146		47 »	
1871-72	487	335,351,977		61 10	Loi du 8 juillet 1871.
1872-73	508	408,649,379		70 50	Loi du 22 janvier 1872.
1873-74	514	396,578,903		70 50	
1874-75	519	450,878,046		73 32	Loi du 30 décembre 1873.
1875-76	521	462,259,186		73 32	
1876-77	493	243,295,193		73 32	
1877-78	501	398,132,446		73 32	
1878-79	501	432,636,061		73 32	
1879-80	495	277,911,979		73 32	
		En sucre raffiné.			
1880-81	493	283,602,266	1,200 gr. de sucre raffiné par hect. de jus et par degré du densim.	40 »	Loi du 19 juillet 1880.
1881-82	486	337,087,661		40 »	
1882-83	496	362,737,565		40 »	
1883-84	483	406,007,648		40 »	

(A) Sous le régime des types, le droit indiqué est celui qui était appliqué aux sucres raffinés de qualité commune dits sucres lumps.

SUCRE INDIGÈNE

Production, minimum de prise en charge, et tarif du droit sur le sucre raffiné, depuis la loi du 29 juillet 1884 jusqu'au 1ᵉʳ septembre 1903.

CAMPAGNES.	NOMBRE de fabriques.	QUANTITÉS de betteraves travaillées.	MINIMUM DE PRISE EN CHARGE. Fabriques abonnées.	Fabriques non abonnées ou placées sous le régime du déchet.	PRISE en charge au droit plein résultant de l'application des lois.	PRODUCTION effective.	PRISE en charge, excédents et boni de fabrication au droit réduit.	DROIT par 100 kil. en raffiné. tarif plein.	tarif réduit.	PRIX (A) moyen courant de 100 kil. de sucre raffiné dit belle sorte. (droit compris).	DATES DES LOIS qui ont modifié le tarif ou l'assiette de l'impôt.
1	2	3	4	5	6	7	8	9	10	11	12
		tonnes.						fr. c.	fr. c.	fr. c.	
1884-85	449	4.556.798	5 et 6 p. 0/0 du poids de la betterave, suivant le procédé d'extraction des jus (presses ou diffusion).	1200 grammes de sucre raffiné par hectolitre de jus et par degré du densimètre.	233.874.900	272.962.353	39.087.453	50 »	» »	104.33	Loi du 29 juillet 1884.
1885-86	413	3.385.439			187.234.424	265.074.374	77.839.947	50 »	» »	104.64	(A) Col. 11. Le prix indiqué est celui de la première année comprise dans la campagne : ainsi 104 fr. 33 est le prix moyen de 1884.
1886-87	394	4.897.079			276.266.089	434.043.572	157.777.483	50 »	» »	96.45	
1887-88	375	3.614.632	7 p. 0/0 du poids de la betterave.	Id.	253.024.244	347.785.469	94.764.225	50 » / 60 »	» » / 40 »	98.55	Loi du 27 mai 1887.
1888-89	380	4.222.968	7.25 p. 0/0	Id.	306.496.753	414.869.576	108.672.823	60 »	10 » / 20 »	106.88	Loi du 24 juillet 1888.
1889-90	373	6.676.052	7.50 p. 0/0	Id.	500.460.464	700.409.247	199.948.786	60 »	20 »	115.43	(1) Régime de l'abonnement. (2) Régime du déchet.
1890-91	253 (¹) / 124 (²)	4.676.856 / 4.834.054	7.75 p. 0/0	7.75, dont 85 p. 0/0 au droit de 60 fr. et 15 p. 0/0 au droit de 30 fr.	497.547.813	616.889.568	119.341.725	60 »	20 » / 30 »	106.18	Lois des 5 août 1890 et 29 juin 1891.
1891-92	358 (¹) / 10 (²)	5.546.485 / 79.513	7.75 p. 0/0 et moitié des excédents au-dessus d'un rendement de 10.50.	Id.	440.340.922	578.113.630	137.772.708	60 »	30 »	107.08	Nota. — Pour déterminer le montant des primes acquises à la sucrerie indigène, il suffit de multiplier les quantités inscrites col. 8 par la diffé-

1892-93	319 (¹) 49 (²)	4.909.939 562.952	Id.	Id.	421.501.052	523.412.388	104.911.336	60 » 30 »	105.16
1893-94	344 (¹) 26 (²)	4.963.173 266.847	Id.	Id.	405.849.529	514.976.092	109.126.583	60 » 30 »	113.78
1894-95	274 (¹) 93 (²)	5.865.784 1.271.956	Id.	Id.	551.426.709	704.569.287	153.142.578	60 » 30 »	105.41
1895-96	353 (¹) 3 (²)	5.393.150 16.334	Id.	Id.	424.045.925	593.646.930	159.601.005	60 » 30 »	99.53
1896-97	325 (¹) 33 (²)	6.211.147 554.653	Id.	Id.	524.055.084	668.545.970	144.490.886	60 » 30 »	100.88 (³)
1897-98	343 (¹) 4 (²)	6.401.088 970	Id.	Id.	525.611.243	730.067.497	204.456.254	60 » 30 »	96.69
1898-99	344 (¹) »	6.405.614 »	Id.	Id.	521.675.299	737.902.149	216.226.850	60 » 30 »	103.79
1899-00	339 (¹) »	7.394.475 »	Id.	Id.	619.556.052	869.200.578	249.644.526	60 » 30 »	105.41
1900-01	334 (¹) »	8.717.139 »	Id.	Id.	738.837.779	1.040.294.146	301.456.367	60 » 30 »	104.44
1901-02	332 (¹) »	9.350.851 »	Id.	Id.	761.158.699	1.051.930.646	290.771.947	60 » 30 »	100.37
1902-03	319 (¹) »	6.266.946 »	Id.	Id.	544.947.403	776.158.165	231.210.762	60 » 30 »	94.81

rence, divisée par 100, entre les tarifs portés col. 9 et 10.
Exemple, pour la campagne 1889-90, le calcul s'établira ainsi :
$199.948.785 \text{ k.} \times \frac{90-30}{100} = 79.979.514$ francs.

(³) Indépendamment des primes indirectes dont il est question ci-dessus, les fabricants ont bénéficié, depuis la loi du 7 avril 1897, des primes directes pour les sucres exportés et des détaxes de distance pour les envois de sucres bruts sur certaines raffineries. Mais pour le paiement de ces primes et détaxes, il a été perçu une taxe supplémentaire de 4 fr. sur les sucres raffinés et de 1 fr. sur les sucres bruts. Ainsi le droit ressort à 64 fr. par 100 kilogr. à partir de 1897, sur le sucre raffiné dont le prix est indiqué col. 11.
Le montant des primes et détaxes allouées à la sucrerie indigène et à la sucrerie coloniale se chiffre ainsi qu'il suit, pour chaque campagne :

1896-97	6.999.000 fr.
1897-98	19.502.000 »
1898-99	1.214.000 »
1899-00	21.581.000 »
1900-01	21.523.000 »
1901-02	13.026.000 »
1902-03	11.491.000 »
Total	104.036.000 »

IMPORTATIONS DEPUIS 1880

ANNÉES.	SUCRES des colonies françaises.	SUCRES ÉTRANGERS (quantités exprimées en raffiné)			TOTAL des importations.
		de canne.	de betteraves.	candis, raffinés, vergeoises.	
	kil.	kil.	kil.	kil.	kil.
1880	67.193.991	70.023.533	48.408.714	1.602.416	187.228.654
1881	67.066.669	47.606.237	75.263.458	4.523.244	194.459.608
1882	82.895.706	58.388.148	62.027.602	4.740.888	208.052.344
1883	68.567.592	31.210.764	74.976.782	4.834.671	179.589.809
1884	66.371.830	34.636.619	74.046.161	18.392.518	193.447.128
1885	98.719.525	100.446.390	40.472.660	7.804.963	247.443.538
1886	88.210.416	51.285.271	4.704.250	4.704.250	144.313.157
1887	110.055.611	32.512.076	4.454	3.551.691	146.123.832
1888	115.761.859	75.414.439	49.895	1.755.345	192.954.538
1889	100.915.850	44.214.034	»	2.026.727	147.156.611
1890	96.862.151	33.524.895	»	2.569.000	132.956.046
1891	89.147.561	50.884.594	434	2.337.881	142.370.470
1892	92.778.337	55.232.073	464	1.439.680	149.450.554
1893	102.737.029	28.283.618	25	588.389	131.609.061
1894	102.405.334	53.798.855	24	876.860	156.581.082
1895	87.968.822	38.446.859	21	1.206.507	127.622.409
1896	112.653.739	33.367.965	785	363.572	146.386.064
1897	114.343.822	1.546.424	414	90.919	115.981.576
1898	89.208.565	1.855.630	224	505.338	91.569.754
1899	96.985.940	1.323.315	17	294.895	98.604.467
1900	86.779.685	987.367	34	73.782	87.840.868
1901	92.558.832	1.024.900	»	60.589	93.644.321
1902	91.821.702	648.612	23	64.141	92.534.478
1903	119.270.529	613.586	6	149.004	120.033.125

EXPORTATIONS DEPUIS 1880

ANNÉES.	SUCRES (quantités exprimées en raffiné)			TOTAL des exportations.
	bruts.	raffinés en pains.	autres raffinés candis ou vergeoises.	
	kil.	kil.	kil.	kil.
1880	21.320.326	123.633.329	6.070.607	151.024.262
1881	33.689.988	108.325.459	7.021.402	149.036.849
1882	35.768.946	109.389.223	8.790.116	153.948.285
1883	42.236.732	119.132.008	3.554.751	164.920.491
1884	18.752.409	111.494.911	2.179.831	132.427.151
1885	2.782.933	68.387.617	2.778.689	73.949.239
1886	19.446.561	96.219.987	21.005.779	136.672.327
1887	3.945.174	90.816.971	63.106.863	157.869.008
1888	41.447.718	105.347.214	40.560.023	157.354.955
1889	119.714.283	133.496.386	6.348.073	259.558.742
1890	179.990.392	142.745.743	10.094.378	332.830.513
1891	147.589.411	110.678.367	10.374.658	268.642.436
1892	88.526.028	116.657.792	9.918.419	215.102.239
1893	139.585.075	100.085.244	13.697.828	253.368.147
1894	147.364.128	106.098.220	24.783.157	278.245.505
1895	85.206.007	97.426.752	22.774.569	205.407.328
1896	112.256.244	95.699.911	15.064.110	223.020.265
1897	319.512.975	115.495.753	27.480.520	462.569.248
1898	133.213.801	109.537.510	17.331.909	260.113.920
1899	224.123.451	134.611.421	14.622.306	370.357.178
1900	380.617.752	162.875.693	23.585.906	567.079.354
1901	450.375.767	161.725.396	28.605.819	640.706.982
1902	191.900.030	145.153.953	17.811.765	354.865.748
1903	66.404.953	127.701.268	13.727.991	207.843.212

CONSOMMATION DU SUCRE ET DU GLUCOSE EN FRANCE, DEPUIS 1881.

ANNÉES.	QUANTITÉS CONSOMMÉES EN NATURE (poids en raffiné)			SUCRES employés au sucrage des vendanges. (Tarif spécial).	TOTAL. (en raffiné).	GLUCOSES		OBSERVATIONS.
	Sucres indigènes.	Sucres coloniaux.	Sucres étrangers.			imposées.	livrées en franchise à la brasserie.	
1881	182.655.050	43.161.172	108.428.640	»	334.244.862	27.444.047	»	
1882	201.241.697	57.801.014	100.359.407	»	359.402.118	23.618.621	»	
1883	226.733.862	39.696.720	92.277.168	»	358.707.750	24.104.207	3.815.214	
1884	227.344.720	44.974.178	109.232.957	»	381.751.855	26.105.050	3.603.785	
1885	170.262.171	76.878.107	127.360.073	7.703.672	382.204.023	23.465.179	4.046.291	
1886	277.699.466	57.860.394	33.648.666	27.263.855	396.472.378	26.185.246	3.534.200	
1887	283.623.612	65.669.735	22.546.937	35.965.848	407.806.132	23.009.650	4.412.807	
1888	245.691.455	78.343.623	32.767.725	39.730.252	396.533.055	24.409.215	4.076.684	
1889	263.613.160	67.933.609	11.080.828	20.674.762	363.302.359	25.961.536	4.404.983	
1890	313.317.141	61.422.490	18.589.221	34.763.518	428.092.370	30.659.791	5.446.353	
1891	307.254.404	56.349.345	21.820.371	36.278.136	424.699.236	28.741.865	5.803.227	
1892	319.838.947	52.625.536	24.101.998	30.368.453	426.934.934	27.065.634	5.602.709	
1893	291.517.709	64.471.138	15.774.080	19.800.690	391.563.617	27.598.812	5.727.489	
1894	303.337.553	51.906.223	26.681.814	21.359.003	403.484.593	24.377.814	5.454.436	
1895	314.591.296	49.916.939	15.183.676	26.718.412	406.410.233	26.829.267	5.863.323	
1896	306.156.994	63.386.230	10.285.714	33.066.191	412.895.129	27.770.673	6.277.228	
1897	320.381.808	58.426.078	325.303	22.801.474	401.935.460	27.894.318	6.438.285	
1898	335.712.995	52.516.724	610.830	38.119.162	426.959.711	31.064.976	7.637.608	
1899	336.098.085	63.563.414	307.580	39.060.917	439.029.996	29.293.011	7.504.120	
1900	385.622.712	53.119.739	89.279	16.622.843	455.434.572	23.644.350	5.864.790	
1901	368.199.206	50.854.647	74.625	4.566.441	423.694.919	19.758.994	5.374.458	
1902	388.497.331	59.078.940	82.505	10.405.200	458.063.976	21.386.304	6.074.492	
1903	433.811.327	92.632.147	159.672	273.399	526.876.545	17.037.090	5.784.149	

PRODUIT DE L'IMPOT SUR LES SUCRES (Évaluations et recettes).

ANNÉES	ÉVALUATIONS D'APRÈS LES BUDGETS VOTÉS par les Chambres.				RECETTES D'APRÈS LES COMPTES DÉFINITIFS				DIFFÉRENCE entre les évaluations et les recettes (col. 5 et 9).		OBSERVATIONS.
	Coloniaux.	Étrangers.	Indigènes (glucoses compris).	Total.	Coloniaux.	Étrangers.	Indigènes (glucoses compris).	Total.	en plus.	en moins.	
1	2	3	4	5	6	7	8	9	10	11	12
	francs.	francs.	francs.	francs.	francs.	francs.	francs.	francs.	francs.	francs.	
1875	39.159.000	32.348.000	105.463.000	176.970.000	37.795.034	23.747.829	119.333.373	180.876.236	3.906.236	»	
1876	34.424.000	12.595.000	110.972.000	157.991.000	32.074.126	32.101.766	125.755.782	189.931.674	31.940.674	»	
1877	39.262.000	24.897.000	122.842.000	187.001.000	34.162.995	43.686.655	92.405.375	170.255.025	»	16.745.975	
1878	31.234.000	30.661.000	122.759.000	184.654.000	37.705.667	37.341.517	114.589.163	189.636.347	4.982.347	»	
1879	32.074.000	32.102.000	115.055.800	179.231.800	39.217.144	33.666.985	127.518.639	200.402.768	21.170.968	»	
1880	37.720.000	34.480.000	110.850.000	183.050.000	32.165.089	55.356.534	91.158.790	178.680.413	»	4.369.587	
1881	27.350.000	22.612.000	86.292.600	136.254.600	17.267.231	43.369.889	75.298.645	135.935.765	»	318.835	
1882	29.155.000	24.105.000	91.988.000	145.248.000	23.036.003	42.213.825	82.137.530	147.687.357	2.439.357	»	
1883	21.085.500	50.832.100	92.058.000	163.975.500	45.728.954	39.738.219	92.100.756	147.567.929	»	16.407.571	
1884	21.085.500	50.832.100	92.058.000	163.975.500	18.759.527	51.258.825	101.206.169	171.224.521	7.249.021	»	
1885	35.000.000	6.000.000	110.067.000	151.067.000	33.083.517	67.603.831	70.880.867	171.568.215	20.501.215	»	
1886	34.600.000	19.460.000	117.158.000	171.218.000	25.502.658	17.122.729	94.917.929	137.543.316	»	33.674.684	
1887	33.062.000	65.499.300	69.745.000	168.306.300	26.444.763	12.380.903	92.615.235	131.470.903	»	36.835.397	
1888	32.687.000	22.159.000	111.964.000	166.810.000	30.675.517	19.667.328	108.292.439	158.634.984	»	8.175.016	
1889	31.760.000	17.000.000	126.800.000	175.560.000	6.648.506	109.009.373	113.961.818	»	»	34.598.182	
1890	34.000.000	17.000.000	127.700.000	178.700.000	27.157.260	11.328.382	133.108.823	171.594.465	»	7.105.535	
1891	31.000.000	17.000.000	127.570.000	175.570.000	27.386.724	14.902.095	154.047.154	196.335.970	20.765.970	»	
1892	27.000.000	14.000.000	140.000.000	181.000.000	27.127.500	14.447.400	162.098.700	203.973.300	22.973.300	»	
1893	26.000.000	18.000.000	152.335.900	196.335.900	32.220.000	9.573.500	153.082.200	194.876.300	»	1.459.600	
1894	»	»	»	203.393.600	25.424.400	16.097.900	154.462.500	195.984.800	»	7.408.800	
1895	»	»	»	199.000.000	24.851.500	9.497.600	155.232.000	189.280.500	»	9.719.500	
1896	»	»	»	199.473.000	34.276.000	6.242.290	155.229.500	192.747.700	»	6.755.300	
1897	»	»	»	194.310.000	27.261.500	224.300	157.929.900	185.412.700(1)	»	8.897.300	(1) Déduction faite d'une somme de 107.700 fr. perçue à titre de taxes de raffinage et de fabrication.
1898	»	»	»	192.663.500	26.941.980	147.600	154.431.000	181.820.500	»	10.843.000	
1899	»	»	»	186.494.900	32.230.100	225.600	166.292.000	199.456.700	12.961.800	»	
1900	»	»	»	182.982.500	24.214.400	69.700	159.307.000	183.591.600	609.100	»	
1901	»	»	»	199.800.000	20.750.400	58.700	133.998.400	154.807.500	»	44.992.500	
1902	»	»	»	178.622.000	26.300.000	64.100	148.973.200	175.337.300	»	3.284.700	
1903	»	»	»	134.300.000	24.863.915	67.503	132.617.362	157.148.780	23.248.780	»	
1904	»	»	»	137.168.000							

CHAPITRE II.

Notions élémentaires sur la fabrication du sucre indigène.

I. — CONSIDÉRATIONS GÉNÉRALES.

Définition des sucres.

Il existe, dans le commerce, deux sortes de sucre : le *saccharose* et le *glucose*.

Sous l'action des acides étendus, le saccharose ($C^{12} H^{11} O^{11}$, poids atomiques $C^{12} H^{22} O^{11}$) se transforme en glucose ($C^{12} H^{12} O^{12}$, poids atomiques $C^6 H^{11} O^6$) ; mais on n'a pu jusqu'ici arriver au résultat inverse, c'est-à-dire à reconstituer du saccharose avec du glucose.

Le *glucose* a la propriété de se convertir immédiatement en alcool ($C^4 H^6 O^2$, poids atomiques $C^2 H^6 O$), par la fermentation, sous l'influence de la levure ; le *saccharose* doit, au contraire, être transformé en *glucose* avant de pouvoir subir la fermentation alcoolique.

Un autre caractère distinctif des deux sucres consiste dans la difficulté qu'éprouve le *glucose* à cristalliser sous des formes géométriques bien nettes, d'où son nom de *sucre incristallisable*, tandis que le *saccharose* cristallise avec la plus grande facilité.

On trouve le glucose, à l'état naturel, dans un grand nombre de fruits acides (raisins, figues, groseilles) et dans le miel ; industriellement, on le prépare presque exclusivement au moyen de matières amylacées, en saccharifiant de l'amidon à l'aide d'acides étendus et chauffés.

C'est du saccharose, désigné communément par le simple mot de *sucre*, qu'il sera seulement question ci-après.

Végétaux employés à la fabrication du sucre.

Le sucre s'extrait d'un certain nombre de végétaux où il existe tout formé. Les principaux sont : la *canne à sucre*, la *betterave*, le *sorgho* (sorte de graminée qu'on cultive en Amérique) et l'*érable*.

De tous les végétaux, le plus riche en sucre est la canne à sucre, qui en renferme 18 à 20 p. 0/0 de son poids. Immédiatement après vient la betterave, dont la culture a été améliorée, depuis quelques années, dans des proportions telles qu'on est arrivé à obtenir des betteraves qui ont une teneur en sucre de 14 à 19 p. 0/0, au lieu de 8 à 10 p. 0/0 qu'elles contenaient à peine autrefois.

En France, la betterave est la seule plante qui ait pu, jusqu'ici, être utilement employée pour la fabrication du sucre. Les notes qui suivent sont spécialement relatives à la préparation du sucre de betteraves.

II. — CULTURE DE LA BETTERAVE.

Monographie de la betterave.

La betterave est une plante bi-annuelle, c'est-à-dire qu'elle ne fleurit et ne produit des graines que dans la seconde année. Mais, les semences n'étant obtenues qu'au détriment d'une partie du sucre contenu dans la racine, c'est toujours pendant la première année de sa végétation qu'elle est employée à la fabrication.

Toutes les betteraves contiennent du sucre. Parmi les nombreuses variétés qui existent, il en est beaucoup qui ne sauraient être utilisées que comme plantes fourragères, pour la nourriture des bestiaux, parce qu'elles n'ont qu'une trop faible richesse saccharine. Ce sont les betteraves roses et blanches, dont le collet émerge plus ou moins de terre, qui atteignent souvent un poids de plusieurs kilogrammes et qui sont cultivées avec les engrais ordinaires (fumier de ferme). Leur rendement cultural dépasse fréquemment 70,000 kilog. à l'hectare.

Betteraves à sucre.

Pour la fabrication du sucre, on emploie des espèces spéciales, et dans chaque espèce, on a reconnu que les petites betteraves étaient toujours plus sucrées que les grosses. Une condition essentielle aussi, pour avoir des betteraves de bonne qualité, c'est que le collet sorte le moins possible de terre, la partie qui végète à l'air étant toujours riche en matières salines et pauvre en sucre.

Depuis la loi de 1884, qui avait établi l'assiette de l'impôt sur la matière première, les variétés préférées sont la *petite betterave blanche de Silésie* et la *betterave améliorée de Vilmorin*. Ces espèces vivent bien enterrées ; le poids moyen de la racine seule varie de 400 à 550 grammes, suivant les influences climatologiques, la nature du sol et les soins apportés à la culture. Leur rendement à l'hectare peut osciller

FIG. 1. — Betterave à sucre.

entre 25,000 et 35,000 kilogr. environ, ce rendement étant généralement en raison inverse de la richesse saccharine.

Préparation du sol ; semailles.

La culture de la betterave à sucre exige, pour donner de bons résultats, un sol profondément labouré, afin que la racine puisse s'y enfoncer sur un seul pivot, sans racines adjacentes. Il faut aussi une forte proportion d'engrais appropriés. Le fumier de ferme ne convient pas à cette culture, parce qu'il ne contient pas les proportions convenables de matières *azotées*, *phosphatées* et *potassiques*. On peut faire usage d'un mélange de fumier ordinaire et d'engrais chimiques (*nitrate de soude* et *phosphate de chaux*) ; mais le meilleur procédé de fumure consiste dans l'emploi exclusif des engrais chimiques, en observant la proportion de 1 de *nitrate de soude* pour 2 de *superphosphate de chaux*, avec addition d'une petite quantité de *chlorure de potassium* et de *sulfate de chaux*.

Au mois d'avril, lorsque la terre a été ainsi convenablement préparée, on choisit une graine de bonne qualité qu'on sème en *lignes parallèles*. Lorsque les plants sont levés, on arrache les sujets trop rapprochés, de façon à laisser entre chaque pied un espace d'environ 20 centimètres, mais pas davantage, parce que, si les betteraves sont trop écartées, elles grossissent au détriment de leur richesse saccharine.

C'est à la fin de septembre ou au commencement d'octobre que la betterave acquiert sa complète maturité ; il convient alors de procéder à l'arrachage, car, à partir de ce moment, elle perdrait de sa richesse saccharine.

Arrachage, décolletage et conservation des betteraves.

L'*arrachage* doit être terminé au commencement de novembre, afin d'éviter que les betteraves ne soient saisies en terre par les gelées qui, brisant le tissu cellulaire de la plante, auraient pour effet d'amener sa décomposition presque instantanée au moment du dégel.

Aussitôt arrachées, les betteraves sont coupées dans leur partie supérieure, à la hauteur du *collet*, et mises en tas dans les champs, si elles doivent être transportées à la fabrique avant les mauvais temps. Celles qui ne sauraient être employées pour ce moment sont mises à l'abri des intempéries dans des *silos* (sortes de fossés où sont placées les betteraves qu'on recouvre de terre).

Aujourd'hui, les betteraves sont toujours achetées en tenant compte de leur richesse saccharine, qu'on peut apprécier assez exactement au moyen du densimètre, chaque degré correspondant à environ 2 p. 0/0 de sucre. Ainsi une betterave dont le jus accuse une densité de 8° contient environ de 16 à 16,2 p. 0/0 de son poids en sucre (1). Sous le régime de la loi de 1884, les betteraves se sont vendues, en moyenne, à raison de 25 francs par 1,000 kilogr. pour un minimum de densité fixé en général à 7°, et avec une augmentation de prix de 0 fr. 60 à 0 fr. 75 pour chaque dixième de degré au-dessus du minimum convenu. Depuis que la prime sur les excédents de fabrication a été supprimée, le prix d'achat des betteraves a une tendance à diminuer.

Les fabricants n'ayant plus aucun intérêt fiscal à n'utiliser que de la betterave extrariche, et devant seulement rechercher une betterave suffisamment riche pour éviter l'élévation des frais d'extraction et de condensation des jus, il est possible, d'ailleurs, qu'une entente s'établisse avec les cultivateurs pour qu'on donne, à l'avenir, la préférence à une betterave de richesse moyenne produisant un plus grand rendement en sucre à l'hectare.

III. — EXTRACTION DU JUS DES BETTERAVES.

La fabrication commence immédiatement après la récolte et, pour donner de bons résultats, elle doit être terminée dans la première quinzaine de janvier, les betteraves travaillées à partir de ce mois perdant rapidement une partie de leur sucre.

Il existait, en 1892, lors de la publication de la première édition de cet ouvrage, 367 fabriques ; il n'y en a plus aujourd'hui que 275, qui sont ainsi réparties : Nord, 61 ; Aisne, 64 ; Somme, 43 ; Pas-de-Calais, 32 ; Oise, 26 ; Seine-et-Marne, 12 ; Ardennes, 3 ; Seine-et-Oise, 10 ; Marne, 6 ; Eure, 3 ; Eure-et-Loir, 2 ; Puy-de-Dôme, 2 ; Cher, 1 ; Loiret, 1 ; Haute-Marne, 1 ; Saône-et-Loire, 1 ; Seine-Inférieure, 4 ; Vaucluse, 1 ; Yonne, 1 ; Côte-d'Or, 1.

Lavage et épierrage.

Avant d'extraire le jus des betteraves, on leur fait subir une opération préliminaire destinée à les débarrasser de la terre et des pierres qui

---

(1) Il s'agit ici de la *richesse absolue* de la betterave et non de son *rendement industriel* en sucre, rendement qui est toujours plus ou moins inférieur à la richesse absolue, suivant le degré de pureté de la betterave et le perfectionnement des procédés d'extraction.

y sont restées adhérentes. Ce résultat s'obtient au moyen d'un *lavage* énergique, par des procédés mécaniques.

Râpage ou découpage des betteraves et extraction du jus.

La betterave contient : 1° du sucre (*saccharose*) ; 2° du glucose (en proportions très minimes) ; 3° des matières végétales organiques ; 4° des sels à acides organiques ; 5° des sels à acides minéraux ; 6° de l'eau.

Le problème de l'extraction du sucre consiste à isoler le saccharose de toutes les autres matières auxquelles il est mélangé. A cet effet, on commence par séparer le jus de la betterave de sa *pulpe*.

Pendant longtemps on s'est servi, dans ce but, de *râpes* qui réduisaient la betterave en petites parcelles, lesquelles étaient renfermées dans des sacs et soumises à l'action d'une *presse*.

Ce procédé est aujourd'hui universellement abandonné ; il a été remplacé par la *diffusion*, qui a l'avantage d'assurer la plus grande propreté dans les ateliers, d'économiser la main-d'œuvre et d'extraire une plus forte quantité de jus. La diffusion est basée sur les phénomènes d'*endosmose* et d'*exosmose* qui se produisent lorsque deux liquides de densité différente, susceptibles de se dissoudre mutuellement, se trouvent séparés par une membrane végétale. Bien qu'imperméable à chacun d'eux distinctement, cette membrane est alors traversée rapidement par les deux liquides, jusqu'à ce que l'équilibre des densités se soit établi dans les deux vases qui les contiennent.

L'emploi du procédé de la diffusion exige une *batterie* de 10 à 14 *diffuseurs*, dans lesquels on introduit les betteraves préalablement débitées, par le *coupe-racines*, en *cossettes* (sortes de lanières fort minces). La marche d'une batterie de diffusion consiste à faire passer de l'eau pure sur des cossettes déjà épuisées, puis à envoyer ce jus faible successivement sur les cossettes de moins en moins épuisées des diffuseurs suivants, et enfin sur un dernier diffuseur qui vient de recevoir des cossettes fraîches. En définitive, le jus passe continuellement d'un diffuseur dans l'autre, et, lorsqu'il a fait un circuit complet, il est extrait des diffuseurs.

Les cossettes contenues dans le diffuseur qui reçoit l'eau pure étant épuisées, sont remplacées par des cossettes neuves, et l'opération se continue de la même manière, chaque diffuseur devenant, à tour de rôle, le premier de la série. Afin d'augmenter la puissance d'épuisement du jus, on le *réchauffe*, lorsqu'il passe d'un diffuseur dans le suivant, ce

Fig. 2. — Coupe-racines et diffuseurs de J. Jean et Peyrusson, à Lille.

qui, en diminuant sa densité, favorise les conditions d'échange entre ce jus et celui qui est renfermé dans les cossettes.

A la sortie des diffuseurs, les cossettes épuisées sont débarrassées de l'eau qu'elles contiennent et livrées à l'agriculture ; elles constituent une pulpe excellente pour la nourriture des bestiaux.

IV. — PURIFICATION DU JUS.

Par l'opération de la diffusion, on a simplement séparé le jus de la *pulpe*, laquelle représente environ 5 p. 0/0 du poids de la betterave.

Le jus qui en a été extrait contient le sucre, le glucose, toutes les impuretés et de l'eau.

Dans cet état, le jus tient en dissolution de 4 1/2 à 5 p. 0/0 d'impuretés, de *non-sucre*, qu'il convient d'éliminer autant que possible, non seulement pour obtenir un sucre plus pur, mais surtout parce que ces impuretés, qu'on n'est pas encore parvenu à pouvoir extraire entièrement, s'opposent à la cristallisation d'une partie du sucre et l'entraînent avec elles dans les résidus (*mélasses*).

C'est au moyen d'un *lait de chaux* (chaux éteinte en suspension dans l'eau) qu'on purifie le jus. On a constaté en effet que, mélangé à du jus de betterave, le lait de chaux y produit immédiatement un précipité grisâtre qui, éliminé par *filtration*, laisse apparaître un jus très beau. Le traitement à la chaux a pour résultat d'enlever au jus de l'albumine, des matières azotées, ainsi que certaines matières minérales; il agit aussi mécaniquement en entraînant, dans le réseau formé par le précipité, les matières solides qui sont en suspension dans le jus. Malheureusement certains sels, tels que les nitrates, les sulfates et les chlorures, résistent à l'action de la chaux et viennent entraver la cristallisation d'une partie du sucre en s'accumulant dans les mélasses.

L'opération qui consiste à épurer les jus s'appelle la *défécation*.

Défécation simple.

Autrefois on se bornait à mélanger aux jus la quantité de lait de chaux strictement nécessaire pour enlever les impuretés, parce que tout excès de chaux a pour effet de former avec le sucre une combinaison, un *sucrate de chaux*, matière gommeuse incristallisable, qui se produit au détriment du sucre extractible.

Ce procédé, désigné sous le nom de *défécation simple*, est maintenant abandonné.

Carbonatation double.

Aujourd'hui on fait usage à peu près exclusivement du procédé de la *carbonatation double*, qui a l'avantage de permettre l'emploi de la chaux en excès, ce qui assure une clarification bien complète du jus. Il est basé sur la propriété qu'ont certains acides de régénérer le sucre combiné dans les sucrates, en formant avec la chaux de ces sucrates des sels insolubles qui mettent le sucre en liberté. On l'appelle *carbonatation* parce que l'acide employé, dans la circonstance, est l'*acide carbonique*, produit gazeux, qui existe en très petite quantité dans l'air, mais que l'on obtient facilement isolé par la combustion du charbon. Cet acide a été choisi, de préférence à tous les autres, comme n'offrant aucun danger pour la santé publique et pouvant être employé en toute quantité, sans crainte d'attaquer le sucre qui, au contact des acides forts (acide sulfurique, par exemple), subirait une *inversion*, c'est-à-dire se transformerait en un mélange de *glucose* et de *lévulose* et ne cristalliserait plus.

Voici comment on procède à l'opération de la double carbonatation :

Le jus est dirigé dans une chaudière où la température est portée à 40 degrés environ. A ce moment, on y introduit le lait de chaux qui, sous l'action de la chaleur, se combine, d'une part, avec du sucre, pour donner du sucrate de chaux, et, d'autre part, avec une partie des acides des sels contenus dans le jus, pour former de nouveaux sels insolubles à base de chaux, sels qui, en se précipitant, entraînent quelques-unes des matières solides en suspension dans le jus.

Ce jus est devenu ainsi beaucoup plus limpide.

En vue de régénérer le sucre qui a pu être employé par la formation du sucrate et d'absorber la chaux qui est toujours introduite en excès dans le jus, on fait arriver dans la masse un courant d'acide carbonique. Il se produit aussitôt une mousse abondante qu'un ouvrier fait tomber soit en versant à la surface du liquide un peu de graisse fondue, soit en y lançant un jet de vapeur. On continue à chauffer le liquide jusqu'à une température de 60 à 70 degrés, et à maintenir le courant d'acide carbonique jusqu'à ce qu'il n'y ait plus que 2 à 3 millièmes de chaux en liberté. Cette opération a pour conséquence d'amener une abondante formation de carbonate de chaux qui, en se précipitant, clarifie de nouveau le jus.

Lorsque le jus est déposé, on le décante et on le dirige dans une seconde chaudière, où on recommence la même opération que dans la première. On effectue la carbonatation en deux fois, parce que l'expérience a démontré que c'était le moyen d'obtenir des jus plus purs.

La minime quantité de chaux que l'on conserve dans les jus, après chaque opération, a pour objet de neutraliser les acides qui, en se dégageant dans la suite du travail, *intervertiraient* une partie du sucre cristallisable (1).

Pressurage des dépôts provenant de la carbonatation.

Les écumes et les dépôts formés pendant la carbonatation contiennent, avec les impuretés du sucre, une importante quantité de jus que l'on extrait en soumettant ces résidus à l'action d'un *filtre-presse*.

Cet appareil se compose d'une succession de cadres mobiles dans un châssis et séparés les uns des autres par une tôle perforée, que l'on

Fig. 3. — Filtre-presse Dujardin.

recouvre d'une serviette en toile. Au moyen d'une pompe, les matières à filtrer sont amenées dans l'interstice compris entre chaque châssis et elles y sont soumises à une pression de plusieurs atmosphères. Cette pression chasse le jus, qui s'écoule par un robinet placé au bas de chaque cadre ; puis, lorsque le jus cesse de couler, on enlève les résidus solides qui sont restés entre les cadres et on recommence une nouvelle opération.

Décoloration des jus.

Avant d'être évaporés, les jus obtenus par la carbonatation ont besoin d'être filtrés. Ils contiennent, en effet, des principes visqueux

---

(1) Dans un certain nombre d'usines, on traite les jus de première carbonatation au moyen de l'acide sulfureux, pour les décolorer et les débarrasser d'une partie de leurs impuretés ; dans d'autres, on a recours à une troisième carbonatation ; enfin, des essais sont tentés pour arriver au même but par un procédé électrique dit de l'*électrolyse*.

et des matières colorantes dont il convient de les débarrasser le plus possible. C'est là une condition essentielle pour obtenir une bonne cristallisation.

Il y a quelques années, on avait exclusivement recours à la filtration sur le *noir animal* (1). Actuellement, cette pratique est abandonnée dans la plupart des usines, où l'on considère que la dépense qu'elle occasionne est supérieure au bénéfice qu'elle procure ; on se contente de faire passer les jus à travers des *filtres-poches* en étoffe. Dans beaucoup de fabriques, on remplace même aujourd'hui les filtres-poches par des appareils construits d'après les mêmes principes que les filtres-presses (voir page 87).

Les filtres mécaniques employés à la clarification des jus présentent toutefois, avec les filtres-presses, une différence essentielle, qui consiste en ce que l'opération de la filtration se fait de l'*extérieur* à l'*intérieur* du tissu filtrant. Il résulte de ce dispositif que les dépôts se forment en dehors du tissu placé sur les cadres, ce qui permet de les nettoyer facilement et assure un plus long fonctionnement de l'appareil.

V. — CONCENTRATION DES JUS EN SIROPS.

Les jus filtrés contiennent encore quelques impuretés (tous les sels solubles) et une quantité d'eau considérable, qu'il faut évaporer, pour amener le liquide à l'état de *sirop* susceptible de cristalliser.

L'expérience démontre qu'à une température de 12° à 15° 100 parties d'eau dissolvent 200 parties de sucre, et que, par suite, une solution *saturée* de sucre se compose de 66. 66 p. 0/0 de sucre et de 33. 34 p. 0/0 d'eau. Il suffit donc de diminuer cette proportion d'eau pour obtenir la cristallisation.

En chauffant directement le jus, on pourrait évaporer l'eau et arriver ainsi au résultat désiré, puisqu'on amènerait le mélange dans un état tel qu'il contiendrait plus de 2 parties de sucre pour 1 partie d'eau.

---

(1) Le noir animal a une propriété d'absorption considérable pour tous les corps, et il présente cette particularité qu'il peut prendre d'une matière toute la quantité qu'il est susceptible d'absorber, alors même qu'il serait déjà saturé d'une autre matière. Dès lors, si on filtre un jus sucré sur du noir animal, celui-ci absorbe, il est vrai, *une partie* de sucre, mais il retient aussi une *partie intégrale* de chacune des impuretés contenues dans ce jus, et, comme ces dernières sont en bien moins grande proportion que le sucre, le jus se trouve notablement purifié. Malheureusement le noir animal est d'un prix élevé, et les procédés qu'on doit employer pour le revivifier, lorsqu'il a servi, sont fort coûteux.

Mais on ne saurait évaporer toute l'eau, attendu qu'en élevant la température du jus déjà concentré au-dessus de 75 à 80 degrés, on produirait une *inversion* du sucre, ce qui lui enlèverait la propriété de cristalliser.

Évaporation à feu nu.

Les anciens procédés d'évaporation à feu nu ou par le chauffage à la vapeur sont aujourd'hui universellement abandonnés. Ils exigeaient une dépense considérable de combustible, un temps fort long, et avaient l'inconvénient d'invertir toujours une partie de sucre.

Évaporation par le triple effet.

Ces inconvénients sont évités grâce à l'emploi de l'appareil dit à *triple effet*, dont le principe repose sur une évaporation obtenue par l'action combinée de la *chaleur* et du *vide*.

On sait qu'un même liquide bout à une température plus ou moins élevée, suivant qu'il est soumis à une pression plus ou moins forte. Ainsi, par exemple, l'eau, à l'air libre, entre en ébullition, au niveau de la mer, à une température de 100 degrés, et à une température bien moins élevée sur les hautes montagnes, par suite de la diminution de la pression atmosphérique. Dans un vase hermétiquement clos, l'eau peut, au contraire, être chauffée à une température bien supérieure à 100 degrés sans entrer en ébullition, parce que celle-ci est arrêtée par la pression des vapeurs qui se dégagent du liquide.

Pour obtenir l'ébullition d'un liquide quelconque à une température inférieure à celle qui serait nécessaire à l'air libre, il suffit donc de le chauffer dans un vase clos où, au moyen d'une pompe aspirante, on exerce continuellement un appel sur les vapeurs, de manière à maintenir une pression inférieure à la pression atmosphérique.

C'est sur cette ingénieuse combinaison qu'est basée la construction du triple effet. Il se compose de trois chaudières cylindriques, disposées verticalement, dans lesquelles les jus sont chauffés par la vapeur pénétrant dans un compartiment spécial muni d'un faisceau de tubes où circule le jus des betteraves.

Dans la première chaudière, le jus est chauffé au moyen de la vapeur détendue des machines motrices ; la température est portée à environ 80 degrés, et l'évaporation est favorisée par une diminution de la pression atmosphérique. Les vapeurs d'évaporation de la première chaudière servent à chauffer les jus, déjà en partie concentrés, de la deuxième chaudière; mais, comme ces vapeurs ont une puissance calorique moindre que celles qui proviennent directement des machines, on compense cette différence par une plus forte diminution de la pression. A leur tour, les vapeurs d'évaporation de la deuxième chaudière sont employées au chauffage de la troisième, où la pression est encore diminuée davantage que dans la précédente.

Fig. 4. — Appareil à triple effet.

Quant aux jus, ils pénètrent d'abord dans la première chaudière, pour être envoyés, par intermittences et au moyen d'un dispositif spécial, de la première chaudière dans la seconde, puis de celle-ci dans la troisième, parvenant ainsi à un état de concentration de plus en plus complet.

Les vapeurs qui se dégagent par l'évaporation dans la troisième chaudière sont entraînées hors de l'appareil par une pompe à air servant à faire le vide. Il résulte de cette disposition que la diminution de pression va toujours en croissant depuis la première chaudière jusqu'à la troisième, ce qui présente l'avantage de compenser, par une réduction progressive de la pression dans chaque chaudière, la perte de calorique qu'ont éprouvée les vapeurs provenant de la chaudière précédente.

On voit aussi, par ces indications, quelle économie de combustible on réalise avec le triple effet; puisqu'en définitive le chauffage de cet appareil se fait uniquement avec les vapeurs perdues qui ont servi à donner le mouvement aux machines.

Cette économie du combustible est encore accrue, aujourd'hui, dans beaucoup d'usines, par l'emploi d'un quadruple et même d'un quintuple effet, c'est-à-dire d'un appareil composé de 4 ou 5 chaudières, au lieu de 3, par le réchauffement des jus et sirops, à toutes les phases du travail, avec les vapeurs d'échappement, dans des appareils spéciaux dits *réchauffeurs*.

Filtration des sirops.

En sortant du triple effet, les *sirops* ont une teinte foncée et doivent être soumis à une filtration, qui s'opère dans les mêmes conditions que pour les jus, sauf que l'emploi du noir animal est, dans ce cas, resté d'un usage plus fréquent que pour les jus.

VI. — CUITE ET CRISTALLISATION DES SIROPS.

Les sirops contiennent environ autant de sucre que d'eau et, après filtration, ils sont suffisamment purs pour être concentrés jusqu'au point de cristallisation.

Anciennement on procédait à cette opération dans des chaudières à l'air libre et chauffées soit à feu nu, soit à la vapeur ; ces procédés, longs et défectueux, sont abandonnés.

Appareil à cuire les sirops.

Aujourd'hui, on fait usage d'une chaudière hermétiquement fermée et chauffée par la vapeur, au moyen d'un triple système de tuyaux qui permet de chauffer progressivement de bas en haut. On obtient, du reste, l'ébullition à basse température, dans l'*appareil à cuire*, par le même procédé que dans le *triple effet*, c'est-à-dire au moyen d'une chaleur modérée et du vide. Cet appareil est muni de lunettes en cristal et

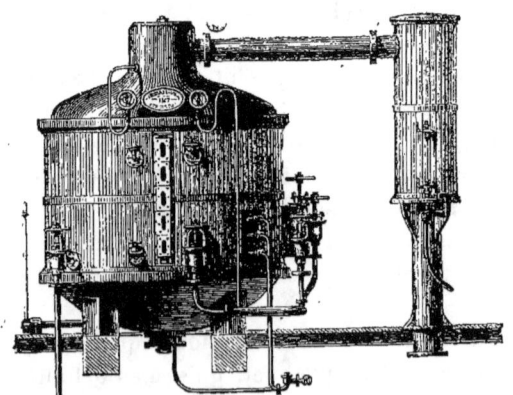

Fig. 5. — Appareil à cuire.

d'une prise d'échantillons, à l'aide desquelles l'ouvrier peut suivre à tout instant les progrès de la cristallisation du sirop.

Lorsque le sirop a été introduit dans l'appareil, on pousse activement l'évaporation au moyen du chauffage et de la pompe à faire le vide. Quand le sirop commence à se condenser, on ferme le tuyau servant à faire le vide ; la température s'élève rapidement ; mais avant qu'elle ait atteint le point (70° à 75°) où le sucre s'invertirait et se caraméliserait, on introduit dans la chaudière une certaine quantité de sirop froid, et on recommence à faire énergiquement le vide.

Le refroidissement qui se produit amène la *cristallisation*. On renouvelle cette opération à plusieurs reprises, ce qui augmente la grosseur des cristaux existants et en fait apparaître de nouveaux, jusqu'à ce que la chaudière soit à peu près complètement remplie de sucre cristallisé baignant dans un sirop saturé à chaud.

Cette opération constitue ce qu'on appelle la *cuite en grains*. Le mélange de cristaux et de sirop concentré qu'on obtient prend, à la sortie de la chaudière, le nom de *masse cuite*.

Cette masse cuite est conduite dans de grands bacs peu profonds où, par le refroidissement, la cristallisation se complète.

VII. — TURBINAGE.

Turbinage des masses cuites.

La masse cuite contient, en plus des cristaux, un sirop saturé où se trouvent toutes les impuretés qui n'ont pu être éliminées par le chaulage, la carbonatation, la décantation et les filtrages successifs du jus et du sirop.

Pour débarrasser les cristaux de ces impuretés, on se sert de la *turbine*, où, sous l'influence de la force centrifuge, la masse cuite est projetée contre une toile métallique, laquelle laisse passer la partie liquide et retient les cristaux. En vue de purger entièrement les cristaux de la petite quantité de sirop qui pourrait y adhérer, on *claircc*, soit au moyen d'un peu de sirop de sucre, soit au moyen d'un jet de vapeur. Ce *clairçage* dissout, il est vrai, un peu de sucre, mais l'inconvénient est largement compensé par l'épuration qui en résulte.

Les cristaux ainsi obtenus forment ce qu'on appelle les *sucres blancs de premier jet* ; ils titrent en général 98 ou 99 degrés de richesse saccharine.

Si on ne clairçait pas à la turbine, on obtiendrait des *sucres blonds ou roux*.

Turbinage des sirops d'égout de premier jet.

Les sirops qui s'écoulent des turbines, où ont été passées les masses cuites en grains, portent le nom d'*égouts de premier jet* ; ils sont très riches en sucre. Dans beaucoup d'usines, on fait rentrer immédiatement ces égouts dans le travail, en les mélangeant avec les sirops introduits dans l'appareil à cuire, et on parvient ainsi à obtenir, en sucre de premier jet, la presque totalité du sucre contenu dans ces égouts. Toutefois, dans ce cas, il faut mettre à part les premiers égouts qui s'écoulent de la turbine, avant le clairçage, et qui constituent seuls des égouts pauvres assimilables à la mélasse, de manière à ne réintroduire que des égouts riches dans l'appareil à cuire.

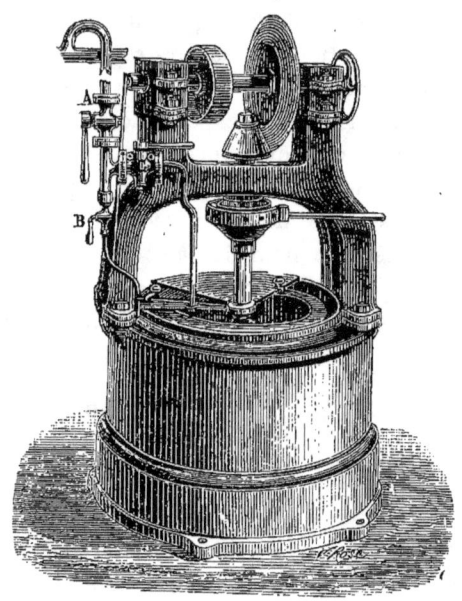

Fig. 6. — Turbine.
A. Prise de vapeur.
C. Robinet livrant passage à la vapeur destinée au clairçage.
B. Robinet permettant d'envoyer de la vapeur dans le tambour pour faciliter l'écoulement des sirops d'égout.

Lorsqu'on n'a pas recours à ce procédé, il faut recueillir une certaine quantité d'égouts de premier jet ; puis on les recuit dans le vide, mais pas en grains cette fois, parce que, en raison de la grande quantité d'impuretés que ces sirops renferment, l'opération réussirait mal. On fait simplement une *cuite claire*, c'est-à-dire qu'on fait arriver du sirop dans la chaudière au fur et à mesure que le niveau du liquide s'abaisse, et qu'on arrête l'opération dès que les cristaux commencent à se former.

La masse cuite claire est versée dans les bacs, où elle cristallise lentement. On la passe alors à la turbine, on *clairce,* et on obtient une seconde quantité de sucre, moins importante et de moins belle qualité que la première, que l'on désigne sous le nom de *sucre de second jet*.

Turbinage des sirops d'égout de deuxième jet.

Les sirops d'*égout de deuxième jet* contiennent encore une importante quantité de sucre, mais la cristallisation en est rendue difficile par la présence des impuretés qui s'y sont accumulées pendant les deux opérations précédentes.

Après avoir recuit ces égouts le plus possible, on les verse dans de grands bacs placés dans des chambres où l'on maintient constamment une température élevée (40° environ), afin de combattre la viscosité des sirops, viscosité telle que les molécules de sucre ne peuvent s'agglomérer que difficilement.

La cristallisation exige plusieurs mois. Lorsqu'elle s'est produite, on turbine les sirops, qui donnent du *sucre de troisième jet* ; la quantité et la qualité du sucre obtenu sont encore inférieures à celles du sucre de second jet.

Les égouts qui proviennent du turbinage du sucre de troisième jet contiennent encore du sucre, mais on ne pourrait l'extraire que difficilement par les procédés ordinaires de cristallisation. Généralement on se borne, dans les fabriques, à recueillir ces sirops d'égout de troisième jet pour les vendre, sous le nom de *mélasses*, à d'autres industriels (distillateurs, sucratiers, etc.), ou à des agriculteurs pour la nourriture des bestiaux.

Avec les perfectionnements apportés aux procédés de fabrication, il est possible aujourd'hui de recueillir, à la sortie des turbines, du sucre de premier jet dans un délai de 24 à 26 heures en moyenne, après le moment où les betteraves ont été introduites dans le coupe-racines. Autrefois, lorsque l'industrie ne disposait ni des turbines, ni du triple effet, ni de l'appareil à cuire dans le vide, il fallait compter sur une durée de 15 à 20 jours pour obtenir du sucre cristallisé.

VIII. — RAFFINAGE DU SUCRE.

Le *raffinage* des sucres bruts a non seulement pour objet de les débarrasser de toutes les matières étrangères (sels, glucose) qui ont pu cristalliser avec eux, mais aussi de leur donner les diverses formes sous lesquelles ils sont recherchés par la consommation. Les principales formes actuellement adoptées sont *les pains, les cubes, les tablettes, les cassés réguliers, les granulés et les candis.*

Quelle que soit la forme qui sera donnée au sucre raffiné, l'industriel doit procéder à quatre opérations fondamentales, savoir : 1° *la refonte du sucre brut* ; 2° *la purification chimique et mécanique du sirop obtenu par la refonte* ; 3° *la cuite du sirop ainsi purifié* ; 4° enfin, *le traitement des masses cuites*. C'est cette dernière opération qui, conduite dans des conditions déterminées et à l'aide d'appareils spéciaux, donne au sucre raffiné sa *forme marchande* définitive.

Préparation des raffinés autres que les candis.

Ainsi qu'on vient de le voir, le raffinage ne nécessite qu'un nombre restreint d'opérations assez simples ; mais, pour donner des résultats avantageux, il exige un matériel considérable, l'emploi de procédés très perfectionnés et une connaissance approfondie des propriétés spéciales aux divers sucres commerciaux.

Les principaux centres de raffinage, pour les sucres en pains, en tablettes, en cassés réguliers, etc., sont situés à Paris, Marseille et Bordeaux. Il existe aussi des raffineries, mais de moindre importance, dans les départements du Nord, de l'Oise, de la Loire-Inférieure, de l'Aisne et de Saône-et-Loire.

Voici succinctement en quoi consistent les opérations du raffinage énumérées ci-dessus :

La REFONTE a pour but, comme le mot l'indique, de faire dissoudre les sucres bruts, pour avoir des sirops qu'on débarrasse de toutes leurs impuretés. Mais, si l'on veut obtenir de bons résultats au raffinage, il faut que les sirops proviennent de sucres bruts ayant déjà un certain degré de pureté.

Autrefois, pour produire des raffinés avec des sucres bruts de qualité inférieure, il était souvent nécessaire de procéder à plusieurs refontes et clarifications successives. Ce procédé long et coûteux a été remplacé par le turbinage des sucres pauvres, au moyen d'abord des turbines ordinaires, puis des turbines perfectionnées (système Weinrich), opération dans laquelle, grâce à l'emploi de la vapeur détendue surchauffée, les impuretés des sucres bruts sont chassées de la masse par l'effet de la force centrifuge.

Cette méthode paraît sur le point d'être elle-même remplacée par le *procédé Steffen*, qui consiste en un lavage méthodique des sucres bruts, au moyen de claires d'une pureté croissante, lesquelles traversent une masse considérable et immobile de sucre, sous l'action d'un suçage convenablement gradué. Les clairces qu'on emploie à cet usage sont les sirops provenant naturellement du lavage méthodique d'une masse égale de sucre précédemment traitée. D'un autre côté, la force employée à l'opération du suçage est insignifiante, comparativement à celle qu'aurait exigée le turbinage de la même quantité de sucre brut. Au double point de vue de la simplicité et de l'économie, le procédé Steffen semble donc constituer un réel progrès.

Lorsqu'on a obtenu du sucre brut ayant le degré de pureté nécessaire, on le verse dans une chaudière en partie remplie d'eau que l'on porte à la température de 50 ou 60 degrés. Pour activer la dissolution, le liquide est mis en mouvement au moyen d'un agitateur.

Il s'agit alors de procéder à la PURIFICATION du sirop, qui s'effectue en versant dans la dissolution du noir animal en poudre fine, en quantité variant de 2 à 4 p. 0/0, suivant que le sucre est de plus ou moins belle qualité. Cette addition faite, on remue de nouveau et on verse dans le sirop de l'*albumine* (sang défibriné ou blanc d'œuf), et on chauffe vivement le mélange jusqu'à l'ébullition. A cette température, l'albumine se coagule, entraînant avec elle les impuretés.

Aussitôt que le sirop se trouve ainsi *clarifié*, on le fait passer d'abord dans des *filtres* en étoffe, puis dans des *filtres* à noir animal.

Pour la CUITE des sirops, on emploie des chaudières munies de pompes à faire le vide, exactement comme dans les fabriques de sucre. Mais on ne pousse pas la concentration jusqu'à la cuite en grains ; on empêche, au contraire, les cristaux de s'agglomérer, afin d'avoir une *cristallisation confuse*, qui donne aux sucres en pains leur grain fin et serré. Ce sucre est spécialement destiné à la consommation intérieure ; pour l'exportation, et notamment pour l'Angleterre, on nourrit un peu plus les grains à la cuite, de manière à former des cristaux plus gros qui donneront un sucre raffiné d'aspect plus brillant.

La masse cuite ainsi obtenue est encore soumise à divers TRAITEMENTS. Généralement elle est coulée dans une chaudière à double fond, où elle est réchauffée et maintenue dans un état de fluidité convenable ; puis elle est versée dans des moules qui servent à lui donner la forme définitive sous laquelle le sucre raffiné doit, le plus souvent, être livré à la consommation.

Le moule le plus répandu est encore, à l'heure actuelle, la *forme*, qui donne le pain de sucre bien connu. Cette forme est une sorte de vaisseau conique placé la tête en bas et percé à sa pointe d'un petit orifice que l'on bouche pendant l'emplissage. L'atelier où s'opère ce travail s'appelle l'*empli* ; il doit y régner constamment une température de 30 à 35 degrés.

Dès que la cristallisation commence, on *mouve* les formes, c'est-à-dire qu'au moyen d'un instrument appelé *mouveron* on détache des parois les cristaux qui s'y sont formés et on les ramène au centre. Cette opération, qui a pour but de donner de l'homogénéité au pain, doit être répétée deux ou trois fois pendant les dix à douze heures que dure la cristallisation.

Malgré l'épuration qu'a subie le sirop, les pains ont encore à ce moment une certaine coloration. Pour les *purger*, on transporte les formes dans les *greniers aux pièces*, où la température est maintenue à 25 degrés environ. On débouche le petit orifice situé à la pointe de la forme, et on laisse égoutter, pendant quelques jours, le *sirop vert* qui descend dans la pointe conique des formes.

Lorsque l'égouttage est complet, on procède au *blanchiment*, soit par le *terrage*, soit par le *clairçage*. Ces deux systèmes sont, au fond, les mêmes ; ils ont toujours pour but de chasser le sirop vert enfermé dans le pain.

Le *terrage* consiste à déposer sur la base des formes une couche d'argile délayée avec de l'eau. L'eau contenue dans cette pâte s'écoule doucement et dissout une petite quantité de sucre pour former une *clairce* qui, en circulant au travers du pain, chasse devant elle le sirop vert.

Dans le *clairçage*, on verse directement, sur le fond des pains, un sirop saturé de sucre, une *clairce*, qui, descendant par son propre poids produit le blanchiment. Beaucoup plus expéditif que le terrage, le clairçage peut encore être accéléré par l'emploi de la *sucette*, sorte de tuyau horizontal sur lequel on ajuste les formes et où l'on fait le vide au moyen d'une pompe à air. La pression atmosphérique s'exerce alors sur le pain et force la clairce à pénétrer rapidement, ce qui accélère considérablement la marche de l'opération.

On procède alors au *plamotage*, opération qui consiste à coucher les formes sur une petite caisse en bois, puis à racler et à égaliser la pâte du pain. Le pain est ensuite remis dans sa forme et retourné en tous sens, pour bien fixer au milieu le sirop qui ne serait pas cristallisé. Ensuite on *loche* les sucres, c'est-à-dire qu'on les extrait des formes, pour les porter à l'étuve, d'où ils sortent cinq ou six jours après, dans un état de siccité convenable, pour être livrés au commerce.

Les pains ne sont pas toujours livrés, sous cette forme, au commerce ;

ils sont souvent soit concassés, soit sciés en plaquettes, lesquelles sont transformées en morceaux réguliers.

La consommation sous forme de morceaux réguliers a pris une telle extension que, pour éviter les lenteurs inhérentes à la fabrication des pains et le déchet considérable résultant de leur transformation en morceaux réguliers, on prépare maintenant, directement, par des procédés rapides, des *tablettes à la turbine*. A cet effet, la masse cuite est coulée dans des formes cloisonnées, qui sont rangées dans le tambour de turbines spéciales, où l'on procède au clairçage sous l'action de la force centrifuge. On obtient ainsi des tablettes blanches que l'on débite en lingots, puis en morceaux réguliers, soit dans l'état où elles ont été extraites des turbines, soit après étuvage.

Enfin, on prépare encore des *granulés*, par un turbinage de la masse cuite à la suite duquel les grains sont soumis à un séchage rapide et forcé sous l'action d'un courant d'air chaud. Le grain est, par ce moyen, débarrassé de la poussière que l'humidité y faisait adhérer : il prend un aspect particulier, un éclat brillant, qui lui donne sa valeur marchande.

Préparation du sucre candi.

La préparation du sucre candi se pratique particulièrement à Nantes et dans quelques usines du département du Nord.

Le sucre destiné à la fabrication du candi subit d'abord les opérations préliminaires du raffinage, jusques et y compris la cuite du sirop. A la sortie de l'appareil à cuire, le sirop est versé dans de grands vases, de forme généralement hémisphérique, qui portent le nom de *cristallisoirs* et où sont tendus horizontalement des fils de chanvre peu résistants, sur lesquels se forme la majeure partie des cristaux du sucre candi.

Immédiatement après l'emplissage, les cristallisoirs sont placés dans une étuve. Lorsque la cristallisation est terminée, on retire les cristallisoirs que l'on met à égoutter sur deux traverses horizontales, et, pour favoriser la sortie du sirop qui a refusé de cristalliser, on perce sur plusieurs points la croûte qui s'est formée à la surface des cristallisoirs.

Les cristaux sont ensuite rincés à l'eau tiède, puis mis à égoutter et enfin séchés à l'étuve.

Bas produits du raffinage.

Les sirops provenant du clairçage des pains et des *tablettes* sont recuits et employés à la confection de produits inférieurs qu'on désigne sous le nom de *vergeoises* et qui sont livrés au commerce sous forme de poudres. Enfin le traitement de ces produits donne un sirop épais et noir, qui constitue la *mélasse*.

IX. — EXTRACTION DU SUCRE DES MÉLASSES.

Ainsi qu'on l'a dit plus haut (page 94), le sirop d'égout du sucre turbiné dans les fabriques prend le nom de *mélasse*.

Avec les procédés ordinaires de fabrication, la quantité de mélasse produite correspond à peu près à 4 p. 0/0 du poids des betteraves mises en œuvre.

Qu'elle provienne des fabriques ou des raffineries, la mélasse renferme encore de 48 à 50 p. 0/0 de sucre ; mais on ne peut faire cristalliser ce sucre par les procédés ordinaires, parce qu'il se trouve mélangé avec la presque totalité des impuretés contenues dans les jus de betteraves.

Sous l'empire de la loi de 1884, qui accordait le bénéfice d'une taxe réduite aux excédents obtenus dans les fabriques en sus du minimum de prise en charge, on a cherché, par tous les moyens possibles, à extraire le sucre des mélasses.

Les procédés connus étaient fort coûteux ; ils ne pouvaient être mis en usage que grâce à la prime dont jouissaient les sucres représentant des excédents de rendement. Pour les fabriques, cette prime était en dernier lieu de 30 fr. par 100 kilogrammes de raffiné ; pour les raffineries, elle était de 60 fr. avant la loi du 5 août 1890 ; elle a disparu aujourd'hui. Aussi les raffineries, comme les fabriques d'ailleurs, ne travaillent-elles plus leurs mélasses.

Les principaux procédés qui ont été adoptés pour l'extraction du sucre des mélasses sont d'une part l'*osmose* ; d'autre part, les *procédés par les sucrates*.

Osmose.

L'*osmose* est basée sur les phénomènes dont il a été question au sujet de la diffusion (page 83).

Le traitement des mélasses a lieu dans des appareils désignés sous le nom d'*osmogènes* et qui se composent d'un certain nombre de châssis, de deux centimètres d'épaisseur environ, placés les uns auprès des autres. Chaque châssis porte une feuille de papier parchemin, ce qui a pour effet d'établir une série de compartiments isolés.

Dans les compartiments de nombre impair (1, 3, 5, etc.), reliés entre eux par un conduit, circule un courant de mélasse, tandis que dans les compartiments pairs (2, 4, 6, etc.), communiquant également ensemble, on fait passer un courant d'eau chaude. L'appareil est, en outre, disposé de telle sorte que la mélasse pénètre du côté opposé à celui par lequel entre l'eau ; on obtient ainsi *deux courants* marchant en *sens contraire*.

Ceci posé, on comprend, d'après ce qui a été expliqué pour la diffusion, que le sucre et les sels qui se trouvent dans le courant de mélasse traverseront le papier parchemin pour se dissoudre dans le courant d'eau, et qu'en échange l'eau se mélangera au courant de mélasse. Les conditions de cet échange sont d'ailleurs favorisées par la disposition des *courants contraires*, qui mettent les mélasses, déjà en partie osmosées, en contact avec l'eau pure et inversement.

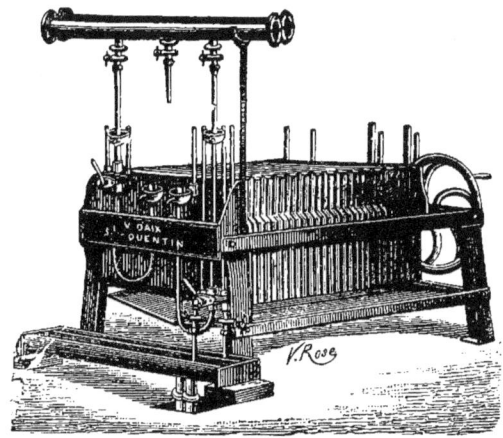

Fig. 7. — Osmogène.

D'un autre côté, comme les sels solubles de la mélasse traversent la membrane du papier parchemin beaucoup plus rapidement que le sucre, on obtient à la sortie de l'appareil : 1° d'une part, un sirop débarrassé d'une bonne partie de ses sels et dont on pourra extraire le sucre par les procédés ordinaires ; 2° d'autre part, de l'eau chargée d'une quantité de sels et d'un peu de sucre seulement.

Ce dernier produit est désigné sous le nom d'*eau d'exosmose* ; il est employé par diverses industries : distilleries, fabriques de cirages, fabriques d'apprêts pour les tissus, etc.

Par l'osmose, on peut retirer de 25 à 30 p. 0/0 du sucre contenu dans les mélasses ; mais ce procédé n'est plus employé.

Procédé d'extraction par les sucrates.

L'osmose est le seul procédé d'extraction du sucre des mélasses qui repose sur des phénomènes purement physiques. Tous les autres ont pour principe une réaction chimique.

D'une manière générale, ils consistent à former, avec certaines *bases* (baryte, strontiane, chaux) et avec le sucre, des combinaisons dans lesquelles ce dernier produit joue le rôle d'*acide faible*. Ces combinaisons sont désignées sous le nom générique de *sucrates*. Lorsque ces sucrates sont mis en présence d'un autre acide ayant plus d'affinité pour la base que le sucre, ils donnent naissance à la formation d'un nouveau sel insoluble, et le sucre est ainsi mis en liberté.

C'est le *sucrate de chaux* auquel on avait le plus généralement recours dans les fabriques. Sa préparation est peu coûteuse ; mais elle présente de grandes difficultés, en raison de la température élevée qui se produit (125 à 130 degrés) au moment de la combinaison du sucre avec la chaux. Nous nous bornerons à indiquer ici les deux procédés principaux dits de l'*élution* et de la *séparation*.

Élution. — L'*élution* repose sur la propriété qu'ont les sucrates monobasiques de chaux d'être insolubles dans l'alcool et solubles dans l'eau.

Perfectionné par M. Manoury, ce procédé consiste à préparer un sucrate monobasique de chaux en grains de petite dimension et dans un état très poreux, ce qui facilite le lavage par l'alcool. Aussitôt que le sucrate a été obtenu, on l'introduit dans les *éluteurs*, sortes de grands vases cylindriques, dans lesquels on fait arriver, à plusieurs reprises par la partie inférieure, de l'alcool dilué en quantité suffisante pour baigner tout le sucrate.

Lorsque la masse a été suffisamment imprégnée, on soutire le liquide qui entraîne, avec lui, tous les sels solubles de la mélasse ; puis on dirige dans l'appareil un jet de vapeur pour extraire l'alcool qui a pu rester emprisonné dans le sucrate. Les alcools impurs et dilués qui ont été extraits de l'appareil sont régénérés, en partie, au moyen de la distillation.

Quant au sucrate de chaux débarrassé de l'alcool, il a été dissous par le passage de la vapeur d'eau et transformé en un jus sucré que l'on peut soumettre, comme les jus ordinaires, à la carbonatation, à la concentration et à la cuite. Mais, généralement, on préfère employer le sucrate pour la défécation des jus de betteraves, parce qu'il remplace identiquement le lait de chaux et évite la dépense qu'occasionnerait un traitement séparé.

Procédé de la séparation ou procédé Steffen. — Le procédé *Steffen* repose sur les faits suivants : 1° si on ajoute à une dissolution de sucre, dans des conditions déterminées, un excès de chaux, la totalité du sucre se transforme en un *sucrate tribasique insoluble dans l'eau* ; 2° si à un mélange de chaux et de sucrate tribasique on ajoute une quantité de sucre suffisante pour transformer le sucrate tribasique en sucrate monobasique, on peut opérer la séparation de la chaux, cette base étant insoluble dans l'eau, tandis que le *sucrate monobasique y est soluble*.

La préparation du sucrate tribasique a lieu dans un grand récipient, de forme cylindrique, qui est traversé, dans presque toute sa hauteur, par un faisceau tubulaire où circule constamment un courant d'eau froide. Ce faisceau tubulaire fait office de réfrigérant; il est destiné à empêcher que la température ne s'élève au-dessus de 12 degrés, pendant le mélange de la chaux vive en poudre et de la mélasse préalablement diluée. Le mélange intime est favorisé par un agitateur.

Lorsque l'appareil a reçu une quantité suffisante de mélasse, on continue à faire arriver de la chaux en plusieurs fois et par petites quantités jusqu'à ce qu'on obtienne un sucrate tribasique de chaux, mélangé à un fort excès de chaux et à de l'eau contenant en dissolution tous les sels de la mélasse.

On passe au filtre-presse, on lave à l'eau, et on recueille alors des gâteaux formés de sucrate tribasique et de chaux, que l'on délaie dans l'eau froide. Le mélange est ensuite additionné de sucre dans la proportion nécessaire pour transformer le sucrate tribasique en *sucrate monobasique, lequel se dissout dans l'eau*. Il ne reste plus qu'à filtrer pour enlever l'excès de chaux insoluble, et on obtient ainsi un jus sucré très pur qui peut être traité dans les conditions ordinaires.

Les procédés de l'élution et de la séparation donnent des résultats plus avantageux que l'osmose ; ils permettent d'extraire de 38 à 40 kilogrammes de sucre par 100 kilogrammes de mélasse.

Les divers procédés d'extraction du sucre des mélasses que nous venons d'indiquer sont trop coûteux, même avec certaines améliorations qui y ont été apportées, pour qu'il y ait avantage à les employer, maintenant qu'il n'existe plus de prime à la fabrication sur les excédents de rendement. L'extraction du sucre des mélasses semble dès lors devoir être abandonnée, tant qu'on n'aura pas découvert un procédé plus simple, plus économique que ceux dont on a disposé jusqu'ici.

Si les fabricants de sucre doivent être condamnés, pendant longtemps encore, à produire de la mélasse, il n'y a pas lieu d'y voir une cause de ruine et de décadence pour leur industrie. Cette mélasse est, en effet, nécessaire aux distillateurs de la région du Nord, dont elle constitue une des principales matières premières. Elle ne fait, en définitive, que remplacer les betteraves qui, dans cette région, devraient être cultivées pour la fabrication de l'alcool, si on parvenait, par des procédés industriels et pratiques, à mettre en liberté tout le sucre que contiennent les betteraves.

En outre, quoiqu'il n'ait encore qu'une bien faible importance, l'emploi de la mélasse pour la nourriture des bestiaux pourrait se développer. L'Administration s'attache à favoriser ce nouveau débouché, en accordant aux agriculteurs toutes les facilités compatibles avec la garantie de l'impôt.

CHAPITRE III.

Analyse des sucres et des mélasses.

I. — ANALYSE DES SUCRES.

Indépendamment du sucre cristallisable (saccharose), les sucres bruts renferment : 1° du glucose (en minime quantité dans le sucre de betterave, en quantité relativement importante dans le sucre de canne); 2° des sels ; 3° des matières organiques non déterminées ; 4° de l'eau.

Or, ainsi qu'on l'a vu précédemment (*Historique*, page 26), les sucres bruts ne sont imposés que d'après leur rendement présumé au raffinage, et il est admis que les sels contenus dans un sucre empêchent la cristallisation d'une quantité de raffiné correspondant à quatre fois leur poids. De même, en ce qui concerne le glucose, il paraît démontré que sa présence dans un sucre s'oppose à la cristallisation d'une quantité de raffiné double de son poids.

De là s'est établi l'usage, que la loi du 19 juillet 1880 a consacré, de calculer le rendement au raffinage d'un sucre brut, en déduisant de sa richesse absolue quatre fois le poids des cendres représentées par les sels et deux fois le poids du glucose. Ainsi, un sucre pour lequel on aura trouvé :

Richesse absolue.	95,200
Cendres.	1.212
Glucose.	0,560
Eau et matières diverses.	3,028
Total.	100.000

est présumé avoir un rendement de 95, 200 — (1, 212 × 4 + 0, 560 × 2) = 88. 232 (1).

Pour calculer l'impôt dont un sucre brut est passible, il faut donc connaître les éléments qui entrent dans sa composition. Cette indication est fournie par l'analyse.

Il existe plusieurs méthodes d'analyse basées les unes sur des procédés chimiques, les autres sur des phénomènes d'optique. Nous nous bornerons à indiquer celle qui est en usage dans les laboratoires du mi-

---

(1) Pour la détermination de la quantité imposable, voir page 123, § 24.

nistère des finances, dont le fonctionnement, au point de vue administratif, est décrit dans la deuxième partie de cet ouvrage (chapitre ix).

L'analyse d'un sucre s'opère en dosant, d'une part, le saccharose, et, d'autre part, le glucose et les sels solubles qu'il renferme. Quant à l'eau et aux matières organiques, elles sont calculées par *différence*.

Dosage du sucre cristallisable.

Le dosage du sucre cristallisable (saccharose) se fait au moyen du *saccharimètre* ou *polarimètre*.

Il ne saurait être question de donner ici une description des phénomènes fort complexes sur lesquels est basé cet instrument ; nous essayerons seulement d'en faire saisir le principe.

L'expérience démontre qu'un rayon de lumière, après son passage à travers un prisme en spath d'Islande, a subi des modifications profondes et a acquis des propriétés nouvelles : on dit alors qu'il est *polarisé*.

La lumière polarisée jouit de propriétés spéciales dans un certain plan qu'on appelle *plan de polarisation*. D'autre part, certaines substances minérales ou organiques, le cristal de roche, les sucres, l'acide tartrique, etc., jouissent de la curieuse propriété de faire dévier, vers la droite ou vers la gauche, le plan de polarisation de la lumière, lorsqu'on les interpose sur le parcours d'un faisceau de lumière polarisée. Ces substances sont dites douées du *pouvoir rotatoire*.

Le pouvoir rotatoire, pour un même rayon du spectre, est fixe pour chaque substance ; il peut donc être utilisé pour la recherche et le dosage de cette substance dans une solution qui peut en renfermer.

Les substances qui dévient à droite le plan de polarisation de la lumière sont appelées « dextrogyres » ; le sucre de canne, le glucose de fécule, le raffinose, etc., sont dans ce cas. Les substances déviant à gauche, comme le sucre inverti, par exemple, sont appelées « lévogyres ».

Le saccharimètre est un instrument d'optique construit spécialement pour l'application des principes précédents à l'analyse des sucres.

Il est disposé de telle sorte qu'une solution de sucre pur, contenant 16 gr. 29 de sucre dans 100 cent. cubes, examinée sous une épaisseur de 20 centimètres, produise une déviation de 100 degrés vers la droite, sur un cadran portant à sa circonférence des divisions tracées de 0 à 100, le zéro correspondant à l'eau pure.

En vertu des propriétés des substances douées du pouvoir rotatoire, la déviation du plan de polarisation est proportionnelle à la quantité de sucre en poids renfermée dans la dissolution observée sous l'épaisseur de 20 centimètres. Il en résulte qu'une simple lecture sur la graduation de

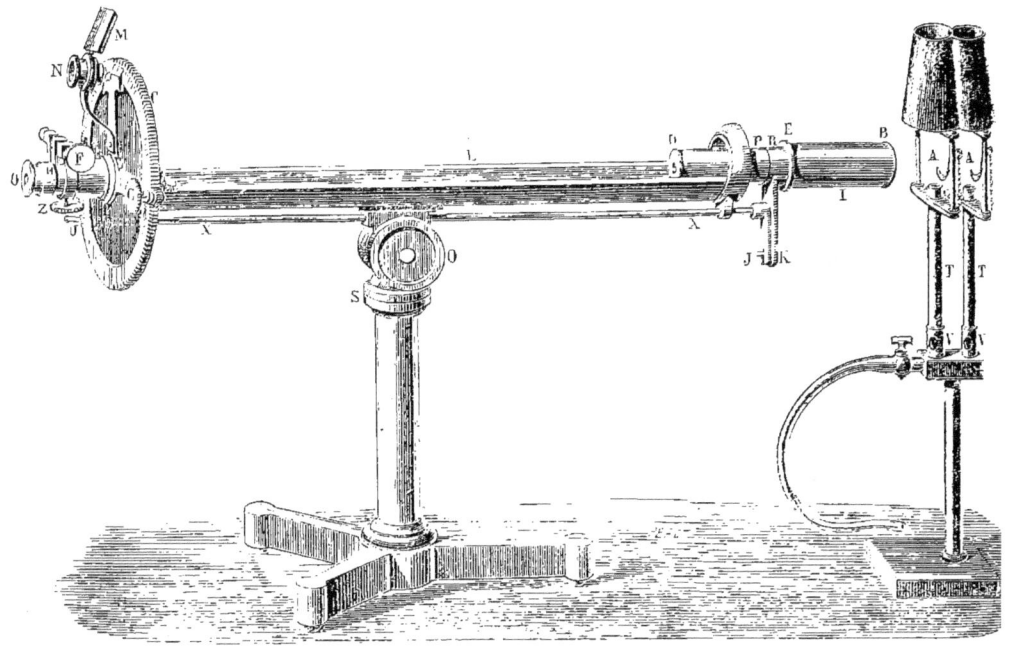

Fig. 8. — Saccharimètre Laurent (grand modèle).

A. A. Lampes à gaz à flammes jaunes.
I. Tube noirci portant en B une lentille éclairante et en E une bonnette contenant un cristal de bichromate de potasse destiné à rendre la flamme plus monochromatique.
J. K. X. U. Levier permettant de faire varier l'angle produit par les plans de polarisation des deux faisceaux lumineux et de donner une lumière plus ou moins vive
D. P. Tube fixe renfermant le système polarisateur.
L. Règle en bronze destinée à recevoir le tube polarimétrique.
C. Cadran divisé en cent parties, sur lequel se meut une alidade munie d'un vernier permettant de lire les divisions du cadran.
M. Miroir renvoyant la lumière sur les divisions.
N. Loupe destinée à faciliter la lecture de la graduation.
G. Bouton portant un pignon s'engrenant sur les dents de la circonférence du cadran C pour faire mouvoir l'alidade.
F. Bouton de réglage de l'appareil.
O. H. Bonnette renfermant l'analyseur et la lunette de Galilée pour la mise en point.

l'instrument permet de connaître immédiatement la proportion du sucre pur — déterminée en centièmes — contenue dans une solution préparée avec 16 gr. 29 d'un sucre impur dissous dans 100 centimètres cubes d'eau.

L'opération matérielle s'effectue de la manière suivante :

Après avoir mélangé soigneusement le sucre de l'échantillon à analyser, afin d'en assurer la parfaite homogénéité, on en prélève 48 gr. 87 centigrammes, soit trois fois le poids de 16 gr. 29 c. nécessaire pour l'essai saccharimétrique. Cette pesée se fait au trébuchet par la méthode de la double pesée.

Les 48 gr. 87 c. de sucre sont introduits dans un verre à pied de 250 centimètres cubes, avec environ 100 à 110 centimètres cubes d'eau distillée à la température ambiante ; puis on opère la dissolution au moyen d'un agitateur en verre.

La dissolution achevée, on laisse reposer un quart d'heure pour donner aux matières insolubles le temps de se déposer, puis on décante le liquide dans un ballon de 150 centimètres cubes. Le verre et l'agitateur sont rincés trois fois au moins à l'eau distillée, et les eaux de lavage introduites chaque fois dans le ballon, en laissant toujours dans le verre le dépôt insoluble. Par cette première opération, on élimine les matières étrangères (sable, cailloux, etc.), qui, mélangées au sucre, se retrouveraient dans les cendres et en augmenteraient le poids, ce qui fausserait les résultats de l'analyse, puisque ces matières étrangères seraient déduites 4 fois dans le calcul du rendement probable, bien qu'elles ne puissent avoir aucune influence *mélassigène* sur le rendement effectif au raffinage.

On remplit ensuite le ballon avec de l'eau distillée, très exactement jusqu'au trait indiquant la contenance de 150 centimètres cubes, et on agite vivement de manière à obtenir un mélange absolu.

On prélève alors, de ce liquide, 50 centimètres cubes (correspondant à 16 gr. 29 du sucre dissous) dans un petit ballon jaugé. Ces 50 centimètres cubes sont versés dans un ballon de 100 centimètres cubes, puis on rince, à plusieurs reprises, le petit ballon avec de l'eau distillée, et on verse les eaux de lavage dans le grand ballon, en ayant soin de rester au-dessous du trait de jauge.

Le liquide polarimétrique ainsi préparé doit être décoloré pour pouvoir être observé ; dans ce but on y ajoute, suivant l'intensité de sa coloration, de 5 à 30 gouttes d'une solution de tanin à 2 p. 0/0 et de 3 à 20 gouttes de sous-acétate de plomb ; ensuite on complète très exactement le volume de 100 centimètres cubes, et on filtre. De ce liquide ainsi filtré, dont on a rejeté les premières gouttes qui passent généralement troubles, on remplit les tubes saccharimétriques de 20 centimètres de longueur et on procède immédiatement aux lectures. Si les écarts entre les lectures de deux opérateurs analysant le même sucre diffèrent de plus de 0,20, on recommence l'essai.

Avant de faire usage du polarimètre, il faut s'assurer qu'en l'absence de toute matière polarisante, l'index, qui sert à indiquer sur le cadran C la richesse en sucre, est bien placé sur le zéro, lorsque par la lunette O on aperçoit l'image d'un disque d'une teinte uniforme (voir l'image *a*). On introduit ensuite le tube dans l'appareil ; immédiatement l'égalité de teinte est rompue ; il apparaît un disque coupé en deux parties égales par des teintes différentes (voir les images *b*, *c*) ; on tourne alors le bouton qui met l'index en mouvement, jusqu'à ce que cette égalité de teinte se trouve rétablie (voir l'image *a*). La division sur laquelle l'index s'est arrêté donne le titre polarimétrique du sucre, c'est-à-dire sa richesse absolue exprimée en degrés et dixièmes de degré.

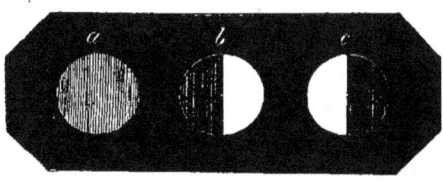

Dosage du glucose.

Le dosage du glucose est basé sur la propriété que possède cette matière de transformer la *liqueur de Fehling* (tartrate double de cuivre et de potasse dissous dans un excès de potasse), qui a la couleur bleue des sels de cuivre, en un liquide incolore dans lequel se forme un précipité rouge. La quantité de liqueur transformée est d'ailleurs proportionnelle au poids du glucose employé, et le sucre cristallisable n'agit pas sur cette liqueur.

Préparée dans des proportions déterminées, la liqueur de Fehling est, à la dose de 1 centimètre cube, complètement décolorée par 0 gr. 005 de glucose. Cette proportion établie, il est donc facile de calculer la quantité de glucose qui peut exister dans un volume connu d'une solution sucrée.

En général, le sucre de betterave ne contient que peu ou point de glucose ; néanmoins, on fait toujours un essai. Pour cela, on prend un centimètre cube de la liqueur cupro-potassique ; on la porte à l'ébullition, et on y fait tomber, goutte à goutte, une partie de la solution sucrée qui a servi à l'essai polarimétrique. Cette solution est placée dans une burette divisée en centimètres cubes et fractions de centimètres. Si on a pu ajouter plus de 33 centimètres cubes à la liqueur sans amener sa décoloration, on est assuré que le sucre analysé ne contient qu'une quantité négligeable de glucose.

Dans le cas contraire, on note le nombre de centimètres cubes de la solution sucrée qu'il a fallu employer, ou bien on recommence l'opération en prenant une plus forte quantité de liqueur de Fehling (5 centimètres cubes, par exemple), de manière à être obligé de verser au moins 15 centimètres cubes pour terminer l'essai.

Supposons que, pour décolorer 5 centimètres cubes de la liqueur de Fehling, il ait fallu employer 20 centimètres cubes de solution sucrée : on en déduira que 20 centimètres cubes de solution contiennent 0 gr. 025 de glucose. Pour ramener la comparaison du glucose au poids de sucre, il restera à faire les calculs suivants :

Si 100 centimètres cubes de solution sucrée renferment 16 gr. 29 cent. de sucre, 1 centimètre cube en contient 100 fois moins et 20 centimètres cubes 20 fois plus, soit $\frac{16.29 \times 20}{100} = 3$ gr. 258 milligrammes. D'où on déduira que, si 3 gr. 258 m. de sucre contiennent 0 gr. 025 de glucose, 1 gramme en contiendra 3,258 fois moins, et 100 gr. cent fois plus, soit $\frac{0,025 \times 100}{3.258} = 0,767$.

Le sucre analysé contient donc 0,767 p. 0/0 de glucose.

Dosage des cendres.

Pour le dosage des cendres, on verse environ 80 centimètres cubes de la solution sucrée initiale sur un filtre contenu dans un entonnoir, que l'on recouvre d'une plaque rodée pour éviter l'évaporation spontanée. Le liquide qui filtre est recueilli dans un flacon bien sec, mais on jette les premières gouttes qui s'écoulent et qui servent à rincer le filtre. La solution sucrée étant ainsi débarrassée des impuretés insolubles qui pourraient encore y être restées en suspension, on en prélève une quantité correspondant à 4 grammes de sucre. Pour déterminer cette quantité, on fait le calcul suivant :

Si 48 gr. 87 de sucre sont contenus dans 150 c. c., 1 gramme sera contenu dans $\frac{150}{48.87}$, et 4 grammes dans $\frac{150 \times 4}{48.87}$, soit dans 12 c. c. 2774.

Dans la pratique, ce prélèvement s'opère au moyen d'une pipette jaugée (12 c. c. 28) correspondant à 4 grammes de sucre.

Le liquide est alors versé dans une capsule de platine préalablement tarée, et on y ajoute 1 centimètre cube d'acide sulfurique pur et concentré, pour hâter la carbonisation du sucre et des matières végétales et pour transformer tous les sels en sulfates non volatils. Le dosage des cendres se fait en double, pour éviter les causes d'erreur ; on remplit deux capsules de platine dans les mêmes conditions.

Ces capsules sont immédiatement mises à l'étuve chauffée à 130 ou 140 degrés ; puis, au bout d'une heure ou d'une heure et demie, lorsque l'eau est évaporée et la matière organique carbonisée, elles sont portées au moufle chauffé au rouge sombre. Lorsque l'incinération est terminée, on retire les capsules, et on les laisse refroidir sous une cloche à l'abri de toute humidité.

On procède ensuite à la pesée.

Cette opération se fait, de même que la tare de la capsule, sur une balance de précision.

Pour abréger le travail, les capsules ont été tarées en plaçant à côté d'elles 4 gr. 200. Au moment de la pesée des cendres, on place, sur un des plateaux de la balance, la tare de la capsule et, sur l'autre plateau, la capsule contenant les cendres et un poids de 4 grammes seulement. On rétablit l'équilibre des 0 g. 200 qui manquent en ajoutant le nombre de milligrammes nécessaires ; la différence entre ce nombre et 0 gr. 200 représente le poids des cendres. On en déduit 1 dixième pour tenir compte de l'acide sulfurique qui a été ajouté au sucre.

Ainsi, par exemple, si, au poids d'une capsule contenant des cendres, il faut ajouter 0 gr. 115, pour parfaire 0 gr. 200 qui ont été retirés, on en déduit que les cendres pèsent 0 gr. 085. D'où on conclut que si 4 gr. de sucre renferment 0 gr. 085 de cendres, 100 grammes du même sucre en contiennent $\frac{0.085 \times 100}{4}$ = 2 gr. 125, chiffre qui, après la réduction du dixième pour l'acide sulfurique, est ramené à 2 gr. 125 − 0,212 = 1 gr. 913 milligrammes.

Tout écart de 1 milligr. 1/2 ou plus entre les deux capsules d'un même échantillon donne lieu à un nouvel essai.

II. — ANALYSE DES MÉLASSES.

Au point de vue fiscal, l'analyse des mélasses présente de l'intérêt dans certains cas, et notamment lorsque la loi a fixé un maximum ou un minimum de richesse. Ainsi, par exemple :

1º Pour la tenue du compte de réfactions dans les raffineries, toutes les mélasses qui sortent de ces établissements doivent être soumises à l'analyse, afin de déterminer les quantités de sucre cristallisable et de glucose qu'elles contiennent (art. 24 de la loi du 26 juillet 1893 ; art. 15 du décret du 12 août 1904).

2° On ne peut expédier d'une fabrique sur une autre fabrique que des *mélasses épuisées*, et on ne considère comme telles que celles qui n'ont pas plus de 50 p. 0/0 de richesse saccharine absolue (art. 3 de la loi du 29 juin 1891).

3° Pour l'emploi aux usages agricoles, l'expédition en franchise n'est également admise que si les mélasses n'ont pas une richesse saccharine absolue supérieure à 50 p. 0/0 (art. 1er de la loi du 28 janvier 1903).

4° Les mélasses placées en entrepôt doivent titrer au moins 44 p. 0/0 de richesse saccharine absolue (art. 4 et 6 de la loi du 14 juillet 1897).

On voit donc que, pour assurer l'exécution des prescriptions légales susvisées, il est nécessaire de procéder à l'analyse des mélasses dans les divers cas indiqués plus haut.

La mélasse, produit ultime de la fabrication ou du raffinage du sucre, renferme toutes les impuretés qui existaient normalement dans la betterave ou dans les sucres bruts, et aussi tous les produits résultant de l'altération que le sucre ou ces impuretés elles-mêmes ont subie pendant la fabrication.

Des recherches scientifiques ont montré que plusieurs de ces impuretés ou de ces produits d'altération jouissaient d'un pouvoir rotatoire tantôt dextrogyre (raffinose, etc.), tantôt lévogyre (sucre inverti). Si donc l'on se contentait d'analyser les mélasses par la méthode saccharimétrique usitée pour les sucres bruts, on risquerait d'obtenir des résultats faussés tantôt en plus, tantôt en moins.

Pour parer aux perturbations occasionnées par la présence de ces substances actives, on pratique ce que l'on appelle l'analyse par inversion, qui consiste à déterminer le titre direct du produit, en opérant comme pour les sucres normaux, puis à invertir le sucre et à déterminer le nouveau titre obtenu. A l'aide de ces deux titres et en faisant usage de deux formules mathématiques dues à Clerget et à Creydt, on en déduit la richesse en sucre de l'échantillon examiné.

Procédés d'analyse des mélasses.

Nous donnons ci-après la description du procédé d'analyse, dit procédé Clerget, tel qu'il a été adopté en vertu d'une décision ministérielle du 27 janvier 1892 :

1° Prendre 32 gr. 58 (16 gr. 29 ×2) de mélasse (1). Les placer dans

---

(1) Le chiffre indiqué dans la formule primitive était 32.4 (16.20 × 2) ; il doit être porté maintenant à 32.58, c'est-à-dire au double du poids normal des prises d'essai pour l'analyse des sucres (16.29 × 2).

une fiole graduée de 200 centimètres cubes, de façon que la fiole soit incomplètement pleine, et que l'on puisse agiter le liquide. Ajouter la quantité nécessaire de sous-acétate de plomb liquide, par portions de deux centimètres cubes à la fois, à des intervalles réguliers de cinq à dix minutes, en ayant soin d'agiter à chaque addition ; continuer la défécation jusqu'à ce que le liquide ne précipite plus par le sous-acétate. Compléter le volume à 200 centimètres cubes et filtrer.

2° Prendre la liqueur filtrée et polariser. Si le liquide est trop coloré, ajouter à 50 centimètres cubes de liquide filtré un gramme de noir pur fin, préalablement desséché, et laisser le noir en contact du liquide (en ayant soin d'agiter) pendant le moins de temps possible.

3° Prendre 100 centimètres cubes de liquide filtré, et les placer dans une fiole de 200 centimètres cubes environ. Ajouter 10 centimètres cubes d'acide chlorhydrique à 21° B. Suspendre la fiole dans un bain-marie, en faisant en sorte qu'elle y plonge jusqu'à la naissance du col. Élever progressivement, en dix ou douze minutes, l'eau du bain-marie depuis la température du laboratoire jusqu'à ce que le liquide de la fiole marque 69-70° centigrades. Pour rendre l'évaporation du liquide aussi faible que possible, on pourra, à l'aide d'un bouchon et d'un tube effilé, fermer presque complètement l'orifice de la fiole. Pendant l'opération, agiter de temps à autre la fiole sans la sortir du bain-marie. Un thermomètre devra être maintenu dans le liquide de la fiole. Retirer la fiole du bain-marie, et la laisser refroidir spontanément au moins jusqu'à 40° centigrades ; la refroidir ensuite jusqu'à 20 et polariser de nouveau, en ayant soin que la température du tube se maintienne à 19-21°. On peut, comme dans le cas du titre direct, faire usage de noir fin pour décolorer le liquide.

Dans le cas où la mélasse ne contient que du saccharose et du raffinose, on applique la formule suivante de Creydt, où A est la déviation polarimétrique directe, et B la déviation polarimétrique après inversion, augmentée de 10/100 de sa valeur et prise avec le signe $+$ ou $-$; on déduit ainsi la quantité de saccharose S, et de raffinose anhydre R, que contiennent 100 grammes de mélasse.

$$S = \frac{(A - B) - 0{,}493\,A}{0{,}827} \ ou\ S = 0{,}613\,A - 1{,}209\,B$$

$$R = \frac{A - S}{1{,}80}$$

Dans le cas où la mélasse contient du saccharose et du sucre inverti en quantité notable, on applique simplement la formule Clerget :

$$S = \frac{200 (A - B)}{288 - t}$$

où t est la température à laquelle se fait l'observation polarimétrique.

Dans cette méthode le raffinose était déduit du titre accusé par la polarisation directe. Sur la réclamation des raffineurs, le Comité consultatif des arts et manufactures a émis l'avis (23 mai 1894) qu'il y avait lieu de porter en décharge, au compte général des réfactions, une quantité de raffiné égale à la somme de saccharose et de raffinose contenus dans les mélasses expédiées des raffineries.

Appelé à indiquer quelles modifications il conviendrait de faire subir aux calculs, lorsqu'on se trouve en présence d'un mélange de saccharose, de glucose et de raffinose, le Comité a proposé (avis du 21 novembre 1894) de déterminer à la sortie des raffineries le rendement en raffiné des mélasses, par l'emploi :

1° De la polarisation directe, lorsque la proportion des sucres réducteurs ne dépassera pas 5 p. 100 ;

2° De la méthode Clerget, lorsque cette proportion sera dépassée.

Par une décision du 12 février 1895, le Ministre des finances a ratifié les diverses conclusions du Comité.

L'effet de cette décision est applicable aux mélasses sortant des sucreries indigènes. On ne se sert donc plus, pour l'analyse chimique des mélasses de cette provenance, que de l'un des deux procédés ci-après, savoir :

Simple détermination du titre polarimétrique direct, si — ce qui est le cas le plus habituel — le titre des mélasses analysées est égal ou supérieur à 44° ;

Détermination polarimétrique avec correction du titre par inversion et application de la formule Clerget, si le titre direct est inférieur à 44° et si la mélasse est glucosée au delà de 0, 5 p. 100.

Dans la pratique, voici comment on procède dans les laboratoires :

Mélasses de raffinerie. — Les mélasses étant malaxées et débarrassées des corps étrangers, on prélève 81 gr. 45 (5 fois le poids normal) que l'on délaye à froid dans un ballon de 250 c. c. On prélève 100 c. c. de cette liqueur que l'on met dans un ballon de 300 c. c. ; on défèque aux sous-acétate de plomb et sulfate de soude : on a ainsi la liqueur polarimétrique 1/3 au-dessous de la normale. Le résultat obtenu au saccharimètre doit être multiplié par 3/2.

Sur la liqueur primitive contenue dans le ballon de 250 c. c., on prélève 6 c. c. 14, soit 2 grammes de mélasse ($\frac{81.45 \times 6.14}{250} = 2$) pour faire les cendres ; on ajoute 1 c. c. d'acide sulfurique pur, une pincée de sucre raffiné. On porte au moufle, en chauffant doucement au rouge sombre.

On dose le glucose selon la méthode ordinaire, en opérant en général sur 5 c. c. de la liqueur de Fehling.

Si la mélasse contient 5 p. 100 ou plus de glucose, on fait l'inversion Clerget (voir, plus haut, la description du procédé d'inversion Clerget, page 112, § 3°).

Mélasses de fabrique. — On prélève sur la mélasse à analyser 32 gr. 58 (2 fois le poids normal) que l'on met dans un ballon de 300 c. c ; on défèque aux sous-acétate de plomb et sulfate de soude. La liqueur filtrée est polarisée ; le résultat obtenu au saccharimètre est multiplié par 3/2.

Le dosage du glucose se fait par la méthode ordinaire sur la solution ayant servi à la polarisation.

Si le titre polarimétrique direct est égal ou supérieur à 44°, l'opération est terminée. Il en est de même dans le cas où, le titre polarimétrique direct étant inférieur à 44°, la teneur en glucose ne dépasse pas 0,5 pour 100.

Lorsque le titre polarimétrique direct est inférieur à 44° et la teneur en glucose supérieure à 0,5 pour 100, on doit procéder à l'inversion par la méthode Clerget, comme ci-dessus.

DEUXIÈME PARTIE

INSTRUCTIONS COORDONNÉES POUR L'EXERCICE DES FABRIQUES, DES ENTREPÔTS ET DES RAFFINERIES, ET POUR LA SURVEILLANCE A LA CIRCULATION.

CHAPITRE Ier

Droit de vérification dans tous les établissements où le sucre brut est fabriqué (1).

I. — DISPOSITIONS GÉNÉRALES.

1. — Les fabriques de sucre et les établissements dans lesquels le sucre est extrait des mélasses (sucrateries) sont soumis aux visites et vérifications des employés des Contributions indirectes (2).

Les fabricants et les sucratiers sont tenus d'ouvrir aux employés, à toute réquisition, leurs fabriques, ateliers, magasins, greniers, maisons, caves et celliers, et tous les autres bâtiments enclavés dans la même enceinte que la fabrique ou la sucraterie ou y attenant, ainsi que de leur représenter les sucres, sirops, mélasses et autres matières saccharines qu'ils ont en leur possession. Ces vérifications peuvent avoir lieu :

A toute heure de jour ou de nuit dans les établissements qui n'interrompent pas leurs travaux pendant la nuit ;

Et, suivant la saison, aux heures indiquées ci-après, dans les usines qui ne sont en activité que le jour :

De 7 heures du matin à 6 heures du soir, pendant les mois de janvier, de février, de novembre et de décembre

---

(1) Pour le droit de vérification dans les raffineries, voir le chapitre VIII.
(2) Il n'existe plus actuellement de sucrateries.

De 6 heures du matin à 7 heures du soir, pendant les mois de mars, d'avril, de septembre et d'octobre ;

De 5 heures du matin à 8 heures du soir, pendant les mois de mai, de juin, de juillet et d'août (*Lois du* 28 *avril* 1816, *art.* 26, 235 *et* 236 ; *du* 31 *mai* 1846, *art.* 6 ; *et décret-loi du* 27 *mars* 1852, *art.* 2).

2. — Le droit de vérification est distinct du droit d'exercice (voir ci-après, § 3). Hors le cas de soupçon de fraude, les employés ne doivent user de ce droit qu'avec beaucoup de ménagement.

II. — EXERCICE DES FABRIQUES DE SUCRES ET DES SUCRATERIES.

Désignation des établissements soumis à l'exercice.

3. — Les fabriques de sucre et les usines dans lesquelles le sucre est extrait des mélasses de fabriques sont assujetties à l'exercice (*Loi du* 31 *mai* 1846, *art.* 6 ; *décret-loi du* 27 *mars* 1852, *art.* 3 ; *décret du* 1er *septembre* 1852, *art.* 28 ; *décret du* 31 *juillet* 1884, *art.* 13).

La baryte étant autrefois la seule matière employée pour décomposer les mélasses, on désignait les établissements dans lesquels le sucre est extrait des mélasses sous le nom de *Fabriques barytiques* ; mais depuis qu'on fait usage également de la chaux, de la strontiane et de divers autres procédés, ces usines sont désignées sous le nom générique de *sucrateries* (1).

4. — Les établissements exercés sont soumis à la surveillance permanente du service des Contributions indirectes (*Décret du* 1er *septembre* 1852, *art.* 1er *et* 30).

5. — La déclaration que fait un fabricant ou un sucratier de cesser définitivement ses travaux ne l'affranchit des exercices et des autres obligations imposées aux fabricants et sucratiers exercés que sous la condition de payer immédiatement les droits sur les sucres achevés ou de les expédier, ainsi que les sucres imparfaits, sirops et mélasses, sur un autre établissement où ils seront soumis à la prise en charge (*Décret du* 1er *septembre* 1852, *art.* 24 *et* 30).

---

(1) Voir, pour les procédés en usage dans les sucrateries, les notions élémentaires sur la fabrication, pages 101 et suivantes.

III. — DISPOSITIONS APPLICABLES A TOUS LES ÉTABLISSEMENTS EXERCÉS.

Clôture et grillage.

6. — Est interdite et devra être scellée toute communication intérieure des lieux déclarés par le fabricant ou le sucratier avec les maisons voisines non occupées par lui (*Décret du 1er septembre* 1852, *art.* 2).

Cette interdiction est absolue. Il ne peut y être dérogé sous aucun prétexte.

7. — Il est affecté au dépôt des sucres achevés un ou plusieurs magasins n'ayant à l'intérieur qu'une porte fermée à deux serrures. Les jours et les fenêtres des magasins doivent être garnis d'un treillis de fer, dont les mailles ont 5 centimètres d'ouverture au plus. Les employés gardent une des deux clefs et les magasins ne peuvent être ouverts qu'avec leur coopération (*Décret du 1er septembre* 1852, *art.* 2, 16 *et* 30).

Lorsque les magasins principaux sont insuffisants, le fabricant peut être autorisé à ouvrir un magasin annexe dans lequel il ne doit être introduit que des sacs d'un poids net de 100 kilogr. Les sucres sont retirés du magasin annexe et transportés dans les magasins principaux, dès qu'il existe dans ces derniers un emplacement suffisant (*Lettre commune n° 12, du 22 octobre* 1883).

Aux termes d'une décision ministérielle du 7 mai 1870, les fabricants sont autorisés à transférer à des bailleurs de fonds les sucres achevés déposés dans leurs magasins. Ces sucres sont transférés au moyen d'une déclaration inscrite au registre n° 34 (*Sucres*), qui est signée par le fabricant et le cessionnaire ; ils sont déposés à part dans les magasins et ne peuvent en sortir que sur le consentement écrit des intéressés. L'enlèvement donne lieu à la délivrance d'un bulletin n° 35 (*Sucres*). En aucun cas l'Administration ne saurait être rendue responsable, vis-à-vis du cessionnaire ou du fabricant, des avaries qui pourraient se produire (*Lettre commune n° 35 du 22 novembre* 1876).

(Pour le transfert des mélasses, voir § 111.)

8. — L'Administration peut exiger :

1° Que les jours et fenêtres de la fabrique et des bâtiments attenants soient garnis d'un treillis de fer dont les mailles auront 5 centimètres d'ouverture au plus ;

2° Qu'il n'existe aucune communication intérieure entre la fabrique et les maisons d'habitation ou les bâtiments d'exploitation attenants ;

3° Que la fabrique et les dépendances n'aient qu'une entrée habituellement ouverte, et que les autres portes soient fermées à deux serrures. La clef de l'une de ces serrures sera remise aux employés et les portes ne pourront être ouvertes qu'en leur présence.

Le fabricant doit, lorsqu'il en est requis, satisfaire à ces prescriptions dans le délai d'un mois. A défaut, les sucres fabriqués après l'expiration de ce délai sont considérés comme fabriqués en fraude et donnent lieu à l'application des peines prononcées par l'article 3 de la loi du 30 décembre 1873 (*Décret du 1er septembre 1852, art. 2 et 30*).

9. — L'Administration apprécie, sur le rapport des directeurs, les circonstances exceptionnelles qui peuvent rendre nécessaire l'application aux fabriques existantes en 1852 des dispositions du paragraphe 8 ci-dessus.

10. — Les fabriques et les sucrateries qui sont établies nouvellement doivent être séparées de tout autre bâtiment. Tous les jours et fenêtres doivent être garnis d'un treillis en fer, et il ne peut y avoir qu'une porte principale, habituellement ouverte, le tout conformément à ce qui est prescrit ci-dessus (*Décret du 1er septembre 1852, art. 2 et 30*).

11. — La destination des établissements exercés doit être indiquée à l'extérieur du bâtiment principal. A cet effet, les industriels doivent faire inscrire, selon la nature de l'établissement, en caractères très visibles, les mots : FABRIQUE DE SUCRE, SUCRATERIE (*Décret du 1er septembre 1852, art. 3 et 29*).

Licence.

12. — Les fabricants de sucre et les sucratiers sont tenus de se munir d'une licence avant de commencer leurs travaux (1).

La licence n'est valable que pour un seul établissement. Le fabricant

---

(1) La licence est le titre qui règle la situation des redevables à l'égard de la régie et duquel découlent, sous le rapport fiscal, leurs droits et leurs obligations respectives ; c'est notamment la licence qui détermine les opérations industrielles auxquelles il est permis de se livrer dans une usine. Ainsi l'art. 4 de la loi du 31 mai 1846 confère de plein droit, à tout fabricant muni d'une licence, la faculté de refondre les sucres bruts pour les élever à un titre supérieur de saccharification. — Cass. 16 février 1876.

ou le sucratier qui exploite plusieurs usines doit une licence pour chacune d'elles. Mais une seconde licence n'est pas nécessaire pour les établissements qui se livrent à la double opération de la fabrication et du raffinage des sucres. Il n'est pas exigé non plus de licence pour les râperies annexes dépendant d'une usine centrale ; l'établissement de ces râperies fait simplement l'objet d'une déclaration qui est inscrite au n° 16 (*service général*).

Le droit de licence est de 125 francs par an, décimes compris. Il doit être acquitté intégralement en une seule fois, à quelque époque de l'année que la licence soit délivrée. Au 1ᵉʳ janvier de l'année suivante, la licence doit être renouvelée si, à cette époque, l'usine est en activité, ou même si, les travaux ayant cessé, elle reste assujettie à l'exercice (voir § 5). (*Loi du 31 mai 1846, art. 4 ; décret du 1ᵉʳ septembre 1852, art. 24 et 30 ; lois du 1ᵉʳ septembre 1871, art. 6, et du 30 décembre 1873, art. 2.*)

13. — La licence est inscrite au registre n° 16 (*service général*).

En cas de refus de paiement, le recouvrement de la licence est poursuivi par voie de contrainte.

Déclarations et vérifications.

14. — Il est exigé des fabricants et des sucratiers deux sortes de déclarations :

La déclaration générale de mise en activité des fabriques et des sucrateries (voir ci-après, §§ 15 à 17).

La déclaration des opérations qui donnent lieu à des inscriptions en charge ou en décharge aux comptes officiels (voir § 19).

Doivent aussi être déclarés :

Les changements dans le nombre et la contenance des vaisseaux (voir § 18) ;

La suspension ou la cessation des travaux (Voir § 20).

15. — Nul ne peut fabriquer du sucre, préparer ou concentrer des jus ou sirops cristallisables, ou extraire le sucre des mélasses, qu'à charge d'en faire la déclaration un mois avant le commencement de la fabrication (*Loi du 31 mai 1846, art. 3, et décret du 1ᵉʳ septembre 1852, art. 4, 28 et 30*).

16. — La déclaration de profession présente la description de la fabrique ou de la sucraterie ;

Elle indique le nombre et la capacité des diffuseurs, des réservoirs à jus, des chaudières à déféquer, des appareils d'évaporation et de cuite, des rafraîchissoirs, des turbines, formes, cristallisoirs, bacs, citernes, et de tous autres vaisseaux destinés à contenir des jus, sucres, sirops, mélasses et autres matières saccharines ;

Elle est reçue soit par le buraliste le plus voisin, soit par les employés chargés de l'exercice, si déjà ils sont installés ;

Elle est valable tant que l'usine est en activité ;

A quelque date qu'elle remonte, il n'y a lieu de la renouveler que dans le cas où il y a eu interruption complète et prolongée des travaux (*Loi du 31 mai* 1846, *art.* 3 ; *décret du* 1er *septembre* 1852, *art.* 4, 28, 30).

Sont compris dans la description des fabriques : 1° les râperies annexes, les ateliers, purgeries, caves, magasins et généralement tous les locaux affectés soit aux travaux, soit au dépôt des produits de la fabrication ; 2° les maisons d'habitation qui sont attenantes aux usines. Mais, lorsque les maisons forment des corps de logis séparés et qu'elles ne servent en aucune façon aux travaux, il n'y a pas à les porter dans la description des fabriques ; elles sont soumises seulement aux visites des employés (voir § 1).

La déclaration de profession est inscrite sur le registre n° 18 (*Service général*).

17. — Les contenances des vaisseaux déclarés sont vérifiées par le jaugeage métrique ; s'il y a contestation, elles le sont par l'empotement.

Les diffuseurs, les chaudières, les rafraîchissoirs, les bacs, les réservoirs ou citernes et tous autres vaisseaux de grande dimension reçoivent un numéro d'ordre et l'indication de leur contenance en litres. Ces numéros et le chiffre de la contenance sont peints à l'huile en caractères ayant au moins 5 centimètres de hauteur.

Les formes et cristallisoirs de même grandeur sont compris dans une seule série et sont marqués de la même lettre.

Les fabricants doivent faire apposer distinctement les marques indiquées ci-dessus. Ils sont tenus de fournir, sur la demande des employés, l'eau, les vases et les ustensiles nécessaires pour vérifier, au moyen de l'empotement, la contenance des vaisseaux (*Loi du* 31 *mai* 1846, *art.* 25 ; *décret du* 1er *septembre* 1852, *art.* 4 *et* 30).

La vérification des vaisseaux a lieu en présence des industriels ou de leurs délégués. L'opération est constatée par un procès-verbal qui est inscrit au registre n° 57 (*Service général*).

18. — Il est défendu de changer, de modifier, ou d'altérer la contenance des chaudières, citernes et autres vaisseaux jaugés ou épalés, ou d'en établir de nouveaux, sans en avoir fait la déclaration vingt-quatre heures d'avance aux employés exerçant la fabrique.

Le fabricant ne peut faire usage des nouveaux vaisseaux qu'après que leur contenance a été vérifiée par le service (Voir § 17, et *décret du 1er septembre* 1852, *art.* 5 *et* 30).

La déclaration de changement de vaisseaux est inscrite sur le registre n° 18 (*Service général*) et le procès-verbal d'épalement sur le registre n° 57 (*Service général*).

19. — Les employés tiennent le compte des principales opérations des fabriques (voir ci-après §§ 35 et suivants). Déclaration doit leur être faite de ces opérations.

Le fabricant inscrit lui-même immédiatement : 1° les opérations de défécation ; 2° les résultats de la cuite et de la mise aux bacs des sirops et masses cuites ; 3° et les opérations de turbinage.

A cet effet, il est fourni gratuitement, au fabricant, trois registres (n°s 2, 4 *et* 4 A — *Sucres*) cotés et paraphés par le chef que l'Administration désigne. Ces registres sont à toute réquisition, et à l'instant même de la demande, représentés aux employés (*Loi du 31 mai 1846, art.* 5 ; *décrets du 1er septembre* 1852, *art.* 7, 8, 10 *et* 14 ; *du* 31 *juillet* 1884 *art.* 11 ; *et du* 25 *août* 1887, *art.* 13).

Les autres opérations des fabriques de sucre et des établissements exercés sont déclarées aux employés la veille pour les opérations du lendemain, ou le jour même deux heures d'avance.

Ces déclarations sont inscrites aux registres tenus par les employés. Ce sont, suivant la nature des opérations, le registre des déclarations diverses (n° 5, *Sucres*), le registre d'acquits-à-caution (n°s 9 *ou* 9 A, *Sucres*), et le registre de décharge (n° 12, *Sucres*).

Les registres n°s 5, 9 et 9 A doivent être signés par les déclarants. Pour le registre n° 12, la signature des déclarants n'est pas exigée (*Loi du 31 mai 1846, art.* 5 *et* 7 ; *décret du 1er septembre* 1852, *art.* 7, 30 *et* 35).

20. — Lorsque les fabricants veulent cesser leurs travaux, ils doivent en faire la déclaration aux agents chargés de la surveillance de la fabrique (*Décret du 1er septembre* 1852, *art.* 24 *et* 30). Cette déclaration est inscrite sur le registre n° 1 (*Sucres*).

Les accidents qui obligent à suspendre momentanément les travaux doivent aussi être déclarés; mais il n'est pas nécessaire d'inscrire la déclaration au registre n° 1 et d'en délivrer une ampliation soumise au timbre. Il suffit que le fait soit mentionné au registre n° 5 (*Sucres*).

21. — Le concours de deux employés est obligatoire pour la vérification et pour le prélèvement des échantillons des produits de toute nature qui sortent des fabriques ou des sucrateries.

Toutes les autres opérations peuvent être constatées par un seul agent. Il n'y a obligation d'appeler un second employé à concourir aux vérifications que dans le cas où des contestations se produisent (*Décret du 1er septembre* 1852, *art.* 35).

Néanmoins, indépendamment des opérations de sortie, il convient de faire suivre par deux employés :

La vérification des vaisseaux compris dans la déclaration de profession, ou pour lesquels il est remis des déclarations de changement quant au nombre ou à la contenance (voir ci-dessus, §§ 16 et 18);

Les inventaires généraux, dans les fabriques de sucre et dans les sucrateries (voir §§ 67 et suivants);

La constatation des pertes matérielles de sucres, jus, sirops et mélasses (voir §§ 64 à 66);

L'évaluation, lorsqu'il y a lieu, en sucre raffiné, des sirops, mélasses et sucres imparfaits (voir § 27).

22. — Au fur et à mesure que les vérifications ont lieu, tous les détails en sont inscrits sur un carnet portatif n° 6 (*Sucres*).

Il est remis à chaque agent un carnet portatif distinct, sur lequel il constate les opérations auxquelles il prend part. On peut aussi, lorsque les chefs locaux le jugent convenable, affecter à chaque nature d'opérations un carnet portatif spécial. Dans l'un ou dans l'autre cas, chaque carnet est désigné par une des lettres de l'alphabet.

Il est recommandé aux agents supérieurs de veiller à ce que la reconnaissance du poids des produits soit effectuée avec soin et exactitude. Tout boni de poids est interdit. Néanmoins, on peut négliger les fractions de kilogramme qui ne dépassent pas 20 décagrammes.

23. — Pour la pesée des sucres, lors des exercices, recensements et inventaires, ainsi que pour la vérification des chargements au départ ou à l'arrivée, les fabricants et sucratiers sont obligés de fournir les ouvriers et les poids, balances et autres ustensiles nécessaires (*Loi du 31 mai 1846, art. 25 ; décret du 1er septembre 1852, art. 29 et 30*).

24. — Les sucres bruts sont imposés, d'après leur rendement présumé au raffinage, sous la déduction, à titre de déchet, de 1 1/2 p. 0/0 de ce rendement, lequel est déterminé, par des analyses opérées dans les laboratoires du ministère des finances, sur des échantillons prélevés dans les fabriques (voir §§ 302 et suivants).

Quel que soit leur rendement présumé, les sucres bruts indigènes ne peuvent être frappés des droits pour un rendement inférieur à 65 p. 0/0 (1), le déchet de 1 1/2 p. 0/0 non compris (*Lois du 19 juillet 1880, art. 18, et du 5 août 1890, art. 5*).

Le rendement présumé au raffinage est établi, sans fraction de degré, au moyen de l'analyse polarimétrique et de la déduction des cendres et de la glucose. Les coefficients des réfactions à opérer sur le titre saccharimétrique sont fixés à 4 pour les cendres et à 2 pour le glucose (*Loi du 19 juillet 1880, art. 18*).

Pour éviter d'accroître les différences qui peuvent provenir des fractions forcées ou négligées, dans le calcul de la déduction de 1 1/2 p. 0/0, on commence par multiplier la quantité effective par le rendement net (fractions déduites), puis on opère la déduction de 1 1/2 sur ce produit, en négligeant également les fractions (*Circ. n° 297 du 25 août 1880 et lettre commune n° 6 du 19 février 1881*).

(Pour le prélèvement des échantillons et l'analyse, voir §§ 304 et suivants.)

25. — Les sucres en pains ou agglomérés de toute forme sont considérés comme raffinés pour l'application des droits (voir § 134).

Lorsque les sucres libérés d'impôt sont présentés à l'exportation ou entreposés, à la décharge des comptes d'admission temporaire (voir § 175), la remise du droit est effectuée d'après la quantité réelle qui a antérieurement supporté l'impôt.

En ce qui concerne les sucres raffinés en pains ou agglomérés, *parfaitement épurés, durs et secs*, il y a présomption légale qu'ils ne contiennent pas d'autres matières que du sucre ayant satisfait aux

---

(1) Ce minimum est élevé à 80 p. 100 pour les sucres d'origine européenne ou importés des entrepôts d'Europe (art. 9 de la loi du 29 juillet 1884).

charges fiscales. Ces produits sont, en conséquence, comptés *pour leur poids effectif* (*Loi du 19 juillet 1880, art. 19*).

Il en est de même pour :

1° Les sucres provenant du pilage ou du cassage de raffinés en pains ou agglomérés, parfaitement épurés, durs et secs, lorsque les opérations de pilage ou de cassage ont été effectuées en présence du service, dans les établissements exercés et dans les entrepôts réels (*circ. n° 237, du 22 octobre 1897*) ;

2° Les sucres sciés ou cassés en morceaux réguliers, dans les établissements non exercés, lorsque leur état de siccité et de pureté permet de constater qu'ils proviennent de sucres en pains ou agglomérés remplissant les conditions prescrites ;

3° Les autres sucres raffinés, imposés pour leur poids effectif, à la sortie des raffineries (*Loi du 9 juillet 1904, art. 2*) ;

4° Le sucre contenu dans diverses préparations sucrées ; ce sucre est considéré comme raffiné (*Décret du 18 septembre 1880, art. 2*).

Présentés à l'exportation ou entreposés à la décharge des comptes d'admission temporaire, les sucres candis sont comptés à raison de 107 kilogrammes de raffiné par 100 kilogrammes, poids effectif ; ils doivent être en cristaux secs et transparents (1).

Les sucres raffinés qui ne sont pas parfaitement épurés, durs et secs, les poudres provenant du pilage ou du sciage des pains dans les établissements libres, ne sont admis à la décharge des obligations d'admission temporaire que pour la quantité de sucre raffiné qu'ils représentent d'après l'analyse polarimétrique, mais sans déduction du glucose et sans réfaction de 1 1/2 p. 0/0 à titre de déchet de raffinage.

Les vergeoises ne sont également admises que pour la quantité de sucre raffiné qu'elles représentent et sans réfaction pour le glucose tant à l'importation qu'à la décharge des comptes d'admission temporaire (*Loi du 19 juillet 1880, art. 17 et 19*).

26. — Les contestations relatives à la détermination de la richesse saccharine des sucres et des matières sucrées de toute nature provenant des établissements exercés, sont déférées aux commissaires-experts

---

(1) Il est notoire que la fabrication du sucre candi exige une quantité de sucre brut sensiblement supérieure à celle qui suffit pour les raffinés ordinaires

En France, on admet que 100 kil. de candi correspondent à 107 kil. de sucre exprimé en raffiné.

institués par l'article 19 de la loi du 27 juillet 1822, modifiée par la loi du 7 mai 1881 (*Décret-loi du 27 mars 1852, art. 4*).

Toutefois, les titrages constatés par les laboratoires du ministère des finances sont maintenus, lorsque les différences en plus ou en moins reconnues par les commissaires-experts n'atteignent pas un degré (*Loi du 19 juillet 1880, art. 18*).

Cette différence doit s'entendre de celle qui existe entre les *titrages réels, fractions comprises*, car si l'on opérait sur les titrages qui servent de base à la perception (§ 24), c'est-à-dire abstraction faite des fractions de degré, les résultats de la Régie pourraient être infirmés, alors même que la différence entre les deux titrages serait bien inférieure à un degré.

27. — L'évaluation en sucre raffiné, soit des sucres achevés, soit des sucres imparfaits et sirops, est faite, lors des inventaires, par les employés (*Décret du 1er septembre 1852, art. 20*).

Les mélasses épuisées, autres que celles qui proviendraient exceptionnellement d'autres fabriques et qui auraient été prises en charge à raison de 30 0/0, sont comptées, lors des inventaires, pour 5 0/0 de leur poids comme sucre raffiné (*Décret du 1er septembre 1852, art. 23 ; décret du 25 août 1887, art. 14, et circulaire no 10 du 1er juillet 1891* ; voir aussi § 69).

En cas de contestation de la part des industriels, relativement aux évaluations du service, les commissaires-experts sont appelés à statuer (*Décret du 1er septembre 1852, art. 20*).

28. —Lorsqu'il y a lieu à décision de la part des commissaires-experts, des échantillons sont prélevés contradictoirement et en double, s'il s'agit d'une contestation relative à une évaluation de la richesse lors des inventaires. (*Dans le cas où la contestation porte sur des produits analysés par les laboratoires du ministère des finances, voir §§ 320 et suivants*). L'Administration est autorisée à laisser les frais de transport des échantillons à la charge des fabricants dont les prétentions ont été reconnues mal fondées (*Décret du 1er septembre 1852, art. 20*).

Bureau des employés.

29. — Dans les fabriques et dans les sucrateries, les fabricants doivent mettre à la disposition des employés, moyennant une redevance payée par l'Administration, une pièce convenable mesurant au moins douze mètres carrés.

Cette pièce doit être garnie d'un poêle ou d'une cheminée, d'une table avec tiroirs fermant à clef, d'un casier, d'une armoire fermant à clef, de quatre chaises et d'un lit de camp avec matelas et couverture.

Le prix du loyer, qui comprend l'entretien, le chauffage et l'éclairage, est fixé de gré à gré, et, à défaut de fixation amiable, réglé par le préfet (*Décret du 25 août 1887, art. 16*).

Les allocations nécessaires pour faire face à cette dépense sont arrêtées par le conseil d'administration. Ces frais doivent être compris à l'état annuel série P, n° 39 (*Circ. 369 du 13 octobre 1899*).

CHAPITRE II.

Opérations sur lesquelles porte l'exercice.

30. — Les principales opérations des fabriques sont :
Le pesage des betteraves (1) ;
L'extraction des jus ;
La défécation et la carbonatation ;
La filtration ;
L'évaporation ;
La cuite ;
La mise aux bacs des sirops et masses cuites ;
Le turbinage ;
Le *repassage* (fabrication à nouveau des bas produits provenant du turbinage) ;
Les transvasions de colis ;
Les refontes ;
La mise en magasin ;
La mise à l'étuve et la sortie de l'étuve dans les fabriques où l'on raffine ;
L'épuisement des mélasses par l'osmose ou tout autre procédé ;
Enfin *l'expédition des produits*.
Les opérations sur lesquelles l'exercice doit porter sont : la défécation, la mise au rafraîchissoir, le turbinage, les refontes, la mise en magasin, la mise à l'étuve, et l'expédition des produits.

31. — On désigne sous le nom de *fabriques simples* les établissements dans lesquels le sucre n'est produit qu'à l'état brut, et, sous le nom de *fabriques-raffineries*, les établissements qui raffinent, soit exclusivement les produits de leur fabrication, soit ces produits concurremment avec des produits d'autres usines.

32. — Il est tenu, dans les fabriques, un portatif général n° 7 A

---

(1) Au point de vue fiscal, le service n'a plus à se préoccuper du pesage des betteraves, il n'a exceptionnellement à intervenir que s'il en est requis soit par le fabricant, soit par le cultivateur, au moment de la livraison des betteraves à l'usine (*Voir section XII du présent chapitre*).

(fabriques simples) ou 7 *B* (fabriques-raffineries) (*Service des sucres*), comprenant deux comptes dans lesquels sont résumées, par journée, toutes les opérations assujetties à l'exercice. Ce sont :

Le compte général de fabrication ;

Et les comptes auxiliaires des sucres achevés, qui se subdivisent en trois parties, savoir : 1° le compte de magasin pour les sucres en poudre ; 2° le compte de mise à l'étuve des sucres raffinés ; 3° et le compte de magasin des sucres raffinés.

Le compte général de fabrication est le compte essentiel des fabriques ; il établit la situation des fabricants dans leurs rapports avec l'impôt. Toute quantité provenant de la fabrication ou introduite dans les fabriques est portée en charge à ce compte, lequel est déchargé par les sorties de toute nature et à toute destination.

Le compte auxiliaire n'est destiné qu'à constater, par nature, la situation des produits achevés. Dans les fabriques simples, il n'est tenu qu'un compte auxiliaire, celui des sucres en poudre.

33. — Pour la tenue du compte général de fabrication, les produits de toute nature sont exprimés en raffiné (*Loi du 19 juillet* 1880, *art.* 21).

Les produits portés aux comptes auxiliaires sont présentés pour leur poids effectif, sans qu'il y ait lieu de le ramener en sucre raffiné. Toutefois, lors des sorties, la quantité de raffiné que représentent les sucres bruts est indiquée, pour mémoire, aux comptes auxiliaires.

34. — Dans le présent chapitre sont indiquées toutes les dispositions qui concernent les *fabriques simples* et les sucrateries, où l'on se borne à extraire du sucre brut. Ces dispositions sont également applicables dans les *fabriques-raffineries*, pour la préparation du sucre brut ; quant aux dispositions relatives aux opérations spéciales de raffinage en fabrique, elles font l'objet du chapitre VII.

I. — PRISE EN CHARGE.

35. — La prise en charge est basée sur le volume et la densité des jus de betteraves soumis à la défécation ; elle est fixée à 1.500 grammes de sucre, exprimé en raffiné, par hectolitre de jus et par degré de densité au-dessus de 100, densité de l'eau (*Loi du 31 mai* 1846, *art.* 7 ; *loi du 28 janvier* 1903, *art.* 3).

1° FABRIQUES SANS RAPERIES ANNEXES.

36. — Le contrôle du service commence à s'exercer à partir du moment où les jus sont extraits des appareils de diffusion pour entrer dans la fabrication. Le contrôle a pour premier objet d'établir les bases nécessaires à la détermination de la prise en charge légale. Cette détermination exige une double opération : la reconnaissance du volume et de la densité des jus.

Détermination du volume des jus (1).

37. — Les opérations de défécation sont constatées dans la forme prescrite par l'article 8 du décret du 1er septembre 1852, c'est-à-dire que le fabricant doit inscrire sur un registre (n° *2 Sucres*) que lui remet gratuitement l'Administration et qui doit être coté et paraphé par le contrôleur spécial ou, à son défaut, par le chef de service attaché à l'établissement :

A l'instant même où le jus commence à couler dans la chaudière de défécation : 1° le numéro de cette chaudière ; 2° la date et l'heure du commencement de l'opération ;

A la fin de la défécation, l'heure à laquelle elle aura été terminée.

Le registre n° 2 est servi sans interruption ni lacune ; il doit être placé dans la partie de l'atelier où se trouvent les chaudières de défécation (*décret du* 1er *septembre* 1852, *art.* 8). Il doit être représenté à toute réquisition.

38. — Le volume du jus est évalué d'après la contenance des chaudières, déduction faite de 10 p. 100 (*loi du* 31 *mai* 1846, *art.* 7). Cette déduction forfaitaire de 10 p. 100 représente l'espace de la chaudière réservé, tant pour le jeu de l'émulsion que pour l'addition du lait de chaux.

Il n'est pas établi de permanence à l'atelier d'épuration des jus. Le service se borne à s'assurer, par intermittence, que les inscriptions au registre n° 2 sont exactes et que toutes les opérations de défécation sont régulièrement portées à ce registre, au moment même où chaque chaudière entre en chargement (*circ. n°* 532, *du* 20 *juillet* 1903).

S'il est ajouté au jus des sucres imparfaits, des sirops ou des mélasses, le service en vérifie le volume ; le résultat de cette constatation, ainsi

---

(1) Les bases admises pour la détermination du volume des jus diffèrent suivant le mode de travail adopté dans les usines, en ce qui concerne la défécation.

que la densité du jus reconnue (*voir ci-après* § 43 *et suivants*), sont mentionnés, après chaque opération, dans un acte établi au registre n° 2, en regard de la déclaration de chargement faite par l'industriel ; cet acte est signé par l'employé qui a fait la constatation. Il est bien entendu que le volume légal (9/10es de la chaudière) doit être atténué de celui correspondant à la quantité de sucres imparfaits, sirops ou mélasses ajoutés au jus et que la densité de ces jus doit être reconnue avant toute addition.

39. — Chaque jour, à minuit, le registre n° 2 est arrêté (1) par l'employé de surveillance et les quantités de jus soumises à la défécation (volume total des chaudières diminué de 10 p. 100) sont reportées au compte général de fabrication (*voir ci-après et* 31), après déduction, s'il y a lieu, du volume des sucres imparfaits, sirops et mélasses qui auront été ajoutés au jus.

40. — Les dispositions qui précèdent constituent le régime normal ; elles sont applicables aux usines qui utilisent les procédés ordinaires de défécation. L'article 9 du décret du 1er septembre 1852 a prévu que, dans certains établissements, où la déduction du dixième (10 p. 100) de la capacité brute des chaudières serait insuffisante, par suite de l'émulsion qui se manifeste dans le liquide, les bases normales de la prise en charge, en ce qui concerne le volume des jus, pourront être modifiées en vertu de décisions administratives. Ces décisions ne sont valables que pour la durée d'une campagne ; elles doivent être renouvelées au commencement de chaque campagne ; elles sont révocables en cas de fraude dûment constatée. L'Administration a délégué aux directeurs le pouvoir de prendre les décisions de l'espèce ; mais elle a fixé les conditions principales auxquelles sont subordonnées les autorisations.

---

(1) L'arrêté journalier est dressé, au registre n° 2, dans la forme suivante :

	NOMBRE DE CASES		
	Employées.	Annulées.	Total.
Journée du	40	3	43
Antérieurs	310	28	338
Campagne	350	31	381

Arrêté à quarante le nombre de défécations faites dans la journée du

Signature de l'Employé.

Ces conditions sont les suivantes:

1° La prise en charge doit être calculée d'après le volume des jus réellement introduits dans les chaudières à déféquer ou dans les vaisseaux qui en tiennent lieu.

2° La contenance imposable des chaudières ou vaisseaux doit être déterminée par un robinet de jauge délimitant la partie des récipients réservée, tant pour le jeu de l'émulsion que pour contenir les écumes et parfois le lait de chaux ajouté ; le robinet de jauge doit séparer nettement cette partie de celle appelée à recevoir, soit les jus non chaulés si le dosage du lait de chaux se fait dans les chaudières, soit le jus préalablement chaulé si le lait de chaux est incorporé aux jus avant l'introduction du liquide dans les appareils à déféquer.

3° Dans ce dernier cas (addition préalable du lait de chaux au jus), les quantités de lait de chaux incorporées au jus doivent être déclarées par l'industriel et reconnues, par épreuve, par les employés pour être déduites du volume que représente la capacité imposable des chaudières.

41. — Dans les usines placées sous le régime des décisions administratives prévu par l'article 9 du décret du 1er septembre 1852, les employés se conforment, pour la détermination du volume des jus, aux instructions données par les chefs départementaux. La quantité de jus déterminée d'après ces prescriptions est portée au compte général de fabrication (*voir ci-après* § 51), après l'arrêté du registre n° 2 qui a lieu, chaque jour, à minuit.

42. — D'autre part, il existe des usines qui utilisent le procédé dit de la carbonatation continue. Dans ces usines, on n'emploie à la défécation qu'une seule chaudière qui se charge et se décharge sans discontinuité. La reconnaissance du volume des jus ne peut, dès lors, avoir lieu directement dans l'appareil à carbonater ; elle s'effectue dans des bacs jaugeurs spécialement disposés pour recevoir les jus à leur sortie des diffuseurs. Ces récipients sont considérés comme représentant les chaudières à déféquer ; leur chargement est déclaré par le fabricant au registre n° 2. La capacité imposable des bacs jaugeurs est délimitée par un robinet de jauge ; le volume correspondant à cette capacité imposable est porté au compte général de fabrication (*voir ci-après* § 51), après l'arrêté journalier du registre n° 2.

Détermination de la densité des jus.

43. — La densité des jus constitue le deuxième élément nécessaire pour établir la prise en charge.

La permanence n'existant pas à l'atelier d'épuration, on ne peut reconnaître la densité de tous les jus soumis à la défécation. Le service procède, chaque jour, par épreuve, à un certain nombre de reconnaissances de densité qui servent à établir une densité moyenne. Ces opérations doivent être aussi fréquentes que le permettent les nécessités de la surveillance ; les vérificateurs ont à les diriger le plus souvent possible, au cours de leur intervention dans les usines.

44. — La densité des jus doit être reconnue à la température de 15° centigrades ; les fractions au-dessous d'un dixième de degré sont négligées à la lecture des indications du densimètre (*Loi du 31 mai 1846, art. 7*).

Les reconnaissances de densité doivent être opérées au moyen de densimètres contrôlés et poinçonnés par l'État (*Loi du 6 juin 1899; circ. n° 566 du 14 août 1899 ; décret du 15 janvier 1904; circ. n° 554, du 11 février 1904*)

La graduation des densimètres mis à la disposition du service est réglée de telle sorte que le zéro corresponde à la densité de l'eau à la température de 15 degrés centigrades. Chacun des degrés inscrits sur la tige de l'instrument indique une augmentation de densité correspondant à un décagramme par litre et, par conséquent, chaque dixième de degré indique une augmentation de densité correspondant à un gramme par litre. Quand le densimètre, plongé dans le liquide, accuse 4° 7, cela veut dire qu'un litre de ce liquide pèse 1047 grammes.

45. — Le service prélève un échantillon sur le jus introduit dans les chaudières à déféquer ou dans les appareils qui en tiennent lieu. Le jus à essayer est versé dans une éprouvette qui est plongée dans un seau d'eau froide que l'on fait vider et remplir aussi souvent qu'il est nécessaire, de manière à amener le refroidissement du jus.

Le jus à peser doit remplir l'éprouvette affectée à l'expérience jusqu'à quelques centimètres de son bord. On fait disparaître les mousses produites par les bulles d'air qui se dégagent et qui contrarieraient le libre jeu du densimètre. On laisse reposer le jus un instant, et lorsqu'il est déjà suffisamment refroidi, on place le thermomètre dans la rainure de l'éprouvette, en l'assujettissant sur le bord au moyen d'un crochet dont il est pourvu. Lorsque le thermomètre indique que la température du liquide est exactement descendue à 15°, le densimètre est, à son tour, plongé dans le liquide. On le prend entre le pouce et l'index, on l'y laisse glisser légèrement jusqu'à ce que la tige soit descendue à peu près au point où elle doit affleurer, et on ne l'abandonne qu'au moment où il flotte. Il importe de ne mouiller que la partie de la tige qui doit être immergée ; autrement le liquide dont la tige serait chargée constituerait un surcroît de poids qui ferait descendre l'instrument et en fausserait les indications. Une condition essentielle à observer consiste à laisser flotter librement le densimètre dans l'éprouvette sans aucune adhérence aux parois. A cet effet, on fera toujours usage d'éprouvettes en verre, à l'exclusion des récipients à parois opaques où les frottements pourraient passer inaperçus.

On attend que le densimètre soit au repos pour relever le trait exact de flottaison. On peut, d'ailleurs, s'assurer que le point d'arrêt reste toujours le même, en imprimant à la tige un léger mouvement dans le sens vertical.

46. — Pour lire la division de la tige où le liquide affleure, il faut avoir soin de placer l'œil de façon que le rayon visuel suive parallèlement la surface du liquide jusqu'à ce qu'il rencontre l'échelle densimétrique au point où elle paraît comme coupée en deux par cette surface. Il ne faut pas tenir compte, bien entendu, dans l'appréciation du point d'affleurement, de la petite élévation du liquide ou renflement qui remonte en entourant la tige et qui est connue en physique sous le nom de ménisque. Ce phénomène, qui tient à une action capillaire, se produit toutes les fois que le liquide mouille le corps avec lequel il est en contact.

Non seulement le ménisque peut occasionner des erreurs dans la lecture du point d'affleurement ; mais il représente, ainsi qu'on vient de l'expliquer, un certain poids qui, s'ajoutant à celui de l'instrument, tend à faire enfoncer ce dernier. Cela n'aurait pas d'inconvénients si ce poids pouvait être constant, les densimètres étant gradués en conséquence. Mais il varie avec la hauteur du ménisque, et cette hauteur elle-même dépend de la perfection avec laquelle le liquide mouille le verre. Il est donc essentiel que la tige du densimètre soit bien nette de toute matière grasse ou d'autres impuretés qui entraveraient le libre jeu de l'instrument. Celui-ci doit être entretenu dans un parfait état de propreté et, avant de s'en servir, il est bon de l'essuyer légèrement avec un linge fin.

A la lecture, les fractions de dixième de degré accusées par le densimètre doivent être négligées. Il est à remarquer que la graduation du densimètre est descendante ; on doit, par suite, relever la graduation qui se trouve immédiatement au-dessus de la surface du liquide.

47. — La reconnaissance de la densité des jus est effectuée avant qu'ils aient reçu une addition de lait de chaux, sauf en ce qui concerne les jus provenant des râperies annexes (*Voir ci-après* § 50) et préalablement à tout mélange d'autres matières. La densité reconnue est, après chaque opération, mentionnée, en même temps que le volume, dans un acte établi au portatif n° 2, en regard de la déclaration de chargement à laquelle s'applique cette reconnaissance.

Chaque jour, à minuit, au moment de l'arrêté du registre n° 2, on établit la densité moyenne des jus déféqués dans la journée. Pour établir cette moyenne, on totalise les densités reconnues dans le cours de la journée (de minuit à minuit), et on divise ce total par le nombre des essais auxquels il a été procédé pendant cette période. Dans le calcul, on néglige les fractions de centième de degré.

2° — Râperies annexées a des usines centrales.

48. — Un certain nombre d'usines tirent les jus de betteraves qu'elles mettent en œuvre, et qui y sont amenés à l'aide de canalisations souterraines, de râperies annexes situées à une certaine distance de l'établissement principal.

49. — Sur un registre n° 2 mis à sa disposition, l'industriel déclare le chargement et le déchargement des vaisseaux où les jus sont introduits pour être chaulés.

Les râperies annexes sont soumises à de simples visites intermittentes. Les employés attachés à l'usine centrale et les vérificateurs font, dans les râperies, quelques apparitions, en vue de s'assurer que les déclarations sont enregistrées régulièrement au registre n° 2 et de rechercher si tous les jus obtenus dans les annexes sont réellement dirigés sur la sucrerie.

Au moment de son intervention, le service procède à des reconnaissances de densité des jus avant chaulage et mentionne le résultat de son opération au registre n° 2.

50. — Les constatations effectuées dans les râperies ne servent que d'élément de contrôle. Les constatations définitives qui entrent dans la détermination de la prise en charge sont effectuées à l'usine centrale. Par suite, les défécations relatives aux jus provenant des râperies annexes font l'objet de déclarations au registre n° 2, comme celles afférentes aux jus produits dans l'établissement principal. Le volume des jus provenant des râperies annexes est déterminé dans les conditions adoptées pour les jus obtenus à l'usine centrale.

La densité des jus amenés des râperies annexes est reconnue au moment de leur introduction dans les chaudières de première carbonatation. Ces jus ont reçu une addition de lait de chaux avant leur envoi à l'usine centrale. Pour tenir compte de cette addition, il y a lieu de faire subir aux indications du densimètre une correction dont le taux est réglé de gré à gré entre le service et le fabricant, après expériences contradictoires. Ces expériences sont faites de la manière suivante : on introduit dans un récipient fourni par l'industriel 100 litres de jus non chaulé qu'on essaie à la température de 15° centigrades ; on verse ensuite dans ce jus la quantité de lait de chaux normalement employée, par hectolitre de jus, à la défécation ; après avoir opéré un mélange intime, on essaie le liquide au densimètre, toujours à la température de 15° centigrades. La différence entre les deux notations accusées par l'instrument indique le taux de la correction à appliquer. Les expériences peuvent être renouvelées à la demande, soit des employés, soit des industriels ; elles doivent, autant que possible, être dirigées par un employé supérieur. Elles font l'objet d'un acte au compte de fabrication. Cet acte est signé par les employés qui ont procédé aux expériences et par le fabricant.

La densité reconnue sur les jus chaulés est, après déduction du taux de correction ainsi déterminé, inscrite au registre n° 2, à la suite de chaque opération de reconnaissance.

Prise en charge au compte de fabrication.

51. — A la fin de chaque journée, le service relève, sur une feuille n° 3, le détail des déclarations et des vérifications enregistrées de minuit à minuit au registre n° 2, que ces déclarations et constatations portent sur des jus amenés des râperies annexes ou sur des jus obtenus dans l'usine centrale. La récapitulation de cette feuille permet de déterminer, d'une part, le volume, et, d'autre part, la densité moyenne des jus soumis à la défécation ; elle fournit ainsi les deux éléments nécessaires pour effectuer quotidiennement la prise en charge au compte de fabrication. Les feuilles journalières n° 3 sont classées avec soin et conservées à l'usine. Les vérificateurs se les font représenter et les rapprochent des déclarations et des actes inscrits au registre n° 2, ainsi que des prises en charge effectuées, à la fin de chaque journée, au compte de fabrication.

52. — Les quantités de sucre exprimé en raffiné correspondant aux jus soumis à la défécation sont prises en charge chaque jour au compte général de fabrication du portatif n° 7 A ou 7 B. Cette quantité de sucre est calculée en multipliant par 1,500 grammes le nombre de degrés hectolitres (produit du volume des jus par la densité moyenne) que représentent les jus dont le volume et la densité moyenne ont été relevés à la feuille n° 3. On compte pour un kilogramme de sucre raffiné les fractions de cinq dixièmes et au-dessus que fait apparaître cette opération ; les fractions inférieures à cinq dixièmes sont négligées.

53. — La prise en charge ainsi effectuée est définitive. Toutefois les manquants constatés sur le minimum légal peuvent être affranchis des droits, par une décision du ministre des finances (*Décret du 7 janvier 1860, art.* 1er) (1).

Un dégrèvement peut également être accordé en cas de perte matérielle dûment constatée (*voir ci-après*, § 63).

Quant aux excédents sur le minimum de prise en charge, ils ne sont constatés et pris en compte que lors des inventaires (*voir ci-après*, § 67 *et suiv*), à moins que les sorties effectuées ne viennent à dépasser la prise en charge correspondant aux jus mis en œuvre. Dans ce cas, il y a lieu de procéder à une prise en charge complémentaire, de manière à mettre les charges du compte de fabrication en concordance avec les sorties.

II — MISE AUX BACS DES SIROPS ET MASSES CUITES.

54. — Les fabricants sont tenus de déclarer les résultats de la cuite et de la mise au bac des sirops et masses cuites (*art.* 10 *et* 11 *du décret du* 1er *septembre* 1852).

---

(1) Ce pouvoir du ministre échappe à tout recours contentieux de l'ordre administratif ; le fabricant lésé par le refus de décharge ne peut porter sa réclamation devant les tribunaux de l'ordre judiciaire. (Conseil d'Etat, 11 mai 1854.)

En principe, les déficits constatés par rapport à la prise en charge ne donnent lieu à aucune remise d'impôt. Ces déficits sont soumis au droit. (Cass. 29 juin 1891.)

A cet effet, ils inscrivent sur un registre (n° 4, *Sucres*), qui leur est fourni par l'administration :

1° L'heure à laquelle les sirops commencent à couler dans les bacs et la nature de ces sirops ;

2° Les numéros des bacs emplis, le volume des sirops qui y sont versés, l'heure à laquelle l'opération est terminée (*Décret du 25 août 1887, art. 13*).

55. — L'exactitude des inscriptions portées par le fabricant au registre n° 4 doit être contrôlée fréquemment.

Le service recense au moins une fois par jour les masses cuites en empli.

L'employé qui procède à cette opération en constate le résultat comme suit, dans la colonne d'observations du registre n° 4 : *Vu à..... heure..... le bac n° plein*, ou, *avec un vide de.....* (*Décret du 1er septembre 1852, art. 11.*).

A chacune de leurs visites dans l'usine, les vérificateurs établissent la situation des bacs en empli.

Le 15 de chaque mois, les opérations effectuées pendant le mois (du 15 au 15), ainsi que celles relatives au turbinage, sont consignées sur un état n° 42 C qui est envoyé à l'inspecteur. Les renseignements portés aux états des diverses fabriques sont récapitulés par inspection et par département et transmis à l'Administration.

III. — TURBINAGE ; PRISE EN CHARGE DU SUCRE BRUT AU COMPTE AUXILIAIRE.

56. — Toute quantité de masses cuites et de sirops qui est soumise à l'épuration doit être déclarée.

Dans ce but, il est mis à la disposition des fabricants et sucratiers un registre (n° 4 A, *sucres*), sur lequel ils doivent inscrire, pour chaque opération de turbinage :

1° L'heure à laquelle commence l'opération ;

2° L'heure à laquelle cesse l'opération ;

3° La nature et le volume des masses cuites ou sirops passés par les turbines ;

4° Le poids des sucres extraits des appareils et portés au magasin.

Les indications de ce registre sont contrôlées par le service ; elles servent de base à la prise en charge au compte auxiliaire des sucres achevés (*Décret du 31 juillet* 1884, *art.* 11).

57. — Les opérations de turbinage sont suivies par le service à un carnet spécial n° 6 qui doit être tenu conformément au modèle donné par la lettre commune n° 88, du 25 juillet 1897. Lors de leurs vérifications, les inspecteurs et les contrôleurs ont à examiner avec soin les renseignements consignés sur ce carnet et ils doivent rechercher les causes des différences qui leur paraîtraient anormales.

La constatation du produit effectif de la fabrication doit être faite d'une manière rigoureuse.

La permanence, établie précédemment à l'atelier de pesage des betteraves, est reportée aux turbines ; elle doit y être absolue pendant tout le temps que ces appareils sont en activité ou que des sucres se trouvent en dépôt dans la salle d'épuration.

Sur un carnet n° 6, l'employé note, au fur et à mesure, par un trait, chaque sac de sucre successivement détaché des appareils ; il le fait peser sous ses yeux avant son introduction en magasin ; il reconnaît, par épreuve, la tare des sacs, de manière à déterminer le poids net du sucre contenu dans le sac ; ce poids net est mentionné au carnet n° 6.

Après le pesage, les sucres extraits des turbines doivent être immédiatement transportés dans les magasins de dépôt.

58. — Les prescriptions qui précèdent, relatives à la vérification des sucres extraits des turbines, s'appliquent aux usines dans lesquelles le sucre est ensaché à la sortie de la turbine et pesé sous les yeux du service, avant d'être transporté au magasin. Mais ces règles ne peuvent être suivies dans les établissements qui possèdent des transporteurs mécaniques, c'est-à-dire des appareils qui, recevant le sucre à la sortie des turbines, le montent et le déversent dans le magasin ou à proximité, au fur à mesure de son extraction.

Dans ces établissements, plusieurs modes peuvent, au gré des fabricants, être adoptés pour la reconnaissance des sucres et leur pesée avant l'introduction en magasin.

On peut interposer, par exemple, entre le transporteur horizontal qui dessert chaque turbine et l'élévateur qui monte le sucre au magasin, un récipient destiné à recevoir momentanément le sucre et une bascule. L'employé de permanence vérifie chaque pesée et en inscrit aussitôt le résultat au carnet n° 6.

Au cas où le pesage ne peut être opéré dans la salle des turbines et doit être retardé jusqu'à la sortie du transporteur, d'autres dispositifs peuvent être adoptés :

Si le sucre est ensaché automatiquement à sa sortie du transporteur, c'est à ce point de sortie que la permanence est établie et que s'effectue la pesée. Dans ce cas, le fabricant doit installer un regard et, d'autre part, ménager une communication aussi directe que possible entre le magasin et la salle d'épuration, de manière que l'employé de permanence puisse exercer une surveillance constante sur les turbines.

Si le sucre n'est pas ensaché à sa sortie du transporteur, le fabricant doit installer dans une partie spéciale du magasin une enclave, local hermétiquement clos dans lequel le sucre est déversé par le transporteur ; ce local constitue le dépôt des sucres non pesés ; il ne peut être ouvert, avec la coopération du service, que pour procéder à la pesée des sucres et à leur introduction dans le magasin proprement dit. Dans ce cas, la permanence est établie aux turbines lorsqu'elles sont en activité ; elle est également organisée à l'intérieur de l'enclave, lorsqu'on procède à l'ensachement, à la pesée et à la sortie des sucres y contenus.

Les conduites destinées à transporter les sucres à leur sortie des turbines doivent être hermétiquement closes, sur tout leur parcours, par des cloisons en planches ou par un treillage en fil de fer ; elles sont scellées par le service.

59. — C'est aux turbines et au magasin que doivent apparaître, en premier lieu, les vérificateurs, toutes les fois qu'ils interviennent dans l'usine (*circulaire* n° 532, *du* 20 *juillet* 1903) ; ils doivent s'assurer que les sacs de sucre en dépôt dans l'atelier d'épuration sont exactement inscrits au carnet n° 6.

60. — Il n'est pas exigé de déclaration pour la mise au bac des sirops d'égout provenant des turbines.

Mais, afin de faciliter les vérifications et de surveiller l'emploi de ces sirops, le service inscrit sur un carnet spécial (*n°* 17, *Sucres*) les numéros des bacs dans lesquels ces sirops sont mis en cristallisation et indique pour chacun des bacs la nature et la hauteur en centimètres des produits qu'il contient (*voir* § 111). Des étiquettes n°ˢ 28 et 29 reproduisant ces indications sont apposées sur ces bacs dont l'ensemble constitue l'empli.

IV. — REFONTES.

61. — Tout fabricant qui veut remettre en fabrication des sucres et des sirops (masses cuites) est tenu de déclarer :

La nature et la quantité totale des sucres ou sirops qu'il devra refondre dans la journée ;

Les vaisseaux dans lesquels ils sont contenus.

Cette déclaration doit être faite au moins deux heures d'avance (*voir* § 19) ; elle est inscrite au n° 5.

S'il s'agit de sirops, la déclaration indique le nombre et le numéro des vaisseaux qui doivent être vidés ; s'il s'agit de sucres achevés, le poids des sucres en poudre, ou le nombre des pains et le poids des sucres raffinés (*Décret du 1er septembre* 1852, *art.* 17).

62. — Les quantités déclarées pour la refonte sont vérifiées en totalité par l'agent chargé de la surveillance de l'opération. Cet agent assiste à la refonte ; les sucres déclarés pour cette destination doivent être liquéfiés en entier en sa présence. Il est expressément interdit d'en donner décharge, tant que cette condition n'a pas été remplie (*Décret du 1er septembre* 1852, *art.* 17).

63. — La refonte est constatée, à mesure qu'elle a lieu, au carnet portatif (*n° 6, Sucres*).

A la fin de la journée, il est donné décharge des quantités refondues au compte auxiliaire du portatif général.

Les quantités de sucre qui en proviennent sont reprises en charge au compte auxiliaire de magasin, après les opérations de cuite et de turbinage, ainsi qu'il a été expliqué ci-dessus, §§ 56 et 57. Quant aux égouts résultant du turbinage, il en est pris note dans les conditions spécifiées au § 60.

V. — PERTES MATÉRIELLES.

64. — Par pertes matérielles, on entend seulement celles qui résultent de la rupture d'une chaudière, d'un rafraîchissoir ou autre récipient, ou qui sont occasionnées soit par un incendie, soit par tout autre accident à la suite duquel des jus, des sirops ou des sucres ont été matériellement détruits. L'infériorité de qualité des jus ne peut donner lieu à la décharge des comptes

65. — L'Administration peut accorder un dégrèvement sur les prises en charge, lorsque les pertes matérielles résultant d'accident ont été immédiatement dénoncées par le fabricant aux employés. Ceux-ci les constatent par un procès-verbal administratif (*Décret du 1er septembre 1852, art.* 18). Lorsque les droits applicables aux produits perdus ne dépassent pas 500 francs, le dégrèvement peut être accordé par le directeur (*arrêté ministériel du* 5 *oct.* 1896) ; mais les produits perdus ne peuvent être admis en décharge qu'autant que la prise en charge légale est couverte (*circ.* 194, *du* 24 *déc.* 1896). Les directeurs rendent compte, au moyen de l'état trimestriel n° 112, des décharges qu'ils ont ainsi accordées.

Les déclarations de pertes matérielles sont reçues sur le registre n° 5 (*Sucres*). Le procès-verbal est dressé par deux employés. Il indique la nature et les circonstances de l'accident, les quantités de jus, sirops ou sucres perdues et leur évaluation en sucre raffiné. Il est inscrit au carnet portatif n° 6. Le fabricant est invité à le signer.

Il est donné avis sur-le-champ par les employés, au contrôleur de la circonscription, des déclarations de pertes matérielles. S'il s'agit d'une quantité importante, l'inspecteur doit être prévenu en même temps, et dès que la situation des lieux le permet, il est procédé à un inventaire général des restes en fabrique (*voir* § 67). Des copies du procès-verbal et de l'inventaire sont adressées à l'Administration, à l'appui des propositions du directeur, lorsque les droits applicables aux produits perdus dépassent 500 francs.

66. — Si un dégrèvement est accordé, décharge est donnée au compte général de fabrication. Ceux de ces produits qui étaient compris dans les comptes auxiliaires (sucres achevés) sont en outre inscrits en décharge pour leur poids effectif au compte dans lequel ils figuraient.

VI. — INVENTAIRES GÉNÉRAUX ET RECENSEMENTS.

67. — Les inventaires généraux constatent les quantités de produits de toute nature qui existent dans les fabriques. Les recensements ont seulement pour objet les produits compris dans le compte des sucres achevés. Les premiers établissent la situation effective du compte général de fabrication ; les derniers, la situation du compte particulier auquel ils se rapportent.

Les actes qui sont dressés à l'occasion des inventaires généraux sont inscrits au compte général de fabrication, les actes de recensement au compte qu'ils concernent.

Les inventaires généraux constituent l'opération la plus importante de l'exercice des fabriques. Ils doivent être dirigés par l'inspecteur, et, en cas d'impossibilité pour ce chef, par le contrôleur qu'il désigne. Les recensements peuvent être effectués sans le concours du contrôleur ou de l'inspecteur.

Inventaires.

68. — Il est fait, *par campagne*, trois inventaires généraux :
Le premier, avant la reprise des travaux ;
Le second, à la fin des défécations ;
Le troisième, après la cessation des travaux (*Loi du* 31 *mai* 1846 *art.* 8).

Pour la tenue des comptes, la *campagne* s'ouvre le 1er septembre ; elle est close le 31 août de l'année suivante. Les comptes sont balancés à cette date, et la balance est reprise dans les comptes de la nouvelle campagne.

Par *reprise des travaux* on entend le moment où commence la mise en œuvre des jus de betteraves de la nouvelle récolte, et, par *cessation des travaux*, l'époque où le repassage des bas produits est terminé. Habituellement, il n'existe aucune coïncidence entre l'ouverture des comptes de la campagne et le premier inventaire, ni entre la cessation des travaux et la clôture des comptes de la campagne. En général, le travail des betteraves ne commence qu'après le 1er septembre, et l'épuration des bas produits est terminée avant le 31 août.

Lorsque la fabrication n'est pas terminée au 31 août, le troisième inventaire doit néanmoins être fait à cette date ; les opérations subséquentes figurent dans les comptes de la nouvelle campagne ; mais on attend le moment où recommence le travail des betteraves pour procéder au premier inventaire de cette campagne.

Si, par extraordinaire, la mise en œuvre des betteraves commençait avant le 1er septembre, les comptes de la campagne précédente seraient clos à la date de l'inventaire de reprise des travaux de la nouvelle campagne, et les comptes de la nouvelle campagne seraient ouverts à cette même date.

69. — Tous les produits existant dans une fabrique au moment des inventaires généraux doivent être évalués en sucre raffiné. (*Voir, pour les bases de ce calcul, les* §§ 24, 25, 26, 27 *et* 28.)

Sauf dans le cas où il s'agit de quantités qui proviennent exceptionnellement d'autres fabriques et qui ont été prises en charge à raison de 30 p. 0/0, les mélasses sont évaluées à 5 p. 0/0 de leur poids en sucre raffiné, attendu qu'on ne connaît pas, au moment de l'inventaire, la destination qui leur sera ultérieurement donnée. Mais il est bien entendu que, pour ceux de ces derniers produits qui, postérieurement, sont envoyés à des fabriques de sucre ou à des sucrateries exercées, la décharge à porter au compte général ne sera pas moins calculée à raison de 30 p. 0/0 (*voir* § 93), et que les excédents qui résulteront de cette manière de faire seront ajoutés aux charges.

Lors des inventaires généraux qui sont effectués à la clôture de la campagne, les mélasses entreposées et dont la destination définitive n'est pas encore connue, sont maintenues au cadre des décharges, à raison de 5 p. 100 de leur poids en sucre raffiné ; si, postérieurement à l'inventaire général, ces produits sont, à la sortie des entrepôts, envoyés à des fabriques de sucre ou à des sucrateries exercées, la décharge à porter au compte général est, ainsi qu'il a été prescrit par la circulaire n° 10 du 1er juillet 1891, pour les mélasses restées en fabrique au 31 août et expédiées après cette date sur des fabriques ou des sucrateries, calculée à raison de 30 p. 0/0. Les excédents résultant de cette manière de faire sont ajoutés aux charges (reprises ou excédents) (*Circ. n° 228 du 24 août 1897*).

70. — Les inventaires généraux sont faits en présence du fabricant ou d'une personne dûment autorisée à le suppléer. Les fabricants déclarent la quantité des produits en cours de fabrication existant dans l'usine, ainsi que la quantité de sucre raffiné que ces produits représentent.

L'acte d'inventaire est présenté à la signature du fabricant ou de la personne qui l'a remplacé.

Le refus fait par un fabricant d'assister à l'inventaire constitue un refus d'exercice, et donne lieu à l'application des peines prononcées par l'article 3 de la loi du 30 décembre 1873 (*voir* § 544). Dans ce cas, sommation est faite au fabricant de concourir à l'inventaire par lui-même ou par ses ouvriers (*voir* § 23). Cette sommation ainsi que les circonstances du refus sont constatées par procès-verbal, afin que l'affaire puisse être ultérieurement portée devant les tribunaux, s'il y a lieu. Après la rédaction du procès-verbal, la même sommation est renouvelée, et mention en est faite au portatif général, en tête de l'acte d'inventaire. Les employés procèdent ensuite seuls à l'opération, et ils en constatent les résultats au portatif général.

Il n'y a pas lieu, en cas de refus d'exercice, de prélever des échantillons sur les sucres imparfaits, sirops et mélasses existant dans la fabrique. Les employés évaluent seuls, conformément à l'article 20 du décret du 1er septembre 1852, le rendement de ces produits en sucre raffiné (voir § 27).

71. — Les différences reconnues par suite des inventaires généraux ne donnent lieu à l'application d'aucune pénalité ; elles sont seulement passibles des droits.

Les excédents sont pris en charge au compte général de fabrication.

Les excédents qui résultent du deuxième et du troisième inventaire sont compris dans le produit de la fabrication de la campagne. Ceux qui sont constatés par suite du premier inventaire, se rapportant à la campagne précédente, viennent en accroissement des quantités transportées, à titre de reprise, des comptes de la dernière campagne dans ceux de la nouvelle campagne (voir § 68). Dans les fabriques où il existe, à la date du troisième inventaire, des matières en cours de cristallisation, il peut arriver qu'avant l'époque où il est procédé au premier inventaire de la nouvelle campagne, les sorties dépassent les prises en charge. L'excédent est alors ajouté aux charges du compte général de fabrication, par un acte motivé, et il est porté dans les comptes en accroissement des reprises de la dernière campagne (*Loi du* 31 *mai* 1846, *art*. 8).

Les manquants que fait apparaître la balance du compte général de fabrication sont passibles du droit (*Loi du* 31 *mai* 1846, *art*. 8 ; *décret du* 31 *juillet* 1884, *art*. 10).

Ce droit est dû immédiatement.

Recensements.

72. — Le compte de magasin est tenu en poids effectif. Les recensements des produits portés au compte des sucres achevés ont lieu à des époques indéterminées et aussi fréquemment que le service le juge nécessaire (*Loi du* 31 *mai* 1846, *art*. 6, *et décret du* 1er *septembre* 1852, *art*. 19).

Les quantités existantes dans les fabriques sont vérifiées par la pesée (*Loi du* 31 *mai* 1846, *art*. 25 ; *décret du* 1er *septembre* 1852, *art*. 19) (1).

---

(1) L'art. 25 de la loi du 31 mai 1846 a prescrit un mode régulier de pesage dont la rigoureuse exactitude ne peut donner lieu à aucune contestation. Par conséquent, si

INVENTAIRES GÉNÉRAUX ET RECENSEMENTS.   145

73. — Tout excédent sur le compte des sucres achevés est saisi par procès-verbal, et donne lieu à l'application des peines prononcées par l'article 3 de la loi du 30 décembre 1873.

Les excédents reconnus sont pris en charge : 1° au compte auxiliaire des sucres achevés pour leur quantité effective ; 2° et au compte général de fabrication, pour leur poids en raffiné.

Lorsqu'il existe en magasin des sucres en poudre de qualités différentes, on considère l'excédent comme se rapportant à la plus basse des qualités comprises dans les restes.

74. — Les dispositions du premier alinéa du paragraphe 73 ci-dessus sont applicables : 1° aux sucres, sirops et mélasses recélés dans la fabrique ou dans ses dépendances, ainsi qu'à ceux appartenant aux fabricants et qui seraient trouvés dans des magasins ou dépôts non déclarés soit dans la commune où est située la fabrique, soit dans les communes limitrophes (*Loi du 31 mai 1846, art.* 14) ; 2° aux sucres achevés trouvés hors du magasin spécial de dépôt (*Décret du 1er septembre* 1852, *art.* 16). Dans ces deux cas, la prise en charge des sucres achevés a lieu aux comptes auxiliaires comme en matière d'excédents (*voir le* 2e *alinéa du* § 73) ; mais la disposition finale du paragraphe 73 n'est pas applicable aux sucres saisis autrement que pour excédent par suite de recensement de magasin. C'est alors la quantité de sucre raffiné qu'ils représentent réellement qui est effectivement prise en charge au compte de fabrication.

Si la saisie a pour objet des matières autres que des sucres achevés, la prise en charge n'a lieu qu'au compte général de fabrication.

75. — Les manquants et soustractions reconnus sur les sirops et masses cuites, pour lesquels il est fait des déclarations d'empli (*voir* § 54), sont constatés par procès-verbal pour l'application des peines prononcées par l'article 3 de la loi du 30 décembre 1873. La saisie légale en est déclarée, et ils donnent lieu : 1° au paiement de l'amende édictée par cette loi ; 2° au paiement d'une somme égale à leur valeur pour tenir lieu de la confiscation encourue (*art.* 11 *du décret du 1er sep-*

---

les employés ne se sont pas conformés aux dispositions de cet article, et s'ils se sont bornés à peser seulement une partie des sucres et à apprécier le surplus au simple coup d'œil, leur procès-verbal n'est pas suffisant pour établir qu'il existait chez le prévenu un excédent de sucres. Cass., 21 décembre 1888.

tembre 1852). La taxe doit, en outre, être acquittée sur les quantités manquantes ou soustraites.

Tout remplacement des produits dont il s'agit par des matières d'autre nature et d'autre qualité, constitue un fait de soustraction et donne lieu à l'application des dispositions qui précèdent.

76. — Les manquants de magasin sur les sucres en poudre sont allouables de plein droit lorsqu'ils ne dépassent pas 3 p. 0/0 (*voir* § 78).

Lorsqu'ils sont de plus de 3 p. 0/0, mais qu'ils ne dépassent pas 6 p. 0/0, l'Administration peut ou en autoriser la remise, ou exiger qu'ils soient soumis au droit.

Ils donnent lieu à l'application des peines prononcées par l'article 3 de la loi du 30 décembre 1873, lorsqu'ils dépassent 6 p. 0/0 (*Décret du 1er septembre* 1852, art. 19).

L'allocation de 3 p. 0/0 est calculée en raison : 1° des quantités prises en charge depuis le dernier recensement ; 2° des quantités qui restaient en magasin à la date de ce recensement. En aucun cas, l'allocation totale ne peut dépasser 3 p. 0/0 de ces quantités réunies, et si, au dernier recensement, une partie de l'allocation a été absorbée par les manquants, il n'y a lieu de tenir compte, *en ce qui concerne les quantités qui restaient en magasin à la date de ce recensement*, que de la portion de l'allocation (*excédent de déduction*) disponible à cette date.

Lorsque, au dernier recensement, l'allocation de 3 p. 0/0 a été entièrement absorbée, ou qu'il a été constaté soit un manquant de plus de 3 p. 0/0, soit un excédent, le calcul de l'allocation pour le nouveau recensement ne porte que sur les quantités prises en charge depuis le dernier recensement. Il en est de même lorsque, à ce recensement, il n'est resté aucune quantité en magasin (*Décret du 1er septembre 1852, art. 19*).

77. — Les manquants de plus de 3 p. 0/0 mais de moins de 6 p. 0/0, et les manquants de plus de 6 p. 0/0, sont calculés sur les quantités prises en charge depuis le dernier recensement (*Décret du 1er septembre 1852, art. 19*). Toutefois, hors le cas où il a été constaté, au dernier recensement, un manquant de plus de 6 p. 0/0 ou un excédent, il est tenu compte : 1° de l'allocation de 3 p. 0/0 (*excédent de déduction*) disponible sur les quantités prises en charge antérieurement au dernier recensement ; 2° d'une allocation complémentaire de 3 p. 0/0 sur les quantités qui restaient en magasin à la date de ce recensement.

78. — Les manquants allouables *de plein droit* sur les sucres achevés sont immédiatement portés à la décharge du compte qu'ils concernent.

Il est rendu compte à l'Administration des manquants de poids de plus de 3 p. 0/0, mais de moins de 6 p. 0/0 (*voir* §§ 76 et 77). L'acte de recensement constate qu'on attend qu'elle ait statué. Si l'allocation est ultérieurement autorisée, décharge est donnée du manquant auquel elle se rapporte. Si l'Administration prescrit d'exiger le montant du droit, le manquant est compris dans les sorties du compte de fabrication.

79. — Tout manquant sur les sucres achevés qui entraîne l'application des peines prononcées par l'article 3 de la loi du 30 décembre 1873 (*voir* §§ 76 et 77) est constaté par procès-verbal. La saisie légale en est déclarée, et il donne lieu : 1° au paiement de l'amende édictée par cette loi ; 2° au paiement d'une somme égale à la valeur du sucre pour tenir lieu de la confiscation encourue en vertu de la même loi (*Décret du 1er septembre* 1852, *art.* 15 et 19).

La taxe doit, en outre, être acquittée sur les quantités manquantes. Elles sont immédiatement portées en décharge au compte général de fabrication comme quantités passibles du droit.

Pour les sucres en poudre, lorsqu'il en existe en fabrique de qualités différentes, le manquant est imputé sur la plus basse des qualités comprises dans les restes.

80. — Toutes les fois que des manquants reconnus sur les sucres achevés ont été portés comme quantités imposables, dans les décharges du compte général de fabrication, décharge est simultanément donnée de ces manquants au compte auxiliaire qu'ils concernent, pour leur *quantité effective*.

81. — Les décharges de droits constatés, ainsi que les restitutions de droits indûment perçus autres que ceux sur acquits, peuvent être accordées par les directeurs, lorsque le montant du droit abandonné ou restitué n'excède pas 50 francs (*Décision ministérielle du* 31 *octobre* 1895 ; *arrêté ministériel du* 5 *octobre* 1896 ; *circ.* 194, *du* 24 *décembre* 1896) (1).

Les directeurs rendent compte de leurs décisions par un état trimestriel dont le modèle a été donné par la circ. 194, et qui doit parvenir à l'Administration au plus tard dix jours après l'expiration du trimestre.

---

(1) La compétence des directeurs de certains départements est portée à 100 francs ; voir la circ. n° 263, du 7 février 1898.

VII. — INTRODUCTIONS DANS LES FABRIQUES.

82. — Les fabricants et sucratiers sont autorisés à recevoir, en tout temps, des sucres bruts ainsi que des mélasses indigènes libérées ou non libérées expédiés par d'autres fabricants.

Ces produits sont pris en charge au compte de fabrication du destinataire pour une quantité de sucre raffiné, imposable ou non imposable, égale à celle qui a été portée en décharge au compte de l'expéditeur (*art. 8 du décret du 31 juillet* 1884).

Toutefois, en ce qui concerne les mélasses, la quantité de raffiné à prendre en charge est fixée à 30 kilogrammes pour 100 kilogr. de mélasses, et celles-ci ne peuvent avoir une richesse saccharine absolue supérieure à 50 p. 0/0 (*art. 3 de la loi du 29 juin* 1891).

Est interdite à titre général l'introduction dans les fabriques simples de tout autre produit saccharin (sucres raffinés, sucres exotiques, jus, sirops et masses cuites), imposable ou non imposable, sauf lorsqu'il s'agit des résidus des fabriques qui ont cessé complètement leurs travaux, ou de jus provenant de râperies annexes reliées à l'usine centrale par des conduits qui ne doivent avoir de communication avec aucun autre établissement (*Loi du 31 mai 1846, art.* 10).

83. — Nulle introduction dans les fabriques ne peut avoir lieu que sur la représentation de l'acquit-à-caution délivré à la fabrique du lieu de départ et après vérification des produits par le service.

La remise de l'acquit-à-caution et la déclaration d'entrée sont constatées au registre de décharge (n° 12 A, *Sucres*). Les détails et le résultat de la vérification sont inscrits au carnet portatif n° 6.

(*Voir pour les conditions auxquelles la décharge des acquits est subordonnée les* §§ 339 *et* 340.)

84. — Hors le cas où il est constaté des substitutions ou des soustractions en cours de transport, les jus et sirops provenant d'une fabrique qui a cessé ses travaux sont compris, conformément aux indications de l'acquit-à-caution, au compte général de la fabrique de destination, pour une quantité de raffiné égale à celle dont le compte de l'expéditeur a été déchargé. En cas de substitution ou de soustraction, c'est la quantité effectivement reconnue qui est prise en charge.

Les résidus des raffineries ne peuvent en aucun cas être admis dans les fabriques.

VIII. — SORTIES DES FABRIQUES.

85. — Les seuls produits dont la sortie des fabriques soit autorisée, à titre général, sont :

1° Les sucres achevés ;

2° Les mélasses épuisées.

Les sucres imparfaits, les sirops et les mélasses cristallisables ne peuvent être enlevés des fabriques que dans le cas de cessation complète des travaux (*Loi du* 31 *mai* 1846, *art.* 11).

Les sirops peuvent, comme les sucres polarisant moins de 95°, être dénaturés sur place, dans un local spécial, pour être utilisés à l'alimentation du bétail (*Loi du* 5 *juillet* 1904, *art.* 1er).

SUCRES ACHEVÉS.

86. — Les sucres achevés, EN POUDRE, peuvent être, à la sortie des fabriques :

1° Expédiés sur les entrepôts (*ordonnance du* 7 *août* 1843, *art.* 4, *et loi du* 31 *mai* 1846, *art.* 21) ;

2° Livrés à la consommation (*décret du* 1er *septembre* 1852, *art.* 36) ;

3° Placés sous le régime de l'admission temporaire (*loi du* 7 *mai* 1864, *art.* 5) ;

4° Exportés directement (*loi du* 23 *mai* 1860, *art.* 8) ;

5° Expédiés sur d'autres fabriques (*décret du* 31 *juillet* 1884, *art.* 8) ;

6° Expédiés sur des raffineries (*loi du* 7 *avril* 1897, *art.* 3 ; *loi du* 9 *juillet* 1904, *art.* 2 *et* 5 ; *décret du* 12 *août* 1904, *art.* 4) ;

7° Expédiés sur les fabriques de produits sucrés destinés à l'exportation (*loi du* 28 *janvier* 1903, *art.* 4) ;

8° Expédiés sur des brasseries (*loi du* 5 *juillet* 1904, *art.* 1er) ;

9° Dénaturés sur place, dans un local spécial, en vue de l'alimentation du bétail, s'ils polarisent moins de 95°. Les sirops de turbinage peuvent recevoir la même affectation (*loi du* 5 *juillet* 1904, *art.* 1er).

87. — A quelque destination qu'ils soient expédiés, les sucres bruts achevés ne peuvent, en principe, être enlevés des fabriques qu'après avoir été analysés dans les laboratoires (*voir* §§ 302 *et suivants*), qui établissent le rendement pour lequel ils sont imposables. C'est ce rendement qui, sauf recours aux commissaires experts (*voir* §§ 24 *et* 26), sert à déterminer la quantité de raffiné pour laquelle les sucres sont portés en décharge au compte général de fabrication.

Cette règle ne souffre qu'une seule exception : elle concerne les sucres déclarés au rendement maximum de 99 degrés, lesquels peuvent être enlevés sans analyse préalable, mais seulement lorsqu'ils sont livrés à la consommation intérieure ou placés sous le régime de l'admission temporaire. En cas d'exportation, soit directement à la sortie des fabriques ou des entrepôts, soit après changement de destination en cours de transport, les sucres déclarés à 99 degrés doivent, au contraire, être toujours analysés (*Lettre commune* 21, *n° du* 10 *octobre* 1890).

88. — Afin de faciliter les transactions commerciales, l'Administration admet que les sucres soient enlevés, en vertu de simples permis, avant que le résultat de l'analyse soit connu ; mais l'acquit-à-caution n'est délivré qu'après notification de l'analyse, et les destinataires doivent, pour prendre livraison des sucres, attendre que l'acquit leur ait été transmis par les soins de l'expéditeur (*Lettre commune n°* 26, *du* 21 *septembre* 1880).

Toutefois, lorsque les destinataires jouissent d'un crédit d'enlèvement (*voir* § 138), ils peuvent prendre livraison des sucres accompagnés de simples permis, à la condition qu'ils s'engagent, par écrit, à représenter l'acquit-à-caution dans un délai de dix jours ou à payer les droits à l'expiration de ce délai, d'après le titrage maximum (99°) fixé par la loi du 5 août 1890 (*Lettre commune n°* 25, *du* 14 *déc.* 1881).

89. — Enfin les industriels sont encore admis à faire analyser, à l'avance, leurs sucres bruts, à la condition que les sucres aient été préalablement mis en sacs qui sont plombés aussitôt après le prélèvement de l'échantillon. Ces produits sont ensuite expédiés dans l'état où ils se trouvent, sans qu'il y ait lieu de se préoccuper des modifications de poids provenant d'une diminution ou d'une augmentation d'humidité, ces modifications étant compensées par des différences correspondantes dans la teneur saccharine des sucres (*Lettre commune n°* 33, *du* 5 *novembre* 1880).

MÉLASSES.

90. — Par mélasses *épuisées* on entend celles dont on ne peut retirer du sucre par les procédés ordinaires de cristallisation (1).

---

(1) Pour assurer la perception des droits qui pèsent sur les sucres, le législateur prohibe l'enlèvement des résidus qui sont encore susceptibles de cristallisation et leur transport dans les distilleries, avant qu'ils aient été soumis au turbinage qui a pour but de séparer de la mélasse les cristaux de sucre qu'elle contient en suspension. Dès lors, les mélasses non épuisées, encore susceptibles de cristallisation, sont frappées d'indisponibilité par la loi fiscale ; elles ne peuvent être l'objet d'un gage réalisable et, par conséquent, valable. Cass. 15 juin 1887.

Les mélasses épuisées ne peuvent, à titre général, être expédiées qu'à destination :

1º Des distilleries (*Loi du 31 mai 1846, art. 11*) ;
2º De l'étranger ;
3º Des autres fabriques (*Décret du 31 juillet 1884, art. 8*) ;
4º Des sucrateries (*Décret du 31 juillet 1884, art. 13*) ;
5º Des entrepôts (*Loi du 14 juillet 1897, art. 6*) ;
6º Et des usages agricoles (*Loi du 28 janvier 1903, art. 1er*).

Ces expéditions ont lieu en franchise de l'impôt.

A la différence des sucres achevés en poudre, les mélasses ne peuvent donc être ni livrées librement à la consommation (*voir cependant le § 94 ci-après*), ni placées sous le régime de l'admission temporaire.

91. — Pour les envois en distillerie, à l'étranger, aux entrepôts ou aux usages agricoles, le rendement des mélasses en raffiné est évalué à 5 p. 0/0 (*Décret du 1er septembre 1852, art. 23*).

La quantité de 5 kilogrammes de sucre raffiné (5 0/0) est portée en décharge au compte de fabrication.

Les mélasses envoyées en distillerie ou à l'étranger ne sont soumises à aucune condition de titrage.

Celles expédiées sur les entrepôts doivent avoir au moins 44 0/0 de richesse saccharine absolue (*Loi du 14 juillet 1897, article 6*) ; celles livrées aux usages agricoles ne doivent pas avoir plus de 50 0/0 de richesse saccharine absolue (*Loi du 28 janvier 1903, art. 1er*).

(*Pour l'emploi des mélasses aux usages agricoles, voir chap. XIII.*)

92. — A l'arrivée dans les distilleries, les mélasses sont prises en charge pour leur poids effectif, et s'il ressort des manquants résultant de pertes dûment justifiées, l'Administration peut affranchir du droit dont il est passible le sucre que représentent ces mélasses (*Décrets des 18 sept. 1879, art. 22 ; 19 sept. 1879, art. 16 ; et 15 avril 1881, art. 14*).

93. — Pour les envois de fabrique à fabrique et pour les envois en sucraterie, les mélasses ne doivent pas avoir une richesse saccharine absolue supérieure à 50 p. 0/0, et elles sont portées en décharge à raison de 30 kilogr. de raffiné par 100 kilogr. de mélasse (*Loi du 29 juin 1891, art. 3*).

Ces produits sont d'ailleurs pris en charge au compte du destinataire pour une quantité de sucre raffiné égale à celle qui a été portée en décharge au compte de l'expéditeur (*Décret du 25 août 1887, art. 14*).

94. — Par mesure exceptionnelle, les mélasses épuisées destinées à des usages industriels ou à la préparation d'objets de commerce général (fabrication du cirage, des apprêts pour la teinturerie, des moules pour le coulage des fontes, des bonbons communs, du pain d'épice, etc.) peuvent, en vertu de décisions ministérielles des 13 janvier 1888 et 24 mars 1890, être enlevées des fabriques, moyennant le paiement du droit sur une quantité de raffiné calculée à raison de 5 p. 0/0 de leur poids. Elles sont portées en décharge pour la même quotité.

La même exception est admise pour les petites quantités de mélasses épuisées qui sont destinées à l'alimentation des classes pauvres.

Les directeurs statuent sur les demandes d'autorisation d'enlèvement de ces mélasses, lorsque les quantités expédiées ne dépassent pas 10,000 kilogrammes par campagne et par fabrique. Dans les autres cas, l'Administration est consultée.

Le service doit veiller à ce que ces mélasses ne soient pas détournées de la destination en vue de laquelle l'autorisation a été accordée.

En cas d'abus, les autorisations données sont immédiatement révoquées.

95. — A la sortie des fabriques, les mélasses expédiées sur les entrepôts ne sont, ainsi qu'il est dit plus haut, portées en décharge que pour 5 0/0 de leur poids. Mais si, à la sortie de l'entrepôt, elles sont dirigées sur d'autres fabriques ou sur des sucrateries, où elles sont prises en charge à raison de 30 0/0 de leur poids (à la condition, bien entendu, de ne pas titrer plus de 50 0/0), le service de l'entrepôt en avise les employés de la fabrique d'où proviennent ces mélasses, afin qu'ils modifient la décharge au compte de cette fabrique (*circ.* 228, *du 24 août* 1897).

96. — Lorsque l'expédition des mélasses est subordonnée à un minimum ou à un maximum (*voir* §§ 91 *et* 93) de richesse saccharine, cette richesse est constatée par l'analyse d'un échantillon adressé au laboratoire du ministère des finances. En cas de contestation de la part des fabricants, les commissaires experts sont appelés à statuer.

L'emploi des permis de circulation est autorisé pour l'enlèvement des mélasses, mais, dans les cas prévus ci-dessus (minimum ou maximum de richesse saccharine), la décharge n'est accordée qu'après notification du résultat de l'analyse (*lettre commune n° 123, du 30 avril* 1896).

SUCRES IMPARFAITS ET SIROPS.

97. — Dans le cas de cessation complète des travaux, le fabricant qui veut être affranchi de l'exercice (*voir* § 5) doit expédier les sucres imparfaits, sirops et mélasses formant les résidus de la fabrication sur une autre fabrique exercée, où ils sont soumis à la prise en charge (*Loi du* 31 *mai* 1846, *art.* 10 *et* 11 ; *décret du* 1er *septembre* 1852, *art.* 24).

IX. — FORMALITÉS A LA SORTIE.

98. — Toute opération de sortie doit être déclarée deux heures d'avance au moins (*voir* § 19).

Elle ne peut avoir lieu que de jour, après vérification par les employés et délivrance d'une expédition.

Il faut aussi, s'il s'agit de produits livrés à la consommation, que, préalablement à la sortie de la fabrique, les droits aient été ou garantis ou acquittés (*voir* § 136). Lorsque les sucres sont placés sous le régime de l'admission temporaire (*voir* § 170), l'obligation doit être également souscrite ou garantie avant l'enlèvement (*Décret du* 1er *septembre* 1852, *art.* 26, 27 *et* 36 ; *loi du* 7 *mai* 1864, *art.* 5).

99. — La déclaration de sortie des fabriques sert en même temps de soumission pour l'acquit-à-caution. Elle est inscrite à l'un des registres, n° 9 ou n° 9 A, suivant la nature de l'expédition (*voir ci-après*, § 107). Elle est signée par le fabricant et par sa caution. Elle énonce :

Les nombre, marques et numéros des colis ;
Leur poids brut et net ;
La qualité des produits ;
L'heure de l'enlèvement ;
La destination ;
Les noms, demeure et profession du destinataire ;
Le nom du voiturier, ainsi que la route qui devra être suivie.
En outre, le service y mentionne :
Le bureau par lequel l'acquit-à-caution doit être visé, lorsque ce visa est obligatoire (*voir ci-après* § 332).

Le délai accordé pour le transport (*voir ci-après* §§ 332 *et* 334) ;

Et la quantité de sucre raffiné que représentent les sucres bruts ou sirops, et, quand il y a lieu, la richesse saccharine absolue des mélasses (*Décret du* 1er *septembre* 1852, *art.* 26, 39 *et* 40 ; *loi du* 19 *juillet* 1880).

100. — Si les industriels n'ont pas fait analyser, à l'avance, leurs produits, ils doivent attendre le résultat de cette analyse avant de les expédier, à moins qu'ils ne réclament la délivrance d'un permis de circulation pour accompagner les sucres jusqu'au moment où l'acquit-à-caution pourra être complété par l'indication du titrage (*voir ci-dessus* §§ 88 *et* 96).

Les fabricants peuvent être dispensés de déclarer d'avance le poids des produits. On se borne à exiger, dans ce cas, que la déclaration soit complétée, avant la délivrance de l'acquit-à-caution, par l'indication du poids constaté à la vérification.

101. — Le service procède, avant l'enlèvement, ou, en cas d'analyse préalable (*voir* § 89), au moment de la déclaration du fabricant, à la reconnaissance et à la pesée des produits (*Loi du 31 mai 1846, art.* 25 ; *décret du 1er septembre 1832, art.* 26) (1).

Deux employés concourent à cette vérification (*voir* § 21).

Ils s'assurent que la qualité des produits a été exactement déclarée et que les lots de sucre sont bien homogènes. Il leur est particulièrement recommandé d'empêcher qu'on n'expédie comme mélasses épuisées des sirops contenant une forte proportion de sucre cristallisable, ou qu'on ne cherche à substituer à des futailles de mélasses, des futailles enduites de cette matière et renfermant des sucres ou des sirops.

Lorsqu'il s'agit de sucres imparfaits et de sirops expédiés sur une autre fabrique par suite de cessation des travaux, les laboratoires du ministère des finances en déterminent le rendement en sucre raffiné, sauf recours par le fabricant, en cas de contestation, aux commissaires experts (*Décret du 1er septembre 1832, art.* 20).

Les produits de toute nature sortant des fabriques sont pesés en totalité en présence des employés.

Toute inexactitude, quant à la qualité ou au poids déclarés, est passible des peines prononcées par l'article 3 de la loi du 30 décembre 1873. Toutefois, il n'y a pas lieu à la saisie, mais seulement à l'application de l'amende lorsqu'il s'agit de produits régulièrement fabriqués. La saisie ne serait encourue que dans le cas où les produits auraient été recélés ou fabriqués en fraude (*voir* § 74). On peut en outre ne pas dresser procès-verbal à l'égard des différences de poids qui n'excèdent pas

---

(1) Jugé qu'en prescrivant la pesée des sucres et en obligeant les fabricants à fournir les ouvriers, ainsi que les poids, balances et autres ustensiles nécessaires, l'art. 25 de la loi du 31 mai 1846 a entendu prescrire un mode régulier de pesage et non une supputation approximative des quantités de sucre. — Cass, 21 décembre 1888.

2 0/0. On se borne dans ce cas à rectifier la déclaration et à faire approuver la rectification par le déclarant et par sa caution.

La tare des sacs de 100 kilogrammes est uniformément fixée à un kilogramme par sac. Il n'y a pas lieu de s'arrêter aux légères différences en plus ou en moins qui peuvent exister. Toutefois, si, dans un but de fraude, les fabricants employaient des sacs en toile très légère, la tare effective devrait être constatée.

102. — Les sucres, sirops et mélasses expédiés des fabriques ne peuvent être transportés que dans des colis fermés suivant les usages du commerce.

Les sacs doivent avoir toutes les coutures à l'intérieur, et être d'un poids net uniforme de 100 kilogrammes ; les autres colis pèseront net au moins 100 kilogrammes (*Décret du 1er septembre* 1852, *art.* 27).

Néanmoins, les sucres candis peuvent être transportés en caisses de 25 kilogrammes (*même décret, même article*).

L'Administration admet même, à l'égard des sucres candis, l'emploi de demi-caisses de 16 kilogrammes.

Elle autorise également l'enlèvement des sucres bruts en poudre, par sacs d'un poids net uniforme de 50 kilogrammes et même de 25 kilogr., à la condition qu'il s'agisse de sucre dont le rendement au raffinage ne soit pas inférieur à 98 degrés et qui soit livré à la consommation après acquittement des droits. Les quantités expédiées peuvent être enlevées, jusqu'à concurrence de 1000 kilogr., sous la garantie d'un laissez-passer du registre n° 11 et avec dispense du plombage des colis, cette formalité n'étant exigée pour les sucres libérés d'impôt que quand ils circulent en vertu d'acquits-à-caution (*art.* 38 *du décret du 1er septembre* 1852). Pour ces expéditions, le poids des sacs employés pour renfermer les sucres pouvant être inférieur à 1 kilogramme, il y a lieu, par dérogation aux dispositions du § 101, de constater par épreuve la tare effective (*Lettre commune n° 3, du 7 février* 1881).

Enfin, le service peut admettre l'emploi de sacs dont les coutures sont cousues mécaniquement à l'extérieur, à la condition que ces sacs soient doublés à l'intérieur d'un papier fixé à la toile au moyen d'un enduit gommeux (*Lettre commune n° 35, du 14 janvier* 1875).

Les mélasses livrées à la consommation après paiement du droit peuvent, lorsque la quantité n'excède pas 100 kil., être expédiées en vertu d'un laissez-passer n° 11. Toute quantité pour laquelle le droit n'est pas acquitté, et toute quantité supérieure à 100 kil., lors même qu'elle a été soumise au droit, donnent lieu à la délivrance d'un acquit-à-caution (*Loi du 26 juillet* 1893, *art.* 25 ; *circ. n°* 532, *du* 20 *juillet* 1903).

103. — Immédiatement après la vérification et le prélèvement des échantillons, s'il y a lieu, les colis contenant des sucres sont plombés ; les futailles renfermant des sirops sont revêtues du cachet de la Régie, et celles renfermant des mélasses reçoivent une étiquette de couleur spéciale, suivant la destination à laquelle sont expédiées ces mélasses (*Décret du* 1er *septembre* 1852, *art.* 26).

Les frais du plombage sont remboursés par le fabricant au taux qui est déterminé par le ministre des finances (*Loi du* 31 *mai* 1846, *art.* 20 ; *décret du* 1er *septembre* 1852, *art.* 26). Ces frais sont fixés à 3 centimes par plomb (*arrêté du ministre des finances du* 15 *novembre* 1879).

(*Pour les instructions relatives au plombage, voir la circulaire n°* 288, *du* 17 *août* 1843.)

L'apposition du cachet de la Régie sur les futailles de sirops a lieu sans frais pour le fabricant. Le prix de la cire employée est à la charge de l'Administration.

Il en est de même pour les étiquettes à placer sur les fûts de mélasses ; ces étiquettes, qui portent les numéros 55 A et 55 C, sont : sur papier blanc, pour les mélasses destinées à une sucraterie ou à une fabrique, et donnant lieu à une décharge de 30 0/0 ; sur papier rouge, pour les mélasses expédiées en distillerie, à l'étranger, en entrepôt, aux usages agricoles ou à la consommation, avec décharge de 5 0/0 (*circ. n°* 532, *du* 20 *juillet* 1903).

104. — Pour compléter les garanties offertes par l'apposition des étiquettes, il y a lieu : 1° d'indiquer sur les acquits-à-caution le degré constaté au moyen de l'aréomètre Baumé ; 2° d'annexer aux acquits-à-caution un bordereau manuscrit indiquant la marque, le numéro, la tare et le poids brut de chaque fût.

A destination, le service devra s'assurer qu'il existe une identité complète entre le chargement et les indications énoncées tant à l'acquit-à-caution qu'au bordereau manuscrit. Si de cette vérification il ressortait des discordances de nature à faire soupçonner des combinaisons de fraude, le service devrait prélever des échantillons de contrôle qui seraient transmis au laboratoire. En pareil cas, la décharge des acquits-à-caution serait suspendue jusqu'à la notification du résultat de l'analyse (*Lettre commune n° 24, du 20 août 1888 et lettre autographiée n° 148, du 4 mars 1904*).

105. — Les acquits-à-caution délivrés pour les produits expédiés des fabriques reproduisent textuellement toutes les énonciations des déclarations de sortie formant soumission (*voir ci-dessus, § 99*). Comme celles-ci, ils doivent être en concordance avec le résultat de la vérification (*voir ci-dessus §§ 100 et 101*). On attend, s'il y a lieu, que la déclaration ait été complétée quant au poids et que le résultat de l'analyse soit connu, pour remplir l'acquit-à-caution et le détacher du registre.

Lorsque, pour des produits imposables destinés à la consommation, le fabricant n'a pas obtenu un crédit d'enlèvement, ou que ce crédit se trouve épuisé (*voir ci-après § 138*), la délivrance de l'acquit-à-caution reste suspendue jusqu'à ce qu'il ait été justifié du paiement des droits par la quittance du receveur (*voir § 139*).

Le coût de chaque acquit-à-caution est de 50 centimes, timbre compris (*Loi du 31 décembre 1873, art. 1er*). Lorsqu'il est délivré, préalablement à la remise de l'acquit, un permis de circulation, il est, en outre, perçu 10 centimes pour droit de timbre.

106. — Avant la délivrance de l'acquit-à-caution, le fabricant doit signer à la souche du registre la formule par laquelle il déclare adhérer ou ne pas adhérer aux résultats de l'analyse administrative.

Dans le cas où le fabricant conteste le résultat de cette analyse (1), si les sucres sont conservés en fabrique jusqu'à décision des experts (*voir §§ 26 et 28*), cette décision est relatée à l'acquit-à-caution et sert de base pour l'évaluation des sucres bruts en sucre raffiné.

Si, au contraire, les sucres sont déjà sortis de la fabrique en vertu d'un permis de circulation, l'acquit-à-caution est remis à l'expéditeur, avec indication du résultat de l'analyse administrative, mais le service mentionne dans un cadre réservé à cet effet que la liquidation des droits doit être suspendue (*voir § 322*). Dans ce cas, le destinataire ne peut prendre livraison des sucres, avant la notification du résultat de l'ex-

---

(1) Jugé que la législation a entendu réserver exclusivement aux fabricants le droit de réclamer l'expertise. L'acheteur des sucres ne peut, à cet égard, se substituer, vis-à-vis de l'administration, aux droits de son vendeur. — Cass., 15 avril 1878.

pertise, que s'il souscrit l'engagement d'acquitter les droits d'après le rendement qui leur sera définitivement assigné par les commissaires experts (*Lettre commune n° 26, du 21 septembre* 1880).

107. — Les registres d'acquits-à-caution affectés au service des sucres portent les n°ˢ 9 et 9 A.

Le registre n° 9, qui est imprimé en noir sur papier blanc, est employé pour les produits qui sont expédiés après acquittement du droit, soit au comptant, soit en obligations cautionnées.

Le registre n° 9 A, imprimé en rouge sur papier blanc, sert pour les expéditions des produits en suspension du paiement de l'impôt.

108. — Les chefs de service des fabriques sont autorisés à admettre pour caution des acquits les contremaîtres ou même les ouvriers des fabriques, lorsqu'il s'agit de sucres à l'égard desquels les droits ont été acquittés ou sont garantis par l'ouverture d'un crédit d'enlèvement (*voir ci-après* § 138). Mais, lorsqu'il s'agit de produits expédiés sur les entrepôts ou à toute autre destination emportant suspension du paiement des droits (exportation, envois de fabrique à fabrique, envois sur les raffineries dans les conditions prévues par l'art. 3 de la loi du 7 avril 1897, envois sur les fabriques de produits sucrés régies par l'art. 4 de la loi du 28 janvier 1903, envois sur les brasseries); il faut exiger que la solvabilité personnelle des cautions soit en rapport avec le montant des taxes qui peuvent devenir exigibles. Les chefs de service se concertent, à cet égard, avec le receveur principal de l'arrondissement. C'est entre leurs mains qu'est déposé le registre 52 D, sur lequel les cautions peuvent être admises à souscrire l'engagement général qui les dispense d'apposer leur signature à la souche des registres n° 9 (*circ. n° 352, du 20 octobre* 1882). Des recommandations spéciales relativement à la signature des actes de cautionnement ont été adressées au service par la circ. 549, du 6 janvier 1904.

L'expéditeur est dispensé de fournir caution lorsqu'il consigne le montant des droits qui pourraient se trouver dus. Mention de la consignation est faite au registre (*Loi du 22 août* 1791, *titre III, art.* 2).

L'Administration autorise également la constitution d'un cautionnement général en numéraire ; elle admet les industriels à verser en nantissement, à la Caisse des dépôts et consignations, des titres de rente 3 p. 0/0 ou d'autres valeurs (*Note autog.* 96, *du 7 décembre* 1903).

X. — DÉCHARGE DES COMPTES.

109. — Les produits de toute nature sortis des fabriques sont portés à la décharge du compte général de fabrication pour la quantité de sucre raffiné qu'ils représentent (*art. 23 du décret du 1er septembre* 1852, *9 du décret du 31 juillet* 1884, *et 3 de la loi du 29 juin* 1891).

Il est dressé acte de ces sorties à la fin de chaque journée.

Décharge est en même temps donnée des sucres achevés, pour leur poids effectif, au compte de magasin.

Les mélasses et produits imparfaits, qui ne sont compris à aucun compte spécial, ne sont nécessairement portés en décharge qu'au compte général de fabrication.

XI. — CARNET DE SITUATION DES PRODUITS IMPARFAITS.

110. — Il est tenu dans les fabriques un carnet auxiliaire présentant le détail, par nature de vaisseaux, des quantités de sirops en cours de cristallisation (*voir* § 54). Ce carnet porte le n° 17 (*circ. n° 369, du 13 octobre* 1899).

Le chef de service de la fabrique ou l'agent qu'il délègue à cet effet établit chaque jour la situation de ce carnet, et il s'assure de son exactitude par le dénombrement des vaisseaux.

111. — Le même carnet sert à constater l'état des vaisseaux de grande dimension, état qui est établi d'après la hauteur de la partie de ces vaisseaux qui reste *vide*, soit par suite de l'affaissement naturel des matières, soit par suite de lochages, transvasions ou expéditions.

Toutes les fois que l'un quelconque des vaisseaux est vidé ou rempli en totalité ou en partie en présence des employés, ils en constatent et mesurent le *vide*.

Les vérifications ainsi opérées donnent lieu à l'apposition d'étiquettes n°s 28 ou 29.

Il est, en outre, procédé, chaque jour, par le chef de service de la fabrique ou par l'agent qu'il délègue, à la vérification générale de l'état (*degré de vide*) de tous les vaisseaux de grande dimension, et l'on a soin de s'assurer que les changements survenus sont en rapport avec les opérations de la fabrique.

Les mêmes vérifications doivent être faites par les inspecteurs et spécialement par les contrôleurs dans leurs tournées. Ces derniers chefs auront soin de mentionner dans leurs journaux de travail toutes les vérifications de cette nature qu'ils effectueront.

En vertu d'une décision ministérielle du 19 avril 1877, les mélasses épuisées peuvent être transférées par les fabricants à des bailleurs de fonds, à la condition que ces produits soient déposés dans des magasins ou dans des citernes dont l'accès est interdit au fabricant et à ses agents, en dehors de la coopération du service. Ces produits sont warrantés dans les mêmes conditions que les sucres achevés en magasin (*voir* § 7).

Il appartient aux directeurs de prescrire le mode de fermeture des locaux qui leur paraît le plus propre à sauvegarder, sous la surveillance du service, les intérêts des bailleurs de fonds (*Lettre commune n° 13, du 24 mai 1877*).

XII. — CONTROLE DU PESAGE DES BETTERAVES LIVRÉES PAR LES CULTIVATEURS; INTERVENTION DES AGENTS DE LA RÉGIE.

112. — Les bascules servant au pesage des betteraves livrées par les cultivateurs doivent être munies d'un appareil enregistreur. Dans les fabriques, un ou plusieurs agents de l'État sont chargés de vérifier l'exactitude des opérations de pesage et de contrôler les réfactions à opérer en raison de la terre, des racines et du collet, ainsi que la détermination de la densité (*Loi du 7 avril 1897, art. 13*).

Il résulte des dispositions de la loi que le contrôle des opérations ne s'applique qu'aux livraisons effectuées dans les fabriques proprement dites (*circ. n° 220, du 23 juillet 1897*).

113. — La mission du service des contributions indirectes consiste essentiellement dans la surveillance des opérations relatives au pesage, à la détermination de la réfaction opérée à titre de déchet et à celle de la densité. C'est au directeur qu'il appartient de désigner les agents qui en sont chargés.

114. — En ce qui concerne les appareils enregistreurs, le service se borne à rappeler aux fabricants l'obligation qui leur incombe ; c'est au service des poids et mesures qu'il appartient de s'assurer que les appareils mis en usage sont dûment poinçonnés, et de veiller à la régularité de leur fonctionnement. Dans le cas toutefois où, pendant la période de réception des betteraves, les agents des contributions indirectes constateraient un dérangement dans le fonctionnement desdites bascules, ils auraient à en aviser le service des poids et mesures et à mettre le fabricant en demeure de faire exécuter les réparations nécessaires. Jusqu'à ce que ces réparations aient été effectuées, le pesage des betteraves à l'aide de l'appareil défectueux devrait être suspendu.

115. — Relativement à la réfaction et à la détermination de la densité, il est admis que le prélèvement des betteraves sur lesquelles doit porter la vérification peut être opéré à la fourche ou à la main, selon le mode de déchargement adopté pour les voitures ou les wagons, dans les conditions déterminées par les articles 5 et 6 du décret du 23 juillet 1897. Mais il est bien entendu que ce prélèvement doit être effectué au hasard et sur les diverses parties du chargement. Le service doit s'assurer que cette règle est observée. S'il en constate l'inobservation, il indique lui-même les betteraves à prélever.

116. — Quant à l'essai pour la détermination de la densité, il doit se faire sur des betteraves de grosseurs différentes, prélevées sur celles qui ont servi au calcul de la réfaction. La quantité de pulpe nécessaire pour l'expérience est prise à l'aide d'une râpe spéciale et par sections longitudinales; le linge dans lequel est placée cette pulpe doit avoir été suffisamment égoutté. Le jus extrait à l'aide de la presse reste au repos dans l'éprouvette pendant 15 minutes au moins, avant qu'il soit procédé à la détermination de la densité, qui doit être constatée à l'aide de densimètres et de thermomètres poinçonnés, et le résultat est ramené à la température de 15 degrés, en opérant les corrections indiquées à la table insérée à la suite du décret du 23 juillet 1897.

La densité en dixièmes de degré est inscrite, ainsi que la réfaction, sur un registre tenu par le fabricant, qui doit représenter ledit registre, avec la souche des tickets remis aux livreurs, à toute réquisition des agents préposés au contrôle (*art. 7 du décret susvisé*).

117. — Les opérations de contrôle ont lieu de 6 heures du matin à 7 heures du soir pendant les mois de septembre et d'octobre, et de 7 heures du matin à 6 heures du soir à partir du mois de novembre. Elles sont interrompues de midi à une heure du soir (*art. 8 du même décret*).

Les exigences de la surveillance que les agents des contributions indirectes exercent dans les usines pour assurer la perception de l'impôt sont impérieuses, et on ne peut admettre que le contrôle fiscal soit abandonné ni même diminué. La surveillance des livraisons des betteraves ne saurait donc avoir un caractère permanent ; les agents ne doivent pas non plus se croire astreints à assister à toutes les opérations que peut amener une seule et même livraison de betteraves. Ils n'ont à intervenir que si les intérêts fiscaux dont ils ont plus particulièrement la charge ne peuvent être compromis.

Les agents doivent intervenir s'ils en sont requis par le cultivateur ou par le fabricant.

Mais si la réquisition se produit alors qu'ils sont occupés à une opération de leur contrôle fiscal, ils ne sont tenus de déférer à cette réquisition que lorsque l'opération qu'ils étaient en train de surveiller est achevée ou qu'ils ont pu se faire suppléer.

118. — La loi n'édicte pas de sanction spéciale pour les infractions aux dispositions de l'article 13 et du décret rendu pour son exécution. Il faut en conclure que ce sont, en pareil cas, les règles de droit commun qui sont applicables.

Si, étant intervenus de leur propre initiative, les employés venaient à constater des abus, ils auraient à dresser un procès-verbal administratif relatant leurs constatations, et ils transmettraient ce document, sans délai, au directeur, qui appréciera s'il y a lieu de l'adresser au Parquet qui lui donnera telle suite qu'il appartiendra. La transmission au Parquet ne devrait être effectuée que s'il s'agissait d'abus ayant un réel caractère de gravité.

Si les agents interviennent à la requête de l'une des parties, ils ont à remettre une copie de leur procès-verbal à la partie requérante, qui en fait tel usage qu'il lui paraît utile.

119. — La mission que la loi du 7 avril 1897 appelle les employés des contributions indirectes à remplir est d'une nature particulièrement délicate. Ils doivent s'en acquitter avec beaucoup de tact et chercher à éviter tout froissement (*circ. n° 220, du 23 juillet* 1897).

Pour l'application des dispositions du décret du 23 juillet 1897, consulter, en outre, les instructions contenues dans la lettre commune n° 156 du 4 octobre 1897.

CHAPITRE III.

Entrepôts,

120. — Il a été créé à Paris et à Lille, pour les sucres indigènes, des entrepôts réels, dont les frais de perception et de surveillance sont à la charge de l'État (*Loi du 10 août* 1839, *art.* 11 ; *ordonnance du 7 août 1843, art.* 4; *ordonnance du 14 août* 1845, *art* 27 ; *et loi du 31 mai 1846, art.* 21) (1).

Des entrepôts réels pour les sucres indigènes peuvent, en outre, être établis dans toutes les villes qui en font la demande en prenant l'engagement de pourvoir à tous les frais (*Lois du 27 février* 1832, *art.* 10, *et du 31 mai 1846, art.* 21). C'est par les conseils municipaux, et, en cas de refus de ceux-ci, par les chambres de commerce, que cette demande doit être faite.

Les entrepôts réels sont créés par décrets rendus, après avis du ministre des finances, sur la proposition du ministre du commerce, qui approuve les tarifs des droits de magasinage.

La désignation du local proposé pour l'établissement d'un entrepôt réel est soumise à l'approbation du ministre des finances (*Décret du 1er septembre* 1832, *art.* 42).

---

(1) L'Etat, qui a traité avec un concessionnaire pour l'établissement d'un entrepôt réel, peut en créer un second ou un troisième, l'art. 21, § 1er, de la loi du 31 mai 1846 n'ayant réservé au législateur que la désignation des villes, sans limiter législativement le nombre des entrepôts que le gouvernement pourrait autoriser dans chacune de ces villes. (Conseil d'Etat, 7 juillet 1882 ; 19 décembre 1890.)

L'Etat peut subordonner l'autorisation donnée à une ville à l'engagement par celle-ci de supporter tous les frais de perception et de garde de l'entrepôt. Jugé, à cet égard, que le décret autorisant un entrepôt peut disposer que le concessionnaire remboursera les frais de perception et de surveillance incombant à l'Etat, sans violer l'art. 21 § 2 de la loi de 1846. (Conseil d'Etat, 19 décembre 1890.)

Le ministre peut, dans le cahier des charges, limiter les catégories de personnes qui pourront prendre part à l'adjudication, et notamment exclure les concessionnaires d'autres entrepôts, les fabricants, raffineurs ou marchands de sucres et les entrepreneurs de transports de sucres. — Même arrêt.

Si le concessionnaire d'un entrepôt existant prétend qu'une clause du cahier des charges d'un entrepôt à créer, notamment la fixation d'un taux maximum de frais de magasinage, porte atteinte à l'exercice des droits qu'il tient de son propre cahier des charges, sa réclamation ne peut pas être portée directement devant le Conseil d'Etat par voie de recours pour excès de pouvoir. — Même arrêt.

121. — Les entrepôts réels peuvent recevoir :

1° Les sucres *bruts* expédiés des fabriques ou d'autres entrepôts réels en *suspension du paiement des droits* ;

2° Les sucres *raffinés* et les sucres *bruts libérés d'impôts* (*voir* § 177), lorsqu'ils sont présentés pour servir à la décharge des comptes d'admission temporaire (*Lois du 7 mai 1864, art. 5 ; du 29 juillet 1884, art. 6, et du 4 juillet 1887, art. 5*). Les sucres bruts présentés dans ces conditions ne doivent pas titrer moins de 65 degrés (*Loi du 4 juillet 1887, art. 5*).

3° Les mélasses ayant au moins 44 p. 0/0 de richesse saccharine absolue (*Loi du 14 juillet 1897, art. 6*). En ce qui concerne les mélasses des fabriques, leur destination n'étant pas connue au moment de leur entrée en entrepôt, le service de cet établissement doit, lorsque ces mélasses sont dirigées sur une fabrique ou une sucraterie, en aviser, par la voie hiérarchique, le service de la fabrique d'où proviennent ces mélasses entreposées, afin qu'il puisse opérer au compte du fabricant la rectification nécessaire (*circ. 228 du 24 août 1897*).

122. — Les sucres reçus à la décharge des obligations d'admission temporaire perdent, en entrant en entrepôt, leur caractère de sucres libérés d'impôt.

Par l'envoi d'un avis spécial (n° 6, *admission temporaire*), le service informe de ces entrées le receveur principal, qui est chargé de délivrer à l'expéditeur un certificat d'entrée en entrepôt valant décharge du droit; le reçu apposé par les commerçants à la souche du registre d'où sont détachés les certificats donne lieu à l'apposition d'un timbre mobile de 10 centimes (*lettre autog. du 10 mai 1898*). Les sucres qui ont été placés en entrepôt dans ces conditions ne peuvent en être enlevés que pour être exportés directement, ou pour être livrés à la consommation après acquittement des droits. Dans ce dernier cas, s'il s'agit de sucres bruts, le droit est calculé sur les quantités soumissionnées au moment de l'admission temporaire, sans qu'il y ait lieu de procéder à une analyse, et, s'il s'agit de raffinés, sur la matière brute dont ils proviennent (1). Pour les sucres raffinés, le service ne doit pas omettre de per-

---

(1) En fait, depuis la loi du 19 juillet 1880, la somme à percevoir est la même que si l'on imposait directement le sucre raffiné qui sort d'entrepôt ; mais l'ancienne fiction légale a été conservée, afin que la somme perçue reçoive la même imputation que si l'obligation d'admission temporaire, à l'apurement de laquelle a servi le certificat

cevoir la taxe de raffinage (2 francs), et la taxe pour frais de surveillance (8 centimes) par 100 kilogr., dont la remise a été accordée (*voir* §§ 287 *et* 293) au moment de l'entrée en entrepôt (*Loi du 7 mai 1864, art.* 7).

Le paiement du droit doit alors être effectué sans nouveau crédit, comme pour les acquittements directs à la décharge des comptes d'admission temporaire (*circ.* 954, *du* 31 *mai* 1864).

Les sucres présentés dans les entrepôts à la décharge des comptes d'admission temporaire n'y sont reçus qu'après reconnaissance et vérification des chargements, préalablement à leur introduction (*Décret du 11 août* 1899, *art.* 8). On ne peut donc admettre l'opération fictive qui consisterait à libérer des sucres bruts entreposés, en les déclarant pour l'admission temporaire, et à réclamer pour ces mêmes sucres, sans les avoir déplacés, la délivrance de certificats n° 7 (*circ.* n° 358, *du* 21 *août* 1899).

123. — Les sucres, autres que ceux qui sont entreposés à la décharge des obligations d'admission temporaire, peuvent être enlevés des entrepôts :

1° En suspension du paiement des droits, à destination d'un autre entrepôt, d'une fabrique, de l'étranger, d'une raffinerie (avec le bénéfice de la détaxe de distance), des établissements prévus par l'art. 4 de la loi du 28 janvier 1903, ou d'une brasserie ;

2° Sous le régime de l'admission temporaire, après souscription d'une obligation (*voir ci-après* §§ 163 *et suivants*) ;

3° Après acquittement des droits dont ils sont passibles.

124. — Peuvent encore être présentés dans les entrepôts, les sucres raffinés et les candis libérés d'impôt destinés à la fabrication de la bière. Après constatation de leur qualité et de leur poids, les sucres sont placés sous cordes et plombs. En même temps qu'il délivre au déclarant un acquit-à-caution n° 9 A comportant le transfert du crédit de l'impôt, le service de l'entrepôt adresse au receveur principal un avis d'entrée en entrepôt (*n°* 6, *admission temporaire*). Au vu de cet avis, le receveur principal délivre à l'expéditeur un certificat d'entrée en entrepôt (*n°* 7 *C*,

---

d'entrée en entrepôt, avait été apurée en numéraire. Cette fiction a simplement pour but de faire rentrer, par voie de virement de fonds, dans la comptabilité des douanes ou dans celle des contributions indirectes, les perceptions effectuées sur les obligations souscrites respectivement entre les mains des comptables de ces deux administrations.

admission temporaire) qui vaut décharge de l'impôt précédemment acquitté, puisque ce certificat peut servir à apurer (*voir* § 181) une obligation d'admission temporaire pour une égale quantité de raffiné (*Décret du* 1er *octobre* 1904, *art.* 1er, *dernier* § ; *circ. n°* 581, *du* 6 *octobre* 1904).

125. — Il existe actuellement des entrepôts réels pour les sucres indigènes, dans les villes ci-après désignées (1) :

Paris, pont de Flandre, ordonnance du 7 août 1843 confirmée par la loi du 31 mai 1846 ;

Paris, 2e entrepôt, loi du 31 mai 1846 et décret du 18 octobre 1881 ;
Aubervilliers (Seine), décret du 20 décembre 1899 ;
Lille, loi du 31 mai 1846 et ordonnance du 14 août 1845 ;
Douai, décision ministérielle du 2 mai 1851 ;
Cambrai, décret du 1er juillet 1896 ;
Dunkerque, décret du 26 octobre 1895 ;
Lourches (Nord), décret du 28 août 1872 ;
Valenciennes, décision ministérielle du 10 avril 1851 ;
Arras, décret du 14 octobre 1899 ;
Boulogne, décret du 29 novembre 1893 ;
Calais, décret du 14 octobre 1890 ;
Amiens, décret du 19 mai 1859 ;
Eppeville (Somme), décret du 8 novembre 1899 ;
Péronne, décret du 19 décembre 1896 ;
Saint-Quentin, décret du 21 mars 1857 ;
Tergnier, décret du 13 octobre 1879 ;
* Le Havre, décret du 26 juillet 1856 ;
Rouen, décret du 19 mai 1859 ;
Le Tréport, décret du 30 octobre 1890 ;
* Honfleur, décret du 4 avril 1857 ;
Nantes, décret du 8 octobre 1864 ;
* Bordeaux, décret du 16 février 1857 ;
Lyon, décret du 9 février 1893 ;
Marseille, décret du 9 août 1864.

Enfin, dans les cinq grands ports militaires de Cherbourg, de Brest, de Lorient, de Rochefort et de Toulon, les magasins de la marine de

---

(1) Les villes dont le nom est précédé d'un astérisque * sont celles où il n'existe pas actuellement de magasin pour loger les sucres.

l'État sont considérés comme entrepôts réels pour l'emmagasinement des sucres destinés à l'avitaillement des navires.

126. — Les sucres expédiés des fabriques, sur les villes où l'administration des douanes et celle des contributions indirectes ont un service organisé, peuvent, à leur arrivée au lieu de destination, si l'administration l'autorise, être soumis à l'acquittement des droits sans entrer en entrepôt (*Décret du 3 octobre* 1861).

Dans ce cas, une déclaration écrite et signée est remise par le destinataire au chef de poste délégué par le sous-directeur ou le directeur. Ces déclarations sont dépouillées, par redevable, au sommier n° 36. Si leur nombre ne comportait pas la tenue de ce registre, on pourrait les inscrire à un simple carnet (*circ. n° 270, du 22 mars* 1898).

Les chefs de poste se conforment, pour assurer le paiement des droits, aux règles indiquées relativement aux livraisons à la consommation (§§ 136 *et suiv.*), ou à la souscription des obligations d'admission temporaire (§§ 167 *et suivants*).

127. — Le délai d'entrepôt est fixé à trois ans (*Décret du 1er septembre* 1852, *art.* 42). Les sucres qui n'ont pas été retirés de l'entrepôt à l'expiration de ce délai doivent en principe être soumis aux droits ; le cas échéant, l'Administration devrait être consultée avant la constatation de l'impôt.

128. — Le règlement sur le régime intérieur de l'entrepôt doit être soumis à l'approbation du ministre des finances (*Décret du 1er septembre* 1852, *art.* 42).

En exécution de cette disposition, le ministre des finances a approuvé, le 30 septembre 1852, un règlement-type que nous reproduisons ci-après, en y apportant les modifications qui résultent de diverses décisions postérieures.

RÈGLEMENT POUR LE SERVICE INTÉRIEUR DES ENTREPOTS
DE SUCRE INDIGÈNE.

I.

Direction du service.

Un employé des contributions indirectes est chargé, dans chaque entrepôt, sous l'autorité du directeur et de l'inspecteur, de la direction du service et de la surveillance générale de l'entrepôt.

Il aura sous ses ordres un nombre suffisant d'employés pour inscrire les déclarations, garder les portes de l'entrepôt, assister aux pesées, procéder à toutes les vérifications et tenir les écritures.

II.

Garde de la clef des magasins.

Le chef de service sera dépositaire de la double clef de l'entrepôt. Il ne pourra s'en dessaisir qu'entre les mains de l'employé spécialement désigné pour le suppléer en cas d'absence dûment motivée. Il devra assister chaque jour à l'ouverture et à la fermeture des magasins.

L'ouverture sera précédée du placement d'employés en surveillance. Les employés ne pourront se retirer le soir que lorsque les magasins auront été fermés.

III.

Surveillance à l'entrée et à la sortie.

Aucune quantité de sucres indigènes ne pourra être extraite de l'entrepôt que par les portes spécialement désignées.

Le chef de service ordonnera, lorsqu'il le jugera nécessaire, la visite des ouvriers et des hommes de peine travaillant à l'entrepôt, et la recherche des sucres sur leurs personnes.

IV.

Entrées en entrepôt.

Les sucres non libérés d'impôt ne pourront être admis en entrepôt que sur la représentation de l'acquit-à-caution délivré au départ et qu'après déclaration du destinataire. La déclaration portera engagement de placer en entrepôt les quantités qui seront reconnues à la vérification, et sous réserve des droits de l'Administration pour les cas de constatation de contravention.

Le bulletin qui sera détaché du registre d'entrée pourra servir à la fois de bulletin de décharge de l'acquit-à-caution et de bulletin de prise en charge à l'entrepôt. Cette prise en charge s'opérera d'après les énonciations du titrage porté à l'acquit-à-caution.

Pour les sucres libérés d'impôt, la même déclaration devra être faite par le destinataire, et le service prélèvera, s'il y a lieu, des échantillons pour faire analyser les sucres, qui seront pris en charge d'après les résultats de cette analyse, sauf recours aux commissaires-experts.

Dans tous les cas, le numéro du bulletin de prise en charge doit être indiqué en chiffres apparents sur chacune des parties déposées dans les magasins. Afin de distinguer facilement les sucres passibles du droit et ceux qui ont été entreposés à la décharge des obligations d'admission temporaire, il sera bon d'affecter une étiquette de couleur différente pour chacune de ces catégories de sucre.

V.

Transferts.

Les déclarations de transfert des sucres seront signées tant par le cédant que par le cessionnaire.

VI.

Sorties de l'entrepôt.

L'enlèvement des sucres de l'entrepôt sera précédé de la vérification et de la pesée.

L'ampliation de la déclaration que devra faire l'expéditeur à la suite de ces opérations indiquera la destination des sucres et servira de bulletin de sortie. Toutefois,

le chef de service n'autorisera l'enlèvement que sur justification du paiement des droits ou d'une garantie suffisante de ce paiement, ainsi qu'il sera expliqué ci-après.
Le bulletin de sortie sera visé par les employés placés en surveillance.

VII.
Comptes ouverts aux déposants.

Chaque déposant aura un compte ouvert, sur lequel seront portées en charge toutes les quantités entrées de l'extérieur ou par transfert, et en décharge toutes les quantités sorties de l'entrepôt ou reportées par transfert à un autre compte.

VIII.
Paiement des droits.

Les déposants qui voudront être autorisés à enlever des sucres pour la consommation sans paiement préalable des droits, souscriront entre les mains du receveur principal de la circonscription l'engagement cautionné d'acquitter ces droits dans le délai déterminé par l'article 36 du décret du 1er septembre 1852, soit en numéraire, soit en obligations dûment cautionnées, à la convenance du receveur (*voir ci-après* §§ 141 et *suivants*).
Pour les sucres qui sont enlevés en suspension du paiement des droits, le service doit exiger la présentation d'une caution solvable ou la consignation du montant des droits (*voir ci-dessus* § 108).

IX.
Choix des agents de la compagnie ; heures d'ouverture des magasins ; tarif.

Les obligations principales de la compagnie, le choix des agents, les heures d'ouverture des magasins et le tarif de tous les frais dus aux concessionnaires seront réglés conformément aux dispositions du cahier des charges relatif à la concession de l'entrepôt.

X.

Le règlement, qui devra être affiché à demeure, tant dans les bureaux du service que dans les divers magasins de l'entrepôt, sera soumis à l'approbation du ministre des finances.

129. — Les droits sont dus à la sortie des entrepôts réels sur les quantités et d'après le titrage constatés à l'arrivée. Il ne doit être fait d'exception à cette règle qu'en cas de perte *matérielle et fortuite* dûment constatée, attendu que les légères différences de poids reconnues sur les sacs doivent, s'il n'y a pas eu de combinaisons frauduleuses, résulter du degré plus ou moins grand d'humidité des sucres et être compensées par une modification correspondante dans le titrage.

130. — Les conditions auxquelles est subordonnée la délivrance des acquits-à-caution pour les sucres sortant des fabriques sont applicables aux acquits-à-caution délivrés à la sortie des entrepôts, à l'exception, bien entendu, de l'obligation de faire peser et analyser les sucres, dont le poids et le titrage ont été reconnus préalablement à l'introduction (*voir* §§ 98 *et suivants*).

Les quantités de sucres livrées à la consommation qui titrent au moins 98° et qui ne dépassent pas, par expéditeur, 1000 kilogr. par mois et par destinataire, peuvent sortir des entrepôts réels sous laissez-passer (*voir* § 102), même lorsque l'entrepôt est situé dans le rayon de surveillance.

Si l'entrepôt est situé hors du rayon de surveillance ou s'il est placé dans une ville où la circulation est libre (*voir* § 326), les sucres libérés d'impôt qui ne sont pas à destination d'une localité comprise dans le rayon de surveillance, ou qui ne doivent pas traverser ce rayon, peuvent sortir de l'entrepôt sans acquits-à-caution ni laissez-passer.

Même dans le cas où ils auraient à traverser le rayon de surveillance, les sucres libérés peuvent circuler librement, à la condition que le transport ait lieu par voie ferrée, et que l'entrepôt et le lieu de destination soient situés en dehors du rayon (*Lettre commune* n° 204, *du 7 juillet 1900*).

131. — Les sucres expédiés d'une fabrique sur un entrepôt avec de simples permis de circulation ne peuvent être réexpédiés sur un autre entrepôt, tant que l'acquit-à-caution qui doit être délivré en fabrique n'a pas été remis entre les mains des employés de l'entrepôt où sont déposés les sucres (*Lettre commune n°* 25, *du 14 décembre* 1881).

132. — Pour la tenue des comptes d'entrepôt, on emploie trois registres, savoir :

Un registre des entrées et des transferts (*n°* 34, *Sucres*) ;

Un registre des sorties (*n°* 35, *Sucres*) ;

Un registre des comptes ouverts aux entrepositaires (*n°* 36, *Sucres*).

Les registres n°s 34 et 35 sont à souche. Il en est détaché, pour chaque opération, un bulletin qui est remis aux intéressés.

Il est, en outre, fait usage de formules n° 6, pour les sucres présentés à la décharge des obligations d'admission temporaire (*voir* 177).

CHAPITRE IV.

Tarifs et livraisons à la consommation.

I. — TARIF DES SUCRES.

133. — Le tarif des sucres indigènes est fixé comme suit (1) :
Sucres bruts et raffinés, 25 fr. par 100 kilogr. de sucre raffiné ;
Sucres candis, 26 fr. 75 par 100 kilogr., poids effectif (*Loi du 28 janvier* 1903, *art.* 1er).

Les sucres candis, les sucres raffinés et les vergeoises acquittent en outre : 1° une taxe de raffinage de 2 francs par 100 kilogr. de sucre raffiné (*Lois du 7 avril* 1897, *art.* 4, *et du 28 janvier* 1903, *art.* 1er); 2° une taxe de huit centimes par 100 kilogr. poids effectif, à titre de redevance pour frais de surveillance (*Lois des 5 août* 1890, *art.* 13; 26 *juillet* 1893, *art.* 26 ; 9 *juillet* 1904, *art.* 6).

134. — Sont considérés comme sucres raffinés, pour l'application des droits, les sucres en pains ou agglomérés de toute forme (*Loi du 19 juillet* 1880, *art.* 17).

135. — Les sucres bruts en poudre sont imposés d'après leur rendement présumé au raffinage, sous la déduction, à titre de déchet, de 1 1/2 p. 100 de ce rendement. Quel que soit le rendement présumé, les sucres ne peuvent être frappés des droits pour un rendement inférieur à 65 p. 100, le déchet de 1 1/2 p. 100 non compris (*Loi du 19 juillet* 1880, *art.* 18).

Pour le calcul du rendement présumé au raffinage, voir les §§ 24 et 26.

II. — LIVRAISONS A LA CONSOMMATION.

Conditions exigées pour l'enlèvement des sucres.

136. — Aucune quantité de sucre ne peut être livrée à la consom-

---

(1) En Corse, le tarif des droits sur le sucre est le même que dans la France continentale ; toutefois, la taxe de raffinage n'y est pas perçue (Loi de finances du 31 mars 1903, art. 35).

mation qu'après paiement des droits ou garantie suffisante de leur acquittement (*Décret du 1er septembre 1852, art.* 36) (1).

Les droits sont dus sur les quantités reconnues par la vérification des employés (*même article*). Ils doivent être acquittés entre les mains du receveur sédentaire ou ambulant de la circonscription.

137. — A mesure que des enlèvements sont effectués pour la consommation ou qu'il y a lieu à un acquittement de droits à un titre quelconque, les chefs de service des fabriques et des entrepôts en informent simultanément le receveur sédentaire ou ambulant et le directeur ou le sous-directeur. Ils emploient à cet usage deux formules nos 26 et 33 (*service des sucres*), qui portent le titre de *bulletin d'avis* et d'*extrait de bulletin d'avis*, et qui comprennent, indépendamment du bulletin ou de l'extrait, une formule de récépissé. Le bulletin d'avis est détaché d'un registre à talon pour lequel on adopte la série des numéros pairs ; il est adressé au receveur particulier (ambulant ou sédentaire). L'extrait de bulletin d'avis est sur simple feuille ; il est envoyé

---

(1) Jugé que l'art. 36 du décret du 1er septembre 1852, en déclarant que les droits sont dus à la date de l'enlèvement, n'a pas seulement fixé l'époque à partir de laquelle les conditions du paiement des droits au comptant ou à terme sont applicables, mais qu'il a déterminé à la fois le moment de la liquidation du droit et celui de l'exigibilité de ce droit ; que, par suite, c'est l'impôt en vigueur au jour de l'enlèvement qui doit être payé. — Cass., 16 mars 1875, deux arrêts.

Les erreurs commises dans l'application des lois d'impôt peuvent toujours être réparées dans les délais déterminés par l'art. 25 du titre 13 de la loi des 6-22 août 1791, sans qu'il y ait lieu de distinguer entre les réclamations fondées sur un défaut absolu de perception et les demandes en supplément de droit. — Cass., 22 juin 1870.

Par suite, le consentement d'un préposé, donné soit amiablement, soit par des offres ou déclarations faites en justice, au payement d'un droit insuffisant, n'enlève pas à l'Administration la faculté de réclamer le complément du droit non perçu, même dans le cas où le juge a donné acte au redevable des offres du préposé. — Cass., 18 mars 1873.

Jugé que le payement expressément accepté comme libératoire par un employé des contributions indirectes ne fait pas obstacle à la réclamation ultérieure, dans les délais légaux, de l'excédent des droits non perçus. — Cass., 16 mars 1875.

Aux termes de l'art. 247 de la loi du 28 avril 1816, les contribuables de qui il a été perçu quelques sommes au delà du tarif ou d'après les seules dispositions des instructions ministérielles pourront en exiger la restitution. Sur la question de savoir si ce droit à la restitution appartient exclusivement au fabricant ou s'il doit être reconnu à l'acheteur des sucres (au cas où la quittance constate que c'est lui qui a payé l'impôt), un jugement a réservé ce droit au fabricant seul. — Trib. Compiègne, 16 juillet 1873.

au directeur ou au sous-directeur qui renvoie le récépissé, annoté, au chef de service (*Lettre commune n° 81, du 30 avril 1894*; *circ. n° 270, du 22 mars 1898*).

Les contrôleurs et les inspecteurs chargés de visiter les fabriques et les entrepôts sont tenus de constater non seulement que les quantités livrées à la consommation, et inscrites en sorties au portatif ou aux comptes ouverts aux entrepositaires, ont fait l'objet de bulletins d'avis n°^{s} 26 et 33, mais encore de rapprocher de la souche du registre n° 26 les récépissés, dûment annotés (*voir* § 139), que les comptables et les chefs de division administrative doivent renvoyer aux chefs de service (*Lettre commune n° 30, du 27 décembre 1878* ; *circ. n° 270 précitée*).

138. — Les redevables qui désirent être affranchis de l'obligation de payer les droits au moment de l'enlèvement des sucres peuvent être admis par le receveur principal de la circonscription à souscrire une soumission cautionnée à la convenance de ce receveur, et garantissant pour une période déterminée le montant des droits qui deviendront exigibles. Cette soumission est reçue sur le registre n° 24 (*service des sucres*) (1).

Le receveur principal indique, tant aux chefs de service des fabriques et des entrepôts qu'au receveur particulier de la circonscription, les sommes pour lesquelles l'enlèvement se trouve autorisé en vertu des soumissions souscrites, et la période à laquelle cette autorisation s'applique.

Le receveur particulier veille à ce que les enlèvements soient renfermés dans la limite des crédits. Si cette limite était dépassée, il en informerait immédiatement le receveur principal et prendrait les mesures nécessaires pour assurer le recouvrement des droits.

139. — A la réception des bulletins d'avis, le receveur particulier porte au compte ouvert n° 75 (*service général*) les quantités auxquelles ces bulletins sont relatifs. Les sucres sont inscrits distinctement, d'après leur titrage ou leur qualité (brut, raffiné, candi) et avec indication des taxes dont ils sont passibles.

Lorsque le redevable n'a pas obtenu de crédit d'enlèvement, le

---

(1) Des recommandations spéciales relativement à la signature des actes de cautionnement ont été adressées au service par la circ. n° 549, du 6 janvier 1904.

L'Administration autorise les industriels à se cautionner en numéraire ou à verser en nantissement, à la Caisse des dépôts et consignations, des titres de rente 3 % ou d'autres valeurs (Note autog. n° 96, du 7 décembre 1903).

paiement immédiat, en numéraire ou en obligation, a lieu au vu des bulletins d'avis. Le numéro de cette recette est alors mentionné sur le récépissé de ces bulletins. Les chefs de service attendent, pour permettre la sortie des sucres, le renvoi des récépissés ainsi annotés (*voir* § 105).

III. — MODES DE PAIEMENT DES DROITS.

140. — Tout acquittement de moins de 300 francs doit être fait en numéraire, sans crédit (*Décret du 1ᵉʳ septembre* 1852, *art.* 36).

Pour les paiements de 300 francs et au-dessus, les redevables sont admis à souscrire des obligations cautionnées à quatre mois d'échéance (*même article*). Ces obligations donnent lieu au paiement d'un intérêt de crédit et d'une remise spéciale dont le taux et le montant sont fixés par des arrêtés du ministre des finances (*Loi du 15 février* 1875, *art.* 3). Le taux de l'intérêt de crédit est fixé à 3 p. 100 l'an et le taux de la remise à un tiers de franc p. 100, suivant un arrêté ministériel du 17 février 1875.

En ce qui concerne les sucres dirigés sur les raffineries, les obligations peuvent être souscrites à un mois de terme ; elles ne portent pas d'intérêt ; la remise attribuée au comptable est de 1/12ᵉ de franc p. 100. Si elles sont à 4 mois de terme, elles ne portent pas d'intérêt pendant le premier mois (*Loi du 9 juillet* 1904, *art.* 5 ; *circ.* n° 575, *du* 18 août 1904).

Pour les conditions auxquelles est subordonnée l'acceptation des obligations, voir le § 144 *et les suivants.*

141. — La Régie est autorisée à calculer la durée des crédits à dater du jour de l'enlèvement des sucres (*Décret du 1ᵉʳ septembre* 1852, *art.* 36).

Toutefois, lorsqu'il s'agit d'un industriel qui jouit d'un crédit d'enlèvement, on tolère que les acquittements, soit en numéraire, soit en obligations cautionnées, aient lieu par périodes de dix jours pour les sucres expédiés de fabriques ou d'entrepôts placées dans la circonscription d'une recette sédentaire, et trois fois par mois lorsqu'il s'agit de sucres sortant d'établissements dépendant d'une recette ambulante. Les droits applicables aux opérations effectuées depuis le règlement précédent doivent être payés en totalité. Si l'acquittement a lieu au moyen d'obligations cautionnées, l'échéance à quatre mois ou à un mois, selon le cas, se calcule à dater du dernier enlèvement (*Décision ministérielle du 1ᵉʳ novembre* 1852).

142. — Le montant des droits dus sur les sucres livrés à la consommation dans la circonscription des recettes ambulantes peut être versé à la recette principale dont elles dépendent, lorsque le paiement doit être effectué en numéraire.

Les receveurs ambulants se bornent, dans ce cas, à établir, au moment de leurs tournées, le décompte des droits exigibles. Ce décompte est remis aux fabricants dûment certifié. Le receveur principal le contrôle au moyen des *extraits de bulletin d'avis* n° 33 (*voir ci-dessus* § 137), et il constate la perception au registre n° 87 B (*service général*). Le fabricant est tenu d'échanger le récépissé du receveur principal contre une quittance définitive du receveur ambulant, dans les quarante-huit heures au plus à dater de la tournée de ce receveur, et sous peine du retrait de la facilité pour l'avenir, s'il ne s'est pas mis en règle dans ce délai.

143. — La vérification des perceptions effectuées sur les sucres rentre dans les attributions du service général. Le service des sucres remet chaque mois au directeur ou au sous-directeur, pour servir à cette vérification, un relevé, pour chaque fabrique ou pour chaque entrepôt, des quantités mises en consommation. Ce relevé porte le n° 32 (*service des sucres — Voir* §§ 533 à 535) ; il est la récapitulation des bulletins d'avis n° 26 de la série paire.

Conditions de la concession des crédits de droits.

144. — Les receveurs principaux sont chargés de la concession des crédits de droits.

Au commencement de chaque trimestre, ces receveurs soumettent à l'approbation du directeur, par l'entremise de l'inspecteur des sucres ou du sous-directeur, là où il n'existe pas d'inspecteur des sucres, l'état (*n° 25, sucres*) des sommes pour lesquelles les redevables et leurs cautions lui paraissent pouvoir s'engager. Ils doivent ne comprendre dans leurs propositions que des redevables ou cautions offrant toutes les garanties de solvabilité requises (*voir* §§ 147 et 148). L'inspecteur ou le sous-directeur s'assure que ces conditions ont été remplies, et il consigne ses observations dans la colonne ouverte à cet effet. Le directeur fait le même examen et il arrête l'état. S'il juge que les propositions des receveurs doivent être réduites, il détermine le maximum des crédits à accorder.

Dans aucun cas, les crédits autorisés par les directeurs ne peuvent être dépassés ; mais les receveurs principaux restent libres de les restreindre ou même de refuser tout crédit, s'ils ont des doutes sérieux sur la solvabilité des redevables ou des cautions.

Lorsque de nouveaux redevables demandent, dans le courant du trimestre, à jouir du crédit, des propositions spéciales sont faites par les receveurs principaux, dans la forme indiquée ci-dessus pour les propositions trimestrielles.

145. — Aux termes d'une décision ministérielle du 10 mai 1875, les receveurs principaux peuvent, sur réquisitions écrites, se faire délivrer sans frais, par les conservateurs des hypothèques, des états indiquant la situation hypothécaire des redevables qui demandent à souscrire des obligations cautionnées et des personnes qui sont présentées comme cautions des obligations (*Lettre commune n° 26, du 27 mai 1875* ; circ. *n° 117, du 29 avril 1895*).

Une autre décision ministérielle du 23 novembre 1896 dispose que quand deux redevables se cautionnent mutuellement en matière de douanes et de contributions indirectes, les comptables supérieurs des deux administrations doivent se concerter. En outre, les receveurs principaux des deux services s'adressent réciproquement, chaque mois, des relevés indiquant le montant des crédits consentis à ces redevables et les noms de leurs cautions (*Lettre commune n° 138, du 14 janvier 1897*).

146. — Les crédits de droits sont entièrement distincts des crédits d'enlèvement (*voir* § 138). Ceux-ci se rapportent simplement au délai qui est accordé aux redevables pour se libérer, en numéraire ou en obligations cautionnées, des droits exigibles sur les sucres livrés à la consommation. Ils constituent en quelque sorte des délais de liquidation, tandis que le crédit de droits représente un délai de payement.

Les receveurs principaux déterminent seuls les crédits d'enlèvement ; ils n'ont à prendre les ordres du directeur que dans les circonstances exceptionnelles.

147. — Le redevable qui est autorisé à souscrire une obligation de crédit doit, ainsi que sa caution, être domicilié dans le ressort de la cour d'appel où elle doit être donnée (*art. 2018 du Code civil*). Si l'un ou l'autre ne remplit pas cette condition, une deuxième caution domiciliée dans cette circonscription doit être exigée, de telle sorte que deux des signataires aient leur domicile dans la circonscription de la cour d'appel (*circulaire n° 557, du 19 avril 1889*).

148. — Tous les signataires des obligations cautionnées doivent être notoirement solvables à la date de ces obligations pour le crédit total qui leur a été accordé.

Si la fortune des redevables ou de leurs cautions consiste en biens-fonds, le receveur principal est tenu de s'assurer que ces biens sont libres de toute hypothèque pour une somme notablement supérieure au montant des droits dont ils garantissent le crédit (*voir ci-dessus § 145*). Il doit prendre inscription sur ces mêmes biens aussitôt qu'il est possible de le faire légalement, s'il arrive que les obligations soient protestées à l'échéance, à défaut de paiement, ou que le redevable soit déclaré en faillite (*circulaire de la comptabilité publique n° 78 du 15 juin 1867*).

Il est interdit d'admettre pour cautions des personnes dont la fortune serait commune avec celle du principal obligé ou d'une première caution, c'est-à-dire des associés, s'il s'agit de négociants, ou des parents communs en biens, si ce sont des personnes étrangères au commerce.

Aux termes d'une décision ministérielle du 23 décembre 1899, les succursales des Sociétés financières ou des maisons de banque peuvent être admises comme cautions des obligations (*L. C. n° 213, du 3 janvier 1901*).

149. — A défaut de l'accomplissement de l'une quelconque des conditions rappelées aux §§ 144, 147 et 148 ci-dessus, le receveur principal est, en cas de sinistre, personnellement responsable des crédits de droits et tenu de verser de ses deniers le solde à recouvrer après l'épuisement des poursuites contre les redevables et leurs cautions.

La question de responsabilité des receveurs pour les obligations restées en souffrance est soumise à la décision du ministre.

150. — Les receveurs principaux sont autorisés à accepter, en remplacement de la deuxième signature exigée pour les obligations, le transfert en leur nom, à titre de nantissement, des sucres existant dans les entrepôts réels en quantité suffisante pour répondre de l'acquittement des droits à l'échéance (*Décision ministérielle du 13 novembre 1852*).

Cette disposition ne concerne que les sucres placés en entrepôt. Elle ne peut être étendue aux sucres existant dans les magasins des fabriques ou des sucrateries.

Obligations cautionnées.

151. — Le receveur principal indique au receveur particulier, dans la limite des crédits arrêtés par le directeur, les sommes pour lesquelles les redevables et leurs cautions peuvent être admis à souscrire des obligations pour les droits sur les sucres.

Tout receveur particulier qui accepterait des obligations sans l'autorisation du receveur principal, serait tenu d'effectuer immédiatement le paiement en numéraire des droits exigibles, sauf son recours personnel contre les redevables.

152. — Les obligations sont souscrites sur une formule spéciale (n° 31, *Sucres*).

Elles doivent être :

Timbrées aux frais des souscripteurs (1) ;

Sans fractions de franc ;

Et payables au domicile du trésorier-payeur général du département ou du receveur particulier des finances de l'arrondissement.

Chaque traite comprend le montant du droit dû au Trésor et de l'intérêt afférent à ce droit pour quatre mois ou trois mois, selon le cas (*voir* § 140), ou simplement le montant du droit s'il s'agit de traites à un mois de terme (non compris les centimes, qui doivent toujours être payés en numéraire). On doit présenter distinctement, sur la traite et sur la quittance du registre n° 74, le principal et les intérêts formant le total de l'obligation. Les intérêts de crédit sont portés à une ligne spéciale de recettes (*circulaire de la comptabilité publique, n° 102 du 20 mars 1875*).

Les obligations sont payables au chef-lieu de l'arrondissement dans lequel elles ont été souscrites et à la caisse du trésorier-payeur général ou du receveur particulier des finances. Toutefois, sur la demande

---

(1) Les obligations sont soumises au timbre proportionnel (*Décision ministérielle du 5 mai 1807*). On aura soin de les faire revêtir du timbre, aussitôt qu'elles auront été souscrites, et de réclamer le prix de ce timbre aux souscripteurs au moment de la signature (*Décision du ministre des finances du 25 nivôse an XIII*). Le prix du timbre proportionnel des obligations est réglé comme suit : cinq centimes par 100 francs ou fraction de 100 fr. jusqu'à 1,000 fr. ; au-dessus de 1000 fr., le droit de timbre est de 50 cent. par 1000 fr. sans fractionnement (*Loi du 22 décembre 1878*).

du souscripteur, elles peuvent être acquittées, soit à son domicile lorsqu'il habite au chef-lieu d'arrondissement, soit à celui de toute autre personne qu'il délègue à cet effet et qui remplit la même condition (*Loi du 29 décembre* 1873, art. 21). Dans un cas d'espèce, l'Administration a également admis que des traites souscrites en province fussent assignées payables au siège d'une société de crédit situé à Paris. *Correspondance.* Lorsqu'il en est ainsi, les mots *au domicile du receveur..... des finances à...*, doivent être biffés et remplacés par le nom et l'adresse de la personne chargée d'acquitter à l'échéance le montant de l'obligation (1).

153. — La signature du principal redevable doit être précédée d'un *Bon pour* énonçant *en toutes lettres* la somme pour laquelle l'obligation est souscrite.

154. — Les receveurs étaient précédemment autorisés à remettre aux redevables des formules d'obligations que ceux-ci pouvaient remplir et signer sans déplacement. Cette facilité ne devait toutefois être accordée qu'autant que les signatures des principaux obligés et de leurs cautions étaient bien connues.

---

(1) Lorsque les obligations cautionnées ont été souscrites par le gérant d'une société en commandite, en dehors des statuts sociaux, les co-associés ne peuvent se prévaloir de cette irrégularité vis-à-vis de la Régie.

Les obligations cautionnées ne constituent ni un emprunt ni un effet commercial ; les associés ne peuvent en éluder le paiement... sous prétexte que les obligations à quatre mois souscrites par le gérant de la société au profit du Trésor n'auraient pas été revêtues de la double signature que les statuts exigent (Cass., 16 février 1876)... ni sous prétexte que ces droits sont dus pour des sucres soumis par le gérant à des opérations de refonte et d'épuration non mentionnées dans les statuts sociaux (Cass., 16 mars 1875 et 16 février 1876).

Mais les obligations cautionnées constituent un mode de paiement des droits et, par suite, de libération du sucre qui le rend disponible à l'égard des tiers, en anéantissant le gage du Trésor devenu, vis-à-vis du signataire des obligations, simple porteur d'un titre de créance. La remise des obligations cautionnées entraîne, aussi bien qu'un paiement effectif en espèces, la libération complète des sucres contenus dans une fabrique ou un entrepôt (Trib. Laon, 9 juillet 1874)

Si, à l'échéance, les obligations cautionnées viennent à rester impayées, la Régie aura le droit de poursuivre contre le fabricant le paiement total des droits ; mais elle ne pourra exercer un droit de suite sur les marchandises régulièrement vendues ou données en gage, au préjudice de tiers de bonne foi qui s'en seront rendus acquéreurs ou qui les auront reçues en nantissement (Cass., 3 avril 1889).

En conséquence, la Régie ne saurait valablement pratiquer une saisie sur des sucres libérés au moyen d'obligations cautionnées agréées par elle, à raison du défaut de paiement de ces obligations à l'échéance (même arrêt).

A la suite d'incidents survenus dans ces dernières années, l'Administration a rappelé que le registre n° 24 ne doit, sous aucun prétexte, sortir du bureau de la recette, et que les signatures des principaux obligés et de leurs cautions doivent être apposées sous les yeux des employés.

Des recommandations spéciales relativement à la signature des actes de cautionnement ont été également adressées au service par la circ. n° 549 du 6 janvier 1904.

Afin que la validité des titres ne puisse être contestée, l'Administration exige que la signature apposée sur les obligations soit certifiée par deux employés au moment même où l'engagement est souscrit. A cet effet, le modèle n° 31 comprend, outre la souche et l'ampliation, un talon qui doit être signé, comme l'obligation elle-même, par le redevable. Cette signature est attestée, dans les recettes ambulantes, par le receveur et le commis principal, et, dans les recettes sédentaires, par le comptable et le chef local de service. Les talons détachés de l'ampliation doivent être envoyés le jour même au directeur ou au sous-directeur et classés avec soin par recette pour être compulsés au besoin (*circ. n° 61, du 23 août* 1872).

Dans tous les cas, les receveurs sont responsables de l'authenticité des signatures.

155. — A mesure que les obligations pour droits sur les sucres sont reçues, elles sont inscrites sur un registre spécial (*n° 30, Sucres*).

Le numéro d'inscription au registre n° 30 est rappelé sur les obligations.

Il est, en outre, ouvert à chaque souscripteur d'obligations un compte spécial (*registre n° 30 A, Sucres*), sur lequel sont inscrits les engagements contractés et, au moment de l'échéance des effets, les extinctions, de manière que ce compte présente à toute époque la situation des crédits dont jouissent les redevables. Afin de ne pas dépasser la limite des crédits autorisés, les comptables doivent examiner le compte de chaque redevable, avant d'admettre de nouvelles obligations.

Le premier de chaque mois, on établit la balance du compte de tous les redevables, et c'est au moyen des renseignements puisés au registre n° 30 A qu'est formé le relevé n° 30 B, dont le double doit être transmis à l'Administration.

156. — Les obligations sont transmises tous les dix jours par les receveurs principaux au caissier central du Trésor (*Arrêté ministériel du 28 mai 1887 ; circ. n° 479 du 16 juin 1887*).

Elles doivent toujours être adressées *directement* au *Caissier central du Trésor* et, en même temps, le directeur du mouvement général des fonds est informé de cet envoi par lettre spéciale (*Lett. C. n° 6, du 22 mars 1890*).

157. — Toute obligation non acquittée à l'échéance doit être protestée. Après le protêt, l'obligation est présentée au receveur principal, qui en rembourse immédiatement le montant, ainsi que les frais du protêt, au trésorier-payeur général ou au receveur particulier des finances chargé de l'encaissement de l'obligation, et inscrit la somme totale au compte des avances provisoires, où elle figure jusqu'à remboursement par les souscripteurs ou leurs cautions.

Si le receveur principal n'a pas en caisse les fonds suffisants ou s'il ne peut s'en procurer au moyen d'un versement extraordinaire, que le directeur prescrit au receveur le plus voisin, les obligations lui sont remises par le trésorier-payeur général ou par le receveur particulier des finances contre des récépissés comptables motivés, énonçant que le défaut de fonds en caisse n'a pas permis le remboursement de ces effets. La dépense aux avances provisoires est balancée par une recette aux fonds de subvention reçus des receveurs des finances (1).

Voir, pour les poursuites à diriger après protêt, la circulaire n° 392 du 22 juin 1848, et, pour la question de responsabilité des comptables, la circulaire de la comptabilité publique n° 78 du 15 juin 1867.

Remise accordée aux receveurs.

158. — Les souscripteurs des obligations cautionnées sont, au moment même de la souscription, tenus de payer une remise (de 1 p. 100 l'an) d'un tiers pour cent du montant de ces obligations pour les obligations à quatre mois, et d'un douzième pour cent, pour celles à un mois (*Loi du 15 février 1875, art. 3; arrêté ministériel du 17 février 1875, art. 2; circ. n° 575 du 18 août 1904*).

Cette remise est destinée à couvrir les risques que la concession des crédits fait courir au Trésor et au receveur principal.

---

(1) Contrairement aux règles établies pour les obligations d'admission temporaire (*voir ci-après* § 174), il n'a pas été encore stipulé que les traites ou obligations souscrites en acquittement de droits continueraient à porter intérêt dans le cas où elles ne seraient pas payées à l'échéance, de sorte qu'elles cessent d'en produire quand elles sont protestées.

Les sommes recouvrées, à titre de remise sur les obligations cautionnées, sont réparties à la fin de chaque mois entre le Trésor et le comptable qui a concédé les crédits.

La part du comptable est calculée d'après les bases suivantes :

Sur les premiers 500.000 francs de crédits concédés pendant le mois	1/3 de franc p. °/₀.
Sur les 400.000 fr. suivants.	1/10ᵉ de franc p. °/₀.
Sur les 800.000 fr. suivants.	1/20ᵉ de franc p. °/₀.
Sur le surplus des crédits concédés	1/40ᵉ de franc p. °/₀.

En cas d'intérim résultant de vacance d'emploi, l'intérimaire participe au partage de la remise au prorata des crédits qu'il a concédés, mais en tenant compte de ceux qui l'auraient déjà été pendant le mois par le receveur sortant (*Arrêté ministériel du 30 octobre 1885*).

En cas d'intérim par suite de congé ou de maladie, l'intérimaire n'a pas droit à la remise.

La part allouée aux receveurs variant avec le chiffre des crédits, on prend pour base du calcul la remise normale de 1/3 °/₀. Par suite, pour fixer la quotité de l'indemnité, on réduit des trois quarts le montant de chaque traite à un mois de terme.

La remise n'est due, bien entendu, que sur le principal des droits compris dans les obligations et non sur les intérêts (*circ. de la comptabilité publique* n° 102, *du 20 mars 1875*).

La portion revenant au Trésor est inscrite aux recettes extraordinaires, et la dépense représentant la part payée aux comptables doit être justifiée par un extrait du livre de caisse n° 87 A, tenant lieu de quittance (*circ. de la comptabilité publique n° 53, du 16 décembre* 1852). On y joint également un état de répartition quittancé par le receveur principal et par les receveurs particuliers, s'il y a lieu (*circ. de la comptabilité publique n° 66, du 24 décembre* 1859).

159. — Conformément à la règle établie pour la souscription des obligations d'admission temporaire (*voir* § 169), c'est le receveur principal qui fait souscrire les obligations cautionnées, dans les localités où il existe à la fois une recette principale et des recettes particulières.

Lorsque le redevable est domicilié en dehors de la résidence du receveur principal, ce soin incombe aux receveurs particuliers, qui doivent suivre attentivement et signaler aux receveurs principaux tous les changements qui surviennent dans la position des redevables et de leurs cautions. A titre de rémunération pour les soins que leur imposent cette surveillance et la réception des traites, le receveur principal leur abandonne le tiers de la remise qui lui est acquise (*Voir la circulaire de la comptabilité publique n° 53, du 16 décembre* 1852).

160. — Un tableau présentant, d'une part, le montant des droits acquittés en obligations cautionnées, d'autre part, le montant de la remise et la répartition de cette remise, est transmis à l'Administration à la fin de chaque mois. Ce document doit toujours être en concordance avec les résultats consignés au bordereau n° 91 et présenter, indépendamment des sommes afférentes au mois pour lequel il est produit, les résultats des opérations antérieures de l'année. Il est remplacé par un état négatif lorsqu'il n'y aura aucune concession de crédits à signaler (*Lett. comm. n° 10, du 13 mai* 1886).

CHAPITRE V.

Admission temporaire.

161. — D'une manière générale, l'admission temporaire est la faculté donnée aux redevables de recevoir, sans acquittement de l'impôt, des sucres bruts qu'ils s'engagent à exporter ou à mettre en entrepôt dans un délai déterminé, après leur avoir fait subir une transformation.

Cette faculté ne peut être concédée que moyennant la souscription d'un engagement cautionné.

162. — Il existe deux catégories différentes d'admission temporaire pour les sucres, savoir : 1° le régime applicable aux sucres destinés au raffinage ; 2° le régime applicable aux sucres employés à la fabrication du chocolat.

I. — SUCRES DESTINÉS AU RAFFINAGE.

163. — Les sucres bruts de toute origine, à l'exception de ceux qui sont importés des pays et des entrepôts d'Europe, peuvent être placés sous le régime de l'admission temporaire (*Lois du 7 mai 1864, art. 5 et 6 ; du 19 juillet 1880, art. 18 ; du 7 avril 1897, art. 9*). Ce régime n'est pas applicable aux sucres raffinés.

164. — Les sucres déclarés sous le régime de l'admission temporaire sont livrés moyennant la souscription d'obligations cautionnées, lesquelles, dans un délai qui ne peut excéder deux mois, doivent être apurées soit par l'exportation ou par la mise en entrepôt d'une quantité de sucre en raffiné correspondant à la quantité soumissionnée, soit par le paiement des taxes applicables aux sucres bruts soumissionnés (*Lois du 7 mai 1864, art. 5, et du 8 juillet 1865, art. 27*).

165. — L'admission temporaire constitue une des formes adoptées pour l'acquittement de l'impôt. Les produits placés sous ce régime peuvent être livrés à la consommation, constitués en entrepôt ou présentés à l'exportation, dans les mêmes conditions que s'il s'agissait de sucres libérés par le paiement des droits en numéraire ou en traites (*voir* § 140). L'action du fisc à l'égard de ces sucres cesse complètement pour s'exercer uniquement sur les engagements souscrits par les redevables.

166. — Les quantités de sucre brut soumissionnées sont calculées en sucre raffiné, d'après le rendement présumé au raffinage, et sous une déduction, à titre de déchet, de 1 1/2 p. 100 de ce rendement. Quel que soit le rendement accusé par l'analyse, les sucres ne peuvent être reçus en admission temporaire pour un rendement inférieur à 65 p. 100, le déchet de 1 1/2 non compris (*Loi du 19 juillet* 1880, *art.* 18).

Pour les conditions du calcul du rendement, voir § 24.

Souscription des obligations.

167. — Lorsqu'un industriel ou un négociant veut placer des sucres sous le régime de l'admission temporaire, il en informe le chef de service de la fabrique, de l'entrepôt, ou le chef de poste délégué du lieu de destination (*voir* § 126). Cet employé établit, sur un registre n° 26 spécialement affecté aux admissions temporaires, et pour lequel on adopte la série des numéros impairs, le décompte des droits dont les sucres sont passibles et transmet le bulletin n° 26 ainsi rempli au receveur chargé de faire souscrire l'obligation, comme s'il s'agissait de sucres livrés à la consommation (*voir* §§ 137 *et* 170). Il adresse aussi un extrait de bulletin d'avis n° 33 (série impaire) au directeur ou au sous-directeur, qui lui renvoie le récépissé dûment annoté (*circ. n° 270, du 22 mars* 1898).

Les obligations cautionnées souscrites pour les sucres placés en admission temporaire ont, pour l'action ou les privilèges du Trésor et pour la responsabilité des comptables, tous les caractères des traites souscrites pour le paiement des droits. En cas de faillite ou de suspension de paiement, les formes de procéder sont les mêmes.

La responsabilité des comptables se trouvant étroitement engagée, ceux-ci doivent prendre toutes les garanties exigées en matière de crédits. Les inspecteurs du service spécial, les sous-directeurs et les directeurs étendent aux obligations le contrôle qu'ils doivent exercer sur les effets de crédit. On se dispense toutefois de leur soumettre, au préalable, les états trimestriels en usage pour la préparation des traites (*circ. n° 954, du 31 mai* 1864).

168. — Les obligations sont libellées sur une formule imprimée (*n° 1, série spéciale de l'admission temporaire*) ; elles sont passibles du timbre fixe de 75 centimes. Elles indiquent le titrage et la quantité des sucres soumissionnés, ainsi que le montant du droit dont ils sont passibles.

Le montant de la remise due aux receveurs principaux doit être acquitté au moment où les obligations sont souscrites (*circ. n° 954, du 31 mai 1864*). Mais, comme l'échéance de ces obligations ne comporte qu'un délai de deux mois, au lieu de quatre, la remise à payer par les redevables est réduite proportionnellement, c'est-à-dire ramenée à un sixième de franc (*voir, pour le partage de la remise*, §§ 158 et 159).

La part allouée aux receveurs variant avec le chiffre des crédits, on se borne, pour fixer la quotité de l'indemnité, à réduire de moitié le montant de chaque obligation d'admission temporaire ; ainsi, par exemple, une obligation de 100.000 fr. est comptée pour 50.000 fr., dans les relevés à établir pour les remises (*Lettre lithographiée du 27 juillet 1865*).

169. — Dans les localités où il existe à la fois une recette principale et des recettes particulières, c'est entre les mains du receveur principal que les obligations sont souscrites.

Partout ailleurs, le receveur particulier qui a fait souscrire une obligation la détache de la souche et la transmet au receveur principal ; celui-ci l'inscrit sur un carnet spécial (*n° 4, admission temporaire*) et en accuse réception au moyen d'une ampliation détachée de ce carnet. Le receveur principal envoie à l'Administration, le 8 de chaque mois, un relevé *n° 8 (Sucres)* présentant le total des quantités de sucres bruts placées en admission temporaire pendant le mois précédent (*circ. n° 270, du 22 mars 1898*).

Les receveurs particuliers annexent à la souche de l'obligation les accusés de réception des receveurs principaux.

170. — En principe, les soumissions d'admission temporaire devraient être souscrites, comme lorsqu'il s'agit du paiement des droits, au moment même de l'enlèvement des sucres des fabriques ou des entrepôts ; mais les redevables qui en font la demande peuvent être admis, par le receveur principal de la circonscription, à souscrire une soumission cautionnée à la convenance de ce comptable, soumission qui garantit, pour une période déterminée, le montant des droits exigibles. Cette soumission, qui équivaut au *crédit d'enlèvement* (*voir* § 138), permet aux raffineurs, fabricants ou commerçants, de se libérer par période de dix jours, dans la limite d'un chiffre de droits déterminé par le receveur principal.

Une seule obligation d'admission temporaire peut être souscrite pour toutes les quantités de sucre enlevées dans le cours d'une dizaine ; mais, contrairement à ce qui se passe pour les traites à quatre mois ou à un mois (*voir* § 141), le délai pour l'échéance de l'obligation collective court de la date du premier enlèvement (*Lettre de la direction générale des Douanes et des Contr. ind. au directeur des Contr. ind. de la Seine, en date du 14 juillet* 1864).

Avant de permettre l'enlèvement des sucres déclarés pour l'admission temporaire, le service, à défaut de crédit d'enlèvement, attend que le récépissé du bulletin n° 26 (*série impaire, voir* § 167) lui ait été renvoyé, par le receveur, dûment revêtu de la mention : « *les sucres ont été compris dans une obligation d'admission temporaire.* »

171. — Les chefs de service des fabriques et des entrepôts, d'où sont enlevés les sucres placés sous le régime de l'admission temporaire, doivent former, chaque mois, en double expédition, un relevé n° 32 (série impaire) des quantités placées sous ce régime. Une des expéditions est adressée au receveur particulier, au plus tard le 2 du mois qui suit celui auquel l'état se rapporte ; l'autre, visée par le contrôleur au moment de la vérification des arrêtés des comptes des fabriques et des entrepôts, est adressée à l'inspecteur du service spécial qui la transmet au chef de la division administrative.

S'il n'existe pas d'inspecteur du service spécial, cette seconde expédition est adressée par les contrôleurs spéciaux ou, à leur défaut, par les chefs locaux de service.

Dans les villes où l'on accepte, pour les sucres à destination des entrepôts, qu'il soit souscrit des obligations d'admission temporaire (*voir* § 126), cette seconde expédition est envoyée au directeur ou au sous-directeur par le chef de poste délégué (*circ. n° 270, du 22 mars 1898*).

Ce relevé sert à contrôler les opérations d'admission temporaire (*voir* § 525).

172. — Les receveurs principaux mentionnent sur un sommier (n° 2, *admission temporaire*) toutes les obligations reçues, soit dans leur bureau, soit dans les bureaux des receveurs particuliers de leur circonscription.

Les sucres doivent être inscrits par catégorie de titrage, et le calcul du droit éventuellement exigible s'établit à raison de 25 francs par 100 kilogrammes, en raffiné, de sucre soumissionné. C'est par les soins des receveurs principaux qu'est suivi l'apurement de toutes les obligations.

Le montant des obligations n'est pas immédiatement porté en recette. On attend l'apurement pour passer écriture des sommes qui sont alors effectivement recouvrées (*voir ci-après*). Les remises seules figurent en recette à la date des obligations.

Apurement des obligations.

173. — L'apurement des obligations doit être opéré, dans un délai de deux mois, soit par le paiement en numéraire (1) sur la quantité de raffiné que représentent les sucres bruts soumissionnés, soit par l'exportation (2) ou la mise en entrepôt d'une égale quantité évaluée en raffiné.

C'est au bureau du receveur principal qui a reçu l'obligation que doivent être faits les paiements ou présentées les justifications de sortie et de mise en entrepôt.

174. — Si l'apurement a lieu en tout ou en partie par l'acquittement du droit afférent à la quantité soumissionnée, le soumissionnaire doit payer, indépendamment du droit proprement dit, l'intérêt de crédit de 3 p. 100 l'an sur le montant de ce droit, à compter de la soumission (*Loi du 15 février 1875, art. 3 ; circulaire n° 141, du 20 février 1875*).

Cet intérêt est calculé d'après le nombre réel de jours écoulés, à partir du jour de la soumission jusqu'à celui du paiement, ce dernier non compris, les mois étant d'ailleurs uniformément comptés pour 30 jours (*circ. comptabilité publique n° 102, du 20 mars 1875*).

Par application de la disposition adoptée pour les traites cautionnées à quatre mois ou à un mois de terme (*art. 5 de la loi du 9 juillet 1904*), les obligations d'admission temporaire souscrites par les raffineurs ne portent intérêt que pendant un mois lorsque, bien entendu, elles sont apurées autrement que par des certificats d'exportation ou d'entrée en entrepôt (*circ. 375, du 18 août 1904*). Lorsque le paiement du droit n'est effectué qu'après l'expiration du délai de deux mois fixé par l'article 27 de la loi du 8 juillet 1865 (*voir §§ 182 et 183*), on perçoit en outre un intérêt de retard à raison de 4 p. 100 l'an, pour la période écoulée à partir de l'expiration dudit délai (*art. 8 de la loi du 7 mai 1864 ; art. 1er de la loi du 7 avril 1900 ; avis du conseil d'Etat du 16 février 1901 et circ. 443, du 16 avril 1901*). D'après le modèle de décompte annexé à la circulaire de la comptabilité publique n° 72, du 4 août 1864, l'intérêt

---

(1) Les bons de droits n°s 26 et 27 sont reçus comme numéraire pendant un délai de deux mois à compter de leur délivrance (*voir chap. XI*).

(2) Pour l'exportation, voir la liste des points de sortie au chap. VI.

de retard de 4 p. 100 doit être calculé, non en comptant les mois de 30 jours comme pour l'intérêt de crédit, mais en comptant l'année de 365 jours et en prenant chaque mois pour son nombre de jours effectifs.

175. — Les sucres libérés d'impôt, des diverses catégories ci-après désignées, sont admis à l'exportation ou à l'introduction en entrepôt (*voir* §§ 121, 122 *et* 124), pour l'apurement des obligations dans les conditions suivantes, savoir :

1° Les sucres raffinés en pains et agglomérés et les sucres sciés ou cassés en morceaux réguliers sont comptés pour leur poids total, à la condition qu'ils soient parfaitement épurés, durs et secs (*voir* § 25). Sont également acceptés pour leur poids effectif : *a*) les sucres des mêmes qualités qui, sous la surveillance du service, sont pilés ou cassés dans les fabriques-raffineries et dans les entrepôts réels (*circulaires n° 297, du 25 août 1880, et n° 237, du 22 octobre 1897*) ; *b*) les sucres raffinés des diverses espèces qui ont été imposés, pour leur poids effectif, à la sortie des raffineries (*Loi du 9 juillet 1904, art. 2*).

2° Les sucres candis, lorsqu'ils sont en cristaux secs et transparents, sont admis à raison de 107 kilogr. de raffiné par 100 kilogr. (*voir* § 25) ;

3° Les autres raffinés (poudres, morceaux irréguliers, vergeoises) sont comptés pour la quantité de sucre raffiné qu'ils représentent à l'analyse polarimétrique, avec la réfaction ordinaire pour les cendres, mais sans aucune réfaction pour la glucose, et, bien entendu, sans la déduction de 1 1/2 p. 100 qui est opérée sur les sucres bruts à titre de déchet de raffinage ;

4° Les sucres bruts titrant au moins 65 degrés. L'évaluation de ces sucres en raffiné a lieu dans les mêmes conditions que lorsqu'il s'agit du paiement des droits (*voir* § 24) ;

5° Le sucre cristallisable existant, en cet état, dans diverses préparations sucrées, notamment dans les fruits confits, les confitures, les bonbons, les pâtes de fruits, les pastilles médicinales, les biscuits sucrés, le lait concentré, les liqueurs, les sirops, les fruits au sirop, les savons transparents (*pour les chocolats, voir ci-après* § 189 *et suivants*).

6° Le sucre cristallisable et incristallisable (inverti) existant dans les confitures, gelées et compotes de fruits n'ayant reçu aucune addition de glucose ni de raisiné (*Décret du 16 juin 1904*).

176. — Les dispositions essentielles relatives à l'application aux produits sucrés du régime de l'admission temporaire sont contenues dans les décrets des 8 août 1878 et 18 septembre 1880. Des décrets rendus sur la proposition du département du commerce déterminent les produits admissibles à ce régime.

Les préparations sucrées ne sont reçues à la décharge des obligations d'admission temporaire que si elles contiennent 10 p. 100 au moins de sucre cristallisable ; cette proportion est abaissée à 5 p. 100 pour les liqueurs, les sirops et les fruits au sirop (*Décrets des 8 août 1878 et 27 octobre 1890*).

Le sucre cristallisable contenu dans ces produits est considéré comme raffiné et compté pour son poids effectif ; la quantité en est constatée par les laboratoires scientifiques du ministère des finances. Cette constatation est définitive. L'exportateur qui n'a, d'ailleurs, pas été appelé à faire la déclaration du titrage de ses préparations, ne peut pas recourir à l'expertise pour contester la richesse saccharine reconnue par le laboratoire, pas plus qu'il ne pourrait y recourir pour contester la présence, dans ses préparations, de substances susceptibles d'en fausser le dosage (*Tarif des douanes. Règles générales*).

Les préparations sucrées ne sont admises en entrepôt réel que dans les établissements de la douane, mais les certificats n° 7 A (*voir ci-après*), qui sont délivrés au moment de l'introduction peuvent être employés, comme ceux d'exportation (délivrés également par le service des douanes), à l'apurement des obligations souscrites pour les sucres indigènes (*Décrets des 8 août 1878 et 18 septembre 1880*).

177. — Le commerçant qui exporte ou met en entrepôt des sucres destinés à l'apurement d'obligations d'admission temporaire en fait la déclaration sur une formule spéciale (*n° 6 admission temporaire*). Chaque espèce de sucre doit être déclarée séparément ; on doit indiquer distinctement le poids brut et le poids net de chaque espèce, ainsi que son numéro de titrage s'il s'agit de sucres bruts ou de sucres raffinés qui ne sont pas acceptés pour leur poids réel comme raffiné. Après vérification du poids et, s'il y a lieu, du titrage, par l'analyse, le service (*Douanes, ou Contributions indirectes*) constate par une annotation sur la formule n° 6 l'exportation ou la mise en entrepôt. Cette formule est adressée au receveur principal qui délivre, pour une quantité de raffiné égale à celle portée à la formule, un certificat n° 7 détaché d'un registre à souche et transmissible par voie d'endossement.

C'est ce certificat qui sert à apurer les obligations souscrites, soit par le détenteur, soit par des tiers, à une date antérieure, pourvu que cette date ne remonte pas à plus de deux mois.

Le reçu apposé par les commerçants sur la souche des registres d'où sont détachés les certificats, doit être revêtu d'un timbre mobile de 0 fr. 10, dont le prix est acquitté par le bénéficiaire du certificat (*Lettre autog. du 10 mai 1898*).

178. — Lors de l'introduction en entrepôt ou lors de l'exportation de sucres raffinés, il est également accordé remise de la taxe de raffinage et de la taxe pour frais de surveillance précédemment acquittées, au moyen d'un coupon annexé au certificat n° 7, coupon qui est reçu en décharge aux comptes spéciaux ouverts pour la perception des deux taxes dont il s'agit (*voir ci-après §§ 283 et suivants*). Il en est de même pour le sucre raffiné employé dans la préparation des produits sucrés (*Décret du 18 juillet 1897, art. 11 et 17*).

179. — Les sucres bruts étant soumissionnés sans fraction de kilogramme, ces fractions doivent également être négligées pour les produits exportés à la décharge des obligations. Toutefois, lorsqu'il s'agit de quantités inférieures à 100 kilog., les fractions de 50 décagrammes et au-dessus sont comptées pour 50 décagrammes (*circ. n° 297, du 25 août 1880*).

180. — Lorsque des justifications de sortie ou de constitution en entrepôt sont présentées au receveur principal détenteur de l'obligation sur laquelle le soumissionnaire déclare vouloir les imputer, le comptable examine d'abord si elle n'est pas antérieure de plus de deux mois à la date des visas constatant l'exportation ou l'entrée en entrepôt (*voir § 182*). Il faut aussi, bien entendu, que l'obligation n'ait pas été souscrite à une date postérieure à celle des visas constatant l'entrée en entrepôt ou l'exportation. Après s'être assuré de la régularité et de la validité des pièces produites, le receveur principal en fait l'application.

Dans le cas où un certificat de sortie ou de mise en entrepôt ne serait appliqué que partiellement dans un bureau et devrait servir, pour le complément, dans un autre bureau, il serait retenu au bureau de première application, et le receveur principal en délivrerait un extrait (*modèle n° 11, admission temporaire*) au moyen duquel s'opérerait la régularisation ultérieure.

181. — Il existe trois sortes de certificats différents, savoir :
1° Le n° 7, pour les sucres bruts libérés du droit de 25 francs ;
2° Le n° 7 A, pour le sucre contenu dans les fruits confits, les liqueurs, etc. ;
3° Le n° 7 C, pour les sucres raffinés libérés d'impôt.

182. — L'intérêt budgétaire engagé dans le régime des sucres est trop considérable pour qu'on ait voulu s'exposer à altérer les résultats de la loi du 7 mai 1864 par des prolongations de délai. Il n'en sera donc jamais accordé, alors même que les soumissionnaires croiraient pouvoir exciper de circonstances de force majeure.

Mais, dans la pensée du législateur, c'est la date des certificats de sortie ou d'admission en entrepôt qui doit servir de base au calcul des délais. Il faut, dès lors, donner au commerce quelque latitude pour se procurer et rapporter ces certificats à la recette principale dépositaire des obligations. Dix jours suffisent largement pour les plus longues distances. Cinq jours après l'expiration du délai de deux mois, le receveur principal envoie un avertissement au soumissionnaire et à sa caution. Si, cinq jours après ce premier sursis, c'est-à-dire dix jours après l'exigibilité de l'obligation, les engagements ne sont pas remplis, le receveur principal fait signifier contrainte aux deux obligés. Le comptable informe aussitôt l'Administration de l'incident (*circ. n° 954, du 31 mai 1864*).

183. — Il est bien entendu que la tolérance accordée pour le rapport des certificats ne change rien aux délais légaux, et que c'est toujours la date du visa de sortie ou d'entrée en entrepôt qui sert au calcul du terme de deux mois. En cas de paiement partiel ou total des droits en numéraire, c'est l'intérêt à 4 p. 100 qui doit être réclamé pour le nombre de jours écoulés depuis l'expiration du délai légal de deux mois (*voir* § 174).

Une fois la contrainte décernée, les obligations ne peuvent plus être apurées que par le paiement des droits et des intérêts (*circ. n° 954, du 31 mai 1864*).

184. — En aucun cas, les obligations ne doivent être remises aux soumissionnaires. Lorsqu'elles sont apurées par la représentation de certificats d'exportation ou d'entrée en entrepôt, les comptables délivrent aux intéressés qui en font la demande un récépissé constatant l'apurement. Lorsque, au contraire, les sucres entrent dans la consommation, la quittance des droits acquittés devient, pour le soumissionnaire, le titre authentique de sa libération.

185. — Le receveur principal qui reçoit un certificat n° 7, pour l'apurement d'une obligation, l'inscrit immédiatement à la décharge de cette obligation, sur le compte ouvert au sommier n° 2 (*voir* § 172), et il donne le jour même, à son collègue qui a délivré le certificat, un avis (*modèle n° 10, admission temporaire*) indiquant l'imputation qu'a reçue ce certificat.

186. — Les bons de droits n°s 26 et 27 (*admission temporaire*) représentant la détaxe de distance allouée aux sucres coloniaux français et aux sucres indigènes (*voir ci-après, chap.* xi) sont reçus comme numéraire à l'apurement des obligations d'admission temporaire. Ils doivent être utilisés dans le délai de deux mois à compter du jour de leur délivrance (*Loi du 7 avril* 1897, *art.* 2, 3 *et* 8 ; *décret du 18 juillet* 1897, *art.* 18).

Le receveur principal à qui sont remis des bons de droits fait recette, comme s'il s'agissait de numéraire, de la somme employée sur le montant des bons. D'autre part, il porte une somme égale en dépense à un compte spécial ouvert avant les opérations de trésorerie sous le titre : *Services spéciaux du Trésor.* Dans ce compte, une ligne spéciale est affectée aux bons de droits afférents à la détaxe de distance des sucres coloniaux (n° 26), une autre aux bons relatifs à la détaxe de distance des sucres indigènes (n° 27). Cette dépense est justifiée mensuellement à la comptabilité publique par la production des bons eux-mêmes accompagnés, pour chaque espèce de bons, d'un bordereau récapitulatif approuvé par le directeur (*Loi du 29 juin* 1897, *art.* 42 ; *circ. comptabilité publique n°* 127, *du 23 juillet* 1897 ; *circ. n° 232, du 30 août* 1897).

Pour le contrôle de l'emploi des bons, voir chap. XI.

187. — Le contrôle de la souscription et de l'apurement des obligations d'admission temporaire est exercé, dans les départements, par les inspecteurs.

Ces chefs de service doivent s'assurer notamment que :

1° Les sucres placés en admission temporaire rentrent bien dans la catégorie de ceux qui peuvent être déclarés pour ce régime spécial ;

2° Les quantités exprimées en raffiné représentent exactement — déduction faite de la réfaction de 1 1/2 p. 100 — le résultat de la multiplication du poids net des sucres par leur titrage ;

3° Le montant des droits à garantir a bien été calculé, à raison de 25 francs.

4° Le calcul des intérêts de crédit et de retard est régulièrement établi ;

5° Les certificats d'exportation ou d'entrée en entrepôt présentés à l'apurement des obligations ont une date intermédiaire entre le jour de la souscription et celui fixé pour l'échéance de ladite obligation ;

6° Les bons de droits versés comme numéraire ont été présentés dans le délai réglementaire de deux mois.

Ils rapprochent, en outre, d'une part, les obligations des relevés mensuels n° 32 fournis par les chefs de service des fabriques, des entrepôts ou des lieux de destination définitive ; d'autre part, les certificats d'exportation ou d'entrée en entrepôt, ainsi que la souche des quittances du registre n° 74, des indications portées au sommier n° 2 pour l'apurement de chaque obligation (*circ. n° 270, du 22 mars* 1898).

188. — Le contrôle supérieur de l'Administration est limité à la création et à l'emploi des certificats 7, 7 A, et 7 C ; il s'exerce au moyen de l'envoi mensuel des états sommaires n°s 21 et 23 (*admission temporaire*).

Le n° 21 est destiné à présenter, séparément et dans l'ordre suivant, le relevé des certificats n°s 7 et 7 C délivrés par bureau, pendant le mois, par le receveur principal. Le cas échéant, ce comptable y mentionnerait les certificats qu'il aurait établis pour des sucres enlevés des fabriques-raffineries en vertu de passavants n° 8.

Le n° 23 sert à signaler les imputations faites, pendant le mois pour lequel il est fourni, des certificats n°s 7, 7 A et 7 C et des extraits de certificats (n° 11) délivrés dans un même mois : 1° par le receveur principal qui établit le relevé ; 2° par d'autres receveurs principaux. Chaque comptable a, par conséquent, à fournir autant d'états distincts qu'il doit y faire figurer de bureaux d'émission et de périodes mensuelles pendant lesquelles les titres ont été créés.

Ces différents états doivent parvenir à l'Administration avant le 15 du mois qui suit celui pour lequel ils sont fournis.

Ils doivent, auparavant, avoir été soigneusement vérifiés par les inspecteurs chargés du contrôle de la délivrance et de l'emploi des bons de droits. Les directeurs ont à fixer les itinéraires en conséquence. Ils peuvent reporter à la première quinzaine du mois la date du 25 au 30 qui avait été donnée, par la circulaire n° 232 du 30 août 1897, comme devant être celle de la vérification des bons de droits.

Les inspecteurs rapprochent notamment : 1° les indications des relevés n°s 21 des souches des certificats d'entrée en entrepôt n°s 7 et 7 C délivrés par les comptables ; 2° le libellé de ces souches des déclarations n° 6 d'entrée en entrepôt.

Ils s'assurent ainsi, d'une part, que toutes les quantités de sucres libérés réintégrés en entrepôt à la décharge des comptes d'admission temporaire ont fait l'objet de certificats réguliers et, d'autre part, qu'il n'y a pas eu de double emploi (*circ. n° 270, du 22 mars 1898*).

II. — SUCRES EMPLOYÉS A LA FABRICATION DU CHOCOLAT.

189. — Le sucre importé des pays hors d'Europe et le sucre indigène, qui sont destinés à la fabrication du chocolat pour l'exportation, peuvent être admis temporairement en franchise des droits, sous les conditions déterminées par l'article 5 de la loi du 5 juillet 1836.

En ce qui concerne ce régime spécial d'admission temporaire, analogue à celui appliqué en matière de douanes, la mission du service des contributions indirectes consiste uniquement à recevoir les soumissions applicables aux sucres indigènes expédiés sur les fabriques de chocolat et à suivre l'apurement de ces soumissions (*Décret du 17 août 1880, art. 1er ; circulaire n° 55, du 22 juin 1872*).

Souscription des engagements.

190. — Les déclarations d'admission temporaire pour les sucres destinés à être employés à la fabrication du chocolat ne peuvent être reçues que dans les lieux où il existe un entrepôt réel (*circ. n° 55, du 22 juin 1872*).

Les fabricants de chocolat qui veulent bénéficier de ce régime doivent, ainsi que leur caution, s'engager préalablement par écrit, entre les mains du receveur principal de la circonscription, à exporter ou à placer en entrepôt, dans un délai de 4 mois, 100 kilogrammes de chocolat pour 54 kilogrammes de raffiné ou une quantité équivalente de sucre brut (*art. 2 du décret du 17 août 1880*).

191. — Les sucres raffinés sont soumissionnés pour leur poids effectif et les sucres bruts pour la quantité de sucre raffiné qu'ils représentent. Cette quantité est déterminée par l'analyse polarimétrique et sous la déduction ordinaire pour les cendres et la glucose ; mais il n'y a pas lieu d'allouer la déduction complémentaire de 1 1/2 p. 100 pour déchet de raffinage (*lettre commune n° 23, du 8 septembre 1880*). [1]

---

(1) Le minimum de rendement (65 0/0) fixé par la loi du 19 juillet 1880, pour les sucres déclarés pour la consommation ou l'admission temporaire en vue du raffinage, n'est pas applicable aux sucres employés à la fabrication du chocolat destiné à l'exportation (Tarif des douanes. Règles générales).

192. — Les sucres que les industriels veulent placer sous ce régime, et qui sont entreposés au nom d'un tiers, doivent être préalablement transférés à leur nom.

Le receveur principal de la circonscription reste seul juge, sous sa responsabilité, de la solvabilité des soumissionnaires et de leurs cautions. Il indique par lettre, pour chaque soumissionnaire et sa caution, au chef de service de l'entrepôt, la limite dans laquelle les engagements peuvent être reçus. La lettre du receveur principal est annexée au registre n° 214 (*voir ci-après*) et la limite des crédits qu'elle a fixée ne peut être dépassée sous aucun prétexte, sauf à tenir compte, bien entendu, des quantités exprimées aux acquits-à-caution qui rentrent déchargés (*circ. n° 55, du 22 juin* 1872).

193. — Ce régime de l'admission temporaire fonctionne au moyen d'acquits-à-caution spéciaux n° 9 de la série M pour le service des douanes, et n° 214 (ancien 24 de la série M) pour le service des contributions indirectes. Le service inscrit, tant à la souche qu'à l'ampliation de ce registre, les espèces et quantités de sucre soumissionnées.

Malgré l'engagement préalablement souscrit à la recette principale, la souche du registre 214 doit être signée, sur place, avant l'enlèvement des sucres, tant par le soumissionnaire que par sa caution, ou, à défaut, par une personne autorisée à cet effet par procuration qui reste entre les mains du receveur buraliste (*circ. n° 55, du 22 juin* 1872).

194. — Les ampliations détachées du registre 214 servent à régulariser le transport des sucres soumissionnés, de l'entrepôt d'où ils sont extraits, à l'usine du soumissionnaire. Ce dernier les conserve pour les représenter ultérieurement au service des douanes, chargé de constater l'exportation ou l'entrée en entrepôt du produit fabriqué.

Apurement des engagements.

195. — Ne sont admis à la décharge des soumissions d'admission temporaire que les chocolats valant au moins 2 fr. 50 le kilogramme en fabrique, droits compris, et composés exclusivement de cacao, de sucre et d'aromates, sans mélange d'aucune autre substance (*Décret du 17 août* 1880, *art.* 3).

La constatation de la qualité et du passage à l'étranger des chocolats exportés incombe exclusivement au service des douanes ; il en est de même pour la constatation de l'entrée en entrepôt du produit fabriqué qui ne peut être admis que dans les entrepôts de douane (*circ. n° 53, du 22 juin* 1872).

196. — Les acquits-à-caution dûment revêtus, par le service de la douane, des visas de mise en entrepôt ou d'exportation, sont transmis directement à l'Administration, qui les envoie ensuite dans les directions des lieux d'origine.

Comme moyen de contrôle, des relevés spéciaux de tous les acquits-à-caution 214 doivent être formés à la fin de chaque mois, en double expédition, dont une est transmise à l'Administration, sous le timbre du bureau des sucres, en même temps que les autres productions mensuelles. Ils sont établis sur la formule n° 13 (*circ. n° 53, du 22 juin* 1872).

197. — C'est la date des certificats d'exportation ou de réintégration en entrepôt qui sert de base au calcul du délai de 4 mois accordé pour l'apurement des acquits-à-caution. Mais, en raison du temps qu'entraîne le renvoi, aux lieux d'origine, des acquits-à-caution au dos desquels sont libellés les certificats, l'Administration admet qu'un premier avertissement ne soit adressé au soumissionnaire qu'un mois après l'expiration de ce délai de 4 mois, pour les expéditions qui ne seraient pas rentrées.

198. — A défaut de justifications suffisantes pour l'apurement des acquits, le soumissionnaire est passible du quadruple droit sur les quantités de sucre soumissionnées, qui n'ont pas été apurées par l'exportation ou la mise en entrepôt d'une quantité correspondante de chocolat (*art.* 5 *de la loi du* 5 *juillet* 1836).

CHAPITRE VI.

Exportation et envois de fabrique à fabrique.

I. — EXPORTATION.

199. — Le droit n'est pas dû sur le sucre indigène qui est exporté à l'étranger (*Loi du 23 mai 1860, art.* 8) (1).

L'exportation s'effectue sous deux formes :

1° L'exportation *directe*, c'est-à-dire en suspension du payement des droits, à la sortie des fabriques ou des entrepôts ;

2° L'exportation dite *à la décharge des comptes d'admission temporaire*, c'est-à-dire l'exportation de sucres libérés d'impôt (pris dans le commerce libre ou sortant des établissements exercés) dont le passage à l'étranger motive la délivrance d'un certificat représentant les taxes précédemment acquittées. Ce certificat est transmissible par voie d'en-

---

(1) Liste des bureaux de douane ouverts pour constater la sortie des sucres. Les bureaux dont le nom est précédé d'un astérisque (*) délivrent seuls les certificats n° 7 d'exportation pour la décharge des comptes d'admission temporaire.

* Dunkerque	Les Verrières-de-Joux	* Nantes
* Lille	Jougne	* Saint-Nazaire
* Douai	Bois-d'Amont	* Brest
* Tourcoing	Les Rousses	* Morlaix
Jeumont	Bellegarde	* Saint-Malo
* Vieux-Condé	Annecy	* Granville
* Valenciennes (gare)	Pont-de-la-Caille	Cherbourg
* Blanc-Misseron	Lans-le-Bourg	* Caen
* Feignies	* Modane	* Rouen
Givet	Vintimille	* Honfleur
Ecouviez	Menton	* Le Havre
Longwy	Fontan	* Dieppe
Audun-le-Roman	* Toulon	* Le Tréport
Batilly	* Marseille	* Boulogne
Pagny	Agde	* Calais
Avricourt	* Cette	* Saint-Valery-sur-Somme
* Nancy	Port-Vendres	* Abbeville
Wissembach	Béhobie	* Paris
* Belfort	* Bordeaux	* Orléans
Petit-Croix	* La Rochelle	* Lyon
Delle	Charente	
Morteau	* La Pallice	
Pontarlier	* Bayonne	

dossement. Sa remise ultérieure au receveur principal, par le détenteur, permet de ne pas acquitter l'impôt sur une quantité correspondante de sucre (exprimé en raffiné) ayant fait l'objet d'une obligation d'admission temporaire.

200. — Les sucres en pains ou agglomérés destinés à l'exportation ne sont portés en décharge, pour leur poids total comme raffiné, qu'à la condition d'être parfaitement épurés, durs et secs. Les autres sucres raffinés sont portés en décharge pour leur poids effectif, quand ils proviennent d'une raffinerie; ils ont, en effet, été soumis à l'impôt pour leur poids total. Si l'exportation a lieu par un bureau autre que ceux dont le nom, indiqué page 198, est précédé d'un astérisque, le certificat peut être délivré par le receveur principal des contributions indirectes de la circonscription d'origine, après retour du passavant d'exportation n° 8 dûment annoté de la mention de sortie. Les sucres candis sont comptés pour 107 kilogrammes de raffiné par 100 kilog. de candi, si les cristaux sont secs et transparents. Quant aux autres sucres, ils sont portés en décharge pour la quantité de sucre raffiné qu'ils représentent d'après l'analyse (*Lois du 19 juillet* 1880 *et du 9 juillet* 1904).

201. — L'exportation directe a lieu sous le lien d'un acquit-à-caution garantissant le double du droit, pour le cas où le passage à l'étranger ne serait pas justifié.

C'est le service de la douane qui est exclusivement chargé de constater les exportations; il mentionne ses constatations par un visa au dos de l'aquit-à-caution, qui est ensuite remis au service des contributions indirectes pour être déchargé et transmis, sans retard, par la voie hiérarchique, au bureau du lieu d'expédition, où s'opère l'apurement de l'acquit par son rattachement à la souche (*voir* § 538).

Pour les conditions relatives à la délivrance et à l'emploi des certificats constatant l'exportation de sucres libérés d'impôt, voir §§ 173 *et suivants.*

II. — ENVOIS DE FABRIQUE A FABRIQUE.

202. — Les fabricants sont autorisés à recevoir, en tout temps, des sucres bruts et des mélasses libérés ou non libérés d'impôt expédiés par d'autres fabricants.

Ces produits sont pris en charge au compte de fabrication du destinataire pour une quantité de sucre raffiné, imposable ou non imposable, égale à celle qui a été portée en décharge au compte de l'expéditeur (*Décret du 31 juillet 1884, art.* 8).

203. — Les mélasses expédiées d'une fabrique sur une autre fabrique ou sur une sucraterie sont portées en décharge, au compte de fabrication, à raison de 30 kilogrammes de sucre raffiné par 100 kilogrammes de mélasse. Elles sont prises en charge chez le destinataire pour une quantité de sucre raffiné égale à celle dont le compte de l'expéditeur a été déchargé.

Ne peuvent être expédiées dans ces conditions que les mélasses épuisées n'ayant pas plus de 50 p. 100 de richesse saccharine absolue (*Loi du 29 juin 1891, art.* 3).

Voir, en outre, pour les conditions d'introduction dans les fabriques, les §§ 82 à 84).

CHAPITRE VII.

Dispositions spéciales aux fabriques-raffineries et aux sucrateries.

I. — FABRIQUES-RAFFINERIES.

204. — Les dispositions qui précèdent sont en tous points applicables aux fabriques-raffineries.

Dans ces établissements, la surveillance doit s'exercer particulièrement à l'atelier de turbinage, au magasin des sucres bruts, à la mise en refonte de ces sucres, à l'entrée et à la sortie des étuves, ainsi qu'au magasin des sucres raffinés.

Il existe, en outre, pour l'exercice de ces établissements, quelques dispositions particulières que nous allons énumérer ci-après, en suivant l'ordre des divisions adopté pour les fabriques simples.

Prise en charge du sucre aux comptes auxiliaires.

205. — Dans les fabriques-raffineries, il est tenu, indépendamment du compte de fabrication, trois comptes auxiliaires des sucres achevés, savoir : 1° le compte des sucres en poudre ; 2° le compte de mise à l'étuve des sucres raffinés ; 3° le compte de magasin des sucres raffinés (*voir* § 32).

206. — Les sucres en pains doivent, au moment du lochage, ou être transportés dans les magasins spéciaux ou être mis immédiatement à l'étuve (*Décret du 1er septembre* 1852, *art.* 15 *et* 16).

Les prescriptions de l'art. 15 du règlement du 1er septembre 1852, qui oblige les fabricants-raffineurs à déclarer la mise à l'étuve et la sortie des pains, sont maintenues à l'égard des fabriques-raffineries (*circ.* 404, *du* 17 *août* 1884).

207. — Toute opération de mise à l'étuve et de sortie de l'étuve doit être déclarée par le fabricant et vérifiée par le service (*Décret du 1er septembre* 1852, *art.* 15).

Lorsque la mise à l'étuve a lieu au moment du lochage, une seule déclaration suffit pour les deux opérations. Elle porte engagement de mise à l'étuve après le lochage. Les deux opérations sont constatées simultanément par le service.

Une déclaration distincte est nécessaire pour les sucres qui ont été placés dans les magasins spéciaux de dépôt. Cette déclaration est inscrite au n° 5 (*Sucres*) ; elle indique le nombre et le poids des pains. Le service doit toujours compter les pains et s'assurer de la mise à l'étuve. Mais, lorsqu'il s'agit de sucres lochés récemment et dont le poids est exactement connu, on peut se dispenser de constater ce poids de nouveau.

208. — A la sortie de l'étuve, le nombre et le poids des pains doivent toujours être vérifiés complètement.

Les déclarations de sortie de l'étuve n'indiquent que le nombre des pains. Elles sont inscrites, comme les déclarations de mise à l'étuve, au registre n° 5 (*Sucres*).

Les sucres retirés de l'étuve sont immédiatement transportés dans les magasins spéciaux de dépôt (*Décret du 1er septembre* 1852, *art.* 15 *et* 16).

209. — Les opérations de mise à l'étuve, de sortie de l'étuve et de mise en magasin, sont constatées, à mesure qu'elles s'effectuent, au carnet portatif (*n°* 6, *Sucres*). A la fin de chaque journée, il en est dressé acte au portatif général (*n°* 7 B, *Sucres*).

Les sucres achevés en pains sont pris en charge, soit à la seconde partie du 2ᵉ compte (*compte d'étuve*), s'il s'agit de sucres mis à l'étuve immédiatement ou déposés en magasin en attendant la mise à l'étuve, soit à la troisième partie du 2ᵉ compte (*compte des sucres raffinés*), lorsqu'il s'agit de sucres en pains ou en tablettes qui ne doivent pas passer à l'étuve. Sont aussi pris en charge à ce dernier compte les sucres en pains sortant de l'étuve. Ces sorties forment la décharge du compte d'étuve.

210. — Les sucres candis sont mis deux fois à l'étuve : une première fois à l'état de sirops, dans des pots où ils cristallisent ; une seconde fois, dans des paniers, après avoir été retirés des pots et triés.

La première de ces opérations, étant analogue à la *mise en formes* des sirops pour la fabrication des sucres en pains, n'est pas assujettie à l'exercice. La déclaration d'entrée à l'étuve n'est obligatoire qu'à l'égard des sucres candis cristallisés et mis en paniers ; mais on doit exiger que les sirops de sucre candi en *pots* et les cristaux de sucre candi en *paniers* soient toujours placés dans des étuves distinctes.

Il suffit qu'à l'entrée à l'étuve les paniers de sucre candi soient pesés par épreuve. Lorsque ces paniers sont de contenance égale, on peut même se borner à en constater le nombre. A la sortie de l'étuve, les sucres candis sont pesés intégralement.

211. — Les sucres imparfaits provenant des têtes de forme et de sirops incomplètement cristallisés ne sont pas compris dans le compte des sucres achevés. Il en est simplement pris note sur le carnet spécial (n° 17, *Sucres*), comme pour les sirops d'égout provenant des turbines (*voir* §§ 60 et 110).

Inventaires et recensements.

212. — Suivant la règle, toutes les quantités qui, lors des inventaires, ressortent en excédent sur le montant de la prise en charge du compte de fabrication, sont considérées comme des excédents de rendement et prises en charge dans les conditions ordinaires, sans qu'il y ait lieu de se préoccuper de la question de savoir si une partie de ces excédents provient ou ne provient pas du travail des sucres libérés de tous droits.

213. — Il est fait un recensement distinct pour chacune des trois subdivisions du compte des sucres achevés, et chaque compte particulier est réglé séparément (*Décret du 1er septembre* 1852, *art.* 19).

214. — Les excédents sur le nombre des pains de sucre raffiné mis à l'étuve ou en magasin sont saisissables, même dans le cas où il n'existe pas d'excédent sur le poids de ces sucres (*Décret du 1er septembre* 1852, *art.* 15 *et* 19).

215. — Les manquants sur les sucres raffinés en pains se règlent différemment, suivant que le nombre des pains est ou n'est pas représenté exactement.

Lorsque le nombre des pains est reconnu exact, il y a lieu à l'allocation totale du déchet éprouvé sur les sucres mis à l'étuve ou pris provisoirement en compte en attendant la mise à l'étuve. Sous cette même condition de la représentation exacte du nombre de pains, les sucres raffinés mis définitivement en magasin, soit à la sortie de l'étuve, soit parce qu'ils ne doivent pas passer à l'étuve, sont traités pour l'allocation des déficits de poids comme les sucres en poudre (*voir* §§ 76 à 79).

Lorsque le nombre des pains n'est pas exactement représenté, tout manquant soit sur le nombre des pains, soit sur le poids des sucres raffinés mis à l'étuve, pris en charge en attendant la mise à l'étuve ou mis définitivement en magasin, entraîne l'application des peines prononcées par l'article 3 de la loi du 30 décembre 1873 (*Décret du 1er septembre 1852, art.* 15 *et* 19).

Introductions dans les fabriques.

216. — Aux termes du décret du 17 avril 1858, les fabricants-raffineurs peuvent recevoir, en tout temps, des sucres achevés de toute origine libérés d'impôt. Il s'agit ici aussi bien des sucres bruts que des sucres raffinés. D'un autre côté, ils jouissent des mêmes avantages que les autres fabricants, au point de vue de la réception des sucres en suspension du paiement des droits, dans les conditions prévues à l'article 8 du décret du 31 juillet 1884.

Lorsqu'ils reçoivent des sucres en suspension du paiement des droits, les fabricants-raffineurs ont, par suite, la faculté : soit de les faire prendre en charge comme produits non libérés d'impôt ; soit d'en acquitter immédiatement les droits en espèces ou en traites cautionnées, auquel cas les sucres sont pris en charge comme produits entièrement libérés ; soit, enfin, de les placer sous le régime de l'admission temporaire.

217. — Les produits complètement libérés d'impôt sont pris en charge au portatif n° 7 B, dans une colonne spéciale du compte général de fabrication, sous le titre : *Produits libérés de tous droits*. Cette prise en charge équivaut, en fait, à l'ouverture d'un crédit pour la sortie d'une quantité équivalente en franchise, sortie qui figure dans une colonne correspondante et sous le même titre.

Pour éviter que l'ouverture de ce crédit ne donne lieu à des abus, il importe que les produits libérés d'impôt soient l'objet d'une vérification sérieuse et approfondie au moment de leur introduction. Pour les sucres en pains notamment, qui ne présenteraient pas le degré de pureté et de siccité exigé par l'art. 19 de la loi du 19 juillet 1880, les employés ne devraient les prendre en charge qu'après avoir fait déterminer par l'analyse la quantité de sucre raffiné qu'ils représentent.

Des échantillons doivent être également prélevés pour tous les sucres bruts qui ne proviennent pas directement des fabriques.

Les sucres bruts placés en admission temporaire dans les fabriques-raffineries figurent au portatif n° 7 B pour la quantité de sucre raffiné qu'ils représentent (*circ. 297, du 25 août 1880*).

Sorties des fabriques.

218. — Les sucres raffinés ne peuvent être enlevés des fabriques que soit après paiement du droit, pour la consommation; soit en suspension du paiement de l'impôt, pour l'exportation directe, ou pour être introduits dans une autre fabrique-raffinerie, dans un des établissements spéciaux visés par l'art. 4 de la loi du 28 janvier 1903, ou dans une brasserie. Les sucres raffinés non libérés d'impôt ne peuvent être admis en entrepôt.

219. — Les sucres en pains expédiés des fabriques-raffineries ne sont portés en décharge pour leur poids total que s'ils sont parfaitement épurés, durs et secs.

Les autres raffinés, les poudres provenant du pilage et du sciage des raffinés et les vergeoises sont portés en décharge et, par conséquent, imposés pour la quantité de sucre raffiné qu'ils représentent. Cette quantité est déterminée comme pour les sucres bruts, c'est-à-dire dans les conditions prévues par l'art. 18 de la loi du 19 juillet 1880, *mais sans déduction de la glucose et sans réfaction de 1 1/2 p. 100 à titre de déchet de raffinage* (1).

Cette dernière disposition s'applique exclusivement aux divers produits du raffinage; elle ne concerne pas les sucres bruts, qui, pour le paiement des droits comme pour la décharge du compte de fabrication, doivent donner lieu à la déduction de 1 1/2 p. 100 (*circ. 404, du 17 août 1884*).

220. — Les sucres raffinés et candis livrés par les fabriques-raffineries occupant, dans la consommation, la même place que les raffinés et candis provenant des raffineries proprement dites, doivent supporter les mêmes charges. En conséquence, les raffinés et candis destinés à la

---

(1) Par application de la décision ministérielle du 22 septembre 1897 (Circ. n° 237, du 22 octobre 1897), les poudres provenant du pilage et du sciage des pains sont portées en décharge pour leur poids effectif, quand les opérations ont lieu, sous la surveillance du service, dans des établissements exercés.

consommation intérieure acquittent, indépendamment du droit de 25 francs :

1° La taxe de raffinage de 2 fr. par 100 kilogr. de raffiné. Pour la perception de cette taxe, il est ouvert un compte qui comprend les sucres raffinés, candis ou agglomérés de toute forme enlevés pendant le mois et non exportés en suspension du paiement des droits. A la décharge du compte sont reçus les coupons de certificats n° 7 C remis par les industriels. A la fin du mois, il est opéré une balance du compte et la taxe est perçue sur la différence entre les charges et les décharges. Les constatations sont portées à l'état de produit n° 22 A spécial (*Lois des 7 avril* 1897, *art.* 4; *28 janvier* 1903, *art.* 1er; *décret du* 18 *juillet* 1897, *art.* 12). Elles figurent à l'état mensuel dont la production est prescrite par les lettres autographiées nos 18270, du 5 octobre 1897 et 13887, du 30 août 1898.

2° La redevance de huit centimes, par 100 kilogr. de sucre raffiné, supportée par les sucres bruts mis en œuvre dans les raffineries et par les raffinés et candis importés. Cette redevance est perçue dans les mêmes conditions (voir alinéa ci-dessus) que la taxe de raffinage. Les constatations figurent à un état de produit n° 22 A (*Loi du* 9 *juillet* 1904, *art.* 6; *circ.* 575, *du* 18 *août* 1904).

Formalités à la sortie.

221. — On peut permettre l'expédition en vrac des sucres raffinés en pains, sous la condition que les voitures employées au transport seront solidement bâchées, et qu'il sera passé dans tous les anneaux de la bâche une forte ficelle, dont les deux bouts seront scellés au moyen d'un plomb.

Le même mode d'expédition est autorisé pour les sucres candis en vrac ou en caisse.

Admission temporaire.

222. — Les fabricants-raffineurs peuvent, en souscrivant une obligation, placer sous le régime de l'admission temporaire une partie des sucres bruts qu'ils ont dans leur usine. Les sucres raffinés ou les vergeoises enlevés des fabriques-raffineries, à la décharge du compte d'admission temporaire, ne donnent lieu qu'à la délivrance d'un passavant de circulation, lorsqu'ils sont destinés à l'exportation. Ils sont déclarés, pour la sortie, dans l'un des bureaux désignés à cet effet et imputés sur les obligations au vu des certificats n° 7. Lorsque le certificat n'est pas délivré par le service des douanes, ce titre est établi par le receveur principal des contributions indirectes, après retour du passavant n° 8.

On procède de la même manière pour les raffinés dirigés sur les entrepôts (*circ. n°s 954, du 31 mai 1864, et 404, du 17 août 1884*).

II. — SUCRATERIES (1).

223. — Par dérogation à l'article 11 de la loi du 31 mai 1846, l'enlèvement des mélasses des fabriques est autorisé à destination des établissements soumis à l'exercice en vertu du 1er paragraphe de l'article 3 du décret-loi du 27 mars 1852.

Les dispositions des articles 8 à 11 du décret du 31 juillet 1884 sont applicables à ces établissements (*art. 13 du décret du 31 juillet 1884*).

224. — Le compte de fabrication des sucrateries ne peut présenter, dans les charges, que des reprises, des entrées et des excédents. Les mélasses qui sont introduites dans ces établissements sont prises en charge pour la quantité de sucre dont il a été donné décharge au compte de l'établissement expéditeur, soit 30 0/0.

225. — L'exercice des sucrateries a lieu dans les mêmes conditions que celui des fabriques ordinaires. Mais, comme les opérations de ces usines ne comprennent que le désucrage des mélasses, les seuls registres de déclarations que doit tenir l'industriel, relativement à la fabrication, sont : 1° le registre n° 4 relatif aux résultats de la cuite et de la mise au bac des sirops et masses cuites (*voir* § 54) ; 2° et le registre n° 4 A concernant le turbinage des sirops et masses cuites et l'introduction des sucres en magasin (*voir* § 56). Quant au compte auxiliaire de magasin des sucres achevés, il doit être suivi identiquement comme celui des fabriques.

226. — Dans les sucrateries, les travaux ne présentant pas, comme dans les fabriques, des phases distinctes correspondant au commencement et à la cessation des opérations du râpage des betteraves, un seul inventaire est opéré. Cet inventaire a lieu le 31 août de chaque année, c'est-à-dire en fin de campagne.

---

(1) Il n'existe plus actuellement d'établissements de ce genre.

Tous les excédents constatés, lors de l'inventaire, sont pris en charge. S'il ressortait des manquants sur les quantités prises en charge, ces manquants seraient, bien entendu, imposables au droit de 25 francs.

227. — Il peut arriver qu'avant la date de l'inventaire les charges du compte de fabrication soient couvertes par des sorties correspondantes. Les expéditions qui ont lieu à partir de ce moment font l'objet d'une prise en charge complémentaire au compte de fabrication, de manière à mettre les charges de ce compte en rapport avec les sorties.

228. — Si la nécessité du service l'exigeait, il pourrait être effectué, dans le cours de la campagne, des inventaires généraux (*Décret du 1er septembre 1852, art.* 33). Il ne doit être usé de cette faculté que sur un ordre exprès de l'Administration.

CHAPITRE VIII.

Raffineries simples et établissements assimilés.

Économie du régime des raffineries.

229. — Les raffineurs mettent exclusivement en œuvre des matières libérées d'impôts; ils sont, en effet, tenus d'acquitter ou de garantir les droits sur les sucres, préalablement à l'introduction de ces produits dans leurs usines.

Cette liquidation (provisoire) de l'impôt, faite à titre d'acompte, est effectuée sur la même base que pour les sucres livrés directement à la consommation, à la sortie des fabriques ou des entrepôts, d'après le rendement présumé au raffinage, c'est-à-dire avec réfaction pour les cendres et la glucose et déduction de 1 1/2 p. 100, à titre de déchet de raffinage.

230. — Le régime d'exercice des raffineries, tel qu'il est organisé par les lois des 26 juillet 1893 (partie maintenue en vigueur) et 9 juillet 1904, et par le décret du 12 août 1904, a pour objet de contrôler cette présomption de rendement, de s'assurer, en un mot, que ce rendement a été bien exactement déterminé et de reprendre, en vue de les soumettre à l'impôt, les excédents que le raffineur pourrait réaliser (exagération des réfactions et du déchet, fractions de degré négligées).

231. — On peut dire qu'au point de vue de l'impôt le sucre introduit en raffinerie se compose de deux parties distinctes :

1° *le sucre extractible*, c'est-à-dire celui qui sera obtenu à l'état raffiné et qui doit, par suite, être soumis à l'impôt ;

2° *le sucre inextractible*, c'est-à-dire celui qui, n'étant pas obtenu à l'état raffiné, échappe à l'impôt.

La quantité de *sucre extractible*, formant la première partie, est déterminée à l'avance, d'après la présomption de rendement au raffinage fixée par la loi du 19 juillet 1880. Mais les prévisions ainsi établies font l'objet d'un contrôle ultérieur, à la sortie des produits fabriqués. On contrôle les expéditions, afin de constater si le raffineur n'obtient pas des quantités supérieures à celles libérées du droit à l'entrée. C'est à la sortie que s'opère la liquidation définitive du droit, d'après la nature des produits livrés à la consommation et au moment même de cette livraison.

232. — Les quantités enlevées des raffineries n'auraient, bien entendu, à payer les droits qu'à partir du moment où ceux résultant de la liquidation opérée à la sortie s'élèveraient à une somme supérieure à celle qui aurait été payée ou garantie sous forme d'acompte, en d'autres termes, lorsque le compte débiteur dépasserait le compte créditeur. Mais, étant donné que le compte du raffineur a été crédité du montant des droits qu'il avait déjà payés ou garantis sur le sucre constituant son stock le 1er septembre 1904, le compte débiteur n'aurait pu atteindre et dépasser le montant du compte créditeur que le jour où les excédents obtenus, comparativement au rendement présumé sur la base duquel a été perçu ou garanti l'acompte, auraient représenté une quantité au moins égale à celle qui constitue le stock habituel des établissements. Cette échéance aurait été beaucoup trop lointaine. Il a paru, en conséquence, nécessaire de procéder, tous les ans, à un inventaire, en vue d'établir la balance du compte et de placer les excédents éventuels sous le lien de l'impôt, pour ainsi dire au fur et à mesure qu'ils se produisent. C'est à ce résultat que tend la formalité de l'inventaire annuel ; il a pour objet de déterminer le stock existant, à ce moment, dans la raffinerie. De même que les droits afférents au stock initial (1), c'est-à-dire à celui qui se trouvait dans l'établissement, le 1er septembre 1904, ont été portés au crédit du raffineur, pour se cumuler avec les droits afférents aux entrées ultérieures, de même les droits relatifs au stock constaté à l'inventaire de clôture de la campagne sucrière sont, dans le compte du raffineur, ajoutés au débit constitué par les sorties journalières. La comparaison de ces deux totaux fait apparaître le résultat véritable de l'opération du raffinage.

Si le total du débit (sorties et restes) est inférieur au total du crédit (stock initial et entrées), c'est que le raffineur a mal travaillé. Il n'a pas su obtenir même une quantité de sucre égale au rendement présumé d'après lequel l'acompte a été perçu ou garanti ; cet acompte n'en reste pas moins acquis au Trésor, il constitue, en quelque sorte, un minimum de prise en charge.

Si, au contraire, le total du débit (sorties et restes) est supérieur au total du crédit (stock initial (1) et entrées), c'est que le raffineur a obtenu un boni de rendement et ce boni doit être imposé.

---

(1) Par stock initial, il faut entendre non seulement le stock existant le 1er septembre 1904, mais celui reconnu à l'inventaire de clôture d'une campagne et formant la reprise (crédit) au compte de la campagne suivante.

Le contrôle dont le mécanisme vient d'être exposé s'exerce au moyen du compte de liquidation de droits (*art. 2 de la loi du 9 juillet* 1904; *art.* 11, 12 *et* 13 *du décret du* 12 *août* 1904; *voir ci-après section II*).

233. — L'autre partie du sucre introduit représente *le sucre inextractible* ou, si l'on peut ainsi parler, le *non-sucre*, c'est-à-dire la quantité de sucre qui, à raison des impuretés contenues dans le sucre brut entré, est censée devoir rester immobilisée dans les mélasses ou devoir être transformée en glucose et, par suite, ne pas être soumise à l'impôt. On doit retrouver exactement dans les mélasses expédiées (mélasses en nature, mélasses des vergeoises) la quantité de sucre qui n'a pas été imposée à l'entrée.

Le contrôle s'exerce au moyen du compte des réfactions. Les deux éléments (entrées et sorties ou charges et décharges) doivent se balancer. Une situation est établie semestriellement. Si les sorties sont égales ou supérieures aux entrées, le raffineur ne doit rien, la situation démontre que les réfactions (cendres et glucose) opérées à l'entrée n'étaient pas exagérées. Si les sorties sont inférieures, le raffineur est redevable du droit sur les quantités qui représentent l'excédent des entrées sur les sorties. Ici, la balance prouve que les réfactions ont été exagérées; le sucre cristallisable auquel elles correspondent ne se retrouvant pas en nature ou à l'état de glucose dans les produits expédiés, on considère qu'il a dû être obtenu à l'état raffiné et livré comme tel à la consommation. Mais la sortie de ces sucres obtenus par le raffineur a dû être constatée ou le sera ultérieurement et, par suite, ils appartiennent au débit du compte de liquidation des droits; afin qu'il n'y ait pas double emploi, c'est-à-dire afin qu'une même quantité de sucre ne soit pas imposée deux fois, on inscrit au crédit de l'industriel, au compte de liquidation des droits, la somme encaissée à titre d'excédents, à la suite du règlement du compte des réfactions (*art.* 24 *de la loi du* 26 *juillet* 1893; 2 *de la loi du* 9 *juillet* 1904; 11 *et* 15 *du décret du* 12 *août* 1904. *Voir ci-après section III*).

I. — DISPOSITIONS GÉNÉRALES.

234. — Les dispositions qui régissent les raffineries sont applicables aux établissements, dits assimilés, qui se livrent à la fabrication de pains, tablettes ou morceaux (sucres agglomérés) obtenus en agglomérant soit exclusivement des sucres bruts préalablement broyés, soit un mélange de sucres bruts broyés et de poudres de sciage provenant de sucres raffinés (*voir ci-après section IX*).

Mode de surveillance des raffineries.

235. — Les raffineries de sucre sont soumises à la surveillance permanente des employés des contributions indirectes. Cette surveillance, qui précédemment s'exerçait à l'entrée des sucres bruts et à la sortie des mélasses et des vergeoises (*art. 8 de la loi du 5 août 1890 et 23 de la loi du 26 juillet 1893*), a été étendue à toutes les parties de l'établissement (1) (*art. 2 du décret du 27 mars 1852 ; art. 1er de la loi du 9 juillet 1904*).

Licence.

236. — Les dispositions de l'article 4 de la loi du 31 mai 1846, avec les modifications qui y ont été apportées par les lois des 1er septembre 1871 (art. 6) et 30 décembre 1873 (art. 2) sont rendues applicables aux raffineries (*art. 11 de la loi du 5 août 1890*).

Il en résulte qu'avant de commencer leurs travaux, les raffineurs sont tenus de se munir, comme les fabricants de sucre, d'une licence dont le prix, fixé à 125 francs par an, est exigible en entier, à quelque époque de l'année que soit faite la déclaration de commencer.

Déclaration de profession. — Plan des usines.

237. — Nul ne peut se livrer au raffinage du sucre qu'après en avoir fait la déclaration par écrit au bureau de la Régie des contributions indirectes un mois avant le commencement des opérations. Cette déclaration est accompagnée d'un plan présentant les divers bâtiments, locaux et cours dont se compose la raffinerie, avec l'indication de toutes les issues (*art. 1er du décret du 12 août 1904*).

---

(1) En dehors des périodes d'inventaire, le service n'a normalement à intervenir que sur les points où s'effectuent les introductions et l'emmagasinement des sucres bruts, ainsi que dans ceux où se préparent et se font les expéditions de sucres achevés ou de mélasses épuisées (circ. n° 575 du 18 août 1904).

Cette déclaration, qui entraîne le paiement immédiat de la licence, est inscrite au registre n° 16 (service général) (*circ. n° 609, du 31 octobre 1890*).

Clôture et grillage.

238. — En ce qui concerne les raffineries existantes le 1ᵉʳ septembre 1904, date d'application de la loi du 9 juillet 1904, toute communication intérieure des lieux déclarés par le raffineur avec les maisons voisines non occupées par lui et leurs dépendances est interdite.

L'Administration peut exiger :

1° Que tous les jours et fenêtres extérieurs de la raffinerie et des bâtiments attenants soient garnis d'un treillis de fer à mailles de 5 centimètres au plus ;

2° Que la raffinerie et ses dépendances soient closes par des murs ou des palissades en planches de 2 mètres de hauteur au moins, et que les portes soient fermées à deux serrures. La clef de l'une de ces serrures est remise aux employés, et les portes ne peuvent être ouvertes qu'en leur présence.

Le raffineur doit, lorsqu'il en est requis, satisfaire à ces prescriptions dans le délai d'un mois (*art. 2 du décret du 12 août 1904*).

239. — Les raffineries établies postérieurement au 1ᵉʳ septembre 1904 doivent être séparées de tout autre bâtiment. Leur installation doit satisfaire aux prescriptions indiquées ci-dessus (§ 238), en ce qui concerne la clôture, le grillage des ouvertures et le mode de fermeture des portes.

240. — De dix heures du soir à cinq heures du matin, la raffinerie ne peut avoir qu'une seule porte ouverte. L'Administration fixe le nombre des portes qui peuvent être ouvertes pendant le jour. Toutes les portes doivent être munies de deux serrures, la clef de l'une de ces serrures est remise aux employés (*art. 2 du décret du 12 août 1904*).

Lorsque les employés en sont requis pour une cause accidentelle, ils doivent procéder à l'ouverture des portes dont ils détiennent les clefs (*circ. n° 609, du 31 octobre 1890*).

Bureaux des employés. Guérites.

241. — Le raffineur dispose un local convenable de 12 mètres carrés au moins, garni de chaises, de tables avec tiroir fermant à clef, et d'un poêle ou d'une cheminée, pour servir de bureau aux employés. Ce local doit être situé dans l'enceinte de l'usine, près de la porte par laquelle s'effectue la sortie des sucres. L'entretien, le chauffage et l'éclairage de ce bureau sont effectués par les soins de l'industriel.

Une guérite est, en outre, installée par le raffineur auprès de chaque porte habituellement ouverte, pour abriter les employés de service.

Le loyer du bureau, y compris les frais d'entretien, de chauffage et d'éclairage, est fixé de gré à gré et, à défaut de fixation amiable, réglé par le préfet (*art. 3 du décret du 12 août* 1904).

Le loyer du bureau et des meubles, et les frais indiqués ci-dessus, sont payés par l'Administration.

Les directeurs peuvent, sous réserve de l'approbation de l'Administration, traiter à forfait avec les industriels et faire acquitter ces divers frais tous les trimestres.

Le chiffre des allocations de cette nature est arrêté par le Conseil d'administration. Ces frais, qui ont un caractère absolu de fixité, doivent être compris à l'état annuel, série P, n° 39 ; ils y sont portés distinctement par usine.

A titre de contrôle, le premier état 39, où ces dépenses figurent, est appuyé d'un relevé récapitulatif des décisions qui les ont autorisées.

II. — COMPTE DE LIQUIDATION DES DROITS.

Produits qui peuvent être reçus dans les raffineries ou qui peuvent en être expédiés.

242. — En principe, il ne peut être introduit dans les raffineries que des sucres bruts destinés à être raffinés ; ces sucres bruts doivent provenir directement des fabriques, des entrepôts ou des bureaux de douane ouverts à l'importation (*art. 4 du décret du 12 août* 1904).

Toute introduction de mélasse et de glucose est interdite (*art. 25 de la loi du 26 juillet* 1893).

Il ne peut être expédié que des matières provenant du raffinage des sucres bruts, savoir : des sucres candis, des sucres raffinés ou agglomérés en pains, tablettes ou morceaux, des sucres raffinés en grains ou en poudre, des vergeoises et des mélasses (*art. 4 précité*).

Toutefois l'application stricte de ces principes pouvant entraver certaines opérations commerciales, l'Administration a la faculté d'autoriser :

1° L'introduction accidentelle de sucres bruts pris dans le commerce libre (1) ;

2° La réintroduction de sucres ou vergeoises précédemment enlevés de l'usine (2);

3° L'introduction de sucres raffinés ou vergeoises provenant d'une autre raffinerie (3) ;

4° La sortie accidentelle de sucres bruts n'ayant pas été refondus.

Les règles relatives à la livraison de sucres bruts en nature sont indiquées §§ 296 et 299 ci-après.

Pour les autres cas indiqués ci-dessus, les directeurs ont, sur la demande des intéressés, à provoquer des décisions spéciales de la part de l'Administration (*art. 4 du décret du 12 août 1904 et circ. n° 573, du 18 août 1904*).

Introduction des produits.

243. — Les sucres bruts introduits dans les raffineries doivent être accompagnés de titres de mouvement délivrés par le service des con-

---

(1) Si, d'une manière générale, l'on n'a pas admis, sous le nouveau régime, l'introduction, dans les raffineries, de sucres bruts pris dans le commerce libre, ce n'est pas parce que l'on aurait pu redouter que ces sucres n'aient pas acquitté l'impôt. Avec le mode d'exercice des fabriques et des raffineries, il y a, en effet, présomption absolue que les sucres se trouvant dans le commerce ont régulièrement acquitté la taxe. Mais on aurait pu ignorer en fait sur quelles bases cette taxe avait été acquittée. On a voulu spécialement empêcher l'introduction de sucres importés, soumis à l'impôt avec application de la tare légale (voir § 563) et qui, lors de leur entrée en raffinerie, auraient été inscrits, pour leur poids effectif, au compte du raffineur. Celui-ci aurait ainsi pu bénéficier du montant des droits sur la quantité de sucre représentant la différence entre la tare légale et la tare réelle. Indépendamment du préjudice que cette opération pouvait causer au trésor, elle aurait constitué une violation des engagements contenus dans la convention de Bruxelles, laquelle a prohibé l'allocation de toute prime.

(2) La réintroduction de produits précédemment enlevés de l'usine peut s'effectuer sous la condition que le service sera mis à même de s'assurer de l'identité des marchandises. Ces sucres sont repris aux divers comptes, comme s'il s'agissait de véritables introductions, bien entendu, en tenant compte de la nature des produits réintégrés.

(3) Lors de ces introductions, le service reconnaît les produits et les inscrit aux divers comptes, comme s'il s'agissait de sucres destinés au raffinage. Cette inscription est, bien entendu, faite en tenant compte de la nature des marchandises.

tributions indirectes ou des douanes du lieu d'expédition (fabriques, entrepôts ou bureaux ouverts à l'importation).

Pour les sucres indigènes, il est fait usage de laissez-passer n° 11 A.

Ces pièces énoncent la provenance, la marque, les poids brut et net des colis composant chaque chargement, le titre polarimétrique des sucres, ainsi que la quotité des matières minérales (cendres) et des glucoses qu'ils renferment, et la quantité de sucre exprimé en raffiné sur laquelle le droit a été perçu ou garanti.

Les employés ont à s'assurer de l'identité des chargements en contrôlant ces diverses indications ; toutefois, ils ne prélèvent des échantillons pour être soumis à l'analyse que lorsqu'ils conçoivent des doutes sur le titrage réel des sucres. Il peut arriver que les vérifications du service fassent ressortir des discordances, quant au poids et au titrage des sucres, entre les énonciations des titres de mouvement et les résultats des vérifications. Le cas échéant, il n'y aurait pas lieu de s'y arrêter et surtout de s'opposer à l'introduction des sucres. Les employés se borneraient simplement à rendre compte des faits par rapport spécial, si les différences constatées étaient trop considérables.

Les sucres introduits dans les raffineries sont successivement inscrits à un carnet d'analyses et de vérifications n° 20 (entrées). En cas de prélèvement d'échantillons, certaines colonnes du carnet ne sont, bien entendu, servies qu'après notification du résultat de l'analyse.

Pour les sucres coloniaux, le service des douanes délivre des acquits-à-caution.

De même, les sucres bruts indigènes appelés à bénéficier de la détaxe de distance, par application de l'article 3 de la loi du 7 avril 1897, sont accompagnés d'acquits-à-caution (*expédition sur les raffineries en suspension du payement du droit*) ; mais ces acquits ne sont déchargés qu'après souscription d'une obligation d'admission temporaire (*voir chap. XI*).

244. — La quantité de sucre raffiné à inscrire au registre d'entrées, comme, d'ailleurs, aux divers registres tenus dans les raffineries, est celle correspondant au montant du droit qui a été perçu ou garanti.

Le droit sur les sucres doit être, en effet, acquitté ou garanti avant l'introduction en raffinerie (*art. 2 de la loi du 9 juillet* 1904). Cette liquidation provisoire de l'impôt est effectuée, à titre d'acompte, dans les conditions prévues par la loi du 19 juillet 1880, c'est-à-dire d'après le rendement présumé des sucres bruts au raffinage.

En conséquence, les titres de mouvement destinés à accompagner les produits ne sont délivrés, par le service du lieu d'enlèvement, qu'après que les droits ont été, soit acquittés en numéraire ou en traites cautionnées à 1 mois ou 4 mois de terme, soit garantis par la souscription d'une obligation d'admission temporaire ou d'un crédit d'enlèvement. Le service de la raffinerie n'a pas à se préoccuper de la perception ou de la garantie du droit ; ce soin incombe exclusivement au service du point de départ (fabrique, entrepôt, bureau d'importation), comme s'il s'agissait de sucres livrés directement à la consommation. Mais il peut se faire qu'à défaut des résultats complets de l'analyse des sucres, toutes les mentions que comporte le titre de mouvement ne puissent pas être remplies au moment de l'enlèvement des produits. Dans ce cas, le titre de mouvement est renvoyé au bureau d'émission qui le transmet ensuite, après l'avoir complété, à la raffinerie destinataire, pour permettre de servir le carnet n° 20 (circ. 575, du 18 août 1904).

Sorties des raffineries.

245. — La vérification des chargements, au moment même où ils franchissent l'enceinte des usines, a été reconnue impraticable. Il a fallu recourir à un système qui n'eût pas pour inconvénient de retarder les enlèvements en forçant les voitures à stationner aux portes.

Ce système consiste à contrôler, à la sortie des ateliers d'emballage et de pesage, le nombre et le poids des sacs, caisses ou pains, préparés en vue des expéditions de la journée, et à prendre des précautions pour qu'il ne soit déposé dans les locaux affectés à l'expédition que des pains ou colis préalablement contrôlés par les employés et pour que les voitures affectées à l'enlèvement ne reçoivent pas d'autres produits que ceux régulièrement déposés dans ces mêmes locaux d'expédition.

246. — Dans ce but il est stipulé :

Qu'aucune quantité de sucre ou de mélasses ne peut être chargée sur une voiture de transport, ni expédiée, qu'après avoir été vérifiée par les employés ;

Qu'en attendant leur chargement sur les voitures de transport, les colis vérifiés doivent demeurer dans les locaux affectés à l'expédition ;

Qu'aucune quantité de sucre non vérifiée ne peut être déposée dans ces locaux ;

Et enfin, que les pains ou colis amenés dans ces locaux doivent, en principe, être enlevés, au plus tard, dans le courant de la journée.

D'un autre côté, pour simplifier l'action du service, de manière à réduire l'effectif du personnel de surveillance au strict nécessaire, le décret dispose que les vérifications sont concentrées dans un nombre de locaux déterminé et que ces locaux doivent être situés à proximité des emplacements où les sucres sont chargés en vue de leur expédition (*art. 6 et 7 du décret du 12 août* 1904).

247. — Le rôle assigné aux employés de la régie, en ce qui concerne l'expédition des produits, est défini par la circulaire n° 573, du 18 août 1904 : d'une manière générale, le service ne collabore pas à la détermination du poids des colis expédiés. Cette détermination se fait par les agents du raffineur et sous la responsabilité de ce dernier. Le service a évidemment le droit de suivre, de surveiller ces opérations ; mais son rôle consiste essentiellement à contrôler, à vérifier l'exactitude des constatations opérées par les agents du raffineur, c'est-à-dire la concordance entre le poids réel des colis et les indications du bulletin ou fiche qui doit les accompagner.

248. — Les agents préposés au contrôle se tiennent en permanence auprès de la porte faisant communiquer le magasin d'emballage ou l'atelier de pesage avec le local affecté à l'expédition. C'est au moment où ils passent dans ce local d'expédition que la vérification des colis doit être opérée.

S'il s'agit de colis réglés à un poids net uniforme, la vérification comporte le comptage des colis et la pesée, par épreuve, des sucres y contenus. Si les colis ne sont pas réglés à un poids net uniforme, il y a lieu de reconnaître directement la tare et le poids brut de chaque colis ; on peut toutefois se dispenser de procéder à cette double opération, si, avant tout emballage, la détermination du poids net des sucres ou de la tare des colis a été faite en présence du service. En ce qui concerne spécialement les pains, ainsi que les sucres en poudre ou débris de raffinés logés en sacs, on établit le poids net en déduisant du poids brut la tare représentée par le poids moyen des sacs ou enveloppes ; ce poids moyen est déterminé en procédant, par épreuve, sur quelques sacs ou enveloppes pris au hasard dans chaque catégorie d'emballages.

Les employés visent, après vérification, le bulletin qui accompagne chaque colis ou groupe de colis et qui sert ensuite à légitimer la présence des colis sur le quai ou dans le local d'expédition. Ils relèvent sur un carnet n° 6 le nombre, le poids brut, le poids net et la nature des colis qu'ils ont successivement vérifiés. Ils veillent à ce que des colis non contrôlés ne soient pas mélangés avec ceux qui ont été soumis à leur vérification, et ils s'assurent que ces derniers sont réellement conduits sur les quais ou dans les locaux d'expédition.

249. — Un employé se tient en permanence sur chacun de ces quais ou dans chacun de ces locaux. Il a pour mission de constater qu'aucun colis n'y est apporté par une voie autre que celle par laquelle arrivent habituellement les sucres vérifiés et qu'aucune quantité de sucre non contrôlée n'est déposée entre les bascules et les quais. Il se fait représenter et dépouille, au fur et à mesure, sur un carnet n° 6, les bulletins (*voir ci-dessus* § 247) accompagnant chaque colis ou groupe de colis.

250. — Le chargement des voitures doit être effectué au fur et à mesure des vérifications ou, au plus tard, dans le courant de la journée. En principe, toutes les quantités de sucre vérifiées doivent sortir le jour même de l'usine.

Toutefois l'Administration a la faculté d'autoriser le dépôt, dans un magasin spécialement affecté à cet usage, de sucres pesés et vérifiés. Les directeurs apprécient les circonstances qui peuvent s'opposer à l'enlèvement régulier d'une partie des sucres vérifiés dans le cours d'une journée. L'Administration leur a délégué le pouvoir d'accorder les autorisations de l'espèce, sous la condition que les colis vérifiés soient emmagasinés, soit dans un local spécial placé sous la clef du service, soit dans des voitures ou wagons susceptibles d'être fermés par un plomb. S'il se présentait des cas particuliers au sujet desquels les mesures indiquées ci-dessus soulèveraient des difficultés d'application, les directeurs auraient à en référer, sans délai, à l'Administration.

Les colis ainsi placés en réserve font l'objet d'une annotation particulière au bordereau 19 dont il est parlé ci-après, § 253 (*art.* 7 *du décret du* 12 *août* 1904 ; *circ.* n° 375, *du* 18 *août* 1904).

251. — Au fur et à mesure du chargement d'une voiture, le raffineur ou son représentant établit, pour chaque véhicule, une feuille (ou bulletin) de sortie reproduisant les indications des bulletins afférents aux colis ou groupes de colis composant le chargement. L'employé de service sur les quais d'expédition vise cette feuille, après s'être assuré que les mentions y consignées sont conformes aux inscriptions qu'il a faites lui-même sur son carnet. La feuille, ainsi visée, accompagne la voiture jusqu'à la porte de sortie ; elle est remise à l'agent de surveillance sur ce point. Aucune voiture ne doit sortir sans remise préalable de la feuille dont il s'agit.

252. — En thèse générale, l'employé placé à la porte de sortie se borne à s'assurer, par un examen sommaire du chargement, qu'il n'y a pas de discordance apparente entre sa composition et les indications de la feuille. Dans le cas où il y a lieu de croire à des discordances, l'employé en réfère aussitôt au chef de service, qui apprécie s'il convient de réclamer le déchargement de la voiture. Le chef de poste et les employés supérieurs en vérification ont, en cas de soupçon de fraude ou de présomption d'erreur, la faculté de faire procéder, en leur présence, au déchargement des voitures accompagnées de feuilles de sortie et à une nouvelle vérification des matières contenues dans ces voitures. C'est là une faculté dont il convient de n'user qu'avec la plus grande réserve et uniquement lorsque l'on a des doutes sérieux sur la sincérité des opérations. Si le déchargement a été provoqué par le chef de poste, celui-ci doit, dans les 24 heures, rendre compte de l'incident à ses supérieurs hiérarchiques (*art. 8 du décret du 12 août* 1904; *circ. n° 575, du 18 août* 1904).

Le contrôle des sorties comporte, en résumé, trois phases bien distinctes : 1° la vérification du poids des produits au moment où ils sont dirigés sur les locaux ou quais d'expédition ; 2° la surveillance du chargement des voitures ; 3° la constatation effective de la sortie des chargements.

253. — A la fin de chaque journée, le raffineur fait récapituler les indications des feuilles de sortie sur une formule imprimée, désignée sous le nom de bordereau n° 19 et dont un nombre suffisant d'exemplaires est mis gratuitement à la disposition des industriels. Cette formule énonce, en suivant l'ordre des numéros des feuilles de sortie applicables à chaque véhicule : 1° le poids net de chaque espèce de produits (candis, raffinés, vergeoises, sucres bruts, mélasses); 2° la quantité de raffiné que représentent les produits autres que les candis et les mélasses; 3° la quantité de sucre cristallisable et incristallisable (glucose) contenue dans les mélasses en nature, dans les mélasses des vergeoises et autres bas produits solides du raffinage et dans les sucres bruts expédiés en nature. Les bordereaux 19 sont établis en double expédition et, après avoir été rapprochés des résultats inscrits par les employés sur leur carnet n° 6, ils sont signés et certifiés par le représentant du raffineur et par celui de l'Administration qui a surveillé l'expédition des colis. L'un des exemplaires du bordereau est conservé par le raffineur et l'autre par l'agent de la régie, pour servir d'élément à l'inscription au compte de liquidation des droits (*voir* §§ 254 et suiv.) et, le cas échéant, à la décharge du compte des réfactions (*voir ci-après section III*).

L'Administration a recommandé spécialement aux employés de rapprocher les indications consignées sur les bordereaux de celles portées soit sur les carnets tenus par le service lui-même, soit sur les divers documents, bulletins, feuilles de sorties, etc., établis par les industriels. Ces rapprochements et contrôles doivent, en principe, être effectués le jour même, de manière à s'assurer sans délai que les enlèvements n'ont pas dépassé les quantités inscrites au bordereau et à pouvoir rectifier au besoin ce document. Le contrôle dont il s'agit peut toutefois se poursuivre ultérieurement. En effet, il est ouvert, pour les registres de bulletins et de feuilles de sorties, deux séries: l'une affectée aux jours pairs, l'autre aux jours impairs. La série qui n'est pas en usage doit, à toute réquisition, être communiquée aux employés qui peuvent soit sur place, soit dans le local leur servant de bureau, la consulter chaque jour. Si cette vérification amenait la découverte d'une opération irrégulière, il y aurait lieu de dresser procès-verbal pour l'application des pénalités prévues à l'article 9 de la loi. Les registres épuisés sont conservés, par les raffineurs, pendant 3 ans et doivent être représentés sur toute demande du service.

Les bulletins et feuilles de sortie sont détachés de registres à souche, cotés et paraphés par les chefs de service. Ces registres sont établis d'après un modèle agréé par les directeurs; ils doivent comporter l'énonciation du nombre et de l'espèce des colis, de la nature du sucre ou matière sucrée y contenu, des poids brut et net de ces produits (*art. 10 du décret du 12 août 1904, circ. n° 575, du 18 août 1904*).

Une fois signés et certifiés, les bordereaux 19 sont dépouillés, jour par jour, sur un carnet n° 20 (sorties). De même que pour les entrées, si les produits expédiés, tels que les vergeoises, les sucres bruts et les mélasses, ont donné lieu à des prélèvements d'échantillons, ces produits ne sont d'abord émargés que pour leur poids net; on attend, pour compléter les énonciations des bordereaux n° 19, ainsi que du carnet n° 20, la réception des avis de classement n° 64 ou, le cas échéant, la notification de la décision des commissaires experts.

Tenue du compte de liquidation des droits.

254. — Il est ouvert aux raffineurs un compte de liquidation (1).

Ce compte, qui est tenu sur un portatif n° 21 A, est essentiellement un compte en argent ; il comprend deux parties : le crédit et le débit, correspondant respectivement aux charges et aux décharges d'un compte tenu en quantités.

Au crédit, sont portées les sommes afférentes aux droits représentés par les sucres candis (poids effectif) et par les autres produits (poids en raffiné), existant au moment des inventaires ou introduits postérieurement.

Au débit, figure le montant des droits représentés par les sucres candis (poids effectif) et par les autres produits (poids en raffiné) expédiés de la raffinerie.

255. — Il convient de remarquer que les droits afférents aux produits existant lors de l'inventaire ou postérieurement introduits, et qui sont inscrits au crédit, sont calculés dans les conditions fixées par les articles 18 et 19 de la loi du 19 juillet 1880 ; ils ne comprennent pas, dès lors, les droits correspondant à la quantité de sucre cristallisable qui, à titre de réfaction, n'a pas été soumise à l'impôt lors de l'introduction et est censée devoir rester immobilisée dans les mélasses ; par suite, il n'y a pas lieu de porter au débit du compte de liquidation les droits spéciaux établis sur les mélasses expédiées à la consommation, le débit du compte ne pouvant pas comporter des éléments autres que ceux composant le crédit (*circ. n° 575, du 18 août 1904*).

256. — Le registre n° 21 A a été établi de manière à permettre d'inscrire comme élément de contrôle, en regard des sommes portées tant au crédit qu'au débit, les quantités de sucre correspondantes.

Les sommes (ainsi que les quantités) sont émargées à ce portatif sur une seule ligne par jour et en suivant l'ordre des journées, au fur et à mesure que, pour chaque journée, les inscriptions aux carnets n° 20 (entrées) et 20 (sorties) ont été complétées par l'indication du titre

---

(1) Ainsi que son nom l'indique, c'est le compte des droits acquittés et dus par le raffineur. On le crédite des sommes déjà versées ou cautionnées par l'industriel, et celui-ci peut expédier des sucres, en franchise de l'impôt, jusqu'à concurrence de la somme dont il a été crédité.

polarimétrique des sucres et de la quotité des cendres et des glucoses contenues dans les produits qui comportent ces indications. Pour chaque émargement, il est dressé, conformément au modèle inséré au portatif, un acte daté et signé par le chef de poste. Les quantités à inscrire au portatif 21 A doivent reproduire le total de celles figurant respectivement aux carnets n° 20 (entrées) et n° 20 (sorties).

257. — Le premier émargement au portatif comporte l'inscription, au crédit, des quantités existant dans la raffinerie au moment de l'inventaire annuel de clôture et des droits correspondant à ces quantités, sous réserve, le cas échéant, de la déduction représentant, au maximum, 5 p. 100 des droits afférents aux restes (*voir ci-après, § 266; art. 3 de la loi du 9 juillet* 1904; *art.* 11 *à* 13 *du décret du* 12 *août* 1904; *circ. n° 575 du 18 août 1904*).

Successivement sont portés au crédit, par journée, les droits afférents aux quantités de sucres introduits.

Les droits, en ce qui concerne les quantités reconnues à l'inventaire et celles introduites, sont calculés comme suit : pour les sucres candis, à raison de 26 fr. 75 par 100 kilogrammes de poids effectif, et c'est ce poids effectif qui est émargé dans la colonne spéciale ; pour les autres sucres, à raison de 25 francs par 100 kilog. de sucre exprimé en raffiné qu'ils sont reconnus représenter, savoir : les sucres raffinés ou agglomérés en pains ou morceaux, les sucres raffinés à l'état de granulés, glace, semoule, poids effectif ; les vergeoises et autres bas produits solides du raffinage (1), titrage polarimétrique, sous déduction de quatre fois le poids des cendres, mais sans déduction pour la glucose ni à titre de déchet de raffinage ; les sucres bruts, titrage polarimétrique, sous déduction de quatre fois le poids des cendres et deux fois le poids de la glucose et avec allocation de 1 1/2 p. 100 sur le rendement ainsi obtenu, à titre de déchet de raffinage.

Sont également inscrits au crédit les droits perçus sur les excédents que peut faire ressortir la balance semestrielle du compte de réfactions tenu en exécution de l'art. 24 de la loi du 26 juillet 1893. Cette inscription a pour but d'empêcher une double constatation de droits sur les mêmes quantités (*voir ci-après section III*).

---

(1) En exécution de l'art. 18 de la loi du 19 juillet 1880, le rendement minimum à assigner aux divers produits, pour la liquidation de l'impôt, est de 65 p. 100, le déchet de 1 1/2 p. 100 non compris.

258. — Les inscriptions à faire au débit du compte, pour les divers produits expédiés chaque jour, sont établies, en ce qui concerne chaque nature de matières, dans les conditions indiquées au paragraphe précédent pour les inscriptions au crédit.

Règlement du compte de liquidation. Inventaires.

259. — Le compte de liquidation est réglé annuellement.

Pour relier la liquidation provisoire des droits faite à l'entrée à la liquidation définitive effectuée à la sortie, il est opéré un inventaire annuel. Cet inventaire a lieu le 31 août de chaque année (*art.* 3 *de la loi du 9 juillet* 1904 ; *art.* 13 *du décret du* 12 *août* 1904 ; *circ.* 575 *du* 18 *août* 1904).

Les employés peuvent procéder à toutes les constatations et vérifications qu'ils jugent nécessaires.

Dans les 15 jours qui précèdent l'inventaire, ils peuvent, avec le concours du raffineur, procéder à des expériences contradictoires, en vue de déterminer le rendement en sucre des matières de toute nature en cours de transformation. Ces vérifications préparatoires ont pour but d'activer les opérations de l'inventaire proprement dit.

Pendant les opérations d'inventaire, le travail est complètement arrêté dans les ateliers et magasins (*art.* 12 *du décret du* 12 *août* 1904).

260. — Les directeurs ont à rechercher si les sections spéciales de surveillance sont assez fortement constituées pour procéder aux opérations avec l'exactitude et la célérité voulues, le jour même où les inventaires doivent être opérés. Un mois au moins avant l'époque fixée pour ces inventaires, ils adressent à la direction générale des propositions indiquant le nombre et le grade des agents qui devraient être appelés à renforcer les sections spéciales. Les états de proposition rappellent les mesures qui ont été adoptées lors de l'inventaire précédent.

261. — L'inventaire constate, par espèce, le poids effectif des sucres et des matières sucrées, autres que les mélasses, restant dans l'usine, ainsi que la quantité de sucre raffiné que représentent ces produits.

Le raffineur doit déclarer le poids et le titrage des produits de toute nature existant dans chaque atelier ou magasin (*art.* 12 *du décret du* 12 *août* 1904). Une déclaration spéciale doit être faite pour chaque atelier ou magasin. Ces déclarations sont vérifiées par le service, qui prélève, s'il y a lieu, des échantillons.

Les diverses quantités inventoriées sont relevées sur une formule série P, n° 325, intitulée : « Certificat de vérification »; elles sont totalisées et les résultats, émargés en toutes lettres et en chiffres, sont certifiés par les employés, mais seulement après que ceux-ci se sont mis d'accord avec les raffineurs ou leurs représentants.

Lorsque l'analyse des produits sur lesquels des échantillons ont été prélevés est devenue définitive, les résultats en sont, au vu des bulletins, dépouillés sur une formule série P, n° 328, qui sert d'annexe et de feuille de développement au relevé n° 325 ; le service complète ensuite les indications de ce dernier relevé et établit les calculs nécessaires pour la conversion en sucre raffiné des produits analysés.

Les formules 325 et 328 sont établies en double expédition. L'une de ces expéditions est déposée dans les archives de la direction, et l'autre est transmise à l'Administration, aussitôt après la clôture des opérations (1).

262. — Lorsque les résultats de l'inventaire sont arrêtés, il est pro-

---

(1) Jugé par le tribunal correctionnel de la Seine, le 21 janvier 1905 :

a) Que, même à défaut d'une mise en demeure formelle d'avoir à déclarer les sucres en sa possession, le raffineur ne pouvait, en présence des termes explicites de l'art. 8 de la loi du 9 juillet 1904, se méprendre sur le caractère et le but de la visite des agents de la régie faite au jour fixé pour l'inventaire, et qu'il avait, dès lors, à faire les déclarations prescrites par la loi ;

b) Qu'à défaut d'une réglementation spéciale de la forme de ces déclarations, celles-ci devaient être admises de quelque façon qu'elles eussent été formulées ;

c) Que les déclarations partielles à faire par atelier ou magasin, et qui sont la base du récolement total, étaient acquises dès qu'un magasin étant inventorié, les employés passaient dans un autre, sans qu'il y ait lieu d'attendre la totalisation des divers récolements de marchandises et leur émargement sur le certificat de vérification qui doit être présenté à la signature du raffineur ;

d) Que les déclarations ainsi faites engageaient personnellement : 1° le directeur général de la société exploitant la raffinerie, représentant légal du propriétaire des marchandises et tenu comme patron de l'exécution des lois et règlements dans l'établissement ; 2° le directeur technique des travaux de la raffinerie, représentant et mandataire légal du directeur général pour les déclarations à faire à la régie, et tenu, en vertu de ses attributions propres, de surveiller les préparatifs de l'inventaire ; 3° les agents de la société (dans l'espèce, un ingénieur et un contremaître) qui avaient été chargés de déclarer les quantités en magasin et délégués à cet effet par le directeur technique ;

e) Qu'à supposer que le directeur général, le directeur technique de l'usine et l'ingénieur n'eussent pas été les organisateurs de la fraude, ils n'en étaient pas moins coupables pour l'avoir laissé se commettre ;

f) Qu'en matière fiscale les contraventions n'en subsistent pas moins, encore qu'elles n'aient causé aucun préjudice au Trésor, et que, même en ce cas, les amendes sont encourues, vu leur caractère spécial.

cédé à la balance du compte de liquidation. A cet effet, on fait un total des sommes représentées par les droits inscrits au débit du compte et par les droits afférents, selon l'espèce des matières, aux produits recensés. Ce total est comparé à celui du crédit du compte (*art*. 3 *de la loi du 9 juillet* 1904; *art*. 11 *du décret du* 12 *août* 1904).

263. — Si le total (argent) du débit et des restes est égal ou inférieur au chiffre du crédit arrêté à la date de l'inventaire, le compte est simplement balancé et définitivement clos. On porte en reprise au crédit du compte de la campagne suivante le montant des droits afférents aux quantités inventoriées.

264. — Si le total du débit et des restes est supérieur au chiffre du crédit, ce résultat tend à démontrer que l'industriel a obtenu un rendement réel supérieur à celui qui avait servi de base à l'établissement de la liquidation provisoire des droits, en d'autres termes, qu'il existe dans la raffinerie ou qu'il en a été expédié des sucres sur lesquels l'impôt n'a pas été assuré.

Toutefois, les inventaires ne pouvant être effectués avec une précision absolue, la loi du 9 juillet 1904, pour tenir compte des erreurs possibles d'évaluation, accorde une marge jusqu'à concurrence de laquelle aucun payement n'est immédiatement exigé. Cette marge est fixée à 5 p. 0/0 des droits afférents aux produits (autres que les mélasses) existant dans l'usine au moment de l'inventaire.

Cette allocation n'a pas pour effet d'affranchir de l'impôt, jusqu'à concurrence de 5 p. 0/0 du stock, les excédents qui pourraient être réalisés par le raffineur. Elle a simplement pour conséquence de retarder, dans cette limite de 5 p. 0/0, l'imposition de ces excédents, ceux-ci devant être ultérieurement imposés lors de leur sortie de l'usine, c'est-à-dire au moment de leur mise en consommation.

265. — Afin de préciser les idées et d'indiquer la manière pratique d'établir la balance du compte, on reproduit ci-après quelques exemples de règlement de compte donnés par la circ. n° 575, du 18 août 1904.

Premier exemple. — Soit un raffineur ayant un crédit total, au jour
de l'inventaire, de. . . . . 20,000,000 fr. 00

Le montant du débit est de. 15,000,000   00
Les droits afférents aux restes atteignent. . . 5,000,000   00

Le total de ces deux derniers éléments (débit
et restes) est égal au chiffre du crédit, ci. . . . 20,000,000 fr. 00

Ce résultat montre que la liquidation provisoire des droits, à l'entrée des sucres en raffinerie, a été exactement opérée. Le compte se balance.

Deuxième exemple. — Montant du crédit. . . . . 20,000,000 fr.

Montant du débit.	15,200,000 00
Droits afférents aux restes.	5,000,000 00
Total du débit.	20,200,000 00
Excès de ce total sur le crédit.	200,000 00

Sommes correspondant à 5 p. 0/0 des droits sur les restes :

$$5{,}000{,}000 \times \frac{5}{100} \quad \ldots \ldots \ldots \ldots \quad 250{,}000\ 00$$

Dans ce cas, il n'y a pas lieu à perception complémentaire : la réfaction de 5 0/0 sur les restes couvre la différence.

Troisième exemple. — Montant du crédit 20,000,000 00

Montant du débit.	15,250,000 00
Droits sur les restes.	5,375,000 00
Total du débit et des restes.	20,625,000 00
Excès de ce total sur le crédit.	625,000 00

Somme correspondant à 5 p. 0/0 des droits sur les restes :

$$5{,}375{,}000 \times \frac{5}{100} \quad \ldots \ldots \ldots \ldots \quad 268{,}750\ 00$$

Différence en plus. 356,250 00

C'est cette différence, soit, dans l'espèce, 356,250 francs, qui doit être mise immédiatement en recouvrement ; elle peut faire l'objet de traites cautionnées (*art. 3 de la loi du 9 juillet* 1904).

Cette perception figure dans les droits au comptant sur les sucres et il y a lieu d'inscrire, sur tous les documents comportant cette indication, la quantité de sucre raffiné (au tarif de 25 francs) à laquelle cette perception correspond. Les sommes ainsi encaissées sont portées à la connaissance de l'Administration, par une note épinglée aux formules n°s 325 et 328.

266. — La balance effectuée, le compte est clos, et l'on procède à l'établissement de la reprise au compte de la nouvelle campagne. Cette reprise est formée par les droits correspondant aux quantités inventoriées, sous déduction, le cas échéant, de la somme afférente à la portion de l'excédent dégagé par l'inventaire sur laquelle l'impôt n'a pas été constaté (excédent couvert par la déduction provisoire de 5 p. 100).

Ainsi, dans le premier exemple reproduit, la reprise à inscrire au crédit de la campagne suivante est de 5,000,000 francs.

Dans le deuxième exemple, la reprise est de 5,000,000 de francs (droits afférents aux restes) moins 200,000 (droits afférents à la portion de l'excédent couverte par la déduction de 5 p. 100), soit net 4,800,000 francs.

De même, dans le troisième exemple, la reprise
est de . . . . 5,375,000 fr.
à déduire 268,750 00

Soit net. 5.106.250 00

III. — COMPTE DES RÉFACTIONS.

267. — Indépendamment du compte de liquidation des droits, il est tenu, dans les raffineries, un compte destiné à contrôler les taux des réfactions accordées, lors de la liquidation provisoire de l'impôt, pour les cendres et le glucose contenus dans les sucres bruts introduits (*art. 24 de la loi du 26 juillet* 1893; *3 de la loi du 9 juillet* 1904; *15 du décret du 12 août* 1904).

268. — Ce compte présente :

Aux entrées : les quantités de sucre correspondant aux réfactions accordées pour les sels et les glucoses par la loi du 19 juillet 1880 sur le titre polarimétrique des sucres bruts introduits;

Aux sorties : 1° les quantités de sucre cristallisable et de glucose contenues dans les mélasses expédiées ; 2° les quantités de sucre cristallisable et de glucose contenues dans les mélasses des vergeoises et bas produits expédiés des raffineries à l'état solide et dans les sucres bruts expédiés accidentellement en nature.

269. — Pour les vergeoises et les bas produits à l'état solide qui viendraient à être expédiés d'une raffinerie sur une autre raffinerie, après autorisation de l'Administration, le compte du destinaire serait chargé d'une quantité de sucre égale à celle dont le compte de l'expéditeur se trouverait déchargé à titre de réfaction.

270. — La disposition qui précède serait applicable aux expéditions accidentelles de sucres bruts qui pourraient être faites d'une usine sur une autre après autorisation spéciale de l'Administration.

271. — Les quantités de sucre à prendre en charge, pour les sucres bruts introduits dans les raffineries, correspondent aux réfactions accordées par la loi du 19 juillet 1880 sur le titre polarimétrique de ces sucres. Ainsi, par exemple, s'il est présenté à l'entrée un chargement du poids net de 10,000 kilogr. et contenant, pour 0/0, en glucose 0,03 et en cendres 1.72, la quantité à prendre en charge, à titre de réfactions, est de 694 kilogr., dont 6 kilogr. pour le glucose et 688 kilogr. pour les cendres (*circ. n° 67 du 31 août* 1893).

272. — Les quantités de sucre cristallisable à porter en décharge au compte des réfactions, pour les mélasses expédiées en nature, sont déterminées en multipliant le poids des mélasses par leur degré saccharimétrique (*circ. n° 67 du 31 août* 1893).

Les quantités de glucose à porter en décharge au même compte sont obtenues en multipliant le poids des mélasses expédiées par la quotité pour 0/0 de la glucose (*même circulaire*).

273. — En ce qui concerne les vergeoises et les bas produits solides du raffinage, où les mélasses ne sont pas isolées, la quantité de sucre cristallisable à porter en décharge s'établit en multipliant par 4 le poids des cendres obtenues par l'incinération des sels. Quant à la quantité de glucose à inscrire en décharge, elle est double de celle contenue dans les vergeoises et bas produits dont il s'agit (*circ. n°s 67, du 31 août 1893, et 575, du 18 août* 1904).

274. — Le compte des réfactions est suivi sur le portatif n° 21 (*Sucres*).

Les éléments de prise en charge et de décharge sont puisés sur le carnet d'analyses et de vérifications n° 20. Lorsque les opérations de la journée sont terminées, le résultat en est reporté au registre n° 21.

275. — Le compte des réfactions est arrêté le 30 juin et le 31 décembre de chaque année; il ne comporte ni reprise, ni report d'un compte semestriel à l'autre.

Si la balance fait ressortir un excédent des entrées sur les sorties, cet excédent est frappé du droit, soit 25 fr. par 100 kilogr. d'après le tarif actuel. Si elle dégage un manquant, ce manquant ne donne lieu à aucune restitution de droits (*art. 24 de la loi du 26 juillet* 1893 ; *circul. n° 67, du 31 août* 1893).

Les droits perçus sur les excédents dégagés par la balance semestrielle du compte des réfactions sont portés au crédit du compte de liquidation tenu sur le portatif 21 A (*Voir* § 257) (*art.* 3 *de la loi du 9 juillet* 1904 ; *circ. n°* 575, *du 18 août* 1904).

IV. — MÉLASSES.

Définition des mélasses.

276. — Par application de l'art. 4 de la loi du 9 juillet 1904, la détermination des caractères distinctifs de la mélasse doit faire l'objet d'un règlement d'administration publique.

Au moment où nous mettons sous presse, ce règlement n'a pas encore été publié.

Dispositions spéciales aux enlèvements de mélasses.

277. — Pour les mélasses dirigées, en toutes quantités, sur un établissement exercé autre qu'une raffinerie (*où l'introduction des mélasses est interdite, voir* § 242) et pour celles qui, en quantités supérieures à 100 kilogrammes, sont expédiées à toute autre destination, le raffineur doit se pourvoir d'un acquit-à-caution qui lui est délivré par les agents de surveillance dans son usine.

Les mélasses expédiées sur les brasseries, en quelque quantité que ce soit, circulent avec acquit (*Décrets du 30 mai* 1899, *art.* 19, *et du 8 avril* 1901, *art.* 1er).

Il en est de même pour celles expédiées à l'étranger, aux usages agricoles ou industriels, en franchise de la taxe dont il est parlé ci-après (*voir* §§ 278 *et* 279).

L'acquit-à-caution énonce, sur la déclaration du raffineur :

Les nombre, marques et numéros des colis composant chaque chargement ;

Les poids brut et net de chacun de ces colis ;

Les nom, demeure et profession du destinataire ;

Le nom du voiturier, ainsi que la route qui doit être suivie ;

L'heure de l'enlèvement et le délai accordé pour le transport (*art. 17 du décret du 12 août 1904*).

L'acquit-à-caution est du modèle n° 9 (noir), pour les mélasses livrées à la consommation, et du modèle 9 A (rouge), pour celles exportées, dirigées sur les distilleries ou employées à des usages agricoles ou industriels ; il garantit, en cas de non-décharge dans les délais réglementaires, la perception du droit dont il est parlé ci-après (2ᵉ droit ou double droit suivant qu'il s'agit d'acquits 9 ou d'acquits 9 A).

Taxe des mélasses.

278. — L'article 2, dernier paragraphe, de la loi du 9 juillet 1904 soumet les mélasses à une taxe de 1 fr. 25 par 100 kilogrammes, poids effectif. Cette taxe est perçue sur les mélasses expédiées à la consommation (1). A cet effet, il est formé un décompte mensuel qui fait l'objet de bulletins nᵒˢ 26 et 33, et le montant de ce décompte est mis immédiatement en recouvrement. Les constatations y relatives sont portées à l'état trimestriel de produits n° 22 et sur tous les autres documents de comptabilité et de statistique, sous la rubrique : « Taxe sur les mélasses de raffinerie » (*art. 16 du décret du 12 août 1904 ; circ. 575, du 18 août 1904*).

279. — Sont affranchies de la taxe :

1° Les mélasses exportées ;

2° Celles dirigées sur les distilleries ;

3° Celles employées à des usages agricoles dans les conditions déterminées par décret rendu sur avis du Comité consultatif des arts et manufactures ;

4° Celles employées à des usages industriels, dans les conditions également déterminées par décret rendu sur avis du même Comité (*Loi du 9 juillet 1904, art. 2*).

En ce qui concerne l'emploi des mélasses aux usages agricoles ou industriels, voir chap. XIII.

---

(1) Les mélasses de fabrique livrées à la consommation acquittent une somme égale. Elles sont imposées à raison de 5 kilog. de sucre raffiné par 100 kilog. de mélasses, soit $\frac{5 \times 25}{100}$ 1 fr. 25 par 100 kilog., poids effectif.

V. — PRÉLÈVEMENTS D'ÉCHANTILLONS.

Recours à l'expertise.

280. — Des échantillons pesant 400 grammes pour les vergeoises et les bas produits à l'état solide et 1 kilogramme pour les mélasses, sont prélevés contradictoirement, à la sortie des raffineries, entre les représentants de l'Administration et les intéressés (*lettre autogr. du 24 sept. 1891*).

Des prélèvements peuvent également être opérés à l'introduction des sucres bruts.

Les échantillons sont revêtus du double cachet du déclarant et du service, qui en remet un au raffineur et en conserve trois, dont un est immédiatement transmis par les employés au laboratoire de la circonscription (*art. 18 du décret du 12 août 1904*).

281. — Les contestations relatives aux résultats des analyses de sucre et de matières sucrées, effectuées dans les laboratoires du ministère des finances, sont déférées aux commissaires-experts institués par la loi du 27 juillet 1822, lesquels statuent au vu d'échantillons prélevés dans les conditions indiquées au paragraphe précédent (*art. 19 du décret du 12 août 1904*).

Le cas échéant, le service se conforme, pour la transmission des échantillons aux commissaires-experts et pour la notification des classements définitifs, aux recommandations contenues dans la lettre commune n° 41, du 28 décembre 1876. Jusqu'à la réception des avis de classement n° 70, les actes de prise en charge ou de décharge au portatif n° 21 sont laissés en suspens, aussi bien que les annotations complémentaires à inscrire aux bordereaux n° 19 et aux carnets d'analyses n° 20 (*circ. n° 575, du 18 août 1904*).

VI. — INSTRUMENTS DE PESAGE ET USTENSILES.

282. — Pour la pesée des sucres et des matières sucrées lors des inventaires, pour les constatations et expériences, pour la vérification des chargements à l'arrivée ou au départ, les raffineurs sont tenus de fournir le personnel ainsi que les poids, balances et autres ustensiles nécessaires à l'effet d'opérer la pesée, de prélever des échantillons et de reconnaître la nature des produits et la quantité de sucre raffiné qu'ils représentent (*art. 14 du décret du 12 août 1904*).

VII. — FRAIS D'EXERCICE.

283. — Une taxe de huit centimes par 100 kilogrammes de sucre raffiné est perçue à titre de frais de surveillance sur les sucres en poudre de toute origine introduits dans les raffineries (*art. 13 de la loi du 5 août* 1890; 26 *de la loi du 26 juillet* 1893 *et* 6 *de la loi du 9 juillet* 1904) (1).

Pour les sucres destinés à la consommation intérieure, cette taxe était exigible au moment de l'entrée des sucres dans les usines. Pour ceux qui y sont introduits sous le régime de l'admission temporaire, en vue de l'exportation après raffinage, elle devait être garantie par les soumissions, et l'exonération de la taxe était prononcée lorsque les soumissions étaient apurées par des certificats d'exportation ou d'entrée en entrepôt exclusivement délivrés pour des sucres raffinés (*art. 13 de la loi du 5 août* 1890).

284. — Le système décrit ci-dessus n'a pu être appliqué, parce qu'il aurait fallu — ce qui n'est pas possible — connaître, dès l'entrée des sucres bruts en raffinerie, les quantités qui en seraient enlevées pour la consommation intérieure et pour l'exportation à l'état de raffiné.

L'Administration a donc dû rechercher un autre moyen pour assurer cette perception; celui auquel elle s'est arrêtée, et qui est indiqué ci-après, donne satisfaction aux raffineurs, tout en garantissant les intérêts du Trésor.

285. — Le régime de l'admission temporaire continue à fonctionner comme par le passé; les soumissions d'obligations ne subissent aucune modification et les comptables qui les reçoivent n'ont pas à se préoccuper de la perception de la taxe de huit centimes qui reste en dehors des droits soumissionnés. L'apurement des obligations demeure, par suite, absolument étranger à cette perception (*circ. n° 609 du 31 octobre 1890*).

Celle-ci est assurée par de simples constatations mensuelles effectuées au vu des comptes et consignées sur un état de produit spécial n° 22 A. Mais, lors de la délivrance des certificats d'exportation ou d'entrée

---

(1) La taxe de huit centimes est également perçue sur les sucres raffinés ou agglomérés ou candis importés et sur ceux expédiés des fabriques-raffineries.

en entrepôt pour les sucres libérés d'impôt, distinction est faite entre les sucres bruts et les sucres raffinés, l'exportation de ces derniers entraînant seule l'exonération de la taxe représentant les frais d'exercice.

Afin d'établir cette distinction, un modèle particulier de certificat n° 7, qui porte le n° 7 C, est spécialement affecté aux sucres raffinés; il est muni d'un coupon destiné à reproduire les principales énonciations du certificat correspondant et à servir de titre justificatif pour l'exonération de la taxe de 8 centimes.

Le comptable appelé à délivrer un certificat d'exportation ou de mise en entrepôt applicable à des sucres raffinés doit toujours remplir exactement le coupon correspondant à ce certificat et remettre les deux titres à l'intéressé. Celui-ci fait emploi du certificat dans les conditions ordinaires ; mais il en détache le coupon pour le transférer à un raffineur (ou fabricant-raffineur), s'il n'est pas lui-même en position d'en tirer parti.

C'est par la représentation de coupons de l'espèce que les intéressés peuvent obtenir l'exonération de la taxe de 8 centimes sur les sucres exportés après raffinage.

Au fur et à mesure que ces coupons leur parviennent, ils les remettent, dûment annotés, aux employés chargés de l'exercice de leurs usines, qui les inscrivent successivement et dans l'ordre des dates de réception à un carnet spécial n° 20 A.

A la fin de chaque mois, le service relève au carnet n° 20 (*entrées*) les quantités de sucres bruts introduites dans la raffinerie depuis le mois précédent, et ces quantités sont constatées au portatif n° 21 par un arrêté ainsi libellé :

« Le.... 190., M ... présent, nous, employés soussignés, avons arrêté à... kilogrammes de sucre raffiné les quantités de sucres bruts introduites dans la raffinerie pendant le mois de...

« Sommé de signer, M... a (accepté ou refusé). »

Un arrêté semblable, libellé à peu près dans le même sens, est en même temps établi au carnet n° 20 A pour constater les quantités de sucres raffinés qui y ont été inscrites pendant le mois.

Les résultats de ces deux arrêtés sont dépouillés sur l'état de produit n° 22 A, qui fait ressortir la différence entre les quantités introduites en raffinerie et les quantités dont l'exportation a été justifiée.

286. — Jusqu'en 1897, le décompte de la taxe de 8 centimes était établi, en fin de mois, sur la différence entre les arrêtés des deux carnets 20 et 20 A, c'est-à-dire sur la différence entre les quantités introduites en raffinerie et les quantités dont l'exportation ou la mise en entrepôt avait été justifiée au cours du même mois. Ce mode de perception supposait, ainsi qu'on le fit remarquer, que les entrées de sucre brut et les sorties de raffinés provenant du travail de ces sucres bruts ont lieu dans le courant du même mois. Or, il n'en est pas ainsi dans la pratique ; un certain laps de temps s'écoule nécessairement entre l'introduction du sucre brut et la sortie du sucre raffiné.

Pour éviter l'inconvénient signalé, il a été décidé de reporter, non plus à la fin du mois, mais à la fin du deuxième mois, la constatation de la taxe sur les introductions de sucres bruts. Ainsi, en prenant pour exemple le mois de juillet, on établit le décompte sur la différence entre les introductions de sucres bruts effectuées pendant le mois de juin et les quantités de sucres raffinés inscrites au carnet n° 20 A, à la fin du mois de juillet *(circulaire n° 232, du 30 août 1897)*.

L'état de produit dressé dans ces conditions est immédiatement transmis au receveur particulier de la circonscription, qui en inscrit le montant à son registre des comptes ouverts n° 75 C et en opère le recouvrement *(circ. n° 609 du 31 octobre 1890)*.

287. — Les coupons n° 7 C applicables à des entrées en entrepôt sont, comme ceux applicables à des exportations, admis en atténuation des quantités de sucre brut introduites dans les raffineries. Il importe, dès lors, que les sucres raffinés qui, après avoir fait l'objet de certificats d'entrée en entrepôt, sont livrés à la consommation intérieure moyennant le paiement de l'impôt, soient en même temps frappés de la taxe de 8 centimes dont la remise aura été précédemment accordée aux déposants.

La contexture de l'état de produits n° 22 A prévoit cette éventualité.

Le cas échéant, il est établi dans les entrepôts, au vu du registre des comptes ouverts n° 36, un décompte analogue à celui qui est prescrit pour les raffineries *(circ. n° 609 du 31 octobre 1890)*.

Le produit de la taxe de 8 centimes doit figurer distinctement dans la comptabilité. Il est inscrit, tant au bordereau 91 A (ligne 49 *ter*) qu'au registre 102 et au relevé 104 (cadre 58 *quater*), ainsi qu'au compte 101, sous la dénomination de *Redevance de 8 centimes par 100 kilogrammes de sucres en poudre introduits dans les raffineries et établissements assimilés*.

VIII. — TAXE DE RAFFINAGE.

288. — La taxe de raffinage a été établie par la loi du 7 avril 1897, en vue de fournir, concurremment avec la taxe de fabrication (*supprimée par la loi du 28 janvier* 1903), les ressources nécessaires au paiement des primes d'exportation et des détaxes de distance. La taxe a été abaissée de 4 francs à 2 francs par la loi du 28 janvier 1903. En sont exempts les sucres exportés (*art. 4 de la loi du 7 avril* 1897).

Définition des produits imposables.

289. — Aux termes de l'art. 4 de la loi du 7 avril 1897, le droit de raffinage (2 fr. par 100 kilogr. de raffiné) est établi sur les sucres candis, les sucres raffinés parfaitement épurés, durs et secs, les raffinés autres et les vergeoises.

Conformément aux dispositions de l'art. 17 de la loi du 19 juillet 1880, doivent être considérés comme raffinés et soumis à la taxe de raffinage les sucres en pains ou agglomérés de toute forme.

La perception de la taxe est effectuée :

Pour les candis, à raison de 107 kilogrammes de raffiné par 100 kilogrammes de sucre candi ;

Pour les sucres raffinés ou agglomérés en pains, tablettes ou morceaux, d'après leur poids net effectif ;

Et pour les raffinés autres et les vergeoises, d'après la quantité de raffiné que les sucres représentent à l'analyse polarimétrique, sans réfaction pour le glucose et sans allocation du déchet de 1 1/2 p. 100.

290. — Dans la généralité des cas, la taxe n'est pas directement perçue sur les produits qui en sont passibles. Le dernier paragraphe de l'art. 4 de la loi de 1897 stipule, en effet, que, dans les raffineries, la taxe de raffinage est exigible à l'entrée des sucres dans l'établissement, c'est-à-dire que les sucres bruts introduits dans une raffinerie sont légalement présumés devoir être livrés à la consommation à l'état de raffinés.

Mode de perception de la taxe.

291. — Un compte spécial de la taxe de raffinage, réglé mensuellement, est tenu dans les divers établissements industriels qui, produisant ou recevant des sucres bruts, expédient des sucres raffinés ou agglomérés de toutes formes (*art.* 12 *du décret du* 18 *juillet* 1897).

292. — Dans les raffineries, le mode de constatation de la taxe de raffinage est calqué sur celui qui fonctionne pour la redevance de 8 centimes perçue en exécution des articles 13 de la loi du 5 août 1890, 26 de la loi du 26 juillet 1893 et 6 de la loi du 9 juillet 1904.

La perception de la taxe de 2 francs est assurée, comme celle de la redevance de 8 centimes, par des constatations mensuelles, effectuées au vu des comptes et consignées sur un état de produits n° 22 A spécial.

Les coupons annexés aux certificats n° 7 C (1) servent de titre justificatif pour l'exonération de la taxe de raffinage, en même temps que de la redevance de 8 centimes. C'est par la représentation de coupons de l'espèce, dans les deux mois à dater du jour de leur délivrance, que les raffineurs peuvent obtenir décharge de la taxe de 2 francs sur les produits exportés après raffinage (*art.* 18 *du décret du* 18 *juillet* 1897).

Au fur et à mesure que ces coupons leur parviennent, ils les remettent dûment annotés aux employés chargés du service de leur usine qui les inscrivent, successivement et dans l'ordre des dates de réception, au carnet spécial n° 20 A. A la fin de chaque mois, le service relève au carnet n° 20 (entrées) les quantités de sucres bruts introduites dans la raffinerie depuis le mois précédent, et ces quantités sont constatées au portatif n° 21, par un arrêté libellé selon le modèle donné au § 285. Un arrêté analogue est établi en même temps au carnet n° 20 A, pour constater les quantités de sucres raffinés qui y ont été inscrites pendant le mois. Les résultats de ces deux arrêtés sont dépouillés sur un état de produits n° 22 A, dit spécial, affecté au décompte de la taxe de 2 francs (*circ. n°* 232 *du* 30 *août* 1897).

Mais, ainsi qu'il a été dit plus haut (*voir* § 286) à propos de la redevance de 8 centimes, il y a lieu de reporter, dans les mêmes conditions, c'est-à-dire non pas à la fin du mois, mais à la fin du deuxième mois, la constatation de la taxe sur les introductions de sucres bruts.

---

(1) Dans le cas où, conformément à l'article 17 du règlement du 18 juillet 1897, des décisions des ministres des finances et du commerce rendues après avis du Comité consultatif des arts et manufactures admettraient que la taxe de raffinage doit être restituée, à l'exportation de certaines préparations sucrées, sur le sucre entrant dans ces préparations, des certificats n° 7 C, munis d'un coupon, seraient délivrés aux intéressés, lors du passage de leurs produits à l'étranger.

L'exportation du lait concentré donne lieu à la décharge de la taxe de raffinage.

293. — A l'égard des sucres passibles de la taxe de raffinage (raffinés ou agglomérés de toute forme) qui ont donné lieu à la délivrance de certificats n° 7 C, au moment où ils ont été placés en entrepôt à la décharge des comptes d'admission temporaire, on doit, lorsque ces sucres en sont retirés pour la consommation, exiger le payement de la taxe de raffinage avant l'enlèvement (*art. 13 du décret du 18 juillet 1897*).

Les quantités passibles de la taxe de 2 francs, à la sortie des entrepôts, figurent à l'état de produits n° 22 A spécial.

Le cas échéant, il est établi dans les entrepôts, au vu du registre des comptes ouverts n° 36, un décompte analogue à celui qui est prescrit pour les raffineries simples et établissements assimilés.

294. — Le produit de la taxe de raffinage doit, comme les résultats des diverses perceptions effectuées en vertu de la loi du 7 avril 1897, être porté au crédit d'un compte hors budget ouvert parmi les services spéciaux du Trésor (*art. 42 de la loi du 29 juin* 1897). Les recouvrements qui sont effectués par les receveurs particuliers, à titre de taxe de raffinage, sont inscrits au chapitre des perceptions opérées pour le compte du receveur principal.

Les sommes ainsi constatées figurent distinctement au relevé mensuel n° 41, où est ouvert un cadre spécial conformément au modèle reproduit ci-après :

A bis. — TAXE DE RAFFINAGE.	
QUANTITÉS EXPRIMÉES EN RAFFINÉ soumises à la taxe de raffinage.	DROITS CONSTATÉS.
kilogr.	fr. c.

Les états de produits relatifs à la taxe de raffinage sont dépouillés trimestriellement au registre n° 102 et portés en fin d'année au relevé n° 104, à un cadre spécial ouvert à la main, à la fin de ces deux documents, sous le titre : *Services spéciaux du Trésor*.

La contexture de ce cadre est la reproduction de celle indiquée ci-dessus pour l'inscription de ladite taxe au cadre A *bis* du relevé mensuel n° 41 ; le produit de la taxe de raffinage est inscrit en recette par les receveurs principaux, au compte spécial à ouvrir, avant les opérations de trésorerie, sous le titre *Services spéciaux du Trésor*, avec la mention :

Sucres : Taxe de raffinage. . . . . Ligne n° 82.

Ces recettes sont justifiées, en fin d'année seulement, par un état de produits donnant les quantités soumises à la taxe.

Cet état, dûment certifié, est transmis à la Comptabilité publique en même temps que les comptes de fin d'année de la recette principale (*circulaire Comptabilité publique, n° 127 du 23 juillet 1897*).

Le produit de la taxe de raffinage, n'ayant pas le caractère d'une recette budgétaire, n'est pas compris dans l'avis mensuel des recettes.

Il figure au relevé mensuel dont la production a été prescrite par la note autographiée n° 18270 du 5 octobre 1897.

295. — On a dû prévoir le cas du remboursement de taxes de raffinage indûment perçues. La dépense en résultant est rattachée au compte spécial ouvert en exécution de l'art. 42 de la loi du 29 juin 1897 ; elle y est inscrite sous le titre suivant : *Dépenses diverses* (remboursements de taxes de raffinage indûment perçues, etc., ligne 233).

A l'appui de ces dépenses, les receveurs principaux ont à produire mensuellement un relevé, dûment approuvé par les directeurs, des ordres de restitution appuyés des certificats de redressement et des quittances des parties prenantes (*circ. Comptabilité publique, n° 128 du 29 octobre 1897*).

Ces dépenses figurent également, sous la même rubrique : « Dépenses diverses », au relevé mensuel prescrit par la note autographiée n° 18270 du 5 octobre 1897.

Expéditions de sucres bruts par les raffineries.

296. — En principe, le paiement de la taxe de raffinage devrait être exigé sur tous les sucres bruts allant dans les raffineries. A l'égard des sucres introduits dans ces usines, il y a présomption qu'ils en sortiront à l'état de raffinés. Toutefois, tenant compte de nécessités commerciales bien démontrées et afin de ne pas apporter un obstacle absolu à certaines opérations industrielles, l'Administration peut autoriser la sortie de sucres bruts (*art. 4 du décret du 12 août 1904*). Dans ce cas, elle admet que ces sucres soient portés en déduction au compte de la taxe de raffinage ; mais ils acquittent, bien entendu, la redevance de 8 centimes. Cette concession est accordée, sous la condition que les sucres bruts, introduits pour être livrés en nature, soient contenus dans des sacs d'un poids uniforme, plombés et placés dans un local spécial sous la double clef de l'industriel et du service, et que ces sucres soient réexpédiés dans les mêmes enveloppes, sans fractionnement (*circ. n° 232, du 30 août* 1897).

En outre, au moment de l'introduction de ces sucres bruts dans le local spécialement affecté à leur emmagasinement, les raffineurs doivent fournir la justification que ces sucres n'ont pas été compris dans une obligation d'admission temporaire donnant lieu à l'allocation de la détaxe de distance (*correspondance*).

IX. — ÉTABLISSEMENTS PRODUISANT DES AGGLOMÉRÉS.

297. — Il existe des établissements qui se livrent à la fabrication de pains, tablettes ou morceaux obtenus en agglomérant, soit exclusivement des sucres bruts préalablement broyés, soit un mélange de sucres bruts broyés et de poudres de sciage provenant de sucres raffinés. Jusqu'en 1897, l'Administration n'avait pas cru devoir y installer une surveillance, parce que l'intérêt du Trésor n'y paraissait pas engagé et que le produit de la redevance n'aurait pas couvert les frais de cette surveillance. L'institution de la taxe de raffinage à laquelle sont soumis les sucres agglomérés, assimilés aux raffinés ordinaires par la loi du 19 juillet 1880 et par l'art. 12 du règlement du 18 juillet 1897, a créé un intérêt nouveau qui a obligé à faire rentrer ces établissements dans la règle commune. On considère donc comme raffinerie tout établissement où les sucres bruts, reçus du dehors, sont transformés en pains, tablettes ou morceaux. Cette assimilation a été expressément confirmée par l'art. 7 de la loi du 9 juillet 1904. En conséquence, toutes les dispositions qui concernent le régime des raffineries sont applicables à ces établissements. Les sucres raffinés qu'ils tirent des raffineries doivent, comme les sucres bruts, être accompagnés de laissez-passer n° 11 A (*circ. n° 575, du 18 août* 1904).

298. — Les sucres bruts introduits dans ces établissements sont, sauf l'exception dont il est parlé ci-après, passibles de la taxe de raffinage et de la redevance de 8 centimes. La constatation et la perception en sont effectuées dans les conditions réglées pour les raffineries proprement dites.

Expédition de sucres bruts par les établissements assimilés aux raffineries.

299. — L'Administration, considérant que la préparation des sucres agglomérés n'est que l'accessoire de l'industrie principale de ces usines et que quelques-unes d'entre elles font un important commerce de sucres bruts en nature, a admis certaines concessions.

Pour la perception de la taxe de raffinage dans ceux de ces établissements qui se livrent au commerce des sucres bruts, il y a lieu de suivre les règles ci-après :

Les introductions de sucres bruts sont relevées sur le carnet n° 20. La totalité de ces introductions est passible de la redevance de 0 fr. 08, sous déduction seulement des quantités inscrites aux coupons des certificats n° 7 C représentés par les industriels.

D'autre part, on tient compte, sur le même carnet, des sorties de sucres bruts, qui sont effectuées, soit en nature, soit sous forme de pilés.

Sont passibles de la taxe de raffinage de 2 francs, toujours sous déduction, bien entendu, des coupons des certificats n° 7 C, les quantités formant la différence entre, d'une part, la totalité des entrées et, d'autre part, les sorties de sucres bruts.

Pour que le service, à la sortie, puisse reconnaître si le sucre présenté est du pilé de brut et non du pilé de raffiné, le pilage des sucres bruts est effectué en présence d'un agent des contributions indirectes ; une fois pilés, les sucres sont placés dans un local spécial, fermé et dont la clef est en la possession du service ; ce dernier n'inscrit en sortie que les quantités des produits de l'espèce qui sont expédiées en sa présence (*circ. n° 232 du 30 août* 1897).

X. — OBLIGATIONS CAUTIONNÉES.

300. — Les obligations cautionnées garantissant les droits sur les sucres bruts destinés aux raffineries peuvent être souscrites, soit à un mois de terme sans perception de l'intérêt de crédit de 3 p. 0/0 l'an, soit à quatre mois avec intérêt à compter de l'expiration du premier mois, c'est-à-dire pendant 90 jours, les mois étant uniformément comptés pour 30 jours (*Loi du 9 juillet* 1904, *art.* 5).

Cette disposition, qui constitue une dérogation à l'article 3 de la loi du 15 février 1875, a pour but de placer les raffineurs, tenus d'acquitter ou de garantir les droits sur les sucres préalablement à leur introduction en raffinerie, dans la situation où ces industriels se trouveraient si, comme cela se pratique généralement à l'étranger, les droits étaient simplement exigibles à la sortie. Elle ne vise que les obligations cautionnées souscrites pour des sucres dirigés sur les raffineries; elle ne s'applique, dès lors, pas aux traites souscrites par d'autres redevables que les raffineurs, mais elle s'étend aux obligations d'admission temporaire soumissionnées par les mêmes industriels. Les apurements en numéraire effectués sur les obligations d'admission temporaire souscrites par les seuls raffineurs ou exploitants d'établissements assimilés aux raffineries n'entraînent, en conséquence, le payement de l'intérêt de 3 p. 0/0 que pendant un mois au lieu de deux.

301. — En ce qui concerne la remise de 1 0/0 l'an versée au comptable au moment de la souscription desdites obligations, le taux est fixé :

A 1/3 de franc p. 100 pour les traites à 4 mois ;

A 1/6 de franc p. 100 pour les obligations d'admission temporaire (2 mois);

A 1/12 de franc p. 100 pour les traites à 1 mois.

En ce qui touche le partage des remises entre le Trésor et les comptables, le décompte mensuel est établi en prenant pour base le taux normal de 1/3 p. 100. Pour la commodité du calcul, on réduit de moitié le montant des obligations d'admission temporaire et des 3/4 le montant des traites à 1 mois de terme (*V.* §§ 158 *et suiv.*).

CHAPITRE IX.

Laboratoires.

302. — Institués pour assurer l'exécution de la loi du 29 juillet 1875, qui permettait de recourir aux procédés saccharimétriques lorsque la nuance des sucres paraissait ne pas correspondre à leur richesse effective, les laboratoires ont pris un rôle important surtout depuis que, supprimant le régime des classes, la loi du 19 juillet 1880 a prescrit d'évaluer tous les sucres en raffiné, d'après leur rendement présumé au raffinage.

Il existe actuellement des laboratoires à Paris, Lille, Arras, Saint-Quentin, Dunkerque, Boulogne, Le Havre, Rouen, Bayonne, Port-Vendres, Cette, Nice, Lyon, Belfort, Nancy, Alger, Nantes, Bordeaux et Marseille. Ces trois derniers ont été établis à l'occasion de l'exercice des raffineries ; ils sont plus spécialement chargés de l'analyse des sucres et produits qui sont introduits dans ces établissements ou qui en sont enlevés.

Les laboratoires constituent un organisme autonome, placé sous l'autorité directe du ministre des finances et dirigé par un chimiste qui porte le titre de chef du service des laboratoires du ministère des finances (*Décret du 16 juillet* 1897).

303. — Le laboratoire de Paris a le titre de laboratoire central ; il est placé sous l'action immédiate du chef de service. Indépendamment de l'analyse des diverses matières qui lui sont communes avec les autres laboratoires, le laboratoire central contrôle les opérations des bureaux d'essai régionaux ; il procède, en outre, aux analyses comportant des opérations d'une nature particulière. Il ne sera ici question que des dispositions applicables à l'analyse des sucres.

Les laboratoires régionaux sont placés sous la surveillance du chef de service. C'est lui qui donne aux chefs des bureaux d'essai régionaux les instructions nécessaires à l'expédition du travail ; il inspecte ces bureaux lorsqu'il le juge nécessaire.

Le chef de service est nommé par décret, les chimistes par le ministre des finances et les titulaires des emplois inférieurs par le chef de service (*Décret du 7 décembre* 1900).

I. — PRÉLÈVEMENT DES ÉCHANTILLONS.

304. — Les échantillons doivent être prélevés en présence du fabricant ou de son représentant (*voir* § 24). Afin d'éviter toute substitution, toute altération des sucres, qui pourrait fausser le résultat de l'analyse, les chefs de poste des fabriques prélèvent EUX-MÊMES les échantillons, avec le concours d'un commis ou d'un préposé, en ayant soin d'écarter, pendant la durée de cette opération, toute intervention des employés et des ouvriers de l'usine. Ces prélèvements ne peuvent avoir lieu que sur des sucres en sacs, qui doivent être immédiatement plombés.

Il ne suffit pas que les échantillons ne subissent aucune addition de matières étrangères, aucune altération ; il faut encore qu'ils représentent bien la composition moyenne des lots sur lesquels ils sont prélevés. A cet effet, le service doit toujours sonder un grand nombre de sacs à diverses profondeurs ; et, si les sacs composant un même lot paraissaient contenir des sucres dont le mélange ne serait pas bien homogène, il n'hésiterait pas à donner un coup de sonde dans chaque sac. Les diverses quantités ainsi prélevées sont intimement mélangées, et c'est sur le produit de ce mélange qu'on prend les échantillons destinés à l'analyse (*Lettre commune n° 12, du 8 juin 1878*) (1).

305. — Pour chaque lot de sucre, il est formé quatre échantillons que le service renferme dans des boîtes métalliques fournies par l'Administration (2). Ces boîtes, dont on aura eu soin de constater l'état de propreté absolue avant l'introduction du sucre, sont ficelées, puis scellées du double cachet de la Régie et du fabricant ; elles reçoivent une étiquette (n° 61 A, *Sucres*) solidement collée, sur laquelle sont indiqués, la date du prélèvement, le nom de la fabrique, la marque et le numéro du lot, ainsi que le nombre de colis qui composent ce lot. (En ce qui concerne les précautions à prendre pour le ficelage et le cachetage des échantillons, voir la lettre autographiée du 17 janvier 1893.)

---

(1) Afin de s'assurer que les prélèvements ont bien été opérés au départ, l'Administration se réserve d'ailleurs de faire analyser, par épreuve, des échantillons qui sont prélevés sur les sucres en cours de transport ou à leur arrivée à destination.

(2) Lorsqu'on se trouve en présence de produits appartenant manifestement à la même catégorie — poudres blanches —, l'Administration autorise le prélèvement d'un seul échantillon, quels que soient le nombre et l'importance des lots. (*Lettre autographiée n° 19996, du 30 octobre 1890.*)

Le chef de service de la fabrique dresse en même temps, et en double, un procès-verbal de prélèvement (n° 59, Sucres), dont il remplit la première partie et qu'il conserve provisoirement, après l'avoir fait signer par le fabricant ou son représentant.

Au cours de leurs visites, les vérificateurs doivent s'assurer que toutes les boîtes vides existant dans les usines se trouvent dans les conditions de propreté exigées (*Lettre commune n° 70, du 25 juillet 1893*).

306. — Pour les mélasses, le prélèvement des échantillons est opéré avec des précautions analogues, en vue d'assurer l'exactitude des analyses (1). Ces échantillons sont logés dans des bocaux fournis par l'Administration et qui sont susceptibles d'être emballés dans le paillon et l'étui métallique utilisés pour l'envoi des échantillons d'alcool dénaturé.

Il suffit de former trois échantillons. Le premier seul est destiné à l'analyse ; le second est conservé dans l'usine, pour servir en cas de perte du premier ou de recours à l'expertise ; quant au troisième, il est remis au fabricant (*Lettre commune n° 221, du 30 mars 1901*).

---

(1) Les instructions de la Régie ne donnent pas la marche à suivre pour le prélèvement des échantillons de mélasses ; or, comme cette opération n'est pas sans présenter certaines difficultés, il paraît intéressant de reproduire ici les règles tracées, à cet égard, par une circulaire de l'administration des douanes, en date du 22 janvier 1892.

Voici les termes de cette circulaire :

« ..... Il serait difficile, lorsqu'il s'agira de quantités importantes, de prélever un
« échantillon sur chaque fût ; on pourra continuer, dans les cas de l'espèce, à pren-
« dre un échantillon par série de cinq à dix fûts déclarés du même titrage.

« On réunira dans un seau ou baquet tous les échantillons prélevés ; on mélangera
« avec soin et on remplira de cet échantillon moyen quatre flacons de 500 grammes
« qui seront bouchés hermétiquement.

« Le meilleur mode de prélèvement de l'échantillon de mélasse dans un fût con-
« siste à faire avec une grosse vrille un trou dans le milieu du fût, et à recueillir un
« certain volume de mélasse, volume qui doit être le même pour tous les fûts d'un
« même lot, et qui variera suivant le nombre de fûts présentés.

« Pour les fûts en fer, on sera obligé de prendre l'échantillon par le trou de bonde ;
« mais comme, à la surface de la mélasse, il se trouve de la mousse et d'autres impu-
« retés, on se servira d'un long tube en verre de 1 centimètre 1/2 à 2 centimètres de
« diamètre, que l'on introduira jusqu'au centre du fût en maintenant l'extrémité
« exactement bouchée avec le doigt. On aspirera de manière à faire monter dans ce
« tube le volume de mélasse qui doit être recueilli. Ce procédé peut s'appliquer, avec
« les mêmes précautions, aux fûts en bois. »

307. — L'étiquette qui est apposée sur les échantillons de mélasses doit mentionner :

1° Le nom du fabricant expéditeur ;
2° Les localité, commune et département où est située la fabrique ;
3° La date du prélèvement de l'échantillon ;
4° Enfin son numéro d'ordre (*Lettre commune n° 88, du 25 juillet 1894*). (1)

Ces mêmes indications sont reproduites sur l'avis n° 72 qui doit toujours être transmis séparément à l'Administration (*Ibid.*).

L'étiquette doit, en outre, le cas échéant, indiquer si les mélasses proviennent d'une raffinerie ou d'une fabrique dans laquelle on prépare des sucrates (*procédé Steffen ou autre analogue*). Les bas produits de ces établissements contiennent, en effet, du *raffinose*, matière qui, comme le saccharose (sucre ordinaire), a la propriété de faire dévier à droite le plan de polarisation du saccharimètre et dont le dosage exige un mode particulier d'analyse.

II. — ENVOI DES ÉCHANTILLONS.

308. — Les échantillons de sucre sont transmis par la poste (*Décision ministérielle du 8 décembre 1875*) ; ils doivent être enveloppés d'une feuille de papier fort et solidement ficelés, de manière que les étiquettes ne se détériorent pas en cours de transport (*Lettre commune n° 4 du 15 janvier 1876*).

Les échantillons de mélasses sont adressés par colis postaux, afin d'éviter les inconvénients qui pourraient résulter, pour les correspondances confiées à l'administration des postes, du bris de ces échantillons (*Note du 13 juillet 1889*).

309. — Pour les sucres provenant d'une fabrique ressortissant au laboratoire central, deux boîtes sont adressées directement à l'Administration (bureau central).

Lorsque la fabrique est située dans la circonscription d'un bureau d'essai régional, deux boîtes sont également transmises au directeur ou au sous-directeur à la résidence duquel est installé le laboratoire.

---

(1) La série des numéros d'ordre commence avec la campagne et doit être continuée, sans interruption, jusqu'à la dernière prise d'essai de la même campagne.

L'une des deux boîtes est destinée à servir d'échantillon de contrôle (*voir ci-après*, § 313). Pour les mélasses des fabriques, le service n'envoie qu'un seul échantillon.

310. — En ce qui concerne les sucres bruts introduits dans les raffineries, il n'est adressé à l'Administration, à la direction ou à la sous-direction, qu'un seul des échantillons prélevés (*voir* § 280). Il n'en est également adressé qu'un seul sur les quatre qui sont prélevés, à la sortie des raffineries, pour les vergeoises, les bas produits à l'état solide, les mélasses et les sucres bruts (*voir* § 280).

311. — En même temps qu'ils envoient les échantillons, les chefs de service des usines adressent *séparément* à l'Administration, au directeur ou sous-directeur, suivant le cas, un bulletin d'avis d'envoi (*n° 72, Sucres*). Pour prévoir le cas, d'ailleurs fort peu probable, où la lettre d'avis aurait été égarée ainsi que les échantillons eux-mêmes, il est prescrit au service d'adresser un nouveau bulletin n° 72, portant en caractères très apparents le mot *Duplicata*, si le résultat de l'analyse ne lui a pas été notifié dans un délai de huit jours à partir de la date de l'envoi des échantillons (*Lettre commune n° 41, du* 28 *déc.* 1876).

312. — Dès leur réception, les échantillons sont inscrits sur un registre d'ordre spécial, numéroté à l'avance et présentant, outre les indications de l'étiquette n° 61 A, les dates de réception et de transmission, ainsi que des colonnes destinées à inscrire le résultat de l'analyse. (Pour la tenue de ce registre, voir la lettre autographiée du 9 janvier 1892.)

313. — En ce qui concerne les fabriques, l'un des échantillons de sucre ou l'échantillon unique de mélasses est transmis au laboratoire chargé de l'analyse, après qu'on a détaché la partie non gommée de l'étiquette 61 A et qu'on a inscrit sur la partie qui reste adhérente à la boîte le numéro d'inscription au registre d'ordre, ainsi que la lettre indicative de la catégorie à laquelle appartient l'échantillon. Le second échantillon, sur lequel est reproduit le même numéro à l'encre rouge, est conservé par la direction ou la sous-direction pour servir, au besoin, à une analyse de contrôle. En ce qui concerne les produits des raffineries, c'est l'échantillon unique qui est transmis au laboratoire ; les échantillons de contrôle sont conservés par le service de l'établissement pendant un délai de 3 mois (*voir* § 280).

C'est le chef du service des laboratoires qui désigne, pour chaque bureau d'essai régional, les numéros des échantillons qui doivent être soumis à une analyse de contrôle. Il indique également, à des époques plus ou moins rapprochées, jusqu'à quel numéro de la série du registre d'ordre on peut renvoyer dans les fabriques, en vue de servir à de nouveaux prélèvements d'échantillons, les boîtes qui ne doivent pas être contrôlées. (*Voir la circulaire* n° 374, *du* 8 *août* 1904.)

III. — ANALYSE DES ÉCHANTILLONS.

314. — Au fur et à mesure de leur arrivée dans les bureaux d'essai, les échantillons sont enregistrés sur un carnet (n° 62, *Sucres*). Ils doivent être analysés dans le courant de la journée, autant que possible, ou le lendemain au plus tard (1).

315. — Les résultats de l'analyse sont inscrits tant sur l'étiquette n° 61 A de l'échantillon que sur le carnet n° 62. Les boîtes d'échantillons ainsi annotées sont renvoyées au directeur ou sous-directeur à la résidence duquel fonctionne le laboratoire ; elles sont accompagnées des ampliations du registre n° 62 présentant le résultat des analyses.

Après l'expiration d'un délai de 3 mois, les boîtes en vidange et celles contenant le double de l'échantillon analysé sont vidées dans les bureaux de la direction ou de la sous-direction ; le sucre en provenant doit être remis à l'administration des domaines, pour être vendu au profit du trésor. Les acquéreurs paient le droit sur les quantités qu'ils achètent.

Les boîtes vides sont ensuite renvoyées au chimiste du laboratoire qui est chargé de faire procéder à leur nettoyage.

IV. — NOTIFICATION DES ANALYSES.

316. — Après avoir rapproché les indications des ampliations du registre n° 62 de celles que présentent les étiquettes des échantillons, le directeur ou le sous-directeur en adresse, sans retard, à l'Administration (Bureau central), une copie sur une formule spéciale (n° 63, *Sucres*), en ayant soin de compléter les renseignements relatifs à l'analyse par la mention du numéro de chaque lot de sucre et du nom

---

(1) Pour les procédés d'analyse, voir pages 104 et suivantes.

de la fabrique d'où il émane. En ce qui concerne les analyses des produits des raffineries, on fait usage, suivant le cas, *du modèle 63 A bis (série E-Entrées) ou du modèle 63 A ter (série S-Sorties)*.

317. — Le directeur ou le sous-directeur donne, en outre, immédiatement avis, par une formule (*n° 64, Sucres*) *en double expédition*, au chef de service de la fabrique, du résultat de l'analyse.

Une de ces formules est destinée au fabricant, lorsqu'il n'y a pas contestation sur le résultat de l'analyse, et l'autre est conservée par le chef de service de l'usine.

Pour les fabriques dépendant directement du laboratoire central, les avis de classement n° 64 ne sont préparés par l'Administration qu'en simple expédition. Cette formule unique est adressée au chef de service de la fabrique, qui en établit une copie certifiée pour le fabricant et en dépouille les indications sur des formules n° 63, lesquelles à chaque passage du contrôleur sont visées par lui et transmises au directeur (*Lettre commune n° 22, du 14 octobre* 1886) (1).

Les directeurs et les sous-directeurs à la résidence desquels est établi un laboratoire n'ont à mentionner sur les formules n° 64 que les résultats détaillés des analyses d'après les ampliations détachées du registre n° 62. C'est aux chefs de service des fabriques que revient le soin d'effectuer les calculs nécessaires pour exprimer les quantités effectives en sucre raffiné ; mais, afin que l'exactitude puisse en être vérifiée, ces agents transmettent chaque mois au directeur ou au sous-directeur un duplicata des relevés n° 13 (*voir ci-après* § 539), qui leur est renvoyé revêtu de la mention : « *Vu et vérifié* », mention au-dessous de laquelle le directeur ou le sous-directeur appose sa signature (*Lettre commune n° 24, du 10 septembre* 1880).

318. — Le chef de service qui reçoit une formule d'analyse n° 64 doit en informer lui-même le fabricant, et le mettre en demeure de faire connaître s'il accepte le titrage du laboratoire.

Dans l'affirmative, et s'il s'agit de produits pour lesquels une décla-

---

(1) Les instructions administratives ne paraissent pas avoir prescrit aux chefs de service des fabriques ressortissant à un *laboratoire régional*, qui n'est pas situé dans le département du lieu de la fabrique, de préparer des feuilles n° 63 pour être transmises au directeur du département où sont situées ces fabriques. Cette mesure semblerait cependant utile pour permettre au directeur de s'assurer, au besoin, que les résultats des analyses inscrits sur les acquits-à-caution sont bien exacts.

ration d'enlèvement a déjà été faite, le fabricant doit signer à la souche du registre des acquits-à-caution la formule constatant son adhésion aux résultats de l'analyse administrative.

En cas de contestation sur les résultats de l'analyse, voir ci-après.

319. — Si la notification du résultat de l'analyse ne lui est pas parvenue dans un délai de 8 jours à partir de l'envoi de l'échantillon, le chef de service de l'usine doit adresser à l'Administration, au directeur ou au sous-directeur, suivant la localité où est situé le laboratoire chargé de l'analyse, un *duplicata* du bulletin n° 72 d'avis d'envoi d'échantillon (*voir* § 311).

V. — CONTESTATIONS. — RECOURS A L'EXPERTISE.

320. — Lorsqu'un industriel refuse d'accepter les résultats de l'analyse opérée par le laboratoire, il en fait la déclaration au chef de service de l'usine, qui complète immédiatement le procès-verbal de prélèvement n° 59 et le fait signer par l'industriel ou par son représentant.

Le procès-verbal ainsi complété est transmis le jour même à l'Administration. Le chef de service envoie, en même temps mais séparément, à l'Administration, une des deux boîtes-échantillons conservées par lui, en ayant soin de relater *très lisiblement*, sur l'étiquette n° 61 A de la boîte, comme il l'a fait dans la seconde partie du procès-verbal, le numéro sous lequel l'échantillon a été inscrit au registre d'ordre de l'Administration, de la direction ou de la sous-direction, numéro qui figure sur la feuille d'avis n° 64.

321. — L'Administration fait alors procéder à l'expertise légale et notifie la décision des commissaires experts, par une formule n° 234 qui est adressée : 1° en double expédition au chef de service de l'usine, qui est chargé de remettre une de ces expéditions à l'industriel et qui conserve l'autre ; 2° en simple expédition au directeur du département dans lequel l'usine est située.

Lorsque la décision des commissaires experts n'est pas notifiée dans un délai de 15 jours, à partir de l'envoi de l'échantillon, le retard doit être signalé à l'Administration par lettre spéciale (*Lettre commune n° 41, du 28 décembre 1876*).

322. — Si la contestation porte sur des sucres qui sont encore en fabrique, la décision des commissaires experts sert de base à l'évaluation de la quantité de raffiné imposable (*voir* § 106). Quand il s'agit de sucres qui ont déjà été enlevés des usines, en vertu de simples permis de circulation, et pour lesquels l'acquit-à-caution a été délivré sur les bases indiquées par le résultat de l'analyse administrative (*voir* § 106), la décision des commissaires experts, qui doit servir à la liquidation définitive de l'impôt, est portée à la connaissance du directeur du département où est située la fabrique, au moyen d'une formule n° 70 dressée en double expédition, par le chef de service de la fabrique auquel a été notifiée la formule n° 234.

Après avoir rapproché les formules n° 70 de l'avis n° 234 qui lui a été transmis directement par l'Administration, le directeur en adresse une expédition, visée par lui, à son collègue du département du lieu de destination.

Le sucre contenu dans les boîtes d'échantillons conservées par le chef de service de l'usine et restées sans emploi est remis à l'industriel dès que le classement définitif lui a été notifié (*Lettre commune n° 29, du 6 septembre 1876*).

VI. — CLASSEMENT DES PIÈCES RELATIVES AUX ANALYSES.

323. — Dans les usines et dans les entrepôts, tous les documents constatant le résultat de l'analyse des sucres (*Formules n°s 64, 70 et 234*) doivent être réunis et classés, par ordre de numéro d'acquit-à-caution, dans un carton spécial, toutes les pièces relatives à un même titre de mouvement étant rattachées ensemble. Ce carton reste déposé dans le bureau d'ordres, afin que les agents de contrôle puissent rapprocher les indications des formules de celles qui sont inscrites aux registres n° 9.

VII. — FRAIS DE TRANSPORT DES ÉCHANTILLONS.

324. — La dépense relative aux frais de transport des échantillons ne fait pas l'objet de propositions à l'Administration. Au vu des pièces justificatives (quittances, mémoires, récépissés des chemins de fer, etc.), les directeurs ordonnancent les états de frais fournis par les chefs de service ; ils régularisent ces dépenses après avoir obtenu les crédits nécessaires (*Décision ministérielle du 31 oct. 1895 ; circ. 194, du 24 déc. 1896*).

CHAPITRE X

Circulation.

I. — RAYON DE SURVEILLANCE; EXPÉDITIONS A DÉLIVRER.

325. — Les sucres et autres matières sucrées de toute nature (*jus et sirops*), indigènes ou exotiques, libérés ou non libérés d'impôt, doivent être accompagnés, à la circulation, d'un acquit-à-caution ou d'un laissez-passer dans l'étendue de tout arrondissement où il existe une fabrique de sucre et dans les cantons limitrophes (1). Les cantons composés de fractions d'une même ville, ainsi que les parties rurales qui en dépendent, sont considérés comme ne formant qu'un seul canton (*Loi du 31 mai 1846, art. 15*).

Par une circulaire n° 604, en date du 1er septembre 1890, l'Administration a notifié au service la liste générale, par département et par arrondissement, des cantons dans lesquels les sucres étaient, à cette date, soumis à des formalités à la circulation. Afin que ce tableau puisse être tenu au courant, les directeurs ont été invités à faire connaître les modifications qu'il pourrait y avoir lieu d'y apporter, par suite de l'ouverture de nouvelles fabriques ou de la fermeture de celles qui existaient.

---

(1) Jugé, sous la législation antérieure, qu'aux termes des articles 25 et 26 de l'ordonnance du 4 juillet 1838, les voituriers et autres conducteurs, qui transportent des sucres dans une commune où il existe une fabrique de sucre et dans les communes limitrophes, doivent être munis d'un laissez-passer ou d'un acquit-à-caution, et qu'ils sont tenus de les représenter immédiatement aux employés. A défaut de cette exhibition, ils sont passibles non seulement de l'amende de 100 à 600 fr. édictée par l'article 3 de la loi du 18 juillet 1837, mais encore du paiement des droits sur les quantités enlevées sans déclaration. La loi n'ayant pas prononcé la confiscation des sucres saisis en cours de transport, il est nécessaire, dans l'intérêt du Trésor, que les droits éludés soient acquittés par les contrevenants, à titre de dommages-intérêts et de réparation du préjudice causé. (Cass., 20 février 1840.)

La situation n'est plus la même actuellement. D'après l'article 15 de la loi du 31 mai 1846, le rayon de surveillance comprend tout l'arrondissement où il existe une fabrique de sucre et les cantons limitrophes de cet arrondissement. Quant à l'amende encourue, l'article 3 de la loi du 30 décembre 1873 l'a portée de 1.000 à 5.000 fr., et à 10.000 fr. en cas de récidive. Ce même article a maintenu la confiscation des sucres, glucoses, sirops et mélasses fabriqués, recélés, enlevés et transportés en fraude, confiscation qui était déjà prononcée par l'article 12 de la loi du 10 août 1839.

L'acquit-à-caution ou le laissez-passer sont exigibles tant pour les matières sucrées de toute nature enlevées dans le rayon de surveillance, que pour celles qui sont dirigées sur ce rayon, ou qui doivent le traverser pour arriver à destination (*voir* § 332 *d, dernier alinéa, page* 257).

Peuvent toutefois circuler sans expédition dans le rayon de surveillance :

1° Les quantités de moins de 20 kilogrammes de sucre brut, sortant d'ailleurs que des établissements exercés ;

2° Les quantités transportées dans l'intérieur des villes où le droit sur les boissons est perçu à l'effectif aux entrées et où il n'existe pas de fabrique de sucre (*voir* § 326 *ci-après*) ;

3° Les sucres raffinés en pains ou candis, libérés d'impôt, en toutes quantités (*Lettre lithographiée du* 16 *février* 1867) ;

4° Les autres sucres libérés d'impôt, lorsque, expédiés d'un lieu où leur transport peut s'effectuer librement, ils traversent, par voie ferrée, le rayon de surveillance pour parvenir à une destination située en dehors de ce rayon (*Lettre commune n°* 204, *du 7 juillet* 1900).

326. — La circulation des sucres et autres matières sucrées de toute espèce et de toute origine, à l'exception des mélasses en quantité de plus de 100 kilogrammes, est affranchie de toute formalité dans l'intérieur des villes assujetties à un droit sur les boissons au profit du Trésor, perçu à l'effectif aux entrées, et dans lesquelles il n'y a pas de fabrique de sucre, sans préjudice des obligations imposées à la circulation dans le rayon des douanes (*Loi du 31 mai 1846, art.* 17).

Cette disposition n'est, dans aucun cas, applicable aux villes dans lesquelles les droits sont perçus à bureau central.

327. — En principe, un acquit-à-caution est obligatoire pour les produits de toute nature qui sortent des fabriques, des sucreries, ainsi que des entrepôts situés dans le rayon de surveillance des fabriques.

Toutefois, pour les quantités qui n'excèdent pas 1.000 kilogrammes de sucre titrant 98 degrés au moins, et qui sont livrées à la consommation après acquittement de l'impôt, l'Administration admet qu'il soit fait usage de laissez-passer n° 11. Les quantités expédiées avec des laissez-passer sont dispensées du plombage (*Lettres communes n°* 3, *du 7 février* 1881, *et* 25, *du* 11 *décembre* 1884).

328. — Les produits qui sont introduits dans les raffineries, étant libérés d'impôt, circulent accompagnés de laissez-passer 11 A (1) (*voir* §§ 243 *et* 297) ; ceux qui sont enlevés de ces établissements, étant également libérés d'impôt, peuvent, dans le rayon de surveillance, circuler avec des laissez-passer n° 11.

329. — Pour les produits sortant d'ailleurs que des établissements exercés, il y a dispense de toute formalité dans le rayon de surveillance, lorsqu'il s'agit de sucre raffiné en pains ou candi, ou d'une quantité de sucre brut de moins de 20 kilogrammes ou encore de sucre brut libéré traversant, par voie ferrée, le rayon de surveillance (*voir ci-dessus* § 325). Dans tous les autres cas, il y a lieu, savoir :

A la délivrance d'un acquit-à-caution : 1° pour les sucres bruts expédiés en quantité dépassant, pour chaque expéditeur, 1.000 kilogrammes par mois et par destinataire ; 2° pour les mélasses expédiées en quantités dépassant 100 kilogrammes ;

A la délivrance d'un laissez-passer : 1° pour les sucres bruts expédiés en quantités ne dépassant pas, pour chaque expéditeur, 1000 kilogrammes par mois et par destinataire ; 2° pour les sucres en poudre assimilés aux raffinés et pour les vergeoises (2) ; 3° pour les sucres bruts (libérés d'impôt) expédiés sur les raffineries.

330. — Le coût de l'acquit-à-caution est de 50 centimes, timbre compris (*Loi du* 31 *décembre* 1873, *art.* 1er). Pour les laissez-passer, l'expéditeur n'acquitte que 10 centimes pour prix du timbre.

L'Administration a fait imprimer, à la suite de la circulaire n° 293 du 12 juillet 1898, un tableau régulateur qu'il convient de consulter en ce qui concerne les expéditions à délivrer pour les sucres, les mélasses et les glucoses.

331. — Les mélasses dirigées, en toutes quantités, sur un établissement exercé (autre qu'une raffinerie indépendante où l'introduction des mélasses est interdite), celles dirigées sur les brasseries, celles expédiées, également en toutes quantités, à l'étranger, aux usages agricoles ou

---

(1) Pour les sucres coloniaux dirigés sur les raffineries, le service des douanes délivre un acquit.

Les sucres bruts indigènes appelés à bénéficier de la détaxe de distance sont expédiés sur les raffineries, en suspension du paiement du droit, sous le lien d'acquits n° 9 A. (*Voir chap.* XI.)

(2) Les vergeoises sont des produits inférieurs du raffinage. Elles sont quelquefois en pains, mais plus souvent en poudre, comme les sucres bruts. Elles se distinguent de ceux-ci par une plus forte siccité, à égalité de nuance.

industriels en franchise de droits, et celles même libérées d'impôt expédiées, en quantités supérieures à 100 kilogrammes, à toute autre destination (consommation, etc.), ne peuvent circuler qu'accompagnées d'un acquit-à-caution, en quelque lieu que ce soit (*Loi du 26 juillet* 1893, *art.* 25 ; *décret du* 30 *mai* 1899, *art.* 19 ; *décret du* 12 *août* 1904, *art.* 17).

II. — DÉCLARATION ET VÉRIFICATION AU DÉPART.

332. — Toute expédition sous acquit-à-caution ou sous laissez-passer doit être précédée d'une déclaration. Cette déclaration forme la souche de l'acquit-à-caution ou du laissez-passer.

Pour les sorties des fabriques et des entrepôts, consulter les §§ 98 et suivants et 130.

En ce qui concerne les expéditions sous acquit-à-caution de produits provenant d'ailleurs que des établissements exercés, on se sert du registre n° 9 noir.

Les expéditions sous laissez-passer motivent l'emploi des registres n°s 11 et 11 A ; ce dernier est spécialement affecté aux envois dans les raffineries (*voir* § 243).

Il est particulièrement recommandé au service de veiller à ce que la qualité des produits soit exactement spécifiée dans les acquits-à-caution ou laissez-passer.

332 *a*. — Toute expédition, sous acquit-à-caution ou sous laissez-passer, de sucres sortant d'ailleurs que des établissements exercés, peut être subordonnée à la justification du paiement des droits sur ces sucres (*Décret du* 1er *septembre* 1852, *art.* 38). Cette justification s'établit par la représentation de certificats de décharge ou de laissez-passer en rapport avec la quantité dont l'expédition est demandée.

On peut ne pas l'exiger pour les sucres de canne et pour les sucres de toutes qualités expédiés des villes dans lesquelles la circulation a lieu librement (*voir* § 326).

Elle est, au contraire, toujours obligatoire pour les sucres bruts indigènes expédiés, en quelque quantité que ce soit, d'ailleurs que des villes où la circulation est libre.

Les quantités imputées sur les certificats de décharge ou sur les laissez-passer représentés par les intéressés, sont inscrites par les buralistes au dos de ces expéditions jusqu'à épuisement. Chaque inscription est visée par les employés au moment de la vérification des produits.

332 *b*. — La vérification des produits sortant des établissements exercés a lieu préalablement à la délivrance de l'acquit-à-caution (*voir* § 101).

Pour les produits sortant d'ailleurs que des établissements exercés, l'acquit-à-caution ou le laissez-passer est détaché de la souche au moment de la déclaration ; mais, lorsqu'il y a eu délivrance d'un acquit-à-caution, la mise en circulation ne peut avoir lieu qu'après vérification par le service (*Décret du 1er septembre* 1852, *art.* 38). L'heure de l'enlèvement doit être fixée en conséquence.

Le résultat de la vérification est inscrit, par les employés, dans le cadre réservé à cet effet, au verso de l'acquit-à-caution.

La vérification au départ des sucres expédiés sous laissez-passer peut être exigée lorsque le service le juge nécessaire (*Décret du 1er septembre* 1852, *art.* 38).

Pour les sucres et mélasses sortant des magasins du commerce, on peut se borner à des pesées d'épreuve lorsqu'elles sont en rapport avec la déclaration.

332 *c*. — Toute expédition de sucre sous acquit-à-caution donne lieu au plombage (*Décret du 1er septembre* 1852, *art.* 38).

Les fûts de mélasses expédiées des fabriques, des sucrateries, des fabriques-raffineries ou des entrepôts sont revêtus d'une étiquette (*voir* § 103). Jusqu'à ordre contraire, on affranchira de cette formalité les mélasses expédiées, soit des raffineries, soit des magasins du commerce.

Les sucres de canne arrivés par cabotage, qui sont immédiatement réexpédiés, peuvent circuler sous le plomb de la douane. Il n'y a lieu de renouveler le plombage qu'à l'égard des colis qui ont été ouverts pour la vérification. Mais le droit de 3 centimes par plomb doit être perçu, tant sur les plombs conservés que sur les nouveaux plombs ; cette perception sur les plombs conservés est constatée dans une colonne spéciale que l'on ouvre sur le carnet dont la tenue est prescrite par la circulaire n° 288, du 17 août 1843. Les employés des douanes et les agents des contributions indirectes se concertent pour que les deux opérations de vérification à l'arrivée et de réexpédition aient lieu simultanément.

Lorsque des sucres indigènes, expédiés de l'intérieur du rayon de surveillance, doivent être transportés par cabotage, on peut de même se dispenser de renouveler le plomb de la Régie. Il est conservé jusqu'à l'arrivée à destination.

332 *d*. — Le service est autorisé à exiger que les acquits-à-caution ou les laissez-passer délivrés pour les sucres, sirops ou mélasses, soient visés, sur la route, à un bureau des contributions indirectes, des douanes ou de l'octroi (*Décret du 1er septembre* 1852, *art.* 39).

Les directeurs déterminent, d'après les localités et pour chaque point d'expédition, les bureaux dont le visa est obligatoire. Ce visa doit notamment être exigé à la sortie des villes fermées, ainsi qu'à l'entrée dans les gares de chemin de fer où le service est en permanence.

Lorsque l'acquit-à-caution ou le laissez-passer porte obligation de visa, et que le chargement a dépassé le bureau désigné sans que cette obligation ait été remplie, l'expédition de la Régie devient nulle, et il y a lieu à l'application des peines prononcées pour les transports frauduleux, que les produits soient ou ne soient pas conduits à la destination primitivement déclarée.

Tout conducteur d'un chargement de sucre accompagné d'une expédition délivrée par la Régie des contributions indirectes est affranchi de l'obligation de lever un passavant pour circuler dans les lignes soumises à la surveillance des douanes (*Décret du 1er septembre* 1852, *art.* 41). L'expédition de la Régie doit, en pareil cas, être présentée au visa des employés des douanes, aux bureaux de passage.

Lorsque des sucres, sirops ou mélasses, dirigés sur le rayon de surveillance ou destinés à le traverser sont expédiés de points situés hors de ce rayon, les acquits-à-caution ou laissez-passer nécessaires pour régulariser le transport peuvent être délivrés au point de départ, à charge de plombage, s'il y a lieu, et d'accomplissement de toutes les conditions imposées par les règlements. Dans ce cas, les directeurs des lieux de départ se concertent avec leurs collègues des lieux de destination pour la désignation du point où les expéditions doivent être visées.

III. — DÉLAI DE TRANSPORT ; VÉRIFICATIONS EN COURS DE TRANSPORT ET A L'ARRIVÉE ; CHANGEMENT DE DESTINATION EN COURS DE TRANSPORT.

333. — Le délai pour le transport des sucres, sirops et mélasses est fixé à raison des distances à parcourir et du mode de transport (*Décret du 1er septembre* 1852, *art.* 40). Lorsqu'il s'agit d'expéditions à des destinations très rapprochées, le délai de transport est compté par heure et fraction d'heure, de telle sorte qu'en aucun cas il ne puisse être fait de doubles enlèvements avec le même acquit-à-caution ou le même laissez-passer.

Les chargements doivent être conduits à la destination déclarée dans le délai porté sur l'acquit-à-caution ou le laissez-passer (*Décret du 1er septembre 1852, art.* 40).

333 *a*. — Pour les sucres, les changements de destination peuvent être autorisés, soit au lieu de première destination, soit en cours de transport, par le chef du service local, contrôleur, receveur ou commis principal, au moyen d'un simple visa sur l'expédition primitive. Les délais, pour le transport, sont alors modifiés en raison des distances à parcourir et du mode de transport (*circulaire n° 983, du 28 décembre 1864*).

Pour qu'il ne puisse y avoir d'erreur dans la transmission des acquits et du résultat des analyses, les chargements circulant en vertu de simples permis de circulation (*voir* § 88) ne doivent jamais faire l'objet d'un changement de destination en cours de transport, au moyen d'un visa apposé sur ce titre de mouvement provisoire. Les dispositions de la circulaire n° 983 ci-dessus visée ne sont applicables qu'aux sucres circulant sous acquits-à-caution (*Lettre commune n° 25, du 14 décembre* 1881).

Pour les mélasses expédiées avec acquit-à-caution, aucun changement de destination en cours de transport ne saurait être autorisé sans l'assentiment de l'Administration, puisque la décharge à accorder dans les fabriques pour ces produits varie, suivant que ces mélasses sont expédiées soit sur une distillerie, à l'étranger, aux usages agricoles ou à la consommation, soit sur une fabrique ou sur une sucraterie (*voir* §§ 91 *à* 93). Il en est de même pour les mélasses expédiées des raffineries en vertu d'acquits-à-caution (*voir* § 277).

333 *b*. — Toute interruption de transport est interdite autrement que pour cas de force majeure (*Décret du 1er septembre* 1852, *art.* 40).

Le cas de force majeure doit être justifié par des procès-verbaux en bonne forme faits par les juges des lieux où les marchandises ont été retenues, et, à défaut des juges, par les officiers municipaux desdits lieux, lesquels procès-verbaux font mention des circonstances et des causes des retards. Il ne peut être suppléé par la preuve testimoniale au défaut de ces procès-verbaux, qui ne sont admis qu'autant qu'ils ont été déposés au bureau de destination ou de passage en même temps que les marchandises y sont représentées (*Loi du 22 août 1791, titre III, art. 8 ; Cass., 26 mai 1810, 5 novembre 1817 et 28 avril 1818* (1).

334. — Lorsque des sucres, des sirops ou des mélasses destinés à être embarqués sur bateaux ou à être chargés sur chemin de fer sont d'abord conduits sur voitures au lieu d'embarquement ou de chargement, le service est autorisé à ne délivrer qu'un seul acquit-à-caution ou laissez-passer pour ces deux transports successifs. Si la quantité indiquée à l'acquit ne peut être conduite, en une seule fois, au lieu de chargement définitif, on délivre, pour chaque transport partiel, un bulletin n° 5 ter (*L. C. n° 167, du 21 juillet* 1898). On peut, en outre, lorsque l'embarquement ou le chargement ne doit pas être immédiat, tolérer le dépôt des produits pendant un délai que les directeurs fixent d'après les localités et en tenant compte des circonstances, mais en évitant de créer, à la faveur de cette tolérance, des entrepôts fictifs, ce qui aurait pour effet de retarder la décharge des acquits (*Décision ministérielle du 31 octobre* 1895 ; *circ. n° 194, du 24 décembre* 1896). L'acquit-à-caution ou le laissez-passer détermine séparément les délais accordés pour chacun des deux transports et le délai du dépôt. Les employés constatent par leur visa sur l'expédition la date de l'arrivée au lieu de dépôt et celle du départ pour la destination définitive.

Si les produits doivent être transportés par chemin de fer, le dépôt doit toujours être fait dans les gares ; mention de cette condition est faite sur l'acquit-à-caution ou le laissez-passer.

335. — Pour les sucres, sirops ou mélasses arrivés par les chemins de fer dans le délai porté aux expéditions de la Régie, un délai de livraison peut être accordé lorsque l'encombrement des gares s'oppose habituellement à ce que cette livraison soit immédiate. Les directeurs le déterminent suivant les localités, en ayant soin de le fixer de manière que, comme il est dit ci-dessus, on ne puisse constituer ainsi des entrepôts fictifs.

La date de l'arrivée en gare est constatée par le visa des employés,

---

(1) A supposer qu'en matière de contributions indirectes la force majeure qui détruit une partie des marchandises sujettes à l'impôt, exonère le redevable des droits afférents à la quantité non représentée, on ne saurait considérer comme un événement de force majeure, c'est à-dire comme un événement qu'il n'a été possible ni de prévoir ni d'empêcher, la freinte ou la fonte des marchandises par l'introduction de l'eau de mer dans le navire qui les transportait. (Cass., 8 mars 1897.)

et les expéditions sont de nouveau visées à la date de la sortie de la gare. A Paris, il a été créé, pour les sucres à destination des entrepôts, des bulletins (n° 39, *Sucres*) qui permettent de subdiviser le chargement lorsque les quantités portées sur un acquit-à-caution sont trop importantes pour être enlevées en une seule fois. Le bulletin n° 39 ne doit, sous aucun prétexte, être employé à un autre usage (*L. C. n° 167, du 21 juillet* 1898).

336. — Les voituriers, bateliers et tous autres qui conduisent des chargements de sucres, sirops ou mélasses, sont tenus d'exhiber sur tous les points soumis à la surveillance et à l'instant même de la réquisition des employés des contributions indirectes, des douanes ou des octrois, les expéditions de la Régie dont ils doivent être porteurs (*Loi du* 31 *mai* 1846, *art.* 18).

En général, on doit s'abstenir d'entraver les transports sans nécessité bien démontrée. Toutes les fois que les expéditions paraissent régulières, il suffit de dénombrer les colis sur la route, sans déchargement, et de vérifier le numéro de la pince de plombage.

Lorsqu'en cas de soupçon grave d'abus il est procédé à la vérification effective du poids des produits, les frais de l'opération sont à la charge de la Régie, si l'expédition est reconnue régulière ; dans le cas contraire, ils sont supportés par les expéditeurs.

Les agents qui ont requis l'exhibition des expéditions la constatent par leur visa. S'il y a eu vérification effective, le résultat en est indiqué à la suite du visa. Dans tous les cas, on a soin de mentionner la date et l'heure de la vérification.

337. — Toutes les fois qu'il a été procédé à la vérification effective en cours de transport, les employés dressent un bulletin n° 6 C (*Service général*), qui est transmis par les directeurs aux agents des lieux de destination.

338. — Lorsque l'expédition porte obligation de visa à un bureau déterminé, les agents de ce bureau ont le droit de procéder à la vérification effective des sucres, sirops et mélasses. Mais, hors le cas de soupçon d'abus, il suffit habituellement de compter sur place les colis et de vérifier le numéro de la pince de plombage.

Toutes les fois qu'un chargement de sucre passe devant un bureau d'octroi, l'exhibition des expéditions doit être exigée, et il est procédé conformément aux dispositions du premier alinéa du présent paragraphe.

Chaque jour, les préposés d'octroi adressent aux directeurs le relevé sommaire des chargements de sucre pour lesquels l'exhibition des expéditions a été requise.

339. — Les sucres, sirops ou mélasses expédiés sous acquit-à-caution doivent toujours être vérifiés au lieu de destination. Les destinataires sont tenus de les représenter en mêmes quantités et qualités, et sous cordes et plombs, cachets ou étiquettes intacts. Il est interdit aux employés de donner décharge des acquits-à-caution, lorsque cette condition n'est pas remplie (*Décret du 1er septembre* 1852, *art.* 40).

Le nombre des colis est toujours intégralement reconnu. Pour la vérification du poids, on peut, lorsqu'il n'existe pas de différences notables, se borner à des épreuves dans la proportion du 20e au 10e des colis ; en cas de différences notables, la totalité doit être pesée. En ce qui concerne le titrage, il n'y a lieu de prélever des échantillons pour l'analyse que dans le cas où les produits paraîtraient n'être pas en rapport avec ceux indiqués à l'expédition (1), ce qui entraînerait la déclaration d'un procès-verbal et la saisie du chargement.

Les sucres circulant sous laissez-passer ne sont pas soumis à l'obligation de la vérification à l'arrivée. C'est en cours de transport seulement que cette vérification peut être requise.

340. — Toute différence reconnue à l'arrivée ou en cours de transport, dans la qualité et le titrage des produits ou dans le nombre des colis, rend l'expédition inapplicable. La décharge de l'acquit-à-caution est refusée, et il y a lieu, en outre, de requérir les peines édictées par la loi pour transports frauduleux (*voir* § 544). Les différences de poids autorisent à considérer l'expédition comme inapplicable. Toutefois, lorsque ces différences ne dépassent pas 2 p. 100 en plus ou en moins, et qu'elles sont expliquées par l'état du chargement et par les distances parcourues, on peut passer outre. Mais, dans le cas de soupçon d'abus, cette tolérance peut être refusée, particulièrement à l'égard de produits arrivant de fabriques peu éloignées. Les directeurs peuvent prescrire

---

(1) Il ne s'agit pas ici des échantillons de contrôle que l'Administration peut faire prélever en cours de transport ou à l'arrivée (*voir le renvoi* 1 *au bas de la page* 244), mais d'échantillons qui devraient être formés en quadruple comme au moment du prélèvement dans les fabriques.

alors de subordonner la décharge de l'acquit-à-caution au paiement des droits sur les excédents qui, bien qu'inférieurs à 2 p. 100, ne paraissent pas justifiés.

Les quantités *effectivement reconnues* doivent être indiquées tant au dos de l'acquit-à-caution qu'au certificat de décharge. S'il a été constaté des différences de poids ne dépassant pas 2 p. 0/0 pour lesquelles il a été passé outre, mention en est faite par les employés.

Lorsqu'il est reconnu en cours de transport des différences qui rendent l'expédition inapplicable (*voir* §§ 336 et 339), elle est annexée au procès-verbal qui constate la contravention, et une nouvelle expédition est délivrée pour régulariser le transport jusqu'à destination. (*Pour les pertes accidentelles en cours de transport, voir ci-après* § 345). (1)

341. — Au moment de la vérification, les plombs sont retirés par les employés lorsqu'il s'agit de sucres entrant dans les établissements ou locaux non soumis à l'exercice (*Décret du 1er septembre* 1852, *art.* 40). Les étiquettes apposées sur les futailles de mélasses doivent être lacérées après vérification de ces mélasses dans les distilleries.

Dans les entrepôts, les sucres restent sous plombs jusqu'au moment de la mise en consommation; et si, au lieu d'être livrés à la consommation, ils sont dirigés sur une autre destination emportant l'obligation du plombage, on est dispensé d'apposer de nouveaux plombs. Il en est de même pour les sucres livrés à la consommation qui doivent circuler, dans le rayon de surveillance, sous acquit-à-caution.

IV. — DÉCHARGE DES ACQUITS-A-CAUTION.

342. — La décharge et le renvoi des acquits-à-caution ont lieu dans les formes déterminées par les circulaires n°s 480 du 29 janvier 1851, 76 du 29 novembre 1852 et 983 du 28 décembre 1864.

Il est fait usage, pour la décharge des acquits-à-caution, du registre n° 12 A sans timbre. Le registre n° 12 avec timbre est exclusivement affecté à la délivrance de certificats de décharge qui seraient réclamés

---

(1) Le droit sur les sucres est un droit de fabrication, qui est dû à la date de l'enlèvement. Par suite, l'industriel qui a expédié le produit de sa fabrication avec suspension du paiement de l'impôt, ne peut être exonéré de la taxe afférente au manquant constaté à l'arrivée, alors même que le déficit se serait produit en cours de route. (Cass., 8 mars 1897.)

par les expéditeurs ou les destinataires, certificats pour lesquels le prix du timbre est exigible (*circ. n° 369, du 13 octobre* 1899).

Afin d'éviter que les industriels et les commerçants ne soient, par suite de l'épuisement du crédit pour lequel leur caution est admise (*voir* § 108), indûment privés de la faculté de se faire délivrer des acquits-à-caution, il importe que, dès qu'un acquit-à-caution de sucre a été déchargé et que l'acte de décharge a été reconnu régulier, ce titre de mouvement soit transmis immédiatement, par la voie hiérarchique, au bureau du lieu d'origine où s'opère, par le rattachement de l'acquit à sa souche, l'apurement définitif (*Lettre commune n° 6, du 14 février* 1889).

Lorsqu'il s'agit de sucres qui ont circulé en vertu d'un permis de circulation, et pour lesquels, par suite de contestation sur le résultat de l'analyse, l'acquit-à-caution a été délivré avec indication que la liquidation des droits est suspendue (*voir* § 106), le service doit attendre, pour décharger l'acquit-à-caution, que le titrage définitif lui ait été notifié par formule n° 70 (*voir* § 322).

Pour les états relatifs à la suite du service des acquits-à-caution, voir §§ 538 *et suivants.*

343. — A défaut de rapport, dans le délai de 4 mois fixé par l'article 8 de la loi du 21 juin 1873, des certificats de décharge des acquits-à-caution, les soumissionnaires et leurs cautions sont tenus de payer le double droit sur les quantités expédiées, quand il s'agit d'envoi à une destination emportant suspension du paiement du droit. Lorsque le droit a déjà été payé, la peine encourue à titre d'amende n'est que du montant du simple droit (*Lois du 22 août 1791, titre III, art. 12, et du 31 mai 1846, art. 19.*)

344. — En matière de sucres, l'apurement des acquits-à-caution peut être autorisé par les directeurs, dans la limite de 1000 francs ; les sous-directeurs statuent dans la limite de 100 francs (*arrêté ministériel du 5 octobre* 1896.)

Cette compétence doit s'entendre aussi bien du second que du simple droit ; elle se détermine d'après le montant des droits dont il est fait abandon. Ainsi, quand il s'agit d'un acquit accompagnant des sucres non libérés d'impôt, si l'apurement a lieu sans conditions, le double droit ne doit pas dépasser 100 francs ou 1000 francs. Quand il s'agit de sucres libérés d'impôt, c'est le simple droit qui règle la compétence (*circ. n° 194, du 24 déc.* 1896).

Au delà du chiffre de 1000 francs, l'Administration statue sur les propositions du directeur.

345. — Lorsque le service constate à l'arrivée la disparition de sacs entiers ou la perte d'une partie du contenu des sacs, il serait rigoureux de réclamer le paiement du second droit, si ces manquants ne peuvent être attribués qu'à des circonstances fortuites, à des pertes provenant de coulages par des trous de sonde. Le cas échéant, et tout soupçon de fraude devant d'ailleurs être écarté, si les directeurs ne croyaient pas devoir faire abandon du second droit sur ces manquants, ils devraient consulter l'Administration, en lui soumettant les circonstances de l'affaire. Le paiement du second droit ne sera exigé qu'après que l'Administration aura fait connaître sa décision (*L. C. n° 1, du 11 avril 1891*).

CHAPITRE XI.

Détaxes de distance (1).

346. — Les articles 2 et 3 de la loi du 7 avril 1897, dont les dispositions ont été modifiées par l'article 3 de la loi du 28 janvier 1903 (*Voir ci-après* §§ 347, 354 *et suiv.*), ont alloué des détaxes de distance, d'une part, aux sucres des colonies françaises importés en France, d'autre part, aux sucres indigènes dirigés, sous certaines conditions de distance et de mode de transport, sur les raffineries, pour y être mis en œuvre en vue de l'exportation.

L'allocation aux sucres des colonies françaises a pour objet de compenser, pour les producteurs coloniaux, l'infériorité que leur crée, vis-à-vis des producteurs indigènes, leur éloignement de la métropole.

L'allocation aux sucres indigènes est destinée à faciliter l'approvisionnement des raffineries éloignées des centres de production ; elle a eu également pour objet, à l'origine, de compenser, pour les raffineries des ports, les effets de l'extension de la surtaxe de douane aux sucres étrangers d'origine extra-européenne qui, avant 1897, étaient travaillés dans ces établissements et qui pouvaient être livrés à la consommation intérieure en franchise de cette surtaxe.

I. — DÉTAXE COLONIALE.

347. — La détaxe est allouée aux sucres provenant des colonies françaises.

Le taux en avait été fixé à 2 fr. 25 pour les colonies de l'Atlantique et à 2 fr. 50 pour les autres colonies (*art. 2 de la loi du 7 avril* 1897). L'art. 3 de la loi du 28 janvier 1903 dispose que les détaxes sont allouées à raison du montant effectif des frais de transport, sans que les

---

(1) Le maintien des détaxes de distance a été admis pour la France, par la Conférence de Bruxelles ; ces détaxes ont été considérées comme ne constituant pas des primes, mais les taux fixés par la loi du 7 avril 1897 (articles 2 et 3) ne peuvent être relevés.

taux fixés en 1897 puissent être dépassés. En fait, ces derniers taux ne sont pas sujets à réduction, étant donné qu'ils sont sensiblement inférieurs aux frais de transport.

L'allocation est établie par 100 kilogrammes de sucre exprimé en raffiné.

Elle est accordée au sucre importé des colonies, sans qu'il y ait lieu de se préoccuper de la destination ultérieure que recevra ce sucre.

Le bénéfice en est concédé sous la forme d'un bon de droits délivré à l'auteur de la déclaration de mise des sucres en consommation ou en entrepôt. La délivrance de ces bons est exclusivement effectuée par le service des douanes. Ces bons, qui portent le n° 26 (*Admission temporaire*), sont transmissibles par voie d'endossement et sont reçus comme numéraire, pendant le délai de deux mois à compter du jour de leur délivrance, à l'apurement d'obligations d'admission temporaire souscrites soit entre les mains des comptables des douanes, soit entre les mains des comptables des contributions indirectes, et relatives à des sucres indigènes ou à des sucres des colonies françaises.

II. — DÉTAXE INDIGÈNE.

Dispositions générales.

348. — La détaxe indigène est allouée :

1° Aux sucres bruts provenant des fabriques de la métropole, expédiés des ports français de la mer du Nord et de la Manche, à destination des ports français de l'Atlantique et de la Méditerranée, pour être mis en œuvre dans les raffineries établies dans ces ports, en vue de l'exportation, et à la condition que ces sucres soient expédiés, sous le régime du cabotage, du port français d'embarquement au port français de destination (*art. 3 de la loi du 7 avril* 1897) ;

2° Aux sucres bruts provenant des fabriques de la métropole expédiés, par voie ferrée, dans les raffineries des ports de l'Atlantique et de la Méditerranée, pour être mis en œuvre dans ces établissements en vue de l'exportation, à la condition que la fabrique expéditrice soit située à 250 kilomètres au moins du port où se trouve la raffinerie destinataire ; la distance est déterminée d'après le parcours réel à effectuer par la voie la plus directe (*même article* 3) ;

3° Aux sucres bruts provenant des fabriques de la métropole expédiés, par voie ferrée ou par canaux, dans les raffineries de l'intérieur, pour y être mis en œuvre en vue de l'exportation, sous la condition que la distance entre la fabrique expéditrice et la raffinerie destinataire soit de plus de 300 kilomètres en ligne droite (*même article* 3).

349. — L'allocation est établie par 100 kilogrammes de sucre, *poids effectif.*

N'ont droit à cette allocation que les sucres dont l'expédition a été faite selon les conditions de distance et de mode de transport indiquées ci-dessus (1).

En vue d'assurer l'observation de la condition d'exportation après raffinage, les sucres font l'objet d'une obligation d'admission temporaire garantissant la restitution de la détaxe de distance sur les quantités pour lesquelles l'obligation ne serait pas apurée, à l'échéance, par des certificats d'exportation de sucres raffinés ou de vergeoises (*art. 3 de la loi du 7 avril* 1897, *et art.* 19 *du décret du* 18 *juillet* 1897). (2)

350. — Comme la détaxe coloniale, la détaxe indigène est allouée sous la forme de bons de droits (*art.* 8 *de la loi du 7 avril* 1897 *et* 5 *du décret du 18 juillet* 1897). Ces bons, détachés du registre n° 27 (*Admis-*

---

(1) Conformément à l'art. 10 du décret du 18 juillet 1897, des tableaux de distance, notifiés par la circulaire n° 248, du 11 décembre 1897, présentent, d'une part, la distance *réelle* à parcourir par la voie la plus directe entre chaque fabrique de sucre et les raffineries des ports de l'Atlantique et de la Méditerranée, et, d'autre part, la distance *en ligne droite*, entre chaque fabrique et les raffineries situées à l'intérieur. Des exemplaires de ces tableaux sont déposés dans les bureaux des recettes principales dans la circonscription desquelles sont établies les raffineries. Si un nouvel établissement réclamait le bénéfice de la détaxe, les directeurs demanderaient à l'Administration de faire dresser le tableau des distances entre cet établissement et les fabriques de sucre.

(2) La détaxe de distance des sucres indigènes n'est acquise au raffineur qu'à la condition que les sucres soient mis en œuvre en vue de la réexportation. Il ne s'ensuit pas que cet industriel doive exporter, à l'état de raffinés, des sucres provenant exactement des expéditions qui lui ont été faites sous le régime dont il s'agit. Les obligations d'admission temporaire qu'il a souscrites à cette occasion sont apurées par la présentation de certificats d'exportation suivant la règle générale ; mais, pour conserver son droit à la détaxe, il doit fournir des certificats d'exportation de sucres raffinés ou de vergeoises. S'il faisait apurer ses soumissions par un paiement en numéraire ou par la remise de certificats d'exportation de sucres bruts, il serait tenu de restituer la détaxe qui lui aurait été allouée au moment de la souscription de ces soumissions. (Cass., 17 octobre 1899.)

sion temporaire), sont établis au nom du souscripteur de l'obligation ; ils sont délivrés au moment de cette souscription.

351. — Transmissibles par voie d'endossement, ils peuvent être utilisés immédiatement, et sont reçus, comme numéraire, pendant le délai de deux mois à compter du jour de leur délivrance, à l'apurement d'obligations d'admission temporaire de sucres indigènes ou coloniaux français (*Loi du 7 avril* 1897 *et décret du 18 juillet* 1897).

352. — La détaxe étant allouée aux sucres destinés à être raffinés en vue de l'exportation, le bénéfice en est concédé aux sucres expédiés sur les fabriques-raffineries dans les mêmes conditions qu'à ceux dirigés sur les raffineries proprement dites (*Correspondance*).

353. — D'autre part, il a été admis que les sucres pourraient être placés en entrepôt, soit au départ avant l'expédition en raffinerie, soit à l'arrivée avant leur introduction dans la raffinerie destinataire, pourvu que le service soit mis à même de s'assurer que les conditions fixées pour le mode de transport et la distance sont effectivement remplies (*Correspondance*).

354. — La détaxe est allouée à raison du montant des frais de transport dont il sera justifié, sans que toutefois le taux de 2 francs par 100 kilogrammes puisse être dépassé (*art. 3 de la loi du 7 avril* 1897 *et 3 de la loi du 28 janvier* 1903).

355. — Les frais auxquels donne lieu le transport des sucres appelés à bénéficier de la détaxe sont généralement supérieurs au chiffre de 2 francs. Mais, avant que les bons soient établis à raison de 2 fr., les intéressés ont à justifier que les frais supportés ne sont pas inférieurs à cette quotité ; à cet effet, ils ont à remettre au comptable des contributions indirectes qui les annexe à la souche du bon, les pièces indiquées ci-après : 1° la lettre de voiture de la compagnie de transport, si l'expédition a été faite par voie ferrée, ou la copie certifiée conforme de la convention intervenue pour les conditions du transport, si l'expédition a été faite par canaux ; 2° la facture présentant les frais de camionnage, tant au départ qu'à l'arrivée, dans le cas où ce camionnage n'aurait pas été effectué par la compagnie de transport elle-même.

Advenant le cas où le montant des frais de transport et de camionnage n'atteindrait pas 2 francs par 100 kilogrammes, l'allocation à titre de détaxe serait ramenée au chiffre de la dépense réelle (par 100 kilog., poids effectif).

Circulation des sucres.

356. — Les sucres appelés à bénéficier de la détaxe de distance sont dirigés sur les raffineries en suspension du paiement des droits.

357. — Ceux expédiés par mer (cabotage) sur les raffineries, dans les conditions déterminées au paragraphe 1er de l'art. 3 de la loi du 7 avril 1897, sont accompagnés d'un acquit-à-caution n° 9 A délivré par le service des contributions indirectes de la fabrique expéditrice ou de l'entrepôt, selon le cas. Ce titre, qui contient toutes les indications nécessaires pour la liquidation éventuelle des droits, est présenté au service de la douane du port d'embarquement, lequel délivre en échange un acquit-à-caution de mutation d'entrepôt. Ce dernier titre accompagne le chargement jusqu'à la raffinerie où il est déchargé par le service des contributions indirectes qui exerce cet établissement, après qu'il a été justifié de la souscription, entre les mains du receveur principal des douanes dans la circonscription duquel se trouve le port de débarquement, d'une obligation d'admission temporaire (*art. 3 de la loi du 7 avril* 1897 *et* 7 *du décret du* 18 *juillet* 1897). L'acquit est transmis, après décharge, au directeur ou sous-directeur qui contrôle le droit des sucres au bénéfice de la détaxe et renvoie le titre de mouvement au service des douanes.

358. — Les sucres bruts expédiés sur les raffineries, dans les conditions déterminées aux paragraphes 2 et 3 de l'art. 3 de la loi du 7 avril 1897, sont accompagnés d'un acquit-à-caution (n° 9 A) délivré par le service des contributions indirectes de la fabrique expéditrice ou de l'entrepôt, selon le cas. Cet acquit-à-caution contient également toutes les indications nécessaires pour la liquidation éventuelle des droits ; il est déchargé par le service qui exerce l'établissement destinataire (1), après qu'il a été justifié de la souscription, entre les mains du receveur principal des contributions indirectes dans la circonscription duquel se trouve la raffinerie, d'une obligation d'admission temporaire (*art.* 8 *du décret du* 18 *juillet* 1897). L'acquit est, après décharge, transmis au directeur ou sous-directeur, qui contrôle le droit au bénéfice de la

---

(1) A leur entrée en raffinerie, les sucres bruts bénéficiant de la détaxe de distance ne doivent, sous aucun prétexte, être placés dans le local spécial affecté à l'emmagasinement des sucres bruts destinés à être livrés en nature à la consommation (*voir* § 296).

détaxe et renvoie le titre de mouvement au directeur du lieu d'émission.

Si les sucres sont mis en entrepôt avant leur introduction en raffinerie, l'acquit ayant légitimé le transport est déchargé par le service de l'entrepôt, et un laissez-passer 11 A est ensuite délivré lors de l'expédition des sucres sur la raffinerie.

III. — DÉLIVRANCE DES BONS DE DROITS.

359. — Les bons n° 27 (*admission temporaire*) sont communs aux deux administrations des contributions indirectes et des douanes. Ils sont délivrés par la douane, dans le cas visé au paragraphe 1er de l'article 3 de la loi du 7 avril 1897 (expédition par cabotage). Dans les deux autres cas spécifiés aux paragraphes 2 et 3 du même article 3, ils sont délivrés par les receveurs principaux des contributions indirectes.

360. — Au moment de la souscription de l'obligation d'admission temporaire, le raffineur remet au receveur principal une demande tendant à la délivrance d'un bon de droits.

Le comptable vérifie le droit au bénéfice de la détaxe (conditions de provenance, de distance et de mode de transport), calcule le montant des frais de transport et de camionnage (par 100 kilog., poids effectif) au vu des pièces justificatives mises par le raffineur à l'appui de sa demande (*voir* § 355) et délivre le bon de droits au souscripteur de l'obligation.

361. — Le bon est détaché d'un registre à souche. Il mentionne, indépendamment du nom du titulaire, la nature et la provenance des sucres, leur titrage, leur poids, la destination, le montant de l'allocation et la date de l'échéance, ainsi que la distance de la fabrique au lieu de destination.

La délivrance du bon donne lieu au payement, par le bénéficiaire, de la somme de 0 fr. 10, coût du timbre qui doit être apposé à la souche de chaque bon.

Le numéro, la date et le montant du bon délivré doivent être mentionnés sur l'obligation et sur le sommier, par le receveur principal.

362. — A l'expiration de chaque période mensuelle, le total des bons de droits délivrés pendant le mois est porté sur un état, qui est transmis à l'Administration le 5 du mois suivant et qui présente l'ensemble des dépenses et des recettes effectuées en exécution de la loi du 7 avril 1897 (*Note autographiée n° 18270, du 5 octobre 1897*).

Mode d'apurement des obligations de sucres indigènes détaxés. Restitution de la détaxe de distance.

363. — Les obligations d'admission temporaire relatives aux sucres indigènes ayant bénéficié de la détaxe de distance doivent être apurées par l'application de certificats d'exportation dans les conditions déterminées par la législation actuelle (*art. 3 de la loi du 7 avril 1897*). En d'autres termes, le raffineur n'est pas tenu de représenter des certificats afférents à des exportations faites par lui-même. L'admission temporaire des sucres comportant l'application du régime de l'équivalence et non du régime de l'identique, le raffineur peut présenter des certificats d'exportation relatifs à des opérations faites par un industriel quelconque.

364. — L'apurement doit être opéré par la représentation de certificats d'exportation de sucres raffinés ou de vergeoises, sous peine de restitution de la détaxe.

A cet effet, les obligations contiennent l'engagement, par le soumissionnaire, de rembourser la détaxe sur les quantités qui ne seraient pas apurées par des certificat *d'exportation* n° 7 C, à l'exclusion des certificats d'entrée en entrepôt du même modèle.

La restitution de la détaxe s'opère, lors de l'échéance de l'obligation, proportionnellement à la quantité de sucre brut (poids effectif d'après le titrage) représentée par la quantité de sucre en raffiné non apurée par des certificats d'exportation n° 7 C. Un cadre tracé sur le sommier des obligations présente les éléments du décompte de restitution de la détaxe.

365. — Les détaxes de distance restituées sont inscrites en recette à un compte spécial ouvert, avant les opérations de trésorerie, sous le titre: *Services spéciaux du trésor*, ligne n° 84 (Restitution de détaxes de distance) du bordereau n° 91. Ces recettes sont justifiées, en fin d'année seulement, par un état donnant le montant des sommes restituées. Ce bordereau, dûment certifié par le comptable, est transmis à la Comptabilité publique en même temps que les comptes de fin d'année de chaque recette principale. Les sommes encaissées à titre de restitution de détaxe sont portées en fin d'année, pour mémoire, au registre n° 102 et au relevé n° 104, à un cadre spécial ouvert, à la fin de ces deux documents, sous le titre : « Services spéciaux du Trésor » (*art. 42 de la loi du 29 juin* 1897 ; *circulaire comptabilité publique n° 127, du 23 juillet* 1897).

A la fin de chaque période mensuelle, les recettes effectuées pendant le mois, à titre de restitution de la détaxe de distance, sont portées, sous la rubrique «Recettes diverses», sur l'état dont la production a été prescrite par la note autographiée n° 18270, du 5 octobre 1897.

IV. — EMPLOI DES BONS.

366. — Les bénéficiaires peuvent faire immédiatement l'emploi des bons, sans qu'il y ait lieu d'attendre que l'obligation soit apurée par des justifications d'exportation, puisque, à défaut de ces justifications, la détaxe devrait être remboursée (*voir ci-dessus* § 364).

367. — Les bons de droits n°s 26 et 27 sont reçus comme numéraire à l'apurement des obligations d'admission temporaire de sucres indigènes ou coloniaux français souscrites soit entre les mains des comptables des douanes, soit entre les mains des comptables des contributions indirectes. Ils doivent être utilisés dans les deux mois de leur délivrance (*art. 8 de la loi du 7 avril* 1897 *et* 18 *du décret du 18 juillet* 1897).

368. — Les paiements effectués sous la forme de bons de droits sont, de même que les paiements en espèces pour l'apurement d'obligations d'admission temporaire, passibles de l'intérêt de crédit (3 0/0) stipulé par la loi du 15 février 1875.

Les comptables qui reçoivent des bons de droits en apurement d'obligations doivent présenter distinctement les quantités et les sommes acquittées en bons, et les quantités et les sommes acquittées en espèces.

369. — Le comptable qui impute les bons de droits inscrit, en recette, à la ligne des droits sur les sucres, les sommes employées sur le montant des bons qui lui ont été remis ; il porte ensuite une somme égale en dépense, dans ses écritures, au compte spécial ouvert, ayant

BONS DE DROITS. 273

les opérations de trésorerie, sous le titre *Services spéciaux du Trésor*, en observant les divisions suivantes :

Sucres
- Bons de droits (détaxe de distance sur les sucres coloniaux). . . . . Ligne n° 232
- Bons de droits (détaxe de distance sur les sucres indigènes). . . . . Ligne n° 233
- Total. . . . . Ligne n° **234**

Ces dépenses sont justifiées mensuellement à la comptabilité publique par la production des bons eux-mêmes, accompagnés, pour chacune de ces divisions, d'un bordereau récapitulatif approuvé par le directeur (*circulaire comptabilité publique n° 127, du 23 juillet 1897*).

370. — Les acquittements en numéraire (ou en bons de droits) versés aux comptables des douanes sur les obligations de sucres indigènes détaxés souscrites entre leurs mains, en exécution du paragraphe premier de l'article 3 de la loi du 7 avril 1897, sont reçus par ces comptables pour le compte de l'Administration des contributions indirectes. Les sommes ainsi encaissées sont transférées, par virement de fonds, de la caisse des comptables des douanes dans celle de leurs collègues des contributions indirectes.

V. — CONTROLE DE LA DÉLIVRANCE ET DE L'EMPLOI DES BONS DE DROITS.

371. — Après chaque délivrance de bon, le recèveur principal adresse au directeur un bulletin analytique du bon.

Le comptable qui fait emploi de bons de droits dresse, à la fin de chaque mois, un relevé n° 40 B (*sucres*) présentant, pour chaque espèce de bon (n°s 26 ou 27) et par mois de délivrance, le numéro et la date du bon, le nom du premier bénéficiaire, ainsi que la somme inscrite au bon.

Ce relevé est transmis, avant le 10 du mois suivant, et en double expédition, à la direction, où il est rapproché des bons eux-mêmes qui doivent être joints aux pièces de dépenses. Une des formules est conservée par le directeur qui envoie l'autre, aussitôt après ce rapprochement, à son collègue du département d'émission des bons. La formule 40 B, après avoir été revêtue d'un visa de conformité par le comptable qui a délivré les bons, est renvoyée, sans délai, au directeur du département où cette formule a été établie.

372. — Dans les directions, il est ouvert un registre présentant : d'une part, l'analyse des bons délivrés (numéro, date, nom du premier bénéficiaire, somme), d'après les indications des bulletins analytiques établis par le receveur principal après chaque délivrance de bon; et, d'autre part, l'emploi donné aux bons (recette principale où le bon a été présenté, mois d'emploi, somme), au vu des bons eux-mêmes joints aux pièces de dépenses, s'ils ont été délivrés et employés dans le même département, ou bien au vu des formules 40 B, dans les autres cas.

373. — Munis de ce registre et des formules 40 B conservées à la direction, les inspecteurs vérifient chaque mois, dans chaque recette principale, les diverses opérations se rapportant à la délivrance ou à l'emploi de bons de droits effectuées pendant le mois précédent.

Dans les départements où il existe des inspecteurs du service spécial, c'est à ces vérificateurs que cette mission doit être particulièrement confiée. Mais ceux-ci doivent être suppléés par leurs collègues du service général pendant la période active de la fabrication.

Cette vérification a pour but de s'assurer : 1° que chaque bon a été valablement délivré pour la somme y énoncée;

2° Que le bon a été, dans les deux mois à compter de sa délivrance, réellement employé pour la somme y énoncée;

3° Que tout bon employé a été régulièrement délivré, qu'il a fait l'objet d'une formule 40 B, et qu'il ne forme pas double emploi avec un autre.

CHAPITRE XII.

Fabrication de produits sucrés dans des établissements spéciaux, en vue de l'exportation.

I. — DISPOSITIONS GÉNÉRALES.

374. — Les sucres destinés à entrer dans la préparation de produits alimentaires, en vue de l'exportation, peuvent être reçus et travaillés, en franchise des droits (1), dans des établissements spécialement affectés à cette fabrication. Ces établissements, érigés en entrepôts réels, sont soumis à la surveillance permanente des employés des contributions indirectes, et les frais de cette surveillance sont à la charge des fabricants (*Loi du 28 janvier* 1903, *art.* 4).

375. — Les établissements et leurs dépendances doivent être isolés de tout autre bâtiment et séparés des propriétés voisines par un mur d'enceinte de deux mètres de hauteur au moins.

Ils ne doivent avoir qu'une seule porte habituellement ouverte. Le service n'a pas à se faire remettre les clefs des autres portes qui pourraient exister, il se borne à les fermer par un plomb ou un scellé qu'il y a lieu de maintenir à l'abri de toute atteinte ; à cet effet, il s'assure, une fois par jour au moins, que les plombs et scellés apposés sont intacts.

Tous les jours et fenêtres des bâtiments doivent être garnis d'un

---

(1) On sait que, dans certaines préparations, le sucre cristallisable (saccharose) s'invertit partiellement sous l'action de l'acidité des fruits et ne se retrouve, dès lors, plus à l'état cristallisable au moment de l'exportation des produits. Le fabricant qui exporte en droits acquittés (produits fabriqués avec du sucre libéré de l'impôt) n'obtient, dès lors, pas la décharge du droit sur la totalité du sucre employé, cette décharge n'étant, d'une manière générale, accordée que pour le sucre cristallisable reconnu ; il supporte donc, pour certains produits exportés, l'impôt intérieur sur une partie du sucre utilisé à la fabrication.

Il y a là une sorte de contre-prime.

En vue de remédier à cet inconvénient, la loi du 28 janvier 1903, art. 4, a autorisé le travail en franchise dans des établissements spéciaux. D'autre part, un décret du 16 juin 1904 a décidé que, pour les confitures, gelées et compotes de fruits, n'ayant pas reçu d'addition de raisiné, ni de glucose de fécule, la décharge de l'impôt serait, à l'exportation, accordée pour le sucre cristallisable et pour le sucre inverti provenant du saccharose. (Pour le calcul de la quantité de sucre à admettre en décharge, voir le décret du 16 juin 1904 à sa date.)

treillis métallique fixé à demeure, à mailles de cinq centimètres au plus (*Décret du 26 juin* 1903, *art.* 2).

376. — Les réceptions de matières premières et les expéditions de produits fabriqués n'ont lieu que de jour, c'est-à-dire pendant les intervalles de temps déterminés par l'article 26 de la loi du 28 avril 1816, savoir :

Pendant les mois de janvier, février, novembre et décembre, depuis sept heures du matin jusqu'à six heures du soir ;

Pendant les mois de mars, avril, septembre et octobre, depuis six heures du matin jusqu'à sept heures du soir ;

Pendant les mois de mai, juin, juillet et août, depuis cinq heures du matin jusqu'à huit heures du soir (*même article*).

377. — Les industriels sont tenus de mettre gratuitement à la disposition de l'Administration, à proximité de la porte habituellement ouverte et dans l'enceinte même de l'usine, un local convenable pour servir de bureau aux employés chargés de la surveillance. L'entretien, le chauffage et l'éclairage de ce local sont à la charge du fabricant (*Décret du 26 juin* 1903, *art.* 3).

Au cas où l'industriel désirerait ne pas avoir à s'occuper personnellement de ce soin, les employés y pourvoiraient ; un décompte de la dépense, appuyé des notes et factures des divers fournisseurs, serait dressé trimestriellement et mis en recouvrement, après approbation du chef départemental (*circ. n° 535, du 4 août* 1903).

378. — Avant le commencement des opérations, les intéressés ont à souscrire, sur le registre n° 24 (*sucres*), entre les mains du receveur principal de la circonscription, un engagement cautionné portant garantie des droits sur les matières (sucres et glucoses) qui seront introduites dans l'établissement (1).

L'importance annuelle de ces introductions est déclarée au comptable, afin de lui fournir des indications précises sur le montant de l'impôt qu'il convient de garantir. Le chiffre du crédit concédé est fixé par le comptable. Un engagement complémentaire devrait être

---

(1) Pour le calcul du montant des droits à garantir, les quantités existantes au moment de l'ouverture de l'établissement et celles portées en reprise au début de chaque période annuelle sont ajoutées à celles présumées devoir être introduites pendant l'année.

exigé préalablement à l'introduction de quantités supérieures à celles fixées dans la concession primitive de crédit. A cet effet, le receveur principal ne doit pas omettre de faire connaître au chef de service de la fabrique le montant des droits garantis par les engagements cautionnés successivement souscrits (*même décret, art. 4 ; même circulaire*).

379. — Les produits qui peuvent être introduits dans l'usine en franchise de l'impôt sont : les sucres bruts ou raffinés et les glucoses (*Décret du 26 juin 1903, art. 4*).

380. — Ces matières sont généralement expédiées en suspension du paiement de l'impôt. De la fabrique expéditrice, du point d'importation ou de l'entrepôt réel des douanes ou des contributions indirectes, selon le cas, les matières circulent jusqu'à l'usine destinataire, sous le lien d'acquits-à-caution n° 9 A (rouge) qui sont déchargés par le service, après que celui-ci a constaté l'identité des chargements qui doivent être représentés intacts (*circ. n° 535, du 4 août 1903*).

381. — L'art. 4, § 2, du décret prévoit que les industriels peuvent introduire dans leurs usines des sucres raffinés libérés d'impôt. Les établissements étant érigés en entrepôts réels, il convient, dans ce cas, de délivrer à l'intéressé un certificat d'entrée en entrepôt, utilisable à l'apurement des obligations d'admission temporaire.

A cet effet, l'industriel qui veut recevoir des sucres raffinés libérés d'impôt en fait la déclaration sur une formule spéciale n° 6 (*Admission temporaire*), il y indique distinctement les poids brut et net de chaque espèce de sucre, ainsi que le numéro de titrage s'il s'agit de sucres raffinés en poudre ou en cristaux ou de vergeoises. Après vérification du poids, et, s'il y a lieu, du titrage par l'analyse effectuée au laboratoire régional, le service constate, par une annotation sur la formule n° 6, l'introduction des sucres. Cette formule est adressée au receveur principal qui délivre, pour une quantité de raffiné égale à celle portée à la formule, un certificat du modèle n° 7 C détaché d'un registre à souche. Ce certificat est transmissible par voie d'endossement, il peut être cédé par l'intéressé à un industriel souscripteur d'obligations d'admission temporaire et il est reçu en apurement de ces obligations, pendant le délai de deux mois à compter du jour où les matières énoncées à ce titre ont été introduites dans l'usine constituée en entrepôt réel. Un relevé n° 21 (*Admission temporaire*) est dressé pour tous les certificats 7 C délivrés pendant le mois, il est transmis à l'Administration, à l'expiration de chaque période mensuelle (*circ. n° 535, du 4 août* 1903).

Pour la délivrance des certificats, l'évaluation en sucre raffiné est faite suivant les bases admises en ce qui concerne la décharge des comptes d'admission temporaire, savoir :

Les sucres candis sont comptés pour 107 kilogrammes de raffiné par 100 kilogrammes de candi, poids effectif ;

Les sucres raffinés ou agglomérés en pains ou morceaux sont comptés pour leur poids effectif, c'est-à-dire pour 100 kilogrammes de raffiné par 100 kilogrammes de poids net reconnu.

Sont également compris pour leur poids effectif les sucres raffinés en poudre provenant du pilage ou du sciage des pains, lorsque les produits sont accompagnés d'une pièce établissant que le pilage ou le sciage ont eu lieu sous le contrôle du service ; il en est encore de même pour les autres raffinés imposés sur le poids effectif à la sortie des raffineries.

Pour les sucres raffinés en poudre ou en cristaux autres que ceux énumérés ci-dessus et pour les vergeoises, on déduit du titre polarimétrique mentionné sur le bulletin d'analyse quatre fois le poids des cendres (poids également indiqué sur le bulletin) ; la différence représente le titrage réel et, en négligeant la fraction de degré, on a la quantité de sucre raffiné à inscrire aux certificats 7 C, par 100 kilogrammes de poids net des produits (*même circulaire*).

382. — Ces établissements doivent travailler exclusivement en vue de l'exportation ; les sorties ne peuvent être effectuées qu'à destination de l'étranger, sous le lien d'acquits-à-caution délivrés après reconnaissance et pesée des produits par le service et garantissant, en cas de non-décharge, le payement du double droit sur les sucres et les glucoses représentés par les produits expédiés ; on fait usage, dans l'espèce, d'acquits du modèle 9 A (*Décret du 26 juin* 1903, *art.* 5).

Dans le cas où des produits expédiés à destination de l'étranger ne pourraient être réellement exportés dès leur arrivée au port d'embarquement, ils seront placés en entrepôt réel des Douanes, en attendant que les circonstances en permettent l'exportation. Les acquits seront valablement déchargés par le fait de la mise des produits en entrepôt, mais les intéressés seront formellement prévenus qu'en aucun cas les matières ainsi entreposées ne pourront être reversées dans la consommation intérieure (*circ. n° 535, du 4 août* 1903).

383. — Les acquits doivent énoncer le numéro, la marque, les poids brut et net des divers produits y contenus, ainsi que les quantités de sucre exprimées en raffiné et de glucose entrées dans leur fabrication. Immédiatement après la vérification, les colis sont plombés. Les frais du plombage sont remboursés par le fabricant au taux déterminé par le Ministre des Finances (*Décret du 26 juin 1903, art: 5*).

Ces frais sont fixés à 3 centimes par plomb (arrêté ministériel du 15 novembre 1879). Les employés tiennent, pour la comptabilité des plombs, le carnet dont le modèle a été indiqué par la circulaire n° 275, du 26 août 1842. Le prix des plombs apposés est perçu par le chef de service, au fur et à mesure des opérations. Il est remis au receveur ambulant à chacune de ses tournées. Si la fabrique dépend d'une recette sédentaire, le prix des plombs est versé avec le montant des droits de timbre et d'expédition (*circ. n° 535, du 4 août 1903*).

384. — Les employés n'ont pas à s'immiscer dans le détail des opérations effectuées par l'industriel. Celui-ci inscrit, au fur et à mesure, sur un registre n° 4 (*Sucres*) mis à sa disposition, et en se conformant aux prescriptions de l'article 6 du décret, d'une part, les quantités de matières premières (sucres et glucoses) successivement mises en œuvre et, d'autre part, les quantités de produits achevés obtenus à la fin de chaque journée, ainsi que les quantités de sucre et de glucose que ces produits représentent, c'est-à-dire qui sont réellement entrées dans leur préparation, par 100 kilogrammes. Dans la plupart des cas, il n'y a pas de rapprochement à établir entre les inscriptions relatives aux quantités de sucre et de glucose mises en œuvre au cours de chaque journée et celles concernant les quantités de produits achevés obtenus pendant la même période. En effet, la fabrication des préparations sucrées exige généralement de nombreuses manipulations et se prolonge pendant un laps de temps plus ou moins considérable (*circ. n° 535, du 4 août 1903*).

Le registre tenu par le fabricant doit être représenté à toute réquisition des employés qui en relèvent les indications, à la fin de chaque journée, sur un carnet n° 6 (*Sucres*).

II. — TENUE DES COMPTES.

385. — Il est ouvert à chaque industriel : 1° un compte des sucres et des glucoses en nature ; 2° un compte des produits fabriqués ou en cours de fabrication (*Décret du 26 juin 1903, art. 7*).

Ces comptes sont tenus par campagne annuelle commençant le 1er septembre pour finir le 31 août de l'année suivante ; ils sont suivis sur un portatif n° 50 A approprié à cet usage.

Compte des sucres et glucoses en nature.

386. — Ce compte est tenu, comme le compte de magasin des fabriques de sucre et de glucose, en poids effectif ; des colonnes distinctes sont affectées, l'une aux sucres, l'autre aux glucoses, tant aux charges qu'aux décharges (*circ. n° 535, du 4 août* 1903).

387. — Lors de l'institution de l'exercice, les industriels peuvent avoir en leur possession des sucres en nature et des glucoses libérées d'impôt, ainsi que des produits achevés ou en cours de fabrication préparés avec des matières ayant été également soumises aux droits. Pour tenir compte au fabricant des taxes précédemment acquittées sur ces sucres, il convient de lui délivrer des certificats d'entrée en entrepôt.

S'il s'agit de sucres raffinés, on se conforme, pour la délivrance des certificats 7 C afférents à ces produits, aux indications données ci-dessus, § 381.

S'il s'agit de sucres bruts, on délivre un certificat du modèle n° 7. L'évaluation de la quantité de raffiné à inscrire sur cette pièce est établie d'après les bases ordinaires : au titre polarimétrique accusé par l'analyse, on fait subir une réfaction de quatre fois le poids des cendres et deux fois le poids des glucoses reconnus dans le produit essayé et mentionnés sur le bulletin dressé par le laboratoire ; on a ainsi le titrage net qui, fractions de degrés négligées, est multiplié par le poids net effectif du sucre. Du produit de cette multiplication il est déduit 1 1/2 p. 0/0, à titre de déchet de raffinage ; le reste, fractions diverses négligées, représente le poids du sucre exprimé en raffiné.

En ce qui concerne les glucoses libérées d'impôt qui peuvent se trouver dans l'usine, il n'existe aucun moyen de tenir compte des droits qu'elles ont déjà supportés. Ces matières peuvent être renvoyées à l'établissement d'où elles ont été tirées ou écoulées dans le commerce comme produits libérés.

Enfin, les produits achevés ou en cours de fabrication sont inventoriés, pesés et analysés. Jusqu'à concurrence de la quantité de *sucre cristallisable* (*saccharose*) ou, le cas échéant, de la quantité de sucre cristallisable et de *glucose* ou sucre inverti (confitures, gelées et compotes de fruits, application du décret du 16 juin 1904) dont l'analyse a fait reconnaître la présence par 100 kilogrammes ou par 100 litres de matières, selon le cas, il est délivré un certificat d'entrée en entrepôt du modèle n° 7 A (*même circulaire*).

Par suite de la délivrance de ces certificats, les sucres en nature, ainsi que le sucre contenu dans les produits achevés ou en cours de fabrication, reprennent leur qualité de matières non libérées d'impôt.

388. — Les sucres en nature, ainsi que les glucoses dont l'existence est constatée lors de l'ouverture de l'établissement et que le fabricant entend conserver, forment les premières charges du premier des deux comptes prévus par l'article 7 du décret ; ils y sont portés pour leur poids effectif.

Indépendamment de ce stock, les charges comprennent les quantités successivement introduites dans l'usine (*même circulaire*).

389. — Aux décharges sont inscrites les quantités employées à la fabrication, d'après les déclarations faites par l'industriel sur le registre n° 4 prévu à l'article 6 du décret, quantités qui ont été relevées à la fin de chaque journée sur le carnet n° 6 tenu par les employés.

390. — Le compte est arrêté une fois par mois, à des dates indéterminées.

Les règles à suivre, selon les résultats que fait apparaître la balance des écritures, sont tracées, en ce qui concerne les sucres, par l'article 19 du décret du 1ᵉʳ septembre 1852, et, en ce qui touche les glucoses, par l'article 36 de l'ordonnance du 29 août 1846 (*Décret du 26 juin* 1903, art. 7).

Ces règles sont les suivantes :

1° *Sucres.*

Les excédents sont saisis par procès-verbal, ils sont pris en charge au compte de magasin pour leur poids effectif.

Les manquants sont alloués de plein droit et inscrits immédiatement en décharge, lorsqu'ils ne sont pas supérieurs à 3 p. 100.

Lorsqu'ils s'élèvent au-dessus de 3 p. 100, sans toutefois dépasser 6 p. 100, l'Administration peut en prononcer la remise complète ou exiger qu'ils soient soumis au droit. Si la remise est autorisée, décharge est donnée du manquant auquel se rapporte la décision intervenue. Si l'Administration prescrit d'exiger le payement du droit, le manquant est porté en décharge au compte de magasin, toujours pour son poids effectif.

Lorsqu'ils sont supérieurs à 6 p. 100, les manquants sont saisis par procès-verbal. Ils sont immédiatement portés en sortie, au compte de magasin, pour leur poids effectif.

Pour l'application des allocations de 3 et 6 p. 100 sur les manquants, voir les §§ 76 et suiv., chapitre II.

2° *Glucoses.*

Tout excédent constaté au compte de magasin doit être saisi comme ne pouvant être attribué qu'à une manœuvre frauduleuse ; il est immédiatement ajouté aux charges.

Les manquants sont allouables de plein droit lorsqu'ils ne dépassent pas 5 p. 100. Lorsqu'ils dépassent cette quotité, il y a lieu de rechercher s'ils ne proviennent pas de soustraction, et, dans l'affirmative, de constater la contravention par un procès-verbal ; qu'il y ait ou non procès-verbal, les manquants sont imposables et doivent être émargés aux sorties.

Pour le calcul de la déduction de 5 p. 100, le service se conforme aux règles appliquées en matière de sucres (*circ.* n° 535, *du* 4 *août* 1903).

Compte des produits fabriqués.

391. — Ce compte a pour objet de suivre, à partir de leur mise en œuvre, les sucres et les glucoses contenus dans les produits qui sont fabriqués dans l'établissement. Comme le précédent, il est tenu par campagne annuelle.

Aux charges sont d'abord portées les quantités de sucre reconnu à l'état cristallisable, et incristallisab'e selon le cas, dans les produits achevés ou en cours de fabrication formant le stock de l'usine au moment où elle est érigée en entrepôt réel.

Les charges ultérieures se composent des quantités de sucre (exprimé en raffiné) et de glucose (1) successivement mises en œuvre d'après les déclarations journalières du fabricant et inscrites en sorties au compte des sucres et glucoses en nature.

---

(1) Les sucres et les glucoses sont pris en charge et inscrits en sortie dans des colonnes distinctes.

Sont portées en décharge les quantités de sucre (exprimé en raffiné) et de glucose représentées par les produits expédiés à l'étranger et mentionnés aux titres de mouvement qui doivent les accompagner.

392. — Un arrêté annuel est effectué, le 31 août.

A cette date, il est opéré un inventaire des produits achevés et en cours de fabrication existant dans l'établissement. L'industriel est tenu de remettre au service une déclaration signée de lui et indiquant, pour chaque atelier ou magasin, la quantité de matières y contenues et le poids de sucre raffiné et de glucose qu'elles représentent. Ces déclarations sont contrôlées par les employés. La quantité de sucre raffiné et de glucose correspondant aux produits inventoriés est évaluée d'après la richesse attribuée par l'industriel à chaque espèce de matières dans ses déclarations de fabrication et dans ses déclarations de sortie.

Si la balance du compte fait apparaître un excédent, cet excédent est simplement ajouté aux charges.

Les manquants qui peuvent ressortir sont alloués de plein droit, s'ils ne dépassent pas 10 p. 100 ; ils sont considérés, dans ce cas, comme provenant d'erreurs d'évaluation. Au-dessus de 10 p. 100, ils sont en totalité soumis aux doubles droits.

III. — DISPOSITIONS DIVERSES.

393. — Les fabricants sont obligés de fournir, aussi bien lors des inventaires qu'à l'arrivée et au départ des chargements, la main-d'œuvre et le matériel nécessaires pour permettre au service de procéder à ses vérifications (*Décret du 26 juin 1903, art. 8*).

394. — Le décompte des frais de surveillance est établi à la fin du quatrième trimestre de chaque année, en prenant pour base le nombre et le traitement brut des agents attachés à chaque usine, ainsi que les allocations qui leur sont accordées, à titre d'indemnité de résidence ; il est soumis en double expédition à l'Administration, qui en fait arrêter le montant par le Ministre. Le montant du décompte est exigible à l'expiration du mois qui suit la notification faite à l'industriel de la décision du Ministre (*Décret du 26 juin 1903, art. 9*).

Avant le commencement des travaux, les directeurs ont à formuler, sous le timbre du bureau des sucres, leurs propositions pour l'organisation des sections de surveillance.

395. — Indépendamment, d'une part, des écritures qui doivent être tenues en exécution des articles 4, 5, 6 et 7 du décret, et, d'autre part, des vérifications qui sont effectuées à l'arrivée et à la sortie des produits, le rôle du service consiste à empêcher les détournements, soit de sucres ou de glucose en nature, soit de produits fabriqués. A cet effet, la permanence à la porte d'entrée doit être rigoureusement observée pendant tout le temps que l'établissement est en activité ; des rondes sont, en outre, exécutées fréquemment pour s'assurer de l'état des portes et fenêtres qui doivent être scellées ou munies d'un grillage, et pour prévenir toute tentative d'enlèvement de matières par-dessus le mur d'enceinte ; des rondes extérieures sont également faites pendant les heures de fermeture de l'usine (*circ. n° 535, du 4 août* 1903).

396. — Ainsi qu'il a été dit § 384, les employés s'abstiennent de s'immiscer dans les opérations de la fabrication proprement dite ; ils ne pénètrent dans les ateliers que s'ils y sont appelés, soit pour constater l'exécution des prescriptions du décret relatives à l'agencement des locaux et au scellement des portes et autres ouvertures, soit pour procéder aux inventaires prévus par l'article 7 (*même circulaire*).

397. — En cas d'inobservation d'une des dispositions du décret, il est aussitôt dressé procès-verbal provisoire, afin de permettre, le cas échéant, de réclamer l'application des pénalités édictées par l'art. 3 de la loi du 30 décembre 1873 ; l'incident est porté, d'urgence, à la connaissance de l'Administration, qui apprécie la suite à donner à la constatation du service.

398. — Il convient de remarquer que le travail en entrepôt, organisé par le décret du 26 juin 1903, constitue une facilité nouvelle qui s'est juxtaposée aux dispositions appliquées à l'exportation des produits à base de sucre, sous le régime de l'admission temporaire.

Pour les chocolats, le régime applicable reste celui déterminé par le décret du 17 août 1880 (*voir* §§ 189 *et suivants*).

En ce qui concerne les autres produits sucrés, les fabricants qui n'ont pas installé des établissements exercés dans les conditions prévues à l'art. 4 de la loi du 28 janvier 1903, peuvent continuer à exporter sous le régime défini par les décrets des 8 août 1878 et 18 septembre 1880, c'est-à-dire à la décharge des comptes d'admission temporaire. Lors de l'exportation, il leur est délivré, par les soins de l'Administration des douanes, un certificat pour la quantité de sucre cristallisable reconnu exister *en cet état* dans les produits, à la suite de l'analyse opérée par le laboratoire. Les certificats de l'espèce (modèle n° 7 A) sont reçus à l'apurement des obligations d'admission temporaire (*voir* § 175). S'il s'agit de confitures, gelées ou compotes de fruits non additionnées de glucose de fécule ni de raisiné, le certificat comprend le sucre cristallisable et le sucre incristallisable (*inverti*) (*Décret du 16 juin 1904*).

CHAPITRE XIII.

Emploi du sucre et des mélasses en franchise du droit.

I. — EMPLOI DU SUCRE EN BRASSERIE.

399. — Une loi du 5 juillet 1904 a exonéré du droit qui leur est propre les sucres utilisés dans la fabrication des bières. Les sucres se trouvent, pour cet usage spécial, placés sur le même pied que les glucoses dont l'exemption a été prononcée par l'art. 23 de la loi du 19 juillet 1880. Ces produits acquittent l'impôt-bière sur le nombre de degrés-hectolitres qu'ils sont réputés produire.

Deux décrets en date du 1er octobre 1904 ont réglé les détails d'application de la mesure.

Le premier de ces décrets, désigné sous la lettre A, édicte le régime administratif proprement dit.

Le second, désigné sous la lettre B, est relatif à la dénaturation et fixe à 38 degrés-hectolitres par 100 kilogr. le rendement, en degrés-hectolitres, des sucres employés en brasserie.

400 — Le sucre doit, en principe, être dénaturé dans l'usine même où il est mis en œuvre (*art. 4 du décret A*). Toutefois l'Administration a la faculté d'autoriser un brasseur à expédier à d'autres brasseurs des produits dénaturés (*même art.*). Les demandes présentées à cet effet, par les industriels qui désirent recevoir des produits du dehors, font connaître, d'une part, de quelle brasserie ils seront tirés et, d'autre part, les raisons qui s'opposent à ce que la dénaturation du sucre soit faite dans l'établissement destinataire. En les adressant à la Direction générale, sous le timbre du bureau des sucres, les directeurs fournissent des renseignements précis sur la légitimité des motifs invoqués par les pétitionnaires et formulent leur avis sur la suite à donner, ainsi que sur les mesures de garantie à prendre.

401. — Les sucres appelés à bénéficier des dispositions de la loi du 5 juillet 1904 ne peuvent être introduits dans une brasserie, ni dans ses dépendances, sans être accompagnés d'un acquit-à-caution 9 A comportant le crédit de l'impôt.

Les sucres bruts sont logés dans des sacs ficelés et plombés ayant toutes leurs coutures à l'intérieur et réglés au poids net uniforme de 100 kilogrammes.

Par exception, les sucres bruts exotiques peuvent être conservés dans leur emballage d'origine ; mais chaque colis doit être ficelé et plombé.

Les sucres raffinés et les candis sont logés dans des caisses ou sacs d'un poids uniforme et régulièrement plombés.

Dans ces divers cas, les frais de plombage sont remboursés par l'expéditeur, à raison de 0 fr. 03 par plomb (*art.* 1er *du décret A*).

402. — Les sucres raffinés et les candis tirés, soit du commerce libre, soit des raffineries, sont libérés d'impôt. Ils n'auraient donc pu être utilisés en brasserie avec le bénéfice de la franchise ; mais l'article 1er du décret A dispose qu'ils peuvent être imputés à la décharge des comptes d'admission temporaire, mesure qui vaut décharge du droit dont ils sont grevés et qui a pour effet de les faire rentrer dans la catégorie des produits non libérés.

Les sucres raffinés et les candis sont présentés à un entrepôt de sucre indigène ou à un bureau de douane ouvert aux opérations d'admission temporaire, pour y subir la vérification du service, qui les fait peser sous ses yeux et constate s'ils remplissent les conditions exigées par l'article 19 de la loi du 19 juillet 1880. A la suite de cette vérification, les sucres sont placés sous cordes et plombs ; un certificat d'entrée en entrepôt n° 7 C, qui peut être utilisé à l'apurement d'obligations d'admission temporaire, est délivré au déclarant, à charge par lui de soumissionner pour le transport desdits sucres un acquit-à-caution 9 A comportant le transfert du crédit de l'impôt (*même art.*).

403. — Les sucres introduits en brasserie sont placés dans un magasin spécial. Ils y sont conservés sous cordes et plombs jusqu'au moment de leur dénaturation. Les acquits-à-caution qui les ont accompagnés sont déchargés, après vérification du service et prise en charge des matières y énoncées à un compte de magasin des sucres en nature.

Ce compte est suivi à un portatif du modèle 50 A modifié à cet effet : dans une première partie, il comprend les sucres bruts ; dans une seconde, les raffinés de toute nature ; et dans une troisième les candis.

On y inscrit pour le poids effectif et pour la quantité de raffiné qu'ils représentent :

1° Aux entrées, les sucres régulièrement introduits dans l'établissement, ainsi que les quantités reconnues en excédent à la suite des recensements ;

2° Aux sorties, les quantités régulièrement dénaturées et les manquants constatés (*art. 2 et 3 du décret A*).

404. — Toutes les fois qu'ils le jugent utile, les employés arrêtent la situation dudit compte et, à cet effet, vérifient par la pesée les quantités qui leur sont représentées.

Les excédents que font apparaître les recensements sont ajoutés aux charges. Les manquants sont soumis au droit de 25 francs par 100 kilogrammes de sucre exprimé en raffiné ; en outre, s'ils s'appliquent à des sucres raffinés ou à des candis, ils sont frappés de la taxe de raffinage de 2 francs et de la redevance de 8 centimes pour frais d'exercice, par 100 kilogrammes.

405. — Toutes les fois qu'ils veulent dénaturer du sucre, les brasseurs doivent en faire la déclaration à la recette buraliste de leur circonscription.

Cette déclaration est reçue au registre 20 C ; elle énonce :

1° L'espèce et la quantité de sucre à dénaturer ;

2° L'espèce et la quantité de substances dénaturantes à employer.

Dès qu'elle est enregistrée, le receveur buraliste en avise le chef local de service au moyen du bulletin spécial que comporte le modèle 20 C.

Ce bulletin est pourvu d'un talon que le chef local renvoie sans délai au buraliste, avec l'indication du jour et de l'heure qu'il a fixés pour la dénaturation ; le buraliste porte immédiatement ce renseignement à la connaissance du brasseur (*art. 4 du décret A*).

406. — Le délai maximum dans lequel les employés doivent se présenter est fixé à deux jours pour les localités où il existe un poste d'exercice et à quatre jours pour celles où il n'en existe pas.

Les chefs locaux doivent user avec discernement de la faculté qui leur est donnée de fixer eux-mêmes le moment de la dénaturation ; ils ont à s'entendre avec les industriels, afin de choisir, autant que possible, suivant les convenances de ces derniers, le jour et l'heure de l'opération. Il importe, en effet, que le service ne puisse être accusé d'apporter des entraves à l'emploi du sucre en brasserie.

Du reste, afin de ne pas multiplier outre mesure les vérifications qu'entraîne obligatoirement le dégrèvement du sucre affecté à la fabrication de la bière, l'article 4 du décret A dispose qu'il ne pourra être effectué plus de deux opérations par mois dans chaque établissement.

407. — La dénaturation doit avoir lieu suivant l'un des modes autorisés par décrets rendus après avis du Comité consultatif des Arts et Manufactures. Les procédés autorisés sont insérés au tableau annexé au décret B.

Le service surveille sans discontinuer l'opération de dénaturation et ne quitte l'atelier que lorsque le produit obtenu est transvasé dans le récipient où il doit être conservé, jusqu'au moment de son emploi à la fabrication de la bière.

408. — Le sucre dénaturé est immédiatement pris en charge et suivi à un compte spécial ouvert pour les succédanés du malt au portatif 58, en exécution des prescriptions du décret du 18 avril 1901, sur les bières (*art. 5 du décret A*).

Les employés recensent fréquemment les produits dénaturés. Les excédents sont ajoutés aux charges. Les manquants sont frappés des droits dont étaient passibles les sucres entrés dans leur préparation : soit 25 francs par 100 kilogrammes de sucre exprimé en raffiné, s'il s'agit de sucre brut; soit 25 francs à titre de droit de consommation, plus 2 francs à titre de taxe de raffinage et 8 centimes à titre de frais de surveillance, par 100 kilogrammes de sucre exprimé en raffiné, s'il s'agit de raffiné de toute forme ou de candi (*art. 5 du décret A*).

409. — Chaque fois qu'il le juge utile, le service prélève gratuitement des échantillons sur les sucres en nature, sur les substances dénaturantes, ainsi que sur les produits dénaturés (*art. 6 du décret A*).

Pour la pesée des divers produits, soit lors des vérifications à l'arrivée, soit lors des opérations de dénaturation et des recensements, les brasseurs sont tenus de mettre à la disposition des employés les ouvriers, les instruments et les ustensiles nécessaires (*art. 7 du décret A*).

410. — Les infractions aux dispositions des décrets rendus pour l'exécution de la loi du 5 juillet 1904 sont passibles des pénalités édictées par le troisième paragraphe de l'article 16 de la loi du 30 mai 1899 relative aux bières (*art. 2 de la loi du 5 juillet* 1904).

410 *bis*. — Les quantités de sucre imposable introduites en brasserie en vertu d'acquits 9 A régulièrement déchargés doivent être inscrites à l'état mensuel n° 38 (*circ.* 581 *du 6 octobre* 1904).

En ce qui concerne la dénaturation, la tenue du compte des produits dénaturés et l'emploi de ce produit à la fabrication des bières, voir la circ. 581, *du 6 octobre* 1904.

II. — EMPLOI DU SUCRE A L'ALIMENTATION DU BÉTAIL.

411. — Une loi du 5 juillet 1904 a étendu aux produits des sucreries destinés à l'alimentation du bétail l'exemption d'impôt dont bénéficient, depuis la loi du 14 juillet 1897, les mélasses affectées aux usages agricoles.

Deux décrets A et B, en date du 10 novembre 1904, ont fixé les conditions d'application de la mesure, ainsi que les procédés de dénaturation actuellement admis.

412. — Le bénéfice de la franchise est limité aux sucres cristallisés polarisant moins de 95° saccharimétriques (sans réfaction pour les cendres et la glucose) et aux sirops provenant du turbinage, c'est-à-dire à des produits imparfaits qui ne sauraient, sans complément de main-d'œuvre, entrer normalement dans l'alimentation humaine et qui, par suite, se prêtent peu aux détournements abusifs et aux simulations d'emploi (*Loi du 5 juillet* 1904, *art.* 1er).

Les sucres et sirops doivent être dénaturés dans l'établissement même où ils ont été fabriqués (*même article*).

413. — L'industriel doit faire, quarante-huit heures à l'avance au moins, une déclaration reçue au registre n° 3 (sucres) et qui énonce :

1° L'espèce, le poids et la richesse saccharimétrique (sans réfaction) des produits à dénaturer ;

2° L'espèce et la quantité des substances dénaturantes ;

3° Le jour et l'heure de l'opération (*Décret A du 10 novembre* 1904, *art.* 1er).

La dénaturation a lieu dans un local spécialement affecté à cet usage, faisant partie des dépendances de la sucrerie, et où sont emmagasinés les produits dénaturés. Les sucres et sirops déclarés pour la dénaturation y sont introduits sous les yeux du service chargé d'assurer la surveillance permanente de l'établissement et sont immédiatement dénaturés en sa présence.

Au fur et à mesure des opérations, le compte du fabricant est déchargé, par actes motivés au portatif n° 7 (compte de fabrication et compte de magasin s'il s'agit de sucre achevé), des quantités régulièrement dénaturées. L'évaluation des sucres et sirops en sucre raffiné se fait dans les conditions déterminées par l'article 18 de la loi du 19 juillet 1880, c'est-à-dire en appliquant au titre polarimétrique la réfaction de deux fois le poids des glucoses et de quatre fois le poids des cendres et en allouant la déduction de 1 1/2 p. 100 à titre de déchet de raffinage. Toutefois, la quantité à inscrire en sortie au compte de fabrication ne peut être inférieure à 5 kilogrammes de sucre raffiné par 100 kilogrammes de sirops soumis à la dénaturation, c'est-à-dire ne peut pas descendre au-dessous de la proportion adoptée pour les mélasses (*même article*).

Le procédé de dénaturation actuellement admis comporte l'emploi de sel. Ce sel sera lui-même considéré comme dénaturé (*décision ministérielle du 14 novembre 1904*) et affranchi dès lors de la taxe de consommation. Les fabricants ont à prendre la position de dépositaires de sels et à satisfaire aux obligations rappelées par la circulaire n° 472 du 3 janvier 1902. Le sel est introduit dans les ateliers de dénaturation en vertu d'acquits-à-caution. Il y est pris en charge à un compte particulier. On en donne décharge au fur et à mesure de son incorporation aux sucres ou aux sirops.

414. — Les produits dénaturés font l'objet d'un compte spécial tenu sur un portatif 50 *A* approprié à cet usage.

Ils sont suivis à ce compte, d'une part, pour leur poids, et, d'autre part, pour la quantité de sucre exprimé en raffiné qu'ils représentent, d'après les bases ayant servi à l'inscription en décharge au compte de fabrication.

Le compte spécial est chargé :

1° Des quantités régulièrement préparées ;

2° Des excédents reconnus à la suite des inventaires.

Il est déchargé :

1° Des quantités régulièrement expédiées de la fabrique ;

2° Des manquants constatés aux inventaires.

Chaque fois qu'il le juge utile, et au moins une fois par mois, le service arrête la situation du compte des produits dénaturés. Les excédents sont ajoutés aux charges. Les manquants sont alloués en décharge jusqu'à concurrence de 3 p. 100 des quantités prises en charge depuis le dernier recensement, et le surplus est soumis aux droits dont étaient passibles les sucres ou sirops entrés dans la préparation du produit (*Décret A du* 10 *novembre* 1904, *art.* 2).

415. — La circulation des produits est soumise à des formalités.

Un acquit-à-caution n° 9 *A* rouge (*Service des sucres*) garantissant le paiement du double droit sur la quantité de sucre exprimée en raffiné représentée par les produits dénaturés, est délivré :

1° Pour les expéditions faites, en toutes quantités, à un dépositaire autorisé ;

2° Pour les envois effectués à destination d'un cultivateur ou éleveur par quantités représentant plus de 5.000 kilogrammes de sucre en raffiné.

Les livraisons faites aux agriculteurs et éleveurs par quantités ne dépassant pas 5,000 kilogrammes de sucre en raffiné font l'objet d'un simple laissez-passer. Chaque envoi par laissez-passer comportant plus de 1,000 kilogrammes de sucre en raffiné donne lieu à la formation d'un bulletin 6 *E* qui est transmis par la voie hiérarchique au service du lieu de destination.

Les acquits et laissez-passer énoncent :

1° Le poids total du mélange :

2° La quantité de sucre exprimée en raffiné que renferme le produit.

Les éleveurs ou propriétaires d'animaux de toute sorte qui emploient du sucre dénaturé, ne sont tenus à aucune obligation particulière. Ils doivent seulement, lorsqu'ils reçoivent leurs produits au moyen d'acquits-à-caution, c'est-à-dire en quantités dépassant 5,000 kilogrammes de sucre (en raffiné), représenter les chargements intacts au service appelé à décharger les titres de mouvement.

Avant d'effectuer cette décharge, les employés vérifient la concordance des chargements avec les énonciations des acquits ; ils profitent de leur présence chez les agriculteurs ou éleveurs pour s'assurer que ceux-ci possèdent un nombre d'animaux en rapport avec les quantités reçues. Dans le cas où le nombre des animaux à alimenter ne serait pas en rapport avec l'importance des réceptions, le service aurait à rechercher, par une surveillance extérieure, si les produits dénaturés ne sont pas détournés de leur affectation licite pour entrer clandestinement dans la préparation de dérivés du sucre ou dans la fabrication de l'alcool (*Décret A du* 10 *novembre* 1904, *art.* 3 ; *circ.* 587 *du* 15 *novembre* 1904).

416. — Les cultivateurs ou éleveurs peuvent s'approvisionner soit directement chez les fabricants de sucre, soit chez les dépositaires. Des dépôts de sucre préalablement dénaturé peuvent, en effet, être constitués en dehors des fabriques.

Toute personne désirant ouvrir un dépôt de l'espèce doit en faire la déclaration à la recette buraliste. Cette déclaration est reçue au registre n° 16 ; elle ne donne ouverture qu'à la perception du droit de timbre de 0 fr. 10.

Avant de commencer effectivement ses opérations, le dépositaire fait agréer, par le service, une caution s'engageant, conjointement et solidairement avec lui, à payer les droits qui, le cas échéant, pourraient être mis à sa charge.

Les dépôts sont soumis aux visites et vérifications des agents de la Régie.

Il est ouvert à chaque dépositaire un compte de sucres dénaturés tenu sur un portatif 50 *A*, approprié à cet effet, et réglé dans les mêmes conditions que le compte tenu dans les ateliers de dénaturation.

Les introductions de sucres dénaturés dans les dépôts sont légitimées par des acquits-à-caution. Les livraisons faites aux agriculteurs s'effectuent en vertu de laissez-passer que les dépositaires sont autorisés à détacher eux-mêmes d'un registre n° 11 (*Sucres*) mis à leur disposition.

Il est toutefois bien entendu que, si le chargement représentait plus de 5,000 kilogrammes de sucre exprimé en raffiné, le dépositaire aurait à soumissionner un acquit-à-caution à la recette buraliste de sa circonscription (*Décret A du* 10 *novembre* 1904, *art.* 3 et 4 ; *même circ.*).

417. — Chaque fois qu'il le juge utile, le service prélève gratuitement chez les fabricants de sucre des échantillons sur les produits présentés à la dénaturation (sucres, sirops, substances dénaturantes) et sur les produits dénaturés. Des échantillons de ces dernières matières peuvent être également prélevés chez les dépositaires (*Décret A du* 10 *novembre* 1094, *art.* 5).

418. — Pour la pesée de tous les produits lors des diverses vérifications, les fabricants et dépositaires sont tenus de mettre à la disposition du service les ouvriers, de même que les poids, balances et autres ustensiles nécessaires (*Décret A du* 10 *novembre* 1904, *art.* 6).

419. — Les infractions aux dispositions des décrets rendus en exécution de la loi du 5 juillet 1904 sont passibles des pénalités édictées par les paragraphes 1 et 2 de l'article 3 de la loi du 30 décembre 1873 (*Loi du* 5 *juillet* 1904, *art.* 2).

420. — Les quantités de sucres ou de sirops, exprimées en raffiné, dénaturées dans les fabriques de sucre, doivent figurer, à des colonnes spéciales, au portatif n° 7, ainsi qu'aux états mensuels 42 A, 42 B et 43.

III. — EMPLOI DES MÉLASSES AUX USAGES AGRICOLES.

421. — L'article premier, dernier §, de la loi du 28 janvier 1903 a maintenu les facilités accordées par la loi du 14 juillet 1897, art. 4, pour l'utilisation des mélasses de sucrerie en agriculture. Les sous-produits qui reçoivent cette utilisation bénéficient de la franchise de l'impôt, à la condition qu'ils n'aient pas plus de 50 p. 100 de richesse saccharine absolue. Le bénéfice de la franchise est également accordé aux mélasses de raffinerie employées aux mêmes usages (*Loi du* 9 *juillet* 1904, *art.* 2).

Les mesures relatives à l'emploi des mélasses aux usages agricoles ont été déterminées par les décrets des 3 novembre 1898 et 8 juin 1899.

Mais les prescriptions contenues dans ces décrets ne sont pas entièrement et rigoureusement suivies. Des concessions destinées à favoriser l'usage de la mélasse ont été accordées par diverses décisions ministérielles (28 novembre 1899, 16 novembre 1900, 7 mai 1901, 9 avril 1902 et 29 octobre 1902). Les dispositions actuellement adoptées sont indiquées ci-après.

Circulation et emploi des mélasses.

422. — Sont admis à utiliser la mélasse, les agriculteurs, les éleveurs et les propriétaires d'animaux de toute espèce (*circ.* n° 508, *du* 31 *octobre* 1902).

Ces divers intéressés peuvent recevoir soit de la mélasse en nature, soit des préparations à base de mélasse.

Les distinctions établies, avant 1902, touchant le régime applicable aux deux espèces de produits ne subsistent plus d'une manière générale. Qu'il s'agisse de mélasses en nature ou de mélasses dénaturées, les destinataires ne sont pas tenus de produire et de transmettre à leur fournisseur, à l'appui de leur commande, une demande ou pièce quelconque.

La seule différence entre les régimes applicables à chaque catégorie de produits consiste dans les formalités à la circulation.

Les mélasses en nature (1) doivent, en exécution de l'article 25 de la loi du 26 juillet 1893, être accompagnées d'un acquit-à-caution n° 9 A ; ce titre de mouvement garantit, en cas de non-rapport du certificat de décharge dans le délai réglementaire, le paiement du double droit de consommation sur la quantité de sucre que représentent les mélasses, à raison de 5 kilogrammes de sucre raffiné par 100 kilogrammes de mélasse. Appelé à se présenter chez les destinataires pour opérer le retrait et la décharge des acquits, le service est en situation d'apprécier si ces destinataires possèdent une exploitation agricole ou un nombre d'animaux en rapport avec l'importance des quantités reçues. Il exige la représentation du chargement et ne donne décharge qu'après avoir reconnu l'identité des matières soumises à sa vérification avec les énonciations des acquits. L'apurement de ces titres de mouvement est effectué suivant les règles ordinaires ; s'il surgissait, toutefois, quelque difficulté à cet égard, il y aurait lieu d'en saisir la Direction générale.

423. — Les mélasses préalablement dénaturées et transformées ainsi en produits destinés aux usages agricoles peuvent être expédiées librement, sauf le cas où ces produits sont préparés dans l'enceinte d'une fabrique de sucre ; il y a lieu alors de délivrer un laissez-passer n° 11 pour légitimer la sortie des préparations à base de mélasse (*circ. n° 508, du 31 octobre* 1902).

424. — Comme les agriculteurs et éleveurs qui utilisent des mélasses dénaturées préalablement à leur expédition, ceux qui reçoivent des mélasses en nature peuvent employer ces produits hors la présence du service, ils ne sont pas astreints à tenir un carnet d'emploi ; ils n'ont à supporter l'intervention du service que pour la reconnaissance des matières et la décharge des titres de mouvement (2) (*circ. précitée*).

---

(1) Sont assimilées aux mélasses en nature et, par conséquent, doivent être accompagnées d'acquits-à-caution, les préparations dans lesquelles il entre une proportion de mélasses supérieure à celle indiquée au tableau des formules de dénaturation reproduit ci-après (voir § 432).

(2) Les cultivateurs ou éleveurs qui se seraient rendus coupables de fraude dans l'emploi de la mélasse pourraient être privés, pour l'avenir, de la faculté de recevoir ce produit (Décret du 3 novembre 1898, art. 7).

425. — Une exception est faite, toutefois, en ce qui concerne les brasseurs et les distillateurs (1).

Aux termes de la loi du 30 mai 1899, article 8, paragraphe 5, aucune communication intérieure ne doit exister entre la brasserie et les bâtiments servant à l'emmagasinement des mélasses. Cette interdiction reste entière à l'égard des brasseurs qui se livreraient au commerce des produits dont il s'agit. Mais ces industriels peuvent désirer recevoir des mélasses destinées à l'alimentation de leur bétail. Ils sont admis à bénéficier du régime appliqué aux simples agriculteurs, et par suite à conserver les mélasses dans la brasserie, toutes les fois que la situation des locaux rend impossible une séparation par la voie publique. Cette concession est subordonnée à la condition que le service, lors de ses visites dans les établissements, pourra procéder au recensement des mélasses en magasin, à l'effet de s'assurer que la consommation de ces produits est en rapport avec le nombre d'animaux possédés par l'industriel. Ces mélasses sont mises à part de celles destinées à entrer dans la fabrication de la bière. Un compte spécial leur est affecté et les brasseurs doivent tenir un carnet d'emploi (*voir circ. n° 419, du 17 novembre* 1900).

Les mêmes mesures sont adoptées chez les distillateurs qui utilisent dans l'établissement même des mélasses à l'alimentation de leur bétail.

Les dispositions ci-dessus relatives à ces deux catégories d'industriels constituent de simples tolérances individuelles qui peuvent être retirées à ceux chez lesquels des abus paraîtraient à redouter.

426. — Les agriculteurs et propriétaires d'animaux peuvent s'adresser, pour leurs commandes de mélasses en nature ou de mélasses dénaturées, soit à des sucreries, soit à des raffineries, soit à des distilleries, soit aux dépôts spéciaux prévus par le décret du 8 juin 1899 (*voir ci-après* §§ 433 *et suivants*).

Préparation de mélasses dénaturées.

427. — La dénaturation des mélasses peut avoir lieu soit dans une fabrique de sucre, soit dans une distillerie, soit dans un dépôt autorisé (*Décrets des* 3 *nov.* 1898 *et* 8 *juin* 1899).

---

(1) Les mélasses tirées du commerce libre par les distillateurs et les brasseurs doivent être prises en charge au compte des matières premières de ces industriels (règlements A, A bis, B ; — décret du 30 mai 1899) et être exclusivement employées à la fabrication de l'alcool ou de la bière (*circ.* n° 508, *du* 31 *octobre* 1902).

Lorsqu'un fabricant de sucre se livre à ces opérations dans un atelier annexe séparé de l'usine, le compte de la fabrique est déchargé à raison de 5 kilogrammes de sucre par 100 kilogrammes de mélasses régulièrement expédiées par acquit-à-caution pour être dénaturées dans l'atelier spécial (1). Si la préparation des fourrages mélassés s'effectue dans les bâtiments affectés à la fabrication du sucre, la décharge au compte est opérée en vertu des laissez-passer n° 11 appelés à légitimer la sortie des préparations à base de mélasse. Le compte de la fabrique de sucre est, bien entendu, déchargé des quantités de mélasse en nature expédiées directement aux agriculteurs et éleveurs, soit avec acquit-à-caution (quantités excédant 100 kilogrammes), soit avec laissez-passer (100 kilogrammes et au-dessous) (*Circ. n° 508, du 31 octobre 1902*).

428. — Les industriels qui veulent dénaturer des mélasses pour les usages agricoles adressent une demande spécifiant :

1° Le procédé proposé pour la dénaturation des mélasses ;

2° L'usage auquel le produit obtenu sera destiné (*Décret du 3 novembre 1898, art. 1er*).

La demande ainsi établie est transmise par le chef de service de la fabrique ou par le chef du service local au directeur. Si le procédé proposé ne figure pas parmi ceux déjà adoptés, le directeur transmet la demande, avec ses observations et son avis, à l'Administration qui la soumet à l'examen du Comité consultatif des Arts et Manufactures pour être adoptée définitivement ou pour être simplement autorisée à titre d'essai (*Décret du 3 novembre 1898, art. 3*).

S'il s'agit d'un procédé déjà admis, le directeur informe le service que le fabricant peut effectuer des dénaturations suivant tel ou tel procédé déterminé. Le service prend les dispositions nécessaires pour la surveillance des opérations.

Quarante-huit heures au moins avant la dénaturation, le fabricant avise le service attaché à son usine, par une déclaration indiquant :

1° La quantité de mélasse à dénaturer ;

2° Le procédé de dénaturation qui sera employé ;

3° Le jour et l'heure ainsi que la durée de l'opération (*Décret du 3 novembre 1898, art. 4; circ. n° 310 du 21 novembre 1898*).

---

(1) L'atelier spécial séparé de la fabrique de sucre est considéré comme un dépôt et l'industriel est soumis, dans cet atelier spécial aux obligations imposées aux dépositaires.

La dénaturation est effectuée par les soins et aux frais du fabricant. Le service s'assure que les conditions imposées par le décret sont observées (*Décret du 3 novembre* 1898, *art.* 4).

Les industriels dénaturateurs de mélasses n'attendent généralement pas les commandes pour commencer leurs opérations. Ils peuvent avoir en magasin, à un moment quelconque et peut-être même d'une manière permanente, un stock plus ou moins considérable de mélasses dénaturées. C'est seulement après l'envoi de ces matières aux usages agricoles que le service inscrit en décharge, au compte du fabricant de sucre, la quantité de sucre que représente, à raison de 5 p. 100 de son poids, la mélasse n'ayant pas plus de 50 p. 100 de richesse saccharine absolue, qui a été incorporée au produit expédié. Jusqu'à leur sortie, les mélasses continuent à figurer au compte de la fabrique (*circ.* n° 310, *du* 21 *novembre* 1898).

429. — Il importe toutefois de suivre à un compte spécial la situation des produits fabriqués avec la mélasse, dans les fabriques de sucre. Un registre 50 A est approprié à cet usage.

Dans la partie affectée aux charges, le service inscrit régulièrement, au fur et à mesure des préparations :

1° La date de l'opération ;

2° Le procédé de dénaturation employé ;

3° Le poids de la mélasse mise en œuvre ;

4° La nature et le poids du produit auquel la mélasse a été incorporée ;

5° Le poids total du mélange ;

6° La forme sous laquelle le produit a été obtenu et, le cas échéant, le nombre des tourteaux ou galettes ;

7° La quantité de sucre exprimée en raffiné que représente, à raison de 5 p. 100 de son poids, la mélasse dénaturée ;

8° La proportion du poids de mélasse comparé au poids du mélange ;

9° La proportion du poids du sucre comparé également au poids du mélange.

La décharge au compte est opérée en vertu des laissez-passer n° 11 (1).

Un recensement est effectué trimestriellement pour la balance du compte. Si cette balance fait apparaître des résultats anormaux, l'Administration doit en être avisée immédiatement par un rapport détaillé (*circ* n° 310, *du* 21 *novembre* 1898).

---

(1) Un bulletin 6 E est dressé pour les envois représentant plus de 1.000 kilogrammes de mélasse.

USAGES AGRICOLES. 299

430. — Le compte tenu chez les distillateurs qui font le commerce des mélasses destinées aux usages agricoles est déchargé et réglé comme celui des dépositaires (*circ. n° 508, du 31 octobre 1902. Voir ci-après §§ 435 et suiv.*).

431. — Dans les établissements qui se livrent à la préparation de produits à base de mélasse (sucreries, distilleries, dépôts), le service porte principalement son attention sur les dénaturations elles-mêmes ; ces opérations, qui ont lieu sous sa surveillance, doivent être faites suivant les procédés autorisés après avis du Comité consultatif des Arts et Manufactures (*Décret du 3 novembre 1898, art. 4*).

432. — Les procédés admis jusqu'ici sont indiqués au tableau ci-après (*circ. n° 508, du 31 octobre 1902*).

DÉSIGNATION des usages.	PROCÉDÉS DE DÉNATURATION.
Alimentation des animaux.	1° Incorporation de la mélasse, par mélange intime, soit à des céréales, soit à des farines, bas produits de la mouture, graines oléagineuses, foin ou paille hachés ou broyés, cossettes de betteraves desséchées; la proportion de mélasse ne dépassera pas 60 p. 0/0 du poids du mélange total ; le produit sera obtenu à l'état sec, grenu ou pulvérulent, ou bien à l'état de galettes, ou tourteaux ; 2° Incorporation de la mélasse, par mélange intime, à de la tourbe; la proportion de mélasse ne dépassera pas 55 p. 0/0 du poids du mélange total; le produit sera obtenu à l'état sec, grenu ou pulvérulent ; 3° Versement de la mélasse en ébullition sur du son et de la farine de cocotier ; proportion de mélasse : 60 p. 0/0; produit obtenu à l'état sec et pulvérulent ; 4° Incorporation de la mélasse à des fourrages humides (pulpes, cossettes de sucrerie et de distillerie de betteraves, pulpes de fécules, drêches égouttées de distilleries de grains ou de brasseries) ; proportion de mélasse : 10 p. 0/0.
Nourriture des abeilles.	Mêmes procédés que pour l'alimentation du bétail.
Amendement des terres.	Mélasses utilisées à la dénaturation des sels neufs livrés à l'agriculture (formule de dénaturation figurant au tableau annexé au décret du 30 novembre 1869) : addition, par 1,000 kilogrammes de sels, de 5 kilogrammes de peroxyde rouge de fer, 10 kilogrammes de poudre d'absinthe et 10 kilogrammes de mélasses.
Préparation de bouillies cupriques pour le traitement des maladies de la vigne, des pommes de terre, etc.	Addition à la mélasse de 10 p. 0/0 de sulfate de cuivre.

NOTA. — La mélasse ne doit pas contenir plus de 50 p. 0/0 de sucre.

Dépôts spéciaux de mélasses.

433. — L'article 1ᵉʳ du décret du 8 juin 1899 a autorisé l'établissement de dépôts spéciaux de mélasses où les agriculteurs peuvent s'approvisionner directement, soit de mélasses en nature, soit de mélasses dénaturées.

Les dépôts doivent être installés dans des localités où il existe un poste d'agents des Contributions indirectes; telle est la règle. Toutefois, en vue de faciliter les tentatives faites pour vulgariser l'emploi de la mélasse à l'alimentation du bétail, l'Administration admet que la préparation de fourrages mélassés soit effectuée dans les localités autres que celles spécifiées ci-dessus, sous la réserve que le service ne soit pas distrait trop souvent de ses obligations ordinaires. Des autorisations de l'espèce peuvent être accordées à la condition que le dépositaire s'engage à procéder, quatre fois par mois au plus (1), à des opérations de dénaturation. Chaque opération fait l'objet d'une déclaration à la recette buraliste; ainsi prévenus, les employés se présentent, dans un délai qui n'excède pas quatre jours (2), chez l'intéressé, et celui-ci doit toujours se trouver en mesure d'effectuer immédiatement les dénaturations en leur présence.

Les directeurs doivent s'inspirer des dispositions ci-dessus pour donner suite aux demandes d'autorisation qui leur sont adressées; ils statuent également d'une manière définitive sur l'établissement des dépôts installés en conformité des prescriptions du décret de 1899 (*circ. n° 508, du 31 octobre 1902*).

434. — Les dépositaires sont tenus de fournir une caution pour la garantie des droits qui pourraient être constatés à leur charge; leurs établissements sont soumis à la surveillance du service des contributions indirectes (*Décret du 8 juin 1899, art. 1ᵉʳ*). (3)

---

(1) Si la localité où est établi le dépôt est régulièrement visitée plus de quatre fois par mois, les dénaturations peuvent être effectuées à chaque passage du service.

(2) Ce délai est calculé à partir de la date du dépôt de la déclaration, le jour du dépôt n'étant pas compris dans le délai.

(3) Les dépôts ouverts pour recevoir exclusivement des mélasses dénaturées et les réexpédier aux propriétaires de bétail sont assimilables aux établissements où l'on se livre à la dénaturation des mélasses, en ce qui touche la tenue d'un compte spécial et du carnet de livraisons, le règlement dudit compte et l'imposition des manquants, la présentation d'une caution. Les fourrages mélassés qu'ils reçoivent doivent être accompagnés d'acquits-à-caution. Ces dépôts peuvent être ouverts dans toutes les localités, qu'elles soient ou non le siège d'une section d'exercice.

435. — Ces industriels reçoivent des mélasses en nature provenant des sucreries, des raffineries ou des distilleries.

L'étiquette n° 55 c apposée sur chaque fût doit porter le mot « dépôts ».

Il est ouvert au dépositaire un compte unique réglé par campagne commençant le 1er septembre et finissant le 31 août de l'année suivante ; les mélasses y sont suivies à la fois pour leur poids effectif et pour la quantité de sucre raffiné qu'elles représentent à raison de 5 p. 0/0 de ce poids.

Les charges du compte sont formées par les quantités de mélasses introduites en vertu de titres de mouvement.

Les décharges sont constituées par les livraisons faites soit en nature, soit après dénaturation.

L'inscription en décharge des mélasses en nature est opérée d'après les acquits-à-caution 9 A délivrés pour accompagner les chargements ; l'inscription en décharge des mélasses dénaturées est effectuée d'après les mentions portées par l'industriel sur un carnet spécial dont il doit se munir à ses frais ; sur ce carnet, coté et paraphé par le service, l'intéressé indique, pour chaque expédition, le nom et la profession du destinataire, le lieu de destination, la quantité de produit expédiée et celle de la mélasse y contenue. Les inscriptions de ce carnet sont totalisées à la fin de chaque journée ; elles sont relevées par le service à chacune de ses vérifications. L'examen des registres d'expédition tenus par les compagnies de transport permet aux employés de s'assurer, le cas échéant, de la sincérité des indications figurant au carnet. Les employés ont, d'ailleurs, soin de dresser et de transmettre, pour les envois représentant plus de 1,000 kilogrammes de mélasse, des bulletins 6 E grâce auxquels les agents du lieu d'arrivée peuvent rechercher si le produit n'a pas été détourné de sa destination. Au cas où des inscriptions sciemment inexactes seraient relevées sur le carnet d'expédition, il conviendrait de porter le fait à la connaissance de l'Administration, qui examinerait, sur la proposition du directeur départemental, s'il n'y a pas lieu de prononcer le retrait de l'autorisation concédée au propriétaire du dépôt (circ. n° 508, du 31 octobre 1902).

436. — Toutes les fois qu'il le juge convenable, le service procède au recensement des produits existants dans chaque dépôt.

Les excédents que fait apparaître cette opération sont ajoutés aux charges.

A défaut de justifications, sur lesquelles l'Administration est appelée à se prononcer, les manquants que peut faire ressortir la balance du compte donnent lieu à la perception du droit de consommation sur les quantités de sucre représentées par ces manquants à raison de 5 kilogrammes de sucre raffiné par 100 kilogrammes de mélasse (*circ. n° 508, du 31 octobre 1902*).

Renseignements statistiques.

437. — A la fin de chaque campagne, il est dressé un état présentant des renseignements statistiques sur les mélasses employées aux usages agricoles.

Cet état, dont le modèle a été donné par la lettre commune n° 240, du 26 avril 1902, doit parvenir à l'Administration, sous le timbre du bureau des sucres, le 15 septembre de chaque année au plus tard.

IV. — EMPLOI DES MÉLASSES DE RAFFINERIE A DES USAGES INDUSTRIELS.

438. — L'art. 2 de la loi du 9 juillet 1904 exonère du paiement de la taxe spéciale de 1 fr. 25 par 100 kilogrammes les mélasses de raffinerie employées à des usages industriels, c'est-à-dire entrant dans la préparation de produits non alimentaires.

Les détails d'application de la mesure font l'objet du décret du 20 octobre 1904.

439. — Les industriels qui désirent bénéficier de la franchise formulent par écrit une demande indiquant le mode d'emploi des mélasses, la nature et les usages des produits fabriqués.

Ces demandes, instruites par les chefs départementaux, sont transmises à l'Administration et soumises par elle au Ministre, qui statue après avis du Comité des Arts et Manufactures (*art. 1er du décret du 20 octobre 1904 ; circ. n° 586, du 27 octobre 1904*).

440. — Les industriels admis au bénéfice de la franchise reçoivent des mélasses soit directement des raffineries, soit de dépôts spéciaux. Ces matières sont accompagnées d'un acquit-à-caution n° 9 A rouge (modèle des sucres) garantissant, en cas de non-décharge dans les délais réglementaires, la perception du double droit, soit 2 fr. 50 par 100 kilogrammes.

Les chargements sont représentés intacts au service du lieu de destination. Celui-ci ne décharge les titres de mouvement qu'après avoir constaté la concordance de leurs énonciations avec les chargements et avoir inscrit les matières en charge au compte du destinataire (*art.* 2 *du décret du* 20 *octobre* 1904).

441. — Ce compte est suivi sur un portatif 50 A approprié à cet usage. Sont inscrites : aux entrées, les quantités régulièrement introduites (poids effectif); aux sorties, les quantités employées dans la fabrication.

Aussi souvent qu'ils le jugent utile, et au moins une fois par mois, les employés arrêtent la situation du compte et recensent les restes. Les excédents sont simplement ajoutés aux charges; les manquants sont inscrits aux sorties et soumis au droit de 1 fr. 25 par 100 kilogrammes dont la constatation est portée à l'état trimestriel n° 22 (sucres), ainsi qu'aux autres documents de statistique sous la rubrique « taxe sur les mélasses de raffineries ».

Le service recherche l'origine des excédents ou des manquants de quelque importance et signale à la Direction générale les abus qui viendraient à se produire (*art.* 3 *du décret du* 20 *octobre* 1904 ; *circ. n°* 586, *du* 27 *octobre* 1904).

442. — Sur un registre (carnet d'emploi) dont ils se pourvoient à leurs frais, les industriels inscrivent, sans rature ni surcharge, au fur et à mesure de leurs opérations, le poids des mélasses successivement mises en œuvre. Ce registre, coté et paraphé par le chef du service local, est représenté à toute réquisition des employés. Ses indications servent de base aux inscriptions en décharge du compte des mélasses (*art.* 4 *du décret du* 20 *octobre* 1904).

443. — Les industriels qui veulent s'affranchir de la tenue du carnet d'emploi et des obligations que leur impose l'ouverture d'un compte doivent, dans les 10 jours de leur réception, dénaturer les mélasses en présence du service suivant l'un des procédés autorisés par arrêté du Ministre des finances rendu sur l'avis du Comité des Arts et Manufactures.

Le régime de la dénaturation préalable est obligatoire pour les personnes qui, dans le même établissement, c'est-à-dire dans des locaux ayant des communications intérieures, emploient des mélasses à la fois à des usages industriels et à la fabrication de produits destinés à l'alimentation (*art. 5 du décret du* 20 *octobre* 1904).

Les industriels font connaître, dans la demande qu'ils ont à produire pour établir leur droit à l'exemption, le procédé de dénaturation qu'ils désirent utiliser.

444. — Toutes les fois qu'ils veulent procéder à une dénaturation, ils le déclarent à la recette buraliste de leur circonscription. Cette déclaration est reçue au registre n° 20 C ; elle énonce :

1° Le poids des mélasses à dénaturer ;

2° L'espèce et la quantité de substances dénaturantes.

Dès qu'elle est enregistrée, le receveur buraliste en avise le chef local de service au moyen du bulletin particulier que comporte le modèle 20 C. Ce bulletin est pourvu d'un talon que le chef local renvoie sans délai au buraliste avec l'indication du jour et de l'heure qu'il a fixés pour la dénaturation. Pour cette fixation, le service s'attache à tenir compte, autant que possible, des préférences du déclarant (*art. 5 du décret du* 20 *octobre* 1904).

445. — Sous aucun prétexte le service ne se dispense d'assister aux dénaturations et de les contrôler attentivement. De temps à autre, il prélève des échantillons sur les mélasses et sur les substances dénaturantes, afin de s'assurer que les premières sont normales et n'ont pas été étendues d'eau et que les secondes sont conformes au type adopté.

Les acquits-à-caution ne sont déchargés qu'après la dénaturation (*art.* 6 *du décret du* 20 *octobre* 1904 *et circ.* 586, *du* 27 *octobre* 1904).

446. — Il peut être établi des dépôts où les mélasses sont reçues et conservées en suspension du paiement de la taxe de 1 fr. 25 jusqu'au jour où elles reçoivent une destination définitive (*Décret du* 20 *octobre* 1904, *art.* 7).

L'ouverture de ces dépôts est autorisée par les directeurs.

Les locaux où ils sont établis ne doivent avoir de communications que par la voie publique avec ceux affectés à un dépôt de mélasses de fabrique de sucre ou à une exploitation industrielle quelconque (*circ.* 586, *du* 27 *octobre* 1904).

Les dépositaires fournissent une caution solvable agréée par le service.

447. — Il leur est ouvert, sur un registre 50 A approprié à cet effet, un compte de mélasses dont les entrées sont constituées par les réceptions faites en vertu d'acquits 9 A, et les sorties par les expéditions effectuées, sous le lien de titres de mouvement du même modèle, à destination des industriels ayant justifié de leur droit à la franchise.

Les matières sont recensées aussi fréquemment que possible et au moins une fois par mois. Les excédents sont ajoutés aux charges ; les manquants sont inscrits en sortie et soumis, sans aucune déduction, au droit spécial de 1 fr. 25 par 100 kilogrammes (*art. 3 et 7 du décret du 20 octobre* 1904).

448. — Bien que le décret ne l'ait pas prévu, on a envisagé le cas où les dépositaires livreraient une partie de leurs mélasses à l'agriculture ou à la consommation. Les expéditions pour les usages agricoles seront accompagnées d'un acquit-à-caution n° 9 A (rouge). Celles pour la consommation donneront lieu, après paiement du droit de 1 fr. 25, à la délivrance de laissez-passer, si les quantités ne dépassent pas 100 kilogrammes, et d'acquits-à-caution n° 9 (noir) lorsque les chargements excéderont cette limite (*Loi du 26 juillet* 1893, *art.* 25, *et circ.* 586, *du 27 octobre* 1904).

449. — Les industriels et les dépositaires sont tenus de mettre à la disposition du service les ouvriers, les poids, les balances, et les autres ustensiles nécessaires pour faciliter la vérification des chargements à l'arrivée, le contrôle des opérations de dénaturation et la détermination du poids des produits au cours des inventaires (*art. 8 du décret du 20 octobre* 1904).

450. — Afin de permettre à l'Administration de se rendre compte du développement que peut prendre l'emploi industriel des mélasses de raffineries, les directeurs ont à lui adresser, dans la première quinzaine du mois de janvier de chaque année, un état des quantités utilisées pendant l'année précédente, dans les diverses industries ayant droit à la franchise. Le modèle de cet état a été donné par la circ. 586, du 27 octobre 1904.

CHAPITRE XIV.

Notions sommaires sur le régime des glucoses.

I. — GÉNÉRALITÉS.

451. — La glucose (glycose, sucre de raisin, sucre de fruits, sucre de fécule) est une matière sucrée, mais d'une composition chimique différente de celle du sucre proprement dit. La glucose existe naturellement dans certains fruits, principalement dans le raisin.

L'industrie l'obtient aussi en soumettant la fécule à l'action des acides. Toute la glucose du commerce a cette dernière origine ; elle est presque toujours à l'état de sirop ou en masses concrètes. On ne fabrique en France que très rarement la glucose granulée, celle-ci a l'apparence du sucre cristallisé (1).

452. — L'art. 23 de la loi du 19 juillet 1880 a rangé sous la dénomination de glucoses tous les produits saccharins non cristallisables, quels que soient leur degré de concentration et la matière première dont ils sont extraits.

453. — Le tarif des glucoses est fixé à 5 fr. 60 par 100 kilogrammes de poids effectif (*Loi de finances du 31 mars 1903, art. 32*).

Sont affranchies de la taxe :

1° Les glucoses exportées en suspension du paiement du droit (*Loi du 19 juillet 1880, art. 23*) ;

2° Celles employées à la fabrication des bières *(même article)* (2) ;

---

(1) Les glucoses granulées présentant l'apparence des sucres cristallisables sont assujetties aux mêmes droits que les sucres proprement dits (*Loi du 2 juillet 1843, art. 5*).

(2) Jugé que les glucoses indigènes livrées à la consommation assujetties aux droits comprennent tous les produits saccharins non cristallisables, quelles que soient leur concentration et la matière première dont elles sont extraites, sans qu'il y ait à distinguer entre celles qui sont vendues en nature et sortent du lieu où elles ont été fabriquées, et celles qui, dans ce lieu même, sont détruites par l'usage qui en est fait pour toute fabrication autre que celle des bières. La poursuite peut avoir lieu par voie de contrainte. (*Cass., 17 juin 1895.*)

3° Celles mises en œuvre dans les établissements où l'on prépare des produits sucrés, en vue de l'exportation (*Décret du 26 juin 1903, art. 4*).

Au point de vue douanier, les glucoses suivent le régime des *sirops*. Elles sont taxées aux droits du sucre raffiné (*Lois des 19 juillet 1880, art. 16, et 11 janvier 1892, tableau A n° 93*).

Les glucoses sont admises dans les entrepôts réels de sucres indigènes (*Décision ministérielle du 11 mars 1881*).

454. — L'emploi de glucose dans la vinification est interdit (*Loi de finances du 31 mars 1903, art. 32*).

II. — FABRIQUES.

Obligations des fabricants.

455. — Les fabricants sont soumis à la déclaration préalable et au paiement d'un droit de licence de 125 francs par an (*Loi du 31 mai 1846, art. 3, 4 et 22 ; loi du 1ᵉʳ septembre 1871, art. 6 ; et loi du 30 décembre 1873, art. 2*).

Les règles applicables aux fabriques de glucoses sont tracées par l'ordonnance du 29 août 1846, elles sont à peu près identiques à celles édictées pour les fabriques de sucre (1).

456. — Avant d'introduire une quantité quelconque de matières premières, les fabricants sont tenus d'en déclarer le poids et l'espèce. Cette déclaration est reçue par le service au registre n° 50. Pour les usines soumises à la surveillance permanente, l'Administration admet que les délais fixés par l'art. 31 de l'ordonnance du 29 août 1846 (quatre heures au moins d'avance dans les villes et huit heures dans les campagnes) ne sont pas de rigueur, et qu'il suffit que la déclaration précède l'introduction des matières premières dans les fabriques.

Les quantités introduites sans déclaration sont saisies et donnent lieu à la rédaction d'un procès-verbal.

---

(1) Toute communication intérieure entre les fabriques de glucose et les fabriques de vin de raisin sec est interdite. (*Décret du 7 octobre 1890, art. 6.*)

457. — Sur un registre (n° 51) mis gratuitement à leur disposition, les fabricants doivent indiquer, chaque jour, au fur et à mesure que les opérations ont lieu, et sans interruption ni lacune :

A. — Lors des décompositions:

1° Le numéro des cuves ou chaudières employées à la décomposition ou à la saccharification ;

2° L'heure à laquelle on doit commencer et celle à laquelle on doit cesser d'y verser les matières premières ;

3° Les quantités de matières premières décomposées.

B. — Lors des entonnements :

1° L'heure à laquelle le sirop concentré est mis dans les tonneaux ou autres récipients destinés à le recevoir ;

2° Après l'opération, le nombre des vaisseaux qui ont été remplis et les quantités de sirop provenant de chaque cuite (*Ordonnance du 29 août 1846, art. 32*).

Les employés doivent s'assurer de la sincérité des déclarations portées au reg. n° 51, ainsi que de l'exactitude des déclarations relatives aux introductions et aux réexpéditions de matières premières, aux refontes et aux expéditions de produits achevés. Ils doivent assister aux diverses opérations et consigner le détail de leurs vérifications sur des carnets portatifs n° 6 (*sucres*).

Tenue des comptes.

458. — Un carnet n° 6 est affecté à chaque nature d'opérations (introduction de matières premières, décompositions, entonnements, expéditions de glucoses, refontes, expéditions de matières premières, etc.).

La situation du magasin est établie par entrées et sorties, sur un carnet du même modèle qui doit indiquer le numéro, le poids brut et le poids net de chaque fût, caisse ou colis de glucoses.

Ces différents carnets présentent le détail et non l'ensemble de chaque opération, ils contiennent tous les éléments nécessaires à la tenue du portatif n° 52. Trois comptes sont suivis à ce portatif, savoir : compte de matières premières ; compte de fabrication ; compte de magasin.

459. — Le compte de matières premières est chargé de toutes les quantités de fécules et autres matières premières introduites de l'extérieur ou fabriquées dans l'établissement même.

Il est déchargé : 1° des quantités employées à la fabrication ; 2° des quantités expédiées en nature.

460. — Le compte de fabrication est chargé :

1° De la quantité de glucose représentant le rendement, au minimum, des fécules ou autres matières premières employées ou manquantes.

Dans les fabriques employant la fécule de pomme de terre, le rendement minimum est fixé à 125 kilogrammes de glucose par 100 kilogrammes de fécule anhydre contenus dans les fécules de pommes de terre de toutes catégories employées ou manquantes (*Décret du 17 août 1897, art. 1er*). La teneur en fécule anhydre est indiquée par l'analyse du laboratoire.

Dans les fabriques employant des matières premières autres que la fécule de pomme de terre, le rendement minimum est déterminé, pour chaque espèce de matières, par une évaluation faite de gré à gré entre le service et l'industriel. En cas de contestation, des échantillons sont prélevés et soumis à l'examen du laboratoire. Le rendement minimum est alors fixé d'après les résultats de cette analyse, sauf recours, si l'industriel en fait la demande, à l'expertise légale dans les conditions fixées par l'art. 19 de la loi du 27 juillet 1822 modifiée par la loi du 7 mai 1881 (*Décret du 23 juillet 1896, art. 1er*).

Cette prise en charge au rendement minimum est opérée au fur et à mesure de la mise en décomposition des matières premières, ou de la constatation des manquants au compte de ces matières.

2° Des quantités de glucose imposables (entrées) ou non imposables (réintroductions) provenant de l'extérieur.

Le compte de fabrication est déchargé des quantités expédiées de l'usine soit pour la consommation, soit pour l'exportation, soit pour l'emploi en brasserie, soit pour être mises en œuvre dans les établissements spéciaux où l'on prépare des produits sucrés en vue de l'exportation.

461. — Le compte de magasin est chargé :

1° Des quantités successivement entonnées ;

2° Des quantités de glucoses imposables ou non imposables provenant de l'extérieur.

Il est déchargé :

1° Des quantités expédiées de la fabrique pour une destination quelconque ;

2° Des quantités soumises à la refonte, après que le fabricant en a fait la déclaration, et que le service a procédé à leur vérification ;

3° Des déchets de coulage ou d'évaporation constatés, lors des recensements, quand ils ne dépassent pas 5 p. 0/0 des quantités fabriquées (*Ordonnance du 29 août 1846, art.* 36).

462. — Dans les fabriques de glucoses, comme dans les fabriques de sucre, il est fait des inventaires généraux et des recensements.

Les inventaires généraux constatent les quantités de produits de toute nature qui existent dans les usines. Les recensements ont seulement pour objet les produits compris dans le compte de magasin.

Il est fait un inventaire général seulement par campagne, à la clôture des travaux de fabrication ; la campagne commence le 1er septembre et finit le 31 août suivant.

Les recensements de magasin ont lieu à des époques indéterminées, et habituellement une fois par mois.

Règlement des comptes.

463. — *Compte de matières premières.* — Les excédents constatés au compte des matières premières doivent être saisis comme provenant d'introductions sans déclaration. Les manquants sont convertis en glucose, d'après le rendement minimum déterminé par l'article 1er du décret du 17 août 1897, ou fixé soit à l'amiable, soit après expertise, dans les conditions prévues à l'art. 1er du décret du 23 juillet 1896, selon qu'il s'agit de fécules de pommes de terre ou d'autres matières ; les glucoses correspondant au produit de cette conversion sont prises en charge, par acte motivé, au compte de fabrication.

464. — *Compte de fabrication.* — Le rendement minimum ne s'écarte pas sensiblement du rendement effectif ; mais il peut être supérieur ou inférieur au rendement réel, selon que les sirops sont plus ou moins concentrés. La balance du compte de fabrication peut donc faire ressortir des excédents ou des manquants qui n'ont pas d'origine frauduleuse.

Les excédents sont simplement pris en charge ; quant aux manquants, ils peuvent être admis en décharge par une décision du Ministre des finances, après avis de la section des finances du Conseil d'État, lorsqu'ils proviennent de déficits de rendement ou de déchets de fabrication (*Décret du 23 juillet 1896, art.* 1er).

465. — *Compte de magasin.* — Le fabricant doit déclarer exactement le poids des sirops entonnés, et le service est tenu de vérifier soigneusement cette déclaration.

Tout excédent constaté au compte de magasin doit être saisi, comme ne pouvant être attribué qu'à une manœuvre frauduleuse.

Les manquants sont allouables de plein droit lorsqu'ils ne dépassent pas 5 p. 0/0. Lorsqu'ils dépassent cette quotité, il y a lieu de rechercher s'ils ne proviennent pas de soustraction et, dans l'affirmative, de constater la contravention par un procès-verbal ; qu'il y ait ou non procès-verbal, ils sont imposables (*Ordonnance du* 29 *août* 1846, *art.* 36). Pour le calcul de la déduction de 5 p. 0/0, le service doit se conformer aux règles tracées en matière de sucres (*voir* §§ 76 *et suiv*).

466. — En cas de perte matérielle régulièrement constatée par le service, l'Administration peut accorder décharge :
1º Des matières premières ;
2º Des sirops en cours de fabrication ;
3º Des glucoses (*Ordonnance du* 29 *août* 1846, *art.* 38 ; *décret du* 23 *juillet* 1896, *art.* 1ᵉʳ).

Les décharges relatives aux pertes matérielles de fécule, de sirop ou de glucose sont accordées par les directeurs, lorsque le montant du droit applicable au produit perdu ne dépasse pas 500 francs (*Arrêté ministériel du* 16 *septembre* 1896 ; *circ.* 194, *du* 24 *décembre* 1896).

La décharge pour perte de matières premières ou de sirops est opérée à celui des deux comptes auquel figure la quantité perdue. S'il s'agit de glucoses, et si ces produits étaient pris en charge au compte de magasin, la décharge est simultanément opérée à ce compte et au compte de fabrication.

Exigibilité de l'impôt.

467. — Les droits sont dus sur les glucoses à la date de l'enlèvement et d'après les quantités constatées par la vérification. Toutefois ces droits ne sont perçus que de mois en mois (*circ. nº* 59, *du* 3 *septembre* 1852). Les fabricants doivent, dans ce cas, souscrire un engagement cautionné au registre nº 24.

La loi du 15 février 1873, relative au crédit des droits, est applicable à la taxe des glucoses.

Les constatations et les recouvrements opérés en matière de glucoses sont compris, à la fin de chaque mois, à l'état nº 41.

Fabrication de caramels glucosiques.

468. — D'après un arrêt de la Cour de cassation, en date du 25 novembre 1885, les caramels étaient considérés comme « rentrant dans les « produits saccharins non cristallisables, que la loi a compris sous la « dénomination générale de glucose et qu'elle a exonérés de tout impôt, « lorsqu'ils sont exportés ou employés dans la fabrication des « bières ».

Postérieurement à cet arrêt, le service des laboratoires a déclaré que le caramel de glucose n'est pas un produit saccharin comme la glucose ; il possède une saveur amère et n'est pas fermentescible.

En conséquence, l'Administration, revenant sur une décision précédemment prise et basée sur l'arrêt de 1885, a admis que les établissements dans lesquels les sirops glucosiques ne sont jamais amenés à l'état de produit achevé et marchand et sont intégralement transformés en caramel (la production de sirops glucosiques étant, dans ce cas, regardée comme une simple phase de la fabrication du caramel), ne sont pas considérés comme des glucoseries, et, d'autre part, que les caramels fabriqués dans ces établissements ne sont pas soumis au droit des glucoses.

Les fabricants n'en restent pas moins assujettis à toutes les obligations imposées aux glucosiers (licence, déclaration, exercice, etc.). Le service suit toutes les phases de la fabrication, y compris le versement des sirops dans la chaudière de caramélisation. Le compte est chargé du minimum de rendement fixé par l'art. 34 de l'ordonnance du 29 août 1846 modifié par le décret du 23 juillet 1896. Il est déchargé des quantités de sirop à 40° que représentent, d'après leur densité, les produits versés dans le caramélisateur. Ces prescriptions ont pour but de s'assurer que les sirops glucosiques obtenus ont bien été transformés en caramel.

Quant aux caramels fabriqués, ils ne tombent pas sous le coup de la loi fiscale. L'industriel n'étant tenu de justifier ni de leur emploi, ni de leur enlèvement, il n'y a pas lieu d'en suivre le compte.

Dans les établissements qui se livrent à la fois à la fabrication des glucoses et à celle des caramels, des prescriptions spéciales ont été édictées : elles ont trait notamment, à l'installation de l'appareil caramélisateur : à la distinction à établir entre les opérations de saccharification des fécules, suivant que les glucoses à produire sont destinées à la vente en nature ou à la caramélisation ; au degré de concentration que doivent présenter les sirops à transformer en caramels, au moment de leur introduction dans le caramélisateur ; à la tenue d'un compte spécial pour les sirops convertis en caramel (*Correspondance*).

Les industriels qui transforment en caramels des glucoses reçues du dehors, ont à acquitter sur ces matières l'impôt qui est exigible à la sortie des fabriques. Leurs opérations ne sont soumises à aucun contrôle.

III. — DÉPOTS DE GLUCOSES.

469. — L'établissement de dépôts de glucoses non libérées d'impôt est autorisé, par une décision ministérielle du 19 janvier 1881, sous la condition que les dépositaires prennent la qualité de fabricant et paient le droit de licence.

470. — Les envois des fabriques sur les dépôts ainsi constitués s'effectuent dans les mêmes conditions que les envois de fabrique à fabrique, c'est-à-dire avec transfert du crédit des droits et sous la garantie d'acquits-à-caution. Ces titres de mouvement sont déchargés, après vérification des produits chez le destinataire et prise en charge au portatif n° 52.

Le compte est déchargé successivement des quantités réexpédiées. Une fois par mois en moyenne et à des époques variées, les employés procèdent au recensement des restes en magasin ; les manquants sont passibles des droits sans déduction et donnent lieu à la formation d'un état de produit n° 22. Le compte est tenu par campagne commençant le 1er septembre pour finir le 31 août suivant. Les quantités formant le stock à cette date sont portées en reprise au compte de la campagne suivante.

471. — Les quantités de glucoses expédiées des dépôts en suspension du paiement de l'impôt, soit à l'étranger, soit aux brasseurs, soit à des fabricants ou à d'autres dépositaires munis de la licence, soit aux établissements spéciaux où l'on prépare des produits sucrés pour l'exportation, circulent sous la garantie d'acquits-à-caution du registre n° 9 A (*Sucres*). Celles qui sont déclarées pour toute autre destination ne peuvent sortir du magasin de dépôt qu'après acquittement du droit et en vertu de laissez-passer n° 11 (*circulaire n° 310, du 20 février* 1881).

IV. — CIRCULATION DES GLUCOSES.

472. — Les dispositions relatives à la circulation des sucres sont applicables à la glucose granulée (1).

Pour la glucose à l'état de sirop ou à l'état concret, le rayon de surveillance est limité à un kilomètre autour de la fabrique (*Loi du 31 mai 1846, art.* 23).

L'enlèvement en est effectué avec un simple laissez-passer. Les glucoses expédiées en brasserie ou dans les établissements où l'on prépare des produits sucrés en vue de l'exportation circulent avec acquit-à-caution 9 A, comme celles dirigées sur d'autres glucoseries ou des dépôts, sur les entrepôts ou sur l'étranger. Sont également accompagnées d'acquits 9 A, les glucoses massées ambrées exportées à la décharge des soumissions d'admission temporaire de maïs et d'orges importés (*voir ci-après section VI*).

(*Pour les expéditions à délivrer, consulter le tableau régulateur inséré à la suite de la circulaire n° 293, du 12 juillet* 1898.)

V. — TAXE DE 4 FRANCS SUR LES AMIDINES INTRODUITES EN GLUCOSERIES.

473. — L'article 2 de la loi du 31 mars 1896 établit un droit sur les amidines introduites en glucoserie. Ce droit est fixé à 4 francs par 100 kilogrammes d'amidine sèche et par 150 kilogrammes d'amidine verte.

Sont exemptes de la taxe les amidines pour lesquelles les fabricants justifient, en due forme, qu'elles ont été produites avec des blés, des seigles, des orges ou des riz. (*Pour les justifications à fournir à cet égard, consulter la circ. n° 162, du 4 avril* 1896.)

474. — La loi de finances du 13 avril 1898, par son article 19, étend le droit de 4 francs au maïs, aux farines de maïs et à tous autres dérivés du maïs qui précédemment échappaient à la taxe, parce qu'ils n'avaient pas été expressément visés par la loi du 31 mars 1896.

---

(1) L'art. 23 de la loi du 31 mai 1846 doit être entendu en ce sens qu'il interdit bien la circulation, sans acquit-à-caution, des glucoses dans les arrondissements où se trouve une fabrique de cette nature, mais non la circulation des sucres qui n'est interdite que s'il existe une fabrique de sucre. (*Lyon, 31 décembre* 1888.)

Les divers produits sus-désignés sont assujettis au droit à raison de la quantité d'amidine qu'ils peuvent fournir. Cette quantité doit être déterminée par le Comité consultatif des Arts et Manufactures (*art. 19 de la loi du 13 avril* 1898).

475. — Le rendement en amidine est fixé comme suit :

1° Pour les maïs en grains ou concassés et pour la farine de maïs, le rendement est de 70 kilogrammes d'amidine sèche par 100 kilogrammes de matières (*Avis du Comité du 29 mai* 1901, *sanctionné par décision ministérielle du 27 juillet suivant*) ;

2° Le gluten de maïs est imposé à raison de son poids comme amidine sèche, s'il ne renferme pas plus de 15 p. 0/0 d'eau, et comme amidine verte, s'il en contient davantage. S'il existe des doutes au sujet du degré d'hydratation du gluten de maïs, des échantillons sont prélevés pour l'analyse, et le décompte des droits n'est établi qu'après la notification des résultats de cette analyse ;

3° Les sous-produits désignés dans le commerce sous le nom de germe, gras, fines-drèches, sont taxés suivant la quantité d'amidine à 15 p. 100 d'eau qu'ils contiennent d'après leur teneur en amidon. Cette quantité est déterminée par l'analyse. La méthode analytique à employer est reproduite dans la circ. n° 335, du 1er mai 1899.

(*Avis du Comité du 19 avril* 1899, *sanctionné par décision ministérielle du 5 mai suivant.*)

476. — Le droit de 4 francs est constaté au moment de l'entrée en glucoserie, sauf pour les produits soumis à l'analyse ou placés en admission temporaire (*voir ci-après* § 477), au vu de la déclaration d'espèce et de poids que les fabricants sont tenus de faire au registre n° 50. La constatation figure à l'état 41, cadre C.

VI. — ADMISSION TEMPORAIRE DES MAIS ET DES ORGES EMPLOYÉS A LA FABRICATION DES GLUCOSES MASSÉES AMBRÉES POUR L'EXPORTATION.

477. — L'art. 3 de la loi du 31 mars 1896 accorde le bénéfice de l'admission temporaire aux maïs et aux orges employés à la production des glucoses massées ambrées destinées à l'exportation.

Cette disposition a remis en vigueur, pour les maïs et les orges transformés en glucoses massées ambrées, le régime institué par l'art. 1er du décret du 20 mars 1891 en faveur des maïs entrant dans la fabrication des glucoses pour l'exportation, régime qui avait été implicitement abrogé par l'art. 13 de la loi du 11 janvier 1892.

478. — Les mesures nécessaires pour assurer l'exécution de cette disposition sont déterminées par le décret du 25 novembre 1896.

D'après l'article premier de ce décret, les maïs et les orges peuvent être admis temporairement en franchise des droits, pour être transformés en glucoses massées ambrées pour l'exportation, sous les conditions indiquées par l'art. 5 de la loi du 5 juillet 1836.

Aux termes de l'art. 2, les souscripteurs d'obligations doivent prendre l'engagement valablement cautionné d'exporter ou mettre en entrepôt, dans un délai qui ne pourra excéder 4 mois, les glucoses massées ambrées provenant de la transformation du maïs ou de l'orge.

L'art. 3 fixe à 50 kilogrammes par quintal métrique de maïs, et à 43 kilogrammes par quintal métrique d'orge, la quantité de glucose massée ambrée qui doit être exportée.

L'art. 4, dont l'application incombe au service des douanes, dispose que les déclarations d'admission temporaire sont reçues dans tous les bureaux, mais que l'exportation des produits de la fabrication ne peut être effectuée que par les bureaux ouverts au transit.

Aux termes de l'art. 5, l'arrivée du maïs et de l'orge dans les glucoseries doit être constatée par le service des contributions indirectes chargé de l'exercice des usines ; l'expédition des glucoses à l'étranger s'effectue en vertu d'acquits-à-caution délivrés par le même service, et indiquant l'acquit-à-caution des douanes à la décharge duquel l'exportation a lieu.

Afin de permettre aux employés des contributions indirectes de constater l'identité du maïs et de l'orge d'importation, le décret stipule qu'un échantillon plombé sera joint à l'acquit-à-caution délivré à l'entrée par le service des douanes.

Pour la vérification des chargements à l'entrée en glucoserie, la décharge des acquits-à-caution de douanes, l'emmagasinage à part des maïs et des orges, la prise en charge au compte des matières premières, l'ouverture d'un compte destiné à suivre l'apurement des acquits-à-caution d'importation, les expéditions de glucoses à l'étranger, etc., consulter la circulaire n° 2, du 8 avril 1891.

479. — La faculté d'admission temporaire s'applique non seulement au droit de douane, mais au droit intérieur de 4 francs établi sur les maïs introduits en glucoserie.

Les importateurs ont donc à garantir les deux taxes exigibles, l'une à l'entrée en France (droit de douane), l'autre à l'entrée en glucoserie (droit de 4 francs), lorsqu'ils lèvent des acquits de douane pour accompagner des chargements de maïs (1) admis au bénéfice de la franchise temporaire.

Les employés chargés de la surveillance des fabriques de glucoses doivent suivre, dans l'intérêt des deux administrations (douane et contributions indirectes), l'apurement des acquits d'importation de maïs. Lorsque, dans le délai de quatre mois, les titres ne sont que partiellement apurés par des exportations ou des constitutions en entrepôt de douane de glucoses massées ambrées, ils mettent en recouvrement le droit de 4 francs applicable à la partie des chargements non exportée ou non entreposée à l'état de glucoses. Ils mentionnent la perception de ce droit au dos des acquits et renvoient ces titres, partiellement déchargés, aux bureaux d'origine appelés à encaisser le droit de douane exigible et à libérer les soumissionnaires de leurs engagements.

Si des acquits d'importation sont apurés en totalité ou en partie par des constitutions de glucoses massées ambrées en entrepôts de douane, il convient de donner sans retard au service de ces entrepôts le détail du droit intérieur à percevoir pour le compte de la Régie, dans l'éventualité où les produits entreposés, au lieu d'être expédiés à l'étranger, seraient ultérieurement livrés à la consommation intérieure. Le droit dû est, dans ce cas, celui afférent à un poids de maïs double de celui des glucoses placées en entrepôt, d'après la base de conversion fixée par l'art. 3 du décret du 25 novembre 1896 (*circulaire n° 353, du 31 juillet* 1899).

---

(1) Les orges introduites en glucoserie ne sont pas passibles de la taxe de 4 francs.

CHAPITRE XV.

Organisation et exécution du service des sucres.

I. — PERSONNEL.

480. — Dans chaque fabrique, sucraterie ou raffinerie, un agent *chef de service* dirige toutes les opérations et y concourt personnellement. Des contrôleurs spéciaux sont exclusivement chargés de la surveillance du service des sucres. Ils sont sous les ordres d'inspecteurs spéciaux du même service.

(*Voir, pour les attributions des chefs de service, contrôleurs et inspecteurs, la circulaire n° 59, du 1er septembre* 1852.)

Les attributions des contrôleurs et inspecteurs du service des sucres sont exercées par les agents du service général, à l'égard des fabriques qui ne sont pas placées dans la circonscription des contrôleurs spéciaux ou des inspecteurs spéciaux.

481. — En raison des perfectionnements apportés dans l'outillage et le mode de travail des sucreries, la durée des travaux qui exigent la permanence de jour et de nuit ne dépasse guère 60 jours en moyenne.

L'Administration a donc été amenée à ne conserver dans les fabriques que le personnel nécessaire pour assurer la surveillance pendant les périodes d'inactivité ou de demi-activité, et pour former l'instruction des nouveaux agents lors de la reprise des travaux.

Les agents qui sont ainsi attachés aux fabriques pendant toute l'année constituent le *cadre permanent*.

On leur adjoint, pendant la durée des travaux de défécation, d'autres agents qui ont comme résidence officielle des localités où ils coopèrent, lorsqu'ils ne sont pas détachés dans les fabriques, soit à l'exercice d'autres usines travaillant toute l'année, soit au service général. Cette seconde catégorie d'agents constitue le *service mixte*.

482. — Les agents du cadre permanent reçoivent une indemnité de logement de 120 fr. par an ; comme conséquence, leur indemnité de séjour, en cas de détachement accidentel, est fixée à 50 centimes par jour.

Les agents du service mixte ne touchent pas d'indemnité de logement ; mais, en compensation, leur indemnité de séjour, en cas de détachement, est portée à 1 fr. 50 par jour (*circ.* n° 134, *du 12 septembre* 1895).

483. — Les agents du service mixte en fonctions dans des villes où est allouée une indemnité de résidence, ne conservent pas cette indemnité pendant la durée de leur détachement (*circ.* n° 205, *du* 31 *mars* 1895).

Les agents appelés à concourir temporairement à l'exercice des usines à leur résidence reçoivent l'indemnité journalière de 1 fr. 50 ; mais ils doivent être restitués à leur service ordinaire dès que leur concours n'est plus absolument indispensable dans les usines (*même circulaire*).

Pour l'indemnité des agents du service mixte qui tombent malades pendant leur détachement, voir le § 494.

484. — Dans un but d'économie, l'Administration utilise temporairement, pendant la période d'activité, le concours d'un certain nombre de surnuméraires.

Pendant la durée de leur coopération au service spécial, les surnuméraires déplacés reçoivent, par jour, une indemnité de 3 francs (*lettre commune* n° 7, *du* 17 *avril* 1886, *et circ.* n° 203, *du* 31 *mars* 1897).

Les directeurs doivent demander, par l'état n° 55, l'ouverture des crédits nécessaires pour le paiement de ces indemnités, qui sont liquidées mensuellement au moyen de l'état 93 A (*circ.* n° 43, *du* 7 *octobre* 1892).

Indépendamment de l'indemnité journalière, il est alloué à chaque surnuméraire déplacé, à titre de frais de route, une indemnité calculée sur la distance parcourue (*aller et retour*), d'après le tarif dont il est question ci-après (*voir* § 490) pour les préposés déplacés pendant la période du chômage (*lettre commune,* n° 17, *du* 11 *août* 1886).

Les surnuméraires mis à la disposition des directeurs pour la surveillance des usines doivent être renvoyés à leur résidence dès que les usines ont terminé les travaux de râpage.

485. — Dès qu'ils sont avisés, par la déclaration prescrite à l'art. 1er du décret du 23 juillet 1897, déclaration qui doit être faite 8 jours au moins à l'avance et qui est inscrite au registre n° 1er, qu'un fabricant veut commencer la réception des betteraves, les directeurs doivent réclamer à leurs collègues l'envoi immédiat des employés du service mixte désignés pour être attachés à cette usine (*circ.* 220, *du 23 juillet* 1897).

486. — Les employés du service des sucres sont installés par le directeur ou le sous-directeur de la circonscription dans laquelle ils sont appelés à remplir leurs fonctions. Les avis d'installation sont établis dans les bureaux de la direction ou de la sous-direction ; il en est de même des formules de départ en congé, d'interruption de service pour cause de maladie, etc.

La correspondance à échanger en cette matière, entre le chef de la division administrative et les chefs de poste des usines, se fait toujours par l'intermédiaire des inspecteurs et contrôleurs du service spécial, qui sont ainsi tenus au courant des mouvements du personnel placé sous leurs ordres. Toutefois, cette disposition ne s'applique pas aux inspections régionales de Paris et Versailles (*circ.* n° 369, *du 13 octobre* 1899).

Les propositions de mesures disciplinaires relatives aux agents du service spécial doivent être transmises à l'Administration centrale, sous le timbre du bureau compétent de la 1re division, qui est également chargée d'examiner les propositions de gratifications présentées en faveur des mêmes agents (*circ.* 478, *du 24 janvier* 1902).

487. — En temps de fabrication, il est exigé, en moyenne, de chaque agent du service des sucres, douze heures de travail par période de vingt-quatre heures ; le minimum de travail effectif ne doit pas, en tout cas, être inférieur à dix heures par jour (*lettre commune n°* 43, *du 21 juillet* 1892).

Le temps employé aux écritures par les chefs de service est compris dans ce travail.

Partout où la permanence est prescrite, elle doit être absolue ; c'est surtout auprès des turbines que cette règle doit être observée d'une façon rigoureuse (*voir* § 57 *et circ.* n° 532, *du 20 juillet* 1903).

Indépendamment de la tenue des écritures, les chefs de service ont pour mission de surveiller l'exécution du service, de prélever les échantillons, de vérifier les sorties et les entrées et de prendre part aux opérations difficiles. Ils doivent néanmoins, chaque jour, participer aux diverses opérations de l'usine, mais dans une mesure plus restreinte que les commis ou les préposés.

Il suffit, dans les fabriques où le personnel est de quatre employés ou plus, que les chefs de service surveillent les opérations de turbinage, le jour et la nuit, pendant environ deux heures. Pendant la nuit, le rôle des chefs de service consiste surtout à opérer des contre-visites fréquentes et à des heures variées.

Dans les établissements où le personnel ne se compose que de trois employés, le chef de poste doit nécessairement participer dans une plus large mesure au service de jour et de nuit, afin d'alléger la tâche de ses collaborateurs.

488. — Il est tenu, dans chaque usine, un registre n° 27 (*Sucres*), qui présente la répartition du service entre les employés.

Les chefs de poste se comprennent d'avance dans la répartition du travail ; les contre-visites de jour et de nuit n'y sont pas, bien entendu, indiquées. En cas de nécessité, ils peuvent modifier la répartition de leur service, à la condition que cette modification soit mentionnée au registre de travail (*lettre commune n° 123, du 30 avril* 1896).

Quand ils opèrent des contre-visites de jour ou de nuit, ils doivent, en arrivant à l'usine, annuler une case du registre n° 2 (*lettre commune n° 21, du 11 septembre* 1884) ; une seconde case est annulée, au moment de leur départ, lorsque la durée de la visite excède une heure (*lettre commune n° 204, du 7 juillet* 1900).

Il est recommandé aux contrôleurs et aux inspecteurs de vérifier le registre n° 27 avec beaucoup de soin et de veiller à ce que chaque agent prenne part au service dans des proportions équivalentes.

Le registre de travail est visé par les contrôleurs à leur arrivée dans les fabriques et à leur départ. L'heure du visa doit toujours être indiquée.

En outre, les contrôleurs et les inspecteurs doivent annuler, par un visa, une case du registre n° 2, où ils indiquent la date et l'heure de leurs vérifications. Ces indications et le numéro de la case annulée sont consignés sur les journaux mensuels et aux bordereaux 86 G (*lettre commune n° 70, du 25 juillet* 1893). Quand leur visite dure plus d'une heure, les contrôleurs annulent une autre case du registre n° 2, au moment de leur départ (*lettre commune n° 100, du 25 avril* 1895).

489. — Les directeurs qui disposent d'agents détachés d'autres départements forment, pour chacun d'eux, une feuille signalétique n° 137 A qu'ils transmettent, du 1ᵉʳ au 15 février, à leur collègue sous les ordres duquel sont normalement placés ces agents (*circ. n° 205, du 31 mars 1897*).

490. — Les employés déplacés ont droit, en plus de l'indemnité journalière (1), à des frais de route (aller et retour) qui sont calculés d'après le tarif déterminé par la circulaire n° 134 du 12 septembre 1895, ainsi qu'il suit :

			Par kilom.
Voie de fer.	Parcours de 100 kilom. et au-dessous.	Commis principaux et commis .	0f 15c
		Préposés et surnuméraires . .	0 10
	Pour les kilomètres au-dessus de 100	Commis principaux et commis .	0 10
		Préposés et surnuméraires . .	0 075
Voie de terre.	Commis principaux et commis.		0 50
	Préposés et surnuméraires		0 25

Cette indemnité comprend non seulement le coût des frais de transport de l'agent et celui des bagages, mais encore les frais extraordinaires de route que l'employé peut avoir à supporter.

Les frais de route sont payés au départ, c'est-à-dire dans la circonscription que quitte l'agent et avant la mise en route, d'une part, lorsqu'il est détaché dans une fabrique, d'autre part, lorsqu'il rejoint sa résidence officielle (*circ. n° 134, du 12 septembre 1895*).

Les préposés mobiles touchent, quand ils sont déplacés dans l'intérêt du service, les frais de route fixés par le tarif ci-dessus (*circ. n° 205, du 31 mars 1897*).

491. — Les agents déplacés à titre définitif, par suite de suppression ou de transformation d'emploi, sans qu'il soit accordé un avancement ou un poste à leur choix, reçoivent pour leur transport, celui de leur famille, de leur mobilier et, le cas échéant, pour la perte subie sur leur loyer, des indemnités calculées d'après un tarif fixé par la circulaire n° 205, du 31 mars 1897, et par la note autographiée n° 13467, du 11 novembre 1897.

---

(1) Dans le cas où un employé est désigné pour remplir un intérim, et non pour renforcer un poste, il reçoit, au lieu de l'indemnité journalière, les frais réglementaires d'intérim (*lettre commune n° 13, du 23 juillet 1891*).

492. — Les frais de route, de séjour et de déplacement sont admis en dépense par les directeurs, qui adressent trimestriellement à l'Administration, dans la deuxième quinzaine du mois qui suit le trimestre, des relevés spéciaux des dépenses ainsi effectuées (*circ. n° 205 précitée*).

493. — Quant aux employés du service spécial qui, pour un motif quelconque, ne sont pas déplacés pendant la période de chômage, ils doivent être utilisés sur place, soit pour la répression des fraudes qui se commettent à la circulation, soit pour l'exercice des brasseurs, marchands en gros, etc., domiciliés dans la commune qu'ils habitent (*lettre commune n° 405, du 13 avril* 1874).

494. — L'indemnité mensuelle de 10 fr., à titre de frais de logement, est accordée aux agents du cadre permanent comme compensation pour la suppression du logement gratuit que les fabricants de sucre avaient été tenus, au début, de fournir en exécution de l'article 1er du décret du 1er septembre 1852 ; elle doit être exclusivement payée aux commis principaux, commis et préposés titulaires, à l'exclusion des contrôleurs.

A moins de décision contraire, cette indemnité est conservée aux commis principaux qui exceptionnellement reçoivent le titre de sous-contrôleurs.

Elle n'est pas non plus sujette à retenue en cas de congé ou de maladie, à moins que l'Administration n'en décide autrement (*lettres communes nos 2, du 7 janvier* 1876, *et 5, du 6 mars* 1878).

Les agents et surnuméraires détachés qui tombent malades au cours de la période de fabrication conservent également l'indemnité de séjour, s'ils restent au lieu de détachement ; mais cette indemnité cesse d'être payée à partir de la date à laquelle ils devraient rejoindre leur résidence officielle, s'ils n'étaient pas malades (*circ. n° 205, du 31 mars* 1897).

495. — Initiés aux opérations industrielles des fabricants et même, dans une certaine mesure, à leurs opérations commerciales, les employés du service des sucres ne doivent jamais perdre de vue que leur action s'exerce exclusivement dans l'intérêt du Trésor. Ils sont donc tenus de toujours observer la discrétion la plus absolue, et spécialement de ne communiquer, aux personnes étrangères, aucun renseignement sur les procédés de fabrication, aucune indication sur l'importance de la production, sur les restes en magasins, sur la destination que reçoivent les produits achevés. En un mot, ils ne doivent donner connaissance des renseignements officiels consignés sur les portatifs qu'au fabricant lui-même ou à ses représentants dûment autorisés (*lettre commune* n° 17, *du 5 juillet* 1879).

II. — RAPPORTS PÉRIODIQUES.

496 — La correspondance périodique sur le service des sucres est exclusivement suivie sous le timbre du bureau des sucres (2ᵉ *division*, 2ᵉ *bureau*).

Chefs de service.

497. — Les agents chefs de service des usines sont autorisés à présenter, à la fin des mois de décembre, de mars, de juin et d'août, leurs observations, *sur feuilles simples*, en ce qui concerne : 1° l'exécution du service ; 2° les manœuvres de fraude ; 3° la conduite des employés attachés à la fabrique à titre permanent ou temporaire. Ces feuilles doivent parvenir aux contrôleurs le premier jour du mois qui suit celui pour lequel elles sont fournies. Les contrôleurs les annexent à leurs journaux, après les avoir visées et annotées. Les inspecteurs les adressent aux directeurs avec ces journaux et les directeurs peuvent les signaler à l'Administration, lorsqu'elles offrent des indications de quelque importance.

Contrôleurs spéciaux du service des sucres (1).

498. — Les contrôleurs du service des sucres fournissent un journal à la fin de chaque mois. Ils se servent, à cet effet, de la formule n° 72 A.

Le cadre 1ᵉʳ de ce journal est affecté à la consistance ; les contrôleurs y présentent cette consistance sur une seule ligne, en ayant soin d'indi-

---

(1) Les contrôleurs du service des sucres reçoivent, à titre de frais de tournées, une indemnité annuelle de 900 francs, divisée en deux parties : 1° 600 francs décomptés mensuellement par douzièmes, cette allocation est toujours payée au titulaire de l'emploi ; 2° 300 francs décomptés par quarts de 75 francs à l'échéance de chacun des quatre derniers mois de l'année (septembre, octobre, novembre et décembre), cette dernière allocation est payée, le cas échéant, à l'intérimaire (*Lettres autogr.* nᵒˢ 21960, du 14 *août* 1888, *et* 19219, *du* 24 *octobre* 1891).

quer, dans les colonnes laissées en blanc, la nature des établissements situés dans le contrôle (râperies, sucreries, raffineries, distilleries, etc.).

Le cadre 2 relatif aux produits n'est pas rempli.

Dans le cadre 3, les contrôleurs indiquent, jour par jour, les établissements visités. Ils mentionnent l'heure de leur arrivée dans l'usine, le numéro de la case annulée au registre n° 2, ainsi que la nature des travaux en cours. Quand leur vérification n'a motivé aucune critique, ils le signalent dans ce cadre (*circ.* 203, *du* 20 *février* 1897).

Les contrôleurs sont tenus de visiter de nuit, deux fois par mois au moins, pendant la durée du travail des betteraves, toutes les usines de leur circonscription (*lettre commune n*° 70, *du* 25 *juillet* 1893). Les visites de nuit doivent avoir lieu, le plus souvent, entre 10 heures du soir et 4 heures du matin (*lettre commune n*° 105, *du* 24 *juillet* 1895).

Les cadres 4 et 5 (contentieux et contrôle des perceptions) ne comportent aucune explication particulière.

Dans le cadre 6, les contrôleurs consignent les résultats particuliers qui n'ont pas trouvé place au cadre 3.

Le cadre 7 est destiné à présenter les vues des contrôleurs sur l'ensemble du service ; ils y formulent leur appréciation sur la conduite privée, la tenue et l'instruction administrative des agents qu'ils n'auraient pas encore eu à signaler.

Au cadre 8 figure le résumé de l'emploi du temps du contrôleur pendant le mois.

Etablis en simple expédition, les journaux 72 A doivent, dans les 10 premiers jours de chaque mois, parvenir à l'inspecteur qui, après les avoir annotés, les transmet au directeur (*circ. n*° 203, *du* 20 *février* 1897).

499. — Afin que les inspecteurs du service spécial puissent se rendre compte du travail des contrôleurs sous leurs ordres, il est dressé dans chaque inspection un tableau sur lequel on prend note, tous les mois, des tournées effectuées par les contrôleurs de la division ; on y indique la date et l'heure des visites et contre-visites, ainsi que le numéro des cases annulées (*lettre commune n*° 204, *du* 7 *juillet* 1900).

500. — Quand les contrôleurs ne dépendent pas d'un inspecteur du service spécial, ils envoient, dans les délais et conditions spécifiés ci-dessus, leurs journaux au directeur ou au sous-directeur de leur circonscription (*circulaire n*° 249, *du* 28 *octobre* 1878).

501. — Après les avoir revêtus de leurs observations et décisions, les directeurs renvoient sans retard ces journaux aux contrôleurs, sauf à conserver minute, dans leurs archives, des observations qu'ils y ont consignées et à rendre compte, par lettre spéciale, des faits d'une réelle importance qu'ils croiraient devoir signaler à l'Administration ou pour lesquels ils jugeraient nécessaire de prendre son attache (*lettre commune n° 1, du 5 janvier* 1889). Le renvoi est effectué par l'intermédiaire des inspecteurs ou des sous-directeurs (*circulaire n° 249, du 28 octobre* 1878).

502 — Indépendamment des journaux mensuels n° 72 A, les contrôleurs dressent, chaque année, deux rapports généraux. Le premier est fourni aussitôt après la cessation des travaux de râpage et l'autre en fin de campagne, c'est-à-dire dans le courant du mois de septembre.

Ces rapports, qui doivent être présentés sous une forme concise, sont divisés en trois parties :

La première porte sur l'action et le travail personnel des contrôleurs ;

La seconde a pour objet l'appréciation du travail et de la conduite des agents attachés à chaque usine ;

Enfin, la troisième est consacrée à l'exposé des résultats obtenus dans les sucreries et des causes qui ont pu influer sur les rendements. Le rapport du mois de septembre est, en outre, complété par quelques appréciations sur les prévisions de la nouvelle campagne, tant au point de vue de la richesse des betteraves que des quantités susceptibles d'être mises en œuvre dans les fabriques de sucre (*lettre commune n° 1, du 5 janvier* 1889).

Les directeurs sont juges de l'opportunité de l'envoi de ces rapports à l'Administration. Toutefois, ils doivent toujours lui transmettre ceux de ces documents fournis par les contrôleurs qui ont des raffineries dans leur circonscription (*circ. n° 203, du 20 février* 1897).

Inspecteurs spéciaux du service des sucres (1).

503. — Les inspecteurs du service des sucres rendent compte de leur travail personnel au moyen du journal 45 A, qui est transmis à

---

(1) Les inspecteurs spéciaux reçoivent une allocation annuelle de 1500 francs, à titre de frais de tournées. Cette allocation est liquidée mensuellement dans les conditions admises pour les inspecteurs du service général (Voir circ. n°s *203, du 20 février 1897 et 550, du 7 janvier 1904*).

l'Administration en simple expédition, appuyé de la feuille 45 A *bis* et du tableau de la consistance de l'inspection (*circ. n° 203, du 20 février 1897, et lettre commune n° 204, du 7 juillet* 1900).

Le journal 45 A est mensuel ; il doit être adressé au directeur avant le 10 du mois qui suit celui pour lequel il est fourni (*lettre commune n° 204 précitée*).

Deux cadres, disposés sur la feuille de titre, présentent la récapitulation de l'emploi du temps pendant le mois.

Les observations de l'inspecteur et du directeur sur les résultats des vérifications trouvent place dans une première partie. Dans la colonne qui lui est réservée à cet effet, le vérificateur mentionne succinctement : les établissements visités ; l'heure de l'arrivée et celle du départ ; le numéro des cases annulées au registre 2 ; la nature des opérations en cours ; les critiques sur l'exécution matérielle du service, la répartition du travail, la vérification des écritures, etc.

L'appréciation du travail des contrôleurs et des chefs de poste, les événements industriels, agricoles ou commerciaux qu'il pourrait y avoir intérêt à porter à la connaissance de l'Administration sans attendre l'époque de l'envoi des rapports semestriels dont il est question ci-après (§ 505), figurent dans la 2ᵉ partie, à la suite de laquelle sont consignées les observations générales et les appréciations de l'Administration.

501. — Les inspecteurs des sucres n'ont pas à fournir le relevé trimestriel n° 86 E ; mais ils doivent établir un bordereau 86 G, à la suite de chaque visite dans les usines.

Les tableaux tenus dans les directions pour suivre l'emploi du temps de ces vérificateurs sont mis à jour au vu, soit des rapports 45 A (1), soit des bordereaux n° 86 G.

Ces derniers documents, dont la feuille de titre (recto et verso) reste inutilisée, énoncent le poste vérifié, l'heure de l'arrivée et du départ, ainsi que le numéro des cases annulées. On y relate très sommairement les principaux redressements opérés et les incidents sur lesquels l'attention du directeur devrait être immédiatement appelée.

---

(1) Les inspecteurs de Paris et de Versailles fournissent un rapport 45 A et une feuille 45 A *bis* pour chacun des départements dans lesquels ils ont procédé à des visites pendant le mois. Ils mentionnent sur le journal spécial au département de la Seine ou à celui de Seine-et-Oise — le seul pour lequel l'état de consistance doit être rempli — toutes les vérifications opérées à l'extérieur du département. Cette mention est ainsi libellée : « Du..... au..... tournée dans le département de..... (sucreries de .....) ».

Lorsque les agents vérifiés sont l'objet de critiques au bordereau 86 G, ce document doit leur être communiqué ; ils peuvent y consigner leurs justifications. En tout cas, le bordereau doit être renvoyé au vérificateur dans les 48 heures (*circ. n° 550, du 7 janvier 1904*).

505. — Deux fois par an, les inspecteurs fournissent des rapports généraux établis sur papier libre et qui sont annexés à leurs journaux d'avril et d'octobre. Ces rapports généraux sont établis dans la forme indiquée par la circulaire n° 249, du 28 octobre 1878 (*circ. n° 203, du 20 février 1897*).

506. — En temps de chômage, les inspecteurs spéciaux ont à produire, comme leurs collègues du service général, après leurs vérifications, des rapports 86 A pour justifier de leur coopération au service général (*circ. n° 369, du 13 octobre 1899*). Les journées consacrées à ce travail sont indiquées à leur date à la première partie du 45 A et comprises dans les colonnes *ad hoc* des cadres 1 et 2 (*lettre commune n° 204, du 7 juillet 1900*).

Sous-directeurs.

507. — Les contrôleurs, qui ne dépendent pas d'un inspecteur spécial et qui exercent leurs fonctions dans la circonscription d'une sous-direction, adressent au sous-directeur, au commencement de chaque mois, le journal du mois précédent (*voir § 500*).

Après l'avoir annoté, le sous-directeur transmet ce rapport au directeur (*circ. n° 249, du 28 octobre 1878*).

Directeurs.

508. — Les directeurs qui ont dans leur circonscription une ou plusieurs inspections du service des sucres ont simplement à transmettre à l'Administration, après les avoir visés et annotés, les rapports n° 45 A des inspecteurs avec la feuille 45 A *bis*, et, s'il y a lieu, les rapports spéciaux bi-annuels des contrôleurs (*voir § 502*). Aux mois de mars et de septembre, les directeurs fournissent un rapport personnel dans lequel ils apprécient le travail de chaque inspecteur et de chaque contrôleur (*instruction générale du 15 décembre 1853 ; circ. n°ˢ 249, du 28 octobre 1878, et 369, du 13 octobre 1899*). Ils rendent en même temps compte des principaux résultats de la période à laquelle s'applique chaque rapport et de la situation générale du service des sucres dans leur direction. (*Pour les directions où il n'existe pas d'inspection spéciale du service des sucres, voir ci-après § 510.*)

La transmission des journaux mensuels 45 A des inspecteurs à l'Administration doit être effectuée avant le 16 du mois suivant.

Pour les *journaux mensuels des contrôleurs*, voir § 501.

Réponses de l'Administration.

509. — Le rapport 45 A des inspecteurs n'étant fourni qu'en simple expédition, l'Administration a créé une feuille 45 A *bis*, sur laquelle elle conserve trace des appréciations du vérificateur et du directeur, et des observations qu'elle a consignées elle-même sur le rapport. C'est le rapport 45 A dûment annoté desdites observations qui est renvoyé aux directeurs, lesquels le transmettent à l'inspecteur; l'Administration conserve et classe dans ses archives la feuille 45 A *bis*. — Ce sont les directeurs qui donnent, sans le moindre retard, la suite nécessaire aux critiques des vérificateurs ; l'Administration se borne à apprécier dans un article final, d'une part, la gravité des redressements opérés par les inspecteurs, et, de l'autre, le degré de précision des instructions émanant des directeurs (*circ. n° 369, du 13 octobre* 1899 ; *lettre commune n° 204, du 7 juillet* 1900).

III. — VÉRIFICATIONS DES INSPECTEURS DU SERVICE GÉNÉRAL.

510. — Les inspecteurs du service général sont tenus de visiter toutes les usines situées dans les tournées qu'ils exercent et celles devant lesquelles ils sont appelés à passer, au cours de leurs rondes de nuit.

Afin de ne pas affaiblir l'action et la responsabilité de leurs collègues du service spécial, ces vérificateurs se bornent à s'assurer de la stricte exécution du service porté au registre n° 27. Ils devraient cependant signaler immédiatement au directeur ou mieux encore, s'il y a urgence, à leur collègue du service des sucres, les imperfections qu'ils auraient remarquées dans la marche du service.

L'examen des écritures, la répartition du travail et tout ce qui concerne l'installation des ateliers restent dans les attributions des inspecteurs spéciaux.

D'ailleurs, en fixant l'itinéraire qui, pendant la période d'activité des fabriques, doit être réglé de manière à faire visiter de préférence les circonscriptions où sont situées ces fabriques, les directeurs indiquent aux inspecteurs du service général les points sur lesquels leur attention doit plus spécialement se porter (*lettre commune n° 204, du 7 juillet 1900*).

511. — Les inspecteurs du service général dressent, comme leurs collègues du service spécial, un bordereau 86 G (voir § 504), toutes les fois qu'ils sont appelés à visiter une fabrique de sucres (*circ. n° 369, du 13 octobre 1899*).

CHAPITRE XVI.

Tenue des écritures.

I. — NOMENCLATURE DES IMPRESSIONS.

512. — La nomenclature des impressions en usage dans le service des sucres et des glucoses comprend les modèles suivants :

DÉSIGNATION des personnes qui ont à faire emploi des impressions.	Nos des impressions.	OBJET DES IMPRESSIONS.	§§ DE L'INSTRUCTION où l'emploi des impressions est indiqué.
	I. —	*Modèles empruntés au service général.*	
Agents des fabriques et des entrepôts.	5 ter	Subdivision d'acquits-à-caution...	334
Tous les agents de surveillance.	6 C	Bulletin de vérification en cours de transport.	337
Directeurs et sous-directeurs.	6 D	Avis de saisie de chargements accompagnés d'acquits-à-caution.	340
Agents des usines.	6 E	Avis d'expédition (bulletin).	415, 429, 435
Receveurs buralistes.	8	Déclaration d'arrivée de chargements accompagnés d'acquits-à-caution à destination d'établissements autres que ceux soumis à l'exercice.	
Id.	16	Déclaration et perception du droit de licence.	12, 13, 237, 416, 455
Receveurs buralistes et agents des usines.	18	Registre de déclaration des vaisseaux existant dans les fabriques.	16 et 18
Receveurs buralistes.	20 C	Déclaration de dénaturation.	405, 433, 444
Agents des fabriques.	33 B	Comptabilité des timbres.	518
Id.	50 A	Registre portatif.	385 403, 414, 416, 429, 441, 447
Agents des usines.	52 D	Registre de cautionnement pour les acquits.	108
Id.	57	Procès-verbaux d'épalement.	17 et 18
Agents de surveillance.	58	Registre portatif pour les brasseries.	408
Contrôleurs.	72 A	Journal de travail.	498, 502
Inspecteurs.	86 A	Rapport de vérification.	506
Id.	86 G	Bordereau de vérification.	488, 504, 511
Directeurs et sous-directeurs.	109	Demande de renseignements sur les acquits non rentrés.	342
Directeurs.	112	Situation trimestrielle de l'apurement des acquits-à-caution en retard.	342, 543
	II. —	*Modèles spéciaux aux fabriques, raffineries, entrepôts de sucre et fabriques de glucose.*	
Agents des fabriques.	1	Déclaration concernant la fabrication.	20, 455, 485
Fabricants et agents des fabriques.	2	Registre d'inscription des défécations.	19, 37, 38, 39, 41, 42, 47, 49, 50, 51, 488, 498, 503

DÉSIGNATION des personnes qui ont à faire emploi des impressions.	N.º des impressions.	OBJET DES IMPRESSIONS.	§§ DE L'INSTRUCTION où l'emploi des impressions est indiqué.
Agents des fabriques.	3	Relevé journalier des défécations. . .	51, 52
Fabricants.	4	Registre de déclaration de mise en cristallisation des sirops et masses cuites.	19, 54, 55, 384. 389
Id.	4 A	Déclarations de turbinage et d'introduction en magasin.	19. 56. 225
Agents des fabriques.	5	Registre des déclarations diverses. .	19, 20, 61, 65, 207, 208, 413
Id.	6	Carnet portatif.	22, 56. 57, 58. 59. 63 65. 83, 101, 209. 248, 249, 253, 384, 389. 457, 458, 529
Id.	7 A	Portatif général pour les fabriques simples.	32, 52, 71. 79. 413. 420. 519
Id.	7 B	Portatif général pour les fabriques-raffineries.	32. 52. 71, 79, 209. 217. 222. 413. 420, 519
Agents des fabriques et receveurs principaux.	8	Carnet et relevé présentant, par degré, le détail des quantités expédiées ou placées en admission temporaire. .	169, 519, 524, 525
Agents des fabriques, des raffineries, des entrepôts et receveurs buralistes	9	Acquits-à-caution pour les sucres, mélasses et glucoses libérés d'impôt (noir).	19. 99. 107, 277, 323. 332, 448
Id.	9 A	Acquits-à-caution pour les sucres, mélasses et glucoses non libérés d'impôt (rouge).	19, 99, 107, 124, 243. 277, 323, 357, 358. 280, 382, 401, 402. 410 bis, 415, 422, 435, 440, 447, 448, 471, 472, 532, 540
Agents des fabriques, des entrepôts et buralistes.	11	Laissez-passer pour les sucres, les mélasses et les glucoses libérés d'impôt.	102, 327, 328, 332. 415, 416, 423, 427, 429, 471
Agents des entrepôts et buralistes.	11 A	Laissez-passer à destination des raffineries	243. 297, 328, 332. 358
Agents des fabriques, des raffineries, des entrepôts, du service général.	12	Registre de décharge des acquits-à-caution (avec timbre).	19, 83, 342
Id.	12 A	Registre de décharge des acquits-à-caution (sans timbre).	19, 83, 342
Agents des fabriques, des entrepôts, des raffineries et buralistes.	13*	Relevé des acquits-à-caution délivrés.	196. 317, 538, 539, 540
Directeurs et sous-directeurs.	14*	Registre de dépouillement des acquits-à-caution non rentrés.	541, 542
Receveurs particuliers.	15*	Id.	541
Agents des fabriques.	17	Carnet de situation des vaisseaux de grande dimension.	60. 110. 111. 211

* Pour chacun de ces modèles, il existe un relevé spécial correspondant aux acquits-à-caution n.º 9 et 9 A.

NOMENCLATURE DES IMPRESSIONS.

DÉSIGNATION des personnes qui ont à faire emploi des impressions.	N°ˢ des impressions.	OBJET DES IMPRESSIONS.	§§ DE L'INSTRUCTION où l'emploi des impressions est indiqué.
Raffineurs.	19	Bordereau des expéditions.	250. 253, 281
Agents des raffineries.	20	Carnet de vérification et d'analyse des sucres.	243, 244, 253, 256, 274, 281, 285, 292, 299
Agents des raffineries.	20 A	Carnet d'inscription des coupons de certificats n° 7 C délivrés pour des sucres raffinés.	285, 286, 292
Id.	21	Portatif pour l'exercice des raffineries (compte de réfactions).	274, 281, 285, 292
Id.	21 A	Portatif pour l'exercice des raffineries (compte de liquidation des droits).	254, 256, 257, 258, 266, 275
Receveurs particuliers.	22	État trimestriel du produit des droits.	275, 278, 404, 408, 441, 470, 534, 535
Agents des raffineries et des entrepôts.	22 A	État de produit de la redevance pour frais de surveillance.	220, 285, 287, 404 408
Id.	22 A spécial	État de produit de la taxe de raffinage.	220, 292. 293, 404 408
Receveurs principaux.	24	Crédits d'enlèvement, soumissions cautionnées.	138, 154, 378, 467
Id.	25	Tableau des redevables proposés pour le crédit.	144
Chefs de service des fabriques et des entrepôts.	26	Bulletin d'avis pour le recouvrement des droits.	137, 143, 167, 170, 278, 534
Agents des usines	27	Registre de travail des employés.	488, 510
Id.	28	Étiquettes pour les vaisseaux.	60, 111
Id.	29	Étiquettes pour les séries de vaisseaux.	60, 111
Receveurs principaux et particuliers.	30	Registre d'inscription des obligations cautionnées.	155
Id.	30 A	Comptes ouverts pour les crédits de droits.	155
Id.	30 B	Relevé des crédits soumissionnés.	155
Id.	31	Registre des obligations à souscrire par les redevables.	152, 154
Chefs de service des fabriques et des entrepôts.	32	Relevé mensuel des quantités sorties pour la consommation et pour l'admission temporaire.	143, 170, 171, 187, 533, 534
Id.	33	Extrait de bulletin d'avis d'avertissement.	137, 142, 167, 278, 534
Agents des entrepôts.	34	Bulletin d'entrée ou de transfert.	7, 132
Id.	35	Bulletin de sortie.	7, 132
Id.	36	Comptes ouverts aux entrepositaires.	126, 132, 287, 293
Id.	37	Situation mensuelle des entrepôts.	530, 532
Directeurs.	38	Destination définitive donnée aux sucres.	410 bis, 532
Buralistes.	39	Bulletin de subdivision d'acquits-à-caution à Paris.	335
Receveurs principaux.	40 B	Contrôle de l'emploi des bons de droits.	371, 372, 373
Directeurs et sous-directeurs.	41 (1)	État mensuel des sucres, glucoses et mélasses de raffinerie imposés.	278, 294, 404, 408, 467, 476, 536, 537

(1) Le 1ᵉʳ avril de chaque année, il est fourni un relevé 41, comprenant les constatations de tout l'exercice précédent (1ʳᵉ et 2ᵉ partie). Ce relevé est appuyé d'un état annexe indiquant le poids et le titrage des sucres portés au modèle 41 (Note autographiée n° 2436, du 2 mars 1900).

DÉSIGNATION des personnes qui ont à faire emploi des impressions.	Nos des impressions.	OBJET DES IMPRESSIONS.	§§ DE L'INSTRUCTION où l'emploi des impressions est indiqué.
Inspecteurs spéciaux ou, à défaut, directeurs et sous-directeurs.	42 A	Relevé mensuel présentant la situation du compte général des fabriques.	420, 519, 520, 521, 522
Id.	42 B	Relevé mensuel présentant le développement des sorties des fabriques.	420, 519, 520, 521, 522
Id.	42 C	Relevé mensuel présentant le rendement des sirops et masses cuites.	55, 522
Directeurs.	43	Situation mensuelle des fabriques par circonscription administrative.	420, 519, 520, 521, 522, 532
Inspecteurs.	45 A	Journal de travail.	503, 504, 506, 508, 509
Id.	45 A bis	Résumé du journal de travail et consistance de l'inspection.	503, 504, 506, 508, 509
Directeurs.	48	Avis de rédaction d'un procès-verbal.	549
Chefs de service des fabriques et contrôleurs.	49	Renseignements statistiques sur les fabriques.	528
Agents des fabriques.	50	Déclarations d'introduction (glucoses).	456, 476
Fabricants.	51	Opérations journalières (glucoses).	457
Agents des fabriques.	52	Portatif pour les fabriques de glucoses.	458 à 466, 468, 470
Agents des fabriques et des entrepôts.	53	Laissez-passer pour les glucoses.	471
Agents des fabriques.	54	Situation des comptes des fabriques de glucoses.	458 à 466, 468, 470
Agents des fabriques.	55 A et C	Étiquettes pour les fûts de mélasses.	103, 332 c, 339, 341, 435
Directeurs.	138 Sie P	Proposition d'organisation du service.	527
Agents des raffineries.	325 Sie P	Certificat d'inventaire.	261, 265
Id.	328 Sie P	Feuille de développement des inventaires.	261, 265

III. — Modèles spéciaux pour les analyses.

Agents des usines	59	Procès-verbal de prélèvement d'échantillon.	305, 320
Directeurs ou sous-directeurs.	61 A	Étiquette à apposer sur les échantillons envoyés au laboratoire.	305, 312, 313, 315, 320
Agents des laboratoires.	62	Registre d'analyses.	314, 315, 316, 317
Directeurs, sous-directeurs et chefs de service.	63 A bis A ter	Feuilles de dépouillement du registre d'analyse.	316, 317
Id.	64	Avis de classement.	253, 317, 318, 320, 323, 523
Chefs de service des usines.	65	Dépouillement des analyses.	523
Directeurs.	66	État récapitulatif de dépouillement des analyses.	523
Chefs de service des usines.	70	Avis de classement définitif après expertise.	253, 281, 322, 323, 342
Id.	72	Avis d'envoi d'échantillons de sucres.	307, 311, 319
Chefs de service des usines et directeurs.	234	Notification d'une analyse des commissaires experts.	321, 322, 323

DÉSIGNATION des personnes qui ont à faire emploi des impressions.	Nos des impressions.	OBJET DES IMPRESSIONS.	§§ DE L'INSTRUCTION où l'emploi des impressions est indiqué.
		IV. — Modèles pour l'admission temporaire (Série A T).	
Receveurs principaux et particuliers.	1	Registre d'obligations cautionnées . .	168
Receveurs principaux.	2	Sommier des obligations souscrites. .	172, 185, 187
Id.	4	Reg de récépissés d'obligations. . .	169
Agents des entrepôts.	6	Avis d'entrée en entrepôt	122, 124, 132, 177, 188, 381
Receveurs principaux.	7	Certificats d'entrée en entrepôt (sucres bruts)	177, 181, 185, 188, 222, 387, 526, 564
Id.	7 A	Certificats pour le sucre contenu dans les produits sucrés.	176, 181, 188, 387, 398, 526
Id.	7 C	Certificats d'entrée en entrepôt de sucre raffiné.	124, 181, 188, 220, 285, 287, 292, 293, 299, 364, 381, 387, 402, 526, 564
Agents des fabriques.	8	Reg. de passavants d'exportation. . .	188, 222, 526
Receveurs principaux.	10	Avis d'imputation d'un certificat n° 7, 7 A ou 7 C.	185
Id.	11	Extraits de certificats nos 7 et 7 A. . .	180, 188, 526
Id.	11 C	Extraits de certificats n° 7 C. . . .	180, 188, 526
Receveurs principaux.	13	Relevé des acquits n° 214 souscrits pour les sucres destinés à la préparation du chocolat.	196
Id.	21	Relevé des certificats délivrés. . . .	188, 526
Id.	23	Avis récapitulatif d'imputation des certificats.	188, 526
Id.	26	Bons de droits (détaxe sucres coloniaux. — Douanes).	186, 187, 347, 367, 368, 369, 371
Id.	27	Bons de droits (détaxe sucres indigènes).	186, 187, 350, 359 à 362, 366, 367, 368, 369, 371, 373
Receveurs buralistes.	214	Acquits-à-caution pour les sucres destinés à la préparation du chocolat. .	192, 193, 194, 196

513. — A cette nomenclature, il y a lieu d'ajouter la liste de divers états auxquels n'est pas affecté un imprimé spécial ou qui ne sont pas fournis comme papier de service.

DÉSIGNATION des personnes qui ont à établir les états.	OBJET DES ÉTATS.	§§ DE L'INSTRUCTION où l'emploi des états est indiqué.
Directeurs.	Décompte des frais de surveillance dans les fabriques spéciales de produits sucrés. (Circ n° 535, du 4 août 1903).	394
Chefs de service des fabriques.	Etat des cautionnements souscrits au reg. n° 52 D (acquits-à-caution). (Circ. n° 352, du 20 oct 1882).	108

DÉSIGNATION des personnes qui ont à établir les états.	OBJET DES ÉTATS.	§§ DE L'INSTRUCTION où l'emploi des états est indiqué.
Directeurs.	État des remises de toute nature attribuées aux receveurs principaux. (Lettre lith. n° 2448, du 16 mars 1893)........	160
Receveurs principaux.	État des objets nécessaires aux employés chargés de l'exercice des fabriques. (Circ. lith. du 30 juillet 1867)..	»
Directeurs et chefs de service des fabriques.	État des quantités portées en reprise, le 1er septembre, au compte de fabrication. (§ 199 de l'Inst. du 15 déc. 1853).....	529
Id.	Statistique des mélasses destinées aux usages agricoles. (L C. n° 240, du 26 avril 1902)..	437
Directeurs.	Statistique des mélasses de raffinerie utilisées dans l'industrie. (Circ. 586, du 27 octobre 1904).	450
Id.	État des recettes et dépenses effectuées en exécution de la loi du 7 avril 1897 (1). (Lett. aut. n°s 18.270, du 5 oct. 1897, et 13.887, du 30 août 1898).........	220, 294 et suiv., 362, 365, 404, 408
Chefs de service des fabriques.	Relevé des vaisseaux de grande dimension..	17
Directeurs et chefs de service des usines.	Relevé présentant, pour les raffineries, à l'expiration de chaque mois : 1° l'extrait du compte général des réfactions ; 2° le développement des entrées et des sorties ; 3° le développement par provenance des sucres bruts introduits. (Notes lith. des 5 juin 1894 et 19 mars 1895)..	531
Directeurs.	Tableau du montant des droits dont il a été fait crédit pendant le mois, du montant de la remise payée par les redevables et du partage de cette remise entre le Trésor et les comptables. (L. C. n°s 283, du 11 mars 1874, et 10, du 13 mai 1886)......	160
Id.	État de contrôle des quantités de sucre acquittées, exportées ou placées sous le régime de l'admission temporaire (Note aut. n° 7109, du 2 mai 1898).......	524
Directeurs et receveurs principaux.	Relevé, par degré, des quantités de sucre placées sous le régime de l'admission temporaire. (C. n° 270, du 22 mars 1898, et L. aut. n° 2152, du 6 février 1899)....	525
Directeurs et sous-directeurs.	État des indemnités de séjour hors de la résidence allouées aux agents du service des sucres temporairement déplacés. (C. 43, du 7 octobre 1892, 134, du 12 septembre 1895, et 205, du 31 mars 1897).....	492
Id.	État des indemnités de séjour hors de la résidence allouées aux agents du service mixte détachés temporairement dans le service des sucres. (C. n° 134, du 12 septembre 1895, et 205, du 31 mars 1897).....	492
Id.	État des indemnités journalières allouées aux surnuméraires. (L. C. du 14 août 1890 ; C. 43, du 7 oct. 1892, et 205, du 31 mars 1897)...	492
Id.	État des indemnités pour frais de route allouées aux agents du service des sucres détachés dans le même service. (C. 134, du 12 septembre 1895, et 205, du 31 mars 1897)......	492

(1) Indépendamment du relevé mensuel, il est dressé, à l'expiration du mois d'octobre, un état présentant l'ensemble des opérations de la campagne écoulée.

DÉSIGNATION des personnes qui ont à établir les états.	OBJET DES ÉTATS.	§§ DE L'INSTRUCTION où l'emploi des états est indiqué.
Directeurs et sous-directeurs.	État des indemnités pour frais de route allouées aux agents du service mixte temporairement détachés dans le service des sucres. (C. 134 du 12 septembre 1895 et 205 du 31 mars 1897). .	492
Id.	État des indemnités pour frais de route allouées aux surnuméraires temporairement détachés dans le service des sucres. (L. C. 17 du 11 août 1886; C. 134 du 12 septembre 1895 et 205 du 31 mars 1897)	492
Chefs de service des fabriques.	Relevé, par lieu de destination, des acquits rentrés déchargés pendant le trimestre précédent. (L. C. du 10 septembre 1880)	540
Id.	État des inventaires : avant le commencement des travaux de défécation ; — après la cessation des travaux de défécation ; — de fin de campagne. (§ 200 de l'Instruction du 15 déc. 1853 et L. C. 81 du 30 avril 1894). . . .	68 et suivants, 529
Directeurs et chefs de service des usines et des entrepôts.	Relevé annexe aux états 37, 38 et 43. (Note aut. n° 15.539, du 23 déc. 1899).	532
Directeurs et sous-directeurs.	Relevé annexe à l'état 41 annuel, présentant le poids et le titrage des sucres portés à l'état 41. (Note aut. n° 2.436, du 2 mars 1900). . .	537

II. — ARRÊTÉ DES REGISTRES.

514. — Tous les comptes des fabriques, des raffineries et des entrepôts sont arrêtés par le chef de service de ces établissements le dernier jour de chaque mois.

Du 1er au 8 du mois suivant, au plus tard, cet arrêté est vérifié *sur place* par le contrôleur du service spécial des sucres, ou, si l'usine n'est pas comprise dans un contrôle spécial, par le contrôleur ou le receveur du service général qui est chargé de la surveillance de l'usine.

515. — Le registre des comptes ouverts n° 75 C (*Service général*) est arrêté, en ce qui concerne les sucres, le dernier jour de chaque trimestre effectif (31 mars, 30 juin, 30 septembre et 31 décembre).

(*Pour l'inscription sur ce registre des quantités de sucre passibles des droits, voir* §§ 137 et 139.)

516. — Pour la comptabilité des timbres, les registres d'acquits-à-caution, les registres de laissez-passer, les registres de décharge et les registres de déclaration de fabrication sont arrêtés à une époque en rapport avec celle des versements du receveur de la circonscription. Dans les fabriques et raffineries dépendant d'une recette ambulante, cet arrêté est fait par les receveurs. Dans les fabriques et raffineries ressortissant à une recette sédentaire, il est fait par les chefs de service des usines, sauf vérification par les contrôleurs spéciaux, qui exercent dans leur circonscription, pour tout ce qui concerne la comptabilité des timbres, les fonctions attribuées par les règlements aux contrôleurs du service général à l'égard des buralistes dépendant des recettes sédentaires. Dans les entrepôts, les registres d'acquits-à-caution et de décharge sont arrêtés par le contrôleur ou par l'agent qui en remplit les fonctions.

La série, par exercice, des numéros d'ordre des registres d'acquits-à-caution, de laissez-passer, de décharge et de déclaration de fabrication, commence à dater de l'arrêté administratif de décembre.

517. — Les employés des fabriques tiennent, pour la comptabilité des plombs, le carnet dont le modèle a été indiqué par la circulaire n° 275 du 26 août 1842 (*voir* § 103). Le prix des plombs apposés est perçu par les chefs de service au fur et à mesure des opérations. Il est remis aux receveurs ambulants à chacune de leurs tournées. Lorsqu'il s'agit d'une fabrique dépendant d'une recette sédentaire, il est versé avec le montant des droits de timbre et d'expédition.

518. — Un registre 33 B (*Service général*) est déposé dans chaque fabrique ou raffinerie. Les receveurs y constatent, dans la forme en usage à l'égard des buralistes, les versements effectués par les chefs de service.

III. — ÉTATS RELATIFS AUX OPÉRATIONS DES FABRIQUES, DES ENTREPOTS, DES RAFFINERIES ET DE L'ADMISSION TEMPORAIRE.

519. — Un état de situation des comptes des fabriques (n° 42 A, *Service des sucres*) est établi par les chefs de service des fabriques à la fin de chaque mois. Il reproduit textuellement l'arrêté mensuel des comptes du portatif général n° 7 A ou 7 B.

Un relevé n° 42 B présente le développement par espèces des décharges pour la même période (*lettres communes n°s 24, du 10 septembre 1880, et 20, du 30 août 1884*).

Ces relevés doivent être fournis à l'inspecteur spécial ou aux directeurs et sous-directeurs dans les circonscriptions où il n'existe pas d'inspecteur spécial. Ils doivent être adressés, par les chefs de service, le 1er du mois, et servent à établir des états 42 A et 42 B récapitulatifs.

Les contrôleurs doivent rendre compte immédiatement des erreurs qu'ils constatent dans les arrêtés mensuels du portatif, afin que les relevés 42 A et 42 B puissent, s'il y a lieu, être rectifiés par les inspecteurs, sous-directeurs ou directeurs, avant la formation de l'état 43 (*voir ci-après* § 521).

Le portatif n° 7 A ou 7 B (2e compte) ne présentant pas les éléments nécessaires pour relever les sorties, par degrés, les employés, pour suppléer à cette lacune, tiennent un carnet spécial (*n° 8*) sur lequel ils inscrivent le détail des quantités expédiées (*lettre commune n° 24, du 10 septembre* 1880).

520. — Les inspecteurs spéciaux du service des sucres ou les directeurs et sous-directeurs, là où il n'existe pas d'inspecteur spécial, forment, au vu des états qui leur sont fournis par les chefs de service des fabriques, des relevés (nos 42 A et 42 B) présentant, par usine, la situation des diverses fabriques de leur division.

Ces relevés doivent parvenir dans les directions de manière à pouvoir être transmis à l'Administration le 8, avec un état récapitulatif n° 43 (*lettres communes n° 341, du 27 mars* 1873, *et n° 20, du 30 août* 1884).

521. — Le 8 du mois au plus tard, les directeurs récapitulent, sur l'état n° 43, par inspection pour les fabriques comprises dans les inspections spéciales, et par circonscription de sous-direction ou de direction pour les fabriques qui sont en dehors des inspections spéciales, les indications consignées sur les états 42 A et 42 B. L'état 43 est disposé de manière à présenter la situation de toutes les fabriques du département; il est dressé en simple expédition (*voir ci-après* § 532).

522. — Les situations relatives aux opérations de cuite et de turbinage établies à la date du 15 de chaque mois (*voir* § 55) sont consignées sur un état n° 42 C ; elles sont récapitulées par inspection et par département, comme les états nos 42 A, 42 B et 43, et transmises à l'Administration le 20 du mois au plus tard. Ces relevés présentent les quantités de jus de betteraves travaillés et les rendements obtenus en masses cuites d'une part, depuis le commencement de la campagne, et d'autre part, depuis l'arrêté effectué le 15 du mois précédent ; ils indiquent, en outre, le nombre d'hectares consacrés à la culture des betteraves à sucre (*circulaire n° 486, du 29 août 1887, et note autog. n° 30, du 4 janvier* 1901).

Le 10 septembre de chaque année au plus tard, il est, en outre, fourni un état n° 42 C supplémentaire présentant le résultat général de toutes les opérations de la campagne au moment de l'arrêté des comptes (*note autog. n° 22165, du 26 septembre* 1892).

523. — Dans chaque fabrique, le chef de service dépouille les formules n° 64 (*Analyses*) sur un imprimé n° 65, en les classant par numéro de rendement. Le modèle n° 65 sert à totaliser les relevés des fabriques par sous-direction ou inspection spéciale. Les relevés 65 par fabrique et par sous-direction ou inspection spéciale sont transmis au directeur, qui établit un relevé récapitulatif, pour l'ensemble du département, sur un imprimé n° 66. Ce relevé récapitulatif présente, par numéro de rendement, les analyses de sucres indigènes opérées pendant l'année ; il est transmis à l'Administration avant le 1er mars de l'année suivante (*lettre commune n° 172, du 21 novembre* 1898).

524. — Avant le 15 janvier de chaque année, les directeurs transmettent à l'Administration un relevé, établi sur un imprimé n° 8, et présentant, par degré, le détail des quantités de sucre expédiées des fabriques pendant l'année précédente (*L. C. n° 24, du 10 septembre* 1880).

525. — A la fin de chaque mois, les receveurs principaux dressent, sur un imprimé du modèle n° 8, un relevé indiquant : 1° le total, par degré, des quantités de sucres bruts placées, pendant le mois, sous le régime de l'admission temporaire ; 2° le total général de ces quantités en brut et en raffiné.

Au verso de cet état, dans un cadre tracé à la main, les receveurs principaux indiquent la situation de l'apurement des obligations d'admission temporaire, par mois, avec report des antérieurs, de manière à présenter sur une seule ligne les résultats afférents à la période écoulée depuis le commencement de l'année (*circ. n° 270, du 22 mars* 1898, *et lettre autog. du 6 février* 1899).

Les directeurs transmettent ces relevés à l'Administration avant le 5 de chaque mois (*circ. n° 478, du 24 janvier* 1902).

Les opérations d'admission temporaire étant suivies séparément année par année, les quantités non apurées à la date du 31 décembre ne doivent pas figurer aux relevés établis pour l'année suivante. Mais, comme l'Administration a besoin de connaître le mode de liquidation de tous les sucres placés sous le régime de l'admission temporaire, il y a lieu de lui adresser, chaque année, aussitôt après l'apurement définitif des quantités restant à liquider le 31 décembre, un relevé complémentaire résumant toutes les opérations de l'année écoulée (*note autog. n° 2152, du 6 février* 1899).

526. — Avant le 15 de chaque mois, les directeurs font parvenir à l'Administration des états n°˚ 21 et 23 (*Admission temporaire*) établis par les receveurs principaux.

Le n° 21 présente séparément le relevé des certificats n° 7 et le relevé des certificats n° 7 C délivrés par bureau, pendant le mois, par le receveur principal. Le cas échéant, ce comptable y mentionne les certificats qu'il a établis pour des sucres enlevés des fabriques-raffineries en vertu de passavants n° 8.

Le n° 23 sert à signaler les imputations faites, pendant le mois pour lequel il est fourni, des certificats n°˚ 7, 7 A et 7 C et des extraits de certificats délivrés dans un même mois : 1° par le receveur principal qui établit le relevé ; et 2° par d'autres receveurs principaux. Chaque comptable fournit, par conséquent, autant d'états distincts qu'il doit y faire figurer de bureaux d'émission et de périodes mensuelles pendant lesquelles les titres ont été créés (*circ. n° 270, du 22 mars* 1898).

Pour les écritures auxquelles donne lieu le règlement des obligations d'admission temporaire (présentation des certificats, emploi des bons de droits et contrôle des opérations y relatives), voir les chap. v *et* xi.

527. — Dans le courant du 2ᵉ trimestre de chaque année, les directeurs sont appelés à formuler, pour la campagne suivante, des propositions d'organisation du service au moyen d'un état n° 138, Sⁱᵉ P. Des propositions distinctes doivent être fournies pour les fabriques de sucre, pour les raffineries et pour les glucoseries. Les états 138 doivent parvenir à l'Administration le 1ᵉʳ juin au plus tard (*circ. n° 478, du 24 janvier* 1902).

La note explicative placée à la suite du premier cadre de la feuille de titre de l'état 138, indique la manière de remplir ces formules.

528. — Chaque année, dans les premiers jours du mois de septembre, il est dressé un état (*n° 49, Sucres*) présentant divers renseignements statistiques relatifs à toutes les fabriques composant la circonscription d'un contrôle. Cet état collectif, établi par les soins du contrôleur, est transmis, du 10 au 12 septembre, à l'inspecteur qui doit en vérifier sommairement les indications et s'assurer qu'elles ne présentent entre elles aucune contradiction. Centralisés à la direction, les états 49 sont adressés en bloc à l'Administration, où ils doivent parvenir, au plus tard, le 25 du même mois.

Dans les départements où il n'existe pas de contrôles spéciaux, les chefs de service des fabriques établissent un état distinct pour chaque usine. Cet état est transmis à l'Administration par les soins des sous-directeurs et des directeurs (*L. C. n° 15, du 5 juin* 1882).

529. — Le 20 septembre de chaque année, les directeurs adressent à l'Administration le relevé, par fabrique, des quantités portées *en reprise*, pour la nouvelle campagne, au compte général de fabrication.

A la suite des trois inventaires dont il est question § 68, les résultats en sont consignés sur un carnet n° 6 (*Sucres*). Une copie de ces résultats est, après vérification par les agents de contrôle, adressée à la direction pour être classée dans les archives (*L. C. n° 81, du 30 avril* 1894).

530. — Les contrôleurs ou les agents qui en remplissent les fonctions dressent, à la fin de chaque mois, l'état de situation des comptes d'entrepôt. Cet état porte le n° 37; il est visé par l'inspecteur et par le directeur et doit parvenir, au plus tard, au directeur le 6, et à l'Administration le 8 du mois qui suit celui pour lequel il est fourni (*lettre commune n° 10, du 26 avril* 1878 ; *voir ci-après* § 532).

531. — A l'expiration de chaque mois, les chefs de service dans les raffineries doivent établir des relevés présentant, d'une part, en ce qui concerne le mois écoulé, et, d'autre part, en ce qui concerne la période écoulée depuis le commencement du semestre (1er janvier ou 1er juillet) jusqu'à la fin du mois pour lequel ces relevés sont fournis : 1° l'extrait du compte général des réfactions ; 2° le développement des entrées et des sorties ; 3° le développement par provenance des sucres bruts introduits (*notes lith. des 5 juin* 1894 *et 19 mars* 1895).

Ces relevés sont transmis à l'Administration, par l'intermédiaire des sous-directeurs et des directeurs, avant le 25 de chaque mois.

532. — A la fin de chaque mois il est dressé, dans les départements où sont déchargés des acquits n° 9 A, c'est-à-dire des acquits ayant accompagné des *sucres expédiés en suspension du paiement du droit*, un relevé n° 38 indiquant la destination définitive donnée aux sucres. Ce relevé est établi dans les directions, d'après les renseignements fournis à l'arrivée par les employés qui déchargent les acquits ou qui reçoivent de la douane et transmettent les acquits déchargés par elle ; il doit parvenir à l'Administration le 8 de chaque mois au plus tard (*circ. n° 358, du 21 août* 1899).

Afin de permettre le contrôle des états 38, le service des fabriques et des entrepôts dresse un relevé indiquant, pour chaque département où des acquits 9 A ont été déchargés autre part qu'à l'entrée des fabriques ou des entrepôts : les quantités de sucre exportées, celles expédiées par cabotage après échange des acquits primitifs contre des acquits de mutation de douane, ainsi que celles qui ont été libérées, soit par l'acquittement du droit, soit par la souscription d'obligations d'admission temporaire. Au vu des relevés établis dans les fabriques et les entrepôts, les directions où il existe des établissements de ce genre forment un relevé récapitulatif, qui est transmis à l'Administration comme annexe aux états 37 et 43 (*note autog. n°* 15539, *du* 23 *décembre* 1899).

IV. — ÉTATS SERVANT AU CONTROLE DES PERCEPTIONS.

533. — A la fin de chaque mois, les chefs de service des fabriques et des entrepôts, ainsi que les chefs de poste en résidence dans les localités où sont autorisés les acquittements en cours de transport, établissent sur le modèle n° 32 (*Sucres*), en double expédition, deux relevés distincts : l'un (série paire) des quantités mises à la consommation, et l'autre (série impaire) des quantités placées sous le régime de l'admission temporaire.

Une expédition de chaque relevé est adressée au receveur particulier de la circonscription, au plus tard le 2 du mois qui suit celui auquel l'état se rapporte ; l'autre, visée par le contrôleur au moment de la vérification de l'arrêté des comptes des fabriques et des entrepôts, est envoyée à l'inspecteur du service spécial, qui la transmet au chef de la division administrative. S'il n'existe pas d'inspecteur du service des sucres, cette seconde expédition est adressée par les contrôleurs spéciaux ou, à leur défaut, par les chefs locaux de service.

Dans les villes où l'on reçoit des déclarations de mise à la consommation ou d'admission temporaire, cette même expédition est envoyée au directeur ou au sous-directeur par le chef de poste délégué (*lettre commune n° 30, du 27 décembre* 1878, *et circ. n°* 270, *du* 22 *mars* 1898).

534. — A la fin du trimestre effectif (31 mars, 30 juin, 30 septembre et 31 décembre), les receveurs sédentaires et ambulants, dans la circonscription desquels il a été constaté des droits sur les sucres et les glucoses, établissent, au vu du compte ouvert n° 75 C (*Service général*), et remettent au directeur ou au sous-directeur l'état trimestriel du produit des droits sur les sucres et les glucoses n° 22 (*Service des sucres*). Cet état est, au préalable, contrôlé au moyen des bulletins n° 26 et des états mensuels n° 32 (*voir le § ci-dessus*) qui ont été fournis par les divers chefs de service établis dans la circonscription de la recette.

De leur côté, les directeurs et les sous-directeurs doivent vérifier l'exactitude des états de produit n° 22, en les rapprochant des extraits d'avis n° 33 et des relevés n° 32 qui leur sont adressés directement par les inspecteurs, contrôleurs ou chefs de poste. C'est là une vérification essentielle qui engage la responsabilité des directeurs et des sous-directeurs (*lettre commune n°* 30, *du* 27 *décembre* 1878).

Quant aux états n° 32 relatifs aux sucres placés sous le régime de l'admission temporaire, il appartient aux directeurs, aux sous-directeurs et aux inspecteurs d'en rapprocher, sur place, chez les receveurs principaux, les indications de celles portées sur les obligations elles-mêmes et de s'assurer qu'elles sont en parfaite concordance entre elles (*voir* § 187 *et circ. n°* 270, *du* 22 *mars* 1898).

535. — Le relevé trimestriel des produits constatés (*n°* 81, *Service général*) est préparé par les receveurs particuliers et remis par eux aux directeurs ou sous-directeurs à la fin du trimestre administratif; mais les comptables s'abstiennent provisoirement d'y faire figurer le produit des droits sur les sucres et les glucoses. Les directeurs ou les sous-directeurs font le dépouillement des produits autres que les droits sur les sucres et les glucoses. Ils renvoient ensuite l'état n° 81 aux receveurs particuliers, qui le complètent à la fin du mois effectif (31 *mars*, 30 *juin*, *etc.*), d'après le décompte du produit des sucres et des glucoses au registre n° 75 C (*Service général*) et à l'état n° 22 (*Sucres*).

L'état n° 81 ainsi complété est immédiatement adressé au directeur ou au sous-directeur. On y annexe l'état n° 22.

V. — ÉTAT RELATIF AUX QUANTITÉS LIVRÉES A LA CONSOMMATION.

536. — Chaque mois, les directeurs doivent fournir un relevé pour les quantités de sucre soumises aux droits.

Ce relevé, qui porte le n° 41 (*Service des sucres*), est divisé en quatre cadres : le cadre A présente les quantités de sucre qui ont été frappées du droit. Le cadre A *bis* est réservé aux quantités soumises à la taxe de raffinage. Le cadre B est relatif aux sommes constatées et perçues et aux restes à recouvrer. Le cadre C concerne les glucoses et les amidines.

Le relevé n° 41 doit parvenir à l'Administration au plus tard le 8 du mois qui suit celui pour lequel il est fourni (*lettre commune n° 27, du 6 octobre 1880 ; circ. n° 358, du 21 août 1899*).

537. — Indépendamment de l'état *mensuel* n° 41, il est fourni, le 1er avril de chaque année, un état n° 41 *annuel* présentant la situation exacte et définitive des recettes afférentes à l'exercice précédent.

Cet état doit donc comprendre :

1° Tous les droits perçus dans le courant de cet exercice (sauf ceux qui proviendraient de restes à recouvrer sur les exercices antérieurs) ;

2° Les sommes encaissées postérieurement au 31 décembre sur les restes à recouvrer de l'exercice pour lequel l'état 41 annuel est fourni ;

3° Les sommes perçues sur les sucres placés en admission temporaire pendant le même exercice, et qui, en raison de la date d'échéance de l'obligation (deux mois à partir du jour de la soucrisption), ont pu n'être recouvrées que pendant les deux premiers mois de l'année suivante.

Les chiffres qui sont portés à l'état 41 doivent toujours être en parfaite concordance avec ceux mentionnés aux bordereaux 91 (*lettre commune n° 42, du 15 janvier 1874*).

L'état n° 41 ne comportant plus les mentions relatives au poids effectif et au titrage des sucres, ces renseignements, destinés à être publiés annuellement au *Journal officiel*, doivent être consignés sur un relevé spécial qui est annexé à l'état 41 annuel (*note autog. n° 2436, du 2 mars 1900*).

VI. — ÉTAT RELATIF AUX REMISES CONCÉDÉES POUR LES OBLIGATIONS CAUTIONNÉES.

Voir pour la contexture de cet état le § 160.

VII. — ÉTATS RELATIFS A LA SUITE DES ACQUITS-A-CAUTION.

538. — L'apurement des acquits-à-caution délivrés dans les fabriques ou dans les entrepôts pour accompagner les sucres, sirops, mélasses ou glucoses, s'opère par l'annotation des registres n° 13 qui sont tenus par les chefs de service et par le rattachement à la souche des acquits-à-caution qui sont rentrés régulièrement déchargés (*circulaire n° 983, du 28 décembre 1864, et lettre commune n° 29, du 6 septembre 1876*).

En ce qui concerne les acquits-à-caution délivrés par les buralistes, les directeurs et les sous-directeurs reçoivent un relevé n° 13 mensuel, qui est dressé par les receveurs ou les contrôleurs du service général.

539. — Il est établi, dans les fabriques et dans les entrepôts, autant de registres n° 13 qu'il est délivré de sortes d'acquits-à-caution, savoir : 1° n° 13 imprimé en *noir sur papier blanc*, pour les acquits-à-caution accompagnant des produits libérés de tout impôt ; 2° n° 13 imprimé en *rouge sur papier blanc*, pour les acquits-à-caution accompagnant des produits passibles du droit.

Conservés dans le bureau des employés et constamment tenus à jour, ces registres doivent être vérifiés, sur place, par les agents de contrôle (*lettre commune n° 29, du 6 septembre 1876*).

540. — Un mode spécial de contrôle est établi pour l'apurement des acquits-à-caution qui accompagnent les sucres expédiés en suspension du paiement de l'impôt (acquits n° 9 A).

Deux mois après l'expiration de chaque trimestre, les chefs de service dressent sur des feuilles n° 13, *et pour chaque destination définitive indiquée aux certificats de décharge*, un relevé des acquits-à-caution du registre n° 9 A (rouge) délivrés pendant le trimestre et rentrés déchargés. Après avoir rempli toutes les colonnes, *à l'exception de celles qui sont relatives à la justification des décharges*, ils transmettent ce relevé, par la voie hiérarchique, aux employés du lieu de destination. Ceux-ci y consignent le numéro du certificat de décharge et la quantité de sucre raffiné pour laquelle l'acquit-à-caution a été déchargé.

L'exactitude de ces indications est certifiée par le contrôleur et par l'inspecteur. Dûment visé par le directeur, chaque relevé est ensuite renvoyé au service du lieu d'origine, qui s'assure que les annotations inscrites au lieu de destination sont conformes au libellé des certificats de décharge.

Les acquits-à-caution non rentrés déchargés, lors de la formation de ce relevé, font ultérieurement l'objet d'un relevé spécial (*lettre commune n° 24, du 10 septembre 1880*).

541. — Tout acquit-à-caution qui n'est pas rentré deux mois après l'expiration du délai accordé pour le transport des sucres qu'il a accompagnés, est inscrit sur un registre annuel n° 14 (*Service des sucres*) établi en double expédition et tenu à jour dans chaque fabrique ou entrepôt.

Les deux expéditions de ce registre sont vérifiées, sur place, par les agents de contrôle, qui apposent un visa en regard du dernier article inscrit au registre au moment de leur vérification. L'une ou l'autre de ces expéditions est transmise alternativement, le 1er et le 16 de chaque mois, à la direction ou à la sous-direction. Dès qu'elle y est parvenue, elle est dépouillée au registre n° 15 (*Service des sucres*). Après avoir fait annoter, en regard de chaque article, le folio d'inscription à ce dernier registre, le directeur ou le sous-directeur la renvoie au chef de service de la fabrique ou de l'entrepôt.

Pour les acquits-à-caution qui rentrent dans les établissements après leur inscription au registre n° 14, la date de cette rentrée est annotée, par le chef de service, dans la colonne d'observations (*lettre commune n° 29, du 6 septembre 1876*).

542. — Lorsque tous les acquits délivrés dans l'année et non rentrés dans le délai réglementaire ont été successivement inscrits au registre n° 14, les deux expéditions de ce registre sont adressées au directeur ou au sous-directeur, qui en conserve une et renvoie l'autre, dûment annotée, au bureau d'où elle émane.

Ainsi informé, au moins 45 jours avant l'expiration du délai de 4 mois fixé par l'article 8 de la loi du 21 juin 1873, le directeur ou le sous-directeur, chargé d'assurer l'apurement des acquits-à-caution signalés en retard, prend en temps utile les renseignements et, au besoin, les mesures conservatoires nécessaires pour sauvegarder les intérêts du Trésor (*lettre commune n° 29, du 6 septembre 1876*).

543. — Lorsque les acquits non déchargés dans les délais réglementaires sont apurés par les directeurs dans la limite de leur compétence (*voir* § 344), les décisions de ces chefs de service figurent à l'état trimestriel n° 112 (*circ. n°s 189, du 7 décembre 1896, et 194, du 24 décembre 1896*).

Quant aux acquits-à-caution délivrés dans une année et qui, à la date du 30 avril de l'année suivante, ne sont pas encore apurés, ils doivent être inscrits en reprise au registre n° 166 et figurer à l'état 85 A, 2ᵉ cadre (*circ.* 189 *précitée*).

CHAPITRE XVII.

Contraventions et pénalités

544. — Toute infraction aux dispositions des lois et règlements concernant la perception de la taxe des sucres indigènes et des glucoses est punie d'une amende de 1,000 à 5,000 francs et de la confiscation des sucres, glucoses, sirops et mélasses fabriqués, recélés, enlevés et transportés en fraude.

En cas de récidive, l'amende peut être portée à 10,000 francs (*lois du 30 décembre* 1873, *art.* 3; *du* 5 *août* 1890, *art.* 14, *et du 9 juillet* 1904, *art.* 9).

L'emploi de tout procédé ayant pour objet de déguiser la richesse du sucre et de tromper sur son poids peut, en outre, entraîner le paiement de dommages et intérêts au profit du Trésor (*Loi du 19 juillet* 1880).

545. — Toutes les fois que des sucres ou des glucoses sont saisis en cours de circulation, les employés doivent en offrir mainlevée moyennant caution solvable ou consignation de leur valeur.

546. — Lorsque, par l'enlèvement des produits, la confiscation ne peut être matériellement pratiquée, le contrevenant est tenu de payer, pour en tenir lieu, une somme égale à la valeur desdits produits (*Décret du* 1er *septembre* 1852, *art.* 43).

Cette pénalité est indépendante du paiement des droits, s'il s'agit de produits qui n'y ont pas déjà été soumis (*voir* § 79).

547. — Il y a lieu à l'application des pénalités prononcées par l'article 3 de la loi du 30 décembre 1873, toutes les fois qu'un fabricant ou un raffineur s'oppose à l'exercice ou qu'il refuse d'y assister après en avoir été régulièrement requis. Il est, dans ce cas, dressé un procès-verbal de refus d'inventaire, en tête duquel doit figurer la sommation.

548. — Les contraventions aux lois et règlements concernant la perception des droits imposés sur le sucre et sur les glucoses sont constatées et poursuivies dans les formes propres à l'Administration des contributions indirectes (*Loi du 31 mai 1846, art. 27.*) (1)

Les procès-verbaux des agents des contributions indirectes et des octrois ne font foi que jusqu'à preuve contraire (*Loi de finances du 30 décembre 1903, art. 24*; *circ. n° 549, du 6 janvier 1904*).

549. — Toutes les fois qu'il est constaté une contravention au régime des sucres, les directeurs donnent avis à l'Administration de la rédaction du procès-verbal, sous le timbre du bureau des sucres (*2e division, 2e bureau*), et ils indiquent sommairement les principales circonstances de la contravention.

On emploie, pour cet avis sommaire, une formule imprimée (*n° 48, Service des sucres*).

L'avis sommaire des contraventions aux lois sur le régime des sucres est indépendant du compte qui doit être rendu des affaires sous le timbre du *contentieux*.

---

(1) Les procès-verbaux en matière de sucres et de glucoses sont du ressort des tribunaux correctionnels et suivis par la Régie.

Les débats sur le fond des droits doivent être portés devant les tribunaux civils, et la procédure est la même qu'en matière de contributions indirectes.

Spécialement quand il s'agit de l'action intentée par l'Administration contre un fabricant en paiement des droits relatifs à des produits fabriqués en dehors de tout contrôle, lorsqu'aucune contravention n'est relevée à la charge du fabricant (Cass., 18 mars 1873).

Mais il n'en est ainsi qu'autant que l'Administration n'a pas poursuivi sur une contravention relevée par procès-verbal, cas où l'on doit reconnaître la compétence du tribunal correctionnel pour statuer même sur le fond du droit réclamé.

A défaut de peines fiscales, l'Administration, si elle est lésée par une infraction, puise dans le droit commun, comme toute autre partie civile, le principe de son action; elle peut demander la réparation du dommage causé par le délit de détention d'une fausse bascule (législation antérieure), prévu et puni par l'art. 3, § 3, de la loi du 27 mars 1851. Ce délit relève de la juridiction correctionnelle, qui a compétence pour apprécier l'action civile à laquelle il sert de base (Cass., 5 décembre 1891).

En vertu des principes généraux du droit criminel, et bien que les amendes fiscales en matière de contributions indirectes aient le caractère de réparations civiles, les contraventions en matière de sucre sont personnelles et ne peuvent être étendues, par exemple, au chef d'une fabrique par le seul motif qu'il y succéderait à celui contre qui un procès-verbal a été rapporté. Ainsi, le directeur d'une sucrerie appartenant à une Société anonyme ne peut être poursuivi personnellement, en vertu de procès-verbaux dressés contre son prédécesseur et constatant une contravention de *coloration* frauduleuse (législation antérieure) de sucres; il ne peut davantage être poursuivi en qualité de représentant de la Société anonyme (Cass., 3 février 1876).

550. — La répartition du produit net des amendes et confiscations prononcées par suite de contraventions aux lois et règlements sur le service des sucres et des glucoses a lieu comme suit :

Au Trésor, 25 0/0 ;

A la caisse des retraites, 25 0/0 ;

Aux saisissants, 42 0/0 ;

Au fonds commun, 8 0/0.

(*Lois du* 25 *mars* 1817, *art.* 126 ; *du* 31 *mai* 1846, *art.* 27 ; *du* 26 *juillet* 1893, *art.* 32 ; *décret du* 22 *avril* 1898.)

CHAPITRE XVIII.

Régime douanier. — Algérie. — Corse.

I

RÉGIME DOUANIER.

551. — Les sucres de toute provenance et de toute qualité peuvent être déclarés à l'arrivée en France :
1° Pour la consommation,
2° Pour les entrepôts,
3° Pour la réexportation immédiate,
4° Pour le transit.
Le régime de l'admission temporaire est également autorisé, mais seulement pour les sucres non raffinés de toute qualité du cru des colonies françaises et pour les sucres non raffinés étrangers qui sont importés directement des pays hors d'Europe.

I. — CONSOMMATION. — TARIFS.

552. — A leur entrée en France, les sucres livrés à la consommation sont soumis à un traitement différent suivant qu'ils proviennent : 1° des colonies françaises ; 2° des pays hors d'Europe ; 3° des entrepôts ou pays d'Europe.

553. — *Sucres des colonies françaises.* — Les sucres importés directement des colonies françaises sont soumis, comme les sucres indigènes et les sucres étrangers, au droit général de consommation dans les conditions suivantes :
25 fr. par 100 kil. de raffiné sur les sucres bruts ;
25 fr. par 100 kil. de poids effectif, sur les sucres raffinés et assimilés ;
26 fr. 75 par 100 kil. de poids effectif, sur les sucres candis.
Les sucres raffinés et les sucres candis acquittent en outre : 1° une taxe de raffinage de 2 fr. par 100 kil. de raffiné ; 2° la redevance de huit centimes par 100 kilog. de raffiné, que supportent les sucres mis en œuvre dans les raffineries indigènes (*loi du 9 juillet* 1904, *art.* 6).

554. — *Sucres des pays hors d'Europe.* — Les sucres bruts importés des pays hors d'Europe ne peuvent être livrés à la consommation qu'après acquittement du droit plein de 25 fr. par 100 kilog. de raffiné calculé d'après leur rendement présumé au raffinage, plus une surtaxe de 5 fr. 50 (1) par 100 kil. de poids net effectif. Lorsqu'ils ont un titrage supérieur à 98°, ces sucres sont, pour l'application des droits, assimilés au sucre raffiné.

Les sucres raffinés ou assimilés aux raffinés (sucres titrant plus de 98°) sont imposés à 31 fr. par 100 kilogr., poids effectif, en tarif général et en tarif minimum. Ce droit comprend la taxe de consommation (25 fr.) et la surtaxe de douane (6 fr. (1)), mais ne comprend pas la taxe de raffinage, ni la redevance de huit centimes sur les raffinés.

Le sucre candi est imposé à raison de 32 fr. 75 par 100 kilogrammes, poids effectif, en tarif général et en tarif minimum, y compris la surtaxe s'élevant à 6 fr. par 100 kil. (1), mais non compris la taxe de raffinage et la redevance de huit centimes.

Les sucres bruts importés des pays hors d'Europe peuvent être placés en admission temporaire, à charge d'exportation après raffinage, sous peine de paiement de la surtaxe de douane, indépendamment du droit de consommation ; pour bénéficier de cette faculté, ils doivent être importés directement par mer (*Loi du 7 mai* 1864, *art.* 5 *et* 6 ; *loi du 19 juillet* 1880, *art.* 18 ; *loi du 7 avril* 1897, *art.* 9).

555. — *Sucres des entrepôts ou des pays d'Europe.* — Ces sucres (bruts, raffinés, candis) acquittent le droit de consommation et la surtaxe de douane (1) dans les mêmes conditions que les sucres importés des pays hors d'Europe ; les raffinés et candis paient, en outre, la taxe de raffinage et la redevance de huit centimes.

En ce qui concerne les sucres en poudre importés d'Europe ou des pays hors d'Europe, la taxe intérieure est perçue par 100 kil. net de sucre exprimé en raffiné ou par 100 kil. net de poids effectif, suivant qu'il s'agit de sucres titrant 98 0/0 ou moins ou bien plus de 98 0/0.

Le droit de douane (surtaxe) est applicable par 100 kil. net de poids effectif pour les deux catégories de sucre.

---

(1) A cette surtaxe peuvent éventuellement s'ajouter, pour les sucres primés, des droits compensateurs, en exécution de l'article 4 de la convention sucrière du 5 mars 1902.
Les sucres primés peuvent être frappés de prohibition (Voir à sa date le décret du 10 novembre 1904).

556. — *Mélasses*. — Lorsqu'elles proviennent directement des colonies françaises et qu'elles sont employées à la distillation, les mélasses sont exemptes de droits.

Les mélasses étrangères destinées à la distillation sont taxées à raison de 0 fr. 20 par degré de richesse saccharine absolue en tarif minimum et de 0 fr. 30 par degré en tarif général, plus 3 fr. 60 par 100 kil. brut pour celles importées des entrepôts d'Europe.

Les mélasses autres que pour la distillation sont, à l'importation, frappées des droits suivants, par 100 kilogr., savoir :

Mélasses contenant 50 0/0 de sucre ou moins, 23 fr. 50 en tarif général et 19 fr. 50 en tarif minimum ;

Mélasses contenant plus de 50 0/0 de sucre, 54 fr. 10 en tarif général et 40 fr. 90 en tarif minimum.

557. — *Produits sucrés divers*. — Enfin les produits fabriqués, dans lesquels il entre du sucre cristallisable (sirops, bonbons, biscuits, confitures et chocolats), sont, à l'importation, soumis à des taxes diverses, en rapport avec la quantité de sucre qu'ils contiennent habituellement et avec le tarif applicable aux pays d'où proviennent ces produits (1).

---

(1) Tarif des produits sucrés importés :

Sirops, bonbons, fruits confits au sucre (droits du sucre)	des colonies et des possessions françaises	25.00	
		2.00	(a)
	des pays étrangers.	31.00	
		2.00	(a)
Biscuits sucrés (moitié des droits du sucre)	des colonies et possessions françaises	12.50	
		1.00	(a)
	des pays étrangers (b).	15.50	
		1.00	(a)
Confitures au sucre ou au miel (moitié des droits du sucre)	des colonies et possessions françaises	12.50	
		1.00	(a)
	des pays étrangers.	15.50	
		1.00	(a)
Chocolat cont. 55% de cacao au moins	tarif général.	200.00	
	tarif minimum	102.25	
Lait condensé	tarif général, moins de 50 % de sucre. . . .	23.50	
		1.00	(a)
	tarif minimum — moins de 40 % de sucre	18.40	
		0.80	(a)
	tarif minimum — de 40 % inclusivement à 50 % exclusivement.	21.50	
		1.00	(a)

(a) Part représentative de la taxe de raffinage.
(b) Non compris le demi-droit de la farine et la surtaxe de fabrication (10 fr. en tarif général et 6 fr. en tarif minimum).

II. — ENTREPOT.

558. — L'entrepôt est considéré comme l'étranger ; à leur sortie de l'entrepôt, les sucres sont dès lors traités, suivant leur origine et leur provenance, comme s'ils étaient importés à ce moment même.

III. — RÉEXPORTATION IMMÉDIATE.

559. — Les sucres sont, dans ce cas, réexpédiés à l'étranger dans l'état où ils ont été apportés en France.

IV. — TRANSIT.

560. — Les sucres des colonies françaises et les sucres étrangers peuvent, à leur arrivée en France, être dirigés, sous le régime du transit ordinaire ou du transit international, soit sur un entrepôt de douane, soit sur un bureau qui en constate le passage définitif à l'étranger, soit enfin sur une douane où ils doivent être déclarés pour la consommation ou pour l'admission temporaire, si ce dernier régime leur est applicable.

V. — ADMISSION TEMPORAIRE.

561. — Ainsi qu'on l'a vu plus haut, ne peuvent être placés sous le régime de l'admission temporaire, lors de l'importation, que les sucres non raffinés de toute qualité du cru des colonies françaises et les sucres non raffinés de toute qualité importés directement des pays hors d'Europe. Sont, par conséquent, exclus de ce régime les sucres étrangers importés des pays d'Europe, qu'ils soient d'origine européenne ou qu'ils proviennent des entrepôts d'Europe.

Les conditions exigées pour la garantie des droits et pour l'apurement des obligations d'admission temporaire sont les mêmes que celles qui ont été indiquées pour les sucres indigènes.

Toutefois, l'Administration des douanes constate seule l'exportation ou la mise en entrepôt du sucre contenu dans les produits sucrés (bonbons, sirops, confitures, liqueurs, etc.), et délivre des certificats d'exportation ou d'entrée en entrepôt qui sont valables pour apurer les obligations d'admission temporaire d'une quantité de sucre raffiné égale à celle qui a été reconnue dans ces produits.

Enfin les sucres coloniaux et étrangers peuvent encore être placés sous le régime spécial d'admission temporaire applicable aux sucres indigènes destinés à la fabrication du chocolat préparé en vue de l'exportation. Mais c'est l'Administration des douanes qui est seule chargée de constater l'exportation ou la mise en entrepôt des chocolats servant à l'apurement des engagements souscrits pour l'admission temporaire de ces sucres (*voir* §§ 189 *à* 198 *des instructions coordonnées*).

VI. — LABORATOIRES.

562. — Les analyses opérées pour le compte de l'Administration des douanes, à l'importation et à l'exportation des sucres et produits sucrés, sont, comme celles concernant le service des contributions indirectes, effectuées dans les laboratoires du ministère des finances (*voir chap.* IX).

VII. — TARES.

563. — Les sucres acquittent les droits sur le poids net.

Le poids net est *réel* ou *légal*.

Le *poids net réel* (ou poids effectif) est le poids de la marchandise dépouillée de tous ses emballages extérieurs et intérieurs.

Le *poids net légal* se calcule, en déduisant du poids brut des colis la tare légale, c'est-à-dire la tare que la loi a déterminée à forfait, selon le mode d'emballage ou l'espèce des marchandises, pour le cas où le redevable n'aurait pas demandé, en temps utile, que la liquidation fût établie sur le poids net effectif.

Les sucres de betterave, les sucres de canne importés dans des emballages autres que ceux en usage pour les sucres exotiques, ainsi que les sucres candis en caisses ou en futailles, n'ont droit qu'à la tare réelle.

On applique à tous les autres sucres soit la tare légale, soit la tare réelle, au choix des intéressés.

Le tableau suivant indique quelles sont les catégories de sucre et les genres d'emballage qui ont droit à la tare légale, ainsi que le taux des diverses tares légales :

Sucres bruts de canne	Importés dans les emballages en usage pour les sucres exotiques.	Emballages en bois, caisses, futailles, etc.	entièrement en bois dur.	13 p.%
			en bois tendre. . . .	10 p.%
		Canastres.		8 p.%
		Autres emballages	simples.	2 p.%
			doubles.	4 p.%
	Importés dans des emballages autres que ceux en usage pour les sucres exotiques.			net réel.

Sucres raffinés à l'exclusion des candis	Emballages en bois (caisses, futailles). . .	12 p. %
	Autres emballages.	2 p. %
Sucres de betterave, vergeoises et candis.		net réel.

II

ALGÉRIE.

564. — Il n'existe pas de fabrique de sucre en Algérie.

Les sucres de toute provenance importés dans la colonie sont soumis à deux taxes. Ils acquittent :

1° Un impôt de consommation fixé : à 10 fr. par 100 kilog. de sucre raffiné pour les sucres bruts et vergeoises ; à 12 fr. par 100 kilog. de sucre raffiné, pour les sucres raffinés ; à 13 fr. 90 par 100 kilog., poids effectif, pour les sucres candis (*Décret du 23 août* 1904).

2° Un droit d'octroi de mer de 15 fr. par 100 kilog. de sucre raffiné (*Décret du 20 décembre* 1904).

Les sucres étrangers paient, en outre, la surtaxe de douane et, le cas échéant, des droits compensateurs sur les mêmes bases que dans la métropole.

La taxe de raffinage, établie par les art. 4 de la loi du 7 avril 1897 et 1er de la loi du 28 janvier 1903, ne doit pas être perçue en Algérie (*Loi du 7 avril 1897, art.* 10) ; en fait, elle est incorporée au droit de consommation.

Les sucres expédiés de France en Algérie y sont dirigés sous le régime de l'exportation, c'est-à-dire soit en suspension du paiement du droit applicable dans la métropole, soit après libération de ce droit, auquel cas leur embarquement à destination de la colonie donne lieu à la délivrance d'un certificat n° 7 valant décharge des taxes précédemment acquittées.

Les sucres expédiés d'Algérie en France sont soumis au droit à leur arrivée dans la métropole.

565. — Les produits sucrés (chocolats, confitures, etc.) introduits dans la colonie et venant de France ont acquitté dans la métropole le droit sur le sucre employé à leur préparation ; ils n'ont, dès lors, à supporter aucune taxe à leur arrivée dans la colonie, le tarif sur les sucres étant le même en France qu'en Algérie. Il en est de même pour les produits sucrés fabriqués en Algérie et importés en France.

L'art. 4 de la loi du 28 janvier 1903 et le décret du 26 juin suivant relatifs à la fabrication, dans des établissements spéciaux, de **produits** à base de sucre exclusivement destinés à l'exportation, sont rendus applicables à l'Algérie par un décret du 3 décembre 1903.

III

CORSE.

566. — Il n'existe pas de fabrique de sucre en Corse.

Les sucres expédiés de France en Corse y sont dirigés sous le régime de l'exportation, c'est-à-dire soit en suspension du paiement du droit applicable dans la métropole, soit après acquittement de ce droit, auquel cas il est délivré un certificat n° 7 ou 7 C valant décharge des taxes précédemment acquittées.

Les sucres introduits en Corse y sont soumis aux droits, suivant un tarif qui est le même que celui appliqué sur le continent (*Loi de finances du 31 mars 1903, art. 35*).

Toutefois la taxe de raffinage n'est pas perçue en Corse (*Loi du 7 avril 1897, art. 10 ; loi de finances du 31 mars 1903, art. 35*).

567. — L'unification de tarif (1) réalisée pour le sucre en nature est étendue aux produits sucrés. Ceux-ci acquittent, à l'introduction en Corse, les mêmes droits que dans la métropole (*Loi de finances du 31 mars 1903, art. 35*).

568. — Les perceptions sont effectuées, dans l'île, par le service des douanes.

---

(1) Avant 1903, les sucres n'acquittaient, en Corse, que la moitié des droits du tarif continental. (*Loi de douanes du 21 avril 1818*).

TROISIÈME PARTIE

LÉGISLATION ANNOTÉE.

Nota. — *Les dispositions abrogées sont reproduites en italique ; des annotations en petits caractères établissent la corrélation des lois entre elles.*

Extrait de la loi du 27 février 1832 concernant la création facultative d'entrepôts de douanes.

Art. 10. — Les villes qui demanderont l'établissement d'un entrepôt devront pourvoir à la dépense spéciale nécessitée par la création et le service desdits entrepôts, tant pour les bâtiments que pour les salaires des employés chargés des écritures, de la garde, de la surveillance et de la perception, et généralement à tous les frais occasionnés par lesdits entrepôts.

Ces villes jouiront des droits de magasinage dans l'entrepôt, conformément aux tarifs qui seront concertés avec les chambres de commerce, et approuvés par le gouvernement.

Elles pourront faire concession temporaire de ces droits, avec concurrence et publicité, à des adjudicataires qui se chargeraient de la dépense du local, de la construction et de l'entretien des bâtiments, ainsi que de toutes les autres charges de l'entrepôt.

Le commerce, représenté par la chambre de commerce du lieu, pourra, sur le refus du conseil municipal, se charger de remplir les mêmes obligations, au moyen d'une association d'actionnaires qui sera constituée en société anonyme.

Disposition applicable à la création des entrepôts réels de sucres indigènes ; voir l'article 21 de la loi du 31 mai 1846.

Extrait de la loi du 5 juillet 1836.

Art. 5. — Des ordonnances royales pourront autoriser, sauf révocation en cas d'abus, l'importation temporaire des produits étrangers destinés à être fabriqués ou à recevoir en France un complément de main-d'œuvre, et que l'on s'engagera à réexporter, ou à rétablir en entrepôt, dans un délai qui ne pourra excéder six mois, et en remplissant les formalités et les conditions qui seront déterminées.

Dans le cas où la réexportation ou la mise en entrepôt ne sera pas effectuée dans le délai ou sous les conditions déterminées, le soumissionnaire sera tenu au paiement d'une amende égale au quadruple des droits des objets importés, ou au quadruple de leur valeur, selon qu'ils seront ou non prohibés, et il ne sera plus admis à jouir du bénéfice du présent article.

Disposition applicable aux sucres admis temporairement en franchise pour la fabrication du chocolat destiné à l'exportation, avec cette différence que le délai de franchise n'est que de 4 mois au lieu de 6 ; voir le décret du 17 août 1880.

Loi du 18 juillet 1837.

Art. 1er. — Il sera perçu par la Régie des contributions indirectes, sur les sucres indigènes, savoir :

1° Un droit de licence *de 50 fr.* (1), par chaque établissement de fabrication de sucre indigène ;

2° Un droit principal de 15 *fr. par* 100 *kilog. de sucre brut.*

Le rendement moyen du sucre brut au clairçage, terrage et raffinage, sera déterminé par un règlement d'administration publique qui sera converti en loi à la prochaine session (3). *La quotité d'impôt à laquelle les sucres claircés, terrés et raffinés seront assujettis, sera fixée proportionnellement à ce rendement.*

Art. 2. — Les droits établis par l'article précédent seront perçus aux époques suivantes :

Le droit de licence à partir du 1er janvier 1838 ;

Le droit sur la fabrication, à raison de 10 fr. à partir du 1er juillet 1838, et de 15 fr. à partir du 1er juillet 1839.

Art. 3. — La perception de cet impôt s'effectuera par la voie de l'exercice, au lieu même de la fabrication.

Des ordonnances royales, rendues dans la forme des règlements d'administration publique, détermineront le mode de cette perception.

Les contraventions aux dispositions de la présente loi et des ordonnances qui en régleront l'exécution seront punies d'une amende *de 100 fr. à 600 fr.* (2).

Ces ordonnances devront être converties en loi dans la prochaine session (3).

Art. 4. — La tare de 2 p. 0/0, allouée par l'article 3 de la loi du 26 avril 1833, est supprimée.

Nota. — Il s'agit d'une tare qui était accordée, à l'exportation des sucres raffinés, par l'administration des douanes.

Extrait de la loi de finances du 10 août 1839.

Art. 11. — La dépense relative au service de perception et de surveillance des entrepôts de douanes créés en vertu de la loi du 27 février 1832, est mise à la charge de l'Etat, à partir du 1er janvier 1840.

---

(1) Le prix de la licence a été porté à 125 fr , décimes compris, par les art. 6 de la loi du 1er septembre 1871 et 2 de la loi du 30 décembre 1873.

(2) Et de la confiscation des sucres, sirops et mélasses fabriqués, enlevés ou transportés en fraude, § 2 de l'art. 12 de la loi du 10 août 1839. Voir aussi l'art. 3 du 30 déc. 1873.

(3) Le délai fixé pour la présentation aux Chambres des ordonnances à convertir en loi, fut successivement prorogé par les lois des 4 juillet 1838, 10 août 1839 (art. 12), 3 juillet 1840 (art. 6), 25 juin 1841, 11 juin 1842 et 2 juillet 1843 (art. 6). Voir la note, en bas de page, relative à ce dernier article.

Art. 12. — Le délai dans lequel doivent être convertis en lois les règlements d'administration publique que le gouvernement est autorisé à faire pour l'exécution de la loi du 18 juillet 1837, qui établit un impôt sur le sucre indigène, est prorogé jusqu'à la fin de la session de 1840 (1).

Les contraventions prévues par l'art. 3 de ladite loi seront, indépendamment de l'amende, punies de la confiscation des sucres, sirops et mélasses fabriqués, enlevés ou transportés en fraude.

Loi du 3 juillet 1840.

Section Ire. — Sucres des colonies et de l'étranger.

Art. 1er. — Le tarif des sucres à l'importation sera réglé ainsi qu'il suit, à partir de la promulgation de la présente loi :

Par 100 kilog.

Sucre
- des colonies françaises
  - brut
    - autre que blanc
      - de Bourbon 38 50
      - d'Amérique . . . . 45 »
    - blanc
      - de Bourbon . . . . 46 »
      - d'Amérique 52 50
  - terré de toute nuance
    - de Bourbon . . . . 60 »
    - d'Amérique 66 50
- étranger
  - brut autre que blanc
    - par navires français
      - de l'Inde . . . . 60 »
      - d'ailleurs, hors d'Europe 65 »
      - des entrepôts . . . . . . 75 »
    - par navires étrangers . . . . . 85 »
  - brut, blanc ou terré, sans distinction de nuances ni de mode de fabrication
    - par navires français
      - de l'Inde . . . . 80 »
      - d'ailleurs, hors d'Europe 85 »
      - des entrepôts . . . . . . 95 »
    - par navires étrangers . . . . . 105 »

Tarif modifié par l'art. 1er du décret-loi du 27 mars 1852.

Art. 2. — Le tarif des droits établis à l'importation des sucres des colonies françaises ne pourra être modifié que par une loi.

Art. 3. — *Les droits payés à l'importation des sucres bruts seront restitués à l'exportation des sucres raffinés, dans les proportions suivantes, lorsqu'on justifiera par des quittances n'ayant pas plus de 4 mois de date, que lesdits droits ont été acquittés pour des sucres importés en droiture, par navires français, des pays hors d'Europe* (2).

ESPÈCES DE SUCRES		QUANTITÉS EXPORTÉES	MONTANT DE LA PRIME
DÉSIGNÉS PAR LES QUITTANCES	EXPORTÉS		
Sucres bruts autres que blancs	Sucre mélis ou 4 cassons, entièrement épuré ou blanchi	70 kilog.	Le droit payé, décime compris, pour 100 kilog. de sucre brut selon la provenance.
	Sucre candi sec et transparent Sucre lumps, sucre tapé de nuance blanche	73 kilog.	

(1) Voir la note, en bas de page, relative à l'art. 3 de la loi du 18 juillet 1837.
(2) Voir l'art. 2 de la loi du 28 juin 1856.

Art. 4. — Les surtaxes établies sur les sucres étrangers et le classement des qualités inférieures dites moscowades pourront être modifiés par des ordonnances royales, dont les dispositions devront être soumises aux Chambres dans leur prochaine session.

Section II. — Sucre indigène.

Art. 5. — A partir de la promulgation de la présente loi, le droit de fabrication sur le sucre indigène de toute espèce, établi par la loi du 18 juillet 1837, sera perçu *d'après les types formés en exécution de l'ordonnance du 4 juillet 1838 et conformément au tarif ci-après :*

	Par 100 kilog.
1° Sucres au 1er type et toutes les nuances *inférieures*.	25 f »
2° Sucres au dessus du 1er *type jusqu'au* 2e inclus.	27 75
3° Sucres — 2e — 3e	30 50
4° Sucres d'une nuance supérieure au 3e type et sucres en pains inférieurs au mélis ou 4 cassons.	33 30
5° Sucres en pains mélis ou 4 cassons et candis.	36 10

Tarif et types modifiés par les articles 1 et 2 de la loi du 2 juillet 1843.

Art. 6. — Le gouvernement continuera à déterminer, par des règlements d'administration publique, les mesures nécessaires pour assurer la perception du droit imposé par la présente loi sur les sucres indigènes.

Ces règlements devront être présentés dans la prochaine session des Chambres pour être convertis en loi (1).

Les contraventions aux dispositions desdits règlements seront punies des peines portées en l'art. 12 de la loi du 10 août 1839.

Loi du 2 juillet 1843.

Art. 1er. — Le droit de fabrication sur le sucre indigène, établi par la loi du 18 juillet 1837, sera porté progressivement au même taux que le droit payé à l'importation des sucres des colonies françaises d'Amérique (2).

A cet effet, à partir du 1er août 1844, ce droit sera augmenté, pendant 4 années successives, de 5 fr. par an sur le sucre indigène au premier type et de nuances inférieures.

Art. 2. — *Au 1er août prochain, les trois types déterminés par l'art. 5 de la loi du 3 juillet 1840, pour la classification des sucres indigènes, seront réduits à deux.*

Le droit établi par ladite loi et par l'article précédent, pour le 1er type et les nuances inférieures, sera accru : 1° *d'un dixième pour les sucres au-dessus du 1er type jusqu'au 2e inclusivement ;*

2° *De deux dixièmes pour les sucres d'une nuance supérieure au 2e type, et pour les sucres en pains inférieurs au mélis ou 4 cassons ;*

3° *De trois dixièmes pour les sucres en pains mélis ou 4 cassons et les sucres candis.*

Tarif modifié par le décret-loi du 27 mars 1852.

Art. 3. — A la même époque, les droits à percevoir sur les sucres coloniaux seront établis d'après des types semblables à ceux qui seront formés pour les sucres indigènes.

---

(1) Voir la note, en bas de page, relative à l'art. 3 de la loi du 18 juillet 1837.
(2) Situation modifiée par le décret-loi du 27 mars 1852.

La surtaxe des sucres supérieurs aux sucres bruts autres que blancs (premier type) sera égale à celle que supporteront les sucres indigènes de qualités correspondantes.

L'importation des sucres raffinés demeure prohibée (1).

Art. 4. — Le droit sur les glucoses à l'état de sirop et à l'état concret est fixé *à* 2 *fr. par* 100 *kilog.*

Voir l'art. 22 de la loi du 31 mai 1846.

Art. 5. — Les droits établis sur les sucres indigènes seront appliqués aux glucoses granulées présentant l'apparence des sucres cristallisables.

Art. 6. — Le gouvernement continuera à déterminer, par des règlements d'administration publique, les mesures nécessaires pour assurer la perception du droit imposé par la présente loi sur les sucres indigènes, les glucoses ou matières saccharines non cristallisables.

Ces règlements devront être présentés dans la prochaine session des Chambres pour être convertis en loi (2).

Extrait de l'ordonnance du 7 août 1843, concernant l'entrepôt réel de Paris.

Art. 4. — Il sera ouvert à Paris, sous la surveillance de l'Administration des contributions indirectes, un entrepôt réel pour les sucres indigènes.

Les fabricants qui voudront être dispensés de payer, au départ, les droits sur les sucres provenant de leur fabrication, seront tenus de se munir d'un acquit-à-caution à destination dudit entrepôt.

A la sortie des sucres de l'entrepôt, ou après un séjour de trois ans, les droits seront acquittés comme ils l'auraient été en fabrique.

La désignation du local où l'établissement de l'entrepôt spécial des sucres indigènes sera autorisé, ainsi que le règlement sur son régime intérieur, seront soumis à l'approbation de notre ministre des finances.

Voir l'art. 21 de la loi du 31 mai 1846.

Ordonnance du 28 août 1844.

Art. 1er. — Les frais de plombage fixés à 25 centimes par plomb, y compris la ficelle, par l'art. 37 de l'ordonnance du 16 août 1842, pour les sucres, et par l'art. 24 de l'ordonnance du 7 août 1843, pour les glucoses granulées, seront réduits à 15 *centimes* (3) à partir du 1er octobre 1844.

---

(1) L'importation des sucres raffinés étrangers a été autorisée par la loi du 19 juillet 1880.

(2) Le 6 mai 1844, un premier projet présenté par le gouvernement fut retiré, sur les observations de la commission de la Chambre des députés, qui demandait que la loi ne portât que sur les conditions générales de la surveillance et renvoyât à des règlements pour les détails de service.

Un second projet, conçu d'après ces bases, fut voté par la Chambre des députés le 24 avril 1845 ; mais, fortement amendé par la Chambre des pairs, il dut retourner à la Chambre, où il ne put être discuté pendant la session de 1845.

Dans l'intervalle des deux sessions 1845 et 1846, le gouvernement prescrivit, par l'ordonnance du 14 août 1845, les principales mesures de surveillance indiquées dans les débats des deux Chambres. Puis, au commencement de l'année 1846, les Chambres furent saisies d'un nouveau projet qui est devenu la loi du 31 mai 1846.

(3) Voir l'art. 20 de la loi du 31 mai 1846 qui charge le ministre des finances de la fixation des frais de plombage.

Extrait de l'ordonnance du 14 août 1845, concernant l'entrepôt réel de Lille.

Art. 7. — Il sera établi un entrepôt réel des sucres indigènes dans la ville de Lille aux mêmes conditions que celui qui a été accordé à la ville de Paris.

Voir l'art. 21 de la loi du 31 mai 1846.

Loi du 31 mai 1846.

Titre Ier. — Des sucres cristallisables.

Art. 1er. — *Les droits imposés sur le sucre indigène cristallisable, par la loi du 2 juillet 1843, seront appliqués au moyen de types choisis par le ministre de l'agriculture et du commerce, sur l'avis de la chambre de commerce de Paris, à laquelle seront adjoints, pour cet effet, deux membres des chambres de commerce de Lille et de Valenciennes et deux membres des chambres de commerce des grands ports commerciaux.*

Abrogé par l'art. 44 du décret du 1er septembre 1852 ; voir l'art. 34 de ce décret.

Art. 2. — *Les deux premiers types seront semblables aux types aujourd'hui admis.*

On déterminera de la même manière, et par des échantillons, les sucres auxquels s'appliquera la désignation de la même loi, sucres en pains inférieurs aux mélis ou 4 cassons. Ne seront considérés comme raffinés, et compris à ce titre dans la prohibition rappelée par l'art. 3 de la loi précitée, que les sucres coloniaux de qualité semblable à ceux auxquels s'appliquerait la surtaxe de trois dixièmes.

Abrogé par l'art. 44 du décret du 1er septembre 1852 ; voir l'art. 1er du décret-loi du 27 mars 1852.

Art. 3. — Nul ne pourra fabriquer du sucre, préparer ou concentrer des jus ou sirops cristallisables, qu'après avoir fait, au bureau de la Régie des contributions indirectes, une déclaration présentant la description de la fabrique et indiquant le nombre et la capacité des vaisseaux de toute espèce destinés à contenir des jus, sucres, sirops, mélasses et autres matières saccharines.

Cette déclaration peut être faite aux employés chargés de la surveillance, art. 4 du décret du 1er septembre 1852.

Art 4. — Tout fabricant de sucre sera tenu, avant de commencer ses travaux, de se munir d'une licence qui ne sera valable que pour un seul établissement, et pour l'année dans laquelle elle aura été délivrée.

Le prix de la licence, fixé à 50 fr *en principal* (1), sera exigible en entier, à quelque époque de l'année que soit faite la déclaration.

Art. 5. — Les principales opérations de la fabrication seront consignées sur des registres que devra remplir le fabricant, dans la forme qui sera déterminée par un règlement d'administration publique.

Voir l'art. 7 du décret du 1er septembre 1852.

Art. 6. — Les fabricants sont soumis aux visites et vérifications des employés de la Régie des contributions indirectes, conformément aux

---

(1) Le prix de la licence est actuellement de 125 fr , décimes compris ; art. 6 de la loi du 1er septembre 1871 et 2 de la loi du 30 décembre 1873.

art. 235 et 236 de la loi du 28 avril 1816, et tenus de leur ouvrir, à toute réquisition, leurs fabriques, ateliers, magasins, greniers, maisons, caves et celliers, et tous autres bâtiments enclavés dans la même enceinte que la fabrique ou y attenant, ainsi que de leur représenter les sucres, sirops, mélasses et autres matières saccharifères qu'ils auront en leur possession.

Art. 7. — Les employés tiendront, pour chaque fabrique, un compte des produits de la fabrication, tant en jus et sirops qu'en sucres achevés ou imparfaits.

Les charges en seront calculées, au minimum, sur la quantité et la densité des jus soumis à la défécation, à raison de 1400 gr. de sucre au 1er type (1) pour cent litres de jus et par chaque degré du densimètre au-dessus de 100 (densité de l'eau), reconnus avant la défécation à la température de 15° centigrades : les fractions au-dessous d'un 10e de degré seront négligées.

Le volume du jus soumis à la défécation sera évalué d'après la contenance des chaudières, déduction faite de 10 0/0.

Art. 8. — Il sera fait, avant la reprise et après la cessation des travaux de chaque campagne, ainsi qu'à la fin des défécations, un inventaire général des produits de la fabrication.

Les quantités de sucre excédant le résultat de la balance du compte seront ajoutées aux charges ; le droit sera dû sur les quantités manquantes (2).

Art. 9. — *Indépendamment des inventaires prescrits par l'article précédent, les employés pourront, à des époques indéterminées, arrêter la situation du compte particulier des sucres achevés, et, à cet effet, vérifier, par la pesée, les quantités existant dans la fabrique.*

Si le résultat de cette vérification fait ressortir un excédent, cet excédent sera saisi ; les manquants seront admis jusqu'à concurrence de 3 0/0 des quantités prises en charge ; le surplus sera compris dans le décompte du mois et soumis au droit.

Le déchet éprouvé par les sucres en pains mis à l'étuve sera admis en entier, lorsqu'il ne dépassera pas 8 0/0.

Abrogé par l'art. 44 du décret du 1er septembre 1852, et remplacé par l'art. 19 de ce décret.

Art. 10. — Il ne pourra être introduit de sucres *indigènes* ou exotiques, de sucres *imparfaits*, sirops ou *mélasses*, dans les fabriques (3).

Les résidus des établissements, après cessation complète de l'exploitation, sont seuls exceptés.

Néanmoins, le fabricant-raffineur pourra recevoir des sucres indigènes ou exotiques achevés et libérés d'impôt, *quand sa fabrication de l'année sera terminée, et après l'enlèvement de tous les sucres et de tous les bas produits existant dans la fabrique.*

La fabrication de l'année suivante ne pourra être reprise qu'après l'enlèvement de tous les produits de la raffinerie (4).

---

(1) La prise en charge est fixée à 1500 gr. de sucre évalué en raffiné ; art. 5 de la loi du 28 janvier 1903.
(2) Voir le décret du 7 janvier 1860 qui a autorisé le ministre des finances à accorder décharge de ces manquants.
(3) Les fabricants peuvent recevoir, en tout temps, des sucres bruts et des mélasses indigènes libérés ou non libérés d'impôt ; art. 8 du décret du 31 juillet 1884.
(4) Voir l'art. 25 du décret du 1er septembre 1852 et l'art. 2 du décret du 17 avril 1858.

Art. 11. — Les sucres imparfaits, sirops et *mélasses* (1), ne pourront être enlevés d'une fabrique que dans le cas prévu par le 2e § de l'article précédent.

Néanmoins l'enlèvement des mélasses épuisées à destination des distilleries continuera d'être autorisé, même lorsqu'il n'y aura pas cessation des travaux de la fabrique (2).

Art. 12. — *Lors des inventaires et dans le cas de cession des résidus d'une fabrique qui cessera d'être exploitée, la quantité de sucre au 1er type contenu dans les sucres, sirops et mélasses, sera évaluée de gré à gré Si la Régie et le fabricant ne peuvent s'accorder pour cette évaluation, il y sera, sur le vu des échantillons, procédé à Paris par trois experts agissant en commun et dont deux seront nommés par les parties, et le troisième par le président du tribunal de première instance de la Seine.*

Les frais d'expertise seront à la charge de la Régie ou du fabricant, suivant que la prétention de l'un ou de l'autre aura été reconnue mal fondée.

Abrogé par l'art. 44 du décret du 1er septembre 1852 et remplacé par l'art. 20 de ce décret. — Voir aussi l'art. 4 du décret-loi du 27 mars 1852.

Art. 13. — *Les sucres achevés pourront être déposés, avec mention de paiement du droit, dans des magasins appartenant au fabricant, dans la commune où est située la fabrique, ou dans les communes limitrophes, et dont il aura fait la déclaration régulière.*

Le compte de ces magasins sera suivi comme ceux de la fabrique, et les mêmes formalités seront observées pour les entrées comme pour les sorties.

Abrogé par l'art. 44 du décret du 1er septembre 1852 et remplacé par l'art. 16 de ce décret.

Art. 14. — Seront saisis tous les sucres, sirops et mélasses recélés dans la fabrique ou ses dépendances, ainsi que ceux appartenant aux fabricants qui seraient trouvés dans des magasins ou dépôts non déclarés, soit dans la commune où est située la fabrique, soit dans les communes limitrophes.

Art. 15. — Les sucres indigènes ou exotiques, libérés ou non libérés d'impôt, les jus, les sirops et les mélasses, seront accompagnés, à la circulation, d'un acquit-à-caution dans l'étendue de tout arrondissement où il existera une fabrique de sucre, et dans les cantons limitrophes de cet arrondissement (3).

Les cantons composés de fractions d'une même ville seront, ainsi que les parties rurales qui en dépendent, considérés comme ne formant qu'un seul canton.

Toutefois, le transport des quantités de sucre de toute nature, de 20

---

(1) Les mélasses peuvent être enlevées, en toute circonstance, à destination d'une autre fabrique ; art. 8 du décret du 31 juillet 1884.

(2) L'enlèvement des mélasses est également autorisé à destination des établissements soumis à l'exercice en vertu du 1er § de l'art 3 du décret-loi du 27 mars 1852 (voir l'art. 13 du décret du 31 juillet 1884) ; ainsi que pour l'emploi à des usages agricoles (voir l'art. 1er de la loi du 28 janvier 1903).

(3 La circulation des sucres raffinés, qui ne sortent pas d'une fabrique, a lieu en vertu d'un laissez-passer ; il en est de même pour les sucres en poudre, quand la quantité expédiée ne dépasse pas 1,000 kilog. par mois et par destinataire (art. 37 du décret du 1er septembre 1852).

à 50 kilogr., enlevé de chez les marchands en détail, pourra être effectué avec un simple laissez-passer (1).

Au-dessous de 20 kilogr., les quantités qui ne seront enlevées ni des fabriques, ni des magasins d'un fabricant pourront circuler sans expédition.

Art. 16. — *La circulation des sucres raffinés, en pains ou candis, libérés d'impôt, enlevés de tout autre lieu qu'une fabrique ou un magasin appartenant à un fabricant, aura lieu sans acquit-à-caution.*

Abrogé par l'art. 6 du décret-loi du 27 mars 1852.

Art. 17. — La circulation des sucres de toute espèce, et quelle qu'en soit l'origine, demeurera affranchie de toute formalité dans l'intérieur des villes assujetties à un droit sur les boissons au profit du Trésor, perçu à l'effectif aux entrées, et dans lesquelles il n'y aura pas de fabrique de sucre, sans préjudice des obligations imposées à la circulation dans le rayon des douanes.

Art. 18. — Les voituriers, bateliers et tous autres qui conduiront des chargements de sucre seront tenus d'exhiber, sur tous les points soumis à la surveillance, conformément aux articles précédents, et à l'instant même de la réquisition des employés des contributions indirectes, des douanes ou des octrois, les expéditions de la Régie dont ils devront être porteurs.

Art. 19. — Tout ce qui concerne les acquits-à-caution délivrés pour le transport des sucres, sirops et mélasses, sera réglé suivant les dispositions de la loi du 22 août 1791.

Toutefois, la peine encourue en cas de non-rapport du certificat de décharge d'un acquit-à-caution ne sera que du simple droit, à titre d'amende, lorsque déjà un droit aura été payé par l'expéditeur ou constaté à son compte.

Le coût de chaque acquit-à-caution sera de 25 *centimes, timbre compris* (2).

Art. 20. — Dans les cas où les colis de sucre devront être plombés, l'expéditeur remboursera les frais de cette opération, au taux qui sera déterminé par le ministre des finances.

Voir l'art. 26 du décret du 1er septembre 1852.

Art. 21. — Il sera établi des entrepôts réels pour les sucres (3) dans les villes de Paris et de Lille (4).

Les frais de perception et de surveillance de ces entrepôts sont à la charge de l'État, conformément à l'art. 11 de la loi du 10 août 1839 (5).

Il pourra en être établi dans toutes les villes qui en feront la demande (3), en prenant l'engagement de pourvoir à tous les frais, conformément à l'art. 10 de la loi du 27 février 1832 (5).

---

(1) La circulation des sucres raffinés qui ne sortent pas d'une fabrique a lieu en vertu d'un laissez-passer ; il en est de même pour les sucres en poudre, quand la quantité expédiée ne dépasse pas 1,000 kilog par mois et par destinataire (art. 37 du décret du 1er septembre 1852).

(2) 50 centimes, art. 1er de la loi du 31 décembre 1873.

(3) Aux termes d'une décision ministérielle du 11 mars 1881 (circ. n° 311), les glucoses sont admises dans les entrepôts réels de sucres indigènes.

(4) Voir l'art. 42 du décret du 1er septembre 1852. Voir aussi les ordonnances des 7 août 1843, art. 4, et 14 août 1845, art. 7.

(5) Voir à sa date.

Titre II. — Des glucoses.

Art. 22. — Les fabricants de glucoses sont soumis aux obligations imposées aux fabricants de sucre de betteraves par les articles 3, 4, 5, 6, 13 et 14 de la présente loi.

Sont compris sous la dénomination de glucoses, et assujettis au droit de 2 fr. (1) *par 100 kilogr. fixé par la loi du 2 juillet 1843, tous les produits saccharins non cristallisables, quelle que soit la matière dont ils seront extraits, lorsque ces produits seront concentrés à 25 degrés, ou exportés hors de la fabrique où ils ont été confectionnés.*

Art. 23. — Les dispositions des articles 15, 17, 18, 19 et 20 de la présente loi, concernant la surveillance à la circulation des sucres cristallisables, sont applicables aux glucoses granulées.

Pour les glucoses à l'état de sirop ou à l'état concret, cette surveillance ne s'exercera que dans un rayon de mille mètres autour de la fabrique.

Titre III. — Dispositions générales.

Art. 24. — *Les fabricants de sucres cristallisables ou de glucoses paieront, chaque mois, les droits dus sur les quantités dont l'enlèvement aura été effectué, ainsi que sur celles qui auront été reconnues manquantes aux charges ; le tout sous déduction de 2 p. 0/0 du poids net pour bonification.*

Les sommes dues pourront être payées en obligations dûment cautionnées, à 4 mois de terme du jour où le droit sera exigible, pourvu que chaque obligation soit au moins de 300 fr.

Les fabricants qui voudront se libérer au comptant, au lieu de souscrire des obligations, jouiront, pour le temps que celles-ci auraient à courir, d'un escompte calculé au même taux que pour les sucres coloniaux.

Abrogé par l'art. 44 du décret du 1er septembre 1852, et remplacé par l'art. **36** dudit décret.

Art. 25. — Pour la pesée des sucres et des glucoses, lors des exercices, recensements et inventaires, ainsi que pour la vérification des chargements au départ et à l'arrivée, les fabricants, les expéditeurs et les destinataires seront obligés de fournir les ouvriers, de même que les poids, balances et autres ustensiles nécessaires à l'effet d'opérer la pesée et de *reconnaître la nuance des sucres.*

Les fabricants seront tenus également de fournir, sur la demande des employés, les ouvriers, l'eau, les vases et ustensiles nécessaires pour vérifier, au moyen de l'empotement, la contenance des vaisseaux par eux déclarés.

Voir l'art. 30 du décret du 1er septembre 1852.

Art. 26. — Toute infraction aux dispositions de la présente loi sera punie *d'une amende de 100 à 1000 francs* (2), et de la confiscation des sucres, glucoses, sirops et mélasses fabriqués, recélés, enlevés ou transportés en fraude.

En cas de récidive, l'amende pourra être portée au double (2).

Art. 27. — Les contraventions aux lois et règlements concernant la

---

(1) Modifié par l'art. 4 de la loi du 8 juillet 1871, pour la quotité du droit, et par l'art. 23 de la loi du 19 juillet 1880, pour la définition des glucoses imposables.
(2) Modifié par l'art. 3 de la loi du 30 décembre 1873.

perception des droits imposés sur le sucre et sur la glucose seront constatées et poursuivies dans les formes propres à l'administration des contributions indirectes.

Le produit net des amendes et confiscations prononcées par suite desdites contraventions sera réparti conformément à l'art. 126 *de la loi du 25 mars* 1817 (1).

Art. 28. — Il sera pourvu par des règlements d'administration publique aux mesures nécessaires *pour garantir l'uniformité et la conservation des types* (2), pour déterminer les obligations des fabricants, les conditions de l'exercice dans les fabriques, les formalités à l'enlèvement et à la circulation des sucres, le paiement des droits, enfin pour assurer le recouvrement de l'impôt sur les sucres cristallisables et non cristallisables, et l'entière exécution de la présente loi.

Les contraventions aux prescriptions des règlements à intervenir sont punies conformément à l'art. 26 de la présente loi.

Pendant les trois mois qui suivront la promulgation de la présente loi, les ordonnances des 16 août 1842, 7 août 1843 et 14 août 1845 demeureront en vigueur dans tout ce qui n'est pas contraire aux dispositions précédentes.

Les contraventions aux prescriptions desdites ordonnances seront punies conformément à l'art. 26 ci-dessus.

Ordonnance du 29 août 1846.

Titre 1er. — Sucres cristallisables.

Art. 1er à 29. — *Abrogés par le 2e § de l'art. 44 du décret du 1er septembre* 1852.

Titre II. — Glucoses et autres sucres non cristallisables.

Art. 30. — Trois jours au moins avant l'ouverture des travaux, les fabricants de glucose déclareront au bureau de la Régie :

1º La nature des produits, tant en fécules qu'en glucoses, qu'ils voudront fabriquer ;

2º Le degré des sirops à l'aéromètre de Baumé ;

3º Les heures de travail pour chaque jour de la semaine.

Tout changement dans le régime de la fabrique, en ce qui concerne les jours et les heures de travail et la nature des produits, sera précédé d'une nouvelle déclaration.

Lorsque le fabricant voudra suspendre ou cesser les travaux de sa fabrique, il devra également le déclarer. Il sera tenu de faire une nouvelle déclaration trois jours au moins avant la reprise des travaux (3).

Art. 31. — Aucune introduction de fécule sèche ou verte (4), ou de

---

(1) La répartition a lieu d'après les règles fixées par le décret du 22 avril 1898 rendu en exécution de l'art. 32 de la loi du 26 juillet 1893.

(2) Disposition virtuellement abrogée par la loi du 19 juillet 1880, qui établit l'impôt sur le rendement présumé au raffinage.

(3) Toute communication intérieure entre les fabriques de glucose et les fabriques de vins de raisin sec est interdite (art. 6 du décret du 7 octobre 1890).

(4) Il est perçu un droit de 4 fr., à l'entrée en glucoserie, sur les amidines en nature ou pouvant être extraites des maïs, farines de maïs et dérivés du maïs ; voir les lois des 31 mars 1896 et 13 avril 1898.

toute autre matière saccharifère, de glucose ou de sucre, ne pourra avoir lieu dans les fabriques de glucoses qu'après que le fabricant en aura fait la déclaration au bureau de la Régie, quatre heures au moins d'avance dans les villes, et huit heures dans les campagnes.

Cette déclaration énoncera le poids et l'espèce des matières à introduire, lesquelles seront, après vérification, prises en charge par les employés.

Les quantités introduites sans déclaration seront saisies.

Art. 32. — Les fabricants tiendront un registre à colonnes, imprimé sur papier libre, coté et paraphé par le directeur des contributions indirectes de l'arrondissement, et que leur fournira gratuitement l'Administration. Ils y indiqueront chaque jour, au fur et à mesure que les opérations auront lieu, et sans interruption ni lacune :

1º Le numéro des cuves ou chaudières dans lesquelles se fera la décomposition ou saccharification, l'heure où l'on commencera et celle où l'on cessera d'y verser la fécule, enfin les quantités de fécule décomposées ;

2º L'heure à laquelle le sirop concentré sera mis dans les tonneaux ou autres vases destinés à le recevoir, le nombre des vaisseaux qui auront été remplis, et les quantités de sirop provenant de chaque cuite.

Art. 33. — Il sera tenu, par les préposés, pour chaque fabrique, un compte des fécules introduites et fabriquées, ainsi qu'un compte général des sirops et glucoses à l'état concret ou granulé provenant de la fabrication ou de l'extérieur.

Art. 34. — *Quels que soient les procédés et les produits de la fabrication, le compte général du fabricant sera chargé*, AU MINIMUM, *de 100 kg. de glucose soit granulée, soit à l'état concret ou en sirop à 40 degrés, par 100 kil. de fécule de pomme de terre sèche, ou par 150 kg. de même fécule verte, employés ou manquants* (1).

Art. 35. — *Pour les fabriques de sucres non cristallisables qui n'emploient pas la fécule de pomme de terre comme matière première, le rendement*, AU MINIMUM, *sera déterminé par une évaluation faite de gré à gré entre la Régie et le fabricant* (1).

Art. 36. — Les employés vérifieront et prendront en compte, à chaque exercice, le volume et le poids des sirops qui auront été versés dans les tonneaux ou autres vaisseaux depuis l'exercice précédent ; ils marqueront lesdits tonneaux au moment de la prise en charge.

Il sera accordé une tolérance de 5 0/0 pour déchet de coulage ou d'évaporation.

En cas de soustraction de tout ou partie des sirops pris en compte, la contravention sera constatée par un procès-verbal.

Art. 37. — Tout fabricant qui voudra remettre en fabrication des sirops ou glucoses pris en charge sera tenu, pour éviter tout double emploi, de faire la veille, aux employés exerçants, une déclaration dans laquelle il indiquera, pour toute la journée du lendemain :

1º La quantité et le degré des sirops ou glucoses qu'il devra refondre ;
2º Les vaisseaux dans lesquels ils seront contenus.

Il sera procédé à la refonte des sirops ou glucoses en présence des

---

(1) Articles modifiés par le décret du 23 juillet 1896.

employés, qui en constateront le poids et en donneront décharge au compte.

Les produits de la refonte seront pris en charge, conformément à l'article précédent.

Art. 38. — *L'Administration pourra accorder un dégrèvement sur la prise en charge, toutes les fois qu'il résultera d'accidents constatés dans la forme déterminée par l'art. 18 ci-dessus qu'il y a eu perte matérielle de fécule, de sirop ou de glucose* (1).

TITRE III. — Dispositions générales.

Art. 39. — Conformément aux articles 26 *et* 28 *de la loi du* 31 *mai* 1846, toute infraction aux dispositions du présent règlement sera punie d'*une amende de* 100 *à* 1000 *fr.* et de la confiscation des sucres, glucoses, sirops et mélasses fabriqués, recélés, enlevés ou transportés en fraude.

En cas de récidive, l'amende pourra être portée au double (2).

NOTA. — Voir, pour le paiement des droits sur les glucoses, l'art. 36 du décret du 1er septembre 1852.

Loi du 13 juin 1851.

NOTA. — *La mise à exécution de cette loi, qui avait été fixée au* 1er *janvier* 1852, *fut reportée au* 1er *juin* 1852, *par un décret-loi du* 21 *décembre* 1851; *puis la loi elle-même fut abrogée par le décret-loi du* 27 *mars* 1852.

Art. 1er. — Les sucres et les sirops de toute origine seront imposés en raison de la quantité de sucre pur qu'ils renfermeront, et de leur rendement au raffinage.

Le rendement des sucres et des sirops ayant une richesse absolue de quatre-vingt-dix-neuf pour cent est fixé à quatre vingt-dix-huit pour cent, et décroît successivement de deux centièmes par chaque degré centésimal de sucre pur.

Les droits à acquitter décroîtront dans la même progression.

Il est accordé aux raffineries non annexées à des fabriques de sucre indigène une tolérance de 6 pour cent sur la prise en charge des sucres.

Des décrets rendus sur la proposition des ministres de l'agriculture et du commerce, et des finances, pourront modifier les bases du rendement, le rapport entre le rendement et les droits à acquitter, et la tolérance à accorder aux raffineries non annexées. Ils seront présentés au pouvoir législatif, pour être convertis en lois, dans un délai de trois mois, à partir de leur mise à exécution.

Art. 2. — Les droits seront acquittés par l'importateur ou le fabricant au moment de la mise en consommation ou de l'expédition sur les raffineries.

Quand l'expédition aura lieu sur des raffineries non annexées à des fabriques, déduction sera faite de la tolérance de six pour cent accordée sur la prise en charge.

Art. 3. — Les raffineries seront soumises à l'exercice.

Tout établissement dans lequel on extrait le sucre des mélasses sera également soumis à l'exercice, et les droits seront perçus en raison de l'origine et de la provenance des mélasses.

Art. 4. — Avant d'être soumis à la taxation, les sucres en pâte et les sirops seront, au moyen d'échantillons, ramenés à l'état de siccité des sucres égouttés, et taxés en cet état.

Tout mélange, toute manœuvre ayant pour objet de déguiser la richesse des sucres, donnera lieu à la confiscation du sucre, et au paiement d'une amende de cinq cents francs.

Art. 5. — Les sucres et les sirops de toute origine ne pourront être introduits dans les raffineries que sous la garantie d'acquits à-caution.

Les comptes des raffineurs seront chargés, au minimum, des quantités de sucre

---

(1) Article modifié par le décret du 23 juillet 1896.
(2) Modifié par l'art. 3 de la loi du 30 décembre 1873.

imposables énoncées dans les acquits-à-caution, d'après les bases déterminées par l'article premier.

Les excédents sont ajoutés aux prises en charge, et répartis proportionnellement aux quantités pour lesquelles les sucres de chaque origine seront compris dans les prises en charge.

Les droits dus sur les excédents seront acquittés au comptant et sans escompte, à la sortie des raffineries.

Les raffineurs paieront le même droit de licence que les fabricants de sucre indigène.

Art. 6. — Les sucres, sirops et mélasses de toute origine pourront être introduits, à toute époque de la fabrication, dans les raffineries annexées ou autres.

Art. 7. — Les droits à acquitter sont fixés ainsi qu'il suit :
Pour cent kilogrammes de sucre indigène, cinquante francs.

Le sucre colonial acquittera, pendant quatre ans, à partir de la promulgation de la présente loi, six francs de moins par cent kilogrammes que le sucre indigène.

Le sucre étranger acquittera onze francs de plus par cent kilogrammes que le sucre indigène.

Art. 8. — Les mélasses importées des colonies françaises ou provenant de fabriques de sucre indigène, qui entreront directement dans la consommation, acquitteront dix francs par cent kilogrammes.

Les mélasses provenant des raffineries annexées ou non annexées seront exemptes de droits.

Ne sont considérés comme mélasses que les résidus liquides de la fabrication des sucres, contenant au plus cinquante pour cent de sucre, et ayant au moins, à la température de quinze degrés centigrades, une densité de mille trois cent quarante-neuf (38 degrés de l'aréomètre de Baumé), lorsqu'il s'agit de mélasses coloniales, et de mille quatre cent quarante et un (45 degrés de l'aréomètre de Baumé), quand il s'agit de mélasses indigènes.

Art. 9. — Quelle que soit la quantité de sucre pur qu'ils seront reconnus contenir :

Les sucres des colonies françaises au delà du cap de Bonne-Espérance acquitteront trois francs par cent kilogrammes de moins que les sucres des colonies françaises de l'Amérique.

Les sucres étrangers, importés de l'Inde en France par navires français, acquitteront trois francs par cent kilogrammes de moins que les autres sucres étrangers importés des pays hors d'Europe par navires français.

Les sucres étrangers importés de la Chine, de la Cochinchine, des Philippines et du royaume de Siam, par navires français, acquitteront cinq francs par cent kilogrammes de moins que les sucres étrangers importés des pays hors d'Europe par des navires français.

Les sucres étrangers importés des entrepôts en France, par navires français, acquitteront dix francs de plus par cent kilogrammes que le droit porté au tarif pour le sucre étranger.

Les sucres étrangers importés en France, par navires étrangers, acquitteront quinze francs par cent kilogrammes de plus que les sucres étrangers importés, des pays hors d'Europe, par navires français.

Art. 10 — Toute exportation de sucre raffiné en pains, de nuance blanche, et de sucre candi sec et transparent, provenant de sucres importés des pays hors d'Europe par navires français, donnera lieu, indépendamment du remboursement des droits d'entrée des quantités exportées, à l'allocation, pour cent kilogrammes de sucre raffiné, d'une somme de six francs cinquante centimes.

L'exportation devra avoir lieu dans un délai de six mois au plus, à dater de l'acquittement des droits.

Art. 11. — Les sucres raffinés dans les colonies ne pourront être exportés à l'étranger que sous pavillon français.

Art 12. — Les sucres raffinés à l'étranger continueront d'être prohibés.

Art. 13. — Le bénéfice de la réfaction des droits résultant des dispositions des articles 51 à 59 de la loi du 21 avril 1818 cessera d'être appliqué aux sucres avariés.

Art. 14. — Des règlements d'administration publique détermineront, sous la sanction des peines prononcées par l'article 26 de la loi du 31 mai 1846 :

Les obligations des raffineurs et les conditions de l'exercice dans les raffineries annexées à des fabriques de sucre ;

Les conditions de l'exercice dans les établissements où l'on extrait le sucre des mélasses ;

Les mesures nécessaires pour assurer la perception du droit imposé au sucre indigène en substituant, pour fixer le minimum de la prise en charge et pour les diverses opérations de règlement des comptes, à la base actuelle du premier type, la richesse saccharine équivalente.

Un décret du président de la République, rendu sur le rapport des ministres de l'agriculture et du commerce, et des finances, déterminera le mode d'échantillonnage et de vérification des sucres et des matières sucrées.

DISPOSITIONS TRANSITOIRES.

Art. 15. — Les dispositions de la présente loi n'auront leur effet qu'à dater du 1er janvier 1852.

Jusqu'à cette époque, et à partir du 15 juillet prochain, la taxe des sucres sera établie ainsi qu'il suit :

Sucres de nuance supérieure au premier type actuel. { Indigène. . . . . 47 f 50 c. } par 100 kilogrammes
{ Etranger. . . . . 58 00 }

Sucres de nuances égales, au plus, au premier type actuel { Mêmes droits, réduits de 3 francs par 100 kilogrammes.

Une nouvelle réduction de trois francs par 100 kilogrammes sera accordée aux sucres de nuance égale, au plus, à celle d'un sous-type qui sera établi par les soins des ministres du commerce et des finances, et qui correspondra à la qualité des sucres coloniaux dite bonne quatrième.

Le sucre colonial acquittera cinq francs de moins par cent kilogrammes que le sucre indigène.

Les taxes différentielles établies par l'article 9 seront appliquées aux sucres des provenances mentionnées dans cet article.

Les sucres raffinés dans les fabriques de sucre indigène et dans les colonies acquitteront dix pour cent en sus du droit applicable au sucre de nuance supérieure au premier type actuel.

Décret-loi du 27 mars 1852, rendu sur le rapport du ministre de l'intérieur, de l'agriculture et du commerce.

Art. 1er. — Le tarif des sucres est modifié et établi comme suit :

Sucres de nuance égale, au plus, { Indigène. . . . . 45 fr. } les 100
au premier type actuel { Etranger. . . . . 57 } kilogrammes.

Sucres de nuance supérieure au premier type actuel: mêmes droits, augmentés de 3 fr. par 100 kg. (1).

Le sucre colonial acquittera, pendant 4 ans, 7 fr. de moins par 100 kilog. que le sucre indigène (2).

Les taxes différentielles, applicables d'après les provenances, restent fixées aux taux déterminés par l'art. 9 de la loi du 13 juin 1851 (3).

Les sucres raffinés dans les fabriques de sucre indigène et dans les colonies acquitteront 10 p. 0/0 en sus du droit applicable au sucre de nuance supérieure au premier type.

Les sucres raffinés à l'étranger continueront d'être prohibés (4.)

Seront considérés comme raffinés les sucres en pains de nuance blanche, les sucres candis et les sucres en poudre contenant moins de 1 p. 0/0 de matière étrangère autre que l'eau (5).

Art. 2. — Les dispositions de l'art. 6 de la loi du 31 mai 1846 seront

---

(1) Tarif modifié par la loi du 23 mai 1860.
(2) Détaxe prorogée par la loi du 28 juin 1856.
(3) Taxes différentielles modifiées pour les sucres des colonies françaises par l'art. 1er de la loi du 28 juin 1856.
(4) L'importation des sucres raffinés à l'étranger a été autorisée par la loi du 19 juillet 1880.
(5) La définition des sucres qui sont considérés comme raffinés a été modifiée par les articles 17 et 19 de la loi du 19 juillet 1880.

appliquées *aux raffineries de sucre* (1) et aux établissements dans lesquels on extrait le sucre des mélasses, ainsi qu'aux bâtiments et locaux de toute nature enclavés dans la même enceinte que ces *raffineries* ou ces établissements, ou y adhérant.

Art. 3. — Tout établissement dans lequel on extrait le sucre des mélasses sera soumis à l'exercice.

Un arrêté du ministre des finances pourra aussi soumettre à l'exercice les raffineries de sucre situées dans le rayon déterminé par l'art. 15 *de la loi du* 31 *mai* 1846 (1).

Art. 4. — Les contestations relatives à la détermination de la qualité ou de la richesse des sucres indigènes et des matières sucrées de toute nature provenant des fabriques ou raffineries de sucre et des fabriques de glucoses seront déférées aux commissaires experts institués par l'art. 19 de la loi du 27 juillet 1822 (2).

Art. 5. — Des règlements d'administration publique détermineront les obligations des fabricants et *des raffineurs* (3), et les conditions de l'exercice dans les fabriques, *dans les raffineries* et dans les établissements où l'on extrait le sucre des mélasses.

Ils fixeront *le minimum de rendement obligatoire* (4), le mode de paiement des droits, les conditions et les formalités relatives à l'enlèvement, à la circulation des sucres et des matières sucrées, et détermineront les produits qui pourront être reçus dans les fabriques, *raffineries* et établissements exercés, ceux qui pourront en être expédiés, ainsi que les caractères distinctifs de ces produits.

Il sera pourvu par des règlements d'administration publique à tout ce qui concerne les fabriques de glucoses et les produits en provenant.

Art. 6. — L'article 16 de la loi du 31 mai 1846 est abrogé.

Art. 7. — Toute infraction aux dispositions du présent décret et aux règlements d'administration publique qui seront rendus en exécution de l'art. 5 ci-dessus, donnera lieu à l'application des peines prononcées par *l'art.* 26 *de la loi du* 31 *mai* 1846 (5).

Lorsqu'il aura été constaté plus de deux contraventions à la charge d'un fabricant ou d'un raffineur, un arrêté du ministre des finances pourra ordonner la fermeture de l'établissement dans lequel la fraude aura été commise (5).

Art. 8. — Le bénéfice de la réfaction des droits résultant des art. 51 à 59 de la loi du 21 avril 1818 cessera d'être appliqué aux sucres avariés (6).

Art. 9. — La loi du 13 juin 1851 est abrogée dans toutes les dispositions non maintenues par le présent décret.

---

(1) Toutes les raffineries n'ont été exercées qu'en vertu de la loi du 5 août 1890.
(2) Voir cet article 19 annoté à l'art. 20 du décret du 1er septembre 1852.
(3) La situation des raffineries a été modifiée par la loi du 5 août 1890.
(4) Ce minimum est aujourd'hui fixé par la loi ; voir l art. 21 de la loi du 19 juillet 1880 et l'art. 5 de la loi du 28 janvier 1903.
(5) Modifié par l'art. 3 de la loi du 30 décembre 1873.
(6) Il s'agissait d'une réduction de droit proportionnelle à la dépréciation des marchandises avariées par suite d'événement de mer. La dépréciation était constatée par une vente publique, et l'administration des douanes pouvait, dans les 24 heures de l'adjudication, prendre à son compte la marchandise en payant 5 p. 0/0 au dernier enchérisseur.

Seront également abrogées, à dater de la mise à exécution des règlements d'administration publique prescrits par l'art. 5 ci-dessus, les dispositions de la loi du 31 mai 1846 qui seraient contraires à ces règlements.

Art. 10. — Le ministre de l'intérieur, de l'agriculture et du commerce, et le ministre des finances sont chargés, chacun en ce qui le concerne, de l'exécution du présent décret.

Décret du 1er septembre 1852.

Vu l'art. 5 du décret du 27 mars 1852, lequel est ainsi conçu... (voir plus haut) ;

Vu les art. 2, 3, 4, 6, 7 et 9 du même décret et la loi du 31 mai 1846 ;
Le conseil d'État entendu,
Sur le rapport du ministre des finances, etc....

Titre Ier. — Des fabriques de sucre.

Art. 1er. — Les fabriques de sucre seront soumises à la surveillance permanente du service *des douanes* et des contributions indirectes.

Un logement convenable sera fourni aux employés par le fabricant, dans l'intérieur de la fabrique ou dans les bâtiments attenants. Il se composera d'une cuisine et de trois pièces à feu. Une quatrième pièce pourra être exigée lorsqu'il sera placé dans la fabrique plus de trois employés (1).

Le fabricant disposera, dans l'intérieur de la fabrique, pour servir de bureau (2, aux employés, un local convenable de 12 mètres carrés au moins, garni de chaises, de tables et d'un poêle ou d'une cheminée.

Le loyer *de ce logement et* de ce bureau sera fixé de gré à gré, et, à défaut de fixation amiable, réglé par le préfet.

Art. 2. — Toute communication intérieure des lieux déclarés par le fabricant, avec les maisons voisines non occupées par lui, est interdite et devra être scellée.

Les jours et fenêtres du magasin affecté au dépôt des sucres achevés seront garnis d'un treillis de fer, dont les mailles auront 5 centimètres d'ouverture au plus.

L'Administration pourra exiger :

1° Que tous les jours et fenêtres de la fabrique et des bâtiments attenants soient garnis d'un treillis des dimensions indiquées ci-dessus ;

2° Qu'il n'existe nulle communication intérieure entre la fabrique et les maisons d'habitation ou les bâtiments d'exploitation attenants ;

3° Que la fabrique et ses dépendances n'aient qu'une entrée habituellement ouverte, et que les autres portes soient fermées à deux serrures. La clef de l'une de ces serrures sera remise aux employés, et les portes ne pourront être ouvertes qu'en leur présence.

---

(1) Abrogé par le décret du 17 novembre 1852.
(2) Aujourd'hui, le mobilier doit être composé d'un poêle ou d'une cheminée, d'une table avec tiroir fermant à clef, d'un casier, d'une armoire fermant à clef, de 4 chaises et d'un lit de camp avec matelas et couverture (art. 16 du décret du 25 août 1887).

Le fabricant devra, lorsqu'il en sera requis, satisfaire à ces prescriptions dans un délai d'un mois. A défaut, les sucres fabriqués après l'expiration de ce délai seront considérés comme produits en fraude et donneront lieu à l'application des peines portées *par l'art. 26 de la loi du 31 mai* 1846 (1).

Les fabriques qui seront établies à l'avenir devront être séparées de tout autre bâtiment. Tous les jours et fenêtres devront être garnis d'un treillis en fer, et il ne pourra y avoir qu'une porte principale habituellement ouverte, le tout conformément à ce qui est prescrit ci-dessus.

Art. 3. — A l'extérieur du bâtiment principal de tout établissement où l'on fabrique du sucre, seront inscrits les mots : FABRIQUE DE SUCRE.

Art. 4. — Les employés chargés de la surveillance de la fabrication sont autorisés à recevoir la déclaration prescrite par l'art 3 de la loi du 31 mai 1846.

Elle devra être faite un mois avant le commencement de la fabrication.

Les contenances des vaisseaux déclarés seront vérifiées par le jaugeage métrique. S'il y a contestation, elles le seront par empotement.

Le fabricant fera apposer distinctement les marques ci-après prescrites :

Chacun des vaisseaux recevra un numéro d'ordre et l'indication de sa contenance en litres ;

Les formes seront classées par séries de contenances semblables, et marquées seulement d'une lettre par série ;

Les numéros des vaisseaux et l'indication des contenances seront peints à l'huile, en caractères ayant au moins cinq centimètres de hauteur.

Art. 5. — Il est défendu de changer, de modifier ou altérer la contenance des chaudières, citernes et autres vaisseaux jaugés ou épalés, ou d'en établir de nouveaux, sans en avoir fait la déclaration 24 heures d'avance aux employés exerçant la fabrique.

Le fabricant ne pourra faire usage desdits vaisseaux qu'après que leur contenance aura été vérifiée, conformément à l'article précédent.

Art. 6. — Chaque année, et 15 jours au moins avant l'ouverture des travaux de défécation, le fabricant déclarera aux employés exerçant la fabrique :

1° Le procédé qu'il emploiera pour l'extraction du jus ;

2° Les heures de travail pour chaque jour de la semaine.

Tout changement dans le procédé d'extraction du jus ou dans le régime de la fabrique, pour les jours et heures de travail, sera précédé d'une nouvelle déclaration.

Lorsque le fabricant voudra suspendre ou cesser les travaux de sa fabrique, il devra en faire la déclaration aux mêmes agents.

Art. 7. — Les registres que les fabricants auront à tenir, en vertu de l'art. 5 de la loi du 31 mai 1846, leur seront fournis gratuitement par l'Administration. Ils seront cotés et paraphés par le chef de service délégué à cet effet.

---

(1) Modifié par l'art. 3 de la loi du 30 décembre 1873.

Ces registres seront, à toute réquisition, et à l'instant même de la demande, représentés aux employés, qui y apposeront leur visa.

Art. 8. — Un premier registre servira à constater toutes les défécations, au fur et à mesure qu'elles auront lieu, et sans interruption ni lacune.

Le fabricant y inscrira :

A l'instant même où le jus commencera à couler dans la chaudière ; 1° le numéro de cette chaudière ; 2° la date et l'heure du commencement de l'opération ;

A la fin de la défécation, l'heure à laquelle elle aura été terminée.

Ce registre sera placé dans la partie de l'atelier où se trouvent les chaudières de défécation.

Art. 9. — Avant que la chaux ne puisse être versée dans la chaudière, et préalablement à tout mélange d'autres matières, la densité du jus sera reconnue par l'employé chargé de la surveillance des défécations. Il la constatera sur le registre.

S'il est ajouté au jus des sucres imparfaits, des sirops ou des mélasses, le même agent en vérifiera le volume et le constatera, à chaque opération, sur le registre des défécations.

Chaque jour, le registre des défécations sera arrêté par le chef de service de la fabrique, et les quantités de jus déféqués seront prises en charge au portatif, après déduction, s'il y a lieu, du volume des sucres imparfaits, sirops et mélasses ajoutés.

Dans les fabriques où les procédés ordinaires de défécation ne sont pas suivis, les bases de la prise en charge pourront être modifiées en vertu de décisions de l'Administration. Ces décisions ne seront valables que pour la durée de la campagne. En cas de fraude dûment constatée, elles seront considérées comme non avenues.

Art. 10. — Un second registre présentera les résultats de la cuite et de la mise en forme des sirops.

Le fabricant y indiquera :

1° Avant l'empli, l'heure à laquelle le sirop commencera à être retiré du rafraîchissoir et porté dans les formes ou cristallisoirs ;

2° Après l'empli, le nombre de formes ou de cristallisoirs de chaque série qui auront été remplis, et l'heure à laquelle l'opération aura été terminée.

Les formes et cristallisoirs provenant d'un même empli seront réunis sur un même point de la purgerie et ne pourront être déplacés qu'avec l'autorisation du service.

Art. 11. — Les employés vérifieront et prendront en compte le volume des sirops versés dans les formes ou cristallisoirs. Ils pourront marquer les formes ou cristallisoirs, ou désigner, par une étiquette générale, tous les sirops provenant du même empli.

En cas de soustraction de tout ou partie des sirops pris en compte, un procès-verbal sera dressé pour l'application des peines résultant de *l'art. 26 de la loi du 31 mai 1846* (1), et le droit dû sur les quantités soustraites sera calculé à raison d'un kilog. de sucre par litre de sirop.

Art. 12. — L'Administration pourra exiger la prise en compte des rafraîchissoirs et de tous autres vaisseaux dans lesquels sont reçus les

---

(1) Modifié par l'art. 3 de la loi du 30 décembre 1873.

sirops et les matières sucrées de toute nature. Dans ce cas, les fabricants seront tenus d'inscrire sur les registres qui leur seront fournis, et au moment où les opérations auront lieu, les quantités versées dans ces vaisseaux, ainsi que les quantités extraites.

Les soustractions dûment constatées donneront lieu à l'application des dispositions de l'art. 11 du présent règlement.

Art. 13. — Les sucres en cristallisation ne pourront être retirés des formes ou cristallisoirs qu'à la suite d'une déclaration faite pour toutes les opérations de la journée. Cette déclaration indiquera le nombre des formes ou cristallisoirs de chaque série qui devront être lochés. Les sucres ne pourront être extraits qu'en présence du service, qui en vérifiera le poids et le prendra en charge.

Les lochages ne devront avoir lieu que de jour.

Art. 14. — Dans les établissements où l'on emploie les appareils à force centrifuge, le fabricant déclarera, par journée, les sirops qui devront passer à la turbine. La déclaration indiquera la nature des sirops et le nombre et la contenance des vaisseaux qui devront être vidés. Le sucre obtenu ne pourra être enlevé qu'après vérification et prise en charge de son poids par le service.

Art. 15. — Dans les fabriques où l'on raffine, le nombre et le poids des pains qui devront être mis à l'étuve seront déclarés par le fabricant et vérifiés par le service.

La sortie de l'étuve devra être aussi préalablement déclarée. Le service constatera et prendra en charge le nombre et le poids des pains retirés de l'étuve.

Toute différence, quant au nombre des pains retirés de l'étuve, donnera lieu à l'application de l'*art. 26 de la loi du 31 mai* 1846 (1).

Art. 16. — Il sera affecté au dépôt des sucres un ou plusieurs magasins n'ayant qu'une porte fermée à deux serrures. Les employés garderont une des deux clefs, et les magasins ne pourront être ouverts qu'en leur présence.

Dès que les vérifications prescrites par les art. 13, 14 et 15 auront été effectuées, les sucres seront transportés dans les magasins de dépôt. Toute quantité de sucre trouvée en dehors de ces magasins sera réputée fabriquée en fraude.

Art. 17. — Tout fabricant qui voudra remettre en fabrication des sucres ou des sirops sera tenu de déclarer :

La nature et la quantité totale des sucres ou sirops qu'il devra refondre dans la journée ;

Les vaisseaux dans lesquels ils seront contenus.

Il ne sera donné décharge desdits sucres ou sirops qu'autant que la quantité déclarée aura été refondue en entier en présence des employés.

Art. 18. — L'Administration pourra accorder un dégrèvement sur la prise en charge, lorsque les pertes matérielles de jus, de sirops ou de sucres résultant d'accidents, auront été dénoncées immédiatement par le fabricant aux employés. Ceux-ci seront tenus de les constater d'après les règles propres à l'Administration (2).

---

(1) Modifié par l'art. 3 de la loi du 30 décembre 1873.
(2) Le dégrèvement peut être accordé, jusqu'à concurrence de 500 fr. de droits, par les directeurs, lorsque la prise en charge est couverte ; arrêté ministériel du 5 octobre 1896, circ. 194 du 24 décembre 1896.

Art. 19. — Les employés pourront, à des époques indéterminées, arrêter la situation du compte particulier des sucres achevés, et, à cet effet, vérifier par la pesée les quantités existantes dans les fabriques.

Si cette vérification fait ressortir un excédent, cet excédent sera saisi. Si, au contraire, cette vérification fait ressortir des manquants, ces manquants seront alloués jusqu'à concurrence de 3 p. 0/0 des quantités prises en charge depuis le dernier recensement. La quantité restant en magasin à l'époque de chaque recensement jouira de la portion non absorbée de l'allocation, sans que l'allocation totale puisse excéder 3 p. 0/0.

Lorsque les manquants ne seront pas de plus de 6 p. 0/0 des quantités prises en charge depuis le dernier recensement, l'Administration pourra en autoriser la remise avec ou sans paiement des droits.

Les manquants de plus de 6 p. 100 donneront lieu à l'application de *l'art. 26 de la loi du 31 mai 1846* (1).

Le déchet éprouvé par les sucres mis à l'étuve sera alloué en entier lorsque le nombre des pains sera exactement représenté. Après l'entrée en magasin, les sucres raffinés n'auront droit à nulle allocation pour déchet, s'il existe des différences dans le nombre des pains, et ces différences donneront lieu à l'application des peines prononcées *par l'article 26 de la loi du 31 mai 1846* (1).

Pour l'application des dispositions ci-dessus, le compte des sucres en poudres et celui des sucres en pains seront réglés séparément.

Art. 20. — Lors des inventaires, et toutes les fois qu'il y aura lieu à l'évaluation de la quantité *de sucre au premier type* (2) *ou de la quantité* de sucre raffiné contenue dans les sucres imparfaits, sirops et mélasses, cette évaluation sera faite par les employés. En cas de contestation de la part du fabricant, les commissaires experts institués par la loi du 27 juillet 1822 (3) statueront au vu d'échantillons prélevés contradictoirement.

Les frais de transport des échantillons seront à la charge du fabricant, lorsque sa prétention aura été reconnue mal fondée.

Art. 21. — Pour la balance du compte général de fabrication (4), les sucres seront ramenés *au 1er type, en ajoutant* :

---

(1) Modifié par l'art. 3 de la loi du 30 décembre 1873.

(2) L'évaluation des sucres bruts se fait maintenant en sucre raffiné, par application de la loi du 19 juillet 1880.

(3) Loi du 27 juillet 1822, art. 19 : « Il y aura près du ministère de l'intérieur, trois commissaires experts chargés de statuer sur les doutes et difficultés qui peuvent s'élever relativement à l'espèce, à l'origine ou à la qualité des produits, soit pour l'application des droits, des primes et des privilèges coloniaux, soit pour la suite des instances qui ne sont pas dévolues au jury créé par l'art 59 de la loi du 28 avril 1816 (*Douanes*). Le ministre leur adjoindra, pour chaque affaire et selon sa nature, au moins deux négociants ou fabricants qui auront voix consultative ».

Par application de l'art. 4 de la loi du 7 mai 1881, la liste sur laquelle les adjoints aux commissaires experts doivent être choisis sera dressée chaque année par le ministre du commerce et de l'industrie, le ministre des colonies et le ministre des finances, après consultation des chambres de commerce. Ces chambres transmettront chaque année au ministre du commerce leurs propositions à cet effet.

Cette liste comprendra les personnes possédant, soit par la pratique des opérations commerciales ou industrielles, soit par leurs connaissances techniques agricoles, commerciales ou scientifiques, une compétence spéciale pour les objets en litige (art. 9 de la loi du 11 janvier 1892).

(4) En exécution de la loi du 19 juillet 1880, les quantités inscrites au compte de fabrication sont toutes évaluées en raffiné.

1° *Aux quantités de nuance supérieure au premier type*, 6 kil. 667 gr. p. 100.

2° *Aux quantités de sucre raffiné*, 17 kil. 333 gr. p. 100.

Art. 22. — *Par dérogation à l'art. 10 de la loi du 31 mai 1846, les fabricants-raffineurs pourront, à partir du jour où l'inventaire des défécations aura eu lieu, recevoir, aux conditions déterminées ci-après, les sucres achevés de toute origine libérés de l'impôt.*

Ces sucres devront être représentés sous le plomb et l'acquit-à-caution de la fabrique ou du bureau de départ. Ils seront pris en charge au compte général de fabrication comme matières non imposables, d'après les quantités constatées à l'arrivée, dans les fabriques, et sur les bases fixées par l'art. 21 du présent règlement.

Les sorties pour la consommation seront réparties proportionnellement sur les quantités imposables et les quantités non imposables existant au moment de l'expédition.

Après la cessation des travaux de la campagne, tout manquant sera soumis aux droits. Les excédents seront pris en charge comme matière imposable.

Les bas produits seront retirés des fabriques après paiement des droits sur les quantités imposables ou mis sous scellés jusqu'à ce que l'importance des travaux de la campagne suivante ait été déterminée par l'inventaire des défécations.

Abrogé et remplacé par l'art. 2 du décret du 17 avril 1858.

Art. 23. — Les mélasses épuisées, dont l'expédition sur les distilleries est autorisée par l'art. 11 de la loi du 31 mai 1846, ne pourront être portées à la décharge du compte de fabrication pour un rendement de plus de 5 p. 0/0 en sucre au 1er type.

Art. 24. — Tant qu'un fabricant conservera des betteraves, des sucres, des sirops, des mélasses ou autres matières saccharifères, la déclaration qu'il fera de cesser définitivement ses travaux n'aura pour effet de l'affranchir des obligations imposées aux fabricants de sucre, y compris le paiement de la licence, que s'il paie immédiatement les droits sur les sucres achevés (1), et s'il expédie les sucres imparfaits, sirops et mélasses, sur un autre établissement où ils seront soumis à la prise en charge.

Art. 25. — *Néanmoins, dans le cas prévu par le 3e § de l'art. 10 de la loi du 31 mai 1846, le fabricant qui aura déclaré cesser sa fabrication de l'année, pour se livrer au raffinage, sera dispensé d'enlever les sucres et résidus existant dans l'usine, pourvu que les produits soient mis sous le scellé ou déposés dans des magasins, sous la double clef du redevable et du service.*

Les opérations du raffinage dans ces fabriques seront soumises aux conditions établies par le titre II du présent règlement.

Disposition virtuellement abrogée par l'art. 8 du décret du 31 juillet 1884 qui autorise les fabricants à recevoir des sucres, libérés ou non libérés, en tout temps.

Art. 26. — Aucune expédition ne pourra être faite de la fabrique que sur la déclaration du fabricant, et qu'après vérification par le service et délivrance d'un acquit-à-caution.

---

(1) Les sucres achevés peuvent aussi être expédiés sur une autre fabrique (décret du 31 juillet 1884, art. 8).

La déclaration et l'acquit-à-caution énonceront :
Les nombre, marque et numéro des colis ;
Leur poids brut et net ;
La qualité des sucres, et le rendement en sucre *au premier type* des sirops et des mélasses ;
La destination ;
Les noms, demeures et professions des destinataires ; le nom du voiturier, ainsi que la route qui devra être suivie.
L'acquit-à-caution indiquera, en outre, l'heure de l'enlèvement.
Les employés procéderont, avant l'enlèvement, à la reconnaissance et à la pesée des produits déclarés.
Les colis contenant des sucres seront immédiatement plombés, aux frais du fabricant (1).
Les futailles contenant des sirops ou des mélasses seront revêtues du cachet de la Régie.

Art. 27. — Les sucres, sirops et mélasses ne pourront être enlevés que de jour et transportés dans des colis fermés suivant les usages du commerce.

Les sacs devront avoir toutes les coutures à l'intérieur et être d'un poids net uniforme de 100 kil. ; les autres colis pèseront net au moins 100 kil.

Néanmoins, les sucres candis pourront être transportés en caisses de 25 kilogr.

Titre II. — Des raffineries de sucre et des établissements dans lesquels on extrait le sucre des mélasses (2).

Art. 28. — Lorsqu'une raffinerie située dans le rayon déterminé par l'art. 15 de la loi du 31 mai 1846, sera soumise à l'exercice en vertu de l'art 3 du décret du 27 mars 1852, notification sera donnée au raffineur de l'arrêté rendu par le ministre des finances. Dans un délai de 15 jours, à partir de cette notification, le raffineur fera au bureau de la Régie le plus prochain les déclarations prescrites par l'art 3 de la loi du 31 mai 1846. L'application de l'exercice ne pourra commencer que dans un délai d'un mois, à dater de la même notification.

L'exercice sera appliqué, le 1er octobre 1852, aux établissements dans lesquels le sucre est extrait des mélasses. Les déclarations prescrites par l'art. 3 de la loi du 31 mai 1846 seront faites, pour ces établissements, le 15 septembre 1852, au plus tard.

Art. 29. — La destination de l'établissement devra être indiquée à l'extérieur du bâtiment principal de toute usine soumise à l'exercice, dans laquelle le sucre est raffiné ou extrait des mélasses.

Art. 30. — Les dispositions des articles 4, 14 et 25 de la loi du 31 mai 1846, 1, 2, 4, 5, 6, 15, 16, 19, 20, 24, 26 et 27 du présent règlement seront appliquées aux raffineries de sucre soumises à l'exercice et aux établissements dans lesquels on extrait le sucre des mélasses.

L'Administration pourra étendre, en entier ou partiellement, à ces raffineries et aux établissements dans lesquels le sucre est extrait des mélasses, les dispositions des articles 5 de la loi du 31 mai 1846, 7, 10, 11, 12, 13, 14 et 17 du présent règlement.

Art. 31. — Il ne pourra être introduit que des matières libérées d'impôt dans les raffineries de sucre et dans les établissements où le sucre est extrait des mélasses.

---

(1) Voir l'arrêté ministériel du 15 novembre 1879.
(2) Les dispositions du titre II du présent décret sont devenues sans objet en ce qui concerne les raffineries, qui sont toutes placées sous la surveillance permanente des agents de la Régie, en exécution de l'art. 8 de la loi du 5 août 1890 ; elles ne trouveraient plus d'application qu'au cas où il s'établirait des sucreries.
Ce titre n'offre donc plus qu'un intérêt historique, et, pour ce motif, nous le reproduisons en petits caractères.

Nulle introduction ne peut avoir lieu qu'à la suite d'une déclaration du raffineur et qu'après vérification des employés.

Les quantités vérifiées seront prises en charge d'après le poids reconnu à l'arrivée; elles devront être représentées aux employés à toute réquisition.

Art. 32. — Les quantités de sucre ou de mélasse qui devront être mises en fabrication ou en décomposition dans les raffineries et établissements soumis à l'exercice seront déclarées par journée et vérifiées par les employés. Elles donneront ouverture, d'après le résultat de la vérification, aux crédits de fabrication indiqués ci-après :

Dans les raffineries :

Pour 100 kilog. de sucre au 1er type, 86 kilog. de sucre raffiné, blanc et étuvé, ou de sucre candi sec et transparent ;

Pour 100 kilog. de sucre au-dessus du 1er type, 94 kilog. de sucre raffiné, blanc ou étuvé, ou de sucre candi sec et transparent ;

Et, dans les établissements où le sucre est extrait de la mélasse par la baryte :

Pour 100 kilog. de mélasse, 38 kilog. de sucre au premier type.

Ne sont pas comptés en atténuation des crédits de fabrication :

Dans les raffineries, les mélasses épuisées ;

Et, dans les établissements où le sucre est extrait des mélasses, les résidus de cette opération.

Il sera procédé conformément à l'art. 20 ci-dessus pour la détermination *des crédits de fabrication* applicables aux produits imparfaits introduits dans les raffineries et établissements exercés, et pour l'évaluation en sucre raffiné des bas produits du raffinage.

Art. 33. — Il sera procédé, dans les raffineries soumises à l'exercice et dans les établissements où l'on extrait le sucre des mélasses, à l'inventaire des produits existant dans les usines au jour de l'application de l'exercice. Ces produits seront compris dans les crédits de fabrication.

Un nouvel inventaire sera dressé au mois d'août de chaque année, et plus fréquemment si les agents de la surveillance le jugent nécessaire. L'Administration supérieure pourra, par une décision spéciale, ordonner que les travaux soient interrompus pendant la durée de l'inventaire.

La situation du crédit de fabrication sera arrêtée à chaque inventaire, et un nouveau crédit sera ouvert d'après les quantités existantes dans l'usine.

L'Administration pourra faire remise des excédents qui ne dépasseront pas 3 p. 0/0 du crédit total de fabrication dans les raffineries et 5 p. 0/0 dans les établissements où le sucre est extrait des mélasses par la baryte. Lorsque cette proportion sera dépassée, il y aura lieu à l'application de l'*art. 26 de la loi du 31 mai 1846* (1).

Les excédents allouables dont l'Administration n'autorisera pas la remise seront passibles du droit.

Titre III. — Dispositions générales.

Art. 34. — *Les commissaires experts institués par l'art. 19 de la loi du 27 juillet 1822 procéderont, lorsqu'il y aura lieu, au remplacement du 1er type actuel des sucres indigènes et des sucres coloniaux et exotiques; le nouveau type devra être conforme au 1er type actuel.*

Abrogé par la loi du 19 juillet 1880, qui a supprimé les types.

Art. 35. — Les déclarations relatives aux opérations des fabriques, *raffineries* et autres établissements soumis à l'exercice, seront reçues par les employés chargés de l'exercice. Elles devront être faites la veille, pour les opérations du lendemain, ou le jour même, deux heures au moins d'avance.

Les employés constateront sur les portatifs tous les actes de l'exercice. Les expéditions à toute destination seront constatées par deux employés. Toutes les autres opérations pourront être constatées par un seul employé.

En cas de contestation, un second employé sera immédiatement appelé pour concourir aux constatations.

---

(1) Modifié par l'art. 3 de la loi du 30 décembre 1873.

Art. 36. — Aucune quantité de sucre ou d'autre matière imposable ne pourra sortir des fabriques ou des entrepôts qu'après paiement des droits ou garantie suffisante de leur acquittement (1).

Les droits seront dus sur les sucres et sur les glucoses à la date de l'enlèvement, d'après les quantités constatées par la vérification. Le délai du crédit courra à partir de cette date. Toutefois, seront considérés comme effectués au comptant, *pour la liquidation de l'escompte* (2), les paiements qui seront faits dans les cinq jours de l'enlèvement, ou, au plus tard, à la première tournée du receveur, si la fabrique est comprise dans la circonscription d'une recette ambulante.

Le minimum des acquittements qui pourront donner lieu au crédit ou *à l'escompte* reste fixé à 300 francs.

Les règles et les conditions relatives *à l'escompte* (2), à la concession des crédits et à la responsabilité des comptables pour les perceptions sur les sucres coloniaux ou exotiques, sont applicables en matière de perception sur les sucres indigènes.

La concession des crédits donnera lieu au paiement, par les redevables, de la remise déterminée (3) par l'*art.* 1er *de l'ordonnance du 30 décembre* 1829.

Art. 37. — Dans le rayon déterminé par l'art. 15 de la loi du 31 mai 1846, la circulation des sucres raffinés enlevés de tout autre lieu que d'une usine soumise à l'exercice aura lieu sous laissez-passer (4).

Pourra aussi être effectuée sous laissez-passer la circulation des sucres en poudre, lorsque la quantité expédiée ne dépassera pas, pour le même expéditeur, 1000 kilogr. par mois et par destinataire.

Art. 38. — Il ne sera délivré d'acquit-à-caution pour régulariser le transport en franchise des sucres libérés d'impôt que sur la justification du paiement des droits et sur la représentation des sucres.

La même justification pourra être exigée pour les sucres expédiés sous laissez-passer.

Toute expédition sous acquit-à-caution donnera lieu au plombage des colis, et, s'il s'agit de sirops ou de mélasses, à l'apposition du cachet de la Régie sur les futailles.

Art. 39. — Lorsque l'acquit-à-caution ou le laissez-passer portera l'obligation de visa à un bureau des douanes, des contributions indirectes ou de l'octroi, il deviendra nul par le défaut d'accomplissement de cette obligation.

Art. 40. — Les chargements devront être conduits à la destination déclarée dans le délai porté sur l'acquit-à-caution ou le laissez-passer.

Ce délai sera fixé à raison des distances à parcourir et du mode de transport.

Est interdite toute interruption de transport autrement que pour le cas de force majeure, dont il devra être justifié dans la forme prescrite par l'art. 8, titre III, de la loi du 22 août 1791.

---

(1) Voir l'art. 8 de la loi du 23 mai 1860, qui autorise l'exportation du sucre brut indigène en exemption du droit.

(2) Escompte supprimé par la loi du 15 février 1875.

(3) Et d'un intérêt de crédit établi par la loi du 15 février 1875. Voir, pour la répartition de la remise, l'arrêté ministériel du 30 octobre 1885.

(4) En vertu de tolérances administratives, les sucres raffinés, libérés d'impôt, peuvent circuler, dans le rayon de surveillance, sans expédition ; voir, page 253, le § 325.

La décharge des acquits-à-caution n'aura lieu qu'après représentation des sucres, sirops ou mélasses en mêmes quantités et qualités, et sous cordes et plombs ou cachets intacts. Les plombs seront retirés par les employés, si les sucres doivent entrer dans des établissements ou locaux non soumis à l'exercice.

Art. 41. — Tout conducteur d'un chargement de sucre accompagné d'un acquit-à-caution délivré par la Régie des contributions indirectes sera affranchi de l'obligation de lever un passavant pour circuler dans les lignes soumises à la surveillance des douanes.

Art. 42. — La désignation du local proposé pour l'établissement d'un entrepôt réel, ainsi que le règlement sur son régime intérieur, seront soumis à l'approbation du ministre des finances.

Le délai de l'entrepôt sera de 3 ans.

Art. 43. — Toute infraction aux dispositions du présent règlement sera punie des peines prononcées par *l'art. 26 de la loi du 31 mai 1846* (1).

Lorsque, par l'enlèvement des produits, la confiscation prononcée par ledit article ne pourra être matériellement appliquée, le contrevenant sera tenu de payer, pour tenir lieu de la confiscation, une somme égale à la valeur desdits produits.

Art. 44. — Le présent règlement sera mis à exécution à dater du 1er octobre 1852.

L'ordonnance du 29 août 1846 sera abrogée, à dater de ce jour, en tout ce qui concerne les sucres indigènes.

Jusqu'à ce qu'il en ait été autrement disposé, cette ordonnance continuera d'être appliquée aux glucoses.

A dater du 1er octobre 1852, les art. 1, 2, 9, 12, 13 et 24 de la loi du 31 mai 1846 cesseront d'avoir leur effet.

Décret du 17 novembre 1852.

Art. 1er. — Les dispositions des 2e, 3e et 4e §§ de l'art. 1er du décret du 1er septembre 1852, qui obligent les fabricants et raffineurs de sucre à fournir un logement aux employés chargés de l'exercice et de la surveillance de leurs usines, sont rapportées.

Loi du 28 juin 1856.

Art. 1er. — Le tarif des sucres des colonies françaises est établi ainsi qu'il suit (2) :

Du 1er type et des nuances inférieures	Au delà du cap de Bonne-Espérance.	42 fr.
	d'Amérique.	45 »

Au-dessus du 1er type. —Mêmes droits, augmentés de 3 fr par 100 kilogrammes.

Raffiné. — 10 p. 0/0 en sus du droit applicable au sucre de nuance supérieure au premier type.

Néanmoins, les droits ci-dessus seront temporairement réduits dans les proportions suivantes (3) :

1° De 7 fr. par 100 kilogr., du 27 mars 1856 au 30 juin 1858 ;

---

(1) Modifié par l'art. 3 de la loi du 30 décembre 1873.
(2) Tarif modifié par la loi du 23 mai 1860.
(3) Voir l'art. 3 de la loi du 23 mai 1860.

2° De 5 fr. par 100 kilogr., du 1er juillet 1858 au 30 juin 1859 ;
3° De 3 fr. par 100 kilogr., du 1er juillet 1859 au 30 juin 1861.

Art. 2. — *Les droits payés à l'importation des sucres de nuance égale ou inférieure au premier type seront restitués, à l'exportation des sucres raffinés, dans les proportions suivantes* (1), *lorsqu'on justifiera, par des quittances n'ayant pas plus de 4 mois de date, que lesdits droits ont été acquittés pour des sucres importés directement par navires français, des pays hors d'Europe.*

ESPÈCES DE SUCRES		QUANTITÉS EXPORTÉES	MONTANT DE LA PRIME
DÉSIGNÉES PAR LES QUITTANCES	EXPORTÉES		
Sucre de nuance égale ou inférieure au premier type	Sucre mélis ou 4 cassons entièrement épuré et blanchi.. Sucre candi sec et transparent. Sucre lumps, sucre tapé, de nuance blanche	75 kil. 78 kil.	Le droit payé, décimes compris, pour 100 kilogr. de sucre de nuance égale ou inférieure au 1er type, suivant la provenance

Art. 3. — Les sucres raffinés dont l'exportation aura été effectuée avant le 1er juillet prochain recevront le remboursement des droits d'après les bases de rendement fixées par la loi du 3 juillet 1840.

Décret du 17 avril 1858.

Art. 1er. — Le chiffre de 1400 grammes fixé par l'art. 7 de la loi du 31 mai 1846 pour le calcul du rendement minimum du jus en sucre au type est abaissé exceptionnellement à 1300 gr. pour la campagne 1857-1858.

Art. 2. — L'art. 22 du règlement du 1er septembre 1852 est abrogé et remplacé par les dispositions suivantes:

Les fabricants-raffineurs pourront, en tout temps, recevoir, aux conditions déterminées ci-après, les sucres achevés de toute origine libérés de l'impôt (2).

Ces sucres devront être représentés sous le plomb et l'acquit-à-caution de la fabrique ou du bureau de départ. Ils seront pris en charge au compte général de fabrication, comme matières non imposables, d'après les quantités constatées à l'arrivée dans les fabriques, et *sur les bases fixées par l'art. 21 du règlement du 1er septembre 1852.*

Les sorties pour la consommation seront réparties proportionnellement sur les quantités imposables et les quantités non imposables existant au moment de l'expédition.

Après la cessation des travaux de la campagne, il sera procédé à un inventaire général ; tout manquant sera soumis au droit ; les excédents seront pris en charge comme matière imposable.

---

(1) Voir l'art. 7 de la loi du 23 mai 1860.
(2) Voir l'art. 8 du décret du 31 juillet 1884 qui autorise les fabricants en général à recevoir des sucres libérés ou non libérés d'impôt.

Décret du 7 janvier 1860.

Art. 1er. — A partir de l'ouverture de la campagne 1859-1860, les manquants constatés dans la fabrication du sucre indigène, sur le minimum légal de prise en charge, pourront être affranchis, par une décision du ministre des finances, des droits auxquels ils sont assujettis par l'art. 8 de la loi du 31 mai 1846.

Loi du 23 mai 1860.

Art. 1er. — A partir du 24 mai courant, les droits sur les sucres seront établis ainsi qu'il suit (1) :

Sucre	non raffiné et non assimilé au raffiné	indigène		25 fr.	les 100 kilog.
		par navires français	des colonies françaises	25 »	
			d'ailleurs, hors d'Europe	28 »	
			des entrepôts	34 »	
		par navires étrangers		39 »	
	Raffiné dans les fabriques de sucre indigène non abonnées et dans les colonies.			Mêmes droits que ci-dessus augmentés de 2 fr. 50 par 100 kilog.	
Mélasses des colonies françaises.				7 fr. les % kilog.	

Art. 2. — (*Fixation de nouvelles taxes sur le café, le cacao et le thé*)...

Art. 3. — Toutefois, les sucres des colonies françaises jouiront de la détaxe de 3 fr. par 0/0 kil., établie à leur profit par la loi du 28 juin 1856, jusqu'au 30 juin 1866 (2).

La taxe différentielle de provenance, établie par l'art. 9 de la loi du 13 juin 1851 à l'égard des sucres importés des colonies françaises au delà du cap de Bonne-Espérance, continuera à subsister jusqu'au 30 juin 1864. A partir de cette époque, cette taxe différentielle sera réduite à 1 fr. 50 jusqu'au 30 juin 1865, époque à laquelle elle sera supprimée.

Art. 4. — *Tout fabricant de sucre pourra contracter, avec l'Administration des douanes et des contributions indirectes, un abonnement par lequel il s'engagera à acquitter le montant des droits sur la prise en charge à la défécation.*

Cette prise en charge sera établie au minimum de 1425 gr. par hectol. de jus et par degré du densimètre. Les sucres, sirops et mélasses provenant de toute fabrique abonnée seront assimilés aux sucres libérés d'impôt.

Les fabriques-raffineries abonnées pour leur fabrication seront assimilées, pour les opérations du raffinage, aux raffineries non exercées.

Un règlement d'administration publique (3) déterminera les conditions auxquelles les abonnements prévus par le 1er § du présent article pourront être contractés.

Abrogé par l'art. 4 de la loi du 7 mai 1864.

Art. 5. — (*Concernant les cafés, cacaos et thés*)...
Art. 6. — (*Concernant les cafés, cacaos et thés*).

---

(1) Taxes accrues par l'art. 15 de la loi du 2 juillet 1862.
(2) Voir l'art. 2 de la loi du 7 mai 1864 qui élève cette détaxe à 5 fr., et la proroge jusqu'au 1er janvier 1870.
(3) Ce règlement portait la date du 4 août 1860 ; il est inséré au *Bulletin des lois* du 14 août 1860, sous le n° 837.

PRIME A L'EXPORTATION DES SUCRES RAFFINÉS.

Art. 7. — *Le premier type actuel est maintenu en ce qui concerne les sucres destinés à l'exportation après raffinage. Les droits payés à l'importation des sucres de nuance égale ou inférieure à ce type seront restitués* (1), *à l'exportation des sucres raffinés, dans les proportions suivantes* (2), *lorsqu'on justifiera, par des quittances n'ayant pas plus de quatre mois de date, que lesdits droits ont été acquittés pour des sucres importés directement par navires français des pays hors d'Europe :*

ESPÈCES DE SUCRES		QUANTITÉS	MONTANT
DÉNOMMÉES DANS LES QUITTANCES	EXPORTÉES	A EXPORTER	DE LA PRIME
Sucre de nuance égale ou inférieure au premier type	Sucre mélis ou 4 cassons entièrement épuré et blanchi. Sucre candi sec et transparent.	76 kilog.	Le droit, décime compris, payé par 100 kilog. de sucre de nuance égale ou inférieure au type, suivant la quittance représentée.
	Sucre lumps, sucre tapé, de nuance blanche.	80 kilog.	

Art. 8. — Le droit ne sera pas dû sur le sucre brut indigène qui sera exporté à l'étranger.

Art. 9. — (*Dispositions transitoires*).

Extrait de la loi du 3 juillet 1861.

Art. 1er. — Toutes les marchandises étrangères dont l'importation est autorisée en France peuvent être importées dans les colonies de la Martinique, de la Guadeloupe et de la Réunion.

Art. 6. — Les produits des colonies à destination de la France, et les produits de la France à destination des colonies, peuvent être transportés sous tous pavillons.

Art. 7. — Les colonies peuvent exporter sous tous pavillons leurs produits, soit pour l'étranger, soit pour une autre colonie française, pourvu que cette colonie soit située en dehors des limites assignées au cabotage.

Décret du 3 octobre 1861.

Art. 1er. — Les sucres indigènes expédiés des fabriques sur les villes où l'Administration des douanes et des contributions indirectes a un service organisé pourront, à leur arrivée au lieu de destination, si l'Ad-

---

(1) Abrogé par l'art. 5 de la loi du 7 mai 1864 et remplacé par le régime de l'admission temporaire.
(2) Voir l'art. 6 de la loi du 7 mai 1864.

ministration l'autorise, être soumis à l'acquittement des droits sans entrer en entrepôt.

Extrait de la loi de finances du 2 juillet 1862.

Art. 15. — A partir du 1er juillet 1862, il sera perçu, sur les sucres bruts de toute origine livrés à la consommation, indépendamment des droits actuels, *une taxe supplémentaire de* 10 *francs en principal par* 100 *kilogr.* (1).

Le droit sur le sucre raffiné ou assimilé au raffiné sera relevé dans la même proportion (2).

Il sera perçu sur les mélasses des colonies françaises une taxe supplémentaire de 2 fr. 80 *par* 100 *kilogr.*

Les nouveaux suppléments seront acquittés sur les quantités de sucre excédant 100 kilogrammes, et déjà libérées d'impôt, que les fabricants, les raffineurs et les commerçants auront en leur possession au 1er juillet 1862, soit dans leurs magasins, caves, celliers ou ateliers, soit dans tout autre lieu. Ces quantités seront reprises par voie d'inventaire.

Extrait de la loi sur les douanes du 16 mai 1863.

Primes à l'exportation.

Art. 6. — *Les droits payés à l'importation des sucres de canne d'une nuance égale ou inférieure au type maintenu par la loi du* 23 *mai* 1860 *seront remboursés* (3) *dans les proportions suivantes* (4) :

Mélis ou quatre cassons épuré et blanchi, et sucre candi sec et transparent, pour. . . . . 79 *kilog.*

Lumps ou tapé de nuance blanche, pour. . 82 *kilog.*

Le droit, décimes compris, payé sur 100 kilog. de sucre d'une nuance égale ou inférieure au type, et lorsqu'on justifiera par des quittances n'ayant pas plus de 4 mois de date que lesdits sucres ont été importés directement des pays hors d'Europe.

Art. 7. — *Les sucres importés des colonies françaises ou des autres pays hors d'Europe, par navires étrangers, payeront une surtaxe de* 3 *fr. ou de* 2 *fr. par* 100 *kilogrammes, décimes compris, selon que les sucres seront originaires des pays situés au delà ou en deçà des caps Horn ou de Bonne-Espérance.*

La moitié de la surtaxe sera comprise dans le drawback, pour tous les sucres sur lesquels elle aura été perçue, lorsque l'exportation de ces sucres, après raffinage en France, sera justifiée dans un délai de 4 mois du jour du paiement des droits.

Les sucres importés des entrepôts par tous pavillons resteront soumis à la surtaxe de 2 fr. par 100 *kilogr., décimes compris.*

---

(1) Tarif modifié par la loi du 7 mai 1864.
(2) Aux termes d'un arrêté ministériel en date du 3 juillet 1862, l'augmentation du droit sur les sucres raffinés fut fixée à 13 fr. 20.
(3) Drawback supprimé par la loi du 7 mai 1864.
(4) Rendements au raffinage modifiés par l'art. 6 de la loi du 7 mai 1864.

Loi du 7 mai 1864.

Art. 1er. — A partir du 15 juin 1864, les droits sur les sucres seront établis ainsi qu'il suit, décimes compris :

Sucres { bruts de toute origine. { au-dessous du n° 13. . . . . . . 42 fr. } (1)
{ } { du n° 13 au n° 20 inclusivement. . . 44 » } les 100
{ assimilés aux raffinés. } Poudres blanches au-dessus du n° 20. 45 » } kilog.
{ raffinés dans les fabriques de sucre indigène et dans les colonies françaises. . . . . 47 » }

Les types n°s 13 et 20 seront déterminés conformément à la série des types de Paris (2).

Art. 2. — Les colonies françaises de l'île de la Réunion et des Antilles jouiront d'une détaxe de 5 fr. par 100 kil., du 15 juin 1864 au 1er janvier 1870, décimes compris.

Art. 3. — Les sucres importés des pays hors d'Europe par navires étrangers et les sucres importés des pays et des entrepôts d'Europe, quel que soit le mode de transport (3), seront soumis à une surtaxe de 2 fr. par 100 kilog., décimes compris.

Art. 4. — La faculté d'abonnement accordée aux fabriques de sucre indigène par l'art. 4 de la loi du 23 mai 1860 est et demeure supprimée.

Art. 5. — Le régime actuel du drawback est supprimé.

Les sucres non raffinés, de toute origine (4), jouiront de la faculté de l'admission temporaire en franchise, sous les conditions ci-après déterminées.

L'admission temporaire ne sera obligatoire qu'à l'égard des sucres qui seront raffinés pour l'exportation.

Les sucres déclarés pour l'admission temporaire donneront lieu à des obligations cautionnées.

Ces obligations seront apurées dans un délai qui ne pourra excéder quatre mois (5), soit par l'exportation après raffinage ou par la mise en entrepôt d'une quantité de sucres raffinés (6, correspondant aux rendements qui seront déterminés à l'art. 6, soit par le paiement des taxes et surtaxes applicables aux sucres bruts soumissionnés.

Lorsque les raffinés exportés proviendront de sucres importés par navire étranger, les soumissionnaires devront payer, au moment de l'exportation ou de la mise en entrepôt, la moitié de la surtaxe de pavillon (7).

Relativement aux obligations cautionnées, l'action du Trésor et la

---

(1) Tarif modifié par l'art. 1er de la loi du 8 juillet 1871.
(2) Les types ont été supprimés par la loi du 19 juillet 1880.
(3) Pour les sucres importés des pays et entrepôts d'Europe, la surtaxe a été élevée à 3 fr. par l'art. 16 de la loi du 19 juillet 1880. Pour les sucres des pays hors d'Europe, la surtaxe de pavillon a été supprimée par la loi du 19 mai 1866, à partir de 1869. — Rétablie par celle du 30 janvier 1872, en même temps que toutes les autres surtaxes de pavillon, elle a été définitivement abolie par la loi du 28 juillet 1873.
(4) Voir le dernier § de l'art. 6, qui dispose que les sucres coloniaux et étrangers ne peuvent être placés sous le régime de l'admission temporaire que *s'ils sont importés directement*, par mer, *des pays hors d'Europe*.
(5) Délai réduit à 2 mois, par l'art. 27 de la loi du 8 juillet 1865.
(6) Ou de sucre en grains titrant au minimum 65 degrés, art. 5 de la loi du 4 juillet 1887.
(7) La surtaxe de pavillon est supprimée ; voir l'annotation de l'art. 3.

responsabilité des comptables resteront de tous points soumises aux règles tracées par les ordonnances et arrêtés rendus sur les crédits accordés pour le paiement des droits de douane.

Art. 6. — *Le rendement des sucres destinés à l'exportation après raffinage sera réglé ainsi qu'il suit* :

Sucre de toute origine.	au-dessous du n° 10.	sucre mélis ou 4 cassons et sucre candi	78 k.	(1) pour 100 kilog. de sucre brut, conformément aux types indiqués ci-contre.
		sucre lumps et sucre tapé de nuance blanche.	79	
	du n° 10 au n° 13 inclusivement.	sucre mélis ou 4 cassons et sucre candi	80	
		sucre lumps et sucre tapé de nuance blanche.	81	
	du n° 13 au n° 16 inclusivement.	sucre mélis ou 4 cassons et sucre candi	83	
		sucre lumps et sucre tapé de nuance blanche.	84	

Les vergeoises du *n° 13 et des numéros supérieurs* seront admissibles pour l'exportation à la décharge des obligations d'admission temporaire, *à raison de* 105 *kil pour* 100 *kil. de sucre brut* (1).

Les sucres coloniaux et étrangers ne seront admissibles au raffinage pour l'exportation que lorsqu'ils auront été importés directement par mer des pays hors d'Europe (2).

Art. 7. — Les sucres raffinés qui, après avoir été placés en entrepôt dans les conditions prévues par l'art. 5, seront retirés pour la consommation, acquitteront les droits afférents à la matière brute dont ils proviennent et sur les quantités soumissionnées au moment de l'admission temporaire.

Art. 8. — Si les obligations ne sont pas apurées dans le délai fixé par l'art. 5 de la présente loi, le Trésor poursuivra immédiatement, outre le recouvrement du droit d'entrée, le paiement des intérêts de ce droit, à raison *de* 5 *p.* 100 l'an, et ce à partir de l'expiration dudit délai (3).

Toute tentative ayant pour but de faire admettre à l'exportation ou à la réintégration en entrepôt, comme il est dit à l'art. 5, des sucres n'ayant pas le poids déclaré ou le degré de pureté *ou de blancheur* exigé par les règlements sur la matière, sera punie, *dans le premier cas, d'une amende égale au double droit sur le déficit, et, dans le second cas, d'une amende de* 10 *fr. par* 100 *kil.* (4). La marchandise pourra être retenue pour sûreté de l'amende et des frais.

Art. 9. — La restitution des droits à l'exportation des sucres raffinés, lorsque le paiement de ces droits sera justifié au moyen de quittances antérieures à la promulgation de la présente loi et n'ayant pas plus

---

(1) Ces rendements d'exportation avaient été modifiés par la convention internationale du 8 novembre 1864. — Aujourd'hui, les sucres et les vergeoises exportés à la décharge des comptes d'admission temporaire sont, dans tous les cas, comptés pour la quantité de raffiné qu'ils représentent ; art. 19 de la loi du 19 juillet 1880.

(2) Disposition rappelée par l'art. 18 de la loi du 19 juillet 1880. Sous le régime de la convention du 8 novembre 1864, les sucres des pays contractants pouvaient être placés en admission temporaire.

(3) 4 p. 100 par application de l'art. 1er de la loi du 7 avril 1900 et d'un avis du conseil d'Etat du 16 février 1901, plus un intérêt de crédit, à partir du jour de la soumission, jusqu'à la date d'échéance de l'obligation, conformément à la loi du 15 février 1875.

(4) Pénalités modifiées par l'art. 3 de la loi du 30 décembre 1873.

de quatre mois de date, se fera sur les bases du tarif et d'après les rendements déterminés par les lois antérieures.

Les sucres raffinés indigènes non libérés d'impôt existant en magasin dans les fabriques-raffineries ou en cours de raffinage au moment de la mise en vigueur de la présente loi, acquitteront le droit de 47 francs par 100 kilogr., décimes compris.

Convention relative à la législation des sucres, signée le 8 novembre 1864, entre la France, la Belgique, la Grande-Bretagne et les Pays-Bas.

(*Promulguée par décret du 8 juillet 1865.*)

Nota. — Cette convention a été en vigueur du 1er août 1865 au 31 juillet 1875.

Art. 1er. — Le minimum du rendement des sucres au raffinage est réglé provisoirement ainsi qu'il suit, par 100 kilogr. de sucre brut :

Numéros de la série de types hollandais.	Sucres raffinés (1) en pains.
18 à 15	87 kilogr.
14 à 10	85 —
9 à 7	81 —
Au-dessous de 7	76 —

Les nuances intermédiaires entre deux classes appartiendront à la classe inférieure.

Art. 2. — Immédiatement après l'échange des ratifications de la présente convention il sera procédé, d'un commun accord, à frais communs, sous le contrôle collectif des agents nommés par les quatre Gouvernements contractants, et dans telle localité qui sera désignée de concert, à des expériences pratiques de raffinage sur les sucres bruts de chaque classe, et, autant que possible, des différentes origines, afin de constater leur rendement effectif.

Art. 3. — Les rendements fixés par l'article 1er seront modifiés d'après les résultats obtenus par les expériences ci-dessus mentionnées, qui devront être constatées à l'unanimité par les délégués des quatre Gouvernements et terminées, au plus tard, un an après l'échange des ratifications de la présente convention.

Art. 4. — Celles des Hautes Parties contractantes qui accordent ou accorderont un drawback unique ou une décharge de droits établiront une corrélation exacte entre les droits d'entrée et les rendements fixés d'après l'article précédent.

Art. 5. — En attendant la mise à exécution des articles 2, 3 et 4, les rendements établis par l'article 1er ne seront pas obligatoires en Angleterre, à condition de maintenir la corrélation qui existe aujourd'hui entre le drawback fixé par l'article suivant et l'échelle des droits actuels à l'importation, tant sur les sucres bruts que sur les sucres raffinés.

Art. 6. — Il est d'ailleurs entendu que, jusqu'à ce que les articles 2, 3 et 4 soient mis en exécution, le Gouvernement de Sa Majesté Britannique diminuera le drawback actuel à l'exportation des sucres raffinés de six pence par quintal anglais.

Art. 7. — Le rendement du sucre candi pourra être de 7 0/0 inférieur à celui des sucres raffinés en pains.

Art. 8. — Les sucres raffinés en pains destinés à l'exportation devront être présentés parfaitement épurés, durs et secs, à la vérification des employés. Après cette opé-

---

(1) A la suite d'expériences faites à Cologne, et en vertu d'une déclaration diplomatique signée le 20 novembre 1866, les rendements d'exportation avaient été modifiés, par un décret du 26 mars 1867, de la manière suivante :

Numéros de la série.	Sucres raffinés en pains.
18 à 15	94 kilogr.
14 à 10	88 —
9 à 7	80 —
Au-dessous de 7	67 —

ration, les sucres pourront être concassés ou pilés, sous la surveillance non interrompue du service.

Art. 9. — Les sucres dits *poudres blanches* rendus par un procédé quelconque, égaux en qualité aux sucres mélis, recevront à l'exportation le même drawback que ces derniers sucres, à la condition : 1° d'être assimilés, quant à la perception de l'impôt de consommation ou des droits d'entrée, aux sucres raffinés ; 2° d'être parfaitement épurés et séchés, et conformes à l'échantillon type établi par la législation actuelle de la Grande-Bretagne, lequel type deviendra obligatoire pour ceux des pays contractants qui voudraient user de la faculté prévue par le présent article.

Art. 10. — Le drawback accordé à la sortie des sucres dits *bâtards ou vergeoises*, selon le type auquel ils appartiennent, ne pourra excéder les droits afférents aux sucres bruts.

Sous le régime de l'admission temporaire, les mêmes sucres ne pourront être admis en compensation à la sortie que pour les quantités n'excédant pas celles des sucres pris en charge et sous la condition de n'être pas inférieurs, quant à la nuance, au type n° 10.

Art. 11. — Il ne sera pas accordé de drawback, de restitution de droits ou de décharge à l'exportation pour les mélasses et les sirops.

Art. 12. — Le droit à l'importation sur les sirops de raffinage épuisés et sur les mélasses ordinaires ne devra pas excéder le tiers du droit applicable au sucre brut des types n°s 10 à 14. Les sucres dits *mélados* paieront les mêmes droits que les sucres bruts.

Art. 13. — Les droits à l'importation sur les sucres raffinés en pains et sur les poudres blanches assimilées aux raffinés, importés d'un des pays contractants dans l'autre, ne seront pas plus élevés que le drawback accordé à la sortie du sucre mélis.

En France, les droits à l'importation seront de 5 0/0 supérieurs au droit sur le sucre brut des n°s 15 à 18. Ce chiffre sera réduit ou augmenté en raison inverse du rendement qui sera définitivement établi (1).

Le droit sur le sucre candi pourra être de 7 0/0 plus élevé que le droit afférent aux autres sucres raffinés.

Les vergeoises seront assimilées aux sucres bruts.

Art. 14. — En attendant la mise à exécution des articles 2 et 3, les droits sur tous les sucres raffinés pourront être de 4 0/0 supérieurs aux taux déterminés par l'article précédent.

Art. 15. — Les tares légales dans les pays où la perception ne s'effectue pas sur le poids net seront fixées ainsi qu'il suit :

Emballages en bois (futailles, caisses, etc.)		13 p. %
Canastres.		8 p. %
Autres emballages	doubles.	4 p. %
	simples.	2 p. %

Pour les sucres de betteraves et pour les sucres importés dans les emballages autres que ceux qui sont en usage pour les sucres exotiques, les droits seront perçus au poids net.

Art. 16. — La prise en charge dans les fabriques de sucre abonnées sera portée immédiatement à 1475 grammes par hectolitre de jus et par degré du densimètre à la température de 15 degrés centigrades. Elle sera fixée à 1500 grammes dès que la production annuelle en Belgique aura atteint 25 millions de kilogrammes.

Le droit à percevoir dans les fabriques de sucre abonnées sera le droit auquel seront soumis les sucres exotiques des n°s 10 à 14.

Il est d'ailleurs entendu que les sucres bruts de betterave, importés d'un des pays contractants dans l'autre, seront admis à l'exportation après raffinage, à la condition, en ce qui concerne l'importation en France, qu'ils ne dépasseront pas le n° 16.

Art. 17. — La restitution ou la décharge des droits ne sera accordée aux sucres bruts indigènes au-dessous du n° 10, provenant des fabriques abonnées, que pour une quantité réduite proportionnellement aux rendements fixés par les articles 1 et 3.

Art. 18. — Les administrations respectives des Hautes Parties contractantes se concerteront pour déterminer d'un commun accord les types nécessaires à l'exécution du présent arrangement et pour les reviser périodiquement.

Art. 19. — Les Hautes Parties contractantes se réservent de se concerter sur les

---

(1) En vertu d'une déclaration diplomatique du 4 novembre 1868, pour tenir compte du défaut de corrélation qui existait entre les classes du tarif et celles des rendements d'exportation des raffinés, le droit à l'importation en France des sucres raffinés provenant des pays contractants fut fixé à 48 fr. 85, par un décret du 7 novembre 1868.

moyens d'obtenir l'adhésion des Gouvernements des autres pays aux dispositions de la présente convention.

Dans le cas où des primes seraient accordées dans lesdits pays à l'exportation des sucres raffinés, les Hautes Parties contractantes pourront s'entendre sur les surtaxes à établir à l'importation des sucres raffinés desdites provenances.

Art. 20. — L'exécution des engagements réciproques contenus dans la présente convention est subordonnée, en tant que besoin, à l'accomplissement des formalités et règles établies par les lois constitutionnelles de celles des Hautes Parties contractantes qui sont tenues d'en provoquer l'application, ce qu'elles s'obligent à faire dans le plus bref délai possible.

Art. 21. — La durée de la présente convention est fixée à dix ans. Les Hautes Parties contractantes se réservent d'ailleurs la faculté d'introduire, d'un commun accord, dans cette convention, toutes modifications qui ne seraient pas en opposition avec son esprit ou ses principes, et dont l'utilité serait démontrée par l'expérience.

Art. 22. — La présente convention sera ratifiée, et les ratifications en seront échangées à Paris dans le délai de huit mois, ou plus tôt si faire se peut.

Extrait de la loi de finances du 8 juillet 1865.

Art. 27. — Le délai de 4 mois, accordé par l'art. 5 de la loi du 7 mai 1864, pour la libération des obligations souscrites pour les sucres admis en franchise temporaire, est réduit à 2 mois.

Cette disposition sera applicable aux obligations souscrites à partir du 1er septembre prochain.

Loi du 8 juillet 1871.

Art. 1er. — Les droits sur les sucres de toute origine sont augmentés de *trois dixièmes* (1).

Art. 2. — *Les sucres extraits par les procédés barytiques des mélasses dites épuisées sont assujettis à un droit de 15 francs les 100 kilogrammes, décimes compris.*

Remplacé par l'art. 6 de la loi du 16 septembre 1871.

Art. 3. — (*Concernant les mélasses étrangères non destinées à la distillation.*)............

Art. 4. — Les glucoses à l'état de sirop et à l'état concret acquitteront un droit *de 10 francs* (2) les 100 kilogrammes, décimes compris.

Extrait de la loi du 1er septembre 1871.

Art. 6. — A partir du 1er octobre 1871, les droits de licence seront perçus, d'après le tarif suivant, sur les assujettis qui y sont dénommés :

.... Fabricants de sucres et glucoses : dans tous les lieux, 100 francs (3).

---

(1) Tarif modifié par la loi du 22 janvier 1872.
(2) Ibidem.
(3) Il s'agit de la taxe, en principal, qui est frappée de 2 décimes et demi.

Extrait de la loi du 16 septembre 1871.

Art. 6. — L'article 2 de la loi du 8 juillet 1871 est modifié ainsi qu'il suit :
Les sucres extraits, par les procédés barytiques et autres, des mélasses libérées d'impôt sont assujettis à un droit de 15 francs par 100 kilogrammes, décimes compris (1).

Extrait de la loi du 22 janvier 1872.

Art. 1er. — Les droits perçus sur les sucres et glucoses (2) de toute origine, antérieurement à la loi du 8 juillet 1871, sont augmentés de *deux nouveaux dixièmes*.

Art. 2. — Les sucres existant, au moment de la promulgation de la présente loi, dans les entrepôts, les fabriques ou les raffineries, seront assujettis au payement de cette taxe nouvelle. Les employés des douanes et des contributions indirectes relèveront les quantités existantes, tant en sucre brut qu'en sucre raffiné, en tenant compte du rendement des sucres bruts au raffinage.

Décret du 5 juin 1872

Qui autorise l'admission temporaire en franchise des droits du sucre et du cacao destinés à la fabrication du chocolat.

Nota. — Ce décret a été remplacé par celui du 17 août 1880.

Extrait de la loi du 20 décembre 1872.

Art. 4. — A partir de la promulgation de la présente loi, le droit applicable aux *sucres extraits des mélasses libérées d'impôt, par les procédés barytiques ou autres, est élevé de 15 à 25 francs* (3), *et celui des* glucoses de 10 fr. 48 cent. à 11 *francs* par 100 kilogrammes (4).

Loi du 30 décembre 1873.

Art. 1er. — Sont établis à titre extraordinaire et temporaire les augmentations d'impôts et les impôts énumérés dans la présente loi.

Art. 2. — Il est ajouté aux impôts et produits de toute nature déjà soumis aux décimes par les lois en vigueur :

---

(1) Tarif porté à 25 fr. par l'art. 4 de la loi du 20 décembre 1872, puis supprimé par la loi du 29 juillet 1884.
(2) Tarif modifié, pour les glucoses, par l'art. 4 de la loi du 20 décembre 1872 et, pour les sucres et glucoses, par l'art. 2 de la loi du 30 décembre 1873.
(3) Taxe modifiée par la loi du 19 juillet 1880, puis supprimée par la loi du 29 juillet 1884.
(4) Modifié (augmentation de 4 %) par l'art. 2 de la loi du 30 décembre 1873.

5 0/0 du principal pour les impôts et produits dont le principal est déterminé par la loi (1)......

4 0/0 *du droit total actuel sur les sucres* (2), des taxes de douane et autres dont la quotité, fixée par la loi, comprend à la fois le principal et les décimes.

Voir l'art. 2 de la loi du 29 juillet 1875.

Art. 3. — Toute infraction aux dispositions des lois et règlements concernant la perception de la taxe des sucres indigènes et des glucoses est punie d'une amende de 1 000 à 5.000 francs, et de la confiscation des sucres, glucoses, sirops et mélasses fabriqués, recélés, enlevés et transportés en fraude.

En cas de récidive, l'amende peut être portée à 10.000 francs.

Les sucres importés de l'étranger avec le caractère de fraude donneront lieu aux mêmes peines.

. . . .

Art. 6. — Les augmentations de droits établies par les articles précédents sont applicables à partir de la promulgation de la présente loi.

Ces augmentations de droits doivent être acquittées sur les quantités, même libérées des impôts antérieurs, existant à cette époque dans les fabriques ou magasins, ou dans tout autre lieu en la possession des fabricants, raffineurs et commerçants.

Les quantités seront reprises par voie d'inventaire (3).

Extrait de la loi du 21 mars 1874.

. . . .

Art. 8. — *A partir du 1er juillet 1875 (4), au plus tard, les raffineries de sucre seront assujetties à l'exercice dans les mêmes conditions que les fabriques-raffineries.*

. . . .

Loi du 15 février 1875.

Art. 1er. — A partir de la promulgation de la présente loi, tous les droits recouvrés par l'Administration des douanes et par celle des contributions indirectes devront être payés au comptant, sans escompte.

Art. 2. — Néanmoins, pour ceux de ces droits auxquels a été accordée la faculté d'acquittement en obligations ou l'allocation d'un escompte en cas de payement au comptant, c'est-à-dire les droits d'importation,

---

(1) Cette augmentation d'impôt atteint la licence des fabricants de sucre ou de glucose.
(2) Tarif modifié par la loi du 19 juillet 1880.
(3) En disposant que la surtaxe de 4 % établie sur les sucres devait être acquittée sur les quantités même libérées d'impôts antérieurs existant, à l'époque de la promulgation de la loi, dans les fabriques ou magasins, ou dans tout autre lieu, en la possession des fabricants, raffineurs ou commerçants, l'art. 6 n'a point distingué entre ceux qui font le commerce de sucre en nature et ceux qui achètent cette marchandise pour la faire entrer dans la composition d'un produit qu'ils livrent à la consommation. Les uns et les autres doivent être réputés des commerçants, et tant que les sucres qu'ils possèdent n'ont pas été transformés en un autre produit, ils sont passibles de la surtaxe — Cass., 30 janvier 1877.
(4) Voir l'art. 1er de la loi du 29 juillet 1875.

les taxes de fabrication et de consommation sur les sels, les sucres, les bières, *les papiers*, les allumettes, *la chicorée*, les huiles de toute espèce, la bougie, *les savons* et aussi pour le droit sur les cartes à jouer et le montant du papier filigrané et de moulage des cartes à jouer, le redevable pourra être admis à présenter des obligations dûment cautionnées, à quatre mois d'échéance, lorsque la somme à payer, d'après chaque décompte, s'élèvera à 300 francs au moins.

Art. 3. — Ces obligations donneront lieu à un intérêt de retard et à une remise spéciale dont le taux et le montant seront fixés par des arrêtés du ministre des finances.

La remise spéciale ne pourra pas dépasser un tiers de franc 0/0.

Arrêté ministériel du 17 février 1875.

Art. 1er. — Le taux de l'intérêt de retard pour les crédits concédés est fixé à 3 0/0 par an.

Art. 2. — Le taux de la remise spéciale est maintenu à un tiers de franc p. 0/0 (1).

Art. 3. — Le présent arrêté sera déposé au secrétariat général pour être notifié à qui de droit.

Loi du 29 juillet 1875.

Art. 1er. — *L'exercice des raffineries prescrit par la loi du 21 mars 1874 ne sera mis en pratique qu'au 1er mars 1876.*

Par suite du non-renouvellement de la convention de Bruxelles, l'exercice des raffineries ne fut pas mis en pratique ; voir l'art. 13 de la loi du 30 décembre 1875.

Art. 2. — *Le régime actuel des sucres, tel qu'il est réglé par les lois des 7 mai 1864, 8 juillet 1871, 22 janvier 1872, 30 décembre 1873 et par la convention du 8 novembre 1864, avec les modifications qui y ont été introduites, est prorogé jusqu'au 1er mars 1876.*

Voir l'art. 13 de la loi du 30 décembre 1875.

Art. 3. — *Dans le cas où la nuance des sucres paraîtrait ne pas correspondre à leur richesse effective, le service provoquera l'expertise légale et les commissaires experts devront recourir, pour le classement définitif, aux procédés saccharimétriques. De son côté, le fabricant ou l'importateur aura la faculté de déclarer la classe à laquelle appartiennent les sucres d'après leur richesse effective, toutes les fois que cette richesse ne sera pas en rapport avec la nuance.*

Voir l'art. 18 de la loi du 19 juillet 1880.

Loi du 30 décembre 1875.

L'application des douze premiers articles de cette loi était subordonnée à la ratification de la convention sucrière signée à Bruxelles le 11 août 1875. Cette ratification n'ayant pas eu lieu, les 12 articles dont il s'agit n'ont jamais été mis à exécution.

---

(1) Voir, pour le partage de cette remise entre les comptables et le Trésor, l'arrêté ministériel du 30 octobre 1885.

LOI DU 30 DÉCEMBRE 1875.

Art. 1er. — A partir du 1er mars 1876, les droits sur les sucres livrés à la consommation seront établis ainsi qu'il suit, décimes et demi-décime compris :

Sucres de toute origine
- Raffinés { candis, en pains, en poudre, tapés, en grains cristallisés suivant type ou agglomérés. . . . . 73 fr. 50 c.
- Bruts en poudres blanches et tous autres, vergeoises. . . 0 71 50
- (Pour chaque degré de richesse absolue)
- Mélasses des fabriques, des raffineries et des colonies françaises. 10 00

Par 100 kilog.

L'impôt intérieur sur les glucoses est porté à. 20 00

Art. 2. — Sont exonérées de tout droit les glucoses et les mélasses exportées et celles qui sont employées dans la fabrication de produits non alimentaires ou transformées en produits soumis à un impôt.

Un règlement d'administration publique déterminera les conditions auxquelles est subordonnée la franchise accordée par le précédent paragraphe.

Art. 3. — Le régime spécial établi à l'égard des sucres provenant de mélasses traitées par les procédés barytiques et autres est supprimé.

Art. 4. — Ne sont considérés comme mélasses que les résidus liquides de la fabrication et du raffinage des sucres.

Sont assimilées aux sucres bruts les matières contenant plus de 53 % de sucre cristallisable ou ayant plus de 70 % de richesse absolue (glucose comprise), et dont la densité, à la température de 15 degrés centigrades, n'est pas au moins de 1,383 grammes par litre (40° de l'aréomètre de Baumé).

Art. 5. — Les sucres bruts destinés aux raffineries sont préalablement imposés au minimum, d'après leur rendement présumé au raffinage ; ce rendement est calculé conformément aux bases que déterminera un règlement d'administration publique.

La perception est opérée à raison de 73 fr. 50 cent. par 100 kil. de raffiné, soit dans les bureaux de douane, soit dans les bureaux des contributions indirectes, selon l'origine des sucres.

Les sommes ainsi encaissées sont définitivement acquises au Trésor, quel que soit le résultat final du raffinage.

Art. 6. — Les droits acquittés en exécution du précédent article peuvent faire l'objet de traites cautionnées à deux mois ou à quatre mois d'échéance, au choix des soumissionnaires.

Le montant des traites à deux mois d'échéance n'est pas passible d'intérêt. Pour les traites à quatre mois, l'intérêt n'est dû que pour deux mois.

La remise spéciale, exigible en vertu de l'article 3 de la loi du 15 février 1875, ne peut dépasser un tiers de franc 0/0 pour les traites à quatre mois, et un sixième de franc p. 0/0 pour les traites à deux mois.

Art. 7. — A la sortie des raffineries, les droits sur les sucres expédiés à toute destination sont définitivement liquidés d'après le tarif édicté par l'article 1er de la présente loi.

Le montant de cette liquidation est imputé jusqu'à due concurrence sur les droits préalablement perçus, en exécution de l'art. 5, et dont l'expéditeur aura été crédité.

Quand les droits liquidés à la sortie dépassent le compte créditeur, le reliquat est payé au comptant ou garanti par des traites souscrites dans les conditions de la loi du 15 février 1875.

Les droits applicables aux mélasses imposables livrées à la consommation sont payés ou garantis de la même manière.

A la sortie des raffineries, les sucres candis donnent lieu à la délivrance de certificats spéciaux, sur la représentation desquels le rendement applicable aux sucres bruts ultérieurement introduits dans les raffineries est atténué d'une quantité égale à 7 0/0 du poids des sucres mentionnés dans ces certificats.

Art. 8. — Le régime de l'admission temporaire, créé par l'article 5 de la loi du 7 mai 1864, est supprimé.

A l'exportation des sucres raffinés, le service des douanes délivre un certificat de sortie qui en constate la nature, le poids et la richesse saccharine.

Les certificats de sortie n'ayant pas plus de deux mois de date sont admis en compensation, soit dans le payement des droits sur les sucres, soit dans le payement des traites souscrites en vertu de l'article 6, pour une somme équivalente à l'impôt qu'auraient payé les produits exportés s'ils avaient été livrés à la consommation.

Art. 9. — Des règlements d'administration publique déterminent les obligations des fabricants et des raffineurs, et les différentes conditions de l'exercice, suivant qu'il s'agit des raffineries, des fabriques-raffineries, des fabriques de sucre et des établissements dans lesquels on extrait le sucre des mélasses.

Ces règlements fixent le minimum des rendements obligatoires, les conditions et les formalités relatives à l'enlèvement et à la circulation des sucres et des matières sucrées.

Ils déterminent, en outre, les produits qui peuvent être reçus dans les fabriques, dans les raffineries annexées à des fabriques et dans les autres établissements exercés, ceux qui peuvent en être expédiés ainsi que les caractères distinctifs de ces produits et les procédés à l'aide desquels est constatée la richesse des sucres et des matières sucrées.

Un règlement d'administration publique déterminera également les droits dont il y aura lieu de tenir compte aux raffineurs pour les sucres libérés d'impôt existant dans les raffineries au jour de l'application de l'exercice dans ces usines.

Art. 10. — Toute infraction aux dispositions de la présente loi et aux règlements d'administration publique rendus pour son exécution, toute fausse énonciation dans les déclarations exigées par lesdits règlements donnent lieu à l'application des peines prononcées par l'article 3 de la loi du 30 décembre 1873, sans préjudice des dommages et intérêts qui peuvent être alloués au Trésor.

Est puni des mêmes peines l'emploi de tout procédé ayant pour objet de déguiser la richesse du sucre ou de tromper sur son poids.

Art. 11. — Les raffineurs payent le même droit de licence que les fabricants de sucre.

Art. 12. — Toutes les dispositions contraires à la présente loi sont abrogées.

DISPOSITION ALTERNATIVE.

Art. 13. — Dans le cas où la convention sucrière signée à Bruxelles le 11 août 1875 ne serait pas ratifiée, et tant qu'elle ne sera pas ratifiée, la perception de l'impôt après le 1er mars 1876 continuera à être effectuée *conformément à la loi du 29 juillet* 1875.

Voir la loi du 19 juillet 1880.

Art. 14. — Ce cas échéant, et toujours à partir du 1er mars 1876, lorsqu'il y aura lieu, conformément à l'article 3 de la loi précitée, de recourir à la saccharimétrie, le classement des sucres s'opérera d'après le tableau ci-après :

A. *Payement des droits de consommation* (1).

Sont classés au-dessous du n° 13 de la série des types de Paris, les sucres titrant moins de 91 *degrés ;*

Du n° 13 inclus au n° 20 inclus, les sucres titrant de 91 *degrés à* 98 *degrés exclusivement ;*

Parmi les poudres blanches, les sucres titrant 98 *degrés ou plus.*

B. *Régime de l'admission temporaire* (2).

La première classe (15 *à* 18 *inclus*) *comprend les sucres titrant* 92° *inclus à* 98° *exclusivement ;*

La deuxième classe (10 *à* 14 *inclus*), *les sucres titrant* 85° *inclus à* 92° *exclusivement ;*

La troisième classe (7 *à* 9 *inclus*), *les sucres titrant* 76° *inclus à* 85° *exclusivement ;*

La quatrième classe (*moins* 7), *les sucres titrant moins de* 76 *degrés.*

Art. 15. — *Les soumissions d'admission temporaire relatives aux sucres indigènes d'une nuance supérieure au n°* 18 (*poudres blanches comprises*)

---

(1) Voir l'art. 15 de la loi du 19 juillet 1880.
(2) Voir l'art. 18 de la loi du 19 juillet 1880.

pourront être apurées par l'exportation de sucres raffinés en pains, à raison d'un rendement de 97 0/0.

Cette disposition s'applique aux sucres de canne des mêmes qualités importés des pays hors d'Europe.

Voir l'art. 18 de la loi du 19 juillet 1880.

Décret du 8 août 1878.

Art. 1er. — Le sucre cristallisable existant en cet état dans les fruits confits, les confitures et les bonbons exportés à l'étranger et aux colonies et possessions françaises (*l'Algérie comprise*), donnera droit à la décharge des obligations d'admission temporaire de sucre brut des n°s 10 et au-dessus (1).

La quantité en sera constatée par les laboratoires scientifiques de l'Administration des douanes. Cette constatation sera définitive.

Art. 2. — Les fruits confits, confitures et bonbons, pour lesquels le bénéfice de l'article précédent sera réclamé, ne pourront être exportés que par les bureaux de douanes auprès desquels il a été institué des laboratoires scientifiques. Le poids minimum de chaque opération devra être de 100 kilogrammes net. Il ne pourra être admis que des fruits confits, confitures ou bonbons dans lesquels la proportion du sucre cristallisé sera au moins de 10 0/0.

Les déclarations devront être faites par les fabricants ou par un fondé de pouvoirs réguliers.

Les boîtes et autres colis devront être revêtus de l'étiquette ou de la marque du fabricant (2).

Art. 3. — Le sucre cristallisable constaté dans les fruits confits et les bonbons sera considéré comme sucre raffiné Celui qui sera constaté dans les confitures sera considéré comme vergeoises des n°s 16 à 18 (3).

Les pâtes de fruits seront assimilées aux fruits confits.

Art. 4. — Les dispositions des articles 1 à 3 ci-dessus sont applicables aux fruits confits, confitures et bonbons qui seront constitués en entrepôt réel, pour être ultérieurement exportés.

Dans le cas de non-exportation, ils pourront être retirés de l'entrepôt moyennant le payement d'un droit égal au dégrèvement dont ils auront été l'objet.

Art. 5. — Toute contravention, toute infraction aux prescriptions du présent décret donnera lieu à l'application des peines portées à l'article 5 de la loi du 5 juillet 1836 et, spécialement à la déchéance, pour les contrevenants, du régime de l'admission temporaire.

Arrêté du ministre des finances, du 15 novembre 1879.

Les frais de plombage fixés à 10 centimes par plomb, y compris la ficelle, pour les colis de sucres qui doivent être plombés, seront réduits à 3 centimes à partir du 1er décembre 1879.

---

(1) Modifié par l'article 1er du décret du 18 septembre 1880.
(2) Disposition abrogée par le décret du 10 mars 1890.
(3) Modifié par l'art. 2 du décret du 18 septembre 1880.

Extrait de la loi du 19 juillet 1880.

Art. 15. — Les droits sur les sucres de toute origine et les glucoses indigènes livrés à la consommation sont fixés ainsi qu'il suit, décimes et demi-décime compris :

Sucres bruts et raffinés, 40 *francs* (1) par 100 kilogrammes de sucre raffiné.

Sucres bruts et raffinés, 43 *francs* (1) par 100 kilogrammes de sucre candi.

Sucres extraits, dans les établissements spéciaux, de mélasses libérées d'impôt, 14 *francs par* 100 *kilogrammes* (2).

Glucoses, 8 *francs* (3) par 100 kilogrammes.

Art. 16. — Les sucres étrangers sont soumis aux surtaxes déterminées ci-après :

Sucres bruts ou sucres non assimilés aux sucres raffinés importés des pays d'Europe ou des entrepôts d'Europe, 3 *francs* par 100 kilogrammes (4).

Sucres raffinés ou assimilés aux raffinés de toute provenance, 12 *fr.* 50 *cent.* par 100 kilogrammes (5).

Sucre candi de toute provenance, 13 *fr.* 50 *cent.* par 100 kilogrammes (5).

Sont, en outre, modifiés comme suit les droits des dérivés du sucre énumérés ci-après :

Sirops, bonbons et fruits confits : droit du sucre raffiné.

Confitures et biscuits sucrés : moitié du droit du sucre raffiné.

Mélasses autres que pour la distillation, ayant en richesse saccharine absolue 50 0/0 ou moins : 12 *francs par* 100 *kilogrammes* (5).

Mélasses autres que pour la distillation, ayant en richesse saccharine absolue plus de 50 p. 0/0 : 35 *fr.* 50 *cent. par* 100 *kilogrammes* (5).

Chocolat : 88 *francs par* 100 *kilogrammes* (5).

Art. 17. — Sont considérés comme sucres raffinés, pour l'application des droits, les sucres en pains ou agglomérés de toute forme.

Sont assimilés aux raffinés, pour l'acquittement des droits, les sucres en poudre provenant des pays étrangers et dont le rendement présumé au raffinage dépasse 98 0/0.

Art. 18. — Les sucres en poudre de toute origine, non assimilés aux raffinés, *autres que ceux auxquels s'applique le droit spécial de 14 francs édicté par la présente loi* (6), sont imposés d'après leur rendement présumé au raffinage, sous la déduction, à titre de déchet, de 1 1/2 0/0 de ce rendement.

Sont également pris en charge, d'après leur rendement présumé au raffinage et sous la même déduction, pour l'application du régime de

---

(1) Tarif modifié par la loi du 29 juillet 1884.

(2) Le droit spécial sur les sucres extraits des mélasses libérées d'impôt n'a pas été maintenu par la loi du 29 juillet 1884.

(3) Tarif modifié par l'art. 1er de la loi du 29 juillet 1884.

(4) Cette surtaxe a été portée à 7 fr., art. 10 de la loi du 29 juillet 1884.

(5) Tarif modifié par la loi du 11 janvier 1892 ; voir le tableau A annexé à cette loi.

(6) Il n'existe plus de taxe spéciale pour les sucres extraits des mélasses libérées d'impôt (voir l'art. 1er de la loi du 29 juillet 1884).

LOI DU 19 JUILLET 1880. 401

l'admission temporaire créé par la loi du 7 mai 1864, les sucres non raffinés indigènes ou coloniaux, et les sucres non raffinés étrangers qui sont importés directement des pays hors d'Europe (1).

Dans l'un et l'autre cas, quel que soit le rendement présumé, les sucres ne peuvent être frappés des droits, ou reçus en admission temporaire *pour un rendement supérieur à* 98 0/0 (2), ni pour un rendement inférieur à 65 0/0 (3), le déchet de 1 1/2 0/0 non compris.

Le rendement présumé au raffinage continuera d'être établi sans fraction de degré, au moyen de l'analyse polarimétrique et de la déduction des cendres et de la glucose. Les coefficients des réfactions à opérer sur le titre saccharimétrique sont fixés à 4 pour les cendres et à 2 pour la glucose.

Dans le cas de recours à l'expertise légale, les titrages constatés par les laboratoires de l'Administration seront maintenus lorsque les différences en plus ou en moins, reconnues par les commissaires experts, n'atteindront pas un degré.

Art. 19. — Les sucres raffinés en pains ou agglomérés présentés à l'exportation, ou à la décharge des obligations d'admission temporaire, ne sont comptés pour leur poids total qu'à la condition d'être parfaitement épurés, durs et secs (4).

Les sucres candis doivent être en cristaux secs et transparents. Ils sont admis à raison de 100 kilogrammes de candi pour 107 kilogrammes de sucre raffiné.

Les sucres raffinés autres que ceux désignés au premier paragraphe ci-dessus, les poudres provenant du pilage ou du sciage des pains dans les établissements libres et les vergeoises sont reçus à la décharge des obligations d'admission temporaire pour la quantité de sucre raffiné qu'ils représentent. Cette quantité est constatée dans les conditions prévues par les trois derniers paragraphes de l'article précédent, mais sans déduction de la glucose. Il en est de même à l'importation pour les vergeoises.

Art. 20. — Il sera procédé à l'inventaire des sucres et des sirops de toute nature (à l'exception des mélasses) qui existeront dans les raffineries au jour de la mise à exécution de la présente loi.

Les sucres raffinés seront comptés pour leur poids intégral et les sucres candis pour 7 p. 0/0 en sus. Les autres sucres et les sirops en cours de fabrication seront évalués en sucre raffiné. Le rendement en sera calculé avec les coefficients de 5 pour les cendres et de 2 pour la glucose.

Il sera déduit du chiffre total de l'inventaire les quantités de sucre raffiné afférentes aux obligations d'admission temporaire non encore apurées.

Le surplus donnera droit à une restitution de 33 fr. 32 cent. par 100 kilogrammes de sucre raffiné.

---

(1) Voir l'art. 6 de la loi du 7 mai 1864, qui dispose que l'importation doit avoir lieu par mer.
(2) Abrogé par l'article 5 de la loi du 5 août 1890.
(3) Ce minimum est élevé à 80 0/0 pour l'imposition des sucres d'origine européenne ou importés des entrepôts d'Europe ; art. 9 de la loi du 29 juillet 1884.
(4) Voir les articles 6 de la loi du 29 juillet 1884 et 5 de la loi du 4 juillet 1887, qui admettent les sucres bruts en grains à la décharge des obligations d'admission temporaire, jusqu'au titrage de 65 degrés au minimum.

La restitution s'opérera au moyen de certificats d'inventaire établissant la somme revenant aux ayants droit. Ces certificats seront reçus jusqu'à due concurrence, avant le 1er janvier 1881 (1), en payement des droits au comptant sur les sucres livrés ultérieurement à la consommation.

Dans les quinze jours qui précéderont l'application de la loi, les employés des douanes et des contributions indirectes devront être admis dans les raffineries à toute heure de jour et de nuit. Ils pourront suivre les opérations des raffineries et procéder à toutes les constatations et vérifications préparatoires qu'ils jugeront nécessaires.

Les obligations d'admission temporaire pour lesquelles il n'aura pas été représenté, au moment de l'inventaire, des quantités correspondantes de sucres raffinés ou de matières en cours de fabrication ne pourront être apurées qu'au moyen de certificats d'exportation ou d'entrée en entrepôt antérieurs à l'application de la loi, ou par le payement du droit de 73 fr. 32 cent. par 100 kilogrammes sur les quantités de sucre raffiné prises en charge.

Art. 21. — L'article 7 de la loi du 31 mai 1846 est modifié ainsi qu'il suit :

Les employés tiennent, pour chaque fabrique, un compte des produits de la fabrication, tant en jus et sirops qu'en sucres achevés ou imparfaits.

Les charges en sont calculées au minimum, à raison de *1,200* (2) grammes de sucre raffiné pour 100 litres de jus et par chaque degré du densimètre au-dessus de 100 (densité de l'eau) reconnus avant la défécation à la température de 15 degrés centigrades. Les fractions de moins d'un dixième de degré sont négligées.

Le volume du jus soumis à la défécation est évalué d'après la contenance des chaudières, déduction faite de 10 0/0.

Art. 22. — L'emploi de tout procédé ayant pour objet de déguiser la richesse du sucre et de tromper sur son poids est puni des peines prononcées par l'article 3 de la loi du 30 décembre 1873, sans préjudice des dommages et intérêts qui peuvent être alloués au Trésor.

Art. 23. — Sont compris sous la dénomination de glucoses tous les produits saccharins non cristallisables, quels que soient leur degré de concentration et la matière première dont ils sont extraits. Ces produits sont assujettis au droit fixé par la présente loi, à moins qu'ils ne soient exportés ou employés dans la fabrication des bières, auxquels cas ils sont exonérés de tout impôt.

Toutefois, il n'est dérogé à l'article 8 de la loi du 1er mai 1822, en ce qui concerne l'application de la taxe sur la petite bière à un brassin auquel sont ajoutées des glucoses exemptes d'impôt, que si, à la température de 15 degrés centigrades avant fermentation, le moût de cette bière ne marque pas plus de 2°,5 au densimètre centésimal.

Un règlement d'administration publique déterminera les autres conditions auxquelles est subordonnée la franchise pour les glucoses mises en œuvre dans les brasseries (3).

---

(1) Délai prorogé pendant 2 mois par la loi du 20 avril 1881.
(2) La prise en charge est fixée à 1500 gr. de sucre évalué en raffiné, art. 5 de la loi du 28 janvier 1903.
(3) Voir les décrets des 18 avril 1901 et 10 juillet 1903.

Le deuxième paragraphe de l'article 22 de la loi du 31 mai 1846 est abrogé.

Une décision ministérielle du 19 janvier 1881 autorise l'établissement de dépôts de glucoses non libérées d'impôt, à la condition que les dépositaires prennent la qualité de fabricant et paient la licence (voir la circ. n° 310 du 20 février 1881).
Une autre décision du 11 mars 1881 (circ. 311) admet les glucoses dans les entrepôts réels de sucres.

Art. 24. — Les dispositions du titre II de la présente loi seront appliquées à partir du 1er octobre prochain.

Nota. — Pour les pénalités, voir l'art. 3 de la loi du 4 juillet 1887.

Décret du 17 août 1880.

Art. 1er. — Le cacao et le sucre importés des pays hors d'Europe ainsi que le sucre indigène qui seront destinés à la fabrication du chocolat pourront être admis temporairement en franchise de tous droits, sous les conditions déterminées par l'article 5 de la loi du 5 juillet 1836.

Art. 2. — L'importateur s'engagera, par une soumission valablement cautionnée, à réexporter ou à réintégrer en entrepôt 100 kilogrammes de chocolat pour 53 kilogrammes de cacao et 54 kilogrammes de sucre raffiné ou une quantité équivalente de sucre brut.

Le délai maximum dans lequel devra avoir lieu la réexportation ou la mise en entrepôt sera de quatre mois.

Toutefois les acquits-à-caution créés antérieurement au 1er octobre 1880 devront, quelle que soit leur date, être apurés le 30 septembre 1880 au plus tard, par des réexportations ou des constitutions en entrepôt.

Art. 3 — Ne seront admis à la décharge des soumissions d'admission temporaire que les chocolats valant au moins 2 fr. 50 cent. le kilogramme en fabrique, droits compris, et composés exclusivement de cacao, de sucre et d'aromates, sans mélange d'aucune autre substance. Ils devront être revêtus de l'étiquette ou de la marque du fabricant.

Art. 4. — Les opérations ne pourront avoir lieu, à l'entrée, que par les bureaux où il existe un entrepôt ; à la sortie, que par les douanes de Bayonne, Bordeaux, Lille, Marseille, Nantes et Paris (1). Les déclarations seront faites au nom et sous la responsabilité des fabricants.

Art. 5. — Toute manœuvre ayant pour objet de faire admettre comme purs des chocolats mélangés entraînera pour le fabricant la déchéance du régime de l'admission temporaire, indépendamment des pénalités résultant de l'article 5 de la loi du 5 juillet 1836.

Art. 6. — *Par dérogation aux dispositions du paragraphe 1er de l'art. 2 du présent décret, les chocolats exportés par la frontière de Belgique ne seront comptés pour la décharge de soumissions d'admission temporaire qu'à raison de 38 kilogrammes de cacao et de 38 kilog. 700 gr. de sucre*

---

(1) En outre, par les douanes de la Rochelle, la Pallice et les bureaux pourvus d'un laboratoire.

raffiné ou d'une quantité équivalente de sucre brut par 100 *kilogrammes de chocolat* (1).

Art. 7. — Toutes dispositions antérieures sont rapportées.

Décret du 18 septembre 1880, concernant les fruits confits, les confitures et les bonbons destinés à l'exportation (2).

Art. 1er. — A dater du 1er octobre 1880, les dispositions du 1er § de l'article 1er du décret du 8 août 1878 sont modifiées comme suit : le sucre cristallisable existant en cet état dans les fruits confits, les confitures et les bonbons exportés à l'étranger et aux colonies et possessions françaises (l'Algérie comprise), donnera droit à la décharge des obligations d'admission temporaire de sucres bruts souscrites dans les conditions réglementaires.

Art. 2. — Le 1er § de l'art. 3 sera également, à dater de la même époque, modifié ainsi qu'il suit : le sucre cristallisable constaté dans les fruits confits, bonbons et confitures sera considéré comme sucre raffiné.

Art. 3. — Les autres dispositions du décret du 8 août 1878 sont maintenues.

Loi du 20 avril 1881.

Article unique. — Les certificats d'inventaire délivrés par application de l'article 20 de la loi du 19 juillet 1880 continueront à être reçus, en paiement des droits sur les sucres, pendant un délai de deux mois à partir du jour de la promulgation de la présente loi.

Décret du 3 octobre 1883.

Art. 1er. — Les dispositions des décrets des 8 août 1878 et 18 septembre 1880, relatifs aux fruits confits, confitures et bonbons imputables à la décharge des admissions temporaires de sucres, seront appliquées, sous les conditions déterminées par ces décrets, aux biscuits sucrés exportés à destination de l'étranger ou des colonies et possessions françaises (l'Algérie comprise).

Pour les biscuits, le minimum est fixé à 50 kilogr. (Décret du 9 mai 1895.)

Loi du 29 juillet 1884.

Art. 1er. — Les droits sur les sucres de toute origine et les glucoses indigènes livrés à la consommation sont fixés ainsi qu'il suit, décimes et demi-décime compris (3).

---

(1) Disposition abrogée par l'article 2 du décret du 16 mai 1882.
(2) Voir les décrets des 16 juin 1904 et 1er avril 1905.
(3) Tarifs modifiés par l'art. 1er de la loi du 27 mai 1887.

LOI DU 29 JUILLET 1884.

	fr. c.	
Sucres bruts et raffinés...	50 00	» par 100 kil. de sucre raffiné
Sucre candi...	53 50	» par 100 kil. — —
Glucoses...	10 00	» par 100 kil. — —

Sont en outre modifiés comme suit les droits des dérivés du sucre énumérés ci-après (1) :

Mélasses autres que pour la distillation, ayant en richesse saccharine absolue 50 p. 0/0 ou moins, 15 francs par 100 kilogrammes ;

Mélasses autres que pour la distillation, ayant en richesse saccharine absolue plus de 50 p. 0/0, 32 francs par 100 kilogrammes ;

Chocolat, 93 francs par 100 kilogrammes.

Art. 2. — *Les droits sur les sucres bruts ou raffinés de toute origine, employés au sucrage des vins, cidres et poirés, avant la fermentation, sont réduits à* 20 *francs les* 100 *kilogrammes de sucre raffiné.*

Un règlement d'administration publique déterminera préalablement les mesures applicables à l'emploi de ces sucres (2).

Art. 3. — *Tout fabricant de sucre indigène pourra contracter avec l'Administration des contributions indirectes un abonnement en vertu duquel les quantités de sucre imposable seront prises en charge d'après le poids des betteraves mises en œuvre.*

Cette prise en charge sera définitive, quels que soient les manquants ou les excédents qui pourront se produire.

Elle aura lieu aux conditions ci-après :

Procédés de fabrication :	Rendement par 100 kil. de betteraves.
Diffusion ou tout autre procédé analogue.	6 kil. sucre raffiné.
Presses continues ou hydrauliques...	5 kil. sucre raffiné.

Les sucres, sirops et mélasses, obtenus dans les fabriques abonnées en excédent du rendement légal, seront assimilés aux sucres libérés d'impôt.

Pendant les trois campagnes de fabrication 1884-1885, 1885-1886, 1886-1887, il sera alloué aux fabricants non abonnés un déchet de 8 p. 0/0 sur le montant total de leur fabrication.

Un décret déterminera les obligations qui seront imposées aux fabricants abonnés pour la garantie des intérêts du Trésor (3).

Art. 4. — *A partir du 1er septembre* 1887, *les quantités de sucre imposable seront prises en charge dans toutes les fabriques d'après le poids des betteraves mises en œuvre, quel que soit le procédé d'extraction des jus.*

Les rendements seront fixés comme suit par 100 kilogrammes de betteraves (4).

Campagne	1887-1888...	6 kil. 250 de sucre raffiné.
—	1888-1889...	6 kil. 500 — —
—	1889-1890...	6 kil. 750 — —
—	1890-1891...	7 kil. » — —

---

(1) Tarif modifié par l'art. 1er de la loi du 27 mai 1887.
(2) Il n'existe plus de tarif de faveur pour le sucrage ; en outre, des formalités ont été établies pour le sucrage des vins avec du sucre à plein tarif, voir l'art. 7 de la loi du 28 janvier 1903, et les art. 32 et 33 de la loi du 31 mars 1903.
(3) Voir le décret du 31 juillet 1884.
(4) Rendements relevés par l'art. 1er de la loi du 4 juillet 1887.

Art. 5. — Les sucres des colonies françaises importés directement en France auront droit à un déchet de fabrication de 12 p. 0/0 (1) (2).

Art. 6. — Les sucres en grains ou petits cristaux, agglomérés ou non, seront reçus à la décharge des comptes d'admission temporaire de sucres bruts, pour la quantité de sucre raffiné qu'ils seront reconnus représenter, lorsque leur rendement net, établi conformément aux dispositions de la loi du 19 juillet 1880, sera au moins de 98 p. 0/0 (3).

Art. 7. — La taxe complémentaire de 10 francs par 100 kilogrammes établie par l'article 1er sera appliquée aux sucres de toute espèce déjà libérés d'impôt, ainsi qu'aux matières en cours de fabrication également libérées d'impôt existant, au moment de la promulgation de la présente loi, dans les raffineries, fabriques ou magasins, ou dans tous autres lieux en la possession des raffineurs, fabricants ou commerçants ; les quantités seront reprises par voie d'inventaire; seront toutefois dispensées de l'inventaire les quantités n'excédant pas 1,000 kilogrammes de sucre raffiné.

Art. 8. — Les fabricants et raffineurs auront à souscrire des soumissions complémentaires en garantie du droit de 10 francs par 100 kilogrammes pour les sucres de toute espèce et les matières en cours de fabrication placés sous le régime de l'admission temporaire.

L'apurement de ces soumissions aura lieu dans les conditions appliquées au moment de la mise en vigueur de la loi du 30 décembre 1873.

Art. 9. — Le rendement minimum fixé par l'article 18 de la loi du 19 juillet 1880 sera porté à 80 p. 0/0 pour les sucres d'origine européenne ou importés des entrepôts d'Europe.

Il s'agit ici du minimum pour le calcul des droits à percevoir à l'importation, les sucres d'origine européenne ou importés des entrepôts d'Europe n'étant pas admis au régime de l'admission temporaire ; voir le dernier § de l'art. 6 de la loi du 7 mai 1864.

Art. 10. — A partir de la promulgation de la présente loi, et jusqu'au 31 août 1886, les sucres bruts et les sucres non assimilés aux sucres raffinés, importés des pays d'Europe ou des entrepôts d'Europe, seront frappés d'une surtaxe non remboursable *de 7 francs* par 100 kilogrammes (4).

Art. 11. — Les dispositions des lois antérieures continueront d'être appliquées en tout ce qui n'est pas contraire à la présente loi.

Nota. — Pour les pénalités, voir l'art. 3 de la loi du 4 juillet 1887.

---

(1) Modifié par l'art. 2 de la loi du 13 juillet 1886.
(2) Des sucres ayant été vendus par le producteur colonial avant que la législation sur le boni pour déchet de fabrication fût en vigueur, il a été jugé que c'était l'acheteur, importateur de la marchandise, et conséquemment débiteur du droit, qui devait seul profiter de la réduction de droit accordée par la loi. — Cass. 22 juin 1886.
(3) Tous les sucres en grains titrant au minimum 65 degrés sont maintenant admis à la décharge des comptes d'admission temporaire, sous la déduction, à titre de déchet, de 1 1/2 p. 0/0 du rendement ; articles 5 de la loi du 4 juillet 1887 et 6 de la loi du 30 mars 1888.
(4) Surtaxe prorogée jusqu'au 31 août 1888 par l'art. 1er de la loi du 13 juillet 1886.

Décret du 31 juillet 1884.

Art. 1ᵉʳ. — Les fabricants de sucre qui désirent se placer sous le régime de l'abonnement créé par l'article 3 de la loi du 29 juillet 1884 sont tenus d'en faire la déclaration au bureau de la Régie, pour la prochaine campagne, le 20 août prochain au plus tard, et, pour les deux campagnes suivantes, un mois au moins avant le commencement des travaux de fabrication (1).

Cette déclaration s'applique à toute la durée de la campagne.

Art. 2. — *Dans les fabriques abonnées et dans les râperies qui en dépendent, aucune quantité de betteraves ne peut être mise en œuvre sans avoir été préalablement pesée sous les yeux des agents de la Régie* (2).

Les pesées s'effectuent immédiatement avant l'introduction des betteraves dans la râpe ou dans le coupe-racines. Elles doivent être d'un poids uniforme de 500 kilogrammes, ou plus, pourvu que ce poids soit un multiple de 100.

Le personnel et le matériel nécessaires au pesage sont fournis par les fabricants.

Art. 3. — *Les pesées s'effectuent au moyen d'une bascule contrôlée par le service des poids et mesures et munie d'un compteur automatique enregistrant le nombre de pesées successivement opérées. Ce compteur doit être protégé contre toute atteinte extérieure par un globe en verre scellé au moyen d'un cadenas dont la clef reste entre les mains du service.*

L'Administration peut exiger, en outre, que la bascule soit pourvue d'un appareil imprimant le poids de chaque pesée.

Le récipient contenant les betteraves amenées sur la bascule ne doit pas avoir une capacité supérieure à celle qui correspond au poids uniforme adopté pour chaque pesée.

Art. 4. — *Il est mis gratuitement à la disposition du service, dans le local affecté à la pesée des betteraves, un bureau clos au moyen de parois vitrées, chauffé, éclairé et garni du mobilier nécessaire.*

Le fléau de la bascule doit aboutir à l'intérieur de ce bureau.

Art. 5. — *L'agencement du matériel et des locaux doit répondre aux conditions générales énumérées ci-après :*

Le coupe-racines ou la râpe doit être agencé de manière à ne pouvoir être alimenté qu'au moyen de betteraves venant de la bascule sous les yeux des employés.

A cet effet, la bascule et le local où se trouve le bureau sont séparés du coupe-racines ou de la râpe par un grillage à mailles fortes et suffisamment rapprochées, dans lequel il n'existe, pour l'introduction des betteraves, qu'une seule ouverture ayant exactement la dimension nécessaire pour livrer passage au récipient contenant les betteraves.

L'Administration peut exiger, en outre, que cette ouverture soit elle-même fermée par une porte, s'ouvrant à chaque introduction de betteraves et se

---

(1) A partir du 1ᵉʳ septembre 1887, toutes les fabriques furent soumises au régime dit de l'abonnement (art. 4 de la loi du 29 juillet 1884) jusqu'à l'abrogation de ladite loi.

(2) Le décret du 31 juillet 1884 n'étant sanctionné ni par des pénalités spéciales, ni par référence aux dispositions antérieures, les infractions à ce décret ne donnaient lieu qu'à l'application de l'art. 471 du Code pénal ; et l'action était prescriptible par un an, comme en matière de contravention de police. — Cass., 30 novembre et 12 décembre 1889.

refermant automatiquement en actionnant un compteur placé sous verre, comme celui de la bascule ou du récipient.

Les installations destinées à assurer l'exécution des dispositions qui précèdent ne peuvent fonctionner qu'après avoir été agréées par l'Administration.

Art. 6. — Les employés sont autorisés à prélever, aussi souvent qu'ils le jugent nécessaire et sans que l'Administration soit tenue d'en payer la valeur, une ou plusieurs betteraves sur celles qui sont soumises à la pesée, afin de les soumettre à une analyse ayant pour but de constater, à titre de contrôle, leur richesse saccharine.

Art. 7. — Les employés inscrivent sur un carnet spécial le nombre des pesées effectuées. Chaque jour, ce carnet est arrêté par le chef de service de la fabrique, et les quantités de sucre raffiné correspondant au poids des betteraves mises en œuvre sont prises en charge au compte général de la fabrication.

Sont, en outre, prises en charge à ce même compte, s'il y a lieu, les quantités de sucre que représente le poids des betteraves mises en œuvre dans les râperies annexes.

Art. 8. — Les fabricants *abonnés* sont autorisés à recevoir, en tout temps, des sucres bruts et des mélasses libérés ou non libérés d'impôt expédiés par d'autres fabricants *placés sous le même régime.*

Ces produits sont pris en charge au compte de fabrication du destinataire pour une quantité de sucre raffiné, imposable ou non imposable, égale à celle qui a été portée en décharge au compte de l'expéditeur (1).

Art. 9. — Le compte général de la fabrication est successivement déchargé des quantités expédiées en vertu de titres de mouvement réguliers.

Ces quantités sont imputées, au choix du fabricant, et jusqu'à due concurrence, soit aux charges imposables, soit aux charges non imposables.

Elles sont évaluées en raffiné, savoir :

Les sucres bruts, d'après leur rendement présumé au raffinage déterminé dans les conditions spécifiées à l'article 18 de la loi du 19 juillet 1880;

Les mélasses, d'après la richesse saccharine qui leur est attribuée par l'expéditeur, sans que cette richesse puisse être déclarée au-dessous de 15 0/0 (2).

Toutefois, les mélasses expédiées, soit sur une distillerie, soit à l'étranger, ne donnent lieu à aucune décharge.

Art. 10. — Il est fait, avant la reprise et après la cessation des travaux de chaque campagne, un inventaire général des produits de la fabrication (3).

Les manquants que fait apparaître la balance du compte général de fabrication sont passibles du droit. Les excédents sont pris en charge comme produits non imposables.

Si, avant le moment fixé pour l'inventaire de fin de campagne, les charges

---

(1) Pour les mélasses, voir l'article 3 de la loi du 29 juin 1891.
(2) La décharge est fixée à 30 p. 0/0 pour les mélasses expédiées sur les fabriques ou sur les sucrateries, art. 3 de la loi du 29 juin 1891.
(3) Un inventaire général a lieu, en outre, après les travaux de défécation, art. 8 de la loi du 31 mai 1846.

du compte de fabrication se trouvent couvertes par les sorties régulièrement effectuées, les quantités restant en la possession du fabricant sont considérées comme produits libérés d'impôt.

Art. 11. — Il est mis à la disposition des fabricants *abonnés* un registre destiné à présenter les résultats de l'épuration des masses cuites et des sirops.

Ils y inscrivent, pour chaque opération de turbinage :
1º L'heure à laquelle commence l'opération ;
2º L'heure à laquelle cesse l'opération ;
3º La nature et le volume des masses cuites ou sirops passés par les turbines ;
4º Le poids des sucres extraits des appareils.

Les indications de ce registre sont contrôlées par le service ; elles servent de base à la prise en charge au compte auxiliaire des sucres achevés.

Art. 12. — *Les fabricants abonnés seront affranchis des obligations imposées par les articles 6, 8, 10, 12, 13 et 14 du règlement du 1er septembre 1852. Toutefois, lors des inventaires, ils sont tenus de déclarer au service les quantités de produits en cours de fabrication existant dans l'usine, ainsi que la quantité de sucre raffiné que ces produits représentent.*

Art. 13. — Par dérogation à l'article 11 de la loi du 31 mai 1846, l'enlèvement des mélasses est autorisé, dans les fabriques *abonnées*, à destination des établissements soumis à l'exercice en vertu du 1er paragraphe de l'article 3 du décret-loi du 27 mars 1852.

Les dispositions des articles 8 à 12 du présent décret sont applicables à ces établissements.

Arrêté ministériel du 30 octobre 1885.

Art. 1er. — A partir du 1er janvier 1886, les sommes recouvrées à titre de remise de 1/3 de franc p. 0/0 sur les crédits concédés par les comptables de l'Administration des douanes et de celle des contributions indirectes seront réparties à la fin de chaque mois entre le Trésor et le comptable qui aura concédé les crédits.

Art. 2. — La part du comptable sera calculée d'après les bases ci-après :
Sur les premiers 500,000 fr. de crédits concédés pendant le mois. . . . . 1/3 de franc p. 0/0
Sur les 400,000 fr. suivants. . . . . 1/10 — p. 0/0
Sur les 800,000 fr. suivants. . . . . 1/20 — p. 0/0
Sur le surplus des crédits concédés. . . . 1/40 — p. 0/0

Art. 3. — En cas d'intérim résultant de vacance d'emploi, l'agent qui en sera chargé participera au partage de la remise au prorata des crédits qu'il aura concédés, mais en tenant compte de ceux qui l'auraient déjà été pendant le mois par le receveur sortant.

Loi du 13 juillet 1886.

Art. 1er. — *La surtaxe de 7 francs sur les sucres bruts non assimilés aux sucres raffinés importés des pays d'Europe ou des entrepôts d'Europe*, *qui expirait le* 31 *août* 1886, *est prorogée jusqu'au* 31 *août* 1888 (1).

Art. 2. — *Les sucres exportés des colonies françaises, à destination de la métropole, auront droit à un déchet de fabrication égal à la moyenne des excédents de rendement obtenus par la sucrerie indigène, pendant la dernière campagne de fabrication.*

Par campagne, on entendra la période de fabrication comprise entre le 1er septembre de chaque année et le 31 août de l'année suivante.

Pour la campagne 1886-1887, *le déchet de fabrication de* 12 p. 0/0 *alloué aux colonies françaises par la loi du* 29 *juillet* 1884 *sera porté à* 24 p. 0/0.

N'auront droit à cette allocation que les sucres dont la vérification au port d'embarquement aura eu lieu antérieurement au 1er *septembre* 1887.

Des décrets du président de la République, rendus sur le rapport du ministre de la marine et des colonies et du ministre des finances, détermineront les bureaux par lesquels les sucres des colonies françaises pourront être exportés avec réserve de déchet de fabrication.

Les sucres des colonies françaises dûment vérifiés aux ports d'embarquement pourront, après leur arrivée dans la métropole, être réexportés à l'étranger. Les quantités représentant le déchet de fabrication devront seules être mises à terre ; le surplus de la cargaison pourra être réexporté après constatation de son existence à bord.

Les sucres exportés par d'autres bureaux que ceux déterminés par les décrets du président de la République n'auront droit au déchet de fabrication qu'à la condition d'être débarqués et vérifiés dans un bureau de la métropole.

Les intéressés auront, d'ailleurs, la faculté de faire surseoir, jusqu'à l'arrivée dans la métropole, à la vérification des sucres exportés par les bureaux désignés, ainsi qu'il a été précédemment indiqué.

Art. 3. — *Il sera établi dans les colonies de la Guadeloupe, de la Martinique et de la Réunion des laboratoires pour l'analyse des sucres exportés. Ces laboratoires dépendront de l'Administration des douanes de la métropole. Le personnel en sera nommé d'après les règles applicables aux laboratoires métropolitains.*

Art. 4. — *Un décret du Président de la République, rendu sur le rapport du ministre des finances, fixera chaque année la somme à inscrire aux budgets coloniaux pour couvrir les frais de personnel et de matériel du laboratoire, et pour assurer le fonctionnement du service des douanes dans les bureaux ouverts à l'exportation des sucres.*

Loi du 27 mai 1887.

Art. 1er. — *Une surtaxe temporaire de* 20 p. 0/0 *est établie sur les sucres imposables de toute origine, y compris les sucres bruts, raffinés ou candis, qui sont déclarés pour le sucrage des vins et cidres et sur les glucoses livrées à la consommation* (2) *jusqu'au* 31 *décembre* 1887 (3).

---

(1) Surtaxe prorogée jusqu'au 31 août 1890, par l'art. 4 de la loi du 24 juillet 1888.
(2) Le droit sur les glucoses a été modifié par l'art. 4 de la loi du 5 août 1890.
(3) Surtaxe de 20 p. 0/0 et taxe réduite de 10 fr. prorogées : 1° jusqu'au 31 mars 1888, par l'art. 6 de la loi de finances du 17 décembre 1887 ; 2° jusqu'au 31 décembre 1888, par l'art. 7 de la loi du 30 mars 1888.

LOI DU 27 MAI 1887.   411

Sont soumis, jusqu'à la même époque, à une taxe spéciale équivalente, payable au comptant à la sortie des fabriques ou à l'importation des colonies (10 francs par 100 kilogrammes de sucre raffiné), les sucres exonérés de ces droits, à titre de déchets de fabrication ou d'excédents de rendement en vertu des lois du 29 juillet 1884 et du 13 juillet 1886.

Sont, en outre, jusqu'à la même époque, modifiés comme suit les droits des dérivés du sucre énumérés ci-après :

Mélasses autres que pour la distillation, ayant en richesse saccharine absolue 50 p. 0/0 ou moins : 18 francs par 100 kilogrammes.

Mélasses autres que pour la distillation, ayant en richesse saccharine absolue plus de 50 p. 0/0 : 38 fr. 40 cent. par 100 kilogrammes.

Chocolat : 98 fr. 40 cent. par 100 kilogrammes.

Art. 2. — La nouvelle taxe établie par l'article précédent sera appliquée aux sucres de toute espèce libérés d'impôt, ou assimilés, ainsi qu'aux matières en cours de fabrication, également libérées d'impôt, existant au moment de la promulgation de la présente loi, dans les raffineries, fabriques, magasins ou autres lieux, en la possession des raffineurs, fabricants ou commerçants. Les quantités seront reprises par voie d'inventaire, après déclaration faite par les détenteurs.

Toute quantité non déclarée donnera lieu au payement, en sus de la surtaxe, d'une amende double de ladite surtaxe.

Sont dispensées de l'inventaire les quantités n'excédant pas 500 kilogrammes de sucre raffiné (1).

---

(1) Jugé que la déclaration préalable à l'inventaire prescrite à tout détenteur d'une quantité de sucre excédant 500 kilog. est obligatoire, sans autre mise en demeure, à partir du jour où la loi est devenue exécutoire, et qu'il appartient à l'Administration seule d'apprécier les causes de l'omission ou du retard de la déclaration. — Cass., 18 février, 23 juin et 14 décembre 1888.

Le propriétaire de la maison dans laquelle se trouve un dépôt clandestin de sucre peut être compris dans la poursuite. Il ne saurait en être exonéré qu'au cas de force majeure ou s'il prouve, même par témoins, qu'il s'est dessaisi, par un bail sincère, de la jouissance des lieux et à la condition de mettre, par une désignation de son locataire, la Régie en mesure d'exercer des poursuites contre le véritable auteur de la fraude. — Cass., 23 juin 1888.

En cas de déclaration incomplète, la surtaxe est due sur toutes les quantités trouvées chez le détenteur, mais l'amende double de ladite surtaxe, dont la loi punit alors ce dernier, ne doit être calculée que sur la quantité non déclarée. L'Administration ne peut retenir comme constitutive de la contravention de déclaration inexacte la réponse mensongère que fait la femme, en l'absence de son mari, aux agents des contributions indirectes, s'il n'est pas démontré qu'elle avait qualité pour représenter son mari. Mais il en est autrement de la déclaration d'un employé, faite en présence de son patron, si celui-ci ne l'a pas rectifiée lorsqu'elle a été émise. La bonne foi du détenteur de sucres ne fait pas disparaître la contravention prévue et punie par la loi du 27 mai 1887. Il ne peut être exigé aucune surtaxe sur les sucres vendus ou disparus d'un magasin visité pour la première fois, par les agents, plusieurs jours après la promulgation de la loi précitée, si l'Administration ne prouve pas que ces sorties du magasin se sont effectuées depuis le jour où la loi était devenue exécutoire. — Valence, 10 novembre 1887.

La loi du 27 mai 1887 n'a dispensé d'inventaire que la quantité de 500 kil., et bien qu'elle ne parle que des raffineurs, fabricants et négociants, elle s'applique également aux simples particuliers. En effet, on doit voir dans la détention, par un simple particulier, de milliers de kilog. de sucre, soit la preuve que le particulier fait en réalité des opérations de commerce, soit qu'il fraude la loi et qu'on est en présence d'un dépôt clandestin. Au surplus, la volonté et la pensée du législateur sont clairement

Art. 3. — Les fabricants et raffineurs auront à souscrire des soumissions complémentaires, en garantie de la surtaxe édictée par la présente loi, pour les sucres de toute espèce et les matières en cours de fabrication classés sous le régime de l'admission temporaire.

L'apurement de ces soumissions aura lieu dans les conditions appliquées au moment de la mise en vigueur des lois du 30 décembre 1873 et du 29 juillet 1884.

Art. 4. — Il sera procédé à l'inventaire des sucres et des sirops de toute nature (à l'exception des mélasses) qui existeront dans les raffineries à la date du 1er janvier 1888 (1).

Les sucres raffinés seront comptés pour leur poids intégral et les sucres candis pour 7 p. 0/0 en sus. Les autres sucres et les sirops en cours de fabrication seront évalués en sucre raffiné. Le rendement en sera calculé avec les coefficients de 4 pour les cendres et de 2 pour la glucose.

Il sera déduit du chiffre total de l'inventaire les quantités de sucre raffiné afférentes aux obligations d'admission temporaire non encore apurées.

Le surplus donnera droit à une restitution de 10 francs par 100 kilogrammes de sucre raffiné.

La restitution s'opérera au moyen de certificats d'inventaire établissant la somme revenant aux ayants droit. Ces certificats seront reçus, jusqu'à due concurrence, avant le 1er avril 1888, en paiement des droits au comptant sur les sucres livrés à la consommation.

A partir du 16 décembre prochain, les employés des douanes et des contributions indirectes devront être admis dans les raffineries à toute heure de jour et de nuit. Ils pourront en suivre les opérations et procéder à toutes les constatations et vérifications préparatoires qu'ils jugeront nécessaires.

Les obligations d'admission temporaire pour lesquelles il n'aura pas été représenté, au moment de l'inventaire, des quantités correspondantes de sucres raffinés ou de matières en cours de fabrication, ne pourront être apurées qu'au moyen de certificats d'exportation ou d'entrée en entrepôt antérieurs au 1er janvier 1888, ou par le paiement du droit de 60 francs par 100 kilogrammes sur les quantités de sucre raffiné prises en charge.

---

manifestées dans l'art. 2 de la loi précitée frappant les marchandises en tous lieux où elles se trouvent. — Toulouse, 19 juillet 1888 ; Nimes, 16 novembre 1888.

Un simple particulier, trouvé détenteur d'une quantité considérable de sucre, ne saurait prétendre que c'est à titre de provision de ménage qu'il possède ce sucre, alors surtout qu'il résulte du procès-verbal qu'on doit le considérer comme s'étant rendu complice par recel de l'infraction commise par un fabricant ou un commerçant dont la personnalité n'a pas paru suffisamment déterminée pour l'impliquer dans l'affaire. Par conséquent, le complice d'une infraction pouvant être poursuivi, bien qu'aucune poursuite ne soit exercée contre l'auteur principal resté inconnu, et la complicité par voie de recel, en matière de délits contraventionnels relatifs aux impôts indirects, étant admise par la jurisprudence, c'est avec raison que les juges font application au prévenu des art. 1 et 2 de la loi du 27 mai 1887, et 59 et 62 du Code pénal. — Bourges, 16 février 1888.

(1) Ajourné jusqu'au 1er avril 1888 par l'art. 6 de la loi de finances du 17 décembre 1887, puis jusqu'au 31 décembre 1888, par l'art. 7 de la loi du 30 mars 1888, cet inventaire a été reculé à une époque indéterminée, par l'art. 2 de la loi du 24 juillet 1888 qui a établi une nouvelle surtaxe temporaire sans limitation de durée.

Loi du 4 juillet 1887.

Art. 1er. — Les dispositions de l'article 4 de la loi du 29 juillet 1884 sont modifiées comme suit :
A partir du 1er septembre 1887, le rendement légal par 100 kilogrammes de betteraves mises en œuvre dans les fabriques de sucre sera ainsi fixé :
Campagne de 1887-1888 : 7 kilogrammes de sucre raffiné ;
Campagne de 1888-1889 : 7 kilog. 25 de sucre raffiné ;
Campagne de 1889-1890 : 7 kilog. 50 de sucre raffiné ;
Campagne de 1890-1891 : 7 kilog. 75 de sucre raffiné.

Voir, pour la prise en charge, à partir de la campagne 1891-1892, les dispositions de l'article 1er de la loi du 29 juin 1891.

Art. 2. — *Les fabricants dont les usines étaient déjà installées au moment de la promulgation de la loi du 29 juillet 1884, en vue d'utiliser les jus des mêmes betteraves à la fabrication simultanée du sucre et de l'alcool, seront maintenus exceptionnellement sous le régime de la constatation à l'effectif et bénéficieront d'un déchet de fabrication de 12 p. 0/0(1).*

Art. 3. — *Toute infraction aux prescriptions de la présente loi et des règlements qui seront rendus pour son exécution, ainsi que les contraventions aux lois antérieures, seront punies des peines portées par l'article 3 de la loi du 30 décembre 1873.*

Toute manœuvre ayant pour but de fausser les appareils de pesage, de tromper sur le poids des betteraves mises en œuvre, entraînera, en outre, le remboursement du double des droits sur les quantités de sucre qui, par ce moyen, auront pu être soustraites à la prise en charge depuis le commencement de la campagne, et du quadruple de ces droits en cas de récidive (2).

Art. 4. — *Lorsqu'un procès-verbal, constatant une contravention aux prescriptions de la présente loi, aura été dressé par un seul agent des contributions indirectes, il ne fera foi en justice que jusqu'à preuve contraire, conformément aux articles 154 et suivants du Code d'instruction criminelle.*

---

(1) Déchet de fabrication porté à 20 p. 0/0, pour les fabriques-distilleries qui existaient, lors de la promulgation de la loi du 4 juillet 1887, art. 6 de la loi du 5 août 1890.

(2) Jugé que cette disposition n'a entendu atteindre que les soustractions antérieures, qui auraient été réellement commises sans constituer, à leur égard, une présomption *juris et de jure*. Les juges ont donc le pouvoir de rechercher et d'évaluer l'importance des quantités soustraites, en formant leur conviction à l'aide de toutes les présomptions qu'ils rencontrent dans la cause. — Douai, 6 février 1894.

Le juge saisi d'une contravention commise dans le pesage des betteraves ne peut renvoyer le prévenu absous, avant d'avoir vérifié si les faits dénoncés ne sont pas de nature à motiver, outre des peines fiscales, soit des peines de droit commun, soit même des dommages-intérêts au profit de la Régie ; spécialement, il y a lieu à cassation s'il ne résulte d'aucun des motifs de la décision attaquée que le juge ait envisagé la prévention au point de vue des art. 1er et 3 de la loi du 27 mars 1851. — Cass., 30 novembre et 12 décembre 1889.

Jugé que la promulgation de la loi du 4 juillet 1887 et du décret portant règlement pour son exécution pouvait justifier l'application de la pénalité établie par la loi précitée au fait antérieurement commis par un fabricant abonné d'avoir présenté au coupe-racines des betteraves dont le poids, excédant 500 kil., n'était pas un multiple de 100. — Cass., 9 mars 1888.

Art. 5. — A partir de la promulgation de la présente loi, les sucres bruts titrant au minimum 65 degrés et moins de 98 degrés (1) seront admis à la décharge des comptes d'admission temporaire d'après leur rendement net établi dans les conditions déterminées par l'article 18 de la loi du 19 juillet 1880, sous la déduction, à titre de déchet, de 1 1/2 p. 0/0 de rendement.

Art. 6. — *Seront admises en décharge à raison de 14 p. 0/0 de leur poids, au compte des fabricants qui n'emploieront pas le procédé de l'osmose, les mélasses ayant au moins 44 p. 0/0 de richesse saccharine absolue, lorsqu'elles seront expédiées en distillerie ou à l'étranger.*

Art. 7. — *Pour couvrir le Trésor du surcroît de dépenses que peut nécessiter l'application du régime institué en faveur de l'industrie sucrière, par la loi du 29 juillet 1884, chaque fabricant sera tenu de verser, à dater du 1er septembre prochain, dans la caisse du receveur principal des contributions indirectes, une redevance dont le montant est fixé à trente centimes par mille kilogrammes de betteraves mises en œuvre.*

Cette redevance sera payée en trois termes, savoir : au 31 décembre, sur le tiers des quantités constatées à cette date au 31 mars et l 31 mai, par moitié sur le surplus (2).

Extrait du décret du 25 août 1887.

Les dispositions des articles 1, 2, 3, 4, 5, 6, 8, 9, 10, 11, 12, et 15 du décret du 25 août 1887 avaient uniquement pour but de déterminer les conditions d'installation et de surveillance des appareils de pesage, ainsi que les obligations imposées pour le chargement des diffuseurs, pour la mise hors d'usage des osmogènes et pour l'expédition des sucres au tarif plein et au tarif réduit. Ces dispositions étant aujourd'hui sans objet, nous croyons inutile de les reproduire.

Art. 7. — Les fabricants sont tenus de fournir le matériel (bascules ordinaires, poids, etc.), ainsi que les ouvriers nécessaires pour toutes les vérifications auxquelles les agents de l'Administration jugent utile de procéder.

Art. 13. — Un *autre* registre *également* fourni par l'Administration, présente les résultats de la cuite et de la mise aux bacs des sirops et masses cuites.

Les fabricants y inscrivent :

1° L'heure à laquelle les sirops commencent à couler dans les bacs, et la nature de ces sirops ;

2° Les numéros des bacs emplis, le volume des sirops qui y ont été versés, l'heure à laquelle l'opération a été terminée.

Art. 14. — Les mélasses expédiées d'une fabrique *abonnée* sur un établissement soumis au même régime (fabrique ou sucraterie) sont portées en décharge au compte de fabrication *à raison de 14 kilogrammes de sucre raffiné par 100 kilogrammes de mélasse* (3), à titre imposable *ou non*

---

(1) Les sucres titrant au minimum 98° étaient déjà acceptés à la décharge des comptes d'admission temporaire, art. 6 de la loi du 29 juillet 1884 ; mais ils ne subissaient pas la déduction de 1 1/2 à titre de déchet, déduction qui ne leur a été appliquée qu'en vertu de l'art. 6 de la loi du 30 mars 1888.

(2) Abrogé par l'art. 5 de la loi du 28 janvier 1903.

(3) Modifié par l'art. 3 de la loi du 29 juin 1891.

imposable, suivant le cas. Elles sont prises en charge chez le destinataire pour une quantité de sucre raffiné égale à celle qui a été portée en décharge au compte de l'expéditeur.

Art. 16. — Dans les fabriques *et dans les râperies annexes, indépendamment du bureau installé auprès de l'appareil de pesage*, les fabricants sont tenus de mettre à la disposition des employés, moyennant une redevance payée par l'Administration, une pièce convenable, mesurant au moins douze mètres carrés.

Cette pièce sera garnie d'un poêle ou d'une cheminée, d'une table avec tiroirs fermant à clef, d'un casier, d'une armoire fermant à clef, de quatre chaises et d'un lit de camp avec matelas et couvertures.

Le prix du loyer sera fixé de gré à gré et, à défaut de fixation amiable, réglé par le préfet. Il comprendra l'entretien, le chauffage et l'éclairage.

Art. 17. — Toute contravention aux dispositions du présent décret sera punie des peines édictées par les lois du 30 décembre 1873 et du 4 juillet 1887.

Art. 18. — Les dispositions du décret du 31 juillet 1884 continueront d'être appliquées en tout ce qui n'est pas contraire au présent décret.

Extrait de la loi de finances du 17 décembre 1887.

Art. 6. — Les modifications apportées à titre temporaire dans le tarif des sucres et des dérivés du sucre, par l'article 1er de la loi du 27 mai 1887, continueront d'avoir leur effet jusqu'au 31 mars prochain (1).

Est prorogée, d'une égale durée, l'exécution des dispositions de l'article 4 de la loi précitée.

Extrait de la loi de finances du 30 mars 1888.

Art. 6. — Les dispositions de l'article 5 de la loi du 4 juillet 1887 sur le régime des sucres sont applicables aux produits visés par l'article 6 de la loi du 29 juillet 1884.

Art. 7. — Les modifications apportées, à titre temporaire, dans le tarif des sucres et des dérivés du sucre, par l'article 1er de la loi du 27 mai 1887, continueront d'avoir leur effet jusqu'au 31 décembre 1888 (2).

Loi du 24 juillet 1888.

Art. 1er. — *A partir de la campagne 1888-1889, les droits sur les sucres bruts et raffinés de toute origine fixés par la loi du 29 juillet 1884 sont*

---

(1) Nouvelle prorogation en vertu de l'art. 7 de la loi du 30 mars 1888.
(2) Voir l'article 1er de la loi du 24 juillet 1888, qui modifie le tarif des sucres à partir de la campagne 1888-1889.

ramenés de 50 francs à 40 francs par 100 kilogrammes de sucre raffiné (1).

Art. 2. — *A partir de la même époque, une surtaxe temporaire de 50 0/0 est établie sur les sucres imposables de toute origine* (1).

Sont soumis à une taxe spéciale équivalente, payable au comptant à la sortie des fabriques (20 fr. par 100 kil. de sucre raffiné), les sucres exonérés des droits à titre de déchets de fabrication, ou d'excédents de rendement, en vertu des lois des 29 juillet 1884 et 4 juillet 1887 (2).

Néanmoins, tous les excédents constatés dans les établissements exercés et provenant des betteraves prises en charge et travaillées pendant la campagne 1887-1888, demeurent soumis jusqu'au 31 décembre 1888 au traitement actuellement en vigueur.

Est maintenue à 10 francs pour la campagne 1888-1889, conformément aux dispositions de la loi du 13 juillet 1886, la surtaxe des sucres coloniaux exonérés de droits à titre de déchets de fabrication. *A partir du 1er septembre 1889, la surtaxe sur les sucres de cette catégorie sera portée à 20 francs* (2).

Art. 3. — *Les droits sur les sucres candis, les glucoses, les sucres employés au sucrage des vins, cidres et poirés, et sur les dérivés du sucre, continueront à être temporairement perçus conformément au tarif résultant de la loi du 27 mai 1887* (3).

Art. 4. — La taxe de 7 francs sur les sucres bruts non assimilés aux sucres raffinés importés des pays d'Europe ou des entrepôts, qui expirait le 31 août 1888, est prorogée jusqu'au 31 août 1890 (4).

Décret du 1er décembre 1888.

Art. 1er. — L'importation en France et en Algérie de la saccharine et des substances saccharinées est interdite (5).

Art. 2. — Le ministre des finances et le ministre du commerce et de l'industrie sont chargés, chacun en ce qui le concerne, de l'exécution du présent décret.

Extrait de la loi de finances du 29 décembre 1888.

Art. 3. — *Pour couvrir le Trésor du surcroît de dépenses que peut nécessiter l'application du régime institué par l'article 2 de la loi du 29 juillet 1884, chaque dénaturateur de sucres sera tenu de verser une redevance dont le montant est fixé à un franc par cent kilogrammes de sucre mis en œuvre* (6).

---

(1) Tarif modifié par l'art. 1er de la loi du 28 janvier 1903.

(2) La taxe spéciale aux excédents avait été portée à 30 fr. par l'art. 1er de la loi du 5 août 1890.

(3) Il n'y a plus de taxe réduite pour le sucrage, et les tarifs sur les candis, les glucoses et les dérivés du sucre sont modifiés par la loi du 28 janvier 1903.

(4) Surtaxe prorogée jusqu'au 22 février 1892 ; art. 7 de la loi du 5 août 1890.

(5) Prohibition maintenue par la loi du 11 janvier 1892 ; voir le tableau A, n° 28 ; la fabrication, la circulation et la vente de la saccharine sont réglementées par les art. 49 à 56 de la loi du 30 mars 1902.

(6) Abrogé par l'art. 5 de la loi du 28 janvier 1903.

Décret du 14 janvier 1889.

Article unique. — Les dispositions des décrets des 8 août 1878 et 18 septembre 1880, relatifs aux fruits, confitures et bonbons imputables à la décharge des admissions temporaires de sucres, sont applicables au sucre cristallisable existant dans le lait concentré exporté à l'étranger et aux colonies et possessions françaises (l'Algérie exceptée).

Loi du 6 juin 1889 sur le contrôle des densimètres employés dans les fabriques.

Art. 1er. — Dans les trois mois qui suivront la promulgation de la présente loi, tous les densimètres employés dans les fabriques de sucre pour constater la richesse de la betterave devront être soumis à la vérification et au contrôle de l'État et munis d'un poinçon constatant l'accomplissement de cette formalité.

Art. 2 — Un règlement d'administration publique indiquera le type adopté, fixera le mode de vérification, les droits à percevoir pour le poinçonnage et les mesures nécessaires pour assurer l'exécution de la présente loi.

Voir les décrets des 2 août 1889 et 15 janvier 1904.

Art. 3. — Les contraventions à la présente loi et au règlement d'administration publique qui en découle seront punies des peines portées en l'article 479 du Code pénal.

Loi du 11 juillet 1890.

Article unique. — A partir de la promulgation de la présente loi, le tableau A du tarif général des douanes est modifié ainsi qu'il suit en ce qui concerne les mélasses étrangères destinées à la distillation (1) :

Mélasses titrant plus de 50 p. 0/0 de sucre, 5 fr. les 100 kilog. ;
Mélasses titrant de 28 à 50 p. 0/0, 2 fr. 50 les 100 kilog. ;
Mélasses ou eaux d'exosmose jusqu'à 28 p. 100 de sucre, 1 fr. 40 les 100 kilog.

Loi du 5 août 1890.

Art. 1er. — *A partir de la campagne 1890-1891, les sucres indigènes et coloniaux représentant des excédents de rendement ou des déchets de fabrication, en vertu des lois des 29 juillet 1884, 13 juillet 1886 et 4 juillet 1887, sont soumis à une taxe spéciale de 30 francs par 100 kilogrammes de sucre raffiné* (2).

Ces sucres sont admis dans les entrepôts réels en suspension du paiement des droits dont ils sont passibles (2).

---

(1) La taxe de douane est maintenant perçue d'après la richesse saccharine ; voir le n° 92 du tableau A de la loi du 11 janvier 1892.
(2) Abrogé par la loi du 28 janvier 1903.

Les excédents constatés dans les établissements exercés et provenant des betteraves prises en charge et travaillées pendant la campagne 1889-1890 demeureront soumis, jusqu'au 31 décembre 1890, au tarif actuellement en vigueur.

Art. 2. — *Sont soumis à une taxe de 24 francs par 100 kilogrammes de sucre raffiné, les sucres de toute origine employés au sucrage des vins, cidres et poirés* (1).

Art. 3. — *Les droits sur les sucres bruts, raffinés et candis, de toute origine, autres que ceux qui font l'objet des deux articles précédents, ainsi que les dérivés du sucre, continueront à être perçus conformément au tarif résultant des lois des* 27 mai 1887 *et* 24 juillet 1888 (1).

Art. 4. — Le droit sur les glucoses indigènes est *porté à 13 fr. 50 par* 100 kilogrammes, décimes et demi-décime compris (2).

Art. 5. — La disposition du troisième paragraphe de l'article 18 de la loi du 19 juillet 1880, d'après laquelle les sucres ne peuvent être frappés des droits ou reçus en admission temporaire pour un rendement supérieur à 98 0/0, quel que soit leur rendement présumé au raffinage, est abrogée.

Art. 6. — *Le déchet de fabrication alloué aux fabricants de sucre distillateurs par l'article 2 de la loi du 4 juillet 1887 est porté à 20 0/0* (3), *à partir de la campagne* 1890-1891, *pour les fabriques-distilleries qui existaient lors de la promulgation de la loi précitée.*

Art. 7. — La surtaxe de 7 francs sur les sucres bruts non assimilés aux sucres raffinés importés des pays d'Europe ou des entrepôts, qui expirait le 31 août 1890, est prorogée jusqu'au 22 février 1892 (4).

Art. 8. — Les raffineries de sucre sont soumises à la surveillance permanente des employés des contributions indirectes.

Cette surveillance s'exerce exclusivement à l'entrée et à la sortie des produits reçus ou expédiés par les raffineurs, sauf au moment des inventaires prévus à l'article 10 ci-après, auquel cas elle s'étend à tous les produits existant dans l'usine (5).

Art. 9. — Il ne peut être introduit dans les raffineries que des sucres préalablement soumis aux droits ou placés en admission temporaire dans les conditions déterminées par les lois et règlements en vigueur et par l'article 5 ci-dessus (6).

Les droits perçus sont définitivement acquis à l'État, quel que soit le résultat final du raffinage.

Art. 10. — Il est tenu, par les employés de la Régie, un compte d'entrées et de sorties *des sucres reçus et expédiés par les raffineurs.*

Un inventaire annuel est établi par les mêmes agents. Si, à la suite de cet inventaire, la balance du compte fait ressortir un excédent, cet excédent est ajouté aux charges et immédiatement frappé du droit plein, soit 60 *francs par* 100 *kilogrammes d'après le tarif actuel.*

---

(1) Tarif modifié par l'art. 1er de la loi du 28 janvier 1903.
(2) Tarif réduit à 5 fr. 60 par l'art. 32 de la loi du 31 mars 1903.
(3) Déchet ramené à 15 p. 0/0 par l'article 2 de la loi du 29 juin 1891.
(4) Maintenue par la loi du 11 janvier 1892 (voir le n° 91 du tableau A annexé à cette loi), cette surtaxe a été ramenée à 5 fr. 50 par l'art. 2 de la loi du 28 janvier 1903.
(5) Modifié par l'art. 23 de la loi du 26 juillet 1893.
(6) L'introduction des mélasses et des glucoses est interdite dans les raffineries, art. 25 de la loi du 26 juillet 1893.

Conformément au dernier paragraphe de l'article précédent, les manquants ne donnent lieu à aucune restitution de droits, ils sont simplement portés en sorties (1).

Un inventaire sera effectué le jour même de la mise à exécution de la présente loi dans les raffineries qui existeront alors. Les quantités de sucre inventoriées seront inscrites au compte du raffineur comme produits libérés d'impôt.

Art. 11. — Les dispositions de l'article 4 de la loi du 31 mai 1846, avec les modifications qui y ont été apportées par les lois du 1er septembre 1871 (art. 6) et du 30 décembre 1873 (art. 2), seront rendues applicables aux raffineries.

Art. 12. — Un décret déterminera les conditions de la surveillance à exercer dans les raffineries et les obligations à remplir par les raffineurs (2).

Art. 13. — Une taxe de *huit centimes* par 100 kilogrammes de sucre raffiné est perçue à titre de frais de surveillance sur les sucres en poudre de toute origine introduits dans les raffineries (3).

Pour les sucres destinés à la consommation intérieure, cette taxe est exigible au moment de l'entrée des sucres dans les usines. Pour ceux qui y sont introduits sous le régime de l'admission temporaire, en vue de l'exportation après raffinage, elle est garantie par les soumissions. L'exonération de cette taxe est prononcée lorsque les soumissions sont apurées par des certificats d'exportation exclusivement délivrés pour des sucres raffinés.

Art. 14. — Les contraventions aux dispositions de la présente loi et aux prescriptions du décret qui sera rendu en exécution de l'article 12 ci-dessus seront punies des peines portées à l'article 3 de la loi du 30 décembre 1873.

Art 15. — Les dispositions qui font l'objet des articles 2, 3, 4, 5, et 7 à 14 ci-dessus, sont applicables à partir de la promulgation de la présente loi.

Décret du 25 octobre 1890 concernant l'exercice des raffineries

Ce décret a été abrogé en entier par l'art. 14 du décret du 30 août 1893.

Décret du 27 octobre 1890.

Art. 1er. — Les dispositions des décrets des 8 août 1878 et 18 septembre 1880, relatives aux fruits confits, confitures et bonbons imputables à la décharge des admissions temporaires de sucre, seront appliquées, sous les conditions déterminées par ces décrets, aux liqueurs et aux

---

(1) Remplacé par l'art. 24 de la loi du 26 juillet 1893.
(2) Voir l'art. 27 de la loi du 26 juillet 1893.
(3) Taxe réduite à quatre centimes, art. 26 de la loi du 26 juillet 1893.

sirops exportés (1) à destination de l'étranger et des colonies et possessions françaises (l'Algérie exceptée).

Auront droit au bénéfice des décrets précités les fruits au sirop (fruits conservés dans un liquide sucré) dans lesquels la proportion du sucre cristallisable sera de 5 p. 0/0 au moins.

Art. 2. — Sont exclus du bénéfice de cette disposition les sirops, liqueurs ou fruits au sirop reconnus par les laboratoires de l'Administration des douanes contenir des substances de nature à fausser le dosage du sucre.

Art. 3. — Les ministres, etc.

Loi du 29 juin 1891.

Art. 1er. — *A partir du 1er septembre prochain, et pour les campagnes suivantes, le rendement légal par 100 kilogrammes de betteraves mises en œuvre dans les fabriques de sucre indigène reste fixé à 7 kilogr. 750 grammes.*

Lorsque le rendement effectif de chaque fabrique ne dépasse pas 10 kilogr. 500 grammes de sucre raffiné par 100 kilogrammes de betteraves, l'excédent est en totalité admis au bénéfice du droit réduit édicté par le premier paragraphe de l'article 1er de la loi du 5 août 1890.

La moitié de l'excédent obtenu en sus de 10 kilogr. 500 grammes de sucre par 100 kilogrammes de betteraves n'est également passible que de ce même droit réduit; l'autre moitié est ajoutée aux charges imposables, au droit plein de 60 francs par 100 kilogrammes.

Aux fabricants qui, avant le 1er novembre de chaque année, déclarent au bureau de la Régie qu'ils renoncent au bénéfice de la prime sur les excédents de rendement, il est alloué un déchet de 15 p. 100 sur le montant total de leur fabrication.

Les sucres correspondant à ce déchet sont passibles d'un droit égal à celui qui est applicable aux sucres représentant des excédents.

Sous l'un ou l'autre des deux régimes définis ci-dessus, la prise en charge fixée par le premier paragraphe du présent article est définitive, quels que soient les excédents et les manquants qui peuvent se produire.

Art. 2. — *Le déchet de fabrication alloué aux fabricants-distillateurs par l'article 6 de la loi du 5 août 1890 est abaissé à 15 p. 0/0 à partir de la campagne 1891-92.*

Art. 3. — Les mélasses expédiées d'une fabrique sur une autre fabrique ou sur une sucraterie exercée sont portées en décharge, au compte de fabrication, à raison de 30 kilogrammes de sucre raffiné par 100 kilogrammes de mélasses. Elles sont prises en charge chez le destinataire pour une quantité de sucre raffiné égale à celle dont le compte de l'expéditeur a été déchargé.

Ne peuvent être expédiées dans ces conditions que les mélasses épuisées, n'ayant pas plus de 50 0/0 de richesse saccharine absolue.

---

(1) Toutefois, pour les sirops gazeux, la limite minima de la teneur en sucre est abaissée de 10 p. 0/0, taux fixé par le décret de 1878, à 6 p. 0/0 ; voir le décret du 27 décembre 1895. En outre, le poids minimum des liqueurs et sirops est abaissé à 50 kilogr.; voir le décret du 29 juillet 1897. Voir aussi le décret du 1er avril 1905, pour le calcul du sucre cristallisable contenu dans les sirops.

Art. 4. — *Toute modification relative à la fixation de la prise en charge ou du déchet, qui ferait l'objet d'une nouvelle disposition législative, ne serait applicable qu'un an après la promulgation de la nouvelle loi.*

DISPOSITION TRANSITOIRE.

Art. 5. — Pour la campagne 1890-91, il sera alloué un déchet de 15 p. 0/0 sur le montant total de leur fabrication aux fabricants de sucre qui, par une déclaration faite au bureau de la Régie cinq jours au plus tard après la promulgation de la présente loi, renonceront au bénéfice de la prime sur les sucres obtenus en sus de la prise en charge légale.

L'avant-dernier § de l'article 1er ci-dessus est applicable aux sucres représentant ce déchet.

Extrait de la loi du 11 janvier 1892, portant établissement du tarif des douanes.

Art. 1er. — Le tarif général des douanes et le tarif minimum relatifs à l'importation et à l'exportation sont établis conformément aux tableaux A et B annexés à la présente loi.

Le tarif minimum pourra être appliqué aux marchandises originaires des pays qui feront bénéficier les marchandises françaises d'avantages corrélatifs et qui leur appliqueront leurs tarifs les plus réduits.

. . . .

Art. 3. — Les droits et immunités applicables aux produits importés, dans la métropole, des colonies, des possessions françaises et des pays de protectorat de l'Indo-Chine sont fixés conformément au tableau E annexé à la présente loi.

Sont exceptés du régime du tableau E les territoires français de la côte occidentale d'Afrique (sauf le Gabon), Taïti et ses dépendances, les établissements français de l'Inde, Obock, Diégo-Suarez, Nossi-Bé et Sainte-Marie de Madagascar. Toutefois, les guinées d'origine française provenant des établissements français de l'Inde sont exemptes de droits. Des exemptions ou détaxes pourront être, en outre, accordées à d'autres produits naturels ou fabriqués originaires des établissements susvisés, suivant la nomenclature qui sera arrêtée pour chacun d'eux par des décrets en Conseil d'État. Les produits naturels ou fabriqués originaires de ces établissements, qui ne seront admis, à leur entrée en France, au bénéfice d'aucune exemption ou détaxe, seront soumis au droit du tarif minimum.

Les produits étrangers importés dans les colonies, les possessions françaises et les pays de protectorat de l'Indo-Chine — à l'exception des territoires énumérés au paragraphe 2 — sont soumis aux mêmes droits que s'ils étaient importés en France.

Des décrets en forme de règlements d'administration publique, rendus sur le rapport du ministre du commerce, de l'industrie et des colonies, et après avis des Conseils généraux ou Conseils d'administration des colonies, détermineront les produits qui, par exception à la disposition qui précède, seront l'objet d'une tarification spéciale.

Les paragraphes 1 et 3 du présent article ne seront exécutoires, pour chaque colonie, qu'après que le règlement prévu par le paragraphe 4 sera intervenu, sans que cependant l'effet de cette disposition puisse excéder le délai d'un an.

Toutefois, le Gouvernement pourra faire bénéficier immédiatement, en tout ou en partie, des dispositions du tableau E les colonies qui, actuellement, appliquent dans leur ensemble aux produits étrangers les droits du tarif métropolitain ou qui frappent les denrées coloniales venant de l'étranger des droits inscrits audit tarif.

Art. 4. — Les Conseils généraux et les Conseils d'administration des colonies pourront aussi prendre des délibérations pour demander des exceptions au tarif de la métropole. Ces délibérations seront soumises au Conseil d'Etat, et il sera statué sur elles dans la même forme que les règlements d'administration publique prévus dans l'article précédent.

. . . .

Art. 8. — Le Gouvernement est autorisé à appliquer des surtaxes ou le régime de la prohibition à tout ou partie des marchandises originaires des pays qui appliqueraient des surtaxes ou le régime de la prohibition à des marchandises françaises.

Ces mesures doivent être soumises à la ratification des Chambres, immédiatement si elles sont réunies, sinon, dès l'ouverture de la session suivante.

. . . .

Art. 13. — A partir de la promulgation de la présente loi, le bénéfice de l'admission temporaire ne pourra être accordé à aucune industrie qu'en vertu d'une disposition législative, après avis du Comité consultatif des arts et manufactures.

Toutefois, le Gouvernement continuera à accorder des autorisations d'admission temporaire dans les cas suivants :

Demandes d'introduction d'objets pour réparations, essais, expériences ;

Demandes d'introduction présentant un caractère individuel et exceptionnel, non susceptible d'être généralisé ;

Demandes d'introduction de sacs et emballages à remplir.

. . . .

Sont maintenues en vigueur les facultés actuellement concédées, en matière d'admission temporaire, en vertu de décisions antérieures à la présente loi, pour les produits suivants :

Sucres destinés au raffinage ou à la préparation des bonbons, fruits confits, etc.

. . . .

Cacao et sucre destinés à la fabrication du chocolat.

. . . .

Art. 17. — Sont abrogées toutes les lois antérieures en ce qu'elles ont de contraire à la présente loi.

Art. 18. — La présente loi sera mise en vigueur le 1er février 1892.

Extrait du Tableau A. — Tarif d'entrée.

NUMÉROS.	MATIÈRES VÉGÉTALES.				DROITS (Décimes compris).	
					Tarif général.	Tarif minimum.
	Denrées coloniales de consommation.				fr. c.	fr. c.
90	Sucres	des colonies et possessions françaises (A)	en poudre (y compris les poudres blanches) d'après leur rendement présumé au raffinage.		100 kilog. net (de sucre raffiné). 60 » (1)	—
			raffinés	autres que candis. .	100 kilog. net (poids effectif). 60 » (1)	—
				candis.	64 20 (1)	
91	Sucres étrangers	en poudre dont le rendement présumé au raffinage est de	98 p. 100 ou moins	d'origine européenne ou importés des entrepôts d'Europe. . .	100 kilog. net (de sucre raffiné). 60 » (1)	—
				d'origine extra-européenne . .	plus 7 fr. par 100 kil. net sur le poids effectif. 60 » (1)	—
			plus de 98 p. 100. .		100 kilog. net (poids effectif). 72 » (1)	
		raffinés	autres que candis. candis. . . .		100 kilog. net (poids effectif). 72 » (1) 90 » (1)	68 » (1) 85 » (1)
					100 kilog. net.	
92	Mélasses	pour la distillation y compris les eaux d'exosmose	des colonies et possessions françaises (A). . .		Exemptes.	Exemptes.
			des pays étrangers.		0 05 (2) par degré de richesse saccharine absolue (B). 100 kilog.	0 05 (2)
		autres que pour la distillation, ayant en richesse saccharine absolue	50 p. 100 ou moins.		22 50 (3)	18 » (3)
			plus de 50 p. 100.		48 » (3)	38 40 (3)
93	Sirops, bonbons, fruits confits au sucre. . . .	des colonies et possessions françaises (A). . .			100 kilog.	
		des pays étrangers.			Mêmes droits que le sucre raffiné.	
94	Biscuits sucrés .	des colonies et possessions françaises (A).			Moitié des droits du sucre raffiné.	Moitié des droits du sucre raffiné et de la farine augmentés de
		des pays étrangers . . .			10 »	6 »
95	Confitures. . .	au sucre ou au miel (C)	des colonies et possessions françaises (A). . . .		Moitié des droits du sucre raffiné.	
			des pays étrangers.			
		sans sucre ni miel . . .			10 »	8 »

(A) On ne considère comme produits des colonies et possessions françaises que ceux qui sont importés directement.
(B) Dans le cas où les déclarants, contestant les essais faits dans les laboratoires de douane, réclameraient l'expertise légale, celle-ci serait faite par des chimistes inscrits sur la liste générale prévue par l'article 9 de la présente loi et statuant dans les conditions fixées par l'article 4 de la loi du 7 mai 1881.
(C) La pâte sucrée et aromatisée, désignée dans les anciens tarifs sous la dénomination de *sorbets*, est assimilée aux confitures au sucre.
(1) Tarif modifié par la loi du 28 janvier 1903.
(2) Tarif augmenté par les lois des 17 novembre 1894 et 14 juillet 1897.
(3) Tarif modifié par l'art. 5 de la loi du 7 avril 1897.

NUMÉROS.	MATIÈRES VÉGÉTALES.	DROITS (Décimes compris).	
		Tarif général.	Tarif minimum.
	Denrées coloniales de consommation (suite).	fr. c.	fr. c.
98	Cho-colat. { contenant plus de 55 p. 100 de cacao. .	150 » (1)	—
	{ contenant 55 p. 100 de cacao ou moins	130 » (1)	100 » (1)
	Produits et déchets divers.	100 kilog.	
162	Betteraves.	0 40	0 40
	Produits chimiques.		
281	Saccharine.	Prohibée.	Prohibée.

(1) Tarif modifié par la loi du 24 février 1900.

Extrait du Tableau E.

RÉGIME APPLICABLE AUX PRODUITS IMPORTÉS DES COLONIES, POSSESSIONS FRANÇAISES ET PAYS DE PROTECTORAT DE L'INDO-CHINE.

DÉSIGNATION DES PRODUITS.			RÉGIME.
Produits d'origine coloniale (A)	Sucres, mélasses non destinées à la distillation. . .		Droits du tarif métropolitain.
	Sirops et bonbons, biscuits sucrés.		Droits du tarif métropolitain.
	Confitures et fruits de toute sorte confits au sucre et au miel.		Droits du tarif métropolitain.
	Chocolat.		Moitié des droits du tarif métropolitain.
Produits d'origine étrangère	importés de l'Algérie	après y avoir été nationalisés par le payement des droits du tarif de la métropole.	Exempts
		après y avoir acquitté des taxes spéciales.	Paiement de la différence entre les droits du tarif algérien et ceux du tarif métropolitain.
		ayant joui de la franchise en Algérie ou en arrivant par suite d'entrepôt ou de transbordement.	Droits du tarif métropolitain.
	importés des autres colonies ou possessions françaises.		Droits du tarif métropolitain.

Les prohibitions ou restrictions établies dans le tarif des douanes dans un intérêt d'ordre public, ou comme conséquence de monopoles, sont applicables aux importations des colonies ou possessions françaises, soit qu'il s'agisse de produits coloniaux, soit qu'il s'agisse de produits étrangers.

(A) Les produits des colonies et possessions françaises ne sont admis au régime de faveur qu'à la condition de l'importation directe et sur la production des justifications d'origine réglementaires.

Extrait de la loi du 26 juillet 1893.

Art. 23. — Le dernier paragraphe de l'article 8 de la loi du 5 août 1890 sur la surveillance des raffineries de sucre est modifié ainsi qu'il suit :

« *Cette surveillance s'exerce exclusivement à l'entrée des sucres bruts et à la sortie des mélasses et des vergeoises* (1). »

Art. 24. — L'article 10 de la même loi est remplacé par le texte suivant :

« Il est tenu, par les employés de la Régie, un compte d'entrées et de sorties présentant :

« Aux entrées : les quantités de sucre correspondant aux réfactions accordées pour les sels et les glucoses par la loi du 19 juillet 1880 sur le titre polarimétrique des sucres bruts introduits ;

« Aux sorties : 1° les quantités de sucre cristallisable et de glucose contenues dans les mélasses expédiées ; 2° les quantités de sucre cristallisable et de glucose contenues dans les mélasses des vergeoises et bas produits expédiés des raffineries à l'état solide.

« La balance de ce compte est établie à la fin de chaque semestre.

« Les excédents sont frappés du droit plein. »

Art. 25. — Toute introduction de mélasse et de glucose dans les raffineries est interdite.

Les mélasses en quantités supérieures à 100 kilogrammes ne pourront en tous lieux circuler sans être accompagnées d'un acquit-à-caution.

Art. 26. — La taxe dont la perception est autorisée à titre de frais de surveillance par l'article 13 de la loi du 5 août 1890 est *abaissée à 4 centimes* par 100 kilogrammes (2).

Art. 27. — Un décret déterminera les conditions d'application des articles 23 à 26 de la présente loi.

Art. 28. — Les contraventions aux dispositions qui précèdent et au décret prévu par l'article ci-dessus seront frappées des peines édictées par l'article 14 de la loi du 5 août 1890.

Art. 29. — Les dispositions des articles 8 à 14 de la loi du 5 août 1890 qui ne sont pas contraires à celles de la présente loi sont maintenues.

Art. 30. — Les dispositions des articles 23 à 29 de la présente loi seront exécutoires à partir du 1er septembre 1893.

Décret du 30 août 1893
concernant l'exercice des raffineries de sucre.

Ce décret a été abrogé en entier par l'art. 21 du décret du 12 août 1904.

Extrait de la loi du 17 novembre 1894.

Art. 1er. — Le premier paragraphe du n° 92 du tableau A du tarif général des douanes est modifié ainsi qu'il suit :

---

(1) Modifié par la loi du 9 juillet 1904.
(2) Taxe relevée à 8 centimes, art. 6 de la loi du 9 juillet 1904.

	TARIF	
	général	minimum
Mélasses pour la distillation, y compris les eaux d'exosmose :		
Des colonies et possessions françaises	Exemptes	Exemptes
Des pays étrangers (1).	0 f. 15	0 f. 10
	par degré de richesse saccharine absolue.	

Art. 2. — Les mélasses étrangères jouiront de l'admission temporaire dans les conditions prévues par l'article 13 de la loi du 11 janvier 1892.

Décret du 9 mai 1895.

Art. 1er. — Le 1er § de l'art. 2 du décret du 8 août 1878 est modifié ainsi qu'il suit :

« Le poids minimum des expéditions de biscuits sucrés présentés à la décharge des comptes d'admission temporaire de sucre est fixé à 50 kilogr. net. »

Art. 2. — Le ministre, etc....

Voir le décret du 3 octobre 1883.

Décision ministérielle du 31 octobre 1895.

Les directeurs sont autorisés à statuer sur les demandes de prolongation du délai de transport au delà de trois jours en matière de sucre, quel que soit le délai demandé.

Décret du 27 décembre 1895.

Art. 1er. — La limite minima de teneur en sucre cristallisable est abaissée de 10 à 6 p. 0/0 pour les sirops gazeux admissibles à la décharge des comptes d'admission temporaire de sucre brut.

Art. 2. — Le ministre du commerce, etc...

Voir les décrets des 8 août 1878, 18 septembre 1880 et 27 octobre 1890.

Extrait de la loi du 31 mars 1896 établissant un droit sur les amidines.

Art. 1er. — (Tarif de douane.)

Art. 2. — Il sera perçu à l'entrée en glucoserie un droit de quatre francs (4 francs) par 100 kilogrammes d'amidine sèche et par 150 kilogrammes d'amidine verte (2).

Sont exemptes de ce droit les amidines dont les fabricants justifieront en due forme qu'elles ont été produites avec des blés, des seigles, des orges ou des riz.

---

(1) Ces taxes ont été augmentées par l'art. 1er de la loi du 14 juillet 1897.

(2) Le même droit est perçu sur l'amidine que peuvent produire les maïs, farines de maïs et dérivés du maïs. — Loi du 13 avril 1898, art. 19.

Art. 3. — L'admission temporaire est accordée aux maïs et aux orges employés à la production des glucoses massées ambrées, destinées à l'exportation (1).

Art. 4. — (*Disposition transitoire.*)

Décret du 23 juillet 1896, modifiant les art. 34, 35 et 38 de l'ordonnance du 29 août 1846.

Art. 1er. — Les articles 34, 35 et 38 de l'ordonnance royale du 29 août 1846 sont modifiés ainsi qu'il suit:

« Art. 34. — *Quels que soient les procédés et les produits de la fabrication, le compte général du fabricant sera chargé au minimum de 100 kilogrammes de glucose par 100 kilogrammes de fécule de pommes de terre sèche, ou par 157 kilogrammes de même fécule verte, employés ou manquants*

Abrogé et remplacé par le décret du 17 août 1897.

« Art. 35. — Pour les fabriques qui emploient d'autres matières que les fécules de pommes de terre sèches ou vertes, le rendement au minimum sera déterminé, pour chaque espèce de matières premières, par une évaluation faite de gré à gré entre l'Administration et le fabricant.

« En cas de contestations, des échantillons seront prélevés pour être soumis à l'analyse, dans les laboratoires de l'Administration.

« Le rendement minimum sera alors fixé d'après les résultats de l'analyse, sauf recours, si le fabricant en fait la demande, à l'expertise légale, dans les conditions déterminées par l'article 19 de la loi du 27 juillet 1822. »

« Art. 38. — Les manquants constatés dans la fabrication des glucoses sur le minimum légal de prise en charge ou le minimum déterminé par évaluation ou par analyse pourront être affranchis, par l'Administration, des droits auxquels ils sont assujettis lorsqu'ils résulteront de pertes matérielles régulièrement constatées (2).

« Le ministre des finances pourra, d'autre part, après avis de la section des finances du Conseil d'État, accorder décharge des droits afférents aux manquants qui proviendraient de déficits de rendement ou de déchets de fabrication ».

Décret du 26 juillet 1896 modifiant le tarif douanier des sucres.

Voir le rapport du 25 juillet 1896 inséré au *Journal officiel* et dans le *Journal des Contributions indirectes* du 6 août 1896.

Art. 1er. — A partir du 1er août 1896, les surtaxes applicables aux sucres bruts étrangers importés des pays d'Europe et aux sucres raffinés étrangers de toute origine sont fixées ainsi qu'il suit :

. . . .

Ce décret a été ratifié, sous certaines modifications de tarif, par l'art. 9 de la loi du 7 avril 1897.

---

(1) Voir le décret du 25 novembre 1896.
(2) Pour les pertes matérielles, le dégrèvement est accordé par les directeurs, lorsque les droits ne dépassent pas 500 francs. — Décision ministérielle du 16 septembre 1896 ; circ. n° 194, du 24 décembre 1896.

Arrêté ministériel du 16 septembre 1896.

Les dégrèvements sur la prise en charge dans le cas de perte matérielle de fécule, de sirop ou de glucose, seront accordés par les directeurs des contributions indirectes, dans les conditions déterminées par les articles 18 et 38 de l'ordonnance du 29 août 1846 et par le décret du 23 juillet 1896, lorsque le montant du droit applicable au produit perdu ne dépassera pas 500 francs.

Arrêté ministériel du 5 octobre 1896.

Les dégrèvements sur la prise en charge pour cause de pertes matérielles de jus, de sirops ou de sucres, pourront être accordés par les directeurs des contributions indirectes dans les conditions déterminées par l'article 18 du décret du 1er septembre 1852, lorsque les droits applicables aux produits perdus ne dépasseront pas 500 francs.

Les apurements d'acquits-à-caution... de sucres... pourront être autorisés par les directeurs des contributions indirectes dans la limite de 1,000 francs ; les sous-directeurs pourront statuer, sur les mêmes objets, dans la limite de 100 francs.

Décret du 25 novembre 1896.

Art. 1er. — Le maïs et les orges peuvent être admis temporairement en franchise de droit pour être transformés en glucoses massées ambrées pour la réexportation, sous les conditions déterminées par l'article 5 de la loi du 5 juillet 1836.

Art. 2. — Les déclarants s'engageront par une soumission valablement cautionnée à réexporter ou à mettre en entrepôt, dans un délai qui ne pourra excéder quatre mois, les glucoses massées ambrées provenant de la transformation du maïs et de l'orge.

Art. 3. — Par chaque quintal métrique de maïs, il devra être réexporté 50 kilogrammes de glucose massée ambrée, et par chaque quintal d'orge, il devra être réexporté 43 kilogrammes du même produit.

Art. 4. — Les déclarations pour l'importation temporaire pourront être reçues dans tous les bureaux.

La réexportation des produits de la fabrication ne pourra être effectuée que par les bureaux ouverts au transit.

Art. 5. — L'arrivée du maïs et de l'orge dans les glucoseries devra être constatée par le service des contributions indirectes chargé de l'exercice de la fabrique ; pour que l'identité du maïs et de l'orge puisse être reconnue, un échantillon plombé sera joint à l'acquit-à-caution d'admission temporaire.

L'expédition de la glucose à l'étranger ne pourra s'effectuer qu'en vertu d'un acquit-à-caution du service des contributions indirectes, indiquant l'acquit-à-caution délivré à l'entrée par le service des douanes à la décharge duquel la réexportation aura lieu.

Art. 6. — Toute substitution, toute soustraction, tout manquant ou tout abus constatés par le service des douanes ou des contributions indirectes donneront lieu à l'application des pénalités et interdictions prononcées par l'article 5 de la loi du 5 juillet 1836.

Loi du 7 avril 1897, établissant des primes d'exportation et des détaxes de distance.

Art. 1er. — *A partir de la promulgation de la présente loi, des primes, dont la quotité est fixée comme il suit, sont accordées pour l'exportation en pays étrangers et dans les colonies françaises non soumises au tarif douanier métropolitain :*

1° *Des sucres indigènes produits depuis le 1er septembre 1896 et déclarés pour l'exportation à partir de la promulgation de la présente loi ;*

2° *Des sucres des colonies françaises embarqués à destination de la France à partir du 1er septembre 1896 et exportés des entrepôts de France à partir de la promulgation de la présente loi ;*

3° *Des sucres et vergeoises imputés à la décharge des soumissions d'admission temporaire souscrites pour des sucres produits en France ou expédiés des colonies françaises, à partir du 1er septembre 1896 :*

Sucres bruts en grains ou petits cristaux d'un titrage de 98 p. 0/0 au moins pour les sucres de betterave, ou de 97 p. 0/0 au moins pour les sucres coloniaux, titrage pris avant la déduction du déchet de raffinage. . . . . Par 100 kilogrammes de sucre raffiné : 4 francs.

(*Les sucres de cette catégorie, imposables et expédiés directement à l'étranger par le fabricant lui-même, lorsqu'ils polariseront 99 75 p. 0/0 au moins, seront portés pour leur poids en raffiné, sans déduction aucune, au compte de décharge du fabricant.*)

Sucres bruts d'un titrage de 65 à 98 p. 0/0 pour les sucres de betterave, ou de 65 à 97 p. 0/0 pour les sucres coloniaux français. . . . . Par 100 kilogrammes de sucre raffiné : 3 fr. 50

Sucres candis calculés à leur coefficient légal. . . . .
Sucres raffinés en pains ou morceaux, parfaitement épurés, durs et secs. . . . . Par 100 kilogrammes poids effectif : 4 fr. 50.

Vergeoises, par 100 kilogr. de sucre raffiné. . . . . . . 4 fr. 50.
Sucres raffinés en grains ou cristaux titrant au moins 98 p. 0/0 . 4 fr.

(*Lorsque les sucres de cette dernière catégorie polariseront 99.75 au moins, ils seront considérés comme sucres raffinés purs et leurs certificats d'exportation seront admis à la décharge des obligations d'admission temporaire pour leur poids total, sans aucune déduction.*)

Abrogé par l'art. 5 de la loi du 28 janvier 1903.

Art. 2. — Il est accordé aux sucres des colonies et possessions françaises importés directement en France une détaxe de distance de 2 fr. 25 par 100 kilogrammes de raffiné pour les colonies de l'Atlantique, et de 2 fr. 50 par 100 kilogrammes de raffiné pour les autres colonies (1).

---

(1) Ces détaxes sont allouées à raison du montant effectif des frais de transport, sans pouvoir dépasser le taux fixé par la loi du 7 avril 1897 ; art. 3 de la loi du 28 janvier 1903.

Cette détaxe n'est attribuée qu'aux sucres de la campagne 1896-1897 embarqués à destination de la France dans un délai maximum de cent vingt jours pour les expéditions faites par voilier des colonies de la mer des Indes et de soixante jours pour toutes les autres, avant la promulgation de la loi. Elle sera allouée sous forme de bons de droits dans les conditions prévues à l'article 8.

Art. 3. — Les sucres bruts provenant des fabriques de la métropole, expédiés des ports français de la mer du Nord et de la Manche, à destination des ports français de l'Atlantique et de la Méditerranée, pour être mis en œuvre dans les raffineries établies dans ces ports, en vue de l'exportation, bénéficieront, à partir de la promulgation de la présente loi, d'une détaxe de 2 francs par 100 kilogrammes (1), à la condition que ces sucres soient expédiés, sous le régime du cabotage, du port français d'embarquement au port français de destination. Ils seront dirigés avec acquit-à-caution de mutation d'entrepôt sur la douane de destination où seront souscrites les obligations d'admission temporaire.

Ces obligations devront être apurées par l'application de certificats d'exportation dans les conditions déterminées par la législation actuelle, sous peine de la restitution de la détaxe.

La même détaxe de 2 francs (1) sera accordée aux sucres bruts provenant des fabriques de la métropole, situées à une distance minima de 250 kilomètres du port où se trouve la raffinerie à laquelle ces sucres seront expédiés directement, lorsque ces sucres seront expédiés directement de la fabrique, par voie ferrée, pour être mis en œuvre, en vue de l'exportation, dans les raffineries des ports français de l'Atlantique et de la Méditerranée.

Elle sera également accordée aux sucres bruts provenant des fabriques de la métropole, situées à une distance de plus de 300 kilomètres en ligne droite des raffineries de l'intérieur, lorsque ces sucres seront expédiés directement de la fabrique, par voie ferrée ou par canaux, pour être mis en œuvre, en vue de l'exportation, dans lesdites raffineries.

Art. 4. — A partir de la promulgation de la présente loi, il est établi :

1° Un droit de raffinage sur les sucres candis, sucres raffinés parfaitement épurés, durs et secs ; sucres raffinés autres titrant au moins 98 0/0 et vergeoises. . . . .   4 francs (2) par 100 kilogrammes de raffiné.

2° Un droit de fabrication sur les sucres bruts n'allant pas en raffinerie. . . . .   1 franc (3) par 100 kilogrammes de raffiné.

Sont exempts des droits prévus dans les deux paragraphes ci-dessus les sucres qui sont exportés.

Le droit de raffinage sera perçu à l'entrée des sucres en raffinerie, conformément aux lois en vigueur et dans les conditions qui seront déterminées par le règlement d'administration publique.

Art. 5. — Sont en outre modifiés comme suit les droits de douane des dérivés du sucre énumérés ci-après :

---

(1) Ces détaxes sont allouées à raison du montant effectif des frais de transport, sans pouvoir dépasser le taux fixé par la loi du 7 avril 1897 ; art. 3 de la loi du 28 janv. 1903.
(2) La taxe de raffinage est abaissée à 2 fr., art. 1er de la loi du 28 janvier 1903.
(3) La taxe de fabrication est supprimée, art. 1er de la loi du 28 janvier 1903.

Mélasses autres que pour la distillation, ayant en richesse saccharine 50 p. 0/0 ou moins :

Tarif général. . . . . 24 f. 75 par 100 kil.
Tarif minimum. . . . . 20 75   —

Mélasses autres que pour la distillation, ayant en richesse saccharine plus de 50 p. 0/0 :

Tarif général. . . . . 52 f. 50 par 100 kil.
Tarif minimum. . . . . 42 90   —

Chocolat contenant 55 p. 0/0 de cacao ou moins :

Tarif général . . . . 132 f. 25 par 100 kil.(1).
Tarif minimum. 102 25

Art. 6. — Les surtaxes établies par l'article 4 seront appliquées aux sucres de toute espèce déjà libérés d'impôt, ainsi qu'aux matières en cours de fabrication également libérées d'impôt existant au moment de la promulgation de la présente loi dans les raffineries, fabriques ou magasins, ou dans tous autres lieux, en la possession des raffineurs, fabricants, commerçants ou dépositaires. Les quantités seront reprises par voie d'inventaire, après déclaration faite par les détenteurs.

Toute quantité non déclarée donnera lieu au payement, en sus de la surtaxe, d'une amende égale au double de cette surtaxe.

Seront toutefois dispensées de l'inventaire les quantités n'excédant pas 500 kilogrammes en sucre raffiné.

Art. 7. — Les fabricants et raffineurs auront à souscrire des soumissions complémentaires en garantie de la surtaxe édictée par la présente loi, pour les sucres de toute espèce et les matières en cours de fabrication placés sous le régime de l'admission temporaire.

L'apurement de ces soumissions aura lieu dans les conditions appliquées au moment de la mise en vigueur des lois des 30 décembre 1873, 29 juillet 1884 et 27 mai 1887.

À partir de la promulgation de la présente loi et jusqu'à la fin des opérations d'inventaire prévues par l'article 6, les employés des douanes et des contributions indirectes devront être admis dans les raffineries, à toute heure de jour et de nuit. Ils pourront en suivre les opérations et procéder à toutes les constatations et vérifications préparatoires qu'ils jugeront nécessaires.

Art. 8. — Pour l'allocation des *primes d'exportation* (2) édictées par la présente loi, il sera établi des bons de droits, transmissibles par voie d'endossement, qui seront reçus comme numéraire, en apurement des obligations d'admission temporaire de sucres indigènes et coloniaux français. *Ces bons, délivrés pour les sucres exportés des fabriques en suspension de l'impôt, seront reçus comme numéraire pour l'acquittement des droits de la Régie.*

A partir du 1er septembre 1897, il devra être fait emploi de ces bons de droits dans le délai de deux mois à dater de leur délivrance.

Art. 9. — Est ratifié et converti en loi le décret du 26 juillet 1896 portant relèvement des surtaxes afférentes aux sucres étrangers.

---

(1) Tarif des chocolats modifié par la loi du 24 février 1900.
(2) Et des détaxes de distance, voir le deuxième § de l'art. 2.

Toutefois, à partir de la promulgation de la présente loi, ces surtaxes sont fixées ainsi qu'il suit :

Poids effectif. Les 100 kilogr. net :

Sucres bruts d'origine européenne ou importés des entrepôts d'Europe, *9 francs* (1).

Sucres raffinés et assimilés autres que candis, tarif général, *16 fr.* (1).

Sucres raffinés et assimilés autres que candis, tarif minimum, *10 fr.* (1).

Sucres candis, tarif général, *28 fr. 80* (1).

Sucres candis, tarif minimum, *25 fr.80* (1) (poids effectif les 100 kil. net).

Tant que seront allouées les détaxes prévues par les articles 2 et 3 de la présente loi, la surtaxe *de 9 francs* par 100 kilogrammes (poids effectif) sera étendue aux sucres en poudre titrant 98 p. 0/0 ou moins, importés des pays hors d'Europe pour la consommation.

Les taxes *de fabrication* et de raffinage édictées par l'article 4 de la présente loi sont également applicables à tous les sucres étrangers dans les mêmes conditions qu'aux sucres indigènes et coloniaux français.

Les sucres coloniaux étrangers jouissent du bénéfice de l'admission temporaire, *mais ils sont exclus de la prime d'exportation.*

Art. 10. — Les taxes *de fabrication* et de raffinage édictées par l'art. 4. de la présente loi ne sont pas applicables à l'Algérie et à la Corse, *et les sucres exportés de ces pays ne bénéficieront pas des dispositions de l'art. 1er.*

Art. 11. — *Si des pays producteurs de sucre de betterave accordant actuellement des primes d'exportation supprimaient ou abaissent ces primes, le Gouvernement est autorisé, en l'absence des Chambres, à prendre, par décret, les mêmes mesures, sous réserve de ratification par une loi.*

Art. 12. — *Dans le cas où le montant des primes allouées pendant une campagne excéderait le produit des taxes de fabrication et de raffinage prévues par la présente loi, le taux des primes serait, pour la campagne suivante, ramené au chiffre nécessaire pour couvrir le Trésor de son avance, par décret rendu en Conseil des ministres et présenté, en forme de projet de loi, aux Chambres, avant la fin de leur session, si elles sont assemblées, ou à la session prochaine, si elles ne sont pas assemblées* (2).

(1) Tarif modifié par l'art. 2 de la loi du 28 janvier 1903.
(2) Pendant la durée de l'application de la loi du 7 avril 1897, le taux des primes d'exportation a été successivement fixé, pour les sucres indigènes, ainsi qu'il suit :

CAMPAGNE	SUCRES bruts titrant de 65 à 98 %.	SUCRES en grains ou cristaux titrant au moins 98 %.	SUCRES raffinés en pains ou morceaux.	DÉCRET.	LOI.
	Fr.	Fr.	Fr.		
1896-97	2.32	2.65	2.98	27 février 1898	7 avril 1897
1897-98	3.50	4.00	4.50	»	7 avril 1897
1898-99	2.42	2.77	3.11	17 août 1898	12 juillet 1899
1899-00	2.76	3.16	3.55	10 août 1899	13 juillet 1900
1900-01	2.22	2.54	2.86	14 août 1900	31 déc. 1901
1901-02	1.56	1.78	2.00	23 août 1901	
1902-03	1.11	1.27	1.43	14 août 1902	

Les mêmes primes étaient accordées aux sucres coloniaux français, avec cette différence que, pour les sucres bruts ou en grains, la démarcation entre les titrages était fixée à 97 0/0, au lieu de 98.

Art. 13 — A partir du 1ᵉʳ septembre 1897, les bascules servant au pesage des betteraves livrées par le cultivateur devront être munies d'un appareil enregistreur.

Dans chaque fabrique, un ou plusieurs agents de l'État seront chargés de vérifier l'exactitude des opérations de pesage et de contrôler les réfactions à opérer en raison de la terre, des racines et du collet, ainsi que la détermination de la densité.

Un décret fixera les conditions du fonctionnement de ce contrôle (1).

Art. 14. — Un décret portant règlement d'administration publique déterminera toutes les conditions d'application de la présente loi (2).

DISPOSITION TRANSITOIRE.

Jusqu'au 1ᵉʳ septembre 1897, les primes d'exportation ne seront allouées immédiatement que jusqu'à concurrence de 50 p. 100.

Au 1ᵉʳ septembre 1897, il sera fait un état des recettes réalisées en vertu de la présente loi, état sur lequel on imputera d'abord le montant des primes payées jusqu'à concurrence de 50 p. 0/0 ; le solde sera réparti au *prorata* entre les ayants droit, en vertu d'un décret rendu en conseil des ministres.

Les sucres de la campagne 1896-1897 qui n'auront pas été exportés à la date du 1ᵉʳ septembre 1897 n'auront droit, pendant la campagne suivante, qu'à la moitié des primes d'exportation fixées à l'article 1ᵉʳ.

Extrait de la loi du 29 juin 1897, concernant la comptabilité des primes d'exportation et des détaxes de distance.

Art. 42. — Les produits des taxes de raffinage *et de fabrication* et des suppléments de droits sur les dérivés du sucre, établis par les articles 4 et 5 de la loi du 7 avril 1897 relative au régime des sucres, seront portés au crédit d'un compte à ouvrir parmi les services spéciaux du Trésor. Le débit de ce compte comprendra le montant *des primes d'exportation et* des détaxes constatées par les receveurs des douanes et des contributions indirectes en application de la même loi.

Le solde sera transporté en fin d'année à un compte budgétaire.

Loi du 14 juillet 1897, concernant les mélasses pour la distillation et les usages agricoles.

Art. 1ᵉʳ. — Le premier paragraphe du n° 92 du tableau A du Tarif général des douanes est modifié ainsi qu'il suit :

---

(1) Voir le décret du 23 juillet 1897. Il a été jugé que ces dispositions n'intéressent pas l'ordre public et que les parties peuvent, d'un commun accord, renoncer aux garanties qu'elles édictent. — Amiens, 16 juin 1899.

(2) Voir le décret du 18 juillet 1897.

MATIÈRES.	TARIF	
	GÉNÉRAL.	MINIMUM.
Mélasses pour la distillation, y compris les eaux d'exosmose	100 kilogrammes	
Mélasses des colonies et possessions françaises. . .	Exemptes.	Exemptes.
Mélasses des pays étrangers.	0 f 30	0 f 20
	Par degré de richesse saccharine absolue.	

Art. 2. — Les mélasses étrangères jouiront de l'admission temporaire dans les conditions prévues par l'article 13 de la loi du 11 janvier 1892 (1).

Art. 3. — Seront admises au droit de dix centimes (0 fr. 10) par degré de richesse saccharimétrique les mélasses étrangères en cours de route huit jours avant la promulgation de la présente loi, toutes justifications à cet égard devant être fournies à l'Administration des douanes.

Art. 4. — Seront admises en décharge, *à raison de* 14 p. 100 *de leur poids* au compte des fabricants *qui n'emploieront pas le procédé de l'osmose*, les mélasses *ayant au moins* 44 p. 100 *de richesse saccharine absolue*, lorsqu'elles seront expédiées en distillerie ou à l'étranger, ou lorsqu'elles seront destinées à des usages agricoles.

La décharge n'est plus actuellement que de 5 p. 0/0.

Art. 5. — Un décret rendu après avis du Comité consultatif des arts et manufactures déterminera les procédés de dénaturation et les conditions d'emploi des mélasses (2).

Art. 6. — La faculté de mise en entrepôt accordée aux sucres est applicable aux mélasses cotées, ainsi qu'il est spécifié à la présente loi.

Art. 7. — Sont abrogées les dispositions de l'article 6 de la loi du 4 juillet 1887 et de la loi du 17 novembre 1894.

Règlement d'administration publique du 18 juillet 1897, pour l'application de la loi du 7 avril 1897 sur les sucres.

TITRE PREMIER.

PRIMES D'EXPORTATION.

Art. 1er. — *Les bons de droits délivrés pour l'allocation des primes d'exportation sont détachés d'un registre à souche. Ils mentionnent, indépendamment du nom du titulaire, la nature et la provenance des sucres, leur titrage, leur poids, la destination, le montant de l'allocation et la date de l'échéance.*

---

(1) Voir un décret du 30 juillet 1895, dans le *Journal des Contributions indirectes* du 12 août 1895, et la circ. n° 128, du 2 septembre 1895.

(2) Voir ce décret, en date du 3 novembre 1898.

Ils font connaître, pour les sucres indigènes, la campagne à laquelle appartiennent les sucres ; pour les sucres coloniaux, la date de l'embarquement pour la France.

Art. 2. — *Les bons afférents aux sucres indigènes exportés en suspension du payement des droits sont établis au nom du soumissionnaire de l'acquit-à-caution. Ils lui sont délivrés, après la rentrée de ce dernier titre, par le service des contributions indirectes qui l'a émis.*

Les bons sont, toutefois, sur la demande du soumissionnaire de l'acquit-à-caution, délivrés, après la sortie des sucres, au signataire de la déclaration d'exportation par le service des douanes qui a reçu cette déclaration.

Art. 3. — *Les bons afférents aux sucres coloniaux exportés des entrepôts de la métropole sont établis au nom du signataire de la déclaration d'exportation. Ils lui sont, après la sortie des sucres, délivrés par le service des douanes qui a reçu cette déclaration.*

Art. 4. — *Les bons afférents aux sucres et vergeoises imputés à la décharge de soumissions d'admission temporaire sont établis, par le comptable qui a fait l'application du certificat d'exportation ou d'entrée en entrepôt, au nom du titulaire actuel du certificat. Ils sont délivrés, pour les sucres exportés en suite d'une constitution en entrepôt, après la justification de l'application du certificat et de la sortie des sucres, et, pour les autres, immédiatement après l'application du certificat.*

TITRE II.

DÉTAXES DE DISTANCE.

Art. 5. — Les bons de droits délivrés pour l'allocation des détaxes de distance sont détachés d'un registre à souche. Ils mentionnent, indépendamment du nom du titulaire, la nature et la provenance des sucres, leur titrage, leur poids, le mode et les conditions du transport, le montant de l'allocation et la date de l'échéance.

Ils font connaître, pour les sucres indigènes expédiés sur les raffineries dans les conditions déterminées aux paragraphes 2 et 3 de l'article 3 de la loi du 7 avril 1897, la distance de la fabrique expéditrice au lieu de destination.

Art. 6. — Les bons de droits délivrés pour l'allocation des détaxes de distance relatives aux sucres coloniaux sont établis, par le service de la douane, au nom de l'auteur de la déclaration, après vérification et, dans le cas de mise à la consommation, après liquidation de l'impôt.

Art. 7. — Les sucres bruts provenant des fabriques de la métropole et expédiés par mer sur les raffineries, dans les conditions déterminées au paragraphe 1er de l'article 3 de la loi du 7 avril 1897, sont accompagnés d'un acquit-à-caution délivré par le service des contributions indirectes de la fabrique expéditrice. Ce titre, qui contient toutes les indications nécessaires pour la liquidation éventuelle des droits, est présenté au service de la douane du port d'embarquement, lequel délivre en échange l'acquit-à-caution de mutation d'entrepôt. Ce dernier titre accompagne le chargement jusqu'à la raffinerie où il est déchargé par le service des contributions indirectes qui exerce cet établissement, après qu'il a été justifié de la souscription, entre les mains du receveur principal des douanes dans la circonscription duquel se trouve le port de débarquement, d'une obligation d'admission temporaire.

Art. 8. — Les sucres bruts provenant des fabriques de la métropole et expédiés sur les raffineries, dans les conditions déterminées aux paragraphes 2 et 3 de l'article 3 de la loi du 7 avril 1897, sont accompagnés d'un acquit-à-caution délivré par le service des contributions indirectes de la fabrique expéditrice. Cet acquit-à-caution, qui contient toutes les indications nécessaires pour la liquidation éventuelle des droits, est déchargé par le service qui exerce l'établissement destinataire, après qu'il a été justifié de la souscription, entre les mains du receveur principal des contributions indirectes dans la circonscription duquel se trouve la raffinerie, d'une obligation d'admission temporaire.

Art. 9. — Les bons de droits délivrés dans les conditions prévues aux deux articles qui précèdent sont, après constatation de l'entrée des sucres dans la raffinerie, établis par le comptable qui a reçu la soumission d'admission temporaire, au nom du souscripteur de cette soumission.

Art. 10. — Des tableaux de distance distincts sont établis pour l'application du paragraphe 2 et pour l'application du paragraphe 3 de l'article 3 de la loi du 7 avril 1897. Des exemplaires de ces tableaux sont déposés dans les bureaux des contributions indirectes chargés de liquider les détaxes.

TITRE III.

TAXES DE RAFFINAGE

ET DE FABRICATION

Art. 11. — Les certificats d'exportation ou de mise en entrepôt de sucres ou de préparations sucrées sont munis d'un coupon transmissible par endossement et imputable, *suivant les cas*, à la décharge des comptes spéciaux prévus aux articles 12 *et 14*.

Art. 12. — Un compte spécial de la taxe de raffinage, réglé mensuellement, est tenu dans les divers établissements industriels qui, produisant ou recevant des sucres bruts, expédient des sucres raffinés ou agglomérés de toutes formes.

Ce compte comprend les sucres bruts introduits pendant le mois, ou, s'il s'agit de fabriques-raffineries, les sucres passibles de la taxe de raffinage enlevés pendant le mois des fabriques et non exportés en suspension du payement des droits.

Le payement est effectué soit en numéraire, soit par l'application des coupons de certificats d'exportation mentionnés à l'article 11.

Art. 13. — A l'égard des sucres passibles de la taxe de raffinage qui, après avoir été placés en entrepôt à la décharge des comptes d'admission temporaire, en sont retirés pour la consommation, la taxe est exigible au moment de leur enlèvement.

Art. 14. — *La taxe de fabrication est perçue au moment où les sucres autres que ceux qui seraient expédiés sur les établissements prévus à l'article 12 sont déclarés pour la consommation, le sucrage des vins, cidres ou poirés ou l'admission temporaire.*

Les redevables peuvent, en donnant caution, obtenir, pour le règle-

ment de la taxe, l'ouverture d'un compte spécial réglé mensuellement. Ce compte comprend les sucres déclarés pendant le mois pour l'admission temporaire ou pour la consommation, autres que ceux qui ont été expédiés sur les établissements prévus à l'article 12, et les sucres déclarés pour le sucrage des vins, cidres ou poirés.

Le payement est effectué soit en numéraire, soit par l'application des coupons de certificats d'exportation ou de mise en entrepôt mentionnés à l'article 11 (1).

Art. 15. — Les sucres déclarés pour la consommation ou l'admission temporaire qui sont dirigés sur les établissements prévus à l'article 12 sont accompagnés d'un acquit-à-caution garantissant le payement de la taxe pour le cas où l'arrivée des sucres ne serait pas justifiée dans un délai de vingt jours. Cet acquit-à-caution est déchargé par le service des contributions indirectes de l'établissement destinataire.

Art. 16. — A l'égard des sucres placés sous le régime du transit, du transbordement, des mutations d'entrepôt ou de l'admission temporaire pour la fabrication du chocolat, la taxe de fabrication est garantie de plein droit par les soumissions au même titre que le droit de consommation.

Art. 17. — Des décisions concertées entre les départements du commerce, de l'industrie, des postes et des télégraphes et des finances, après avis du Comité consultatif des arts et manufactures, déterminent les préparations sucrées dont l'exportation ou la mise en entrepôt comporte la décharge de la taxe de raffinage et les conditions auxquelles est subordonnée cette décharge.

TITRE IV.

DISPOSITIONS GÉNÉRALES.

Art. 18. — Le délai d'emploi des bons de droits ou coupons de certificat prévus au présent décret est fixé à deux mois à compter du jour de leur délivrance.

Art. 19. — Les acquits-à-caution, permis de réexportation et obligations d'admission temporaire de sucres indigènes ou originaires des colonies françaises mentionnent, pour les premiers, la campagne au cours de laquelle les sucres auxquels ils s'appliquent ont été produits ; pour les seconds, la date à laquelle ils ont été expédiés des colonies à destination de la métropole.

Les obligations d'admission temporaire souscrites dans les conditions prévues aux articles 7 et 8 mentionnent que, si elles ne sont pas apurées par des exportations de sucres raffinés ou de vergeoises, le montant de la détaxe sera remboursé par le soumissionnaire.

Art. 20. — Les acquits-à-caution qui accompagnent les sucres bruts d'un titrage de 98 p. 0,0 au moins, expédiés directement à l'étranger par le fabricant lui-même, ainsi que les certificats d'exportation ou d'entrée en entrepôt de sucres raffinés en grains ou cristaux du même titrage, mentionnent le degré polarimétrique des sucres auxquels ils s'appliquent.

---

(1) Ces dispositions avaient été modifiées par un décret du 19 août 1898.

TITRE V.

DISPOSITIONS TRANSITOIRES.

Art. 21. — Les obligations d'admission temporaire souscrites, mais non encore apurées au moment de la promulgation du présent décret, seront complétées par les indications prévues à l'article 19.

Art. 22. — Il sera délivré des bons de demi-primes en conformité de la disposition transitoire de la loi du 7 avril 1897. Ceux de ces bons qui seront alloués avant le 1er septembre 1897 seront munis d'un coupon constatant le droit au complément de prime prévu par la même disposition. Ce coupon devra être détaché du bon et conservé par son titulaire pour être échangé, le cas échéant, à partir du 1er septembre 1897, contre un bon de droit.

Décret du 23 juillet 1897, relatif au contrôle des livraisons de betteraves.

Art. 1er. — Le fabricant qui voudra commencer la réception des betteraves devra en faire la déclaration par écrit, huit jours à l'avance, au service des contributions indirectes chargé de l'exercice de son établissement, et, lorsqu'il s'agira de râperies, au service de la fabrique centrale. Cette déclaration indiquera le jour et l'heure du commencement des opérations, ainsi que le nombre des appareils de pesage qui seront employés et le lieu où ils sont situés.

La suspension pour une durée de plus de quarante-huit heures, ainsi que la cessation des opérations de pesage, devront également faire l'objet d'une déclaration.

Art. 2. — Les bascules destinées au pesage des betteraves devront être d'une force minima de 10.000 kilogrammes pour le pesage des voitures ordinaires et de 20.000 kilogrammes pour le pesage des wagons. Elles devront être munies d'un appareil enregistreur, agencé de manière à imprimer sur le même ticket le poids des voitures à plein et à vide.

Il ne pourra être fait usage que d'appareils admis au poinçonnement par la Commission de métrologie usuelle du Bureau national des poids et mesures, dans les conditions prévues par la loi du 4 juillet 1837 et par les règlements rendus pour son exécution.

Chaque année, avant leur mise en activité, les bascules devront être vérifiées par le service des poids et mesures, qui contrôlera en même temps l'exactitude de l'appareil enregistreur dont ces bascules devront être munies. Les fabricants devront faciliter les vérifications que les employés des contributions indirectes auront à faire au cours des opérations, en vue de s'assurer du bon fonctionnement des bascules à appareils enregistreurs, ainsi que des balances ou bascules employées pour la détermination de la réfaction. Dans le cas où les employés constateraient que les appareils ne fonctionnent pas régulièrement, ils auraient à en aviser le service des poids et mesures, qui procéderait aux vérifications nécessaires. Les fabricants seront tenus de faire réparer et réajuster les appareils, si besoin est, dans un délai de quarante-huit heures.

En attendant leur remise en état, la réception des betteraves sera suspendue.

Art. 3. — Les tickets d'enregistrement, d'une dimension minima de 110 × 45 millimètres, seront composés d'un carton et d'une feuille détachable qui, l'un et l'autre, comporteront les indications suivantes : numéro d'ordre, désignation de l'usine, date, nom et domicile du livreur, poids brut, tare, poids net, taux de réfaction pour déchet et densité.

Lorsque le chargement de betteraves se composera de plusieurs voitures, les tickets afférents à chacune de ces voitures porteront le même numéro d'ordre suivi des lettres A, B, C, etc.

Art. 4. — Pour chaque pesée, le fabricant sera tenu d'inscrire, par ordre de numéros, sur un registre coté et paraphé par le juge de paix, la date de la réception des betteraves, le numéro d'ordre du ticket, les nom et domicile du fournisseur, le poids brut de la voiture, la tare de ladite voiture, le poids net des betteraves, le déchet pour 100 pour la terre et le collet, le montant de la réfaction, la quantité nette de betteraves à payer, enfin la densité de ces betteraves.

Art. 5. — Après le pesage à plein et pendant le déchargement de la ou des voitures, il sera prélevé au hasard, à la fourche ou à la main, suivant la manière dont le déchargement sera opéré et sur les différentes parties du chargement, la quantité de racines nécessaire pour servir à la détermination du taux de réfaction et à celle de la densité. Ces betteraves seront placées dans une manne d'osier préalablement tarée, à laquelle sera attaché un bulletin portant le nom du livreur et le numéro d'ordre du ticket d'enregistrement.

La voiture vide passera à nouveau sur la bascule et le poids à vide, constituant la tare, sera imprimé sur le ticket par l'appareil enregistreur.

Art. 6. — Le poids brut de la manne d'osier contenant les betteraves sera réglé de façon que, déduction faite de la tare, les betteraves aient un poids de 25 kilogrammes. Le poids exact sera déterminé à l'aide d'une balance à bras égaux ou d'une bascule ordinaire au dixième.

Ces betteraves seront ensuite débarrassées de la terre et des radicelles, par un raclage léger, sans que la racine principale puisse être brisée. Le collet sera coupé à plat à la naissance des premières feuilles.

Les betteraves seront alors pesées à nouveau dans la même manne, et la différence entre les deux pesées donnera un chiffre qui, multiplié par 4, fixera la quotité pour 100 du déchet qui devra être déduit du chargement.

Ces deux nombres seront inscrits sur le bulletin attaché à la manne. La quotité pour 100 du déchet sera reproduite sur les deux parties du ticket.

Art. 7. — L'essai pour la détermination de la densité se fera sur des betteraves de grosseurs différentes, prélevées sur celles dont le déchet viendra d'être calculé. La quantité de pulpe nécessaire pour l'expérience sera prise à l'aide d'une râpe spéciale et par sections longitudinales dans les betteraves. Le linge dans lequel sera placée cette pulpe devra avoir été suffisamment égoutté. Le jus extrait à l'aide de la presse restera au repos dans l'éprouvette pendant quinze minutes au moins, avant qu'il soit procédé à la détermination de la densité. Cette densité sera constatée à l'aide de densimètres et de thermomètres poinçonnés ; le résultat sera ramené à la température de 15 degrés centigrades en opérant les corrections indiquées à la table insérée à la suite du présent décret. La densité en dixièmes de degré sera immédiatement inscrite sur les deux parties du ticket d'enregistrement.

Les indications du ticket relatives à la réfaction et à la densité seront transcrites sur le registre tenu par le fabricant. La partie en carton du ticket sera remise au livreur des betteraves. Les feuilles détachées seront classées par numéro d'ordre, enliassées par journée et conservées par le fabricant, pour être représentées, ainsi que le registre, à toute réquisition des agents préposés au contrôle.

Art. 8. — Les opérations relatives au pesage, au déchet et à la densité auront lieu de 6 heures du matin à 7 heures du soir pendant les mois de septembre et d'octobre, et de 7 heures du matin à 6 heures du soir à partir du mois de novembre. Elles seront interrompues de midi à une heure du soir.

Le contrôle en sera exercé par un ou plusieurs agents des contributions indirectes attachés à l'établissement et désignés, à cet effet, par le directeur. Les fabricants seront tenus de faciliter ce contrôle soit par eux-mêmes, soit par les personnes à leur service, et de fournir tous instruments nécessaires.

Les agents des contributions indirectes veilleront à la régularité des opérations. Ils pourront intervenir, lorsqu'ils le jugeront utile ou sur la demande de l'une des parties, et faire recommencer les opérations sous leur direction.

Si, étant intervenus de leur propre initiative, ils venaient à constater des abus, ils dresseraient aussitôt un procès-verbal administratif qu'ils transmettraient, sans délai, au directeur ; ce dernier appréciera s'il y a lieu d'adresser ce document au parquet. Si l'intervention a eu lieu à la requête de l'une des parties, les employés dresseront en double expédition un procès-verbal administratif de leurs constatations. Une expédition du procès-verbal sera remise à la partie requérante.

Art. 9. — Les dispositions du présent décret entreront en vigueur le 1er septembre 1897.

Art. 10. — Le ministre des finances, le ministre du commerce, de l'industrie et des postes et des télégraphes, et le ministre de l'agriculture sont chargés, chacun en ce qui le concerne, de l'exécution du présent décret, qui sera inséré au *Journal officiel* et au *Bulletin des lois*.

TABLE

des corrections à faire subir à la densité apparente, par suite de la température.

TEMPÉRATURE.	A RETRANCHER DU DEGRÉ RÉGIE.	TEMPÉRATURE.	A AJOUTER AU DEGRÉ RÉGIE.
0.	0.20	16.	0.02
1.	0.19	17.	0.05
2.	0.18	18.	0.07
3.	0.17	19.	0.10
4.	0.16	20.	0.12
5.	0.15	21.	0.15
6.	0.14	22.	0.17
7.	0.13	23.	0.20

TEMPÉRATURE.	A RETRANCHER DU DEGRÉ RÉGIE.	TEMPÉRATURE.	A AJOUTER AU DEGRÉ RÉGIE.
8	0.12	24	0.22
9	0.11	25	0.25
10	0.10	26	0.28
11	0.09	27	0.31
12	0.07	28	0.34
13	0.05	29	0.37
14	0.02	30	0 40
15	0 00	31	0.43
		32	0.46
		33	0.49
		34	0.52
		35	0.55
		36	0.60
		37	0.64
		38	0.67
		39	0.70
		40	0.74

Soit lu sur le densimètre 1075, ce que l'on énonce 7,5 degré de la Régie.
Soit lu sur le thermomètre 19° centigrades; on cherchera 19 dans la colonne des températures, et on verra dans l'autre colonne qu'il faut ajouter 0 degré 1 dixième (degré Régie) au résultat trouvé, ce qui donne pour densité du jus :

$$7,5 + 0,1 = 7,6 \text{ (degré Régie) ou } 1076.$$

Soit, d'autre part, trouvé densité, = 1085, ce que l'on énonce 8°5, à la température de 9° centigrades ; la densité corrigée sera :

$$8,5 - 0,11 = 8,39 \text{ (degré Régie) ou } 1083,9.$$

Suivant les conventions on comptera 8,3 ou 8,4, au lieu de 8,39.

Décret du 28 juillet 1897 relatif aux franchises postales.

Art. 1er. — Sont admis à circuler en franchise, par la poste, sous bandes, dans toute la République, les acquits-à-caution relatifs aux sucres expédiés des fabriques ou des entrepôts sur l'étranger et renvoyés par les directeurs ou les sous-directeurs des contributions indirectes aux chefs de service de ces fabriques ou entrepôts.

Décret du 29 juillet 1897 fixant le poids minimum des liqueurs et sirops présentés à la décharge des comptes d'admission temporaire de sucre.

Art. 1er. — Le poids minimum des expéditions de liqueurs et sirops présentés à la décharge des comptes d'admission temporaire de sucre est fixé à 50 kilogrammes net.

Décret du 17 août 1897 relatif aux glucoses.

Art. 1er. — L'article 34 de l'ordonnance royale du 29 août 1846, tel qu'il a été modifié par l'art. 1er du décret du 23 juillet 1896, est remplacé par l'article suivant :
« Quels que soient les procédés et les produits de la fabrication, le compte général du fabricant sera chargé, au minimum, de 125 kilogrammes de glucose par 100 kilogrammes de fécule anhydre contenue dans les fécules de pommes de terre de toutes catégories employées ou manquantes. »

Décret du 27 février 1898 concernant les primes d'exportation de la campagne 1896-1897.

Art. 1er. — Le complément de prime à répartir conformément à la disposition transitoire de la loi du 7 avril 1897 et à l'article 22 du décret du 18 juillet 1897, à raison des exportations de sucres déclarées avant le 1er septembre 1897, est fixé à 32.728 p. 0/0 de la somme inscrite sur le bon de demi-prime.

Art. 2. — Le bon de droits représentant le complément de prime sera délivré au titulaire du coupon créé en exécution du décret du 18 juillet 1897, par le bureau des douanes ou des contributions indirectes qui a établi ce coupon.

Art. 3. — Les bons complémentaires auront le même pouvoir libératoire que les bons de droits auxquels ils se rapportent. Ils seront valables pendant deux mois à compter de leur délivrance.

Extrait de la loi du 13 avril 1898 concernant les amidines.

Art 19. — Le droit de 4 francs par 100 kilogrammes d'amidine sèche et par 150 kilogrammes d'amidine verte établi à l'entrée en glucoserie des amidines provenant de matières autres que les blés, les seigles, les orges ou les riz, par la loi du 31 mars 1896, article 2, sera perçu à l'entrée en glucoserie des maïs, des farines de maïs et de tous autres dérivés du maïs, à raison de la quantité d'amidine qu'ils peuvent produire.

Cette quantité sera déterminée par le Comité consultatif des arts et manufactures

Pour la fixation du rendement en amidine, voir la circ. n° 335, du 5 mai 1899.

Décret du 3 novembre 1898, réglant les conditions de franchise des mélasses destinées aux usages agricoles.

Art. 1er. — Tout fabricant de sucre qui voudra dénaturer des mélasses pour les usages agricoles adressera à l'Administration des contributions indirectes une demande spécifiant (1) :

---

(1) La dénaturation des mélasses peut aussi être effectuée dans les dépôts autorisés par l'Administration. Voir l'art. 1er du décret du 8 juin 1899.

1° Le procédé proposé pour la dénaturation des mélasses ;
2° L'usage auquel le produit obtenu est destiné.

Art. 2. — Les usages agricoles auxquels peuvent être destinées les mélasses admises au bénéfice de la décharge *de 14 p. 100*, sous la condition d'une dénaturation préalable, sont désignés au tableau annexé au présent décret, lequel spécifie les procédés de dénaturation jusqu'à présent autorisés.

La décharge n'est plus actuellement que de 5 p. 0/0.

Art. 3. — Les modifications ou additions que le tableau ci-dessus mentionné pourrait comporter seront réalisées par décret rendu après avis du Comité consultatif des arts et manufactures.

Toutefois, le ministre des finances pourra, après avis dudit Comité, autoriser, à titre d'essai, l'emploi de procédés nouveaux. L'autorisation ne pourra être donnée que pour un temps qui n'excédera pas une année.

Art. 4. — Tout fabricant autorisé qui voudra procéder à la dénaturation des mélasses devra en informer, quarante-huit heures à l'avance au moins, le service des contributions indirectes attaché à son établissement, par une déclaration indiquant :
1° La quantité de mélasse à dénaturer ;
2° Le procédé de dénaturation qui sera employé ;
3° Le jour et l'heure de l'opération.

La dénaturation doit avoir lieu en présence du service. Elle sera opérée aux frais et par les soins des intéressés.

Art. 5. — L'expédition des mélasses dénaturées ne pourra avoir lieu que sous le lien d'un acquit-à-caution délivré par le service de la fabrique expéditrice. Ce titre de mouvement, qui garantira le droit *de 60 francs par 100 kilogrammes* sur la quantité de sucre représentée par la mélasse dénaturée, devra énoncer :
1° Le poids de la mélasse contenue dans le produit expédié ;
2° Le poids et la nature du produit auquel la mélasse a été incorporée ;
3° Le poids total du mélange ;
4° La forme sous laquelle se trouvait le mélange au moment de l'enlèvement (galettes, tourteaux ou masse non comprimée) et le nombre des tourteaux, pains, galettes ou récipients ;
5° La quantité de sucre exprimée en raffiné à imposer, en cas de non-décharge de l'acquit-à-caution.

Art. 6. — La déclaration d'expédition des mélasses dénaturées doit être accompagnée de la demande du cultivateur ou éleveur auquel elles sont destinées.

Si les mélasses doivent servir à l'alimentation du bétail, la demande mentionnera le nombre des animaux de chacune des espèces, bovine, ovine et porcine, attachés à l'exploitation agricole et auxquels le produit est destiné, *ainsi que le poids des produits renfermant la mélasse dénaturée qui sera distribué aux animaux par tête et par jour* (1).

---

(1) L'indication du poids des produits à distribuer n'est plus exigée. Voir l'art. 2 du décret du 8 juin 1899.

Les demandes des apiculteurs devront indiquer le nombre de ruches qu'ils possèdent.

Les demandes d'expédition de bouillies cupriques devront spécifier la surface à traiter et la nature des cultures (vignes, pommes de terre, tomates, etc.) auxquelles elles seront appliquées.

Toutes ces demandes devront être visées par le maire de la commune du lieu d'emploi et seront annexées à l'acquit-à-caution délivré pour légitimer le déplacement des mélasses dénaturées.

Art. 7. — Le compte du fabricant de sucre sera déchargé à raison *de 14 p. 100 du poids* des mélasses *ayant au moins 44 p. 100 de richesse saccharine absolue et* livrées aux usages agricoles. Mais cet industriel devra représenter, dans les deux mois de l'expédition, un certificat de décharge délivré par le service du lieu de destination des mélasses dénaturées, sous peine d'avoir à payer le droit sur le sucre que représente la mélasse dénaturée. Ce certificat ne sera délivré qu'après que le service aura pu constater l'identité du chargement et s'assurer que les indications portées à la demande spécifiée à l'article précédent sont conformes à la réalité.

Les cultivateurs ou éleveurs qui se seraient rendus coupables de fraude dans l'emploi de la mélasse dénaturée seront privés, pour l'avenir, de la faculté de recevoir ce produit.

TABLEAU

des usages agricoles pour lesquels la dénaturation des mélasses est admise et des procédés de dénaturation autorisés (Annexé au décret du 3 novembre 1898).

DÉSIGNATION des usages.		PROCÉDÉS DE DÉNATURATION.
Alimentation du bétail. . . .	Choix entre l'un ou l'autre des deux procédés ci-contre à employer en présence du service dans l'établissement expéditeur des mélasses dénaturées.	1º Incorporation de la mélasse, soit à des farines de céréales, soit aux bas produits de la mouture, soit à des tourteaux de graines oléagineuses ; la proportion de mélasse ne dépassera pas 50 p. 100 du poids du produit dénaturé et la proportion de sucre y contenue ne dépassera pas 22 p. 100 de ce poids. Les produits dénaturés seront transformés en galettes ou tourteaux parfaitement secs ; 2º Incorporation de la mélasse à des fourrages humides (pulpes, cossettes de sucrerie et de distillerie de betteraves, pulpes de fécules, drêches égouttées de distilleries de grains ou de brasseries). La proportion de mélasse ne dépassera pas 10 p. 100 du poids du produit dénaturé et la proportion de sucre ne dépassera pas 4,5 p. 100 de ce poids.
Nourriture des abeilles.. . .		Mêmes procédés que pour l'alimentation du bétail.

DÉSIGNATION des usages.	PROCÉDÉS DE DÉNATURATION.
Préparation de bouillies cupriques pour le traitement des maladies de la vigne, des pommes de terre, etc.	Addition à la mélasse de 10 p. 100 de sulfate de cuivre. Les opérations ont lieu en présence du service dans l'établissement expéditeur de la mélasse dénaturée.

Décret du 1er avril 1899, admettant les savons transparents à la décharge des comptes d'admission temporaire.

Art. 1er. — Les dispositions des décrets des 8 août 1878 et 18 septembre 1880, relatives aux fruits confits, confitures et bonbons, imputables à la décharge des admissions temporaires, seront appliquées, sous les conditions déterminées par ces décrets, aux savons transparents exportés à destination de l'étranger et des colonies et possessions françaises (l'Algérie exceptée).

Auront droit au bénéfice des décrets précités les savons transparents dans lesquels la proportion de sucre cristallisable sera de 10 p. 0/0 au moins.

Art. 2. — Seront exclus du bénéfice de cette disposition les savons transparents reconnus par les laboratoires de l'Administration des douanes contenir des substances de nature à fausser le dosage du sucre.

Décret du 8 juin 1899, autorisant des dépôts de mélasses destinées aux usages agricoles.

Art 1er. — L'article 1er du décret du 3 novembre 1898 est complété ainsi qu'il suit :

« L'établissement de dépôts spéciaux de mélasses destinées aux usages agricoles peut être autorisé par l'Administration des contributions indirectes, dans les localités où il existe un poste d'agents de cette Administration. Les dépôts sont soumis à la surveillance du service des contributions indirectes. Les dépositaires doivent fournir une caution agréée par l'Administration. Les diverses dispositions du présent décret leur sont applicables. »

Art. 2. — Le paragraphe 2 de l'article 6 du même décret est modifié ainsi qu'il suit :

« Si les mélasses doivent servir à l'alimentation du bétail, la demande mentionnera le nombre d'animaux de chacune des espèces bovine, ovine ou porcine attachés à l'exploitation agricole et auxquels le produit est destiné. »

Décret du 11 août 1899, concernant les sucres entreposés à la décharge des comptes d'admission temporaire.

Les sept premiers articles étaient relatifs à la délivrance de certificats d'enlèvement pour les sucres au droit réduit, droit qui n'existe plus aujourd'hui ; nous croyons inutile de les reproduire.

. . . .

Art. 8. — Les sucres présentés dans les entrepôts à la décharge des comptes d'admission temporaire n'y seront reçus qu'après reconnaissance et vérification des chargements, préalablement à leur introduction.

Loi du 24 février 1900, concernant le tarif des douanes sur les chocolats.

Art. 1er. — Le tableau A annexé à la loi du 11 janvier 1892 est modifié comme suit :

		Tarif par 100 kilogr.	
		général	minimum
N° 98 Chocolat	Contenant plus de 55 p. 0/0 de cacao	300 »	150 »
	Contenant 55 p. 0/0 de cacao ou moins	200 »	102 25

Arrêté ministériel du 22 août 1901, fixant le siège et la circonscription des laboratoires du ministère des finances.

Art. 1er. — Le siège des laboratoires du ministère des finances et la circonscription de chacun de ces laboratoires sont déterminés conformément au tableau ci-après :

LABORATOIRES.	DIRECTION des douanes de	DIRECTION des contributions indirectes de
Paris. . . .	Paris. . . . Charleville. . .	Aube, Cher, Eure-et-Loir, Indre, Loir-et-Cher, Loiret, Nièvre, Oise, Orne, Seine, Seine-et-Marne, Seine-et-Oise, Yonne.
Saint-Quentin. .	. . . .	Aisne, Ardennes.
Arras. . . .	. . . .	Pas-de-Calais (moins les sous-directions de Boulogne et de Saint-Omer), Somme.
Lille. . . .	Lille. . . . Valenciennes. .	Nord (moins la sous-direction de Dunkerque).
Dunkerque. . .	Dunkerque. . .	Sous-direction de Dunkerque.
Calais (1). . .	Boulogne. . .	Sous-directions de Boulogne et de Saint-Omer.
Le Havre. . .	Le Havre . .	Sous-direction du Havre.
Rouen . . .	Rouen . . .	Calvados, Eure, Manche, Seine-Inférieure (moins la sous-direction du Havre).
Nantes . . .	Nantes . . . Brest. . . . Saint-Malo. .	Côtes-du-Nord, Finistère, Ille-et-Vilaine, Indre-et-Loire, Loire-Inférieure, Maine-et-Loire, Mayenne, Morbihan, Sarthe, Deux-Sèvres, Vendée, Vienne.
Bordeaux . . .	Bordeaux . . La Rochelle. .	Charente, Charente-Inférieure, Corrèze, Dordogne, Gironde, Lot, Lot-et-Garonne, Tarn-et-Garonne, Haute-Vienne.
Bayonne. . .	Bayonne . .	Gers, Landes, Basses-Pyrénées, Hautes-Pyrénées.

(1) Le laboratoire de Calais a été transféré à Boulogne. Arrêté ministériel du 22 février 1904.

LABORATOIRES.	DIRECTION des douanes de	DIRECTION des contributions indirectes de
Port-Vendres.	Perpignan.	Ariège, Pyrénées-Orientales.
Cette.	Montpellier.	Aude, Aveyron, Haute-Garonne, Gard, Hérault, Tarn.
Marseille.	Marseille. (Inspection de Bastia)	Bouches-du-Rhône, Corse, Var, Vaucluse.
Nice.	Nice.	Basses-Alpes, Hautes-Alpes, Alpes-Maritimes.
Lyon.	Lyon. Chambéry.	Ain, Allier, Ardèche, Cantal, Creuse, Drôme, Isère, Jura, Loire, Haute-Loire, Lozère, Puy-de-Dôme, Rhône, Saône-et-Loire, Savoie et Haute-Savoie.
Belfort.	Épinal. Besançon.	Côte-d'Or, Doubs, Haute-Saône, Territoire de Belfort.
Nancy.	Nancy.	Marne, Haute-Marne, Meurthe-et-Moselle, Meuse, Vosges.
Alger.	Direction des douanes et des contributions diverses de l'Algérie.	

Art. 2. — Sont réservées au laboratoire central (Paris) : 1° les analyses qui sont nécessitées par le service des administrations centrales du ministère et les analyses dites de contrôle ; 2° les analyses exigeant des opérations d'une nature particulière.

Convention relative au régime des sucres, signée à Bruxelles le 5 mars 1902, entre la France, l'Allemagne, l'Autriche-Hongrie, la Belgique, l'Espagne, la Grande-Bretagne, l'Italie, les Pays-Bas et la Suède.

(*Promulguée par décret du 28 mai 1903, pour être mise en vigueur le 1er septembre 1903.*)

Art. 1er. — Les hautes parties contractantes s'engagent à supprimer, à dater de la mise en vigueur de la présente convention, les primes directes et indirectes dont bénéficieraient la production ou l'exportation des sucres, et à ne pas établir de primes de l'espèce pendant toute la durée de ladite convention. Pour l'application de cette disposition sont assimilés au sucre les produits sucrés tels que confitures, chocolats, biscuits, lait condensé et tous autres produits analogues contenant en proportion notable du sucre incorporé artificiellement.

Tombent sous l'application de l'alinéa précédent, tous les avantages résultant directement ou indirectement, pour les diverses catégories de producteurs, de la législation fiscale des Etats, notamment :

a) Les bonifications directes accordées en cas d'exportation ;
b) Les bonifications directes accordées à la production ;
c) Les exemptions d'impôt, totales ou partielles, dont bénéficie une partie des produits de la fabrication ;
d) Les bénéfices résultant d'excédents de rendement ;
e) Les bénéfices résultant de l'exagération du drawback ;
f) Les avantages résultant de toute surtaxe d'un taux supérieur à celui fixé par l'article 3.

Art. 2. — Les hautes parties contractantes s'engagent à soumettre au régime d'entrepôt, sous la surveillance permanente de jour et de nuit des employés du fisc, les fabriques et les raffineries de sucre, ainsi que les usines dans lesquelles le sucre est extrait des mélasses.

A cette fin, les usines seront aménagées de manière à donner toute garantie contre l'enlèvement clandestin des sucres, et les employés auront la faculté de pénétrer dans toutes les parties des usines.

Des livres de contrôle seront tenus concernant une ou plusieurs phases de la fabrication, et les sucres achevés seront déposés dans des magasins spéciaux offrant toutes garanties désirables de sécurité.

Art. 3. — Les hautes parties contractantes s'engagent à limiter au chiffre maximum de 6 fr. par 100 kilogrammes pour le sucre raffiné et les sucres assimilables au raffiné, et de 5 fr. 50 pour les autres sucres, la surtaxe, c'est-à-dire l'écart entre le taux des droits ou taxes dont sont passibles les sucres étrangers et celui des droits ou taxes auxquels sont soumis les sucres nationaux.

Cette disposition ne vise pas le taux des droits d'entrée dans les pays qui ne produisent pas de sucre ; elle n'est pas non plus applicable aux sous-produits de la fabrication et du raffinage du sucre.

Art. 4. — Les hautes parties contractantes s'engagent à frapper d'un droit spécial, à l'importation sur leur territoire, les sucres originaires de pays qui accorderaient des primes à la production ou à l'exportation.

Ce droit ne pourra être inférieur au montant des primes, directes ou indirectes, accordées dans le pays d'origine. Les hautes parties se réservent la faculté, chacune en ce qui la concerne, de prohiber l'importation des sucres primés.

Pour l'évaluation du montant des avantages résultant éventuellement de la surtaxe spécifiée au littera f de l'article 1er, le chiffre fixé par l'article 3 est déduit du montant de cette surtaxe : la moitié de la différence est réputée représenter la prime, la commission permanente instituée par l'article 7 ayant le droit, à la demande d'un Etat contractant, de reviser le chiffre ainsi établi.

Art. 5. — Les hautes parties contractantes s'engagent réciproquement à admettre, au taux le plus réduit de leur tarif d'importation, les sucres originaires soit des Etats contractants, soit de celles des colonies ou possessions desdits Etats qui n'accordent pas de primes et auxquelles s'appliquent les obligations de l'article 8.

Les sucres de canne et les sucres de betterave ne pourront être frappés de droits différents.

Art. 6. — L'Espagne, l'Italie et la Suède seront dispensées des engagements faisant l'objet des articles 1, 2 et 3, aussi longtemps qu'elles n'exporteront pas de sucre.

Ces Etats s'engagent à adapter leur législation sur le régime des sucres aux dispositions de la convention dans le délai d'une année — ou plus tôt si faire se peut — à partir du moment où la commission permanente aura constaté que la condition indiquée ci-dessus a cessé d'exister.

Art. 7. — Les hautes parties contractantes conviennent de créer une commission permanente, chargée de surveiller l'exécution des dispositions de la présente convention

Cette commission sera composée de délégués des divers Etats contractants et il lui sera adjoint un bureau permanent. La commission choisit son président ; elle siégera à Bruxelles et se réunira sur la convocation du président.

Les délégués auront pour mission :

a) De constater si, dans les Etats contractants, il n'est accordé aucune prime directe ou indirecte à la production ou à l'exportation des sucres ;

b) De constater si les Etats visés à l'article 6 continuent à se conformer à la condition spéciale prévue audit article ;

c) De constater l'existence des primes dans les Etats non signataires et d'en évaluer le montant en vue de l'application de l'article 4 ;

d) D'émettre un avis sur les questions litigieuses ;

e) D'instruire les demandes d'admission à l'union des Etats qui n'ont point pris part à la présente convention.

Le bureau permanent sera chargé de rassembler, de traduire, de coordonner et de publier les renseignements de toute nature qui se rapportent à la législation et à la statistique des sucres, non seulement dans les Etats contractants, mais également dans les autres Etats.

Pour assurer l'exécution des dispositions qui précèdent, les hautes parties contractantes communiqueront par la voie diplomatique au gouvernement belge, qui les fera parvenir à la commission, les lois, arrêtés et règlements sur l'imposition des sucres qui sont ou seront en vigueur dans leurs pays respectifs, ainsi que les renseignements statistiques relatifs à l'objet de la présente convention.

Chacune des hautes parties contractantes pourra être représentée à la commission par un délégué ou par un délégué et des délégués adjoints.

L'Autriche et la Hongrie seront considérées séparément comme parties contractantes.

La première réunion de la commission aura lieu à Bruxelles, à la diligence du gouvernement belge, trois mois au moins avant la mise en vigueur de la présente convention.

La commission n'aura qu'une mission de constatation et d'examen. Elle fera, sur toutes les questions qui lui seront soumises, un rapport qu'elle adressera au gouvernement belge, lequel le communiquera aux Etats intéressés et provoquera, si la demande en est faite par une des hautes parties contractantes, la réunion d'une conférence qui arrêtera les résolutions ou les mesures nécessitées par les circonstances.

Toutefois, les constatations et évaluations visées aux littéras b et c auront un caractère exécutoire pour les Etats contractants ; elles seront arrêtées par un vote de majorité, chaque Etat contractant disposant d'une voix, et elles sortiront leurs effets au plus tard à l'expiration du délai de deux mois. Au cas où l'un des Etats contractants croirait devoir faire appel d'une décision de la commission, il devra, dans la huitaine de la notification qui lui sera faite de ladite décision, provoquer une nouvelle délibération de la commission ; celle-ci se réunira d'urgence et statuera définitivement dans le délai d'un mois à dater de l'appel. La nouvelle décision sera exécutoire, au plus tard, dans les deux mois de sa date. — La même procédure sera suivie en ce qui concerne l'instruction des demandes d'admission prévue au littéra e.

Les frais résultant de l'organisation et du fonctionnement du bureau permanent et de la commission — sauf le traitement ou les indemnités des délégués, qui seront payés par leurs pays respectifs — seront supportés par tous les Etats contractants et répartis entre eux d'après un mode à régler par la commission.

Art. 8. — Les hautes parties contractantes s'engagent, pour elles et pour leurs colonies ou possessions, exception faite des colonies autonomes de la Grande-Bretagne et des Indes orientales britanniques, à prendre les mesures nécessaires pour empêcher que les sucres primés qui auront traversé en transit le territoire d'un Etat contractant ne jouissent des avantages de la convention sur le marché destinataire. La commission permanente fera à cet égard les propositions nécessaires.

Art. 9. — Les Etats qui n'ont point pris part à la présente convention seront admis à y adhérer sur leur demande et après avis conforme de la commission permanente.

La demande sera adressée par la voie diplomatique au gouvernement belge, qui se chargera, le cas échéant, de notifier l'adhésion à tous les autres gouvernements. L'adhésion emportera, de plein droit, accession à toutes les charges et admission à tous les avantages stipulés par la présente convention, et elle produira ses effets à partir du 1er septembre qui suivra l'envoi de la notification faite par le gouvernement belge aux autres Etats contractants.

Art. 10. — La présente convention sera mise à exécution à partir du 1er septembre 1903.

Elle restera en vigueur pendant cinq années à partir de cette date, et, dans le cas où aucune des hautes parties contractantes n'aurait notifié au gouvernement belge, douze mois avant l'expiration de ladite période de cinq années, son intention d'en faire cesser les effets, elle continuera à rester en vigueur pendant une année, et ainsi de suite d'année en année.

Dans le cas où l'un des Etats contractants dénoncerait la convention, cette dénonciation n'aurait d'effet qu'à son égard ; les autres Etats conserveraient, jusqu'au 31 octobre de l'année de la dénonciation, la faculté de notifier l'intention de se retirer également à partir du 1er septembre de l'année suivante. Si l'un de ces derniers Etats entendait user de cette faculté, le gouvernement belge provoquerait la réunion à Bruxelles, dans les trois mois, d'une conférence qui aviserait aux mesures à prendre.

Art. 11. — Les dispositions de la présente convention seront appliquées aux provinces d'outre-mer, colonies et possessions étrangères des hautes parties contractantes. Sont exceptées, toutefois, les colonies et possessions britanniques et néerlandaises, sauf en ce qui concerne les dispositions faisant l'objet des articles 5 et 8.

La situation des colonies et possessions britanniques et néerlandaises est, pour le surplus, déterminée par les déclarations insérées au protocole de clôture.

Art. 12. — L'exécution des engagements réciproques contenus dans la présente convention est subordonnée, en tant que besoin, à l'accomplissement des formalités et règles établies par les lois constitutionnelles de chacun des Etats contractants.

La présente convention sera ratifiée, et les ratifications seront déposées à Bruxelles, au ministère des affaires étrangères, le 1er février 1903, ou plus tôt si faire se peut.

Il est entendu que la présente convention ne deviendra obligatoire de plein droit que si elle est ratifiée au moins par ceux des Etats contractants qui ne sont pas visés par la disposition exceptionnelle de l'article 6. Dans le cas où un ou plusieurs desdits Etats n'auraient pas déposé leurs ratifications dans le délai prévu, le gouvernement belge provoquera immédiatement une décision des autres Etats signataires quant à la mise en vigueur, entre eux seulement, de la présente convention.

En foi de quoi les plénipotentiaires respectifs ont signé la présente convention.

Fait à Bruxelles, en un seul exemplaire, le 5 mars 1902.

PROTOCOLE DE CLOTURE.

Au moment de procéder à la signature de la convention relative au régime des sucres conclue, à la date de ce jour, entre les gouvernements de la France, de l'Allemagne, de l'Autriche et de la Hongrie, de la Belgique, de l'Espagne, de la Grande-Bretagne, de l'Italie, des Pays-Bas et de la Suède, les plénipotentiaires soussignés sont convenus de ce qui suit :

A l'article 3.

Considérant que le but de la surtaxe est de protéger efficacement le marché intérieur des pays producteurs, les hautes parties contractantes se réservent la faculté, chacune en ce qui la concerne, de proposer un relèvement de la surtaxe dans le cas où des quantités considérables de sucres originaires d'un Etat contractant pénétreraient chez elles ; ce relèvement ne frapperait que les sucres originaires de cet Etat.

La proposition devra être adressée à la commission permanente, laquelle statuera à bref délai, par un vote de majorité, sur le bien fondé de la mesure proposée, sur la durée de son application et sur le taux du relèvement ; celui-ci ne dépassera pas 1 fr. par 100 kilogr.

L'adhésion de la commission ne pourra être donnée que dans le cas où l'envahissement du marché considéré serait la conséquence d'une réelle infériorité économique et non le résultat d'une élévation factice des prix provoquée par une entente entre producteurs.

A l'article 11.

A. — 1° Le gouvernement de la Grande-Bretagne déclare qu'aucune prime directe ou indirecte ne sera accordée aux sucres des colonies de la couronne pendant la durée de la convention.

2° Il déclare aussi, par mesure exceptionnelle et tout en réservant, en principe, son entière liberté d'action en ce qui concerne les relations fiscales entre le Royaume-Uni et ses colonies et possessions, que, pendant la durée de la convention, aucune préférence ne sera accordée dans le Royaume-Uni aux sucres coloniaux vis-à-vis des sucres originaires des Etats contractants.

3° Il déclare enfin que la convention sera soumise par ses soins aux colonies autonomes et aux Indes orientales pour qu'elles aient la faculté d'y donner leur adhésion.

Il est entendu que le gouvernement de Sa Majesté britannique a la faculté d'adhérer à la convention au nom des colonies de la couronne.

B. — Le gouvernement des Pays-Bas déclare que, pendant la durée de la convention, aucune prime directe ou indirecte ne sera accordée aux sucres des colonies néerlandaises et que ces sucres ne seront pas admis dans les Pays-Bas à un tarif moindre que celui appliqué aux sucres originaires des Etats contractants.

Le présent protocole de clôture, qui sera ratifié en même temps que la convention conclue à la date de ce jour, sera considéré comme faisant partie intégrante de cette convention et aura même force, valeur et durée.

En foi de quoi, les plénipotentiaires soussignés ont dressé le présent protocole.

Fait à Bruxelles, le 5 mars 1902.

Extrait de la loi de finances du 30 mars 1902 réglant l'emploi, la fabrication et la vente de la saccharine.

Art. 49. — Est interdit pour tous usages autres que la thérapeutique, la pharmacie et la préparation de produits non alimentaires, l'emploi de la saccharine ou de toute autre substance édulcorante artificielle, possédant un pouvoir sucrant supérieur à celui du sucre de cannes ou de betteraves, sans en avoir les qualités nutritives.

Art. 50. — La fabrication desdites substances ne peut avoir lieu que dans les usines soumises à la surveillance permanente du service des contributions indirectes.

Les frais de surveillance sont à la charge des fabricants. Le décompte en sera arrêté annuellement par le ministre des finances, d'après le nombre et le traitement des agents attachés à chaque usine.

Art. 51. — Les quantités fabriquées sont prises en compte et la vente n'en peut être faite qu'à des pharmaciens pour les usages thérapeutiques et pharmaceutiques.

En ce qui concerne les livraisons faites aux industries qui utiliseront les substances visées à l'article 49 à des usages autres que la préparation de produits alimentaires, un règlement d'administration publique déterminera les conditions de livraison et les justifications d'emploi.

Art. 52. — Les pharmaciens sont comptables des quantités qu'ils ont reçues.

Ils devront porter sur un registre spécial coté et paraphé les quantités livrées en nature, celles employées pour la préparation des médicaments avec la désignation de ces médicaments, la date, s'il y a lieu, de l'ordonnance du médecin avec son nom et son adresse, le nom et la demeure du client à qui auront été livrés les substances en nature ou les médicaments composés avec lesdites substances.

Les infractions aux dispositions du présent article seront constatées, et les procès-verbaux dressés dans les formes prévues par les lois et règlements sur l'exercice de la pharmacie.

Art. 53. — Sera puni d'une amende de 500 francs au moins, de 10,000 francs au plus :

Quiconque aura fabriqué ou livré les substances désignées à l'article 49 en dehors des conditions prévues par la présente loi ;

Et quiconque aura sciemment exposé, mis en vente ou vendu des produits alimentaires (boissons, conserves, sirops, etc.), mélangés desdites substances.

La confiscation des objets saisis sera prononcée.

Art. 54. — Des décrets détermineront les obligations des fabricants, ainsi que les formalités à remplir pour la circulation des substances désignées à l'article 49 (1).

Les contraventions aux dispositions des décrets pris en exécution du présent article et du paragraphe 2 de l'article 51 seront punies d'une amende de 100 à 1,000 francs.

Art. 55. — En cas de récidive, les pénalités édictées par les articles 53 et 54 ci-dessus seront doublées.

L'article 463 du Code pénal sera applicable, même en cas de récidive, aux délits prévus aux articles 53 et 54.

Le sursis à l'exécution des peines d'amende édictées par les articles 53 et 54 ci-dessus ne pourra être prononcé en vertu de la loi du 26 mars 1891.

Art. 56. — Les dispositions contenues dans les articles 49 à 55 de la présente loi sont applicables à l'Algérie et aux colonies.

Décret du 12 avril 1902 réglementant la fabrication et la circulation de la saccharine.

Art. 1er. — Dans les dix jours qui suivront la promulgation du présent décret, les fabricants de saccharine ou de toute autre substance édulco-

---

(1) Voir les décrets des 12 avril 1902 et 16 mai 1903.

rante artificielle sont tenus de faire à la Régie la déclaration de leur industrie. Cette déclaration présentera la description de la fabrique et notamment de l'atelier où sont produites et du local où sont déposées les substances désignées ci-dessus. Elle doit indiquer également le régime de l'usine quant aux jours et aux heures de travail. Une déclaration identique sera faite par tout fabricant nouveau, un mois avant le commencement des travaux de fabrication.

Art. 2. — Tout changement dans les jours et heures de travail fera l'objet, quarante-huit heures d'avance, d'une déclaration à la recette buraliste. Doivent faire une déclaration dans le même délai les industriels qui veulent cesser, suspendre ou reprendre leurs travaux.

Art. 3. — Le fabricant est tenu de mettre gratuitement à la disposition de l'Administration, dans l'enceinte de l'usine, un local destiné à servir de bureau et pourvu de tables, de chaises, d'un poêle ou d'une cheminée et d'une armoire fermant à clef.

L'entretien, le chauffage et l'éclairage du bureau sont effectués gratuitement par l'industriel ou, à ses frais, par les soins des employés.

Art. 4. — Il est interdit à l'industriel de procéder à la fabrication des substances sus-désignées dans un atelier autre que celui spécifié dans la déclaration prescrite par l'article 1er du présent décret.

Il est également interdit d'emmagasiner ces substances dans des locaux autres que ceux indiqués dans la déclaration précitée.

Toute quantité desdites substances trouvée en dehors de l'atelier ou du local affecté à sa fabrication ou à son dépôt sera saisie par procès-verbal et donnera lieu à l'application des pénalités prévues à l'article 54 de la loi du 30 mars 1902.

Art. 5. — Chaque opération de fabrication de saccharine ou de toute autre substance édulcorante artificielle devra être précédée d'une déclaration faite, quatre heures au moins à l'avance, aux employés préposés à la surveillance de l'usine. Cette déclaration énoncera la nature et le poids de la matière première mise en œuvre, ainsi que le rendement minimum de cette matière en substance édulcorante artificielle. Le service pourra contrôler l'exactitude de la déclaration.

Art. 6. — Deux fois par jour au moins et, dans tous les cas, douze heures au plus après leur fabrication, les substances édulcorantes artificielles produites seront enlevées de l'atelier et transportées dans le local affecté à leur dépôt.

Toute introduction dans ce local sera précédée d'une déclaration faite par l'industriel aux employés chargés de la surveillance de l'usine ; cette déclaration énoncera le poids des substances à introduire.

Ce local n'aura qu'une porte qui sera disposée de manière à pouvoir être fermée par le plomb ou le scellé du service et ne pourra être ouverte qu'en sa présence

Art. 7. — Les quantités des substances sus-désignées existant dans l'établissement et celles placées postérieurement dans le local de dépôt sont vérifiées par les employés, qui les prennent en charge à un compte ouvert à cet effet.

Sont portées en décharge à ce compte les quantités sorties de l'usine en vertu d'expéditions régulières et celles dont la remise en fabrication aura été déclarée et constatée.

Art. 8. — Il est également tenu un compte général de fabrication.

Ce compte est chargé des quantités représentant le minimum de rendement prévu à l'article 5 du présent décret.

Il est déchargé des quantités expédiées en vertu d'expéditions régulières.

Art. 9. — Les employés peuvent à toute époque arrêter la situation du compte de magasin des produits fabriqués, ainsi que du compte de fabrication.

Le fabricant est tenu de fournir la main-d'œuvre, ainsi que les balances, poids et ustensiles nécessaires.

Si la vérification opérée contradictoirement fait ressortir un excédent ou un manquant au compte de magasin, l'excédent est ajouté aux charges, le manquant est porté en décharge, jusqu'à concurrence de 2 p. 100 des quantités prises en charge depuis le dernier recensement. Les quantités restantes à l'époque de chaque recensement jouiront de la portion non absorbée de l'allocation, sans que l'allocation totale puisse excéder 2 p. 100. Si le manquant ou l'excédent dépasse 2 p. 100, il est dressé procès-verbal pour l'application des pénalités prévues à l'article 54 de la loi du 30 mars 1902 ; l'excédent est saisi et ajouté aux charges.

Les excédents constatés au compte de fabrication sont simplement ajoutés aux charges, à titre de boni de rendement, s'ils ne dépassent pas 10 p. 100 des prises en charge effectuées depuis le précédent inventaire. Les excédents supérieurs à 10 p. 100 sont saisis et pris en charge et donnent lieu, ainsi que tout manquant, à la rédaction d'un procès-verbal comme ci-dessus.

Art. 10. — Aucune quantité des substances sus-désignées ne pourra circuler, soit pour l'intérieur, soit pour l'exportation, que dans des caisses, boîtes ou flacons numérotés, revêtus du plomb de la Régie qui devra être représenté intact en cours de route et à l'arrivée, et accompagnés d'un acquit-à-caution énonçant le numéro et le poids de chacune des caisses, boîtes ou flacons composant le chargement, ainsi que le poids du produit contenu dans ces récipients.

Pour les livraisons faites à l'intérieur du territoire par les fabricants et les pharmaciens admis à céder accidentellement une partie de leur approvisionnement à d'autres pharmaciens, la délivrance des acquits-à-caution est subordonnée à la représentation d'une demande émanant soit du pharmacien destinataire, soit de l'industriel autorisé à utiliser le produit dans sa fabrication.

Pour l'application des pénalités édictées par l'article 54 de la loi du 30 mars 1902, il sera dressé procès-verbal :

a) A la charge des soumissionnaires d'acquits qui ne rapporteront pas de certificat de décharge dans les quatre mois qui suivront l'expiration des délais accordés pour le transport des matières ;

b) A la charge des transporteurs ou des destinataires, en cas soit de rupture des scellés apposés sur les colis, soit de défaut d'identité entre les énonciations des acquits-à-caution et les matières présentées à la vérification du service en cours de route ou à l'arrivée.

Les frais de plombage seront remboursés par le fabricant expéditeur à raison de 10 centimes par plomb apposé.

Art. 11. — Les articles 235, 236, 237, 238 et 245 de la loi du 28 avril 1816, et 24 de la loi du 21 juin 1873 sont applicables aux visites et vérifications des employés des contributions indirectes dans les fabriques désignées à l'article 49 de la loi du 30 mars 1902.

Décret du 26 octobre 1902, concernant le sucre vanillé présenté à la décharge des comptes d'admission temporaire.

Art. 1er. — Le premier paragraphe de l'article 2 du décret du 8 août 1878 est complété ainsi qu'il suit :
« Le poids minimum des expéditions de sucre vanillé présenté à la décharge des comptes d'admission temporaire de sucre est fixé à 50 kilogr. net. »

Loi du 27 janvier 1903 portant approbation de la convention de Bruxelles.

Article unique. — Le Président de la République française est autorisé à ratifier et, s'il y a lieu, à faire exécuter la convention signée à Bruxelles, le 5 mars 1902, et relative au régime des sucres, ainsi que le protocole de clôture annexé à cette convention.
Une copie authentique de ces documents demeurera annexée à la présente loi (1).

Loi du 28 janvier 1903 relative au régime des sucres.

Art. 1er. — A partir du 1er septembre 1903, les droits sur les sucres de toute origine livrés à la consommation sont ramenés aux taux ci-après fixés, décimes compris :
Sucres bruts et raffinés, vingt-cinq francs (25 fr.) par 100 kilogrammes de sucre raffiné ;
Sucres candis, vingt-six francs soixante-quinze centimes (26 fr. 75) par 100 kilogrammes de poids effectif.
A partir de la même date, le droit de fabrication de 1 franc par 100 kilogrammes, institué par l'article 4 de la loi du 7 avril 1897, est supprimé ; le droit de raffinage établi par ledit article 4 est ramené de quatre francs à deux francs (2 fr.).
Est autorisée, pour l'emploi aux usages agricoles, dans les conditions qui auront été déterminées par décrets, l'expédition en franchise de mélasses épuisées n'ayant pas plus de cinquante pour cent (50 p. 100) de richesse saccharine absolue.
Art. 2. — Les surtaxes de douane sur les sucres étrangers de toute origine sont, à partir de la même date, modifiées ainsi qu'il suit :
Sucres raffinés et sucres bruts d'un titrage de quatre-vingt-dix-huit pour cent (98 p. 100) au moins, six francs (6 fr.) par 100 kilogrammes de poids effectif.

---

(1) Voir le texte de cette convention à sa date, pages 447 et suivantes.

Autres sucres, cinq francs cinquante centimes (5 fr. 50) par 100 kilogrammes de poids effectif.

Les sucres candis seront comptés à raison de cent sept kilogrammes (107 kilogr.) de sucre raffiné par 100 kilogrammes de candi, poids effectif (1).

Sont maintenues les dispositions des articles 5 de la loi du 7 avril 1897 et 1 et 2 de la loi du 14 juillet 1897.

Art. 3. — Les détaxes de distance instituées par les articles 2 et 3 de la loi du 7 avril 1897 seront dorénavant allouées à raison du montant effectif des frais de transport dont il sera justifié, sans que toutefois les taux fixés par les articles précités puissent être dépassés.

Art. 4. — Les sucres destinés à entrer dans la préparation de produits alimentaires en vue de l'exportation pourront être reçus et travaillés en franchise des droits dans des établissements spécialement affectés à cette fabrication. Ces établissements, érigés en entrepôts réels, seront soumis à la surveillance permanente des employés des contributions indirectes ; les frais de cette surveillance seront à la charge des fabricants Des décrets détermineront les conditions d'agencement des fabriques, les obligations à remplir par les fabricants et, d'une manière générale, toutes les mesures d'application du présent article (2). Les contraventions aux dispositions de ces décrets seront passibles des peines édictées par l'article 3 de la loi du 30 décembre 1873.

Art. 5. — Sont abrogés à partir du 1ᵉʳ septembre 1903 :

Les articles 2 de la loi du 29 juillet 1884 et 2 de la loi du 5 août 1890, qui accordent une modération de taxe aux sucres employés au sucrage des vins, cidres et poirés, ainsi que l'article 3 de la loi de finances du 29 décembre 1888 ;

L'article 7 de la loi du 4 juillet 1887 ;

L'article 1ᵉʳ de la loi du 7 avril 1897 ;

Parmi les dispositions de la loi du 29 juillet 1884 et des lois subséquentes, celles qui ont organisé la prise en charge du sucre imposable dans les fabriques, d'après le poids des betteraves mises en œuvre, et qui ont accordé le bénéfice d'une immunité d'impôt aux sucres indigènes ou coloniaux français représentant des excédents de rendement ou des déchets de fabrication.

Sont remises en vigueur les dispositions légales antérieures à la loi de 1884, qui ont réglé la tenue des comptes dans les fabriques et la prise en charge de la production effective, avec un minimum de rendement basé sur le volume et la densité des jus reconnus avant la défécation. Le taux de cette prise en charge est fixé à quinze cents grammes (1,500 gr.) par hectolitre et par degré de densité au-dessus de 100 (densité de l'eau).

Sont maintenues toutes les dispositions en vigueur relatives au mode d'imposition des sucres bruts d'après les méthodes saccharimétriques, ainsi que les dispositions des lois des 5 août 1890 et 26 juillet 1893, concernant l'exercice des raffineries et, d'une manière générale, toutes les

---

(1) Les sucres candis ne sont plus imposés qu'à un droit de douane de 6 fr. par 100 kilogr. poids effectif. Art. 10 de la loi du 9 juillet 1904.
(2) Voir le décret du 26 juin 1903.

dispositions des lois antérieures qui ne sont pas contraires à la présente loi (1).

Art. 6. — Il sera procédé à l'inventaire des sucres et des sirops de toute nature (à l'exception des mélasses) qui existeront, au 1er septembre 1903, dans les raffineries et établissements assimilés.

Les sucres raffinés seront comptés pour leur poids intégral, et les sucres candis pour sept pour cent (7 p. 100) en sus. Les autres sucres et les sirops en cours de fabrication seront évalués en sucre raffiné dans les conditions fixées par l'article 18 de la loi du 19 juillet 1880.

Les quantités inventoriées seront, jusqu'à due concurrence, imputées aux obligations d'admission temporaire en cours, lesquelles seront apurées, soit par la représentation de certificats d'exportation ou d'entrée en entrepôt postérieurs au 31 août 1903, soit par le payement du droit de vingt-cinq francs (25 francs) par 100 kilogrammes de sucre raffiné.

Les obligations d'admission temporaire pour lesquelles il n'aura pas été représenté, au moment de l'inventaire, des quantités correspondantes de sucres raffinés ou de matières en cours de fabrication ne pourront être apurées qu'au moyen de certificats d'exportation ou d'entrée en entrepôt antérieurs au 1er septembre 1903 ou par le payement de l'ancien tarif sur les quantités de sucre raffiné prises en charge.

A titre exceptionnel, le délai d'apurement des obligations d'admission temporaire souscrites du 1er au 30 juin 1903 est porté de deux à trois mois.

Dans les quinze jours qui précéderont le 1er septembre 1903, les employés des douanes et des contributions indirectes seront admis, de jour et de nuit, dans les raffineries et établissements assimilés. Ils pourront suivre les opérations industrielles et procéder à toutes les constatations et vérifications préparatoires qu'ils jugeront nécessaires.

Pendant les opérations d'inventaire, le travail sera complètement arrêté dans les ateliers et magasins ; les raffineurs ou assimilés ou leurs représentants auront, au fur et à mesure des opérations, à déclarer le poids et le titrage des produits de toute nature existant dans chaque atelier ou magasin.

Art. 7. — Quiconque voudra ajouter du sucre à la vendange est tenu d'en faire la déclaration, trois jours au moins à l'avance, à la recette buraliste des contributions indirectes. La quantité de sucre ajoutée ne pourra pas être supérieure à dix kilogrammes (10 kilogr.) par trois hectolitres de vendanges.

Quiconque voudra se livrer à la fabrication de vin de sucre pour sa consommation familiale, est tenu d'en faire la déclaration dans le même délai. La quantité de sucre employée ne pourra pas être supérieure à quarante kilogrammes (40 kil.) par membre de la famille et par domestique attaché à la personne, ni à quarante kilogrammes (40 kil.) par trois hectolitres de vendanges récoltées.

Toute personne qui, en même temps que des vendanges, moûts ou marcs de raisins, désire avoir en sa possession une quantité de sucre

---

(1) Voir, pour l'exercice des raffineries, les nouvelles dispositions édictées par la loi du 9 juillet 1904.

supérieure à 50 kilogrammes est tenue d'en faire préalablement la déclaration et de fournir des justifications d'emploi.

Le service des contributions indirectes est chargé de contrôler l'exactitude des déclarations faites en exécution des dispositions ci-dessus.

Des règlements d'administration publique détermineront les conditions d'application du présent article.

Les contraventions aux dispositions qui précèdent et aux règlements qui seront rendus pour leur exécution sont punies des peines édictées par l'article 4 de la loi du 6 avril 1897. Ces peines sont doublées dans le cas de fabrication, de circulation ou de détention de vins de sucre en vue de la vente. S'il y a récidive, les contrevenants encourent, indépendamment de l'amende, une peine d'emprisonnement de six jours à six mois.

Les mêmes peines sont applicables aux complices des contrevenants.

Extrait de la loi de finances du 31 mars 1903 concernant les glucoses, le sucrage des vins, les sucres coloniaux et le tarif des sucres en Corse.

Art. 32. — A partir du 1er septembre 1903, le droit sur les glucoses indigènes livrées à la consommation est fixé, décimes compris, à cinq francs soixante (5 fr. 60) par 100 kilogrammes de poids effectif.

Est interdit l'emploi de glucose dans la vinification, soit en première cuvée, soit pour la préparation d'un second vin par versement d'eau sur des marcs.

Sont applicables à la détention de glucose, dans les mêmes conditions et sous les mêmes peines, les dispositions concernant la détention du sucre qui font l'objet des paragraphes 3 et 4 de l'article 7 de la loi du 28 janvier 1903 sur le régime des sucres.

La fabrication, la circulation et la détention de vins glucosés sont punies des peines afférentes à la fabrication, à la circulation et à la détention des vins de sucre en vue de la vente.

Les peines encourues par les contrevenants sont également applicables à leurs complices.

Art. 33. — Les dispositions de l'article 5, dernier paragraphe, de la loi du 11 juillet 1891 (1) sont applicables aux déclarations et aux constatations effectuées en exécution de l'article 7 de la loi du 28 janvier 1903.

Art. 34. — Par mesure transitoire, le déchet de fabrication, alloué aux sucres des colonies françaises par l'art. 2 de la loi du 13 juillet 1886, sera alloué aux sucres expédiés de ces colonies postérieurement au

---

(1) Le dernier § de l'art. 5 de la loi du 11 juillet 1891 est ainsi conçu : « Les demandes de sucrage à taxe réduite faites en vue de la fabrication des vins de sucre définis par l'art. 2 de la loi du 14 août 1889 sont conservées pendant trois ans à la direction ou à la sous-direction des contributions indirectes, ainsi que les portatifs et registres de décharge des acquits-à-caution après dénaturation des sucres. Elles sont communiquées à tout requérant, moyennant un droit de recherche de 50 centimes par article. »

30 avril 1903 et antérieurement au 1er septembre de la même année, au vu des résultats de la vérification effectuée par la douane coloniale au moment de l'embarquement et d'après le poids net établi suivant la tare légale.

Les sucres de premier jet seront considérés comme titrant 97 degrés, ceux de deuxième jet 89 degrés et ceux de troisième jet 81 degrés.

Le bon d'enlèvement, établi sur ces bases, sera remis au consignataire désigné par l'exportateur, et ce consignataire devra prendre l'engagement cautionné de rembourser au Trésor la valeur du bon calculée à raison de 30 fr. par 100 kilogr. de sucre, pour le cas où les sucres ayant fait l'objet dudit bon ne seraient pas parvenus en France le 31 décembre 1903.

Les conditions d'application du présent article seront déterminées par le ministre des finances.

Art. 35. — Les articles 1 et 2 de la loi du 28 janvier 1903, à l'exception des dispositions relatives à la taxe de raffinage, sont applicables à la Corse. Le lait concentré, le lait sucré, les mélasses, les sirops, bonbons et fruits confits au sucre, les biscuits sucrés, les confitures au sucre et au miel acquitteront dans l'île les mêmes droits que sur le continent.

Décret du 16 mai 1903, réglant l'emploi industriel de la saccharine.

Art. 1er. — Tout industriel qui veut utiliser pour la préparation de produits non alimentaires la saccharine ou toute autre substance édulcorante artificielle désignée à l'article 49 de la loi du 30 mars 1902 est tenu d'en faire la déclaration sur papier timbré au directeur des contributions indirectes du département dans lequel est située son usine.

Cette déclaration, dont il est immédiatement délivré un récépissé, spécifie :

1° La nature des produits à la préparation desquels les substances édulcorantes sont destinées ;

2° Le procédé qui sera appliqué pour la mise en œuvre desdites substances et, s'il y a lieu, pour leur dénaturation ;

3° La quantité de substances édulcorantes à employer annuellement.

Elle est appuyée de l'original ou de la copie certifiée d'une patente applicable à l'industrie aux besoins de laquelle les substances édulcorantes doivent être employées.

Art. 2. — La déclaration prescrite à l'article 1er sera faite un mois au moins avant le commencement de la fabrication, et, pour les établissements qui font déjà usage de substances édulcorantes, dans les huit jours de la publication du présent décret au *Journal officiel*.

Art. 3. — Aucune modification ne peut être apportée aux dispositions mentionnées dans la déclaration sans avoir fait l'objet, huit jours au moins à l'avance, d'une déclaration additionnelle.

Art. 4. — Les établissements industriels dans lesquels il est fait emploi des substances édulcorantes sont soumis, ainsi que leurs dépendances, aux visites et vérifications du service des contributions indirectes dans les conditions prévues par les articles 235 et 236 de la loi du 28 avril 1816.

Art. 5. — Les industriels qui utilisent des substances édulcorantes ne peuvent les tirer que des fabriques mentionnées dans une déclaration faite huit jours au moins avant la première livraison effectuée par ces fabriques.

Les substances édulcorantes sont transportées des fabriques ainsi déclarées jusqu'aux [établissements des industriels dans des récipients portant une marque d'identité et revêtus du plomb de la Régie ; elles sont accompagnées d'un titre de mouvement délivré à l'expéditeur, qui doit rapporter dans un délai de deux mois un certificat de l'arrivée des substances à destination.

Une fois entrées dans l'usine, elles sont présentées à la vérification du service. Les scellements des récipients doivent être intacts et les chargements conformes en tous points aux indications des titres de mouvement.

Aussitôt après leur vérification, les substances édulcorantes sont emmagasinées dans un local spécial placé sous la clé des agents des contributions indirectes ; elles ne peuvent être extraites de ce lieu de dépôt que pour être dénaturées ou mises en œuvre séance tenante. Avant toute extraction, une déclaration faite dans le délai et la forme indiqués par l'Administration énonce la nature et le poids des substances édulcorantes qui seront dénaturées ou mises en œuvre, la date et l'heure du commencement des opérations ainsi que leur durée probable.

La dénaturation et la mise en œuvre des substances édulcorantes a lieu de jour et en présence du service.

Aucune quantité de substance édulcorante ne peut être détenue en dehors du lieu de dépôt spécifié ci-dessus.

Art. 6. — Les substances édulcorantes doivent être mises en œuvre dans des conditions propres à empêcher qu'elles ne puissent être ultérieurement détournées de la destination déclarée.

Le ministre des finances, après avis du Comité consultatif des arts et manufactures, fixera ces conditions pour chaque industrie et prescrira, s'il y a lieu, à titre de garantie supplémentaire, la dénaturation préalable des substances édulcorantes.

Il pourra également, dans la même forme et sur la demande des intéressés, autoriser cette dénaturation pour suppléer à toute justification d'emploi.

Art. 7. — Un compte de magasin est ouvert aux industriels qui veulent utiliser des substances édulcorantes.

Aux charges de ce compte sont inscrites les quantités qui existaient lors de la mise en vigueur du présent décret et celles qui ont été reçues postérieurement avec des titres de mouvement.

Aux décharges figurent les quantités dénaturées ou mises en œuvre sur place.

Les employés peuvent, à toute époque, arrêter la situation du compte de magasin.

Les excédents que les recensements font ressortir sont ajoutés aux charges et les manquants portés en décharge.

Il est accordé aux industriels une tolérance de 2 p. 100 sur les quantités prises en charge depuis le dernier recensement : tout excédent ou tout manquant supérieur à cette proportion donne lieu à la rédaction d'un procès-verbal.

Art. 8. — Les industriels soumis aux prescriptions du présent décret doivent fournir, à toute réquisition des employés, la main-d'œuvre et les instruments nécessaires aux vérifications et recensements.

Art. 9. — Indépendamment des officiers de police judiciaire, les agents de l'Administration des contributions indirectes constatent les contraventions aux dispositions du présent décret.

Leurs procès-verbaux, dressés suivant les formes propres à leur administration, ne font foi en justice que jusqu'à preuve contraire, conformément aux articles 154 et suivants du Code d'instruction criminelle, et ils sont transmis au procureur de la République pour l'application des peines prononcées par les articles 54 et 55 de la loi du 30 mars 1902.

Art. 10. — Les industriels qui utilisent des substances édulcorantes remboursent au Trésor les frais de surveillance.

La redevance exigée, à titre de remboursement desdits frais, ne doit pas dépasser la dépense réellement effectuée par la Régie ; elle est réglée à la fin de chaque année par le ministre des finances, d'après le traitement des employés chargés de la surveillance et proportionnellement à la durée des visites et vérifications. Elle est exigible à l'expiration du mois qui suit la notification faite à l'industriel de la décision du ministre des finances.

Décret du 28 mai 1903 portant promulgation de la convention de Bruxelles.

LE PRÉSIDENT DE LA RÉPUBLIQUE FRANÇAISE,

Sur la proposition du ministre des affaires étrangères et du ministre des finances,

Décrète :

Art. 1er. — Le Sénat et la Chambre des députés ayant approuvé la convention relative au régime des sucres conclue à Bruxelles, le 5 mars 1902, entre la France, l'Allemagne, l'Autriche-Hongrie, la Belgique, l'Espagne, la Grande-Bretagne, l'Italie, les Pays-Bas et la Suède, et les ratifications de cet acte ayant été déposées au ministère des affaires étrangères de Belgique le 1er février 1903, ladite convention, dont la teneur suit, ainsi que le protocole de clôture qui y est annexé, recevront leur pleine et entière exécution à partir du 1er septembre 1903.

Suit le texte de la convention ; voir ce texte, page 447.

Art. 2. — Le ministre des affaires étrangères et le ministre des finances sont chargés, chacun en ce qui le concerne, de l'exécution du présent décret.

Décret du 26 juin 1903 réglant les conditions d'emploi en franchise des sucres et glucoses employés à la préparation des produits alimentaires pour l'exportation.

Art. 1er. — Toute personne qui désire bénéficier des dispositions contenues dans l'article 4 de la loi du 28 janvier 1903, est tenue d'en faire la déclaration par écrit au bureau de la Régie des contributions indirectes, un mois au moins avant le commencement des opérations. Cette déclaration est accompagnée d'un plan présentant les divers bâtiments, locaux et cours dont se compose l'établissement, avec l'indication de toutes les issues extérieures.

Art. 2. — L'établissement et ses dépendances doivent être isolés de tout autre bâtiment et clos par des murs de deux mètres de hauteur au moins.

L'établissement ne doit avoir qu'une seule porte habituellement ouverte. Les autres portes doivent être placées sous le scellé des employés et ne peuvent être ouvertes qu'en leur présence. Tous les jours et fenêtres doivent être garnis d'un treillis de fil de fer à mailles de cinq centimètres au plus.

Aucune introduction ne peut avoir lieu, aucune sortie ne peut être effectuée que de jour, c'est-à-dire dans les intervalles de temps déterminés par l'article 26 de la loi du 28 avril 1816.

Art. 3. — L'industriel est tenu de mettre gratuitement à la disposition de l'Administration un local convenable de douze mètres carrés au moins, garni de chaises, de tables avec tiroir fermant à clef et d'un poêle ou d'une cheminée, pour servir de bureau aux employés.

Ce local doit être situé dans l'enceinte de l'usine, aussi près que possible de la porte habituellement ouverte.

L'entretien, le chauffage et l'éclairage de ce local sont effectués gratuitement par l'industriel ou, à ses frais, par les soins des employés.

Art. 4. — Peuvent être reçus dans l'établissement :

1° Des sucres bruts ou raffinés non libérés d'impôt ;

2° Des sucres raffinés introduits à la décharge des comptes d'admission temporaire ;

3° Des glucoses non libérées d'impôt.

Les sucres et glucoses expédiés en suspension du payement des droits doivent être accompagnés d'acquits-à-caution.

Les chargements doivent être représentés intacts et sont soumis à la vérification des employés.

Avant le commencement des opérations, l'industriel doit souscrire entre les mains de l'agent de la Régie désigné à cet effet, lequel fixe le montant du crédit concédé, un engagement cautionné portant garantie des droits sur les sucres et les glucoses introduits dans l'établissement.

Un engagement complémentaire est exigé avant l'introduction de quantités supérieures à celles fixées dans la concession primitive de crédit.

Art. 5. — Les sorties ne peuvent être effectuées qu'à destination de l'étranger et sous le lien d'acquits-à-caution délivrés après reconnaissance et pesée des produits par le service attaché à l'établissement ; les acquits doivent énoncer le numéro, la marque, les poids brut et net des divers produits y contenus, ainsi que les quantités de sucre exprimées en raffiné et de glucose entrées dans leur fabrication.

Les marchandises doivent être placées dans des colis revêtus du plomb de la Régie ; les frais de plombage sont remboursés par le fabricant au taux fixé par arrêté du ministre des finances. Le défaut de rapport de certificat de décharge dans les délais réglementaires entraine le payement du double droit sur les quantités de sucre et de glucose représentées par les produits expédiés.

Art. 6. — Sur un registre mis à sa disposition, le fabricant doit indiquer au fur et à mesure des opérations :

1° La quantité de sucre et de glucose employée dans ses préparations ;

2° Le poids de ces préparations et la quantité correspondante de sucre et de glucose par 100 kilogrammes.

Ce registre doit être représenté à toute réquisition des employés, qui en relèvent les indications à la fin de chaque journée.

Art. 7. — Il est ouvert à chaque industriel :
1° Un compte de magasin des sucres et des glucoses en nature ;
2° Un compte de produits fabriqués.

Le compte de magasin est tenu en poids effectif ; il présente distinctement pour les sucres et les glucoses :

Aux entrées :
1° Les quantités introduites dans l'établissement ;
2° Les quantités reconnues en excédent, à la suite des inventaires ;

Aux sorties :
1° Les quantités employées à la fabrication d'après les déclarations faites par l'industriel sur le registre prévu à l'article 6 du présent décret ;
2° Les manquants que font apparaître les inventaires.

Les employés peuvent, à des époques indéterminées, arrêter la situation du compte de magasin, et, à cet effet, vérifier par la pesée les quantités existantes.

Les excédents et les manquants que la vérification fait apparaître sont réglés, en ce qui concerne les sucres, dans les conditions prévues par l'article 19 du décret du 1er septembre 1852, et, en ce qui concerne les glucoses, dans les conditions prévues par l'article 36 de l'ordonnance du 29 août 1846.

Le compte des produits fabriqués est tenu en sucre exprimé en raffiné et, pour les glucoses, en poids effectif ; il comprend :

Aux entrées :
1° Les quantités de sucre et de glucose mises en fabrication d'après les déclarations de l'industriel et inscrites aux sorties du compte de magasin ;
2° Les quantités reconnues en excédent, à la suite de l'inventaire annuel ;

Aux sorties :
1° Les quantités de sucre et de glucose représentées par les produits expédiés à l'étranger et mentionnées aux acquits régulièrement déchargés ;
2° Les manquants que fait ressortir la balance annuelle du compte.

Un inventaire annuel des produits achevés et en cours de fabrication existant dans l'établissement est dressé à l'époque déterminée par l'Administration. La quantité de sucre et de glucose représentée par les produits est évaluée d'après la richesse attribuée par l'industriel à chaque espèce de matières dans ses déclarations de fabrication et dans ses déclarations de sortie.

Les excédents que fait ressortir l'inventaire sont ajoutés aux charges.

Les manquants sont alloués de plein droit, s'ils ne dépassent pas 10 p. 100. Les manquants supérieurs à 10 p. 100 sont en totalité soumis aux doubles droits.

Lors de chaque inventaire, l'industriel est tenu de remettre aux employés chargés de la surveillance une déclaration signée de lui et indiquant, pour chaque atelier ou magasin, la quantité de matières y contenues et le poids de sucre raffiné et de glucose qu'elles représentent.

Art. 8. — Pour la pesée des produits lors des inventaires, ainsi que pour la vérification des chargements à l'arrivée ou au départ, les industriels doivent fournir les ouvriers, de même que les poids, balances et autres ustensiles nécessaires.

Art. 9. — Les industriels remboursent au Trésor les frais de surveillance de leurs établissements.

La somme exigée à titre de remboursement desdits frais ne doit pas dépasser la dépense réellement effectuée par la Régie ; elle est réglée, à la fin de chaque année, par le ministre des finances, d'après le traitement des employés chargés de la surveillance.

Elle est exigible à l'expiration du mois qui suit la notification faite à l'industriel de la décision du ministre des finances, et le recouvrement en est poursuivi par voie de contrainte, et conformément aux dispositions applicables en matière de contributions indirectes.

Décret du 14 août 1903, relatif aux conditions d'allocation de la prime aux sucres entreposés déclarés pour l'exportation.

Art. 1er. — Pour les sucres placés en entrepôt et qui, antérieurement au 1er septembre 1903, seront déclarés être destinés à l'exportation, les bons de droits créés par l'article 8 de la loi du 7 avril 1897 seront immédiatement délivrés aux titulaires des certificats de dépôt desdits sucres contre l'engagement souscrit par eux d'en rembourser le montant si les sucres n'ont pas été exportés dans le délai légal. Pour garantir l'accomplissement de cette condition, les bénéficiaires seront tenus de déposer un cautionnement d'une valeur égale à celle du bon. Ce cautionnement pourra être réalisé à leur choix :

1° En numéraire ;

2° En rentes sur l'Etat et valeurs du Trésor au porteur ;

3° En rentes sur l'Etat nominatives ou mixtes.

La valeur du capital des rentes à affecter au cautionnement sera calculée au cours moyen de la veille du jour du dépôt.

Toutefois, s'il s'agit de sucres ayant servi à l'établissement d'un warrant, la délivrance des bons n'aura lieu que sur la représentation et le dépôt d'une autorisation du bailleur de fonds.

Art. 2. — En cas de non-exportation des sucres dans le délai légal, le cautionnement restera acquis au Trésor.

Toutefois, si la somme produite par la négociation des valeurs déposées à titre de cautionnement excède le montant du bon de droits, l'excédent en sera remboursé à son titulaire.

Si, au contraire, cette somme est inférieure au montant du bon, le bénéficiaire devra en rembourser la différence.

Pour les sucres exportés dans le délai ci-dessus rappelé, le montant du cautionnement sera restitué aux intéressés au fur et à mesure qu'il sera justifié de la sortie des produits.

Les intéressés pourront également obtenir la restitution du cautionnement en rapportant le bon de droits qui leur aura été délivré.

Art. 3. — Sont et demeurent abrogées les dispositions contraires au présent décret.

Décret du 21 août 1903, relatif au sucrage des vendanges.

Art. 1er. — Les déclarations prescrites par les premier et deuxième paragraphes de l'article 7 de la loi du 28 janvier 1903 doivent être faites par écrit, à la recette buraliste dans la circonscription de laquelle se trouve le lieu où le sucrage sera effectué, et elles doivent être libellées conformément aux modèles qui en seront donnés par l'Administration des contributions indirectes.

Art. 2. — La déclaration faite par application du premier paragraphe indique notamment :

1° Les nom, prénoms, profession et demeure du déclarant ;
2° Les quantités approximatives de vendanges pour lesquelles le sucrage est déclaré ;
3° Le poids du sucre à mettre en œuvre ;
4° Les lieux, jours et heures auxquels auront lieu les opérations de sucrage.

Art. 3. — La déclaration faite par application du deuxième paragraphe indique notamment :

1° Les nom, prénoms, profession et demeure du déclarant ;
2° Les nom et prénoms de chacun des membres de la famille du déclarant habitant d'une façon permanente avec lui ;
3° Les nom et prénoms de chacun des domestiques nourris par le déclarant et attachés à sa personne ;
4° La superficie des terrains plantés en vignes exploitées par le déclarant et la commune sur le territoire de laquelle se trouve chaque parcelle ;
5° L'importance approximative, exprimée en hectolitres, des quantités de vendanges à sucrer ;
6° Les lieux, jours et heures auxquels auront lieu les opérations.

Art. 4. — L'autorité municipale certifie les déclarations concernant :

1° La superficie des terrains plantés en vignes exploitées dans la commune par le déclarant ;
2° La quantité approximative de raisin vendangé sur ces vignes pour la récolte faisant l'objet de la déclaration ;
3° Le nombre des membres de la famille du déclarant habitant d'une façon permanente avec lui ;

4° Le nombre des domestiques nourris par le déclarant et attachés à sa personne.

Art. 5. — Les opérations de sucrage ont lieu sous le contrôle et la surveillance de l'Administration ; toutefois, si les employés n'interviennent pas au jour et à l'heure indiqués par les déclarants, il y est valablement procédé en leur absence.

Art. 6. — Les agents des contributions indirectes ont le droit, pendant le délai d'un mois, de procéder à la reconnaissance de tous les vins, déclarés sucrés ou non et des vins de sucre, ainsi que des marcs existant en la possession des intéressés, et de prélever gratuitement des échantillons de ces vins et marcs.

Art. 7. — La déclaration prescrite par le troisième paragraphe de l'article 7 de la loi du 28 janvier 1903 doit mentionner :
1° La quantité de sucre que le déclarant désire détenir dans le même local que les vendanges, moûts ou marcs de raisin ;
2° L'usage auquel ce sucre est destiné.

Art. 8. — Le déclarant est tenu de se munir immédiatement et à ses frais d'un carnet conforme au modèle donné par l'Administration des contributions indirectes, qui sera coté et paraphé par cette Administration et sur lequel il inscrira journellement les quantités de sucre qu'il aura employées et l'usage qui en aura été fait. Toutefois, les consommations domestiques qui n'excèdent pas un kilogramme par jour en moyenne peuvent faire l'objet d'une inscription en bloc à la fin de chaque semaine.

La tenue du carnet n'est pas obligatoire si la totalité du sucre doit être consommée dans le courant d'une seule journée et si la date de l'emploi a été indiquée à l'Administration.

Art. 9. — Les agents des contributions indirectes ont la faculté de contrôler à domicile l'exactitude des déclarations et inscriptions faites en exécution des articles 7 et 8 du présent décret, de se faire représenter les carnets dont la tenue est prescrite par l'article ci-dessus, ainsi que les quantités de sucre non consommées ; les déclarants sont tenus d'établir l'emploi qui a été fait des sucres mis en œuvre soit par la présentation des produits à la préparation desquels le sucre aura été employé, soit par telle autre justification que comportera la destination déclarée.

Les agents peuvent, en outre, procéder à la reconnaissance des vins de toute espèce qui existent en la possession des personnes désignées par les mêmes articles et prélever gratuitement des échantillons de ces vins. Ils conservent ce droit pendant le mois qui suit la date à laquelle ont été fournies les dernières justifications d'emploi.

Art. 10. — Si, pour une cause accidentelle, des opérations déclarées conformément aux articles 2, 3 et 7 du présent décret ne peuvent avoir lieu au moment fixé, la déclaration doit en être faite à la recette buraliste avant l'heure à laquelle devaient être effectuées ces opérations.

Art. 11. — Les déclarants auxquels s'appliquent les dispositions du présent décret sont tenus de fournir le personnel et le matériel nécessaires aux opérations de vérification.

Art. 12. — Les décrets des 22 juillet 1885 et 20 juillet 1901 sont abrogés.

Décret du 16 juin 1904, concernant les confitures, gelées et compotes de fruits destinées à l'exportation.

Art. 1ᵉʳ. — L'article 1ᵉʳ du décret du 18 septembre 1880 est complété ainsi qu'il suit :

« Pour les confitures, gelées et compotes de fruits, n'ayant reçu aucune addition de glucose, ni de raisiné, le sucre cristallisable ajouté donnera lieu à la décharge des obligations d'admission temporaire de sucres bruts, souscrites dans les conditions réglementaires.

« La quantité de sucre admissible à la décharge desdites obligations sera évaluée de la manière suivante :

« Les laboratoires détermineront la proportion de sucre inverti pour cent (sucre inverti apporté par les fruits et sucre inverti provenant de l'inversion totale du saccharose). De cette proportion, on retranchera 10 (poids du sucre supposé provenir des fruits), et la différence obtenue, multipliée par 0,95, donnera la quantité de sucre à admettre en décharge (1). »

Loi du 5 juillet 1904 exemptant de l'impôt les sucres employés à l'alimentation du bétail.

Art. 1ᵉʳ. — Sont exempts de tous droits les sucres cristallisés polarisant moins de quatre-vingt-quinze degrés (95°) saccharimétriques et les sirops provenant du turbinage qui, après avoir été dénaturés dans l'établissement où ils ont été fabriqués, seront utilisés à l'alimentation du bétail.

Un décret déterminera les conditions d'application de cette mesure en fixant notamment les formalités à la circulation des produits dénaturés et les justifications à fournir par les destinataires.

Des décrets rendus après avis du Comité consultatif des arts et manufactures détermineront également les modes de dénaturation qui pourront être employés.

Art. 2. — Les infractions aux dispositions des décrets qui seront rendus pour l'exécution de la présente loi seront passibles des pénalités fixées par les premier et deuxième paragraphes de l'article 3 de la loi du 30 décembre 1873.

Loi du 5 juillet 1904 relative à l'exonération des sucres employés en brasserie.

Art. 1ᵉʳ. — Sont exonérés du droit qui leur est propre les sucres qui, après dénaturation préalable, sont utilisés dans la fabrication des bières.

Un décret déterminera les conditions auxquelles seront subordonnés l'introduction des sucres, leur emploi en brasserie, ainsi que les bases d'imposition des produits régulièrement mis en œuvre et des manquants constatés.

Des décrets rendus après avis du Comité consultatif des arts et manu-

---

(1) Régime rendu applicable aux sirops à base de fruits et aux sirops de sucre acidulés, par le décret du 1ᵉʳ avril 1905.

factures détermineront également le mode de dénaturation et le nombre de degrés-hectolitres correspondant à 100 kilogr. de sucre.

Art. 2. — Les infractions aux dispositions des décrets qui seront rendus pour l'exécution de la présente loi seront passibles des pénalités fixées par le troisième paragraphe de l'article 16 de la loi du 30 mai 1899.

Loi du 9 juillet 1904 ayant pour objet de soumettre à la surveillance permanente des employés des contributions indirectes les raffineries de sucre.

Art. 1er. — Les raffineries de sucre sont soumises à la surveillance permanente des employés des contributions indirectes. Sont abrogés l'article 8, § 2, de la loi du 5 août 1890 et l'article 23 de la loi du 26 juillet 1893.

Art. 2. — Les droits sur les sucres mis en œuvre dans les raffineries sont définitivement liquidés, à la sortie de ces établissements, d'après la nature des produits expédiés, savoir :

Pour les sucres candis, sur leur poids net effectif ;

Pour les sucres raffinés ou agglomérés en pains, tablettes ou morceaux et pour les sucres raffinés à l'état de granulés, glace, semoule, sur leur poids net effectif comme raffiné ;

Pour les vergeoises, sur la quantité de raffiné qu'elles représentent d'après leur richesse saccharine sous déduction de quatre fois le poids des cendres ;

Pour les mélasses, à raison d'un franc vingt-cinq centimes (1 fr. 25) par 100 kilogrammes de mélasses. Toutefois, sont exemptes de toute taxe les mélasses exportées, dirigées sur les distilleries ou employées à des usages agricoles ou industriels dans les conditions qui auront été déterminées par décret rendu sur avis du Comité consultatif des arts et manufactures.

Art. 3. — Les droits constatés dans les conditions prévues à l'article 2 sur les sucres candis, sucres raffinés ou agglomérés et vergeoises sont imputés, jusqu'à due concurrence, sur les sommes déjà payées ou garanties par le raffineur, conformément aux dispositions des lois des 19 juillet 1880 et 26 juillet 1893 et dont il aura été crédité.

Un inventaire annuel est établi par les agents de la Régie. Si les droits afférents aux quantités reconnues par l'inventaire, augmentés des droits constatés à la sortie, sont inférieurs au compte créditeur, la différence reste acquise au Trésor. Dans le cas contraire, la différence est payée au comptant, dans les conditions prévues par la loi du 15 février 1875 ; toutefois, cette différence n'est constatée que pour mémoire, en tant qu'elle n'excède pas cinq pour cent (5 p. 100) des droits afférents au sucre représenté par les produits existant dans l'usine au moment de l'inventaire.

Art. 4. — Des règlements d'administration publique détermineront les obligations des raffineurs, en ce qui concerne notamment la forme et le contrôle des déclarations des sorties et des quantités existant à l'inventaire ; les conditions d'agencement et d'exercice des usines ; les produits qui peuvent être reçus dans les raffineries et ceux qui peuvent en être expédiés, ainsi que les caractères distinctifs de ces produits et les conditions auxquelles leur introduction et leur enlèvement sont subordonnés ; le mode de tenue des comptes et de liquidation des droits ; l'époque et la forme des inventaires ; enfin, d'une manière générale, toutes les mesures nécessaires pour assurer l'entière exécution de la présente loi.

Art. 5. — Les obligations cautionnées garantissant les droits sur les sucres bruts destinés aux raffineries peuvent être souscrites soit à un mois de terme, sans intérêt, soit à quatre mois, avec intérêt à compter de l'expiration du premier mois.

Art. 6. — La taxe prévue aux articles 13 de la loi du 5 août 1890 et 26 de la loi du 26 juillet 1893 est fixée à huit centimes (0 fr.08) par 100 kilogrammes de sucre raffiné.

A l'importation et à la sortie des fabriques-raffineries, les sucres raffinés ou agglomérés de toute forme et de toute origine acquitteront cette taxe sur leur poids effectif, considéré comme raffiné, et les sucres candis à raison de cent sept kilogrammes (107 kilogr.) de raffiné par 100 kilogrammes de candi poids effectif.

Art. 7. — Sont assimilés aux raffineries, pour l'application de la présente loi, tous les établissements où les sucres cristallisés en grains sont, par un procédé quelconque, transformés en pains, tablettes ou morceaux.

Art. 8. — La présente loi entrera en vigueur le 1er septembre 1904.

A cette date, il sera procédé dans les raffineries à un inventaire général en vue de déterminer les sommes dont le raffineur doit être crédité à raison des produits libérés existant dans l'établissement.

Il sera fait application, pour cet inventaire, comme pour les inventaires prévus à l'article 3, des dispositions contenues dans les paragraphes 1, 2, 6 et 7 de l'article 6 de la loi du 28 janvier 1903.

Art. 9. — Les contraventions aux dispositions de la présente loi et aux prescriptions des décrets qui seront rendus pour son exécution seront punies des peines portées à l'article 3 de la loi du 30 décembre 1873.

Art. 10. — La surtaxe de douane sur les sucres candis de toute origine est fixée à six francs (6 fr.) par 100 kilogrammes de poids effectif.

Décret du 12 août 1904 portant règlement d'administration publique en exécution de la loi du 9 juillet 1904, sur le régime des raffineries de sucre.

Art. 1er. — Nul ne peut se livrer au raffinage du sucre qu'après en avoir fait la déclaration par écrit au bureau des contributions indirectes. Cette déclaration est faite un mois au moins avant le commencement des opérations ; elle est accompagnée d'un plan d'ensemble présentant les divers bâtiments et cours dont se compose la raffinerie avec l'indication de toutes les issues

Art. 2. — Les raffineries doivent être séparées de tout autre bâtiment. Elles doivent être closes par des murs ou des palissades en planches de deux mètres de hauteur au moins, tous les jours et fenêtres extérieurs doivent être garnis d'un treillis de fer à mailles de cinq centimètres au plus.

Les portes doivent être munies de deux serrures ; la clé de l'une de ces serrures est remise à l'Administration.

L'Administration fixe le nombre des portes qui peuvent être ouvertes pendant le jour ; de 10 heures du soir à 5 heures du matin une seule porte peut être ouverte.

En ce qui concerne les raffineries actuellement existantes, l'Administration peut exiger que, dans le délai d'un mois, il soit satisfait aux prescriptions des paragraphes 2 et 3 du présent article. Toute communication intérieure avec les immeubles voisins y est interdite.

Art. 3. — Le raffineur est tenu de fournir un local convenable de 12 mètres carrés au moins, garni de chaises, de tables avec tiroir fermant à clé et d'un poêle ou d'une cheminée, pour servir de bureau aux employés. Ce local doit être situé dans l'enceinte de l'usine, près de la porte par laquelle s'opère la sortie des sucres. L'entretien, le chauffage et l'éclairage de ce bureau sont effectués par les soins de l'industriel.

Une guérite est, en outre, installée par le raffineur, auprès de chaque porte habituellement ouverte, pour abriter les employés de service.

Le prix de la location du bureau, y compris les frais d'entretien, de chauffage et d'éclairage, est fixé de gré à gré et, à défaut de fixation amiable, arrêté par le préfet.

Art. 4. — Il ne peut être introduit dans les raffineries que des sucres bruts provenant directement des fabriques, des entrepôts ou des bureaux ouverts à l'importation.

Il ne peut être expédié de ces établissements que des sucres candis, des sucres raffinés ou agglomérés en pains, tablettes ou morceaux, des sucres raffinés en grains ou en poudre, des vergeoises et des mélasses.

L'Administration peut autoriser, par décisions spéciales et aux conditions qu'elle détermine :

1° L'introduction accidentelle de sucres bruts autres que ceux qui sont prévus au paragraphe 1er du présent article ;

2° La réintroduction de sucres ou vergeoises précédemment enlevés de l'usine ;

3° L'introduction de sucres raffinés ou vergeoises provenant d'une autre raffinerie;

4° La sortie accidentelle de sucres bruts.

Le raffineur désigne à l'avance les portes affectées à l'entrée et à la sortie des divers produits ; une seule porte peut être affectée à la sortie des sucres.

Aucune introduction ne peut avoir lieu, aucune sortie ne peut être effectuée entre dix heures du soir et cinq heures du matin.

Art. 5. — Les sucres bruts introduits dans les raffineries sont accompagnés de titres de mouvement délivrés par le service du lieu d'expédition. Ces titres de mouvement énoncent la provenance, la marque, les poids brut et net des colis composant chaque chargement, le titre polarimétrique des sucres, ainsi que la quotité des matières minérales et des glucoses qu'ils renferment. Ces énonciations sont vérifiées par les employés, qui procèdent, s'il y a lieu, au pesage, et au prélèvement d'échantillons destinés à l'analyse.

Art. 6. — Aucune quantité de sucre ou de mélasse ne peut être ni chargée ni expédiée de la raffinerie qu'après avoir été vérifiée par les employés. Les vérifications s'opèrent à proximité des emplacements où les sucres sont chargés en vue de leur expédition. Le nombre des locaux dans lesquels peut s'effectuer cette vérification est déterminé par l'Administration ; il ne peut s'élever à plus de quatre, sans qu'il puisse être mis simultanément en activité plus de deux bascules dans le même local.

Le service procède à la vérification par voie de pesage, de comptage, de reconnaissance de tare, dans les conditions déterminées par l'Administration.

Art. 7. — Chaque colis ou groupe de colis présenté à la vérification est accompagné, jusqu'à la sortie, d'un bulletin portant un numéro d'ordre et établi par l'industriel. Ce bulletin, indiquant par espèce de colis le poids net des sucres qui y sont contenus, est visé par l'employé au moment de la vérification. Il est rapproché, d'une part, du registre à souche prévu à l'art. 10 et, d'autre part, des carnets du service et de la feuille de sortie prévue à l'article suivant.

Les colis vérifiés sont chargés ou expédiés, au plus tard, dans le courant de la journée ; jusqu'à ce moment ils doivent demeurer dans les locaux affectés à l'expédition, où aucune quantité de sucre non vérifié ne peut être déposée. L'Administration peut toutefois autoriser, aux conditions qu'elle juge nécessaires, le dépôt, dans un magasin spécialement affecté à cet usage, de sucres vérifiés.

Art. 8. — Le raffineur établit une feuille de sortie reproduisant les indications des bulletins prévus à l'article précédent et mentionnant, par nature de colis, le poids net de chaque chargement. Cette feuille, visée par les employés, accompagne le chargement jusqu'à la porte de sortie, où elle est remise à l'agent de surveillance ; ce dernier s'assure par une vérification sommaire de la concordance entre le chargement et les indications de la feuille de sortie.

En cas de soupçon de fraude ou de présomption d'erreur, un employé supérieur chargé d'une vérification ou le chef de service de la raffinerie peut faire procéder en sa présence au déchargement de voitures accompagnées de feuilles de sortie et à la nouvelle pesée des sucres ou autres matières sucrées chargées sur ces voitures.

Lorsque le déchargement a été requis par le chef de service, celui-ci doit, dans les vingt-quatre heures, rendre compte de l'incident à ses supérieurs hiérarchiques.

Art. 9. — A la fin de chaque journée, le raffineur récapitule les indications des feuilles de sortie sur une formule imprimée que l'Administration lui remet à cet effet. Cette formule, établie en double expédition, est signée et certifiée par l'agent de l'Administration et par le raffineur. L'une des expéditions est conservée par le raffineur et l'autre par l'Administration.

En ce qui concerne les mélasses, les vergeoises et les sucres non assimilés aux raffinés, les résultats de la vérification sont ultérieurement complétés par l'indication de la quantité de raffiné que les produits représentent d'après l'analyse qui en a été opérée sur les échantillons prélevés conformément à l'article 18.

Art. 10. — Les bulletins et feuilles de sortie prévus aux articles 7 et 8 sont détachés de registres à souche portant à la souche toutes les indications qui figurent à l'ampliation ; ces registres sont divisés en deux séries, l'une affectée aux opérations des jours pairs, l'autre affectée aux opérations des jours impairs ; la série qui n'est pas en service doit être communiquée aux employés à toute réquisition. Ces registres sont cotés et paraphés par les soins de l'Administration et établis d'après un modèle agréé par elle ; les registres épuisés sont conservés pendant trois ans et sont représentés sur toute demande du service.

Art. 11. — Le compte ouvert au raffineur, en exécution de l'article 3 de la loi du 9 juillet 1904, s'applique aux opérations effectuées pendant la période comprise entre deux inventaires.

Au crédit du compte sont inscrits :

1° Les droits afférents aux produits existant dans l'établissement au moment de l'inventaire qui précède l'ouverture du compte, sous réserve, le cas échéant, de la déduction prévue par l'article 3 de la loi du 9 juillet 1904 ;

2° Les droits payés ou garantis sur les sucres introduits ;

3° Les droits acquittés sur les excédents qu'aura fait ressortir la balance du compte tenu en exécution de l'article 24 de la loi du 26 juillet 1893, dans les conditions prévues à l'article 15 du présent décret.

Au débit du même compte sont portés :

1° Les droits constatés sur les sucres candis, les sucres raffinés ou agglomérés et les vergeoises expédiés de la raffinerie ;

2° Les droits afférents aux produits existant dans l'établissement au moment de l'inventaire final, sous réserve, le cas échéant, de la déduction prévue par l'article 3 de la loi du 9 juillet 1904.

Art. 12. — Les employés des contributions indirectes peuvent procéder à toutes les constatations et vérifications qu'ils jugent nécessaires.

Pendant les opérations d'inventaire, le travail est complètement arrêté dans les ateliers et magasins ; le raffineur doit, au fur et à mesure des opérations, déclarer le poids et le titrage des produits de toute nature existant dans chaque atelier ou magasin.

Dans les quinze jours qui précèdent l'inventaire, les employés peuvent réclamer le concours du raffineur pour procéder à des expériences destinées à déterminer le rendement en sucre des matières en cours de transformation.

Art. 13. — L'inventaire annuel prévu par l'article 3 de la loi du 9 juillet 1904 est dressé dans les raffineries à l'époque déterminée par l'Administration ; il constate, par espèce, le poids effectif des sucres et des matières sucrées autres que les mélasses restant dans l'usine, ainsi que la quantité de sucre raffiné qu'ils représentent.

Art. 14. — Pour la pesée des sucres et des matières sucrées lors des inventaires, pour les constatations et expériences, pour la vérification des chargements à l'arrivée ou au départ, les raffineurs sont tenus de fournir le personnel, ainsi que les poids, balances et autres ustensiles nécessaires à l'effet d'opérer la pesée, de prélever des échantillons et de reconnaître la nature des produits et la quantité de sucre raffiné qu'ils représentent.

Art. 15. — Le compte dont la tenue est prescrite par l'article 24 de la loi du 26 juillet 1893 est chargé de la quantité de sucre correspondant aux réfactions accordées, pour les sels et les glucoses, par la loi du 19 juillet 1880, sur le titre polarimétrique des sucres bruts introduits.

Ce compte est déchargé des quantités de sucre cristallisable et de glucose contenues dans les mélasses expédiées en nature et dans les mélasses des vergeoises.

Il est tenu par semestre.

Art. 16. — La taxe prévue par le dernier paragraphe de l'article 2 de la loi du 9 juillet 1904 est perçue à la fin de chaque mois, d'après un décompte comprenant les mélasses expédiées pendant le mois, autres que celles qui sont dirigées sur l'étranger ou sur les distilleries, ou qui sont affectées à des usages agricoles ou industriels.

Art. 17. — L'acquit-à-caution qui doit accompagner les mélasses expédiées d'une raffinerie est délivré par les agents de surveillance de l'usine.

Cet acquit-à-caution énonce, sur la déclaration du raffineur :

Les nombre, marque et numéros des colis composant chaque chargement ;

Les poids brut et net de chacun de ces colis ;

Les nom, demeure et profession du destinataire ;

Le nom du voiturier ainsi que la route qui devra être suivie ;

L'heure de l'enlèvement et le délai fixé pour le transport.

Art. 18. — Des échantillons sont prélevés par les employés à la sortie et, s'il y a lieu, à l'entrée de la raffinerie.

Ils sont scellés par les employés et par le raffineur, qui peut faire consigner ses dires sur le procès-verbal de prélèvement.

Un des échantillons est immédiatement transmis au laboratoire de la circonscription. Deux autres échantillons sont conservés par le service.

Art. 19. — Les contestations relatives aux résultats des analyses de sucre et de matières sucrées effectuées dans les laboratoires du ministère des finances sont déférées aux commissaires-experts institués par la loi du 27 juillet 1822.

Art. 20. — Les dispositions des articles 12 et 13 sont applicables à l'inventaire prévu par l'article 8 de la loi du 9 juillet 1904.

Art. 21. — Les dispositions du présent décret seront mises à exécution à dater du 1er septembre 1904. A partir de la même date, celles du décret du 30 août 1893 cesseront d'être applicables.

Décret (A) du 1er octobre 1904 relatif à l'emploi des sucres en brasserie.

Art. 1er. — Les sucres appelés à bénéficier des dispositions de la loi du 5 juillet 1904, ne peuvent être introduits dans une brasserie ou ses dépendances sans être accompagnés d'un acquit-à-caution.

Les sucres bruts sont renfermés dans des sacs ficelés et plombés, ayant toutes leurs coutures à l'intérieur, d'un poids net de 100 kilogrammes.

Les sucres raffinés et candis doivent être logés dans des caisses ou sacs d'un poids net uniforme fixé à l'avance par l'Administration, et régulièrement plombés.

Dans ces divers cas, les frais de plombage seront remboursés par l'expéditeur, à raison de 0 fr. 03 par plomb en conformité de l'arrêté ministériel du 15 novembre 1879, rendu par application de l'article 20 de la loi du 31 mai 1846.

Les sucres raffinés ou candis destinés à être employés en brasserie peuvent être imputés à la décharge des comptes d'admission temporaire.

A cet effet, ils sont présentés à un entrepôt de sucres indigènes ou à un bureau de douane ouvert à ces opérations pour y être vérifiés.

Un certificat constatant cette vérification et valable pour l'apurement des obligations d'admission temporaire est délivré aux déclarants.

Art. 2. — Les sucres introduits dans la brasserie ou ses dépendances doivent être placés dans un magasin spécial. Ils y sont conservés sous cordes et plombs, jusqu'au moment de leur dénaturation.

Art. 3. — Il est ouvert au brasseur un compte de magasin des sucres en nature.

Ce compte présente, distinctement, par espèce de sucres, pour leur poids effectif et pour la quantité de raffiné qu'ils représentent :

   a) Aux entrées :

   1° Les quantités régulièrement introduites dans l'établissement ;

   2° Les quantités reconnues en excédent à la suite des inventaires.

   b) Aux sorties :

   1° Les quantités régulièrement dénaturées ;

   2° Les manquants constatés aux inventaires.

Les employés peuvent, lorsqu'ils le jugent utile, arrêter la situation du compte des sucres en nature et, à cet effet, vérifier par la pesée les quantités existantes.

Si la vérification fait ressortir un excédent, cet excédent est ajouté aux charges.

Si elle fait apparaître un manquant, ce manquant est soumis aux droits à raison de 25 francs (droit de consommation) par 100 kilogrammes de sucre exprimé en raffiné et, en outre, s'il s'agit de sucres raffinés ou candis, de 2 francs (taxe de raffinage) par 100 kilogrammes de raffiné.

Art. 4. — Préalablement à son emploi dans la fabrication de la bière, le sucre doit être dénaturé en présence du service, suivant l'un des procédés autorisés par décrets rendus sur l'avis du Comité consultatif des arts et manufactures.

Chaque opération de dénaturation est précédée d'une déclaration indiquant :

   1° L'espèce et la quantité de sucre à dénaturer ;

   2° L'espèce et la quantité de substance dénaturante à employer.

Cette déclaration est faite à la recette buraliste désignée par les agents des contributions indirectes qui font connaître au déclarant les jour et heure auxquels ils peuvent assister aux dénaturations. Le délai maximum dans lequel les agents doivent se présenter est fixé à deux jours pour les localités où il existe un poste d'employés et à quatre jours pour celles où il n'en existe pas.

Il ne peut être effectué plus de deux opérations de dénaturation par mois dans chaque brasserie.

L'Administration peut, aux conditions qu'elle détermine, autoriser un brasseur à expédier à d'autres brasseurs des sucres dénaturés.

Art. 5. — Le sucre dénaturé fait l'objet d'un compte spécial ouvert au brasseur.

Il est suivi à ce compte :

   1° Pour son volume, si le produit est à l'état liquide, ou pour son poids, s'il se trouve à l'état solide ;

   2° Pour la quantité de sucre raffiné qu'il représente d'après les actes de décharge du compte de magasin prévu à l'article 3 du présent décret ;

3° Pour la quantité de degrés-hectolitres qu'il doit produire.

La tenue du compte de sucre dénaturé et l'emploi de ce produit ont lieu dans les conditions déterminées, en ce qui concerne les succédanés du malt autres que les glucoses (mélasses, maltose, maltine, etc.), par les articles 19, 20 et 21 du décret du 30 mai 1899 modifiés par l'article 1er du décret du 18 avril 1901.

Toutefois, pour les quantités de sucres dénaturés destinées à être employées après l'expiration de la période légale de reconnaissance, dans la limite de 50 kilogrammes de sucre (en raffiné) par opération et de 100 kilogrammes par jour, la déclaration à la recette buraliste sera remplacée par une inscription faite une heure à l'avance par le brasseur sur un registre conforme au modèle qui sera donné par l'Administration, coté et paraphé par le chef local de service. Ce registre sera représenté à toute réquisition des employés.

L'Administration pourra autoriser l'emploi, dans les conditions ci-dessus, de quantités de sucres dénaturés plus élevées lorsque cette concession sera justifiée par l'importance des fabrications.

Toute quantité régulièrement employée sera imposée, d'après le tarif établi par l'article 6 de la loi du 30 mai 1899, modifié par l'article 1er de la loi du 29 décembre 1900, pour le nombre de degrés-hectolitres correspondant au rendement fixé par le décret rendu en exécution des dispositions de l'article 1er, § 3, de la loi du 5 juillet 1904.

Les excédents reconnus par inventaire au compte spécial de sucre dénaturé seront ajoutés aux charges.

Les manquants constatés à ce compte supporteront les droits dont étaient passibles les sucres entrant dans la préparation du produit.

Art. 6. — Chaque fois qu'il le juge convenable, le service des contributions indirectes prélève gratuitement des échantillons sur le sucre en nature, sur les substances dénaturantes, ainsi que sur les produits dénaturés.

Art. 7. — Pour la pesée des divers produits, lors des vérifications à l'arrivée, ainsi que pour les inventaires, les brasseurs doivent fournir les ouvriers, de même que les poids et balances et autres ustensiles nécessaires.

Décret (B) du 1er octobre 1904 relatif : 1° A la dénaturation ; 2° Au rendement en degrés-hectolitres des sucres employés en brasserie.

Art. 1er. — Les sucres appelés à bénéficier des dispositions de la loi du 5 juillet 1904, seront dénaturés suivant l'un des procédés désignés au tableau annexé au présent décret, lequel spécifie les modes de dénaturation jusqu'à présent autorisés.

Art. 2. — Le rendement en degrés-hectolitres des sucres employés en brasserie est fixé à 38 degrés-hectolitres par 100 kilogrammes de sucre.

TABLEAU DES PROCÉDÉS DE DÉNATURATION ADMIS POUR LES SUCRES
EMPLOYÉS A LA FABRICATION DE LA BIÈRE.

1er *procédé*. — Mélanger dans l'ordre d'énumération les produits ci-après :

Eau potable.	1.000	kilogr.
Acide phosphorique sirupeux, purifié, du commerce, ayant pour densité 1.45.	2	—
Sucres ou sirops.	1.000	—
Houblon.	20	—

On portera ce mélange à l'ébullition. Après 15 minutes d'ébullition, on prendra la densité du liquide bouillant au moyen d'un pèse-sirops et on prolongera l'ébullition jusqu'à ce que la densité ait acquis 1,26. Le sirop décanté aura la densité de 1,32.

L'acide phosphorique employé devra être complètement soluble dans l'eau et privé de plomb, cuivre et arsenic.

2e *procédé*. — Mélanger dans l'ordre d'énumération les produits ci-après :

Eau potable.	1.000	kilogr.
Acide tartrique cristallisé.	4	—
Sucres ou sirops.	1.000	—
Houblon	20	—

On portera ce mélange à l'ébullition. Après 15 minutes d'ébullition, on prendra la densité du liquide bouillant au moyen d'un pèse-sirops et on prolongera l'ébullition jusqu'à ce que la densité ait acquis 1,26. Le sirop décanté aura la densité de 1,32.

L'acide tartrique employé devra être complètement soluble dans l'eau et privé de plomb, cuivre et arsenic.

Décret du 20 octobre 1904 relatif à l'emploi en franchise des mélasses de raffineries à des usages industriels.

Art. 1er. — Sur la demande formée par les intéressés, le ministre des finances désigne, après avis du Comité consultatif des arts et manufactures, les industries comportant l'emploi des mélasses, avec le bénéfice de la détaxe prévue à l'article 2, dernier paragraphe, de la loi du 9 juillet 1904.

Art. 2. — Les mélasses ne peuvent être introduites chez les industriels sans être accompagnées d'un acquit-à-caution.

Les chargements sont vérifiés par le service du lieu de destination.

Art. 3. — Il est ouvert à l'industriel un compte présentant :

Aux entrées :

1° Les quantités régulièrement introduites dans l'établissement ;

2° Les quantités reconnues en excédent à la suite des inventaires.

Aux sorties :

1° Les quantités régulièrement employées ou dénaturées dans les conditions prévues aux articles 4 et 5 du présent décret ;

2° Les manquants constatés aux inventaires.

Les employés peuvent, lorsqu'ils le jugent utile, arrêter la situation du compte des mélasses et, à cet effet, vérifier par la pesée les quantités existantes.

Si la vérification fait ressortir un excédent, cet excédent est ajouté aux charges.

Si elle fait apparaître un manquant, ce manquant est soumis aux droits à raison de 1 fr. 25 par 100 kilogrammes de mélasses manquantes.

Art. 4. — Sur un registre coté et paraphé par l'Administration et qui devra être représenté à toute réquisition du service, l'industriel inscrit, sans aucun blanc ni aucune surcharge, au fur et à mesure de ses opérations, le poids des mélasses utilisées dans sa fabrication.

Art. 5. — L'industriel peut s'affranchir des obligations imposées par les articles 3 et 4 du présent décret en faisant subir aux mélasses dans les dix jours de leur réception une dénaturation préalable suivant l'un des procédés autorisés par arrêté du ministre des finances rendu sur l'avis du Comité consultatif des arts et manufactures.

Chaque opération de dénaturation est précédée d'une déclaration indiquant :

1° Le poids des mélasses à dénaturer ;

2° L'espèce et la quantité de substances dénaturantes à employer.

Cette déclaration est faite à la recette buraliste désignée par les agents des contributions indirectes qui font connaître au déclarant les jour et heure auxquels ils peuvent assister aux opérations.

Les dénaturations ont lieu en présence du service.

La dénaturation préalable dans les conditions spécifiées ci-dessus est obligatoire pour les personnes qui, dans le même établissement, veulent employer des mélasses à des usages industriels et à la fabrication de produits destinés à l'alimentation.

Art. 6. — Chaque fois qu'il le juge convenable, le service des contributions indirectes prélève gratuitement des échantillons sur les mélasses et, s'il y a lieu, sur les substances dénaturantes.

Art. 7. — Il peut être établi des dépôts de mélasses destinées aux usages industriels.

Les dépôts sont soumis à la surveillance du service des contributions indirectes. Les diverses prescriptions du présent décret leur sont applicables. Les dépositaires doivent, préalablement à toute introduction de mélasses, fournir une caution agréée par l'Administration. Il leur est ouvert un compte qui est suivi et réglé dans les conditions prévues à l'article 3 du présent décret. Les sorties de ce compte sont constituées par :

1° Les quantités régulièrement expédiées à destination des industriels ;

2° Les manquants constatés lors des inventaires.

Art. 8. — Pour la vérification des divers produits, soit à l'arrivée, soit lors des dénaturations, soit au moment des inventaires, les industriels et les dépositaires doivent fournir les ouvriers, de même que les poids et balances et autres ustensiles nécessaires.

Décret (A) du 10 novembre 1904 relatif à l'emploi en franchise des sucres destinés à l'alimentation du bétail.

Art. 1ᵉʳ. — Tout fabricant de sucre qui, en vue de l'alimentation du bétail, veut dénaturer des sucres ou sirops, doit en informer, quarante-huit heures à l'avance au moins, le service des contributions indirectes attaché à son établissement, par une déclaration indiquant :

1° L'espèce, le poids et la richesse saccharimétrique des produits à dénaturer ;

2° L'espèce et la quantité des substances dénaturantes ;

3° Le jour et l'heure de l'opération.

Les dénaturations ont lieu, en présence du service, dans un local spécialement affecté à ces opérations et servant à l'emmagasinement des produits dénaturés.

Les sucres et sirops déclarés pour la dénaturation sont introduits, sous les yeux du service, dans le local désigné ci-dessus. Ils sont dénaturés aussitôt après leur introduction.

Il est donné décharge au fabricant des quantités de sucres et sirops régulièrement dénaturées.

L'évaluation en sucre raffiné des sucres et sirops se fera dans les conditions déterminées par l'article 18 de la loi du 19 juillet 1880, sans toutefois que la quantité à inscrire en sortie au compte de fabrication puisse être inférieure à 5 kilogrammes de sucre raffiné par 100 kilogrammes de sirops soumis à la dénaturation.

Art. 2. — Les produits dénaturés font l'objet d'un compte spécial ouvert au fabricant.

Ils sont suivis à ce compte, d'une part, pour leur poids, et, d'autre part, pour la quantité de sucre exprimée en raffiné qu'ils représentent d'après l'acte de décharge prévu à l'article précédent.

Ce compte est chargé :

1° Des quantités régulièrement préparées ;

2° Des excédents reconnus à la suite des inventaires.

Il est déchargé :

1° Des quantités régulièrement expédiées de la fabrique ;

2° Des manquants constatés aux inventaires.

Les employés peuvent, lorsqu'ils le jugent utile, arrêter la situation du compte spécial des produits dénaturés, et, à cet effet, vérifier les quantités existantes.

Si la vérification fait ressortir un excédent, cet excédent est ajouté aux charges.

Si elle fait apparaître un manquant, ce manquant est alloué en décharge jusqu'à concurrence de 3 p. 100 des quantités prises en charge depuis le dernier recensement et, pour le surplus, est soumis aux droits dont étaient passibles les sucres ou sirops entrés dans la préparation du produit.

Art. 3. — Les produits dénaturés sont accompagnés d'un acquit-à-caution :

1° Lorsqu'ils sont expédiés à un dépositaire ;

2° Lorsque, à destination d'un agriculteur ou éleveur, ils circulent par quantités supérieures à 5.000 kilogrammes de sucre en raffiné.

Les livraisons faites aux agriculteurs en quantités ne dépassant pas 5.000 kilogrammes de sucre en raffiné donnent lieu à la délivrance de laissez-passer.

Les titres de mouvement énoncent :

1° Le poids total du mélange ;

2° La quantité de sucre exprimée en raffiné que renferme le produit.

Les acquits-à-caution ne sont déchargés qu'après que le service a été appelé à constater :

1° Que les chargements sont intacts et concordent avec les indications des titres de mouvement;

2° Que les destinataires autres que les gérants de dépôts possèdent un nombre d'animaux en rapport avec l'importance des quantités reçues.

Art. 4. — Toute personne qui désire ouvrir un dépôt de sucres dénaturés pour l'alimentation du bétail est tenue d'en faire la déclaration à la recette buraliste.

Elle ne peut commencer ses opérations qu'après avoir fait agréer par le service des contributions indirectes une caution s'engageant conjointement et solidairement avec elle à payer les droits qui, le cas échéant, peuvent être mis à sa charge.

Les dépôts sont soumis à la surveillance des agents des contributions indirectes.

Il est ouvert aux dépositaires un compte tenu et réglé dans les conditions prévues par l'article 2 du présent décret.

Art. 5. — Chaque fois qu'il le juge convenable, le service prélève gratuitement, tant chez les fabricants de sucre que chez les dépositaires, des échantillons sur les matières dénaturantes et sur les produits dénaturés.

Art. 6. — Les fabricants et dépositaires sont tenus de fournir au service les ouvriers, de même que les poids, balances et autres ustensiles dont il peut avoir besoin dans ses diverses vérifications.

Décret (B) du 10 novembre 1904 relatif à la dénaturation des sucres employés à l'alimentation du bétail.

Art. 1er. — Les sucres et sirops de turbinage appelés à bénéficier des dispositions de la loi du 5 juillet 1904, relative à l'emploi du sucre à l'alimentation du bétail, seront dénaturés suivant le procédé désigné au tableau annexé au présent décret.

PROCÉDÉ DE DÉNATURATION ADMIS POUR LES SUCRES ET SIROPS EMPLOYÉS A L'ALIMENTATION DU BÉTAIL.

A 100 kilogrammes de sucres cristallisés titrant moins de 95° saccharimétriques, ou de sirops de turbinage, ci. . . . . . 100 kilogr.
    mélanger intimement :
1° 2 kilogr. de sel marin, ci. . . . . 2 —
2° 20 kilogr. de poudres de tourteaux oléagineux alimentaires, ci . . . . 20 —

Les tourteaux oléagineux peuvent être remplacés par pareille quantité (20 kilogr.) de farine de viande, de farine de poisson, de guano de poisson, de tourbe en poudre, de cossettes pulvérisées ou moulues.

Décret du 10 novembre 1904 concernant les droits compensateurs applicables aux sucres primés importés.

Art. 1er. — Des droits compensateurs dont la quotité est fixée comme il suit seront perçus à l'importation en France et en Algérie sur les sucres originaires des pays qui accordent des primes à la production ou à l'exportation des sucres :

Pays d'origine des sucres.	Espèces de sucres.	Unité de perception.	Quotité du droit.
			Fr.
Danemark.	Sucre brut.	100 kil. (poids effectif)	1 75
	Sucre raffiné.	Idem.	3 50
Roumanie.	Sucre brut.	Idem.	17 75
	Sucre raffiné.	Idem.	22 50
Espagne.	Sucre de toute espèce.	Idem.	27 »
Japon.	Sucre candi.	Idem.	2 61
Dominion du Canada.	Sucre raffiné.	Idem.	3 63
Union douanière sud-africaine (colonie du Cap, Natal, Transvaal, Orange, River, Rodhésia méridionale, Batusoland et Bechuanaland).	Sucre brut.	Idem.	2 05
	Sucre raffiné.	Idem.	3 89
Fédération australienne.	Sucre brut.	Idem.	0 94
	Sucre raffiné.	Idem.	5 62
Chili.	Sucre raffiné.	Idem.	13 51
	Sucre blanc.	Idem.	10 86
	Sucre en grain de première production ou cassonade.	Idem.	6 45
	Sucre impur.	Idem.	5 98
Costa Rica.	Sucre blanc.	Idem.	20 50
	Sucre raffiné.	Idem.	15 »
	Sucre brut.	Idem.	15 25

Art. 2. — Les droits compensateurs applicables aux sucres originaires des pays pour lesquels la commission permanente n'a pas encore déterminé le montant de la prime seront perçus suivant le taux ci-après :

Pays d'origine des sucres.	Espèces de sucres.	Unité de perception.	Quotité du droit.
			Fr.
République Argentine.	Sucre de toute espèce à l'exception du sucre exporté sans bonification de l'impôt intérieur.	100 kilogr. (poids effectif)	50 »
République Dominicaine.	Sucre de toute espèce.	Idem.	50 »
Russie.	Sucre ne titrant pas moins de 99 degrés.	Idem	8 14
	Sucre ne titrant pas moins de 88 degrés.	Idem.	7 17
	Sucre titrant moins de 88 degrés.	Idem.	6 19

Décret du 1er avril 1905, concernant les sirops de sucre reçus à l'apurement des obligations d'admission temporaire (1).

Art. 1er. — L'article premier des décrets des 18 septembre 1880, 27 octobre 1890 et 16 juin 1904 est complété comme il suit :

Pour les sirops à base de fruits et les sirops de sucre acidulés, ne renfermant ni glucose commerciale, ni aucune autre substance pouvant fausser les résultats de l'analyse, le sucre cristallisable ajouté donnera lieu à la décharge des obligations d'admission temporaire de sucres bruts, souscrites dans les conditions réglementaires.

La quantité de sucre admissible à la décharge desdites obligations sera évaluée de la manière suivante :

Les laboratoires détermineront la proportion de sucre inverti pour cent (sucre inverti provenant de l'inversion totale du saccharose). De cette proportion, on retranchera 10, et la différence obtenue, multipliée par 0,95, donnera la quantité de sucre à admettre en décharge.

Toutefois, la quantité admise en décharge ne pourra être inférieure à la quantité de sucre restée à l'état cristallisable.

---

(1) Ce décret étendant aux sirops de fruits et de sucre acidulés le régime déjà appliqué aux confitures, gelées et compotes de fruits (décharge du sucre inverti), il y a lieu d'annoter en conséquence les §§ 175, 6°, page 189, et 398, page 285.

TABLE CHRONOLOGIQUE

DES LOIS, ORDONNANCES, DÉCRETS ET ARRÊTÉS MINISTÉRIELS

DE 1822 A 1905.

Nota. — L'astérisque (*), placé en avant du folio de la page, indique que la disposition légale n'est pas reproduite en entier, mais simplement citée.

---

27 juillet 1822. — Loi relative à l'institution des commissaires-experts (note 3, en bas de page) *379
27 février 1832. — Loi : Création d'entrepôts réels de douanes, moyennant l'acquittement de tous les frais par les villes. 359
26 avril 1833. — Loi : Suppression des primes directes à l'exportation des sucres raffinés et établissement du régime du drawback. *6
8 juillet 1834. — Ordonnance : Modification du taux des rendements d'exportation pour les sucres raffinés. *6
5 juillet 1836. — Loi : Établissement du régime de l'admission temporaire pour les produits étrangers travaillés en France. 359
18 juillet 1837. — Loi : Établissement d'un impôt sur le sucre indigène. . . . 360
4 juillet 1838. — Loi : Délai accordé pour la conversion en loi des ordonnances relatives à l'exercice des fabriques. *360
10 août 1839. — Loi : Dépenses relatives aux entrepôts réels de douanes ; prorogation du délai pour la conversion en loi des ordonnances relatives à l'exercice des fabriques de sucre indigène. 360
21 août 1839. — Ordonnance abaissant le droit sur les sucres coloniaux. . . *8
3 juillet 1840. — Loi : Modification du tarif des sucres indigènes et coloniaux ; abaissement des rendements d'exportation ; prorogation du délai pour la conversion en loi des ordonnances relatives aux fabriques indigènes. . 361
25 juin 1841. — Loi prorogeant les délais fixés pour la conversion en loi des ordonnances relatives à l'exercice des fabriques de sucre indigène. . . *360
11 juin 1842. — Loi ayant le même objet que la précédente. *360
2 juillet 1843. — Loi : Augmentation progressive du droit sur le sucre indigène jusqu'au taux du tarif sur le sucre colonial ; imposition des glucoses ; nouveaux délais pour la conversion en loi des ordonnances relatives aux fabriques indigènes. 362
7 août 1843. — Ordonnance relative à l'exercice des fabriques de sucres et des fabriques de glucoses ; création, à Paris, d'un entrepôt réel de sucres indigènes. 363
28 août 1844. — Ordonnance réduisant les frais de plombage des sucres. . . 363
14 août 1845. — Ordonnance relative à l'exercice des fabriques de sucre et à la création, à Lille, d'un entrepôt réel de sucres indigènes. 364
31 mai 1846. — Loi fixant les principales conditions pour la perception des droits et pour l'exercice des fabriques de sucre indigène. 364
29 août 1846. — Ordonnance complétant les dispositions applicables pour l'exercice des fabriques de sucre et des fabriques de glucose. 369
10 avril 1851. — Décision ministérielle créant un entrepôt réel à Valenciennes. *166
2 mai 1851. — Décision ministérielle créant un entrepôt réel à Douai. . . *166
13 juin 1851. — Loi : Substitution de la saccharimétrie aux types ; détaxe accordée aux sucres coloniaux ; exercice des raffineries ; primes à l'exportation des sucres raffinés. 371
21 décembre 1851. — Décret-loi retardant l'application de la loi du 13 juin 1851. *11
27 mars 1852. — Décret-loi : Abrogation de la loi du 13 juin 1851 ; retour au régime des types ; détaxe sur les sucres coloniaux ; exercice des établissements où l'on extrait le sucre des mélasses. 373

MANUEL DES SUCRES 31

1er septembre 1852. — Décret instituant le régime de la permanence dans les fabriques et réglant à nouveau les conditions de l'exercice. 375
17 novembre 1852. — Décret dispensant les fabricants de fournir un logement aux employés chargés de la surveillance 384
28 juin 1856. — Loi prorogeant la détaxe sur les sucres coloniaux et relevant le taux des rendements d'exportation des raffinés. 384
26 juillet 1856. — Décret créant un entrepôt réel au Havre. *166
16 février 1857. — Décret créant un entrepôt réel à Bordeaux. *166
21 mars 1857. — Décret créant un entrepôt réel à Saint-Quentin. *166
4 avril 1857. — Décret créant un entrepôt réel à Honfleur. *166
17 avril 1858. — Décret abaissant le taux de la prise en charge pour la campagne 1857-1858 et autorisant les fabricants-raffineurs à recevoir en tout temps des sucres de toute origine 385
19 mai 1859. — Décret créant un entrepôt réel à Rouen. *166
19 mai 1859. — Décret créant un entrepôt réel à Amiens. *166
7 janvier 1860. — Décret autorisant le ministre des finances à accorder décharge des manquants provenant des déficits de rendement. 386
23 mai 1860. — Loi : Abaissement des tarifs ; établissement d'une seule classe de sucres bruts pour la perception ; prorogation de la détaxe sur les sucres coloniaux ; faculté d'abonnement d'après la densité des jus ; relèvement des rendements pour les raffinés exportés ; autorisation d'exporter les sucres indigènes. 386
4 août 1860. — Décret fixant les conditions de l'exercice dans les fabriques abonnées. *386
16 janvier 1861. — Décret supprimant la surtaxe sur les sucres étrangers importés par navires français. *15
24 juin 1861. — Décret diminuant la surtaxe de pavillon et admettant au drawback les sucres importés par navires étrangers. *15
3 juillet 1861. — Loi supprimant le pacte colonial. 387
3 octobre 1861. — Décret permettant d'acquitter les droits à l'arrivée sur les sucres indigènes expédiés en entrepôt. 387
2 juillet 1862. — Loi relevant le tarif des droits. 388
16 mai 1863. — Loi augmentant la quotité des rendements à l'exportation des raffinés et n'autorisant plus le remboursement que de la moitié de la surtaxe de pavillon. 388
7 mai 1864. — Loi : Rétablissement de plusieurs classes pour la perception ; élévation et prorogation de la détaxe sur les sucres coloniaux ; suppression du drawback et établissement du régime de l'admission temporaire ; suppression de la faculté d'abonnement pour les fabriques indigènes. 389
9 août 1864. — Décret créant un entrepôt réel à Marseille. *166
8 octobre 1864. — Décret créant un entrepôt réel à Nantes. *166
8 novembre 1864. — Convention internationale sur le régime des sucres signée par la France, la Belgique, la Grande-Bretagne et les Pays-Bas. . . 391
8 juillet 1865. — Loi réduisant de quatre à deux mois le délai pour l'apurement des obligations d'admission temporaire. 393
8 juillet 1865. — Décret promulguant la convention internationale du 8 novembre 1864. . . . . *391
26 mars 1867 — Décret modifiant les rendements d'exportation fixés provisoirement par la convention internationale. *391
7 novembre 1868. — Décret modifiant le droit à l'importation en France sur les sucres raffinés des pays signataires de la convention de 1864. . . . . *392
8 juillet 1871. — Loi : Élévation du tarif sur les sucres et les glucoses ; application d'une taxe spéciale sur les sucres extraits des mélasses de raffinerie. . 393
1er septembre 1871. — Loi modifiant le tarif de la licence des fabricants de sucres et de glucoses. 393
16 septembre 1871. — Loi relative à l'imposition du sucre extrait des mélasses. 394
22 janvier 1872. — Loi portant élévation des tarifs sur les sucres et les glucoses. 394
5 juin 1872. — Décret autorisant l'admission temporaire en franchise de sucres employés à la fabrication du chocolat destiné à l'exportation. *394
20 décembre 1872 — Loi : Élévation du droit sur les sucres extraits des mélasses et sur les glucoses. 394
30 décembre 1873. — Loi augmentant le droit sur les sucres et les glucoses, et élevant le taux des amendes applicables en cas de contravention 394
21 mars 1874 — Loi prescrivant l'exercice des raffineries. 395
15 février 1875. — Loi supprimant l'escompte pour les paiements au comptant et établissant un intérêt de crédit pour les paiements en obligations. . . . 395
17 février 1875. — Arrêté ministériel fixant le taux de l'intérêt de crédit et de la remise à payer au comptable pour les obligations. 396

TABLE CHRONOLOGIQUE

29 juillet 1875. — Loi ajournant jusqu'au 1er mars 1876 l'exercice des raffineries et prescrivant de recourir à la saccharimétrie pour contrôler la nuance des sucres.

30 décembre 1875 — Loi prescrivant les dispositions relatives à l'exercice des raffineries et en ajournant l'application jusqu'à la ratification d'une convention sucrière signée à Bruxelles le 11 août 1875. 396

8 août 1878. — Décret admettant le sucre contenu dans les fruits confits, confitures et bonbons à la décharge des obligations d'admission temporaire. . . 396

13 octobre 1879. — Décret créant un entrepôt réel à Tergnier. 399

15 novembre 1879. — Arrêté ministériel réduisant de 10 à 3 centimes les frais de plombage des colis de sucre. *166

19 juillet 1880. — Loi réduisant les tarifs ; remplaçant le régime des types par l'imposition des sucres d'après leur rendement présumé au raffinage ; modifiant les bases d'imposition des glucoses et exonérant ceux exportés ou employés à la fabrication des bières. 399

17 août 1880. — Décret relatif à l'admission temporaire des sucres employés à la fabrication des chocolats destinés à l'exportation. 400

18 septembre 1880. — Décret relatif aux fruits confits, confitures et bonbons reçus à la décharge des obligations d'admission temporaire. 403

20 avril 1881. — Loi prorogeant l'emploi des certificats d'inventaire délivrés lors du dégrèvement du tarif en 1880. 404

18 octobre 1881. — Décret créant un 2e entrepôt réel, pour les sucres indigènes, à Paris. 404

3 octobre 1883. — Décret disposant que le sucre contenu dans les biscuits exportés sera appliqué à la décharge des obligations d'admission temporaire. . *166

29 juillet 1884. — Loi relevant les tarifs et dégrevant les sucres destinés au sucrage des vendanges ; établissant la prise en charge d'après le poids des betteraves travaillées ; admettant les sucres bruts titrant au moins 98° à la décharge des obligations d'admission temporaire ; fixant à 80° le minimum pour l'imposition des sucres étrangers d'Europe et à 7 francs la surtaxe dont ils sont passibles. 404

31 juillet 1884. — Décret déterminant les conditions de l'exercice dans les fabriques soumises au régime de la prise en charge d'après le poids des betteraves travaillées, et autorisant l'envoi des mélasses de fabriques dans les sucreries. 407

30 octobre 1885. — Arrêté ministériel prescrivant de répartir mensuellement la remise payée au moment de la souscription des obligations. 409

13 juillet 1886. — Loi : Prorogation de la surtaxe sur les sucres d'Europe ; établissement du régime de l'*équivalence* pour les sucres coloniaux. 409

27 mai 1887. — Loi portant, à titre provisoire, relèvement des tarifs et création d'une taxe réduite sur les excédents et les déchets de fabrication. 410

4 juillet 1887. — Loi augmentant le taux du rendement légal ; maintenant le régime de l'impôt à l'effectif pour les fabriques-distilleries existantes ; abaissant à 65 degrés le minimum de richesse des sucres bruts reçus à la décharge des obligations d'admission temporaire ; accordant une décharge de 14 p. % pour les mélasses non osmosées expédiées en distillerie ou à l'étranger ; imposant aux fabricants une redevance de 30 c. par 1.000 kilogr. de betteraves travaillées. 413

25 août 1887. — Décret relatif à l'installation des appareils et ateliers de pesage des betteraves, à la tenue des comptes et aux inventaires. 414

17 décembre 1887. — Loi prorogeant provisoirement les tarifs établis par la loi du 27 mars 1887. 415

30 mars 1888. — Loi prescrivant d'appliquer la déduction de 1 1/2 p. % aux sucres à 98° et au-dessus présentés à la décharge des obligations d'admission temporaire, et prorogeant, jusqu'au 31 décembre 1888, les tarifs du 27 mai 1887. 415

24 juillet 1888. — Loi : Augmentation de la taxe sur les excédents et maintien, sans limitation de durée, des autres droits établis par la loi du 27 mai 1887 ; prorogation de la surtaxe sur les sucres étrangers d'Europe. 415

1er décembre 1888. — Décret interdisant l'importation de la saccharine. . . 416

29 décembre 1888. — Loi établissant une redevance de 1 fr. par 100 kilogr. de sucre bénéficiant du tarif spécial pour le sucrage des vendanges. 416

14 janvier 1889. — Décret autorisant l'imputation, à la décharge des obligations d'admission temporaire, du sucre contenu dans le lait concentré exporté. 417

6 juin 1889. — Loi relative au contrôle des densimètres. 417

11 juillet 1890. — Loi établissant un droit sur les mélasses étrangères employées à la distillation. 417

5 août 1890. — Loi : Augmentation de la taxe sur les excédents et les déchets de fabrication et de la taxe sur les glucoses ; suppression de la limite de 98° pour les sucres bruts imposés ou placés en admission temporaire ; prorogation de la surtaxe sur les sucres étrangers d'Europe ; exercice des raffineries. . . . 417
14 octobre 1890. — Décret créant un entrepôt réel à Calais. *166
25 octobre 1890. — Décret réglant les conditions de l'exercice dans les raffineries. *419
27 octobre 1890. — Décret autorisant l'imputation, à la décharge des obligations d'admission temporaire, du sucre contenu dans les liqueurs et les sirops exportés 419
30 octobre 1890. — Décret créant un entrepôt réel au Tréport *166
29 juin 1891. — Loi établissant le régime du partage des excédents au-dessus d'un rendement de 10 k. 50 ; autorisant les fabricants à opter pour un déchet fixe de 15 p. 0/0 ; et disposant que les modifications dans le taux de la prise en charge et du déchet devront être votées un an à l'avance. 420
11 janvier 1892. — Loi portant établissement du tarif des douanes 421
26 juillet 1893. — Loi relative à la surveillance des raffineries. 425
30 août 1893. — Décret concernant l'exercice des raffineries *425
17 novembre 1894. — Loi modifiant le tarif sur les mélasses étrangères pour la distillation. 425
9 mai 1895. — Décret relatif aux biscuits sucrés exportés à la décharge des comptes d'admission temporaire. 426
31 octobre 1895. — Décision ministérielle relative à la prolongation des délais de transport du sucre. 426
27 décembre 1895. — Décret fixant le minimum de la teneur en sucre des sirops gazeux présentés à la décharge des comptes d'admission temporaire. . . . 426
31 mars 1896. — Loi établissant un droit sur les amidines introduites en glucoserie et accordant le régime de l'admission temporaire aux maïs et orges. . . 426
23 juillet 1896. — Décret fixant le minimum de rendement des fécules dans les glucoseries et les conditions d'allocation des manquants en décharge. . . 427
26 juillet 1896. — Décret modifiant le tarif des surtaxes de douane. 427
16 septembre 1896. — Arrêté ministériel donnant aux directeurs le pouvoir d'accorder le dégrèvement sur la prise en charge des fécules, sirops et glucoses, jusqu'à concurrence de 500 francs. 428
5 octobre 1896. — Arrêté ministériel fixant la compétence des directeurs pour la décharge des pertes matérielles dans les sucreries et pour l'apurement des acquits-à-caution. 428
25 novembre 1896. — Décret réglant les conditions pour l'admission temporaire des maïs et orges en glucoserie. 428
7 avril 1897. — Loi établissant des primes d'exportation et des détaxes de distance pour les sucres. 429
29 juin 1897 — Loi établissant un compte spécial au budget pour les primes et les détaxes de distance 433
14 juillet 1897. — Loi concernant les mélasses étrangères pour la distillation, les mélasses indigènes pour les usages agricoles et l'entrepôt desdites mélasses. 433
18 juillet 1897. — Décret réglant les conditions d'application de la loi du 7 avril 1897. 434
23 juillet 1897. — Décret relatif au contrôle des livraisons de betteraves. . . 438
28 juillet 1897. — Décret relatif aux franchises postales pour les acquits de sucre. 441
29 juillet 1897. — Décret fixant le poids des liqueurs et sirops présentés à la décharge des comptes d'admission temporaire. 441
17 août 1897. — Décret fixant le rendement des fécules anhydres dans les glucoseries. 442
27 février 1898. — Décret concernant les primes d'exportation de la campagne 1896-97. 442
13 avril 1898. — Loi étendant la taxe sur les amidines, aux maïs et farines de maïs introduits dans les glucoseries. 442
3 novembre 1898. — Décret réglant les conditions de franchise des mélasses destinées aux usages agricoles. 442
1er avril 1899. — Décret admettant les savons transparents à la décharge des comptes d'admission temporaire. 445
8 juin 1899. — Décret autorisant des dépôts de mélasses destinées aux usages agricoles 445
11 août 1899. — Décret concernant les sucres entreposés à la décharge des comptes d'admission temporaire. 446
24 février 1900. — Loi concernant le tarif des douanes sur les chocolats. . . 446

22 août 1901. — ARRÊTÉ MINISTÉRIEL fixant le siège des laboratoires du ministère des finances. 446
5 mars 1902. — CONVENTION sucrière de Bruxelles. 447
30 mars 1902. — Loi relative à la saccharine. 450
12 avril 1902 — DÉCRET réglant la fabrication et la circulation de la saccharine. 451
26 octobre 1902. — DÉCRET fixant le minimum des expéditions de sucre vanillé pour la décharge des comptes d'admission temporaire. 454
27 janvier 1903. — Loi approuvant la Convention de Bruxelles. 454
28 janvier 1903. — Loi relative au régime des sucres. 454
31 mars 1903. — Loi relative au tarif des glucoses, au sucrage des vins et au tarif des sucres en Corse. 457
16 mai 1903. — DÉCRET réglant l'emploi industriel de la saccharine. 458
28 mai 1903. — DÉCRET promulguant la Convention de Bruxelles. 460
26 juin 1903. — DÉCRET réglant les conditions d'emploi en franchise des sucres employés à la préparation des produits alimentaires pour l'exportation. . . 461
14 août 1903. — DÉCRET relatif à l'allocation de la prime d'exportation des sucres entreposés avant le 1er septembre 1903. 463
21 août 1903. — DÉCRET relatif au sucrage des vendanges. 464
16 juin 1904. — DÉCRET relatif aux confitures, gelées et compotes de fruits reçues à la décharge des comptes d'admission temporaire (sucre inverti). . . . 466
5 juillet 1904. — Loi exemptant de l'impôt les sucres employés à l'alimentation du bétail. 466
5 juillet 1904. — Loi relative à l'exonération des sucres employés en brasserie. . 466
9 juillet 1904. — Loi relative à l'exercice des raffineries. 467
12 août 1904. — DÉCRET concernant l'exercice des raffineries. 468
1er octobre 1904. — DÉCRET (A) relatif à l'emploi des sucres en brasserie. . . 472
1er octobre 1904. — DÉCRET (B) relatif : 1° à la dénaturation ; 2° au rendement, en degrés-hectolitres, des sucres employés en brasserie. 474
20 octobre 1904. — DÉCRET concernant l'emploi des mélasses de raffinerie à des usages industriels. 475
10 novembre 1904. — DÉCRET (A) concernant l'emploi en franchise des sucres destinés à l'alimentation du bétail. 476
10 novembre 1904. — DÉCRET (B) sur la dénaturation des sucres employés à l'alimentation du bétail. 478
10 novembre 1904. — DÉCRET fixant les droits compensateurs applicables aux sucres primés importés. 479
1er avril 1905. — DÉCRET relatif aux sirops reçus à la décharge des comptes d'admission temporaire 480

TABLE ALPHABÉTIQUE

A

Abonnement. — Facultatif, en 1860, avec un minimum de prise en charge calculé sur le volume et la densité des jus, 15, 386 ; puis supprimé en 1864, 17, 389. — Rétabli en 1884 et rendu obligatoire à partir de la campagne 1887-1888, en prenant pour base le poids des betteraves travaillées, 31, 405. — Ce régime a été de nouveau supprimé en 1903, 64, 455. — Voyez *Prise en charge*.

Acquits-à-caution. — Règles générales applicables aux acquits délivrés pour les sucres, 367. — Aucune quantité de sucre ou de mélasse ne peut être introduite dans les fabriques qu'en vertu d'un acquit, 148. — La même obligation existe pour les enlèvements des fabriques, 153, 253, 380. — L'emploi d'un laissez-passer est toutefois admis pour l'enlèvement des petites quantités de poudres blanches libérées d'impôt, 155, 253. — Les acquits sont délivrés sur une déclaration signée de l'expéditeur et de sa caution, 153, 255. — Règles à suivre pour la délivrance des acquits, 157, 381. — Désignation des deux modèles différents d'acquits en usage dans le service des sucres, 158. — Cas où il y a lieu de faire emploi d'acquits dans les raffineries, 216, 230, 472. — Acquit à délivrer pour des produits libérés d'impôt circulant dans le rayon de surveillance, 254, 366. — Coût des acquits-à-caution, 157, 254, 367. — Justification du paiement des droits pour les produits sortant d'ailleurs que des établissements exercés, 255, 383. — Vérification des produits avant la mise en circulation, 256, 380, 383. — Plombage des colis circulant sous acquit, 256, 383. — Visa des expéditions en cours de route, 257, 383. — Les changements de destination, en cours de transport, sont autorisés pour les sucres accompagnés d'acquits, 258 ; ils sont interdits pour les sucres accompagnés de permis de circulation et pour les mélasses, 258. — Un seul acquit est nécessaire pour les sucres empruntant plusieurs modes de transport, 259. — Délai de livraison pour les sucres et mélasses arrivés par chemin de fer, 259. — Subdivision, à l'arrivée en gare, des acquits de sucres destinés aux entrepôts de Paris, 260. — Avant la décharge des acquits, l'identité des chargements est constatée, à l'arrivée, 261, 384. — Tolérance pour les différences ne dépassant pas 2 %, 261. — En cas de saisie en cours de transport, un nouvel acquit est délivré, 262. — A défaut de décharge dans un délai de 4 mois, le double droit est exigible, 263, 367. — Pour l'apurement des acquits-à-caution, les directeurs statuent dans la limite de 1000 fr., les sous-directeurs dans la limite de 100 fr., 263. — Au delà des chiffres de 1000 fr., c'est l'Administration qui statue, 264 — Pour les différences résultant de pertes matérielles, le second droit n'est exigible qu'après décision de l'Administration, 264. — Apurement des acquits-à-caution, 346. — Relevés n°s 13 à tenir dans les établissements exercés et à fournir par les agents du service général, pour les acquits délivrés, 346. — Contrôle spécial, pour l'apurement des acquits ayant accompagné des sucres expédiés en suspension du paiement des droits ; intervention du service du lieu de destination, 346. — Relevés n°s 14 à fournir pour les acquits non rentrés deux mois après l'expiration du délai de transport, 347. — Registre n° 15 à tenir dans les directions et les sous-directions, 347. — Franchise postale pour le renvoi des acquits d'exportation, 441. — Voyez *Cautions, Circulation, Permis de circulation, Vérification*.

Admission temporaire. — Est substituée au drawback ; les sucres indigènes, les sucres coloniaux et les sucres étrangers des pays hors d'Europe peuvent seuls être placés sous ce régime, 17, 184, 355, 389, 390, 401. — Rendements fixés pour les raffinés exportés à la décharge des obligations d'admission temporaire, sous le régime des types, 18, 24, 390, 391, 398. — Conditions que doivent remplir les raffinés pour être admis pour leur poids total à la décharge des obligations, 123, 401. — Les sucres bruts sont reçus à la décharge des obligations, 31, 406, 414. — Les sucres bruts placés en admission temporaire font l'objet d'une obligation cautionnée, 184, 389 ; ils sont alors considérés comme libérés d'impôt, 184. —

Souscription des obligations, 185. — Prise en charge des obligations, 187. — Apurement des obligations, 188 à 194. — Emploi des bons de droits pour l'apurement des obligations, 193, 271, 431. — Désignation des divers sucres et produits sucrés qui peuvent servir à la décharge des obligations, 189. — Délai accordé pour le rapport des certificats imputables à l'apurement des obligations, 192, 393. — Contrôle établi pour la souscription et l'apurement des obligations, 193, 341. — Régime spécial d'admission temporaire pour les sucres employés à la fabrication du chocolat, 195 à 197, 355, 359, 403. — Voyez *Bons de droits, Bureaux de sortie, Candis, Certificat, Chocolats, Fabriques-raffineries, Glucoses, Intérêt de crédit, Intérêt de retard, Mélasses exotiques, Obligations cautionnées, Remises, Vergeoises.*

Agglomérés. — Les établissements qui préparent des agglomérés sont soumis au régime des raffineries, 55, 71, 211, 468. — Voyez *Raffineries, Sucres raffinés.*

Algérie. — Régime des sucres en Algérie, 357.

Amidines. — Voyez *Glucoses de fécule.*

Analyses. — Procédés employés pour les sucres, 104 ; pour les mélasses, 110. — Sont soumis à l'analyse les sucres enlevés des fabriques, 149 ; et, dans certains cas, les mélasses, 152, 294. — Suite du service dans les laboratoires, 244. — Notification des analyses, 248. — Classement des pièces relatives aux analyses, 251. — Classement des analyses par numéro de rendement dans les fabriques, 340. — Voyez *Cendres, Contestations, Glucose, Raffineries, Raffinose, Saccharose.*

Ateliers de pesage. — Conditions générales d'installation, sous le régime de la loi de 1884, 35. — Voyez *Raffineries.*

B

Bascules. — Conditions d'agencement des bascules servant à la réception des betteraves livrées par les cultivateurs, 53, 55, 160, 433, 438.

Bétail (alimentation). — Voyez *Exonération des droits.*

Betteraves. — Culture de la betterave à sucre, 80 ; — ses avantages dans l'assolement (note), 6. — Voyez *Pesage des betteraves.*

Biscuits sucrés. — Le sucre qu'ils contiennent est reçu à la décharge des obligations d'admission temporaire, 189, 404, 426.

Boîtes d'échantillons. — Celles pour les sucres sont fournies par l'Administration, 244. — Pour les mélasses, l'Administration fournit des bocaux et étuis métalliques, 245. — Vidange et nettoyage des boîtes, 248. — Voyez *Echantillons.*

Bonbons. — Voyez *Fruits confits.*

Bons de droits. — Les bons de droits servent à l'allocation des détaxes de distance, pour les sucres coloniaux importés, 266, 430, 435. — Les sucres indigènes n'y ont droit que lorsqu'ils sont expédiés sur les raffineries en vue de l'exportation, 267, 430, 435. — Les bons de droits peuvent être employés pendant 2 mois à l'apurement des obligations d'admission temporaire, 268, 272, 431, 437. — La délivrance des bons de droits est faite par le receveur principal, au moment de la souscription de l'obligation d'admission temporaire, 270, 436. — Mesures de comptabilité, 272, 433. — Contrôle de la délivrance et de l'emploi des bons, 273.

Brasseries. — Voyez *Exonération des droits, Glucoses de fécules.*

Bureaux des employés. — Dans les fabriques, conditions d'installation, 125, 375, 415. — Dans les raffineries, 213, 469. — Chauffage et éclairage, 214, 415.

Bureaux de sortie. — Liste des bureaux de douane ouverts à l'exportation directe et aux opérations d'admission temporaire, 198.

C

Candis. — Fabrication, 98. — Rendement pour l'exportation, sous le régime du drawback, 6, 361, 385, 387, 388 ; sous le régime de l'admission temporaire, 124, 189, 390, 391, 401. — Les sucres candis ne supportent plus que la surtaxe applicable aux raffinés, 71, 468. — Voyez *Fabriques-raffineries, Redevance, Taxe de raffinage.*

Carbonatation. — Opération ayant pour objet de purifier les jus, 86.

Carnets de situation. — A tenir dans les fabriques pour les produits imparfaits, 159, 377. — La situation des vaisseaux doit être constatée chaque jour, 159.

Cartels sucriers. — Ce qu'on entend par cartels sucriers, 62 ; — le jeu des cartels en Allemagne et en Autriche, 61.

Caution des acquits. — Pour les sucres sur lesquels le droit est acquitté ou garanti, la caution peut être un ouvrier de la fabrique, 158. — Lorsque les sucres circulent en suspension du paiement des droits, la caution doit être acceptée par le receveur principal, 158. — Afin d'éviter que le crédit de la caution ne soit indûment épuisé, le service doit renvoyer immédiatement les acquits déchargés, 263. — Voyez *Acquits-à-caution, Consignation des droits.*

Caution des droits. — Pour la concession d'un crédit d'enlèvement, 173. — Pour la souscription des obligations cautionnées, 176, 396. — La caution des obligations d'admission temporaire est soumise aux mêmes responsabilités que celle des obligations cautionnées, 185, 389.

TABLE ALPHABÉTIQUE

Cendres. — Dosage des cendres dans les sucres bruts, 109. — Coefficient de réfaction, 27, 104, 401.

Certificats d'exportation ou d'entrée en entrepôt. — Pour les sucres libérés d'impôt présentés à la décharge des obligations d'admission temporaire, 191. — Les certificats sont transmissibles par voie d'endossement, 190. — Coupure des certificats qui ne sont employés qu'en partie, 191. — La date du certificat sert de base au calcul du délai de deux mois pendant lequel ils peuvent être utilisés, 191. — Contrôle de la délivrance et de l'imputation des certificats, 341. — Voyez *Taxe de raffinage*.

Chefs de service des établissements exercés. — Arrêtent chaque jour le registre des défécations pour la prise en charge au compte de fabrication, 377. — Établissent chaque jour la situation des produits imparfaits, 159. — Adressent, au directeur ou au sous-directeur et au comptable chargé de la perception des droits et au receveur principal, un avis pour les sucres livrés à la consommation, 172. — Forment des avis semblables pour les sucres déclarés sous le régime de l'admission temporaire 185. — Doivent prélever eux-mêmes les échantillons destinés à l'analyse, 244. — Dressent un procès-verbal de prélèvement des échantillons de sucres et de mélasses, 245. — Donnent avis, par une formule spéciale, de l'envoi des échantillons, 247 ; — ils adressent un duplicata de cette formule, si le résultat de l'analyse ne leur est pas notifié dans les huit jours. 247, 250. — Établissent le calcul en raffiné des quantités imposables, d'après le résultat de l'analyse, 249. — Notifient aux fabricants les résultats des analyses, 249. — Mesures qu'ils ont à prendre en cas de contestation du résultat des analyses, 250. — Doivent classer avec soin toutes les pièces relatives aux analyses, 251. — Mission générale des chefs de service, 320. — Arrêtent les comptes le dernier jour de chaque mois, 337. — Arrêtent la comptabilité des timbres dans les établissements dépendant d'une recette sédentaire, 338. — Encaissent, pour le compte du receveur, le prix des plombs, 338. — Dressent, à la fin de chaque mois, un état n° 32 des quantités mises en consommation et de celles placées en admission temporaire, 175, 187, 343. — Classent sur un imprimé n° 65, par numéro de rendement, les résultats des analyses, 340. — Voyez *Organisation, Personnel, Rapports périodiques, Statistique*.

Chocolat. — Les sucres employés à la fabrication du chocolat pour l'exportation peuvent être placés sous un régime spécial d'admission temporaire, 195, 355, 403. — La souscription des obligations n'est reçue que pour des sucres entreposés, 195. — La déduction de raffinage de 1 1/2 n'est pas opérée sur les sucres bruts, 195. — L'apurement des obligations s'opère par l'exportation ou la mise en entrepôt de douanes des chocolats, 196. — Tarif du droit de douane, 446.

Circulation. — Les sucres peuvent, à leur arrivée à destination, être soumis aux droits sans entrer en entrepôt, 167, 387. — Les sucres et matières sucrées sont soumis à des formalités à la circulation, dans les arrondissements où il existe une fabrique de sucre et dans les cantons limitrophes, 252, 366. — Exceptions admises dans quelques cas, 253, 367. — Expéditions à délivrer pour les produits sortant d'ailleurs que des établissements exercés, 253, 383. — Déclaration et vérification au départ, 255, 380, 383, 426. — Délai de transport, 257. — Les interruptions de transport ne sont admises qu'en cas de force majeure, 258, 383. — Changements de destination en cours de transport, 258, 343. — Les mélasses par quantités supérieures à 100 kilogr. doivent être accompagnées d'un acquit-à-caution, 425. — Voyez *Acquits-à-caution, Laissez-passer, Mélasses*.

Clairçage. — Des sucres bruts à la turbine, 93. — Des sucres bruts en masse (procédé Steffen) pour la préparation des sucres raffinés, 95. — Des sucres en pains, 97.

Coefficients de réfaction. — Voyez *Rendement présumé au raffinage*.

Colis de sucre. — Voyez *Sacs*.

Colonies. — Voyez *Déduction coloniale, Sucres coloniaux*.

Commissaires-experts. — Statuent sur les contestations relatives à la richesse saccharine des divers produits saccharins, 374, 379, 472. — Composition du comité des commissaires-experts (note 3), 379. — Voyez *Contestations*.

Comptabilité. — Inscription, aux comptes ouverts, des sucres imposés, 173. — Les constatations de droits sur les sucres sont arrêtées le dernier jour du trimestre effectif, 337. — La comptabilité des timbres est arrêtée en même temps que celle du receveur de la circonscription, 337. — Un registre 33 B est déposé dans chaque établissement pour constater les versements faits par les chefs de service, 338. — État n° 32 destiné au contrôle des perceptions, 342. — Formation de l'état de produit n° 22, 344. — L'état de produit n° 81 doit comprendre les droits constatés sur les sucres jusqu'au dernier jour du trimestre, 344. — Voyez *Bons de droits, Plombs, Redevance pour frais de surveillance, Taxe de raffinage*.

Comptes des fabriques. — Distinction à établir entre le compte de fabrication et les comptes auxiliaires, 128. — Prise en charge au compte de fabrication de la quantité de raffiné correspondant au volume et à la densité des jus, 135, 365, 377, 455.

— Prise en charge des excédents de fabrication au même compte, 144, 145, 365, 408. — Prise en charge des sucres achevés aux comptes auxiliaires de magasin, 138, 145, 378, 409. — Décharge du compte de fabrication, 141, 151, 152, 159, 408. — Décharge du compte de magasin, 140, 141, 147, 159, 378, 379. — Les comptes sont tenus par campagne comptée du 1er septembre au 31 août de l'année suivante, 142, 410. — Arrêtés mensuels des comptes, 337. — Les arrêtés sont vérifiés par le contrôleur spécial ou, à défaut, par les agents du service général, 337. — Voyez *Fabriques-raffineries, Inventaires, Recensements*

Concentration des jus. — Opération ayant pour but d'amener le jus à l'état de sirop, 88.

Conférences internationales. — Tenues à Bruxelles, en 1875, pour le renouvellement de la convention de 1864, 21 ; tenues dans le même but, en 1876 et 1877, à Paris, 24. — Conférences tenues à Londres, en 1887 et 1888, pour l'établissement d'une nouvelle convention internationale, 35. — Nouvelle conférence à Bruxelles, en 1898, 1901 et 1902, 63. — Voyez *Conventions sucrières*.

Confitures. — Voyez *Fruits confits*.

Consignation des droits — Elle dispense l'expéditeur de fournir une caution pour obtenir la délivrance d'un acquit, 158.

Consommation. — Les livraisons à la consommation doivent être précédées du paiement des droits, 172 ; ou d'un engagement qui en garantit l'acquittement, 172, 383. — Avis à donner aux comptables chargés de la perception, 172. — Voyez *Paiement des droits*.

Contestations. — Les contestations relatives à la richesse des sucres sont déférées à des commissaires-experts 124, 374, 472. — Les résultats des laboratoires ne sont infirmés que si les commissaires-experts constatent une différence d'au moins un degré, 125, 401. — Mesures à prendre lorsqu'il s'agit de sucres expédiés avec un simple permis, 157, 251. — Echantillons à transmettre en cas de contestation, 250. — Notification de la décision des commissaires-experts, 250. — Voyez *Raffineries*.

Contraventions. — Désignation des principales contraventions : refus d'assister aux inventaires ou opposition aux exercices, 143, 349. — Excédents sur le compte des sucres achevés, 145, 379. — Recel de sucres, sirops et mélasses, 145, 366. — Manquants de magasin supérieurs à 6 0/0, 147, 379. — Fausse déclaration à la sortie des fabriques, 154, 380. — Omission de faire viser en route les expéditions, dans les bureaux désignés, 257, 383. — Défaut d'identité des chargements avec les expéditions, 261. — Absence d'expédition dans le rayon de surveillance, 366. — Manœuvre ayant pour but de déguiser la richesse du sucre ou de tromper sur son poids, 402. — Les contraventions sont constatées par des procès-verbaux rédigés dans les formes propres à l'administration des contributions indirectes, 349, 369. — Avis sommaire à donner, au bureau des sucres, pour toute contravention constatée au régime des sucres, 350. — Répartition des amendes, 351, 369. — Voyez *Pénalités*.

Contrôle du pesage des betteraves. — Voyez *Pesage des betteraves*.

Contrôleurs du service des sucres. — Doivent, à chaque vérification, établir la situation des bacs contenant des sirops et masses cuites, 137. — Dès leur arrivée dans la fabrique, ils doivent se rendre aux turbines et au magasin des sucres, 139. — Dirigent les inventaires, en l'absence de l'inspecteur, 142. — Doivent vérifier la situation des vaisseaux contenant des produits imparfaits, 159. — S'assurent que des bulletins nos 26 et 33 ont été délivrés pour toutes les quantités de sucres expédiées à la consommation, 173. — Rapprochent les bulletins d'analyse des indications des registres d'expédition, 251. — Apposent un visa sur le registre de travail n° 27, à leur arrivée dans l'usine et au moment où ils en partent, 321. — Doivent viser le registre n° 2 à chacune de leurs visites, 321. — Vérifient, du 1er au 8 de chaque mois, les arrêtés mensuels des comptes des établissements de leur contrôle, 337. — Voyez *Organisation, Personnel, Rapports périodiques, Statistique*.

Conventions internationales. — But et clauses du traité passé, le 8 novembre 1864, entre l'Angleterre, la Belgique, la France et les Pays-Bas, 19, 391. — Projet de renouvellement, 21 ; rejet, 22. — Convention signée à Bruxelles le 5 mars 1902 entre l'Allemagne, l'Autriche-Hongrie, la Belgique, l'Espagne, la France, la Grande-Bretagne, l'Italie, les Pays-Bas et la Suède, 60, 447, 454. — Mise en vigueur de cette convention, 66, 460. — Une commission permanente siège à Bruxelles pour en surveiller l'exécution, 64, 448. — Voyez *Conférences internationales*.

Corrélation. — Anomalies résultant du défaut de corrélation entre l'échelle des types pour la perception et celle des rendements fixés pour l'exportation après raffinage, 19 20 et 25.

Corse. — En Corse le tarif des droits est le même qu'en France, la taxe de raffinage exceptée, 66, 358, 432, 458.

Cossettes. — Découpage des betteraves en lanières minces pour la diffusion, 83.

Coupe-racines. — Instrument avec lequel on découpe les betteraves en cossettes, 83.

Crédits de droits. — Sont fixés par le directeur, sur la proposition du receveur principal, après avis de l'inspecteur spécial ou du sous-directeur, 175. — Conditions que doivent remplir les redevables et leurs cautions pour obtenir un crédit, 176. — Il n'est pas formé de proposition trimestrielle, pour les crédits relatifs aux obligations d'admission temporaire, 185. — Voyez *Obligations cautionnées, Receveurs principaux.*

Crédits d'enlèvement. — Garantissent le paiement des droits sur les sucres livrés à la consommation, 173. — Les droits garantis par un crédit d'enlèvement sont liquidés trois fois par mois, 174. — Distinction à faire entre le crédit d'enlèvement et le crédit des droits, 176.

Cristallisation. — Procédés employés pour la cristallisation des sirops provenant de la concentration des jus de betteraves, 91 ; — pour la cristallisation des égouts de 2ᵉ jet, 94. — Les fabricants sont tenus de déclarer la mise au bac des masses cuites, 137, 414.

Cuite des sirops. — Appareil à cuire, 91. — Cuite en grains, 92. — Cuite, claire, 93. — Les quantités de masse cuite obtenues dans les fabriques doivent être déclarées, 137, 414.

D

Décharge des comptes. — Imputation des sorties au compte de fabrication et au compte de magasin, 159. — Voyez *Comptes des fabriques, Raffineries.*

Déchet de fabrication — Voyez *Régime du déchet, Déduction coloniale.*

Déchet de raffinage. — Sa quotité, ses conséquences au point de vue du Trésor, 27, 47. — L'exercice des raffineries supprime tout boni sur ce déchet, 69, 209.

Déclarations. — Pour la mise en activité des fabriques, 119, 364, 376. — Opérations qui doivent être déclarées par les fabricants de sucre, 121, 364, 377, 378, 409, 414. — Déclarations de cesser ou d'interrompre les travaux, 121, 380 — Déclarations d'enlèvement des produits des fabriques, 153, 380 ; — et des établissements non exercés dans le rayon de surveillance, 255, 366. — Les déclarations sont reçues par les employés chargés de l'exercice, 382. — Voyez *Fabricants, Raffineries, Vaisseaux.*

Déduction coloniale — Son but, sa quotité. 31, 406. — Établissement du régime de l'équivalence, 32. 39. 40, 410. — Les sucres représentant la déduction coloniale étaient soumis à la taxe réduite établie sur les excédents de rendement dans les fabriques indigènes, 32, 39, 40, 411. 417. — La déduction coloniale est supprimée à partir du 31 décembre 1903, 67, 458.

Défécation. — Procédé d'épuration des jus de betteraves. 85. — Les opérations de défécation doivent être déclarées par le fabricant, 129, 377 ; ces déclarations sont vérifiées par intermittence et servent de base pour la prise en charge journalière au compte de fabrication, 130, 377.

Densité. — Reconnaissance de la densité du jus des betteraves livrées par les agriculteurs, 53, 161. — Corrélation qui existe entre la densité et la richesse saccharine, 82 (note). — La densité des jus constitue un des éléments de la prise en charge, 132 ; — précautions à prendre pour constater cette densité, 133 — Les densimètres et thermomètres employés à cet usage doivent être contrôlés, 132, 417.

Détaxe. — Voyez *Exonération des droits, Sucres coloniaux, Sucres étrangers.*

Détaxes de distance. — Les détaxes de distance sont rétablies pour les sucres des colonies françaises, 51, 64 265, 429. — Dans certains cas les sucres indigènes expédiés sur les raffineries, en vue de l'exportation, jouissent également de détaxes, 51. 64, 266, 430. — Ces détaxes ont été admises par la conférence de Bruxelles, 64. — Maximum des détaxes, 265, 268, 455. — Expéditions qui doivent accompagner les sucres ayant droit à la détaxe, 269, 430, 435. — La détaxe est allouée sous forme de bons de droits. 266, 267, 430, 435 ; — elle doit être remboursée lorsqu'on ne justifie pas de l'exportation de sucre raffiné, 271. — Voyez *Bons de droits.*

Diffusion. — Procédé perfectionné pour l'extraction du jus des betteraves, 83.

Directeurs. — Fixent les conditions de la prise en charge dans les usines où il n'est pas fait usage des procédés ordinaires de défécation, 130. — Peuvent autoriser la livraison à la consommation des mélasses épuisées jusqu'à concurrence de 10,000 kil. par an et par fabrique. 152. — Arrêtent l'état des crédits à concéder aux redevables, 175. — En cas d'expertise de sucres expédiés avec un permis de circulation, le directeur du lieu d'expédition notifie la décision des commissaires-experts à son collègue du département destinataire, 251. — Les directeurs doivent informer l'Administration des modifications à apporter au tableau des cantons où les sucres sont soumis à des formalités à la circulation, 252. — Statuent jusqu'à 1.000 fr. sur les demandes de remise du droit en matière d'acquits-à-caution, 263, 428 — Contrôlent l'émission des bons de droits, 273. — Signalent les employés détachés d'autres départements, 321. — Ordonnancent les frais de route, de séjour et de déplacement, 323. — Autorisent la prolongation des délais de transport des sucres, 426. — Statuent sur les pertes matérielles de sucre et de glucose dans la limite de 500 fr., 428. — Examinent et annotent les journaux n° 72 A des contrôleurs, 326. — Annotent et transmettent à l'Administration les journaux n° 45 A des inspecteurs, 328. — Fournissent, en mars et en septembre, un rapport sur le service des sucres, quand ils ont un ou plusieurs inspecteurs spéciaux dans leur département, 328. — Font, chaque année, des propositions pour l'organisation du service, 341. — Fournissent chaque année, le relevé, par degré, des quantités de sucre expédiées des fabriques, 340. — Adressent, chaque mois, un relevé analogue pour les sucres placés en admission temporaire, 340. — Fournissent, avant le 15 de chaque mois, les états 21 et 23 relatifs à l'admission temporaire, 341. — Contrôlent, au moyen des relevés n° 32, l'exactitude des états de produits n° 22 et des obligations d'admission temporaire, 344. — Suivent, pour les acquits délivrés dans leur circonscription, l apurement de ceux qui sont signalés en retard, 347. — Etat n° 112 à fournir à l'Administration, 348. — Donnent avis au bureau des sucres de toute contravention constatée, 350. — Voyez *Organisation, Rapports périodiques, Statistique*.

Dosage des sucres. — Voyez *Analyses*.

Douanes. — Le tarif est relevé d'urgence par décret, 48, 427; et approuvé, sous réserve d'une réduction, par la loi du 7 avril 1897, 53, 431. — Tarif applicable aux sucres et mélasses des colonies et des pays étrangers, qui ont adhéré à la convention de Bruxelles, 353, 423, 454, 468; et des pays qui n'ont pas adhéré à cette convention, 353 (note), 454, 479. — Notice sommaire sur le régime douanier des sucres, 352. — Lorsque les sucres sont accompagnés d'une expédition de la Régie, un passavant n'est pas nécessaire dans le rayon des douanes, 257, 384. — Pour les sucres des pays signataires de la convention de Bruxelles, le maximum du droit est de 6 fr. pour les raffinés et de 5 fr. 50 pour les sucres bruts, 63, 454. — Un tarif plus élevé ou même la prohibition peut être appliqué aux sucres des pays non contractants, 63, 448, 479. — Voyez *Admission temporaire, Bureaux de sortie, Chocolat, Réfactions, Tares légales*.

Drawback. — Le drawback remplace les primes directes accordées pour l'exportation des sucres raffinés, 6. — Les sucres indigènes ne sont pas admis au bénéfice du drawback, 6, 16. — Rendements d'exportation attribués aux sucres raffinés, 6, 8, 13, 15, 16. — Le drawback est supprimé et remplacé par le régime de l'admission temporaire, 18, 389.

Droits compensateurs. — Voyez *Douanes*.

E

Eaux d'exosmose. — Résidus du traitement des mélasses par l'osmose, 100.

Échantillons. — Prélèvement en cas de contestation lors des inventaires, 125, 379, 471. — Lorsque l'industriel refuse de participer aux inventaires, il n'y a pas lieu de prélever des échantillons, 144. — Prélèvement des échantillons dans les usines, 122, 244 à 246. — Prélèvement des échantillons en cas de saisie, 261. — Poids des échantillons de bas produits et de mélasse à prélever dans les raffineries, 232. — Les échantillons de sucre sont adressés par la poste et ceux de mélasse par colis postal, 246. — Avis d'envoi d'échantillon, 247. — Suite du service des échantillons à l'Administration et dans les départements, 246. — Echantillons de contrôle, 247. — Le sucre des échantillons resté sans emploi est livré à l'administration des domaines et vendu au profit du Trésor, 248 — Voyez *Boîtes, Contestations, Raffineries*.

Élution. — Procédé d'extraction du sucre des mélasses au moyen de l'alcool, 101.

Empli. — Atelier où la masse cuite est versée dans les formes pour la préparation des raffinés en pains, 97.

Entrepôts réels. — Conditions dans lesquelles sont créés les entrepôts, 163, 359, 367, 384. — Produits qui peuvent être introduits dans les entrepôts, 54, 164, 307. — Présentation aux entrepôts de sucres raffinés, libérés d'impôts, destinés à la fabrication de la bière, 165, 287, 473; et à la préparation des produits sucrés pour l'exportation, 277. — Conditions auxquelles est soumise la sortie des sucres entreposés, 164, 168. — Liste des entrepôts de sucre indigène, 166. — La durée de l'entrepôt est limitée à trois ans, 167, 384. — Règlement type pour les entrepôts, 167. — Formule de déclaration pour les sucres libérés d'impôt entreposés à la décharge des obligations d'admission temporaire, 190. — Les sucres restent sous cordes et plombs jusqu'au moment de la mise en consommation, 262. — Arrêtés mensuels des comptes, 337. — Les frais de surveillance des entrepôts réels de Paris et de Lille sont à la charge de l'Etat, 363, 364, 367. — Les sucres libérés d'impôt appliqués dans les entrepôts à la décharge des obligations d'admission temporaire doivent provenir du dehors, 59, 165, 446. — Voyez *Circulation, Statistique, Douanes*.

États. — Voyez *Imprimés*.

Étiquettes. — Les fûts de mélasse expédiés des fabriques sont revêtus d'une étiquette de couleur variable suivant la destination, 156. — Ces étiquettes sont lacérées après vérification des produits à l'arrivée, 262. — Etiquettes à coller sur les échantillons destinés à l'analyse, 244.

Excédents de fabrication. — Sous le régime de l'impôt à la betterave, ne payaient d'abord aucun droit, 30, 408 ; — puis furent soumis à une taxe réduite, 34, 37, 38, 411, 416, 417. — Quand le rendement dépassait 10 k. 500 gr., la moitié de l'excédent était soumise au tarif plein, 44, 420. — Les sucres représentant des excédents furent, en cas d'exportation, reçus pour moitié de leur poids à la décharge des obligations d'admission temporaire, 58. — Puis il fut établi un certificat d'enlèvement assurant la prime sur les excédents exportés ou mis en entrepôt, 59. — Voyez *Comptes des fabriques, Inventaires.*

Excédents de magasin. — Voyez *Magasins, Recensements.*

Exercice des fabriques. — Remonte à l'origine de l'impôt, 6, 360 ; — mais la permanence n'a été établie qu'en 1852, 13, 116, 375. — Voyez *Déclarations, Fabricants.*

Exonération des droits. — Pour les sucres employés en brasserie, 68, 286, 466. — Règlements fixant les conditions de cette exonération. 472, 474. — Pour les sucres destinés à l'alimentation du bétail, 68, 290, 466. — Règlements fixant les conditions de cette exonération, 476, 478 — Pour les sucres employés à la préparation de produits sucrés destinés à être exportés, 275. — Voyez *Glucoses, Mélasses, Produits sucrés.*

Expéditions. — La série des numéros d'ordre des registres d'expédition commence à dater de l'arrêté administratif de décembre, 338. — Dans le rayon de surveillance, les expéditions doivent être représentées à toute réquisition des employés, 367. — Voyez *Acquits-à-caution, Laissez-passer.*

Expertise. — Voyez *Contestations*

Exportation. — Sucres raffinés et sucres bruts, libérés d'impôt, exportés à la décharge des obligations d'admission temporaire, 188 à 191. — Chocolat exporté à la décharge des sucres introduits en franchise, 196, 197. — Sucres exportés directement en suspension du paiement de l'impôt, 198, 387. — Voyez *Bureaux de sortie, Produits sucrés.*

Extraction du jus des betteraves. — Voyez *Jus.*

Extraction du sucre des mélasses. — Description des principaux procédés employés, 99.

Évaporation des jus. — S'obtient exclusivement aujourd hui au moyen de l'appareil à triple effet, 89.

F

Fabricants de sucre. — Doivent faire une déclaration, avant la mise en activité de leur usine, 119, 364. — Bureau qu'ils doivent mettre à la disposition des employés, 125, 375, 415. — Sont obligés de fournir les ouvriers, les poids et les balances nécessaires pour les exercices et vérifications, 122, 368, 414 ; — ainsi que les ouvriers, l'eau et les ustensiles nécessaires pour l'épalement des vaisseaux, 368. — Tiennent certains registres concernant les opérations de fabrication, 121, 364, 377. — Registre de défécation, 129, 377 ; — registre de mise aux bacs des sirops et masses cuites, 136, 377, 414 ; — registre des opérations de turbinage, 137, 409. — Déclarent au service les quantités de sucre achevé qui doivent être refondues, 140, 378. — Sont tenus d'assister aux inventaires, 143. — Indications qu'ils doivent fournir sur leurs déclarations d'expédition de produits, 153, 380. — Ils assistent au prélèvement des échantillons, 244, 379. — Ils sont mis en demeure de faire connaître s'ils acceptent l'analyse du laboratoire, 249. — S'ils refusent d'admettre les résultats de cette analyse, ils signent une déclaration de contestation sur le procès-verbal de prélèvement d'échantillon, 250. — Voyez *Fabriques de sucre, Sorties des fabriques.*

Fabrication. — Notions élémentaires sur les procédés de fabrication du sucre de betteraves, 79 et suivantes.

Fabriques de sucre. — Sont soumises à la permanence, 375. — Conditions d'installation, isolement des bâtiments voisins, 117, 375. — Il ne doit y avoir habituellement qu'une seule porte ouverte, 118, 375. — Les jours et fenêtres doivent être garnis d'un treillis en fer, 117, 375. — Opérations sur lesquelles porte l'exercice, 125. — Envois de fabrique à fabrique, 199, 420. — Voyez *Comptes des fabriques, Déclarations, Fabricants, Fabriques-raffineries, Introductions, Sorties.*

Fabriques-distilleries. — Celles établies avant l'application de la loi du 29 juillet 1884 furent exceptionnellement maintenues sous le régime de l'impôt à l'effectif d'après la densité des jus, 41.

Fabriques-raffineries. — Dispositions spéciales à ces usines, 201. — Comptes auxiliaires, 201 à 203. — Inventaires et recensements, 203. — Introductions dans les fabriques, 204, 385. — Sorties des fabriques, 205, 385. — Perception de la taxe de raffinage et de la redevance pour frais de surveillance, 206, 436, 468. — Formalités à la sortie, 206. — Sucres placés en admission temporaire, 206.

Filtres à noir, Filtres-poches. — Voyez *Jus, Raffinage.*

Filtres-presses. — Appareil servant à

extraire le jus contenu dans les résidus de la carbonatation, 87.
Formalités à la circulation. — Voyez *Circulation*.
Formes — Vaisseaux employés pour la fabrication des sucres en pains, 96.
Frais d'exercice. — Voyez *Redevance*.
Franchise. — Voyez *Exonération des droits*.
Fruits confits. — Le sucre contenu dans les fruits confits, bonbons et confitures, est reçu à la décharge des obligations d'admission temporaire, 189, 399, 404 — Détermination du sucre cristallisable dans les confitures, gelées et compotes, 466 ; — dans les sirops. 480.

G

Glucose. — Définition et caractères distinctifs, 79. — Dosage du glucose dans les sucres bruts, 108 ; — dans les mélasses. 111. — Coefficient de réfaction, 27, 123, 401. — Il n'est pas accordé de réfaction pour le glucose contenu dans les raffinés et les vergeoises présentés à la décharge des obligations d'admission temporaire, 401.
Glucoses de Fécule. — Déclaration des fabriques, licence, 307, 369. — Tenue des comptes 308, 370. — Règlement des comptes 310. — Inventaires et recensements, 310. — Tarifs successifs du droit sur les glucoses, 363, 393, 394, 400 405, 410, 418. 457. — Taxe sur les amidines introduites en glucoseries, 314. 426, 442. — Les glucoses granulés sont soumis aux mêmes droits que le sucre indigène, 363. — Admission temporaire pour les maïs et orges employés à la fabrication des glucoses ambrés exportés, 315, 428. — Fabriques de glucoses, rayons de surveillance, 314, 368. — Minimum de prise en charge, 309, 370, 427, 442. — Dégrèvement prévu pour les déficits de rendement, 310, 427 ; pour les manquants de magasin et les pertes matérielles, 311, 427, 428. — Pénalités en cas de contraventions, 371. — Les glucoses sont admis dans les entrepôts réels, 307. — Dépôts de glucoses, 313. — Communication interdite entre les fabriques de glucoses et les fabriques de vins de raisins secs (note), 307. — Mode de paiement des droits, 311 — Définition des glucoses imposables, 306, 402. — Disposition spéciale aux caramels glucosiques, 312. — Immunité en faveur des glucoses exportés, employés à la fabrication de la bière ou à la préparation de produits sucrés pour l'exportation, 306, 402 — L'emploi des glucoses est interdit dans la fabrication des vins, 66, 307, 457. — Voyez *Produits sucrés pour l'exportation*.
Granulés. — Sucre raffiné en grains, mode de préparation, 98.

H

Hypothèques. — Les receveurs principaux peuvent obtenir, sans frais, des états indiquant la situation hypothécaire des redevables, 176. — Hypothèque à prendre sur les biens des souscripteurs, lorsqu'une obligation est protestée à l'échéance, 177.

I

Impôt. — Origine de l'impôt sur le sucre de canne, 2 ; — sur le sucre de betterave, 5 — Historique de l'impôt sous le régime des types, 7 ; — sous le régime de la perception d'après le rendement présumé au raffinage, 26. — Indication des bases sur lesquelles s'établit le rendement présumé au raffinage, 123. — Voyez *Prise en charge, Rendement présumé au raffinage, Tarifs*.
Imprimés et modèles du service des sucres. — Tableau présentant la nomenclature des imprimés et les §§ des **instructions coordonnées**, où l'emploi de chaque modèle est indiqué, 331. — Modèles empruntés au service général, 331. — Modèles spéciaux aux fabriques, aux raffineries et aux entrepôts, 331. — Modèles pour le service des laboratoires, 334. — Modèles employés pour l'admission temporaire, 335. — Modèles divers qui ne sont pas fournis comme papier de service, 335. — Voyez *Expéditions*.
Indemnités pour frais de surveillance. — Voyez *Redevance*.
Inspecteurs du service des sucres. — Doivent diriger les inventaires. 142. — S'assurent que des bulletins nᵒˢ 26 et 33 ont été fournis pour toutes les quantités livrées à la consommation, 173. — Donnent leur avis sur les propositions de crédit de droits, 175. — Sont chargés du contrôle de la souscription et de l'apurement des obligations d'admission temporaire, 193 ; — et du contrôle de l'émission et de l'emploi des bons de droits, 274. — Rapprochent les bulletins d'analyse des indications des registres d'expédition. 251. — S'assurent par l'examen du registre n.º 27 que le travail est équitablement réparti entre les divers agents d'un même établissement, 321. — Doivent viser le registre nº 2 à chacune de leurs visites, 321. — Voyez *Organisation, Personnel, Rapports périodiques, Statistique*.
Intérêt de crédit. — Tout paiement en obligation cautionnée est passible d'un intérêt de 3 p. 0/0, 174. 396. — Cet intérêt est compris dans le montant de la traite, 178 ; — il figure distinctement dans les recettes et sur les quittances, 178. — Mais l'intérêt de 3 0/0 n'est pas dû, pendant le premier mois, pour les droits sur les sucres allant en raffineries, 71,

174, 241, 468. — L'intérêt de crédit est dû, lorsqu'une obligation d'admission temporaire est apurée par le paiement du droit, 188.

Intérêt de retard. — Est fixé à 4 p. 0/0 l'an; il s'applique à la période écoulée depuis la date à laquelle une obligation devait être apurée, 188, 390.

Introductions dans les fabriques. — Produits qui peuvent être introduits dans les fabriques, 148, 365, 408. — Toute introduction doit être accompagnée d'un acquit-à-caution, 148. — Voyez *Fabriques-raffineries*.

Inventaires. — Evaluation des divers produits, 28, 142, 379. — Nombre et époque des inventaires à effectuer dans les fabriques, par campagne, 142, 365, 408. — Les inventaires portent sur tous les produits existant dans la fabrique, 142, 365. — Les fabricants sont tenus d'assister aux inventaires et de déclarer les quantités en cours de fabrication, 143. — Excédents constatés, prise en charge, 144, 408. — Manquants sur le minimum légal de prise en charge, imposition, 144, 408. — Voyez *Fabriques-raffineries*, *Raffineries*.

Inversion. — Réaction par laquelle le sucre cristallisable est transformé en incristallisable, sous l'action de certains acides, 86, 87; — ou de la chaleur, 89.

J

Jets. — Terme par lequel on distingue les sucres bruts, suivant qu'ils proviennent immédiatement du travail des betteraves (sucres de 1er jet), 92; — ou des sirops d'égout résultant d'un premier turbinage (sucres de 2e et 3e jets), 93.

Jus. — Extraction du jus des betteraves, 82. — Purification, 85. — Filtration, 87. — Concentration, 88. — Détermination du volume des jus, 179, 377. — Voyez *Densité*, *Diffusion*, *Prise en charge*.

L

Laboratoires. — Organisation; villes où il en existe, 243, 446. — Précautions et mesures à observer pour le prélèvement des échantillons, 244. — Envoi des échantillons aux laboratoires, 246. — Le chef de service du laboratoire central désigne les échantillons de contrôle qui doivent être soumis à une analyse, 248. — Ecritures à tenir dans les laboratoires, 248. — Notification des analyses, 248. — Contestations, recours à l'expertise, 250. — Classement des pièces dans les usines et entrepôts, 251. — Frais de transport des échantillons, 251. — Voyez *Analyses*, *Boîtes*, *Echantillons*.

Laissez-passer. — L'emploi en est admis pour les petites quantités de poudres blanches enlevées des fabriques après paiement du droit, 155, 253. — Modèle spécial de laissez-passer pour les produits introduits dans les raffineries ou qui en sortent, 216, 254. — Usage des laissez-passer pour certains produits qui, ne sortant pas des établissements exercés, circulent dans le rayon de surveillance, 254, 383. — Coût des laissez-passer, 254. — Déclarations à faire pour obtenir la délivrance d'un laissez-passer, 255; — justification à fournir au sujet du paiement antérieur des droits, 255, 383. — Vérification des produits au départ, 256, 383. — Visa en cours de route, 257, 383. — Délai de transport, 257, 383. — Changement de destination en cours de transport, 258. — Un seul laissez-passer suffit pour les produits qui, empruntant plusieurs modes de transport sont déposés provisoirement sur les quais, 259. — Les sucres accompagnés d'un laissez-passer ne sont pas soumis à la formalité d'une vérification à l'arrivée, 261. — Voyez *Expéditions*.

Lait concentré. — Le sucre cristallisable qu'il contient est reçu à la décharge des obligations d'admission temporaire, 189, 417.

Licence. — La licence est payable en une seule fois, 119 — Elle n'est valable que pour un seul établissement, 118, 360; et seulement pour l'année dans laquelle elle a été délivrée, 364. — Elle est exigible pour les établissements qui, ayant cessé de travailler, conservent des produits saccharins, 119, 380. — Prix de la licence des fabricants, 393, 395. — Voyez *Glucoses*, *Raffineries*.

Liqueur de Fehling. — Réactif à base de cuivre, dont on se sert pour le dosage du glucose, 108.

Liqueurs. — Le sucre cristallisable qu'elles contiennent est reçu à la décharge des obligations d'admission temporaire, 189, 441.

Lochage. — Opération qui consiste à enlever les sucres en pains des formes où ils ont cristallisé, 97.

Lumps. — Nom par lequel étaient désignés, sous le régime des types, les sucres raffinés de qualité inférieure, 6.

M

Magasins des sucres. — Conditions d'installation, 117, 378. — Charges du compte de magasin, 137, 144, 378, 409. — Les sucres achevés doivent être immédiatement transportés dans le magasin, 138, 378 — Décharges du compte de magasin, 140, 141, 147, 159, 379. — Tout excédent de magasin est saisissable, 145, 379. — Voyez *Fabriques-raffineries*, *Man-*

quants du compte de magasin, Recensements.

Maïs. — Voyez *Glucoses de Fécule*.

Manquants du compte de fabrication. — Sous le régime de la prise en charge d'après la densité des jus, le ministre des finances est autorisé à accorder décharge de ces manquants, 14, 386.

Manquants du compte de magasin. — Les manquants sont, jusqu'à concurrence de 3 0/0, allouables de plein droit, 146, 379. — Ceux de plus de 3 0/0, qui ne dépassent pas 6 0/0, sont passibles des droits, 146, 379 ; — mais l'Administration peut en accorder décharge, 147, 379. — Au-dessus de 6 0/0, les manquants sont constatés par un procès-verbal, 146, 379.

Marine marchande. — La marine française est, pendant longtemps, seule autorisée à effectuer le transport des sucres entre les colonies et la métropole, 2, 8. — Ce transport est ensuite admis par navires étrangers, 16. — Voyez *Surtaxe de pavillon*.

Masse cuite. — Ce qu'on entend par masse cuite, 92. — Le 15 de chaque mois, il est fourni un état mensuel du rendement des masses cuites, 137. — Voyez *Cristallisation*.

Mélasses des fabriques — Proviennent du turbinage des sucres de derniers jets, 94. — Procédés d'extraction du sucre des mélasses, 99. — Projet d'imposition d'une taxe spéciale sur les mélasses indigènes et coloniales, 11, 23, 372, 397. — Au début, les mélasses ne purent être expédiées qu'en distilleries, à l'étranger, ou sur des fabriques et sucrateries soumises à l'exercice dans les diverses phases de la fabrication, 366, 409. — Ensuite l'expédition des mélasses pour les usages agricoles a été autorisée, 54, 434. — Conditions imposées pour cet emploi, 56, 442, 445. — Décharge à accorder pour les mélasses expédiées en distilleries, à l'étranger, en entrepôt et aux usages agricoles, 151, 380, 443. — Décharge accordée aux fabriques qui n'employaient pas l'osmose, 34, 54, 414. — Décharge à accorder et prise en charge à opérer pour les envois en fabrique ou en sucraterie, 44, 151, 380, 420. — Mélasses destinées à l'industrie ou livrées exceptionnellement à la consommation, 152. — Prélèvement des échantillons de mélasses, 152. — Les mélasses des fabriques peuvent être mises en entrepôt, 54, 152, 434. — A la sortie des fabriques, les mélasses donnent lieu à la délivrance d'un acquit-à-caution, 153. — Voyez *Analyses, Circulation, Elution*.

Mélasses des raffineries. — Antérieurement à l'exercice des raffineries, les mélasses provenant de ces établissements sont considérées comme libérées d'impôt, 12. — Mais, à partir de 1852, les établissements dans lesquels on extrait le sucre de ces mélasses sont soumis à l'exercice, 12, 374 ; à partir de 1884, les sucrateries sont autorisées à recevoir des mélasses de fabrique, 409. — Depuis que les raffineries sont soumises à l'exercice, tout le sucre extrait dans ces établissements est passible de la taxe générale, 40, 209, 467. — Procédés d'extraction du sucre des mélasses, 99. — Les mélasses de raffineries, qui ne sont pas exportées, dirigées sur les distilleries ou employées à des usages agricoles et industriels, paient un droit de 1 fr. 25 par 100 kilogr., 70, 231, 467. — Définition des mélasses, 230. — Les expéditions de mélasses en quantité supérieure à 100 kilogr. doivent être accompagnées d'un acquit-à-caution, 230. — Les mélasses de raffineries peuvent être employées en franchise à des usages industriels, 302, 467 ; conditions de dénaturation et d'emploi, 303. — Dépôts de mélasses de raffineries, 304. — Voyez *Analyses, Raffineries*.

Mélasses exotiques. — Celles qui ne sont pas employées à la fabrication de l'alcool sont frappées de taxes prohibitives, 354, 423, 433. — Les mélasses des colonies françaises employées dans les distilleries sont exemptes des droits, 354, 423 ; — les mélasses étrangères employées dans les distilleries sont soumises à une taxe spéciale d'abord peu élevée, 417 ; elle est actuellement de 0 fr. 20 c. par degré de richesse saccharine, 54, 354, 426, 434. — Les mélasses étrangères pour la distillation peuvent être placées en admission temporaire, 426, 434.

Mélasses pour les usages agricoles. — Ces mélasses, qu'elles proviennent des fabriques ou des raffineries, sont exemptes des droits, 294, 434, 454. — Circulation et emploi des mélasses, en nature et dénaturées, 295, 443. — Préparation des mélasses dénaturées, 296, 443. — Tenue des comptes, 298. — Procédés de dénaturation, 299, 444. — Dépôts spéciaux de mélasses pour les agriculteurs, 300, 445.

Mélis. — Nom par lequel étaient désignés, sous le régime des types, les sucres raffinés de choix, 6.

Modèles. — Voyez *Imprimés*.

N.

Noir animal. — Ses propriétés physiques, 88. — Emploi, dans les fabriques pour la filtration des jus, 88 ; — et des sirops, 91. — Emploi, dans les raffineries, pour la purification des sirops, 96.

O

Obligations cautionnées. — Ne peuvent être souscrites que pour des sommes de 300 fr. et au-dessus, 174, 383, 396. —

La limite des crédits à concéder à chaque redevable est fixée par le directeur, 178. — Ces obligations donnent lieu au paiement d'un intérêt de 3 p. 0/0 et d'une remise de 1/3 p 0/0, 174, 383, 396. — L'intérêt de 3 p. 0/0 n'est pas dû, pendant le premier mois, pour les sucres allant en raffinerie, 71, 174, 241, 468 — Forme dans laquelle sont souscrites les obligations, 178. — Règles à observer pour assurer la validité des obligations et l'authenticité des signatures, 180. — Inscription des obligations au registre n° 30, et compte à ouvrir à chaque souscripteur, 180. — Les obligations sont transmises tous les dix jours au caissier central du Trésor, 180. — Toute obligation protestée à l'échéance doit être remboursée par le receveur principal, 181. — L'action du Trésor et la responsabilité des comptables sont les mêmes que pour les crédits accordés relativement aux droits de douane, 390. — Voyez *Admission temporaire, Intérêt de crédit, Intérêt de retard, Remise aux receveurs.*

Organisation du service. — Désignation des diverses catégories d'agents du service spécial des sucres, 319. — L'organisation du service est arrêtée, chaque année, par l'Administration, sur la proposition des directeurs, 341. — Intervention des contrôleurs et des inspecteurs du service général pour la vérification des fabriques, 318. — Durée journalière du travail, en temps de fabrication, 320. — Registre de travail à tenir dans chaque usine, 321. — Voyez *Personnel, Service général.*

Orges. — Voyez *Glucoses de Fécule.*

Osmose. — Procédé employé pour extraire le sucre des mélasses, 99. — Prime accordée jusqu'en 1903 aux fabricants qui, n'employant pas l'osmose, expédiaient leurs mélasses en distillerie ou à l'étranger, 34.

P

Pacte colonial. — Définition et origine du pacte colonial, 2. — Suppression, 16, 387.

Paiement des droits. — Pour les sommes inférieures à 300 fr., les droits doivent être acquittés en numéraire, 174, 383 ; — à partir de 300 fr., ils peuvent être payés en obligation cautionnée à 4 mois d'échéance, 174, 383, 396. — Quand un industriel jouit d'un crédit d'enlèvement, les droits ne sont réglés que trois fois par mois, 174 ; — dans le cas contraire, ils doivent être acquittés avant l'enlèvement des produits, 172.— La vérification des perceptions effectuées sur les sucres rentre dans les attributions du service général, 175, 344. — Voyez *Admission temporaire, Obligations cautionnées, Circulation.*

Pastilles médicinales. — Le sucre contenu dans ces pastilles est reçu à la décharge des obligations d'admission temporaire, 189.

Pâtes de fruits. — Voyez *Fruits confits.*

Pénalités. — Amende encourue pour les contraventions en matière de sucre indigène, 349, 395, 413. — Indépendamment de l'amende, les contraventions sont punies de la confiscation des produits fabriqués, recélés, enlevés, ou transportés en fraude, 361, 368, 374 ; et de dommages et intérêts, en cas de manœuvre ayant pour but de déguiser la richesse du sucre ou de tromper sur son poids, 402. — Saisie réelle ou fictive des produits pour lesquels une contravention est constatée, 349, 384, 390. — Amende spéciale encourue, en cas de manœuvre ayant pour but de fausser le poids ou le degré des sucres présentés à la décharge des obligations d'admission temporaire, 390, 402. — Voyez *Contraventions.*

Permanence. — La permanence auprès des turbines ne peut être interrompue sous aucun prétexte, 138, 320. — Voyez *Fabriques de sucres, Raffineries.*

Permis de circulation. — Sont destinés à accompagner les sucres dont un échantillon est soumis à l'analyse et pour lesquels un acquit est ultérieurement délivré, 150. — Donnent lieu au paiement d'un droit de 10 centimes, pour timbre, 157. — Mesures à prendre, en cas de contestation du résultat des analyses de la Régie, pour les sucres expédiés en vertu de permis, 157, 251. — La destination des sucres accompagnés de permis ne peut être modifiée en cours de transport, 258.

Personnel. — Le personnel des fabriques comprend un service permanent et un service mixte, 319 ; indemnités allouées à chacune de ces catégories, 310. — Intervention des inspecteurs et des contrôleurs du service général, 318, 329. — Surnuméraires détachés temporairement dans les fabriques ; indemnités, 319. — Les agents du service mixte et les surnuméraires retournent à leur résidence, aussitôt que les travaux de râpage sont terminés, 319. — Installation des employés, congés, maladies, mesures disciplinaires, 320. — Signalement des employés détachés, 321. — Indemnités de déplacement, 322. — Les employés non déplacés concourent au service général de leur résidence, 323. — Indemnité de logement allouée aux commis principaux, commis et préposés, 323. — Discrétion que doit observer le personnel en ce qui touche les opérations industrielles et commerciales des usines, 323. — Voyez *Chefs de service, Contrôleurs, Inspecteurs, Organisation, Service général.*

Pertes matérielles. — Mesures à prendre en cas de pertes accidentelles dans les fabriques, 141, 378. — Les directeurs statuent dans la limite de 500 fr., 428 ; au delà de ce chiffre, c'est l'Administration, 378.

Pesage des betteraves. — Règlement fixant, sous le régime de la loi de 1884, les conditions de ce pesage, 32, 407 ; — dispositions complémentaires, 35, 414. — Intervention du service, pour le contrôle du poids des betteraves livrées par les cultivateurs, 53, 56, 160, 433, 438.

Pesage des sucres. — Voyez *Fabricants*.

Plamotage. — Opération effectuée dans les raffineries pour égaliser les pains de sucre, 97.

Plombs. — Plombage des colis renfermant des sucres expédiés avec acquits-à-caution, 156, 256, 363, 383, 462. — Le prix des plombs est fixé par le ministre des finances, 367 ; — il est actuellement de trois centimes par plomb, 156, 399. — Les perceptions résultant du plombage sont encaissées par le chef de service de l'usine et versées au receveur de la circonscription, 338. — Dispense du plombage pour les quantités accompagnées de laissez-passer, 155, 253. — Après vérification des produits à l'arrivée, les plombs sont retirés si ces produits ne sont pas déposés dans un établissement exercé, 262, 384.

Polarimètre. — Voyez *Saccharimètre*.

Primes. — Primes directes accordées aux sucres raffinés, 4, 5. — Suppression des primes directes, 6. — Des primes directes sont établies en Allemagne et en Autriche, 48. — La France en crée à son tour, en conservant les primes indirectes, 49, 429. — Elles sont supprimées en 1903, 65, 455. — Mesures prises pour conserver le bénéfice des primes aux sucres fabriqués sous le régime de la loi de 1884, 67, 463. — Taux annuel des primes pendant l'application de la loi de 1897, 432 (note 2). — Pour les primes indirectes, voyez : *Abonnement, Admission temporaire, Conventions, Drawback, Statistique*.

Prise en charge. — Minimum de prise en charge, d'après la densité des jus, 10, 14, 28, 365, 385, 402. — Prise en charge sous le régime de l'impôt, d'après le poids des betteraves travaillées, 30, 405 ; — Quotité de cette prise en charge, 31, 34, 44, 405, 413, 420. — Les modifications au taux de la prise en charge devaient être votées une année avant leur application, 44, 421. — Les fabricants eurent le choix entre deux modes de prise en charge, 44, 420. — La prise en charge est rétablie sur le volume et la densité des jus, 64, 128, 455. — Voyez *Jus, Manquants*.

Procès-verbaux. — Voyez *Contraventions, Pénalités*.

Produits sucrés pour l'exportation. — Travail en entrepôt, 64, 275, 455. — Décret fixant les conditions du travail en entrepôt, 67, 461. — Agencement des usines, 276, 461. — Réception des sucres indemnes ou libérés d'impôt, 277, 461. — Tous les produits sortant de ces usines doivent être exportés, 278, 461. — Compte des sucres et glucoses en nature, 280, 462. — Compte des produits fabriqués, 282, 462. — Les industriels doivent fournir les ouvriers et le matériel nécessaires aux vérifications, 283, 463 ; — ils paient les frais de surveillance du personnel attaché à leur usine, 283, 463.

Pulpe. — Résidu des betteraves dont le jus est extrait, sert à la nourriture des bestiaux, 85.

Q

Quatre-cassons. — Nom donné autrefois aux sucres raffinés de choix, 6. — Voyez *Mélis*.

Quittances. — Les quittances délivrées pour les obligations cautionnées doivent mentionner le principal et les intérêts des sommes acquittées, 178.

R

Raffinage. — Opération qui consiste à épurer les sucres bruts et à leur donner une forme marchande, 94. — Préparation des raffinés autres que les candis, 95. — Préparation du sucre candi, 98.

Raffineries. — Sous l'ancien régime, l'établissement en est autorisé, puis interdit dans les colonies, 3. — Projets divers tendant à soumettre les raffineries indigènes à l'exercice, 11, 21, 22, 371, 395, 396. — Les raffineries sont soumises à un exercice, 40, 45, 209, 418, 425 ; puis à une surveillance permanente, 69, 467. — Les établissements où l'on prépare des agglomérés sont soumis au même régime, 55, 71, 211, 468. — Décrets rendus pour assurer l'exercice, 41, 47, 71, 419, 425, 469. — Licence, 212, 419, 468. — Déclaration de profession, plan des usines, 212, 468. — Clôture et grillage, 213, 468. — Fermeture des portes secondaires pendant la nuit, 213, 469. — Bureau des employés, guérites, 213, 469. — Chauffage et éclairage du bureau 213, 469. — Il ne peut être introduit dans les raffineries que des produits libérés d'impôt, 214, 418, 469 ; — l'introduction des mélasses et des glucoses est interdite, 46, 214, 425. — Expéditions qui doivent accompagner les sucres bruts à leur entrée en raffinerie, 216, 254, 469. — Délais fixés pour l'entrée et la sortie des produits, 469.

COMPTE DE LIQUIDATION, 214, 467. — Introduction des sucres bruts, vérification, prise en charge 215 à 217, 469. — Sorties des raffineries, 217, 469. — Atelier d'emballage et de pesage, 217, 470 ; — permanence du service, contrôle, 218, 219. — Chargement des voitures, 219, 470. — Bulletin de sortie établi par le raffineur, visa du service, 219, 470. — Vérifications à la sortie de l'usine, 220, 470. — Bordereau n° 19 que doit remettre le raffineur pour les sorties de chaque jour, 220, 470 ; — inscription au carnet n° 20, 221. — Tenue du compte de liquidation des droits, 222, 471. — Règlement annuel, le 31 août, du compte de liquidation, inventaires, 224, 471. — Pendant l'inventaire, le travail est complètement arrêté, 224, 471. -- Déclarations que doit faire le raffineur pour les produits existant dans chaque atelier ou magasin, 224, 471. — Balance des droits inscrits au crédit et au débit du compte de liquidation, 225 à 227, 467, 471. — Reprise au compte de la nouvelle campagne, 228, 471.

COMPTE DES RÉFACTIONS, 228, 425, 471. — Quantités de sucre à prendre en charge et à porter en décharge au compte des réfactions, 229, 425, 471 — Arrêté du compte les 30 juin et 31 décembre, 229, 425, 472. — Les excédents sont imposables et les droits perçus sont protés au crédit du compte de liquidation, 230, 425. — Etat mensuel du compte de réfaction à transmettre à l'Administration, 342.

Les mélasses enlevées des raffineries doivent être accompagnées d'un acquit-à-caution, 230, 472. — Celles qui sont livrées à la consommation sont soumises à un droit de 1 fr. 25 par 100 kilogr., 231, 467, 472. — Prélèvement des échantillons à l'entrée et à la sortie des raffineries, 216, 221, 224, 232, 247, 469, 470, 472

Les instruments de pesage sont fournis par les raffineurs, 232, 471. — Frais d'exercice, 233, 468. — Mode de constatation, déduction à opérer pour les raffinés exportés ou mis en entrepôt, 233 à 235. — Frais d'exercice à percevoir pour les raffinés entreposés qui sont livrés à la consommation, 235. — Indications à consigner sur les étiquettes des échantillons de mélasses de raffineries, 246. — Conditions auxquelles est subordonné l'enlèvement des sucres bruts des raffineries, 239, 241, 469. — Voyez *Détaxes de distance, Obligations cautionnées, Statistique, Taxe de raffinage.*

Raffinose. — Substance dextrogyre qui se trouve, en quantité appréciable, dans les mélasses de raffinerie, 111. — Dosage du raffinose, 112.

Râpage. — Opération consistant à réduire les betteraves en petites parcelles, pour en extraire le jus au moyen des presses, 83.

Râperies annexes. — Doivent être déclarées, mais ne donnent pas lieu au paiement de la licence, 119. — Constatation du volume et de la densité du jus des betteraves travaillées dans les râperies, 134.

Rapports périodiques. — Rapports que sont autorisés à présenter les chefs de service, 324. — Rapports mensuels n° 72 A des contrôleurs, 324 ; — envoi de ces rapports aux inspecteurs du service spécial ou au sous-directeur et directeur, 325 ; — annotation par le directeur et renvoi, 326. — Rapports bi-annuels des contrôleurs, envoi à l'Administration, 326. — Rapports mensuels n° 45 A des inspecteurs, 326. — Feuille 45 A *bis* à joindre au rapport, 327. — Bordereau 86 G à fournir à chaque visite dans les usines, 327. — Rapports généraux à joindre aux journaux d'avril et d'octobre, 328. — En temps de chômage, les inspecteurs fournissent des rapports 86 A, 328. — Envoi des rapports n° 45 A au directeur, 327. — Envoi, par le directeur, à l'Administration, des rapports mensuels des inspecteurs, 328. — Réponse de l'Administration aux rapports des inspecteurs, 329. — Rapport à fournir, en mars et en septembre, par les directeurs dans la circonscription desquels il existe un ou plusieurs inspecteurs du service spécial, 328. — Voyez *Service général.*

Rayon de surveillance. — Indication du rayon dans lequel les produits saccharins sont soumis à des formalités à la circulation, 252, 366, 367, 368. — Doivent être accompagnés d'une expédition, les produits qui, expédiés d'un point situé hors du rayon de surveillance, sont transportés dans ce rayon, 257. — Toutefois, les sucres libérés d'impôt qui ne font que traverser le rayon de surveillance, par chemin de fer, circulent sans expédition, 253. — Voyez *Circulation.*

Recensements. — Les recensements ne portent que sur les produits achevés, 141 ; — ils ont lieu à des époques indéterminées, 144, 379. — Tout excédent constaté, lors des recensements, est saisissable, 145, 379. — Les manquants sont alloués de plein droit jusqu'à concurrence de 3 0/0, 146, 379 ; — l'Administration peut accorder décharge de ceux compris entre 3 et 6 0/0, 146, 379 ; — au-dessus de 6 0/0, ils sont constatés par procès-verbal, 146, 379. — Voyez *Fabriques-raffineries.*

Receveurs particuliers. — Perçoivent les droits sur les sucres livrés à la consommation par les fabriques et par les entrepôts situés dans leur circonscription, 172. — Pour les établissements dépendant d'une recette ambulante, les droits payés en numéraire peuvent, toutefois, être acquittés à la recette principale, 175. — Les receveurs particuliers ne peuvent faire souscrire des obligations cautionnées qu'avec l'autorisation du receveur principal, 178 ; le cas échéant, ils touchent un tiers de la remise attribuée au receveur principal, 183. — Les obligations d'admission temporaire sont transmises au receveur principal, le jour même de la souscription, 186. — Voyez *Obligations cautionnées*.

Receveurs principaux. — Fixent, pour chaque redevable, le montant du crédit d'enlèvement, 173. — Établissent les propositions de crédit de droits, 175. — Peuvent obtenir, sans frais, des indications sur la situation hypothécaire des redevables, 176. — Responsabilité des receveurs principaux relativement à la concession des crédits, 177. — Ils indiquent aux receveurs particuliers le montant des obligations qui peuvent être souscrites, 178. — Le receveur principal fait seul souscrire les obligations dans les villes où il existe à la fois une recette principale et des recettes particulières, 182, 186. — Suivent l'apurement des obligations d'admission temporaire, 187, 191 à 193, 341. — Ils délivrent les bons de droits pour l'allocation des détaxes de distance, 270. — Dressent un relevé mensuel indiquant, par degré, les quantités de sucres bruts placés en admission temporaire, 340. — Voyez *Admission temporaire, Obligations cautionnées, Remise*.

Redevance pour frais de surveillance — Elle fut fixée à 0 fr. 30 centimes par 1000 kilogr. de betteraves travaillées sous le régime de la loi de 1884, 35. 414 ; elle fut supprimée en 1903, 455. — Les raffineurs paient une taxe de 8 centimes par 100 kilogr. de sucre brut introduits dans leurs usines, sous défalcation des sommes correspondant aux sucres raffinés exportés, 41, 71, 233, 419, 468. — Cette redevance est due pour les sucres raffinés enlevés des fabriques-raffineries ou importés de l'étranger, 71. 206 — Elle est due également sur les manquants constatés en brasserie, 288, 289. 473, 474. — Voyez *Entrepôts réels, Produits sucrés pour l'exportation, Saccharine*.

Réfaction. — La réfaction accordée aux sucres avariés, par suite d'événements de mer, est supprimée, 374. — Voyez *Cendres, Glucose, Rendement présumé au raffinage*.

Refontes. — Opération préliminaire du raffinage, 95. — Dans les fabriques, les opérations de refonte doivent être déclarées, 140, 378.

Régime du déchet. — Faculté accordée aux fabricants, sous le régime de la loi de 1884, d'opter pour l'allocation de la prime sur une quotité de 15 0/0 de leur production effective, en renonçant au bénéfice de la prime sur leurs excédents, 44, 420.

Registres. — Voyez *Imprimés, Fabricants de sucre*.

Remise aux receveurs. — Les souscripteurs d'obligations cautionnées sont tenus de payer une remise d'un tiers 0/0 au receveur, 174, 181, 242, 383, 396. —
Partage de la remise entre le Trésor et les comptables, 182, 212, 409. — Calcul de la remise pour les obligations d'admission temporaire, 185 ; — pour les obligations cautionnées à 1 mois, 182. — Tableau mensuel des remises à fournir à l'Administration, 183.

Rendement d'exportation de sucres raffinés. — Voyez *Admission temporaire, Drawback*.

Rendement présumé au raffinage. — Mode d'imposition substitué, en 1880, au régime des types, 26, 123, 400 — Coefficients de réfaction pour les cendres et le glucose, 27, 123. 401. — Calcul du rendement présumé, 104. — Pour les sucres bruts indigènes et coloniaux le rendement maximum a d'abord été fixé à 98 degrés, 401 ; — puis, cette limite a été supprimée, 41, 418. — A l'égard de ces mêmes sucres, l'impôt ne peut être calculé sur un rendement inférieur à 65 degrés, 123, 401. — Voyez *Contestations, Sucres étrangers*.

S

Saccharimètre. — Découverte du saccharimètre. 10 ; — projets d'imposition d'après la richesse absolue des sucres. 10. 23, 371. — Emploi du saccharimètre pour le classement des sucres, sous le régime des types, 22. 396, 398. — Emploi pour l'imposition des sucres d'après le rendement présumé au raffinage, 26. — Notions élémentaires sur le saccharimètre, 105 ; — et sur son emploi. 107.

Saccharine. — L'importation de la saccharine et des substances saccharinées est interdite. 416. — Réglementation de l'emploi. de la fabrication et de la vente. 450. — Obligations des fabricants, 451. — Livraison. formalités à la circulation, 453. — Dispositions spéciales relatives à l'emploi industriel de la saccharine, 455 — Les frais de surveillance sont à la charge des fabricants et des industriels, 450, 460.

Saccharose. — Définition et caractère distinctif, 79. — Végétaux desquels on extrait le saccharose, 79. — Dosage du saccharose dans les sucres bruts, 105 ; — dans les mélasses, 111.

Sacs et colis. — Conditionnement des sacs destinés à contenir les sucres bruts, poids et tare, 135. 381. — Les sucres raffinés, sirops et mélasses doivent être transportés dans des colis fermés suivant les usages du commerce, 155, 381.

Savons transparents. — Le sucre contenu dans ces savons est reçu à la décharge des obligations d'admission temporaire, 445.

Séparation Steffen. — Procédé pour l'extraction du sucre des mélasses, 101.

Service général. — Les attributions des vérificateurs spéciaux sont, dans les fabriques situées en dehors de leur action, exercées par les agents du service général. 318. — Vérifications des inspecteurs envoi d'un bordereau 86 G, 330. — Rapports du directeur, 328. — A défaut de contrôleur spécial, les agents du service général vérifient les arrêtés mensuels des établissements soumis à l'exercice, 337. — Les receveurs ambulants arrêtent la comptabilité des timbres, dans les usines de leur circonscription, 338. — Relevé n° 13 à former, par les contrôleurs ou les receveurs, pour les acquits de sucre délivrés par les buralistes, 346. — Voyez *Comptabilité*, *Directeurs*, *Receveurs particuliers*, *Receveurs principaux*, *Sous-directeurs*.

Sirop. — Nom donné au jus de betterave lorsqu'il est concentré, 88. — Filtration du sirop, 89. — Sirop vert de raffinerie, 97. — Cuite et cristallisation du sirop, 91 ; — turbinage, 92. — Dans les fabriques, il est tenu un carnet spécial pour l'inscription des sirops d'égout, 159. — Voyez *Masse cuite*.

Sirops parfumés. — Le sucre cristallisable contenu dans ces sirops et dans les fruits au sirop est reçu à la décharge des obligations d'admission temporaire, 189, 419, 426, 441. — Détermination de la quantité de sucre à porter en décharge, 480.

Sorties des fabriques. — Produits qui peuvent être enlevés des fabriques, 149. — Destinations que peuvent recevoir les sucres, 149, 343, 383, 408, 472, 477. — Les sucres doivent être analysés avant l'enlèvement, 149 ; — ou, au moins, avant la remise de l'acquit, s'ils sont expédiés avec un permis de circulation, 150. — Destinations qui peuvent être données aux mélasses, 151, 366, 408. — Dans certains cas, les mélasses doivent être analysées avant l'enlèvement, 151, 420. — Déclarations à faire et conditions à remplir pour expédier les produits, 153, 186, 380, 383. — Vérifications du service, 154, 380. — Conditionnement des sacs et colis destinés au transport des sucres et des mélasses 155, 381. — Plombage des colis de sucre et étiquetage des fûts de mélasse, 156, 381. — Tenue d'un carnet présentant, par degré saccharimétrique, le détail des sucres analysés, 340. — Voyez *Consommation*, *Exonération des droits*, *Exportation*, *Fabriques-raffineries*, *Paiement des droits*, *Raffineries*.

Sous-directeurs. — Sont chargés de la vérification des perceptions sur les sucres, 175, 344. — Annotent les propositions de concessions de crédit, 175. — Statuent sur l'apurement des acquits-à-caution dans la limite de 100 fr. de droits, 263, 428. — Annotent et transmettent à la direction les rapports des contrôleurs qui ne dépendent pas d'un inspecteur spécial, 325. — Sont chargés de suivre, pour les acquits-à-caution délivrés dans leur circonscription, l'apurement de ceux qui sont signalés en retard, 347. — Voyez *Statistique*.

Statistique. — Tableau présentant, pour la période de 1838 à 1884, le nombre de fabriques, la production et le tarif des sucres, 73. — Tableau présentant, pour la période de 1885 à 1903, les mêmes renseignements, plus le prix moyen des sucres et la prime réalisée par la sucrerie indigène, 74. — Produit de l'impôt sur les sucres depuis 1875 (évaluations budgétaires et recettes). 78. — Importations et exportations des sucres, depuis 1880, 76. — Consommation des sucres et des glucoses, depuis 1881, 77. — Formation des états mensuels n°ˢ 42 A, 42 B, 42 C et 43, concernant la fabrication et le mouvement des sucres, 294, 338, 339. — État mensuel de la situation des comptes dans les entrepôts, 342. — Relevé mensuel des acquits accompagnant des sucres expédiés en suspension du paiement des droits, 343. — État des reprises et copie des inventaires à transmettre à l'Administration, 342. — État n° 49 à fournir, chaque année, relativement à la situation industrielle des fabriques, 341. — État mensuel n° 41 des quantités livrées à la consommation et exportées, 345 ; — au mois d'avril, il est fourni, en outre, un état n° 41 donnant les résultats définitifs de l'année précédente. 345. — A l'état 41 annuel doit être joint un relevé indicatif du poids et du titrage des sucres, 345. — Etat à fournir, tous les mois, relativement aux comptes des réfactions et aux entrées de sucre brut dans les raffineries, 342.

Steffen (procédés). — Voyez *Clairçage*, *Séparation*.

Sucrage des vendanges. — Les sucres employés au sucrage des vins, cidres et poirés sont soumis à une taxe spéciale de 1885 à 1900, 31, 405, 418. — En 1900, cette taxe spéciale est maintenue, mais la faculté de sucrage est limitée à 40 kilogr. de sucre par membre de la famille des récoltants, 60. — La taxe spéciale est supprimée en 1903, formalités et pénalités nouvelles en matière de sucrage, 65, 66, 455, 456, 457. — Décret réglant les conditions du sucrage, 464.

Sucrateries. — Sont soumises à l'exercice, 12, 116, 207, 374. — Peuvent recevoir des mélasses de fabriques, 32, 151, 207, 409, 420. — Tenue des comptes et inventaires, 207, 208. — Indication spéciale à faire figurer sur les étiquettes des échantillons de mélasses provenant des sucrateries, 246.

Sucrates. — Combinaison du sucre avec certaines bases, 86, 100.

Sucres candis. — Voyez *Candis*.

Sucres coloniaux. — Bénéficient d'un tarif protecteur par rapport aux sucres étrangers, 2, 4, 9, 17. — Après avoir été imposés à un droit plus élevé que le sucre indigène, 7 ; — ils sont soumis aux mêmes tarifs, 8, 362. — La production ayant subi une diminution, par suite de la suppression de l'esclavage, 10 ; — une détaxe est accordée au sucre colonial, 11, 12, 13, 14, 17, 373, 384, 386, 389. — Indépendamment de cette détaxe, il en est accordé une seconde, pendant quelques années, aux sucres provenant des colonies au delà du cap de Bonne-Espérance, 8, 11, 386. — La surtaxe sur les sucres étrangers, des pays hors d'Europe, importés par navires français, est supprimée, 15. — Mais elle est maintenue pour les sucres d'Europe, sous tous pavillons, 389. — A partir de 1870, les sucres coloniaux et les sucres indigènes sont soumis aux mêmes tarifs, 220, 389. — Voyez *Déduction coloniale, Détaxes de distance, Douanes, Sucres étrangers, Surtaxes de pavillon.*

Sucres étrangers. — Sont soumis à des droits plus élevés que les sucres coloniaux, 2, 4, 9, 17. — La surtaxe sur les sucres des pays hors d'Europe importés par navires français est supprimée, 15 ; — mais elle est maintenue sur les sucres provenant des marchés et entrepôts d'Europe, quel que soit le mode de transport, 17, 28, 31. — Lors de l'établissement de l'impôt d'après le rendement présumé au raffinage, les sucres étrangers de toute provenance ne pouvaient être imposés pour un rendement inférieur à 65 0/0, 401 ; — ultérieurement, cette limite a été ramenée à 80 0/0, pour les sucres d'Europe ou des entrepôts d'Europe, 406. — Pendant une certaine période, les sucres étrangers, des régions éloignées, importés par navires français, ont bénéficié d'une détaxe, 8, 11, 372 ; — cette détaxe a pris fin en 1860, 386. — Traitement actuel imposé aux sucres étrangers des pays qui ont adhéré à la convention de Bruxelles, 62, 64, 71, 448, 454. — Traitement applicable aux sucres des pays qui n'ont pas adhéré à cette convention, 63, 448, 454, 479. — Les sucres étrangers de toute provenance, dont le rendement présumé dépasse 98 0/0, sont assimilés au sucre raffiné pour le paiement des droits, 353, 400, 423. — Voyez *Admission temporaire, Douanes, Sucres raffinés, Surtaxe de pavillon.*

Sucres indigènes. — Premiers essais de fabrication, 4. — Sont soumis à une taxe peu élevée, 7, 360. — Projet d'interdiction de la fabrication du sucre indigène, 9 — Le sucre indigène est frappé des mêmes droits que le sucre colonial, 9, 362 ; — puis, il est soumis à des taxes plus élevées, 11, 13, 14, 17, 373, 384, 386, 389. — A partir de 1870, l'égalité de tarif est établie pour les sucres indigènes et coloniaux, 17, 20, 389. — A partir de 1860, l'exportation du sucre indigène est autorisée, en franchise, 15, 200, 387. — A partir de 1864, le sucre indigène peut bénéficier des primes de raffinage, au moyen du régime de l'admission temporaire, 17, 389. — Voyez *Détaxes de distance, Fabriques, Rendement présumé au raffinage.*

Sucres raffinés. — L'importation des sucres raffinés étrangers est, pendant longtemps, prohibée, 363, 373 ; — puis, elle est autorisée, en 1880, moyennant le paiement d'une surtaxe de 12 fr. 50 p. % kilogr., 400 ; — cette surtaxe n'est plus que de 6 fr pour les sucres des pays signataires de la convention de Bruxelles, 63, 64, 71, 353, 454 — Pour les pays qui n'ont pas adhéré à cette convention, les sucres peuvent être frappés de droits plus élevés ou même de prohibition, 63, 353 (note 1 . 448. 479. — Les raffinés en pains et agglomérés sont imposés pour leur poids total, comme raffiné, 123, 400. — Conditions que doivent remplir les sucres raffinés, pour être reçus pour leur poids total à la décharge des obligations d'admission temporaire 189, 401. — Voyez *Admission temporaire, Candis, Drawback, Primes, Raffinage, Raffineries, Sucrage des vendanges.*

Sucre vanillé. — Décharge des comptes d'admission temporaire, poids minimum, 454.

Surtaxes de pavillon — Appliquées aux sucres importés par navires étrangers, 5, 15, 361, 386, 388, 389. — Cette surtaxe a été réduite ou remboursable jusqu'à concurrence de moitié, pour les sucres des pays hors d'Europe exportés après raffinage, 388, 389. — A partir de 1873, les surtaxes de pavillon ont été définitivement abolies note 3 , 389.

Surtaxes sur les sucres. — Voyez *Sucres étrangers.*

T

Tablettes. — Préparation du sucre raffiné en tablettes pour la confection de morceaux réguliers 98.

Tares légales. — Définition et quotité des tares légales de douane, 356. — Tares légales appliquées sous le régime de la convention de 1864, 392 — Les tares de douane faussent les résultats de l'exercice des raffineries, 42 — Tare des sacs de sucre indigène. 155.

Tarifs. — Tarifs actuellement en vigueur, sur le sucre indigène, 65, 170, 454 ; — sur le sucre des colonies françaises, 352 ; — sur les sucres étrangers des pays hors d'Europe, 353 ; — sur les sucres étrangers des entrepôts et des pays d'Europe, 353. — Voyez *Douanes, Mélasses exotiques, Sucrage des vendanges, Sucres coloniaux, Sucres étrangers, Sucres indigènes.*

TABLE ALPHABÉTIQUE

Taxe de fabrication. — Établie en 1897 sur les sucres bruts pour le payement des primes directes, 52, 430. — Cette taxe est supprimée en 1903, 65, 454.

Taxe de raffinage. — Établie et fixée à 4 fr., en 1897, sur les sucres bruts allant en raffineries, pour le paiement des primes de sortie et détaxes de distance, 52, 236, 430. — Cette taxe est abaissée à 2 fr. en 1903, 65, 236, 454. — Elle est restituée lors de l'entrée des raffinés en entrepôt, 191, 436. — Elle doit être perçue sur les sucres raffinés enlevés des entrepôts pour la consommation, 164, 238 ; — et sur ceux enlevés des fabriques-raffineries pour la consommation, 206, 436 — Mode de perception de la taxe, 236, 436. — Ouverture d'un compte spécial au budget, mesures de comptabilité, 238, 433. — La taxe de raffinage n'est pas applicable à l'Algérie et à la Corse, 432. — Disposition spéciale aux préparations sucrées exportées pour la décharge de la taxe de raffinage, 437. — Perception de la taxe sur les manquants constatés en brasserie, 288, 289, 473, 474 ; — sur les raffinés et candis importés, 171, 432.

Terrage. — Opération ayant pour but de purifier les sucres raffinés en pains, 97.

Timbres de l'enregistrement. — Le timbre proportionnel est applicable aux obligations cautionnées, 178. — Les obligations d'admission temporaire sont passibles d'un droit fixe de 75 centimes, 185. — Un timbre mobile de 0.10 est apposé à la souche des bons de droits, 270.

Timbres des contributions indirectes. — Voyez *Acquits-à-caution, Comptabilité Laissez-passer, Permis de circulation.*

Traites. — Voyez *Obligations cautionnées.*

Transfert des sucres et mélasses. — Le transfert à des tiers est autorisé, pour les sucres déposés dans les magasins des fabriques, 117 ; — ainsi que pour les mélasses renfermées dans des magasins ou citernes dont le service conserve la clef, 160. — Transferts dans les entrepôts. 168. — Les sucres en entrepôt peuvent être transférés, au nom du receveur principal, comme garantie d'une obligation souscrite pour le paiement des droits, 177.

Transit. — Il n'est pas admis pour les sucres indigènes ; toute interruption de transport doit être justifiée par un cas de force majeure. 258, 383. — Transit, en douane, des sucres coloniaux et étrangers, 255.

Triple effet. — Appareil à évaporer les jus de betteraves, description, 89.

Turbinage. — Opération ayant pour but de séparer, dans les masses cuites, les cristaux de sucre du sirop, où ils baignent 92. — Dans les fabriques de sucre, cette opération doit être déclarée, 137, 378 ; — le service est tenu de suivre, d'une façon permanente, les opérations de turbinage, 138. — Dans les raffineries, on se sert aussi du turbinage pour blanchir les sucres bruts avant de les refondre, 95.

Types. — Définition des types (note 2), 7. — Mode d'imposition adopté de 1837 à 1880, 7 à 25. — Voyez *Saccharimètre.*

U

Usages agricoles et industriels. — Voyez *Exonération des droits, Mélasses.*

V

Vaisseaux. — Déclaration à faire pour les divers vaisseaux employés dans les fabriques, 120. — Vérification de leur contenance et marques qu'ils doivent porter, 120.

Vergeoises. — Bas produits du raffinage, 99. — Conditions dans lesquelles elles sont reçues à la décharge des obligations d'admission temporaire 124, 189, 390, 401. — Définition des vergeoises, 254 (note 2).

Vérifications. — Tous les établissements où l'on fabrique du sucre brut sont soumis à la vérification des employés, ainsi que les divers bâtiments enclavés dans l'enceinte de la fabrique, 115 - Vérifications qui doivent être faites par un ou deux agents, 122, 382. — Carnets de vérification, 122. — Vérifications avant l'enlèvement des produits, 154, 169, 255, 380, 382 ; — en cours de transport, 260, 367 ; — et à l'arrivée 261, 384 — Voyez *Organisation, Personnel, Raffineries.*

W

Warrant. — Bulletin de gage au moyen duquel un commerçant peut emprunter sur une marchandise placée en dépôt. — Voyez *Transferts.*

TABLE DES MATIÈRES

Pages.

Avant-propos v

PREMIÈRE PARTIE.

Historique. — Fabrication. — Analyses.

Chapitre I. Résumé historique de la législation. . . . .
    § 1er. Période antérieure à l'imposition du sucre indigène. .   1
    § 2. Imposition du sucre sous le régime des types.   2
    § 3. Imposition du sucre d'après le rendement présumé au raffinage.   7
    Tableaux statistiques.   26
Chapitre II. Notions élémentaires sur la fabrication du sucre indigène. .   73
    § 1er. Considérations générales.   79
    § 2. Culture de la betterave.   79
    § 3. Extraction du jus des betteraves.   80
    § 4. Purification du jus.   82
    § 5. Concentration des jus en sirops.   85
    § 6. Cuite et cristallisation des sirops.   88
    § 7. Turbinage.   91
    § 8. Raffinage du sucre.   92
    § 9. Extraction du sucre des mélasses.   94
Chapitre III. Analyse des sucres et des mélasses.   99
    § 1er. Analyse des sucres.   104
    § 2. Analyse des mélasses.   110

DEUXIÈME PARTIE.

Instructions coordonnées pour la perception de l'impôt.

Chapitre I. Droit de vérification dans tous les établissements où le sucre brut est fabriqué.   115
    § 1er. Dispositions générales.   115
    § 2. Exercice des fabriques et des sucrateries.   116
    § 3. Dispositions applicables à tous les établissements exercés.   117
Chapitre II. Opérations sur lesquelles porte l'exercice dans les fabriques. .   127
    § 1er. Prise en charge au compte de fabrication.   128
    § 2. Mise aux bacs des sirops et masses cuites.   136
    § 3. Turbinage. Prise en charge au compte de magasin. .   137
    § 4. Refontes.   140
    § 5. Pertes matérielles.   140
    § 6. Inventaires généraux et recensements.   141
    § 7. Introductions dans les fabriques.   148
    § 8. Sorties des fabriques.   149
    § 9. Formalités à la sortie.   153
    § 10. Décharge des comptes.   159
    § 11. Carnets de situation.   159
    § 12. Contrôle du pesage des betteraves livrées par les cultivateurs.   160

	Pages.
Chapitre III. Entrepôts réels de sucre indigène.	163
Chapitre IV. Tarifs et livraisons à la consommation.	171
§ 1er. Tarif des sucres.	171
§ 2. Livraisons à la consommation.	171
§ 3. Modes de paiement des droits	174
Chapitre V. Admission temporaire.	184
§ 1er. Sucres destinés au raffinage.	184
§ 2. Sucres employés à la fabrication du chocolat.	195
Chapitre VI. Exportation et envoi de fabrique à fabrique.	198
§ 1er. Exportation.	198
§ 2. Envois de fabrique à fabrique.	199
Chapitre VII. Dispositions spéciales aux fabriques-raffineries et aux sucrateries.	201
§ 1er. Fabriques-raffineries	201
§ 2 Sucrateries.	207
Chapitre VIII. Raffineries simples et établissements assimilés.	209
§ 1er. Dispositions générales.	211
§ 2. Compte de liquidation des droits.	214
§ 3. Compte des réfactions.	228
§ 4 Mélasses.	230
§ 5. Prélèvements d'échantillons.	232
§ 6. Instruments de pesage et ustensiles.	232
§ 7. Frais d'exercice	233
§ 8. Taxe de raffinage.	236
§ 9 Etablissements produisant des agglomérés.	240
§ 10. Obligations cautionnées	241
Chapitre IX. Laboratoires.	243
§ 1er. Prélèvement des échantillons.	244
§ 2. Envoi des échantillons.	246
§ 3 Analyse des échantillons.	248
§ 4. Notification des analyses.	248
§ 5. Contestations. Recours à l'expertise.	250
§ 6. Classement des pièces relatives aux analyses.	251
§ 7. Frais de transport des échantillons.	251
Chapitre X. Circulation.	252
§ 1er. Rayon de surveillance. Expéditions à délivrer.	252
§ 2. Déclaration et vérification au départ.	255
§ 3. Délai de transport ; vérification en cours de transport et à l'arrivée ; changement de destination en cours de transport.	257
§ 4. Décharge des acquits-à-caution	262
Chapitre XI. Détaxes de distance.	265
§ 1er. Détaxe des sucres coloniaux.	265
§ 2. Détaxe des sucres indigènes.	266
§ 3. Délivrance des bons de droits.	270
§ 4 Emploi des bons de droits.	272
§ 5. Contrôle de la délivrance et de l'emploi des bons de droits.	273
Chapitre XII. Fabrication de produits sucrés dans des établissements spéciaux, en vue de l'exportation.	275
§ 1er. Dispositions générales.	275
§ 2. Tenue des comptes.	279
§ 3. Dispositions diverses.	283
Chapitre XIII. Emploi du sucre et des mélasses en franchise du droit.	286
§ 1er. Emploi du sucre en brasserie	286
§ 2. Emploi du sucre à l'alimentation du bétail.	290
§ 3. Emploi des mélasses aux usages agricoles.	294
§ 4. Emploi des mélasses de raffinerie aux usages industriels.	302
Chapitre XIV. Notions sommaires sur le régime des glucoses.	306
§ 1er. Généralités.	306
§ 2. Fabriques.	307
§ 3. Dépôts de glucoses.	313
§ 4. Circulation des glucoses.	314
§ 5. Taxe de 4 fr. sur les amidines introduites en glucoserie.	314
§ 6. Admission temporaire des maïs et des orges employés à la fabrication des glucoses massées ambrées pour l'exportation.	315

	Pages.
CHAPITRE XV. Organisation et exécution du service des sucres.	31
§ 1er. Personnel.	318
§ 2. Rapports périodiques	324
§ 3. Vérifications des inspecteurs du service général.	329
CHAPITRE XVI. Tenue des écritures	331
§ 1er. Nomenclature des impressions.	331
§ 2. Arrêté des registres.	337
§ 3 Etats relatifs aux opérations des fabriques, des entrepôts, des raffineries et de l'admission temporaire.	338
§ 4. Etats servant au contrôle des perceptions	343
§ 5. Etats relatifs aux quantités livrées à la consommation.	345
§ 6. Etat relatif aux remises concédées pour les obligations cautionnées.	346
§ 7. Etats relatifs à la suite des acquits-à-caution.	346
CHAPITRE XVII. Contraventions et pénalités.	349
CHAPITRE XVIII. Régime douanier. Algérie. Corse.	352
§ 1er. Régime douanier.	352
§ 2. Algérie	357
§ 3. Corse.	358

TROISIÈME PARTIE.

Législation annotée 359

TABLE CHRONOLOGIQUE DE LA LÉGISLATION . . . 481
TABLE ALPHABÉTIQUE DES MATIÈRES. 487

Poitiers. — Librairie administrative P. OUDIN.

LIBRAIRIE ADMINISTRATIVE P. OUDIN
12, RUE SAINT-PIERRE-LE-PUELLIER, 12, A POITIERS

BIBLIOTHÈQUE DES EMPLOYÉS DES CONTRIBUTIONS INDIRECTES

ANNUAIRE DE L'ADMIN. DES CONTRIBUTIONS INDIRECTES. 1 vol. gr. in-8°.

JOURNAL DES CONTRIB. IND. Hebdomadaire.

RECUEIL CHRON. DES LOIS ET INSTRUCT. DES CONTRIB. IND., DES TABACS ET DES OCTROIS. 9 vol.

RECUEIL GÉNÉRAL DES LOIS, DÉCRETS ET ORDONNANCES concernant les Contributions Indirectes et les Octrois, de 1790 à 1903, annoté de la Jurisprudence des tribunaux et des interprétations administr., 2 vol. in-8°.

TABLE ANALYTIQUE DE JUGEMENTS ET ARRÊTS rendus en matière de Contributions indirectes. 2 vol. grand in-8°.

DICTIONNAIRE GÉNÉRAL ou Manuel alphabétique des Contrib. indir., des Octrois et des Manufact. de l'État. Un vol. in-4°, avec suppléments. *Nouvelle édition*.

COLLECTION DE COMPTABILITÉ. 2 vol. in-8°.

COURS DE COMPTABILITÉ. 1 vol. gr. in-8°.

COURS DU CONTENTIEUX. 2 vol. in-8°.

TRAITÉ DU CONTENTIEUX ADMINISTRATIF. 2 vol. in-32, avec supplément.

MANUEL ENCYCLOPÉDIQUE DES CONTRIBUTIONS INDIRECTES ET DES OCTROIS. 1 fort vol. in-8°. *Nouvelle édition*.

GUIDE PRATIQUE pour la rédaction des procès-verbaux et la tenue du contentieux. 1 vol. in-8°.

TRAITÉ DE JURISPRUDENCE GÉNÉRALE en matière de Contributions indir. 2 vol. in-8°.

CODE DU MARCHAND EN GROS, au point de vue de l'impôt. 2 vol. in-32 avec suppl.

MANUEL DU RECEVEUR BURALISTE. 1 vol. in-8°.

TABLEAUX SYNOPTIQUES, à l'usage des receveurs buralistes. 1 vol. in-8°.

TRAITÉ DES ACQ.-A-CAUTION. 1 vol. gr. in-8°.

MANUEL DU SERVICE DES SUCRES. 1 vol. gr. in-8°. *Nouvelle édition*.

SUCRAGE DES VENDANGES, manuel pratique. 1 br. in-8°.

MANUEL DES DISTILLERIES. *Règlement A et A bis*. 1 vol. in-8°.

MANUEL DES DISTILLERIES. *Règlement B*. 1 vol. in-8°.

LE GUIDE DES BOUILLEURS DE CRU, 1 vol. in-8°.

BOISSONS FERMENTÉES, ALCOOLS ET VINAIGRES (Notions élémentaires). 1 v. gr. in-8°.

INDUSTRIES AGRICOLES (les), brasserie, sucrerie, distillerie. 1 vol. gr. in 8°.

MANUEL DE PRÉPARATION AU CONCOURS POUR LE SURNUMÉRARIAT DES CONTRIBUTIONS INDIRECTES. 1 vol. gr. in-8°.

MANUEL SCIENTIFIQUE, à l'usage des aspirants au surnumérariat des contributions indirectes. 1 vol. gr. in-8°.

NOTIONS D'ECONOMIE POLITIQUE, D'INSTRUCTION CIVIQUE ET DE DROIT CIVIL. 1 vol. in-8°.

LES PRÉPOSÉS des Contributions indirectes, 1 vol. in-8°.

CONCOURS (les) pour l'accès aux grades supérieurs dans les Contr. ind. 1 vol. in-8°.

MANUEL DES BRASSERIES. 1 vol. gr. in-8°.

LE NOUVEAU RÉGIME DES BIÈRES, une brochure gr. in-8°.

TRAITÉ DU PRIVILÈGE DE L'ADMINISTRATION DES CONTRIBUTIONS INDIRECTES, en matière de recouvrements de droits. 1 fort vol. in-8°.

LES CONTRIB. DIVERSES ET LES CONTRIB. DIRECTES EN ALGÉRIE. Brochure gr. in-8°.

TARIFS DES DROITS DE CIRCULATION, DE CONSOMMAT. ET DE DÉTAIL. Broch. in-8°.

SPIRITUEUX. Barèmes indiquant : 1° les volumes correspondant aux poids ; 2° la quantité d'alcool pur. 1 br in-8°.

GUIDE PRATIQUE D'ALCOOMÉTRIE. 1 vol. in-16.

BARÈME SIMPLIFIÉ DU DROIT DE CONSOMMATION, sur une seule feuille.

DÉCOMPTE DES REMISES AUX BURALISTES. 1 br. in-8°.

ALCOOLS DÉNATURÉS (le régime des) au point de vue de l'impôt. 1 vol. in-8°.

DICTIONNAIRE DES TARIFS en vigueur dans l'Adm. des Contrib. ind. 1 vol. in-32.

LES VOITURES PUBLIQUES (règlements et tarifs). 1 vol. gr. in-8°.

CATALOGUE MÉTHOD. DES CIRCUL. ET INSTRUCT. DE L'ADMINIST. Br. gr. in-8° avec sup.

RÉPERTOIRE DES MODÈLES DE L'ADMINISTRATION. Broch. gr. in-8°.

MULTIPLICATEUR RAPIDE, suivi de la Déduction à 6, 7 et 8 0/0. Broch. gr. in-8°.

CARNET DE RECENSEMENTS. 1 vol. in-12.

NOUVEAU LIVRET DE RECENSEMENTS, ou vade-mecum du jaugeur, 1 vol. in-16.

TRAITÉ MÉTHODIQUE ET PRATIQUE DU JAUGEAGE. Broch. in-12.

CARNET DES DÉDUCTIONS allouées aux march. en gros, bouilleurs, etc. 1 vol. in-16.

RECENSEMENTS ET DÉDUCTIONS. — Nouveau carnet de recensement et de déductions, contenant : 1° des comptes faits pour les recensements ; 2° le tableau des déductions allouées aux marchands en gros ; 3° un traité de jaugeage. 1 vol. in-32 très portatif, avec rel. souple.

THÉORIE DU 50 D. 1 br. in-8°.

CARNET VÉRIFICATEUR de l'état 55 et du 50 D. 1 piqûre in-12.

MANUEL DES OCTROIS. 1 vol. gr. in-8°. *Nouvelle édition*.

MEMENTO DE L'EMPL. D'OCTROI. 1 vol. in-8°.

L'ALCOOL, L'ALCOOLISME ET LE FISC. 1 vol. in-8°.

LE RÉGIME FISCAL ET ÉCONOMIQUE DE L'ALCOOL EN FRANCE. 1 vol. in-8°.

EXPOSÉ ORGANIQUE DU SERVICE DE LA CONTRE-PARTIE AU HAVRE. 1 piq. in-8°.

CLEF DE L'ORTHOGRAPHE selon l'Académie. 1 vol. in-18.

LES INDIRECTS, TYPES ADMIN. 1 v. in-18.

LOI SUR L'IVRESSE PUBLIQUE.

La librairie P. Oudin se charge spécialement de l'édition des ouvrages relatifs à toutes les administrations, soit en les *publiant à son compte*, soit en les *vendant au compte des auteurs*, soit simplement en les *imprimant à leur compte*. Publicité spéciale permettant de procurer aux ouvrages leur maximum de diffusion.

IMPRESSIONS DE TOUTE NATURE, TOUTES RELIURES, FABRIQUE DE REGISTRES

Le Catalogue est expédié **franco** sur demande affranchie.

Daily Book Scanning Log

Name: _____   Date: _____   # of Scanners: _____

BIN #	BOOKS COMPLETED	# OF PAGES	NOTES / EXCEPTIONS
Bin 1			
Bin 2			
Bin 3			
Bin 4			
Bin 5			
Bin 6			
Bin 7			
Bin 8			
Bin 9			
Bin 10			
Bin 11			
Bin 12			
Bin 13			
Bin 14			
Bin 15			
Bin 16			
Bin 17			
Bin 18			
Bin 19			
Bin 20			
Bin 21			
Bin 22			
Bin 23			
Bin 24			
Bin 25			
Bin 26			
Bin 27			
Bin 28			
Bin 29			
Bin 30			
Bin 31			
Bin 32			
Bin 33			
Bin 34			
Bin 35			
Bin 36			
Bin 37			
Bin 38			
Bin 39			
Bin 40			

(BOOKS / LIBROS) TOTAL: _____ / 600

(PAGES / PAGINAS) TOTAL: _____

SHIFT: _____   STATION #: _____